Plage d'Ondarreta à San Sebastián. © ALVARO GERMAN VILELA - SHUTTERSTOCK.COM

155 PAYS BASQUE

Des villages de pêcheurs pittoresques, de vertes montagnes et des villes cosmopolites : un concentré de modernité et de tradition sur fond de paysages sublimes !

331 LA RIOJA

Entre vignobles et *bodegas*, voici un petit paradis épicurien ! Traversée par le chemin de Saint-Jacques, la région est jalonnée de belles églises et de monastères.

365 ORGANISER SON SÉJOUR

Modalités de transport, agences de voyages et agences réceptives : on vous dévoile tout ce que vous devez savoir pour un séjour réussi dans le nord de l'Espagne !

Vendanges dans un vignoble de La Rioja. © ELOI_OMELLA - ISTOCKPHOTO.COM

Ermitage de San Juan de Gaztelugatxe. © JON CHICA - SHUTTERSTOCK.COM

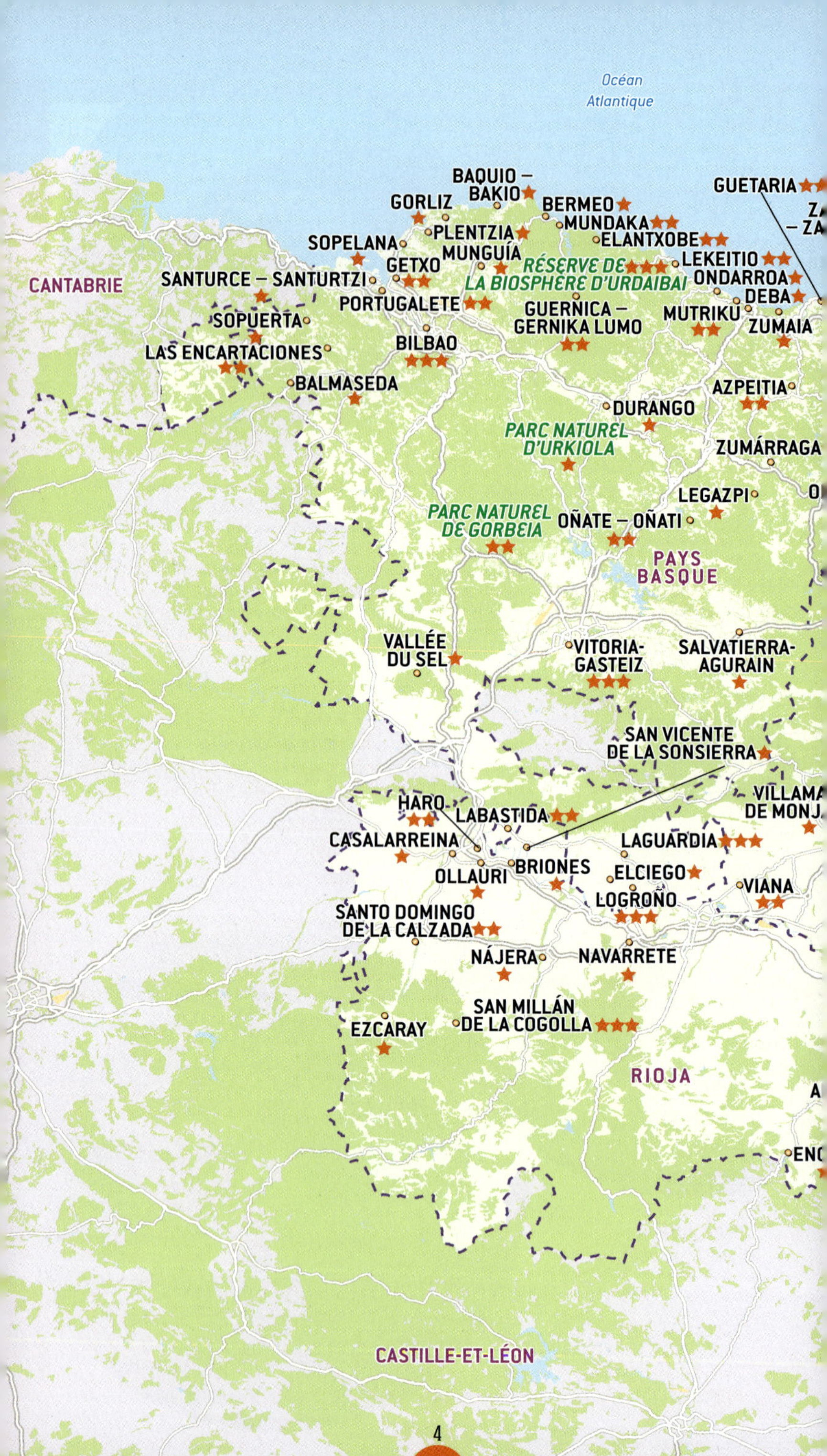
Océan
Atlantique
BAQUIO – BAKIO
GUETARIA
GORLIZ
BERMEO
PLENTZIA
MUNDAKA
SOPELANA
ELANTXOBE
MUNGUÍA
GETXO
RÉSERVE DE LA BIOSPHÈRE D'URDAIBAI
LEKEITIO
ONDARROA
CANTABRIE
SANTURCE – SANTURTZI
DEBA
PORTUGALETE
GUERNICA – GERNIKA LUMO
MUTRIKU
SOPUERTA
ZUMAIA
BILBAO
LAS ENCARTACIONES
BALMASEDA
AZPEITIA
DURANGO
PARC NATUREL D'URKIOLA
ZUMÁRRAGA
LEGAZPI
PARC NATUREL DE GORBEIA
OÑATE – OÑATI
PAYS BASQUE
VALLÉE DU SEL
VITORIA-GASTEIZ
SALVATIERRA-AGURAIN
SAN VICENTE DE LA SONSIERRA
HARO
LABASTIDA
CASALARREINA
LAGUARDIA
OLLAURI
BRIONES
ELCIEGO
VIANA
LOGROÑO
SANTO DOMINGO DE LA CALZADA
NÁJERA
NAVARRETE
SAN MILLÁN DE LA COGOLLA
EZCARAY
RIOJA
CASTILLE-ET-LÉON

20 KM
FUENTERRABÍA – HONDARRIBIA
SEBASTIÁN
ONOSTIA
IRÚN
PASAIA
BERA – VERA DE BIDASOA
ZUGARRAMURDI
FRANCE
LESAKA
RASA MAREAL - FALAISES DU FLYSCH
ELIZONDO
LOSA
RONCESVALLES-ORREAGA
PAMPELUNE – PAMPLONA
RONCAL
ELLA-ARRA
NAVARRE
PUENTE LA REINA - GARES
LUMBIER
CHE
YESA
JAVIER
SANGÜESA / ZANGOZA
TAFALLA
OLITE
UJUÉ
ARAGON
ALAHORRA
LAS BARDENAS REALES
ALFARO
TUDELA
FITERO

QUAND Y ALLER

JANVIER

1° / 8°

TAMBORRADA DE SAN SEBASTIÁN
(SAN SEBASTIÁN – DONOSTIA)

© ALBERTO LOYO - SHUTTERSTOCK.COM

C'est la fête patronale de San Sebastián ! Durant 24h, défilés de soldats napoléoniens et de cuisiniers jouant du tambour.

$

FÉVRIER

1° / 10°

BILBAO SURF FILM FESTIVAL
(BILBAO)
Durant trois jours, le meilleur du surf réuni dans l'Itsas-museum de Bilbao. Au programme : films, conférences et surf market !

$

MARS

2° / 13°

BASQUE FEST
(BILBAO)
Le grand rendez-vous de la culture basque ! Pendant 4 jours, Bilbao vit au rythme des concerts, dégustations, ateliers...

JAVIERADAS
(JAVIER)
Pèlerinage de 50 km jusqu'au château de Javier. Des milliers de pèlerins viennent y rendre hommage à saint François-Xavier !

$

JUILLET

12° / 25°

SANFERMINES
(PAMPELUNE – PAMPLONA – IRUÑA)
Rendez-vous des fêtards du monde entier, les fêtes de Pampelune offrent un concentré de traditions, *fiesta* et folklore unique !

BILBAO BBK LIVE
(BILBAO)
L'un des plus importants festivals d'Espagne. Stars de la musique et groupes internationaux s'y produisent à l'air libre.

$ $ $

AOÛT

12° / 25°

SEMANA GRANDE DE SAN SEBASTIÁN
(SAN SEBASTIÁN)
La « grande semaine » de San Sebastián, connue pour ses superbes feux d'artifice qui illuminent chaque soir la baie de La Concha.

SEMANA GRANDE DE BILBAO
(BILBAO)
Durant 9 jours, la fête bat son plein autour des *txoznas* et des scènes à l'air libre qui accueillent de nombreux concerts.

$ $ $

SEPTEMBRE

10° / 23°

FIESTAS DE SAN MATEO Y LA VENDIMIA RIOJANA
(LOGROÑO)
La grande fête des vendanges de La Rioja ! *Encierros*, dégustations, concerts et feux d'artifice accompagnent les célébrations.

FESTIVAL DE SAN SEBASTIÁN - DONOSTIA ZINEMALDIA
Le rendez-vous incontournable du cinéma espagnol ! Chaque année, des stars internationales viennent y présenter leurs films.

$ $ $

Qu'on se le dise, le nord de l'Espagne est une merveille en toutes saisons. Si l'hiver est prétexte à se réchauffer dans les cidreries du Pays Basque, l'été, quant à lui, est rythmé par les fêtes et festivals au grand air… dont les incontournables *Sanfermines* de Pampelune ! Le réveil de la nature au printemps, les paysages de vignobles rougissants de la Rioja ou le défilé de stars de cinéma à l'automne sur la Concha sont autant d'époques magiques pour découvrir ce territoire.

AVRIL

4° / 14°

FIESTA DE SAN PRUDENCIO
(VITORIA-GASTEIZ)
Fêtes patronales de Vitoria, en l'honneur de San Prudencio. Pendant 2 jours, défilés au rythme des tambours et *romería* populaire !

$ $

MAI

7° / 19°

MERCADO MEDIEVAL DE BALMASEDA
(BALMASEDA)
Au cœur des Encartaciones, un marché médiéval réputé dans toute la région pour ses stands d'artisanat et ses animations !

$ $

JUIN

10° / 22°

BATALLA DEL VINO DE HARO
(HARO)
Une gigantesque « bataille du vin » qui réunit chaque année des milliers de participants le 29 juin, jour de la Saint-Pierre.

FIESTAS DE SAN BERNABÉ
(LOGROÑO)
La fête patronale de Logroño ! Processions, défilés folkloriques et manifestations taurines rythment cette journée festive.

$ $

OCTOBRE

7° / 13°

FERIA DEL ÚLTIMO LUNES DE GERNIKA
(GUERNICA – GERNIKA LUMO)
La foire agricole la plus importante du Pays basque ! Un rendez-vous incontournable pour faire des achats de produits locaux.

$ $

NOVEMBRE

3° / 12°

ZINEBI
(BILBAO)
Depuis 1959, ce festival du film documentaire et du court-métrage présente chaque année une riche programmation à Bilbao.

$

DÉCEMBRE

2° / 9°

MERCADO SANTO TOMÁS
(BILBAO)
Une foire à l'ambiance rurale et populaire où flâner parmi les stands de produits locaux et déguster des *talos* au chorizo !

$

LES BONNES RAISONS D'Y ALLER

© JON CHICA PARADA - ISTOCKPHOTO.COM

UNE DESTINATION ÉCOLO

Des réserves de biosphère aux agrotourismes à gogo : tout pour un séjour écoresponsable !

UNE GASTRONOMIE RAYONNANTE

Des *pintxos* de comptoir aux tables étoilées, préparez-vous pour un festival de saveurs !

© ROSSHELEN - ISTOCKPHOTO.COM

© IMAGESTOCKDESIGN - SHUTTERSTOCK.COM

DES FÊTES INOUBLIABLES

Les Sanfermines sont les plus célèbres, mais ici chaque ville et village a sa *fiesta*.

© PHILIPPE GUERSAN - AUTHOR'S IMAGE

UNE ARCHITECTURE INNOVANTE

Le Musée Guggenheim est son symbole, mais la région regorge de créations avant-gardistes.

© MARISA ESTIVILL - SHUTTERSTOCK.COM

UN PARADIS ŒNOLOGIQUE

Goûter aux vins de la Rioja, au *txakoli* pétillant, et fréquenter les cidreries basques !

© GREGORIOA - SHUTTERSTOCK.COM

UN PÈLERINAGE MILLÉNAIRE

Chaque année, d'innombrables pèlerins empruntent les chemins menant à Compostelle.

© INAKIANTONANA - ISTOCKPHOTO.COM

UN PATRIMOINE PRÉSERVÉ

Monastères, églises, vestiges industriels : de nombreux monuments jalonnent le territoire.

LES BONNES RAISONS D'Y ALLER

DES PAYSAGES VARIÉS

Des vertes montagnes à l'océan sauvage, du désert aux marais et *rias* : tout impressionne.

© UNAI HUIZI - SHUTTERSTOCK.COM

© LAIOTZ - SHUTTERSTOCK.COM

DES TRADITIONS IRRÉDUCTIBLES

Bertsolaris, jeux de force, courses de traînières, ces traditions ont traversé les siècles !

© AGROBACTER - ISTOCKPHOTO.COM

DES VAGUES LÉGENDAIRES

Elles attirent les surfeurs de toute l'Europe, en particulier le spot mythique de Mundaka.

LES 12 MOTS-CLÉS

#AGUR

Ce mot que l'on prononce « agour » signifie « au revoir » en euskera. N'hésitez pas à l'utiliser sans modération, car les Basques apprécient sincèrement que l'on s'essaie un peu à leur langue. Vous le verrez, même les gens qui ne parlent pas le basque l'utilisent dans les commerces et les restaurants, c'est dire si ce petit mot est important !

#BERTSOLARI

Le *bertsolari* (« versificateur » en euskera) est une personne qui improvise des vers en basque devant un public. Cette tradition ancestrale, qui a joué un rôle fondamental dans la transmission orale du basque, est un exercice codifié dont le thème est imposé. En plus de divers championnats, le bertsolarisme se pratique dans des écoles spécialisées.

#BODEGA

Plus de 500 *bodegas* (domaines viticoles) couvrent le territoire de La Rioja. En plus d'attirer les amateurs de vin, ces bodegas sont aussi des lieux de visite pour les inconditionnels de l'architecture. On y découvre ainsi les techniques de fabrication du vin dans un cadre souvent hors du commun, comme les avant-gardistes Bodegas Marqués de Riscal.

© ALBERTO LOYO - SHUTTERSTOCK.COM

#CAMINO FRANCÉS

Le *Camino francés* est le chemin le plus fréquenté du pèlerinage de Saint-Jacques-de-Compostelle. Son tracé en Navarre et dans La Rioja permet de découvrir de superbes paysages jalonnés de monastères et d'églises. Bâton en main et *credencial* en poche, les pèlerins sont nombreux sur les routes de Navarre et de La Rioja dès l'arrivée du printemps.

#ENCIERRO

L'*encierro* est l'attraction la plus célèbre des fêtes de la San Fermín, mais aussi la plus dangereuse ! Les taureaux sont lâchés dans les rues du vieux Pampelune à 8h précises et parcourent à folle allure un trajet de 800 mètres, encornant les téméraires sur leur passage. Ce parcours les mène jusqu'aux arènes où ils combattront dans l'après-midi.

© MIGEL - SHUTTERSTOCK.COM

#EUSKERA

Euskera désigne la langue basque, dont l'origine énigmatique est antérieure aux langues indo-européennes. Les premières traces écrites du basque, datées du XIe siècle, ont été découvertes dans le monastère de San Millán de la Cogolla. Symbole identitaire, la langue basque est présente dans les écoles comme langue d'enseignement ou comme matière.

#GUGGENHEIM

Symbole de la renaissance de Bilbao, ce musée illustre à lui seul comment l'art et l'avant-garde architecturale ont sauvé la ville d'un destin morose. Inauguré en 1997, la « fleur de titane » de Frank Gehry émerge sur les bords de la ría dans un décor presque futuriste, où la création artistique offre un dialogue avec l'environnement urbain.

#PELOTA VASCA

La pelote basque est un sport traditionnel que l'on pratique au Pays basque, en Navarre, dans La Rioja et dans le sud-ouest de la France. On y joue à main nue, avec une *pala* (raquette en bois) ou une *chistera* (gant en osier) dans un fronton à l'air libre, un trinquet, ou un vaste fronton couvert (le « Jaï Alaï ») pour jouer à la *cesta punta*.

#PINTXOS

Ces petites bouchées servies sur du pain et piquées d'un cure-dent ont hissé le concept des tapas au rang de gastronomie miniature ! Produits de qualité, présentation ultra soignée et saveurs innovantes : les pintxos sont aujourd'hui les stars de la cuisine basque. Ils se dégustent généralement debout, au comptoir, pour accompagner l'apéritif.

© PHOTOOIASSON - ISTOCKPHOTO

#SANFERMINES

Connues dans le monde entier, les *sanfermines* sont célébrées tous les ans du 6 au 14 juillet à Pampelune. Cette feria doit en partie sa renommée à Hemingway, qui en fit le cadre de son roman *Le Soleil se lève aussi*. Pendant huit jours, les participants vivent au rythme des *encierros* matinaux, des corridas l'après-midi et de la tournée des bars !

#TXIKITEO

Le *txikiteo* est une tradition basque qui consiste à faire la tournée des bars entre amis (*cuadrillas*), en consommant dans chaque établissement un verre de vin (*txikito*) accompagné d'un *pintxo*. Dans les bars de la région, il n'est pas rare de croiser d'authentiques *cuadrillas*, où les hommes vêtus du traditionnel béret poussent la chansonnette !

#TXOTX

C'est la saison du cidre au Pays basque. Entre mi-janvier et fin avril, il est de coutume de visiter les cidreries pour déguster le traditionnel menu à base de tortilla de morue et côte de bœuf grillée. Dans les « vraies » cidreries, on mange debout autour d'une table haute, et l'on remplit soi-même son verre de cidre auprès de la *kupela* (tonneau).

© JESS KRAFT - SHUTTERSTOCK.COM

VOUS ÊTES D'ICI, SI…

- Vous dites « aupa » pour saluer les gens, et « agur » pour dire au revoir, chaque fois que vous sortez d'un bar ou d'une boutique… même si ce sont les seuls mots que vous connaissez en basque !
- Le *poteo* (tournée des bars à tapas) est pour vous un rituel sacré. Comme tous les locaux, vous ne commandez jamais plus de deux ou trois pintxos par établissement… que vous mangez debout au comptoir avant de filer dans le prochain bar !
- Vous ne craignez ni le froid ni la pluie… D'ailleurs, vous resteriez stoïque même si le ciel vous tombait sur la tête !
- Dans les bars à tapas, vous ne divisez jamais l'addition ! Vous payez les tournées à tour de rôle, comme le veut la coutume.
- Vous connaissez le calendrier des marées par cœur. Et vous regardez le ciel pour prédire la météo !
- Votre plat favori est la côte de bœuf grillée à la *brasa*. Vous ne la mangez jamais ailleurs que dans un traditionnel *asador* !
- Comme tous les habitants de La Rioja, vous buvez du vin rouge depuis le berceau. Ou presque !

MON PAYS BASQUE

par Sarah Parot, auteure du guide

© CARLA SUNYER

Interview

Après des études de lettres à la Sorbonne, Sarah Parot s'installe à Barcelone en 2004 dans le cadre d'un échange Erasmus. Son master d'édition en poche, elle se lance dans l'écriture de guides de voyage pour différentes maisons d'édition françaises. Ses liens avec le Pays Basque, la Navarre et la Rioja remontent à l'enfance : cela fait plus de vingt-cinq ans qu'elle passe ses étés dans la région.

DISTANCES

TEMPS DE TRAJET

	SAN SEBASTIÁN	ZARAUTZ	OÑATI	BILBAO	GERNIKA
SAN SEBASTIÁN		21 KM 30mn	75 KM 1h	102 KM 1h15	90 KM 1h
ZARAUTZ	21 KM 30mn		58 KM 45mn	85 KM 1h	74 KM 1h
OÑATI	75 KM 1h	58 KM 45mn		64 KM 45mn	53 KM 45mn
BILBAO	102 KM 1h15	85 KM 1h	64 KM 45mn		36 KM 30mn
GERNIKA	90 KM 1h	74 KM 1h	53 KM 45mn	36 KM 30mn	
VITORIA GASTEIZ	100 KM 1h15	84 KM 1h15	43 KM 45mn	65 KM 1h	86 KM 1h15
LAGUARDIA	163 KM 2h	147 KM 1h45	106 KM 1h15	111 KM 1h15	132 KM 1h30
LOGROÑO	165 KM 1h45	173 KM 2h	135 KM 1h30	136 KM 1h30	157 KM 1h45
SANTO DOMINGO DE LA CALZADA	166 KM 2h	149 KM 1h45	108 KM 1h15	109 KM 1h15	130 KM 1h30
PAMPELUNE	82 KM 1h15	90 KM 1h15	105 KM 1h15	155 KM 1h45	150 KM 2h
OLITE	128 KM 1h30	136 KM 1h30	151 KM 1h45	201 KM 2h15	196 KM 2h15
TUDELA	184 KM 2h	191 KM 2h15	207 KM 2h15	230 KM 2h30	251 KM 2h45

San Sebastián, Bilbao, Vitoria, Logroño, Pampelune : vous aurez toujours une ville à découvrir dans un rayon de moins de 100 kilomètres ! En général, le réseau routier est bien développé et les indications très claires, mais c'est aussi l'un des plus chers d'Espagne : comptez 15 € de péages entre Bilbao et San Sebastián. Et si les distances sont relativement courtes, soyez tout de même prudent sur les routes de montagne du Pays Basque et de Navarre.

ITORIA ASTEIZ	LAGUARDIA	LOGROÑO	SANTO DOMINGO DE LA CALZADA	PAMPELUNE	OLITE	TUDELA
00 KM 1h15	163 KM 2h	165 KM 1h45	166 KM 2h	82 KM 1h15	128 KM 1h30	184 KM 2h
84 KM 1h15	147 KM 1h45	173 KM 2h	149 KM 1h45	90 KM 1h15	136 KM 1h30	191 KM 2h15
43 KM 45mn	106 KM 1h15	135 KM 1h30	108 KM 1h15	105 KM 1h15	151 KM 1h45	207 KM 2h15
65 KM 1h	111 KM 1h15	136 KM 1h30	109 KM 1h15	155 KM 1h45	201 KM 2h15	230 KM 2h30
86 KM 1h15	132 KM 1h30	157 KM 1h45	130 KM 1h30	150 KM 2h	196 KM 2h15	251 KM 2h45
	45 KM 1h	63 KM 1h	67 KM 1h	97 KM 1h15	143 KM 1h30	188 KM 2h15
45 KM 1h		18 KM 30mn	43 KM 45mn	101 KM 1h15	101 KM 1h15	121 KM 1h30
63 KM 1h	18 KM 30mn		46 KM 30mn	86 KM 1h	86 KM 1h	98 KM 1h
57 KM 1h	43 KM 45mn	46 KM 30mn		129 KM 1h30	129 KM 1h30	142 KM 1h45
97 KM 1h15	101 KM 1h15	86 KM 1h	129 KM 1h30		43 KM 30mn	98 KM 1h
43 KM 1h30	101 KM 1h15	86 KM 1h	129 KM 1h30	43 KM 30mn		52 KM 45mn
88 KM 2h15	121 KM 1h30	98 KM 1h	142 KM 1h45	98 KM 1h	52 KM 45mn	

IDÉES DE SÉJOUR

Nature, gastronomie, patrimoine, traditions : il existe mille et une façons d'aborder un séjour au Pays basque, en Navarre et dans la Rioja, tant cette destination est diverse et regorge de possibilités. Ainsi, qu'on soit tenté par un week-end de fête à Pampelune, une virée gastronomique à San Sebastián ou un itinéraire le long des chemins de Compostelle, la clé d'un séjour réussi repose avant tout sur l'organisation.

Les sites web des offices de tourisme régionaux sont une mine d'informations : n'hésitez pas à les consulter avant votre départ ! Nous vous proposons aussi plusieurs idées pour orienter votre séjour selon vos envies ou simplement voir l'essentiel de chaque région. Un concentré d'art et d'architecture, d'expériences autour du vin et de la gastronomie locale, de flâneries parmi les villes et villages... À vous de puiser dans ces propositions pour créer votre séjour sur mesure !

WEEK-END PROLONGÉ EN NAVARRE

L'essentiel de la Navarre peut être parcouru en l'espace d'un week-end prolongé, voire une petite semaine. Cette route vous mènera de la dynamique capitale navarraise au mythique palais d'**Olite** ★★ (p.134), en suivant la Route Royale et ses vins singuliers, mais aussi les grandes étapes du chemin de Compostelle et les immensités désertiques des **Bardenas** ★★★ (p.136).

› Jour 1 - Pampelune

Si vous visitez le pays au début du mois de juillet, ne ratez pas la San Fermín, une festivité emblématique de **Pampelune** ★★★ (p.106). À cette occasion, participer à l'art de vivre navarrais devient une expérience inoubliable qui exige d'être suivie d'une bonne journée de repos. La ville de Pampelune compte également nombre de parcs et jardins, de murailles médiévales et d'églises.

› Jour 2 - Le palais d'Olite et les Bardenas Reales

Vous visiterez un incroyable palais qui fut la résidence des rois de Navarre, avant de vous aventurer dans l'immensité désertique des Bardenas, dont les paysages lunaires se dé-

Balade dans les rues de Pampelune.

Plaza del Castillo, Pampelune.

couvrent en 4x4, en VTT ou à pied. Des paysages que l'on ne pensait possibles que très loin de notre vieille Europe. Dormez dans la belle cité de **Tudela** ★★ (p.138).

› Jour 3 - Route du vin

La Route du vin, dite « Route royale », traverse une région jalonnée de fortifications, châteaux, tours et palais, d'où son nom. Ce parcours vous conduira de la Navarre orientale à la Navarre occidentale et vous laissera sur le chemin menant à la province basque de Guipuzcoa.

› Jour 4 - Voies vertes de la Bidassoa

Une journée de cyclotourisme, de randonnée pédestre ou, pourquoi pas, de randonnée équestre. Cette piste fait partie du dense réseau espagnol de voies ferroviaires réhabilitées en voies vertes. Celle-ci vous fera découvrir les Pyrénées-Atlantiques espagnoles, avec ses rivières et forêts de hêtres et de chênes dans le parc naturel du **Señorío de Bertiz** (p.122).

› Jour 5 - Étapes navarraises du chemin de Saint-Jacques-de-Compostelle

Un grand classique, toujours très enrichissant, d'autant que c'est en Navarre, dans la merveilleuse cité de **Puente la Reina** ★★ (p.146), que se rejoignent deux voies du pèlerinage, les chemins français et aragonais, ponctués d'étapes ravissantes : **Yesa** ★ (p.129) et le monastère de **Leyre** (p.129), les fosses de **Lumbier** ★ (p.130), **Sangüesa** ★ (p.131), **Estella** ★★ (p.149)...

LE PATRIMOINE DE NAVARRE EN 2 JOURS CHRONO

Les amateurs d'histoire et d'architecture seront servis en Navarre ★★★ ! Dans le cas où vous ne disposeriez que de deux petites journées dans la région, voici un court itinéraire qui vous permettra de profiter de l'essentiel du patrimoine navarrais, à travers les emblématiques villes de **Pampelune** ★★★ (p.106), **Estella** ★★ (p.149) et **Olite** ★★ (p.134).

› Jour 1 - Visite de Pampelune

Promenade dans le vieux **Pampelune** ★★★ (p.106) en commençant par la **Plaza del Castillo** (p.110), bordée de charmants immeubles à arcades, puis la cathédrale de **Santa María la Real** (p.106).

Toujours dans la vieille ville, vous pourrez parcourir les mythiques ruelles de l'*encierro*, avant d'aller visiter l'intéressant musée de Navarre. Terminez la journée par une tournée des bars à tapas.

› Jour 2 - Tafalla et Olite

Consacrez votre matinée à la visite de la jolie cité médiévale d'Estella et son patrimoine religieux, dont l'**église de San Miguel** (p.149) et l'**église de San Pedro de la Rúa** (p.149). Plusieurs monastères jalonnent ses alentours, dont l'ancien **monastère bénédictin d'Irache** (p.151). L'après-midi, vous pourrez visiter le **château-palais d'Olite** (p.134) avant d'explorer les vignobles alentour.

© ALXPIN

L'hôtel de ville de San Sebastián.

UNE PETITE SEMAINE À LA DÉCOUVERTE DU PAYS BASQUE ESPAGNOL

Ce circuit permet d'apprécier le patrimoine culturel propre à la région et de s'initier à l'histoire basque, depuis les tribus indigènes jusqu'à nos jours. Les trois premiers jours sont consacrés à la province de Guipúzcoa ★★★, en suivant le chemin littoral de Saint-Jacques-de-Compostelle. Les jours 4 et 5 sont consacrés à la côte de Biscaye. On finit le sixième jour par l'Alava, dans les terres.

› Jour 1 - Irun et Fontarrabie

Musée romain Oiasso (p.201), ermitage de Santa Elena, cap du Figuier. Ces sites disent l'influence de l'océan sur la culture locale à diverses époques de l'histoire européenne.

› Jour 2 - San Sebastián

Impossible de visiter le Pays Basque ★★★ (p.155) sans s'arrêter à San Sebastián ★★★ (p.161), pour voir son Monte Igueldo (p.177), son musée San Telmo (p.174) consacré à l'histoire du Pays Basque, les jardins du palais Miramar (p.178), ancienne résidence d'été des rois espagnols, sa plage de la Concha (p.176) et son port.

› Jour 3 - Azpeitia

Visite d'Azpeitia ★★ (p.223), son sanctuaire de San Ignacio de Loyola (p.224) et son musée du Ferrocarril (p.223). Une journée à l'intérieur du Pays Basque, où l'on découvrira le patrimoine spirituel et le génie industriel local.

› Jour 4 - Lekeitio et San Juan de Gaztelugatxe

Rencontre avec la grandeur des éléments. Village pittoresque de Lekeitio ★★ (p.300), presqu'île de San Juan de Gaztelugatxe (p.291), la rasa mareal ★★★ et les falaises de flysch (p.215). Une suite de sites naturels, insolites et exceptionnels, au bord de l'océan. Pour les amoureux de la nature, c'est la plus merveilleuse étape de ce périple.

› Jour 5 - Bilbao

Tradition et modernité à Bilbao ★★★ (p.229). L'inévitable musée Guggenheim (p.248) et son architecture singulière, visite de la ville et de ses quartiers, tournée des bars à *pintxos*, dans une atmosphère bien citadine.

› Jour 6 - Vitoria

Journée culturelle à Vitoria ★★★ (p.310). La capitale de la province d'Alava fait preuve d'un étonnant éclectisme muséographique, avec ses musées consacrés aux jeux de cartes, à l'art contemporain, à l'archéologie, à l'armurerie, aux beaux-arts… Une étape finale pleine de découvertes et de surprises.

ESCAPADE À BILBAO

Bien qu'elle n'en soit pas la capitale, Bilbao ★★★ (p.229) est la ville la plus importante du Pays basque espagnol, frôlant le million d'habitants. Un week-end dans la cité basque permettra de profiter de ses principaux attraits, en combinant découverte du patrimoine, surprises gastronomiques et shopping. *Ongi etorri !*

> **Jour 1 - Casco Viejo et Indautxu**

Vous pourrez consacrer la matinée à la découverte du Casco Viejo ★★★, le cœur historique de la ville. Flânez dans ses rues pleines de charme, et profitez-en pour visiter l'Euskal Museoa (p.241), qui offre un intéressant itinéraire à travers l'histoire, la culture et les traditions basques. Vers midi, rejoignez la Plaza Nueva (p.243) pour faire la tournée des bars à *pintxos*. Après le déjeuner, traversez la *ría* pour rejoindre la zone de San Francisco, quartier métissé où se concentrent les boutiques de jeunes créateurs de Bilbao ★★★ (p.229). Après cette parenthèse shopping, rejoignez tranquillement le quartier d'Indautxu pour admirer l'intérieur du centre culturel Azkuna Zentroa (p.247), imaginé par Philippe Starck. Vous pourrez ensuite alterner shopping de créateurs et bars à *pintxos* le long des avenues élégantes d'Indautxu. Et pour finir cette première journée en beauté, offrez-vous un cocktail sur la Terraza Yandiola, le spot branché du quartier.

> **Jour 2 - Musée Guggenheim, Gran Vía et Jardines de Albia**

Vous pourrez consacrer toute la matinée à la visite du musée Guggenheim (p.248). D'abord pour admirer son indescriptible architecture, et ensuite pour découvrir ses passionnantes collections. À l'heure du déjeuner, le restaurant du musée, Nerua, offre une belle expérience gastronomique pour ceux qui peuvent se le permettre. Rejoignez ensuite la Gran Vía (p.244) pour profiter des boutiques : vous y trouverez toutes les grandes marques espagnoles. Continuez la balade dans les rues de l'Ensanche pour admirer ses beaux bâtiments éclectiques. À l'heure de l'apéro, direction la jolie place arborée des Jardines de Albia (p.244) pour tester le Café Iruña, lieu emblématique fondé en 1903. Dans les environs, vous trouverez plusieurs bars à tapas pour vous essayer à l'art du *txikiteo* (tournée des bars).

> **Jour 3 - Balade sur l'eau, Museo de Bellas Artes et Getxo**

On commence la journée au fil de l'eau par une balade en stand up paddle le long de la *ría*, ou en bateau pour les moins sportifs. C'est l'occasion d'admirer le pont Zubizuri (p.250) et le Palacio Euskalduna (p.248). Ceux qui peuvent se permettre un petit écart pourront même s'offrir une parenthèse gastronomique dans le prestigieux restaurant du palais, Etxanobe. Après le déjeuner, une visite du Museo de Bellas Artes (p.246) s'impose. Ce Musée des Beaux-Arts est l'un des plus intéressants d'Espagne. Et pour terminer en beauté le séjour, direction la ville voisine de Getxo pour y admirer le Puente Vizcaya, véritable prouesse d'ingénierie classée au patrimoine mondial de l'UNESCO.

ESCAPADE DANS LA RIOJA

La Rioja ★★ (p.331) est une région géographiquement moins vaste que les régions voisines et peut tout à fait se traverser en quelques jours, en alliant archéologie, culture et gastronomie. Idéale pour un grand week-end.

© Q - FOTOLIA

Route des Dinosaures.

© HENDRIKDB

Vignobles de la Rioja.

› Jour 1 - Monastères sur le chemin de Saint-Jacques-de-Compostelle

Ces édifices religieux, nombreux et étonnamment bien conservés, constituent les éléments emblématiques du patrimoine matériel et spirituel, parmi lesquels **San Millan de Cogolla** ★★★ (p.344), **Santo Domingo de la Calzada** ★★ (p.341), ou encore **Najera** ★ (p.346).

› Jour 2 - Vins de la Rioja

Pour un brin d'enrichissement culturel, visitez la station œnologique et le musée du vin de **Haro** ★★ (p.335), puis suivez les routes des vins rayonnant autour de **Logroño** ★★★ (p.348). Prévoyez également une petite séance de dégustation.

› Jour 3 - Sur les traces des dinosaures

La **Rioja** ★★ (p.331) concentre le plus important gisement d'empreintes de ces grands animaux énigmatiques. Dans ce même secteur de zones naturelles préservées, un détour très intéressant vers le **mirador del Buitre** (p.363) qui est consacré à l'observation et la protection des rapaces.

› Jour 4 - Logroño

Avant de quitter la région, découvrez sa capitale, **Logroño** ★★★ (p.348), où vous profiterez de la gastronomie régionale dans les multiples bars à tapas.

RIOJA EXPRESS

La Rioja ★★ est une région très réputée pour son excellente production viticole. Mais son territoire, aux dimensions plutôt restreintes, abrite également quelques merveilles architecturales installées sur le chemin de Saint-Jacques-de-Compostelle. Un week-end dans la région permettra d'en apprécier ces deux facettes les plus emblématiques.

› Jour 1 - Patrimoine architectural

Santo Domingo de la Calzada ★★ (p.341), **Nájera** ★ (p.346) et **San Millán de la Cogolla** ★★★ (p.344) : séparées respectivement par 20 km, ces trois étapes offrent un excellent aperçu du patrimoine architectural et religieux de La Rioja ★★. Importante étape du pèlerinage de Saint-Jacques-de-Compostelle, **Santo Domingo de la Calzada** ★★ (p.341) mérite une visite pour sa somptueuse cathédrale où se mêlent le gothique, le baroque et le plateresque. A Nájera, autre étape du pèlerinage, vous visiterez le monastère de **Santa María la Real** (p.346), qui abrite le panthéon de l'ancien royaume de Navarre. Enfin, à San Millán de la Cogolla, vous découvrirez les monastères de **Yuso** (p.344) et de **Suso** (p.344), inscrits au patrimoine mondial de l'Unesco.

› Jour 2 - Haro et les villages viticoles

Vous pourrez commencer cette journée à **Haro** ★★ (p.335), pour visiter son intéressant **musée du Vin** (p.349) de La Rioja ★★. Dans un rayon d'une trentaine de kilomètres, plusieurs villages de tradition viticole méritent une visite, notamment Cenicero, où est installée l'emblématique bodega Marqués de Cáceres ; **Briones** ★ (p.339), où vous pourrez visiter le musée de la Bodega Dinastía Vivanco ; et le village bucolique de **San Vicente de la Sonsierra** ★ (p.337), perché sur une colline au bord de l'Ebre.

SE REPÉRER / SE DÉPLACER

DE L'AÉROPORT AU CENTRE-VILLE

L'aéroport de Bilbao est le plus important de la région. Il est desservi par une vingtaine de compagnies aériennes nationales et internationales. Le nouveau terminal, inauguré en 2000 et dessiné par Santiago Calatrava, revêt la forme d'un oiseau en plein vol, ce qui lui vaut le surnom de « La Paloma » (la colombe).
Depuis l'aéroport, le bus est l'option la plus commode pour rejoindre le centre de Bilbao. Pour 3 €, la ligne A-3247 de Bizkaiabus vous mènera au centre-ville en 25-30 minutes environ. Une ligne de métro, actuellement en cours de construction, devrait relier prochainement le centre historique à l'aéroport. En taxi, comptez 20-25 € le trajet.

Les aéroports de San Sebastián, Pampelune, Logroño et Vitoria, bien plus modestes, offrent principalement des vols nationaux.

Depuis la France, vous devrez donc atterrir à Bilbao avant de rejoindre les autres villes et régions en train, bus ou voiture. Avec la compagnie Pesa, vous pourrez rejoindre San Sebastián depuis l'aéroport de Bilbao en 1h15, au prix de 13 €. Notez aussi que plusieurs compagnies de location de voitures possèdent une succursale dans l'aéroport (Avis, Europcar, etc.).

ARRIVÉE EN TRAIN

Le train est le moyen de transport le plus pratique pour rejoindre San Sebastián depuis la France grâce à la ligne de TGV Paris-Hendaye (4h30 heures de trajet), qui dessert notamment la ville de Bordeaux. Depuis Hendaye, le train régional Topo vous conduira jusqu'à San Sebastián en 35 minutes. Pour rejoindre Bilbao, l'option la plus simple est de prendre le Topo jusqu'à la gare d'Irún, puis de prendre un bus de la compagnie Alsa (www.alsa.es), dont le trajet dure 1h45 pour 8 €. La compagnie La Estellesa (www.laestellesa.com) permet quant à elle de rejoindre Logroño en 3h de trajet.
Aucune ligne de TGV ne traverse actuellement le Pays basque, mais un projet de ligne à grande vitesse reliant Vitoria, Bilbao et San Sebastián, appelée « Y basque », est en cours. Long de 172 km et à écartement européen, ce réseau devrait voir le jour en 2026. Pour le moment, les villes sont desservies par des trains de *Media Distancia* (trains régionaux).

© NORADOA - SHUTTERSTOCK.COM

Le tramway est très pratique pour circuler à Bilbao.

TRANSPORTS EN COMMUN

Dans les grandes villes de la région, vous pourrez vous déplacer sans problème en transports en commun.

À Bilbao, le tram vous permettra d'accéder facilement aux endroits stratégiques de la ville, du Casco Viejo au Guggenheim en passant par la gare routière. Le métro s'avérera bien plus utile pour rejoindre la ville voisine de Getxo et les plages de Sopela. Si vous prévoyez plusieurs déplacements, optez pour la Bilbao Bizkaia Card (www.bilbaobizkaiacard.com), qui offre un accès illimité au transport urbain et bus interurbains à partir de 10 € par jour.

À San Sebastián, tout comme à Pampelune et Logroño, les bus urbains sont très commodes pour rejoindre les sites les plus éloignés. À Vitoria, un tram moderne traverse la cité. Les cartes d'abonnement de transport peuvent s'avérer utiles si vous prévoyez plusieurs déplacements ou si vous voyagez avec de jeunes enfants, mais d'une manière générale, on peut facilement parcourir ces villes à pied en utilisant seulement les transports de manière ponctuelle. Très commode, la San Sebastian Card vous propose six trajets en bus au prix de 9 €. Vous pourrez l'acheter en ligne sur le site de l'office de tourisme (www.sansebastianturismoa.eus). Autre option, la Basque Card (à partir de 26 €) vous permet d'explorer la province du Gipuzkoa en bus et Euskotren.

Si l'usage de la voiture est à privilégier pour visiter l'intérieur des terres, les réseaux de bus interurbains sont aussi bien développés. La compagnie Bizkaibus (web.bizkaia.eus/bizkaibus) couvre l'ensemble de la Biscaye. Lurraldebus (www.lurraldebus.eus) connecte la province du Gipuzkoa avec les trois capitales basques. Autobuses La Unión (www.autobuseslaunion.com) relie Bilbao avec Pampelune et Vitoria, tandis que Pesa (www.pesa.net) relie San Sebastián avec Bilbao et Vitoria notamment.

VÉLO, TROTTINETTE & CO

Si le temps est clément, le vélo est une excellente option pour explorer Bilbao, qui dispose d'un réseau de voies cyclables de 60 km environ. De plus, la plupart des routes du centre-ville sont limitées à 30 km/heure, facilitant ainsi la circulation des vélos. La ville dispose d'un réseau de vélos en libre service (Bilbao Bizi – www.bilbaobizi.bilbao.eus), mais ce service n'est disponible qu'à travers un abonnement annuel. Cependant, nombreuses sont les agences qui proposent des vélos à louer à la journée.
Le vélo est un moyen de transport particulièrement agréable à San Sebastián, car il permet de traverser la ville d'un bout à l'autre en longeant la baie. Son service de vélo en libre service (DBizi - www.dbizi.eus) est disponible à partir de 5 € par mois. À Logroño, le réseau Bicilog (www.bicilog.net) permet de louer un vélo à partir de 5 € par jour. À Pampelune comme à Vitoria, vous devrez passer par un loueur.

L'usage de trottinettes électriques se développe à la vitesse grand V auprès des particuliers. Elles peuvent circuler uniquement sur les pistes cyclables et les routes limitées à 30 km/h, jamais sur les trottoirs et autres lieux réservés aux piétons.
En revanche, les *startups* de trottinettes en libre-service sont pour le moment encore peu développées.

AVEC UN CHAUFFEUR

De couleur blanche, avec une petite lampe verte lorsqu'ils sont libres, les taxis sont moins chers qu'en France, mais pas beaucoup moins. Vous en trouverez facilement dans les grandes villes, les gares routières ou ferroviaires et les aéroports.
Dans les villages, vous devrez probablement réserver par téléphone. Les grands noms des VTC, Uber et Cabify, sont également implantés dans les grandes villes.

EN VOITURE

Le nord de l'Espagne est desservi par un réseau routier de qualité composé de routes nationales (*autovías*) gratuites et d'autoroutes (*autopistas*) payantes. Au niveau de la réglementation, la limitation de vitesse est de 120 km/h sur les autoroutes et voies rapides, 90 km/h sur les routes secondaires et 50 km/h en ville. La voiture est indispensable pour visiter l'intérieur des terres de Navarre et du Pays basque, ou explorer les vignobles de La Rioja. Dans les villes, en revanche, il est conseillé de laisser sa voiture au parking pendant la durée du séjour ! À Pampelune, Logroño et Vitoria, vous n'aurez pas trop de problèmes pour trouver un stationnement gratuit en vous éloignant un peu des centres historiques. En revanche, à Bilbao et

San Sebastián, vous échapperez difficilement au parcmètre. À San Sebastián, il existe une douzaine de parkings souterrains dans toute la ville, notamment sur la Plaza Cataluña (quartier de Gros), face au Kursaal (avenida Zurriola, 3), près de la cathédrale Buen Pastor (C/ San Bartolome, 1), entre autres. Les tarifs varient selon les zones, mais sont généralement assez élevés. Dans les rues de la ville, le stationnement est payant partout, mais les tarifs sont variables en fonction des zones (le quartier du Centro étant le plus cher, et El Antiguo le moins cher). Même panorama à Bilbao : pour garer votre voiture dans un parking privé du centre-ville, il vous faudra débourser environ 20 € par jour.

ACCESSIBILITÉ

La plupart des villes espagnoles disposent d'aménagements spécifiques pour les handicapés. Rampes, ascenseurs et toilettes ont été installés pour leur faciliter l'accès aux édifices, musées et transports publics. Une très grande majorité des plages dispose d'acheminements aménagés pour faciliter l'accès au site ainsi que de fauteuils roulants amphibies adaptés à la baignade. De même, de très nombreux hôtels, gîtes et maisons d'hôtes disposent de chambres spécialement aménagées. Consultez les offices de tourisme de chaque destination pour connaître la liste des hébergements et lieux touristiques adaptés.

LES PHRASES CLÉS

Bonjour, comment puis-je me rendre à…
Hola, ¿cómo puedo llegar a….?

Est-ce loin à pied ? Y a-t-il le métro ou un bus… pour y aller ?
¿Está lejos a pie? ¿Hay metro o autobús… para llegar allí?

Pouvez-vous me montrer cet endroit sur la carte s'il vous plait ?
¿Puede mostrarme el lugar en el mapa, por favor?

Où puis-je acheter les tickets de transport ? Est-ce que je peux payer en carte de crédit ?
¿Dónde puedo comprar los billetes de transporte? ¿Puedo pagar con tarjeta de crédito?

Où est la sortie ? A gauche, à droite ou tout droit ?
¿Dónde está la salida? ¿A la Izquierda, derecha o todo recto?

Je suis perdu et je suis en retard, s'il vous plait, aidez-moi ! Merci beaucoup !
Estoy perdido y llego tarde; ¡ayúdeme, por favor! Muchísimas gracias.

A VOIR / A FAIRE

HORAIRES

Il faut ici distinguer les centres urbains des petits villages à l'intérieur des terres. Dans les villes, la plupart des grands musées affichent les mêmes horaires tout au long de l'année. Les jours de fermeture sont variables selon chaque musée, mais généralement ils ferment le lundi. Dans les petites villes et les villages, en revanche, les horaires et jours d'ouverture changent beaucoup en dehors de la saison estivale : la plupart des sites appliquent alors un horaire restreint, ou bien n'ouvrent que les week-ends et lors des vacances scolaires.

A RÉSERVER

En dehors du Guggenheim, où la réservation est conseillée, vous n'aurez pas de problème d'affluence dans les musées et sites touristiques du nord de l'Espagne. Si vous souhaitez entreprendre une route des vins dans les *bodegas* de La Rioja, il vous faudra là aussi réserver un peu à l'avance les visites guidées et dégustations.

BUDGET / BONS PLANS

Les prix sont très variables selon le site visité : comptez 2 € pour l'entrée d'un musée municipal dans un village, et jusqu'à 15 € pour certaines expositions du Guggenheim. Des réductions sont généralement proposées aux jeunes et aux séniors, parfois aussi aux étudiants et aux groupes. Les jeunes enfants bénéficient quant à eux de l'entrée gratuite dans la plupart des sites et monuments. De nombreux musées proposent aussi un jour d'accès gratuit aux visiteurs : pensez à vérifier sur leur site web.

Dans les grandes villes, des *pass* combinant l'accès à certains musées, attractions et aux transports en commun permettent de faire quelques économies. La Bilbao Bizkaia Card (15 € les 48h sur www.bilbaobizkaiacard.com) inclut notamment le transport, des visites guidées gratuites et un « fast pass » dans les principaux musées. La Pamplona Iruña Card (à télécharger gratuitement sur pamplona.es) offre quant à elle des réductions sur certains musées, expositions et commerces. Avec la carte La Rioja Capital (www.lariojacapital.com), vous bénéficierez de réductions pour la visite de certaines *bodegas*.

LES ÉVÉNEMENTS

Le calendrier régional est d'abord marqué par les grandes fêtes patronales : les Sanfermines de Pampelune en juillet, bien sûr, mais aussi la Semana Grande de Bilbao et San Sebastián, en août. Dans La Rioja, les grandes célébrations sont liées à la culture viticole, comme la Bataille du vin de Haro (juin) et la fête des vendanges pour la San Mateo (septembre), à Logroño. L'été, de nombreux villages célèbrent leur *fiesta mayor* dans toute l'Espagne.

© LAKISHA BEECHAM - SHUTTERSTOCK.COM

La bataille de vin de Haro.

D'importants festivals sont également organisés dans la région. Signalons le célèbre festival du film de San Sebastián (septembre), le festival de jazz Heineken Jazzaldia (juillet), l'incontournable Bilbao BBK Live (juillet), ou encore l'Azkena Rock Festival (juin) de Vitoria.

VISITES GUIDÉES

Les visites guidées ne manquent pas pour explorer le Pays Basque, la Navarre et la Rioja ! Dans les villes, elles sont généralement orientées sur la découverte des musées et monuments, la tournée des bars à *pintxos*, des balades à vélo ou en bateau... Dans la Rioja, les excursions sur le thème du vin sont un grand classique : on vous proposera des parcours à travers différentes *bodegas* pour découvrir leurs secrets de fabrication. En Navarre, beaucoup d'agences organisent des randonnées le long du chemin de Compostelle, des excursions dans le Parc naturel des Bardenas Reales et des expériences « vip » lors des Sanfermines. Enfin, au Pays Basque, le choix est également vaste : visite d'une *bodega* de *txakoli*, dégustation dans une cidrerie traditionnelle, initiation au surf sur la côte, excursions en bateau le long des falaises du Flysch...

LES PHRASES CLÉS

Bonjour, puis-je avoir deux entrées adultes et un enfant s'il vous plait ?
Hola, ¿me da dos entradas de adulto y una para niño, por favor?

Le tarif enfant est jusqu'à quel âge ? Et pour les seniors, est-ce qu'il y a une réduction ?
¿Hasta qué edad comprende la tarifa infantil? Y ¿hay descuento para los mayores?

Est-ce qu'il y a des visites guidées en français ou un audioguide ?
¿Hay visitas guiadas en francés o una audioguía?

Combien de temps faut-il pour faire la visite ?
¿Cuánto tiempo se tarda en visitarlo?

J'ai du mal à monter les escaliers, avez-vous un ascenseur ?
Tengo problemas para subir las escaleras, ¿hay ascensor?

Excusez-moi, pouvez-vous me dire où sont les toilettes ? Merci beaucoup.
Disculpe, ¿puede decirme dónde está el baño? Muchísimas gracias.

SE RÉGALER

HORAIRES

En général, les Espagnols déjeunent vers 14h, et dînent le soir à partir de 21h. C'est surtout vrai dans les grandes villes et les stations balnéaires. Dans les villages au cœur des terres, les repas sont servis plus tôt, en général à partir de 13h pour le déjeuner, et aux alentours de 20h30 pour le dîner. Hors saison, beaucoup d'établissements ferment durant les mois d'hiver, ou n'ouvrent en soirée que les week-ends. Dans les grandes villes, vous ne rencontrerez pas ce cas de figure. En revanche, attention aux restaurants qui ferment au mois d'août ! À Bilbao, par exemple, beaucoup prennent des congés durant la première quinzaine d'août. Dans toute la région, la plupart des restaurants ferment durant les premiers jours de janvier.

BUDGET / BONS PLANS

Les restaurants sont un peu moins chers qu'en France, mais pas beaucoup moins ! La différence se fait surtout sur les boissons : alors qu'en France le budget pour une bouteille de vin tourne facilement autour des 30 €, en Espagne vous débourserez moins de 15 €. Quoi qu'il en soit, il faut compter environ 20 € par personne pour un repas à base de *pintxos*, 40 € pour un restaurant de poisson, et plus de 70 € pour une table gastronomique. Le midi, beaucoup de restaurants servent un *menu del dia* aux alentours de 10-15 €, une formule économique qui inclut généralement une entrée, un plat, un dessert et une boisson. Au niveau des moyens de paiement, vous n'aurez pas de problème pour payer en carte dans les restaurants des grandes villes. En revanche, dans les villages, prévoyez du liquide !

EN SUPPLÉMENT

En général, les taxes sont incluses dans les prix annoncés sur la carte. Si ce n'est pas le cas, il sera indiqué +IVA. Dans les grandes villes, vous ne devriez pas être confronté à ce cas de figure ; en revanche, dans les villages à l'intérieur des terres, encore beaucoup de restaurants facturent la TVA à part. Elle correspond à 10 % de la note.
Concernant les pourboires, il est de coutume de laisser 5-10 % de la note si vous avez apprécié le service. Mais cela n'est en rien obligatoire. Enfin, notez que l'eau n'est jamais incluse dans les restaurants espagnols ! Inutile de tenter d'expliquer que vous voulez simplement une carafe d'eau, cela ne se fait pas ! Il vous faudra commander une bouteille d'eau plate (*agua sin gas*) ou gazeuse (*agua con gas*), fraîche (*fría*) ou à température ambiante (*natural*), qui vous sera facturée en fin de repas.

Bar à pintxos à San Sebastián.

C'EST TRÈS LOCAL

Faire la tournée des bars à *pintxos* est un véritable rituel dans le nord de l'Espagne. Le *poteo*, comme on l'appelle, est une cérémonie codifiée, où le tempo se doit d'être précis ! Inutile de se désespérer de la foule, on ne passe généralement pas plus d'une demi-heure dans chaque établissement. Inutile de prier mentalement pour qu'un tabouret se libère : vos voisins de comptoir sont déjà sur le coup. Et surtout, malgré la tentation, faites preuve de *self-control* : pas plus de deux *pintxos* dans chaque établissement, sinon votre *poteo* pourrait virer au sédentaire !

À ÉVITER

Au risque de passer pour un touriste de première, oubliez vos couverts pour déguster *pintxos*, *rabas* (calamars frits) et autres tapas de comptoir. Elles se dégustent avec les doigts, tout simplement ! Évitez aussi la sangria, boisson pour touristes par excellence. Préférez le *txakoli* en apéritif, et les vins de La Rioja à l'heure des repas.

ENFANTS

En Espagne, les enfants sont les bienvenus dans tous les restaurants. D'ailleurs, le week-end, la plupart des restaurants de poissons du littoral sont remplis de *niños*, tout comme les typiques *asadores* où se retrouvent les familles autour d'un *chuletón* (côte de bœuf) grillé à la plancha. Même dans les restaurants gastronomiques, il est rare que l'on vous refuse l'accès avec des enfants : à vous de voir si vos chérubins pourront tenir en place ou non !

FUMEURS

Les Espagnols se sont pliés en janvier 2011 à l'interdiction de fumer dans les lieux publics. Après une période de transition durant laquelle il était permis de fumer dans certains établissements, désormais il est tout simplement interdit de fumer dans tous les bars et restaurants du pays. Cette interdiction devrait s'étendre prochainement aux terrasses des cafés et restaurants, mais aussi aux parcs et aux plages.

LES PHRASES CLÉS

Bonjour, je voudrais réserver une table pour deux personnes pour ce midi ou ce soir.
Hola, me gustaría reservar una mesa para dos personas para este mediodía o esta noche.

Avez-vous un menu en français ou en anglais ?
¿Tiene una carta en francés o en inglés?

Je suis végétarien, y a t-il des plats sans viande ?
Soy vegetariano, ¿hay platos sin carne?

Je n'ai vraiment plus faim mais avez-vous une carte des desserts ?
No tengo más hambre, pero ¿tienen carta de postres?

Puis-je avoir l'addition s'il vous plait ? Je peux payer par carte ou en espèces ?
¿Me pasa la cuenta, por favor? ¿Puedo pagar con tarjeta o en efectivo?

C'était très bon, nous reviendrons. Merci et à bientôt.
Estaba todo muy bueno, volveremos. Gracias y hasta pronto.

PRATIQUE

FAIRE UNE PAUSE

HORAIRES

En semaine, les Espagnols se retrouvent en général vers 19h pour prendre l'apéritif, à la sortie du travail. Le week-end, c'est plutôt vers midi que l'on se donne rendez-vous pour boire un *zurito* (petite bière), un *vermut*, ou un verre de Rioja ! La plupart des bars ferment le lundi soir. L'happy hour ne se pratique pas, mais les prix sont généralement moins chers qu'en France.

BUDGET / BONS PLANS

Les prix varient beaucoup en fonction de l'emplacement de chaque bar. Évidemment, un verre en terrasse face à l'océan ne vous coûtera pas le même prix que dans un bar de village. D'une manière générale, comptez 2 € pour un café, 3 € pour une bière ou un vermouth, entre 3 et 5 € pour un verre de vin, et de 7 à 12 € pour un cocktail. Un petit pourboire est de rigueur si vous avez apprécié le service...

A PARTIR DE QUEL ÂGE

Comme en France, la loi espagnole interdit la consommation d'alcool aux mineurs de moins de 18 ans.

C'EST TRÈS LOCAL

Le dimanche midi, à Bilbao, il est de coutume de se réunir en famille ou entre amis pour prendre un apéritif accompagné d'une portion de *rabas* (calamars frits). Les Basques sont aussi de grands amateurs de *vermut*, ce vin aromatisé aux plantes que l'on accompagne en général de quelques *gildas* (olives, piments et anchois plantés sur un cure-dent). Autre grand rituel : le *pintxo-pote* du jeudi soir ! À cette occasion, les *cuadrillas* (groupe d'amis) se retrouvent pour faire la tournée des bars en grignotant des *pintxos*.

LES PHRASES CLÉS

Bonjour, quelle est la spécialité de la maison ? Nous voulons découvrir.
Hola, ¿cuál es la especialidad de la casa? Nos gustaría probarla.

Avez-vous de la place en terrasse ?
¿Tiene sitio en la terraza?

Quel est votre nom ? Je m'appelle… Ravi de vous rencontrer !
¿Cómo se llama? Mi nombre es.... ¡Encantado de conocerle!

A votre santé ! Zut, j'ai renversé mon verre… pouvez-vous m'aider ?
¡A su salud! ¡Maldita sea!, se me ha derramado la bebida.... ¿puede ayudarme?

C'était très bon. Nous allons reprendre la même chose s'il vous plait.
Estaba muy bueno. Tomaremos lo mismo otra vez, por favor.

(SE) FAIRE PLAISIR

HORAIRES

Les petits commerces ouvrent généralement du lundi au vendredi de 10h à 14h et de 17h à 20h, le samedi de 10h à 14h. Les grandes enseignes ouvrent quant à elles du lundi au samedi de 10h à 20h30, tandis que les centres commerciaux ouvrent pour la plupart jusqu'à 21h. Les boutiques sont généralement fermées le dimanche, sauf certaines enseignes dans les centres touristiques.

BUDGET / BONS PLANS

Zara, Massimo Dutti, Mango, Pull and Bear, Zara Home, Bershka, Oysho, Desigual : toutes ces marques espagnoles affichent entre 20 et 30 % de moins qu'en France... gare aux tentations !
En Espagne, les magasins de fin de stocks ou de marques dégriffées s'appellent des *outlets*. Si vous avez le temps, vous pourrez par exemple faire de bonnes affaires dans le Fashion outlet Barakaldo (fashionoutletbarakaldo.com).
Concernant les moyens de paiement, vous n'aurez aucun problème pour payer en carte dans les villes. En revanche, prévoyez du liquide pour faire des achats sur les marchés ou dans certaines petites épiceries dans les villages reculés...

SOLDES

Ventes privées, promotions, Black Friday, soldes... Comme en France, on peut faire de bonnes affaires presque toute l'année en Espagne. Les soldes saisonnières durent environ six semaines : elles commencent début janvier pour les soldes d'hiver, et fin juin pour celles d'été.

C'EST TRÈS LOCAL

Au Pays Basque, profitez de la richesse de l'artisanat local : chistera, gourde, espadrilles et linge basque sont autant d'objets à ramener dans ses valises. La *txapela* (béret) est un autre incontournable de l'artisanat basque. La mode locale possède son lot de marques *made in Euskadi*, dont la plus célèbre, Loreak Mendian, cartonne auprès des amateurs de streetwear.

© PHOTONN - SHUTTERSTOCK.COM

Espadrilles, San Sebastián.

La marque SKFK, originaire de Bilbao, propose quant à elle une mode écolo et optimiste. Ne manquez pas non plus les créations de Minimil, qui s'inspire des lignes modernes et élégantes de Balenciaga. Pour des maillots de bain stylés, foncez chez Pukas, marque de référence pour les surfeurs du Pays basque. Pour des produits gourmands, le *bonito del norte* (thon blanc) en conserve, une bouteille de *txakoli* ou un bocal de *guindillas* (piments basques) sont autant de produits typiques et peu onéreux à rapporter de votre voyage. En Navarre, n'oubliez pas de rapporter dans vos valises une petite bouteille de pacharán et des conserves de *pimientos del piquillo*. Pendant les Sanfermines, la gourde à vin est indispensable ! Dans la Rioja, évidemment, c'est du vin que l'on rapportera dans ses bagages !

LES PHRASES CLÉS

Bonjour, c'est superbe, mais combien ça coûte ?
Hola, es genial, pero ¿cuánto cuesta?

Vous auriez ma taille ? Où se trouvent les cabines d'essayage ?
¿Tiene uno de mi talla? ¿Dónde están los probadores?

Est ce que je pourrai vous le rapporter et l'échanger si ça ne va pas ?
¿Puedo devolverlo y cambiarlo si no está bien?

J'ai trop dépensé aujourd'hui, pouvez-vous me faire une réduction sympa ?
Hoy he gastado demasiado, ¿puede hacerme un buen descuento?

Je prendrai celui-ci. Pouvez-vous me faire un paquet cadeau ?
Yo me quedo con este. ¿Puede envolvérmelo en papel de regalo?

Vous prenez la carte de crédit ? Où puis-je trouver un distributeur de billets ?
¿Aceptan tarjeta de crédito? ¿Dónde puedo encontrar un cajero automático?

BUDGET / BONS PLANS

C'est bien connu, les Basques sont de grands sportifs, et surtout des amoureux de la nature ! Le vélo et le surf sont leurs sports de prédilection. Si vous souhaitez vous initier aux joies du surf, comptez en moyenne 35 € pour une session de 2h. Les amateurs de randonnée pourront bien sûr profiter gratuitement des nombreux sentiers qui traversent le nord de l'Espagne, aussi bien dans les parcs naturels qui essaiment la région que le long des chemins de pèlerinage.
Les « voies vertes » de Navarre, aménagées sur le tracé d'anciennes lignes de chemin de fer, permettent aussi de découvrir à pied ou à vélo de somptueux paysages. Dans La Rioja, des sentiers de grande randonnée traversent les sierras, tandis que le GR 38, appelé « route du vin et du poisson », suit les anciens chemins empruntés par les muletiers entre la région de la Rioja Alavesa et la côte biscayenne.
Dans les villages du Pays Basque et de Navarre, vous pourrez aussi vous essayer à la pelote basque dans les frontons à l'air libre. Les amateurs de foot ne manqueront pas d'assister à un match de l'Athletic. Le prix des places est très variable selon les matchs et l'emplacement, mais pensez à réserver à l'avance !

C'EST TRÈS LOCAL

La pelote basque demeure l'une des spécificités de la culture locale. Il existe diverses spécialités de pelote, en fonction de l'équipement et du terrain. On peut y jouer dans un fronton, un Jaï Alaï ou un trinquet.
Les jeux de force (Herri kirolak en basque) animent les fêtes de village en opposant plusieurs équipes au cours d'une série d'épreuves. Constitués d'un total de 16 disciplines, ces jeux traditionnels sont souvent hérités des anciens travaux agricoles (découpe de troncs à la hache, concours de ramassage d'épis de maïs, etc.).
Enfin, les régates de traînières sont un sport très populaire au Pays basque. Les équipes s'affrontent lors de grandes compétitions dont la plus célèbre est celle de la Bandera de La Concha, qui a lieu tous les ans à Saint-Sébastien.

Jaï Alaï.

À RÉSERVER

Les corridas sont l'un des moments forts des fêtes de Pampelune, au mois de juillet. Sachez cependant qu'il est très difficile d'obtenir des places pendant les Sanfermines : 90 % d'entre elles sont vendues à l'avance sous forme d'abonnements annuels. Les 10 % restants sont mis en vente aux guichets des arènes à partir de 20h30, la veille de la corrida. Pour ceux qui n'ont pas réussi à obtenir des places, il est également possible de tenter sa chance quelques heures avant le début de la corrida, dans les alentours des arènes, où s'organise la revente (mais en payant généralement le double du prix).

LES ÉVÉNEMENTS

Grand évènement sportif au Pays Basque, la Bandera de la Concha est une régate de traînières célébrée au mois de septembre dans la baie de San Sebastián. Chaque année, plus de 100 000 spectateurs assistent à cette prestigieuse course pour voir les bateaux s'élancer à 3 milles nautiques au large, avant de rejoindre le plus vite possible la ligne de départ. Pour y assister, prévoyez d'arriver (très) tôt !
Autre rendez-vous immanquable : l'*encierro* des fêtes de Pampelune. Sur un parcours de 848 m, les taureaux traversent la calle Santo Domingo puis la calle Estafeta jusqu'aux arènes où ils combattront dans l'après-midi. Les *corredores* (coureurs), vêtus de blanc et du traditionnel foulard rouge, encadrent les taureaux dans leur course folle. Ce moment de pure adrénaline est suivi avec passion dans toute l'Espagne, où il est retransmis en direct à la télévision. Mais pour se faire une place dans les rues étroites qui forment le parcours de l'*encierro*, il faut s'armer d'une patience à toutes épreuves en arrivant au moins 2 heures avant le début de la course !

LES PHRASES CLÉS

Bonjour, comment puis-je me rendre à… ? Est-ce loin ?
Hola, ¿cómo puedo llegar a...? ¿Está muy lejos?

J'aimerais aller courir. Il y a un coin sympa pour cela dans la ville ?
Me gustaría salir a correr. ¿Hay algún buen lugar en la ciudad para hacerlo?

J'adore cuisiner. Savez-vous où je peux trouver des cours de cuisine ?
Me encanta cocinar. ¿Sabe dónde imparten clases de cocina?

Vous pourriez m'indiquer une salle de sport pas très loin ?
¿Podría indicarme un gimnasio que no esté muy lejos?

Quel est le sport national ?
¿Cuál es el deporte nacional?

Pensez-vous que nous pourrions voir cela ou même participer ?
¿Cree que podríamos verlo o incluso participar?

HORAIRES

Les boîtes de nuit se remplissent généralement assez tard en Espagne, mais cela dépend surtout de leur clientèle. En été, dans les zones fréquentées par les touristes, l'ambiance est déjà très animée vers les coups de minuit. Au contraire, les boîtes à l'ambiance très locale ne se remplissent pas avant 2h du matin. D'une manière générale, les boîtes ouvrent du jeudi au samedi de 0h à 6h.

BUDGET / BONS PLANS

À Bilbao, Pampelune et Logroño, la plupart des boîtes de nuit se situent un peu à l'écart du centre. À San Sebastián, en revanche, les clubs les plus prisés se trouvent près de la Concha. L'entrée en boîte de nuit est souvent gratuite avant une certaine heure ou en s'inscrivant sur une *guest list*. Quoi qu'il en soit, elle ne dépasse jamais les 20€ ! Certains clubs à la mode offrent la possibilité de réserver un carré VIP : dans ce cas, l'entrée est gratuite, mais la consommation minimum est de 40 € environ par personne.

A RÉSERVER

En règle générale, vous n'aurez pas de problème pour réserver des billets dans les salles de spectacles de la région. En revanche, s'il s'agit d'un festival, mieux vaut s'y prendre à l'avance ! Les entrées pour assister aux projections du festival de San Sebastián se vendent comme des petits pains, tout comme celles du Festival de Jazz de San Sebastián. Si vous prévoyez d'assister au Bilbao BBK Live, mieux vaut aussi vous y prendre tôt : les pass sont moins chers quand on les prend à l'avance.

TRANSPORTS NOCTURNES

Le métro de Bilbao fonctionne jusqu'à 23h en semaine, 1h30 le vendredi et toute la nuit du samedi. Il existe également plusieurs lignes de bus nocturne au départ de la Plaza Biribila, juste à côté de la gare Abando. À San Sebastián, les bus Búho assurent le service de nuit les vendredis et samedis soir jusqu'à 3-4h du matin. Concernant les trains Euskotren, ils circulent pour la plupart la nuit du samedi au dimanche dans tout le Pays Basque. À Pampelune, les bus de nuit fonctionnent également les vendredis et samedis soir, tout comme ceux de Logroño et Vitoria.

A PARTIR DE QUEL ÂGE

Comme en France, l'accès aux boîtes de nuit est interdit aux mineurs.

© GILAXIA - ISTOCKPHOTO.COM

C'EST TRÈS LOCAL

Le jeudi soir est la soirée étudiante par excellence. De nombreuses boites organisent aussi des soirées Erasmus ce soir-là. D'une manière générale, le *dresscode* est généralement assez relax dans les boites de nuit espagnoles. D'ailleurs, peu d'entre elles se payent les services d'un physionomiste.

FUMEURS

Il est interdit de fumer dans les clubs en Espagne.

LES PHRASES CLÉS

Bonsoir, comment puis-je me rendre à…
Buenas noches, ¿cómo puedo llegar a….?

Est ce que cet endroit est tranquille ? Il n'y a pas de problème de sécurité ?
¿Es un lugar tranquilo? ¿Hay problemas de seguridad?

J'aimerais voir un spectacle typique ! Qu'est-ce qu'il y a en ce moment ?
Me gustaría ver un espectáculo típico del lugar. ¿Hay alguno programado para hoy?

Je ne comprends pas… pouvez-vous répéter s'il vous plait ? Merci.
No entiendo... ¿puede repetirlo, por favor? Gracias.

Est-ce que je peux vous offrir un verre ? Quel est le meilleur cocktail de la maison ?
¿Puedo invitarle a una copa? ¿Cuál es el cóctel especialidad de la casa?

J'ai la gueule de bois, auriez-vous quelque chose pour que j'aille mieux ?
Tengo resaca, ¿tiene algo que me haga sentir mejor?

SE LOGER

BUDGET / BONS PLANS

L'offre de logements est très variée. Dans les grandes villes, on trouve aussi bien des pensions de charme que des hôtels de luxe ou des chaînes hôtelières. Les prix sont variables en fonction du type de logement et de la saison choisie pour votre séjour. À Bilbao et San Sebastián, un hôtel de bon standing à 80 € la chambre double hors saison grimpera facilement jusqu'à 150 € en plein été ! À Pampelune, Logroño et Vitoria, les prix oscilleront plutôt entre 60 et 100 €. Pour les petits budgets, comptez environ 20 € pour un lit en dortoir. Dans les hôtels de luxe, la chambre standard oscille entre 150 et 350 € la nuit. Pour bénéficier des meilleurs prix, pensez à réserver à l'avance et directement sur le site des hôtels : beaucoup proposent des réductions pour les *early booking*.

Sur le littoral et à l'intérieur des terres, vous trouverez un grand choix d'hôtels ruraux (*agroturismos*) et de logements de charme. Beaucoup occupent de traditionnels *caseríos* (fermes basques) en pleine campagne, des villas balnéaires du siècle passé, des maisons nobles dans les villages… Les prix sont très variables selon l'emplacement et la saison : de 50 € la chambre double dans une *casa rural*, et jusqu'à 200 € l'été dans une villa en bord de mer. Vous trouverez aussi de nombreuses auberges sur le tracé du Camino Francés en Navarre et dans la Rioja, mais aussi le long du littoral traversé par le Camino del Norte. Certaines sont réservées aux pèlerins, mais d'autres accueillent aussi les touristes. Il vous en coûtera environ 10 € la nuit.

A RÉSERVER

Pendant les fêtes de la San Fermín, du 6 au 14 juillet, il est presque impossible de se loger à Pampelune et dans les villages alentour. Si vous avez choisi de venir à cette période, réservez longtemps à l'avance, beaucoup de logements étant réservés d'une année sur l'autre, malgré des prix multipliés généralement par trois ! La solution des appartements ou chambres à louer chez l'habitant est souvent une formule moins onéreuse que les hôtels classiques. Si vous n'avez rien trouvé, vous pouvez aussi passer quelques nuits à la belle étoile, une fantaisie autorisée exceptionnellement dans les espaces verts de Pampelune pendant les fêtes. Mieux vaut dans ce cas être en groupe !

À San Sebastián, la plupart des hôtels sont complets durant la deuxième quinzaine de septembre, à l'occasion du festival de cinéma. Au mois d'août, réservez à l'avance si vous prévoyez de séjourner sur le littoral basque : les hébergements sont pris d'assaut en cette période.

Vue sur Bilbao.

C'EST TRÈS LOCAL

Les *agroturismos* ou *casas rurales* (logements ruraux) sont très développés au Pays Basque. Il s'agit le plus souvent de belles fermes restaurées (*caseríos*), dont les propriétaires continuent d'exercer une activité agricole. L'association Nekatur (www.nekatur.net) réunit sur son site internet l'offre la plus complète de gîtes ruraux.
Autre spécificité locale : les hôtels aménagés au sein de domaines viticoles. Ils sont nombreux dans la Rioja, mais aussi sur le littoral basque dans les vignobles de txakoli. Ce sont généralement des établissements luxueux offrant des expériences exclusives autour de l'œnologie, la nature et la gastronomie.
Enfin, sachez qu'il existe un réseau important d'auberges de pèlerins en Navarre, dans la Rioja et le long du littoral basque. Elles peuvent être municipales, privées ou religieuses. Ces dernières sont réservées aux pèlerins, les autres accueillent tous les voyageurs pour un prix modeste.

FUMEURS

Il est interdit de fumer dans les hôtels en Espagne.

LES ATTRAPE-TOURISTES

Attention à la location illégale d'appartements ou de chambres dans les grandes villes ! Tous les logements doivent posséder une licence touristique pour être mis en location. Si vous avez le moindre doute, n'hésitez pas à solliciter le numéro de licence au loueur.

LES PHRASES CLÉS

Bonjour, avez-vous de la disponibilité pour une chambre double pour ce soir ou demain soir ?
Hola, ¿dispone de una habitación doble para esta noche o para mañana por la noche?

Avez-vous un code wifi… les enfants ne tiendront pas sans !
¿Tiene wifi? ¡Los niños no pueden estar sin él!

C'est bruyant, est ce que je peux changer de chambre ?
Hay mucho ruido, ¿puedo cambiar de habitación?

Jusqu'à quelle heure est-ce que nous pouvons aller à la salle de sport et à la piscine ?
¿Hasta qué hora podemos ir al gimnasio y a la piscina?

Est-ce que je peux laisser mon bagage et revenir plus tard le récupérer ?
¿Puedo dejar mi equipaje y volver más tarde a recogerlo?

Est-ce que vous pouvez nous appeler un taxi ? Merci beaucoup.
¿Puede llamarnos un taxi? Muchísimas gracias.

PRATIQUE

VIE QUOTIDIENNE

ALLO ?

Pour appeler la France depuis l'Espagne, composez le +33 suivi du numéro de votre correspondant sans le 0. Depuis la France vers l'Espagne, composez le +34 puis le numéro du correspondant à 9 chiffres.

Depuis juin 2017, les utilisateurs paient un prix identique pour les appels, les SMS et les données mobiles, quel que soit le pays de l'Union européenne dans lequel ils se rendent. Concrètement, cela veut dire que vous paierez exactement le même tarif pour ces services lorsque vous vous déplacez dans l'UE que lorsque vous êtes dans votre pays.

ACCESSIBILITÉ

Bilbao, comme les autres grandes villes espagnoles, dispose d'aménagements spécifiques pour les personnes handicapées. Rampes, ascenseurs et toilettes ont été installés pour faciliter les accès aux édifices publics ou dans la plupart des stations de métro.

L'office de tourisme dispose d'une brochure sur le tourisme accessible au Pays basque : elle répertorie notamment les hébergements, restaurants et lieux de visites adaptés. De même, le site de l'office de tourisme de Navarre (www.turismo.navarra.es) propose une liste complète des lieux accessibles. Enfin, le site de La Rioja sin Barreras (www.lariojasinbarreras.org) offre un guide exhaustif à consulter en ligne.

SANTÉ

Vous ne risquez aucun problème de santé en séjournant dans le nord de l'Espagne. Cependant, en cas de maladie, n'hésitez pas à consulter le site du consulat de France à Bilbao (https://es.ambafrance.org/-Consulat-general-a-Bilbao) : vous y trouverez une liste des médecins francophones. En cas de problème grave, c'est également le consulat qui prévient la famille et décide du rapatriement. Si vous devez vous rendre aux urgences, plusieurs hôpitaux publics sont à votre disposition dans la région : l'Hospital de Basurto à Bilbao, l'Hospital Universitario Donostia à San Sebastián et l'Hospital Araba à Vitoria (www.osakidetza.euskadi.eus), ainsi que l'Hospital San Pedro à Logroño (www.riojasalud.es) et le Complejo Hospitalario de Navarra (www.chnavarra.es) à Pampelune.

URGENCES SUR PLACE

En cas d'urgence, le 112 est le numéro d'appel d'urgence pour contacter une ambulance, les pompiers ou la police. Ce numéro est gratuit et disponible 24h/24.

SÉCURITÉ

N'ayez aucune inquiétude pour voyager dans le nord de l'Espagne : c'est une destination sûre et sans dangers pour les voyageurs. Le seul risque auquel vous pourriez être confronté est celui du vol à la sauvette. Faites attention à vos affaires en ne laissant jamais votre sac par terre ou sur la chaise d'à côté, même au restaurant ! Si vous souhaitez retirer de l'argent dans un coin touristique, évitez les distributeurs de rue, mieux vaut entrer à l'intérieur de la banque. Si malgré ces précautions vous vous faites voler, rendez-vous dans un commissariat de police pour faire une déclaration (*denuncia*). Certaines compagnies d'assurances ou banques peuvent exiger ce document. S'il s'agit de la perte d'une pièce d'identité, en plus de la déclaration au commissariat, il est conseillé de contacter le consulat de Bilbao qui pourra vous fournir, si nécessaire, un laissez-passer consulaire afin que vous puissiez prendre l'avion !

LGBTQ

L'Espagne a été l'un des premiers pays européens à autoriser le mariage homosexuel ainsi que l'adoption en 2005.

AMBASSADE ET CONSULATS

L'ambassade de France en Espagne est située à Madrid. À Bilbao se trouve le consulat général de France, dans des bureaux très centraux situés à deux pas de la Plaza Moyúa. Le consulat vous aidera notamment en cas de perte ou de vol de vos papiers d'identité et pourra vous fournir la liste des médecins français ou francophones basés à Bilbao. Une agence consulaire est également implantée à Pampelune.

POSTE

Le timbre (*sello* en espagnol) pour l'Europe vous coûtera 1,50 € pour une lettre ou une carte postale. Vous pourrez l'acheter dans les bureaux de poste et les bureaux de tabac. Comptez au moins 3 jours pour l'acheminement d'une lettre vers la France.

MÉDIAS LOCAUX

EITB (www.eitb.eus), organisme chargé de la diffusion des chaînes de télévision publique au Pays basque et en Navarre, dispose de 4 chaînes diffusées en euskera et en espagnol. Concernant la presse écrite régionale, les principaux titres sont le quotidien *Berria*, diffusé au Pays basque et en Navarre, et entièrement rédigé en euskera. Le quotidien *El Correo* est vendu au Pays basque (principalement lu en Biscaye et Alava) et dans La Rioja. Dans le Guipúzcoa, le quotidien de centre-droit *Diario Vasco* édite la plupart de ses contenus en espagnol.

LES PHRASES CLÉS

Bonjour, mon téléphone ne fonctionne pas, pouvez-vous m'aider s'il vous plait ?
Hola, mi teléfono no funciona, ¿puede ayudarme, por favor?

Je ne me sens pas bien, pouvez-vous m'amener à l'hôpital le plus proche ?
No me siento bien, ¿puede llevarme al hospital más cercano?

Est-ce que vous avez un médecin qui parle français ?
¿Hay un médico que hable francés?

Je viens de me faire voler mes papiers, où est le poste de Police le plus proche ?
Me acaban de robar la documentación, ¿dónde está la comisaría más cercana?

Est-ce un quartier dangereux ou je peux y aller sans crainte ?
¿Es un barrio peligroso o puedo ir allí sin problema?

Avez-vous des timbres pour une carte postale à envoyer en France ? C'est combien ?
¿Tienen sellos para enviar una postal a Francia? ¿Cuánto cuesta?

DÉCOUVRIR

Des côtes sauvages du Pays Basque aux vignobles de la Rioja, en passant par les paysages montagneux de Navarre, le nord de l'Espagne regorge de contrastes ! Les amoureux de la nature ne se lasseront pas d'explorer son littoral aux falaises plissées par la force de l'océan, ses montagnes bercées de légendes de sorcières et de contrebandiers, et les joyaux écologiques que sont la Réserve de biosphère d'Urdaibai et le désert des Bardenas Reales. La culture et les traditions locales reflètent également la richesse de ces régions ô combien diverses, où l'art et l'artisanat témoignent de savoir-faire ancestraux. De l'art de jouer à la pelote basque à celui de festoyer dans les rues de Pampelune lors des Sanfermines, en passant par la production des vins rouges de la Rioja et la tradition des *pintxos* devenue mondialement célèbre : nous vous donnons les clés pour bien comprendre ce territoire si singulier.

LA PELOTE BASQUE

La pelote basque (*pelota vasca* en espagnol ou *Euskal pilota* en basque) est un sport traditionnel que l'on joue au Pays basque, en Navarre, dans La Rioja, mais aussi dans le Sud-Ouest de la France. Depuis quelques décennies, il s'est même exporté aux États-Unis, à Miami notamment. Ses dizaines de variantes permettent une pratique toujours diversifiée, sur tous les frontons et par les Basques du monde entier. Véritable institution, la pelote basque est pratiquée par toutes les générations et rencontre un vif succès auprès de la population locale. Plus qu'un sport, la pelote basque est un pilier culturel de la région et de nombreux événements s'organisent autour de sa pratique. La vie quotidienne des villages basques est elle aussi calquée sur les parties au fronton et la découverte de la région n'est pas complète, tant qu'on n'a pas assisté à une partie de *pala larga* ou de *chistera*.

Un sport issu du jeu de paume

À l'origine de la pelote basque, le jeu de paume est une pratique française ancestrale, dont on trouve les premières mentions au Moyen Âge. Le jeu consiste alors à renvoyer une balle avec la paume de la main – le gant de cuir intervient au XIIIe siècle et la raquette au XVIe siècle. Le jeu de paume est donc l'ancêtre de la pelote basque, mais aussi du tennis et d'une manière générale de tous les jeux de raquette. Les Basques vont adapter ce sport au cours du XVIIe siècle et y appliquer des règles et des installations spécifiques.

Les coutumes basques influent alors sur la tenue du joueur, le pelotari, pantalon blanc, chaussures de sport à teinte blanche et polo aux couleurs du club, mais aussi sur le matériel, comme la pelote et la chistera qui sont fabriquées selon des techniques artisanales propres à la région.

Une tradition de transmission

Certaines écoles, principalement dans le Sud-Ouest de la France, proposent des initiations de pelote basque à leurs élèves, mais le sport n'est pas intégré de manière régulière dans le cursus scolaire. Plusieurs passionnés ont pourtant réalisé des « kits pédagogiques » afin d'inciter les professeurs d'EPS à pratiquer ce sport. Les cours de récréation basques ne sont toutefois pas en reste quant à la pratique libre, avec notamment les versions « montante et descendante » ou la variante « à la porte ».

DÉCOUVRIR

Grand chistera.

Joueur de Pelote Basque.

Ainsi, les jeunes pelotaris s'inspirent de leurs aînés pour apprendre, en assistant aux entraînements et aux matchs sur les frontons extérieurs – le sport étant joué sur tous les frontons de la région.

Ils s'inspirent également en admirant les joueurs passés pros et connus internationalement. On pense ainsi à Sylvain Brefel, ce Toulousain devenu le premier Français à passer en ligue professionnelle depuis trente ans. Il est spécialiste en *pala larga*. Autre personnalité en vue, Eric Irastorza, originaire de Bidart et spécialiste en *cesta punta*. Il joue aujourd'hui à Miami (nouvelle terre de pelote) et détient cinq titres de champion du monde, dont trois en professionnel. Enfin, Daniel Michelena, originaire de Saint-Jean-de-Luz, est lui aussi spécialiste en *cesta punta*. Après avoir longtemps joué sur les frontons basques, il est désormais recruteur et manager du fronton de Miami.

Une fabrication très artisanale

Outre l'aspect très culturel de la pelote basque, ce sport témoigne fortement de l'artisanat basque. Les équipements de pelote basque sont fabriqués artisanalement en France et en Espagne – seuls quelques artisans basques les fabriquent encore. Les *chisteras* de châtaignier et d'osier sont tressés à la main par la famille Gonzales depuis 1887, à Anglet. Chaque *chistera* exige 20 à 25 heures de travail artisanal, pour un prix entre 250 et 340 €. L'un des membres de cette illustre famille, lui-même ancien joueur, est également enseignant de *cesta punta*. À Ascain, à la frontière espagnole, un autre artisan très réputé travaille les pelotes – toutes les pelotes, pour toutes les spécialités (main nue, *chistera*, *paleta* cuir, *cesta punta* ...). Ander Ugarte coud lui-même les pelotes, après qu'une machine ait entouré le noyau de buis de latex et de laine. Il est particulièrement reconnu par les joueurs pros, qui s'arrachent ses services. Depuis 2019, un jeune artisan, Ellande Alfaro, a également lancé son entreprise de fabrication à Sare (quelques kilomètres au sud d'Ascain), après avoir été formé par un ancien artisan.

Un jeu, différentes spécialités

La pelote basque est un jeu alliant force et habileté. Elle se joue de façon indirecte le plus souvent (sauf au rebot, à *pasaka*). Le but du jeu est de renvoyer la pelote contre le fronton (*frontis* en espagnol), soit à la volée soit après un rebond. La pelote doit retomber sur l'aire de jeu (*cancha*). La balle est gagnée lorsque l'adversaire commet une faute (*falta*) en renvoyant hors de la *cancha* ou qu'il ne parvient pas à renvoyer la balle directement ou après le rebond contre le mur. Les limites de but dépendent du terrain de jeu et de la spécialité pratiquée. Elles sont aussi adaptées aux catégories d'âges et de sexe.

Pratiquée dans tous les villages du Pays basque, mais aussi de Navarre et de la Rioja, la pelote basque se décline en différentes spécialités, douze ou vingt-deux selon les fédérations. Nous détaillons ici les plus courantes. Notons en préambule qu'il existe, outre la main nue, plusieurs équipements pour renvoyer la pelote, la *chistera* (sorte de gant en osier, plus ou moins courbé et profond selon les variantes), substituée au gant au XIXe siècle pour lancer plus loin, (*chistera* signifie « lancer » en français), la *pala* (raquette en bois) et le *pasaka* (gant en cuir). La pelote basque peut être jouée sur trois types de terrains : le fronton en place libre (*frontis* ou *plaza*) – composé d'un seul mur de frappe avec un sol en terre battue ou en dur, c'est le terrain le plus courant, chaque village en possède un ; le fronton-mur à gauche – installation couverte composée d'un mur de frappe, d'un mur latéral (qui longe le terrain sur la gauche de 30 ou 36 m, voire 54 m pour le Jaï Alaï) et d'un mur de fond – (*pilotaleku* en basque) ; et le trinquet (terrain couvert fermé à quatre murs, hérité de la salle de jeu de paume français).

- **La première spécialité est à main nue,** sans aucun matériel. Elle est considérée comme la version la plus pure de la pelote. La main nue est jouée sur les frontons en place libre, mais aussi en trinquet ou en fronton-mur à gauche. Une partie se joue en solo, c'est-à-dire deux joueurs face à face ou en double, avec un joueur avant et un arrière.

- **Vient ensuite le *chistera joko garbi* ou « *limpio* »** (jeu pur), dont le gant est plus court et moins profond que le *chistera*. *Joko garbi* signifie « petit gant » en basque. Le jeu est ainsi plus vif. Lorsqu'elles jouent en plein air, deux équipes de trois joueurs s'affrontent ; en intérieur, sur un mur à gauche de 36 mètres, ce sont deux équipes de deux joueurs qui évoluent.

- **Le *Pasaka*** (qui signifie « gant de cuir » en basque) est également très ancien et se rapproche beaucoup du jeu de paume. Il est joué en trinquet, au-dessus d'un filet, les deux équipes de deux étant de part et d'autre, avec une main gantée de cuir.

- **Plus récente que les précédentes versions, la *cesta punta*** se joue à deux équipes de deux, avec une *chistera* dans un fronton place libre, mur à gauche long de 80 mètres. On l'appelle également le Jaï Alaï. La *cesta punta* est une version plus rapide du grand *chistera*, avec un gant très courbe qui permet un blocage de la balle. Particulièrement spectaculaire, c'est la variante la plus connue de la pelote basque, elle est réputée pour être le sport de balle le plus rapide du monde avec des balles pouvant atteindre les 300 km/h. On raconte qu'un célèbre joueur de pelote, nommé Chiquito Gambo, utilisa son gant pour lancer des grenades contre les Allemands sous l'Occupation pendant la Seconde Guerre mondiale.

- **La version *pala ou paleta*** (raquette en bois) se décline elle-même en différentes variantes selon le type de raquette. Le principe reste le même, frapper la balle avec une raquette, d'une main ou l'autre. En fonction des types de *palas* ou *paletas*, le jeu est plus ou moins rapide et intense : *paleta cuir*, *pala corta* (plus lourde), *paleta gomme creuse* (en bois exotique, jouée avec une pelote en gomme creuse), *paleta gomme pleine*.
- **Le *Rebot*** met en jeu deux équipes de cinq *pelotaris*, sur une aire de jeu extérieure. Ils jouent équipés d'un *joko garbi* ou d'un *pasaka*. Ils doivent s'appliquer à renvoyer la pelote dans les limites de leur camp – qui est divisé de manière inégale.
- **D'autres variantes** sont jouées également hors du Pays basque, notamment en Argentine et au Mexique. Le *xare* est pratiqué avec une raquette dite « argentine », constituée d'un arceau en bois (noisetier ou châtaignier) courbé, et d'un filet en corde (flasque) en toile d'araignée au milieu. Cette version fut exportée par des religieux basques en Argentine, elle se joue seulement en trinquet. Le *frontenis* est pratiqué au Mexique et mêle les règles du tennis et de la pelote – la raquette utilisée est d'ailleurs une raquette de tennis classique, tendue de manière renforcée pour résister à la dureté de la pelote. Le *frontenis* se joue sur un mur à gauche de 30 m et, à la différence des autres formes, peut se jouer également en individuel. Notons que le *frontenis* et la *pala* sont les seules spécialités également féminines – les autres variantes sont exclusivement masculines.

Plusieurs championnats

Si la pelote basque se pratique principalement aux Pays basques français et espagnol, onze ligues régionales sont présentes en France. En Espagne, on compte deux ligues professionnelles sur lesquelles il est possible de parier. Au mois d'août a lieu la Grande semaine de la pelote basque qui présente les finales des Championnats régionaux dans tout le Pays basque, avec notamment le Gant d'or à Biarritz. Organisés par la Fédération internationale de pelote basque depuis 1952, les Championnats du monde ont également lieu tous les quatre ans et réunissent des équipes du monde entier : France, Espagne, Argentine, Mexique, Uruguay, Cuba, États-Unis et Chili. La Coupe du Monde de Pelote Basque fait office de présélection entre

Juan Martínez de Irujo, joueur professionnel.

deux championnats. Actuellement, ce sont les seuls championnats internationaux qui ont cours, mais la Fédération internationale est en négociation avec le CIO pour tenter de remettre la pelote basque au programme des JO 2024 à Paris. Jusqu'à maintenant, l'unique épreuve de pelote basque aux JO a eu lieu en 1900, mais seules deux équipes étaient inscrites, la France et l'Espagne. Le jeu a ensuite été uniquement en démonstration en 1924 et en 1968 et en 1992.

L'Amérique, paradis des joueurs pro

Étonnamment, ce n'est pas au Pays basque que les *puntistes* et autres *pelotaris* prospèrent, mais bien outre-Atlantique. Si le jeu a conquis une grande partie du continent américain – grâce à l'immigration de nombreux Basques – il s'est particulièrement bien implanté en Floride. Les immigrés cubains l'ont ainsi importé à Miami – alors que le jeu était interdit par Castro sur leur île – sous la variante de *cesta punta*, jouée donc avec une *chistera* et livrant un spectacle d'autant plus enthousiasmant qu'il est ouvert aux paris. Actuellement, les meilleurs *puntistes* basés en Floride peuvent gagner près de 10 000 euros par mois et se mesurent au cours de la « World Jaï Alaï ». La *cesta punta*, ou *jaï alaï*, se joue aussi professionnellement au Mexique, à Mexico lors de la « Espectaculos Reales de Mexico », mais aussi dans d'autres villes mexicaines comme Tijuana.

LES SANFERMINES

El *chupinazo*, fusée pyrotechnique, traverse le ciel, déclenchant une marée rouge sang sur la place de l'hôtel de ville de Pampelune. Le coup d'envoi des fêtes de San Fermín est donné, tous les ans, le 6 juillet à midi. D'origine religieuse (San Fermín est le saint patron de la ville), ces célébrations comportent aujourd'hui toutes sortes de pratiques profanes et revêtent un aspect particulièrement débridé. Manifestations folkloriques et processions religieuses se mêlent, sans se gêner, dans une atmosphère de recueillement et de profonde ferveur alliée à une allégresse populaire fort réjouissante. Malgré leur aspect un peu fou, les fêtes sont strictement codifiées. Pendant huit jours, jusqu'au 14 juillet à minuit, les participants vivent au rythme des *encierros* matinaux, des corridas l'après-midi et de la tournée des bars en soirée. On estime à 1,5 million le nombre de personnes qui participent chaque année à ces fêtes. *Encierro*, corrida, fête foraine, feu d'artifice, et autres manifestations aussi festives que carnavalesques, les Sanfermines sont un tourbillon dans lequel il faut se plonger pour comprendre Pampelune.

Encierro, la course folle

Pendant une semaine, l'*encierro* (lâchers de taureaux) sera l'une des deux attractions majeures des fêtes. Viriles et fascinantes, ces courses sont aussi dangereuses : les taureaux sont lancés dans la rue à 8h précises et parcourent à folle allure un trajet de 848 m dans la **vieille ville** (p.110), jusqu'aux **arènes** (p.109) où ils combattront dans l'après-midi. Encadrés par des bœufs et précédés par les coureurs vêtus de blanc et du traditionnel foulard rouge (*corredores*), les taureaux traversent la Cuesta de Santo Domingo, la Plaza del Ayuntamiento, la Calle Mercaderes et la Calle Estafeta en 3 minutes environ. Même les coureurs expérimentés ne sont pas à l'abri d'un accident, le taureau étant un animal puissant et sauvage, il est donc recommandé aux participants d'être extrêmement prudents.

Ce moment de pure adrénaline est suivi avec passion dans toute l'Espagne, où il est retransmis en direct à la télévision. Mais pour se faire une place dans les rues étroites qui forment le parcours de l'*encierro*, il faut s'armer d'une patience à toute épreuve en arrivant au moins 2 heures avant le début de la course. On peut aussi louer un balcon chez l'habitant, par exemple sur sanferminbylocals.com. Les prix varient beaucoup en fonction de l'emplacement, la visibilité, l'étage. Il faut compter en moyenne de 50 à 150 € par personne, pour la journée. Autre option, on achète une place dans les arènes pour voir l'arrivée des taureaux puis un spectacle de vachettes. Après ce réveil en fanfare, il est de coutume d'aller manger des *churros con chocolate* dans les bars de la calle Estafeta ou de la **plaza del Castillo** (p.110). La matinée se poursuit, à partir de 9h30, avec *La Comparsa de Gigantes y Cabezudos*, le cortège des Géants et des nains à Grosses Têtes, qui partent du Terminus et parcourent les rues du centre historique au son des *txistus* (typique flûte basque) et des cornemuses. Réalisés en carton-pierre, ces person-

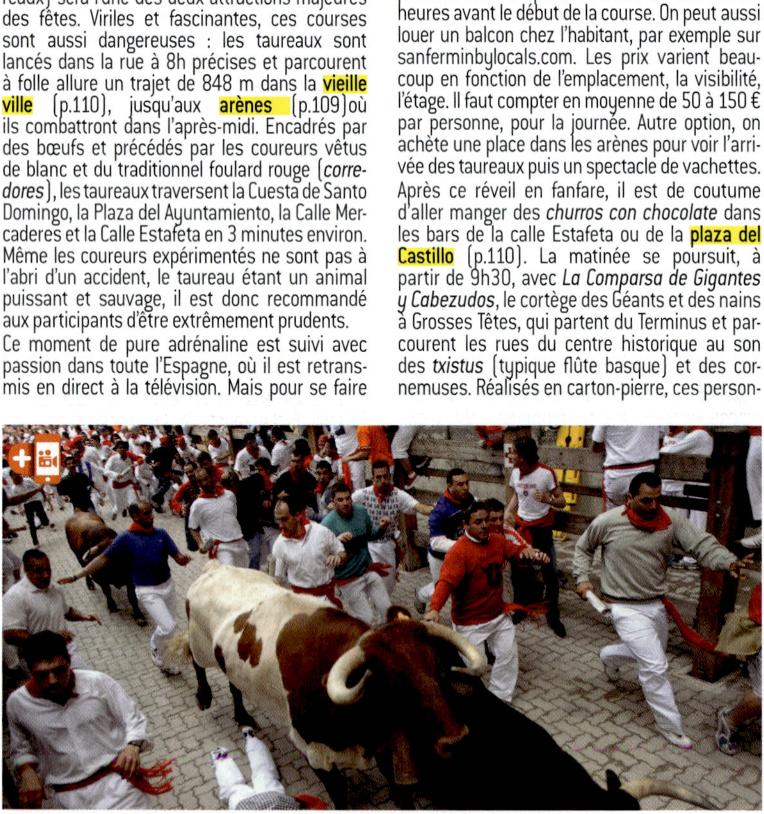

Encierro lors des Sanfermines de Pampelune.

nages amusent enfants et adultes depuis le XVIe siècle (malgré sa disparition temporaire au XVIIIe siècle). Les Gigantes actuels datent de 1860 et représentent les quatre continents connus à l'époque, Amérique, Afrique, Europe et Asie. Chaque figure pèse environ 60 kg et mesure 4,20 mètres. Quant aux *Cabezudos*, ils représentent les autorités : le Conseiller municipal, la Grand-Mère, le Maire et le couple de Japonais.

Les corridas quotidiennes

Seconde attraction majeure de la San Fermín, et non des moindres, les corridas quotidiennes. Cette tradition spectaculaire rythme les festivités, instituant l'*Encierro* comme une introduction, à l'instar d'autres démonstrations comme les *mulillas* (défilé d'attelages de mulets) ou l'*encajonamiento* (séparation des taureaux avant la corrida), ou encore la course landaise et la voltige. Finalement, tous les spectacles semblent mener à la corrida. Les *matadors* les plus talentueux s'exercent alors dans les arènes de Pampelune – qui sont les troisièmes arènes les plus grandes du monde. La corrida est une discipline extrêmement codifiée, qui se déroule en plusieurs phases, notamment les passes des *peones*, qui permettent au matador d'évaluer le taureau, puis l'intervention du *picador* qui teste et affaiblit l'animal, et enfin les passes et la mise à mort du *matador*. On notera tout de même que si la corrida a longtemps été populaire en Espagne, l'opposition à la tauromachie se fait de plus en plus entendre ces dernières années. Même si, de tout temps, les opposants ont existé : d'abord, on s'émouvait des risques pris par le *torero*, puis par le cheval (avant l'introduction d'un caparaçon pour le protéger à la fin des années 1920), avant, dans les dernières décennies, de s'indigner des sévices infligés au taureau. Des sévices d'autant plus insupportables pour les opposants, qu'ils se déroulent en public, lors d'une véritable mise en scène de la mort de l'animal.

Cependant, il reste très difficile d'obtenir des places pendant les Sanfermines : 90 % des places sont vendues à l'avance sous forme d'abonnements annuels. Les 10 % restants sont mis en vente aux guichets des arènes à partir de 20h30, la veille de la corrida. Pour ceux qui n'ont pas réussi à obtenir des places, il est également possible de tenter sa chance quelques heures avant le début de la corrida, dans les alentours des arènes, où s'organise la revente (mais en payant généralement le double du prix).

Selon de nombreux habitués, le clou du spectacle est offert par *Las Peñas*, sortes de fanfares qui ouvrent et ferment les corridas, munies de bouteilles de sangria et de casse-croûte pantagruéliques souvent utilisés comme projectiles. Car le spectacle est autant dans les gradins que dans l'arène ! À l'issue de la corrida, chaque *peña* quitte les arènes, précédée de sa banderole décorée de caricatures de personnalités ou d'hommes

Le cortège des Géants et des nains à Grosses Têtes.

politiques espagnols. Elles rassemblent autour d'elles une foule euphorique de fêtards, qui vont boire et danser toute la nuit. C'est une institution bon enfant, dénuée d'agressivité.

Outre l'*Encierro*, la *Comparsa* et la corrida, l'animation de Pampelune est alimentée par une fête foraine, des démonstrations de sport rural, une foire aux bestiaux, des feux d'artifice et une foule de restaurants de plein air. La cérémonie finale du *Pobre de Mí* (Pauvre de moi) clôt une semaine de marathon festif, le 14 juillet au soir, mais la fête se poursuit bien souvent dans les rues jusque tard dans la nuit.

Une renommée due à Hemingway

Célèbres dans le monde entier, les Sanfermines doivent en partie leur renommée à Hemingway. Prix Nobel de littérature, le célèbre romancier américain était un inconditionnel de Pampelune, et en particulier de ses fêtes. Il assiste pour la première fois aux Sanfermines en 1923, alors âgé de 24 ans, et restera un visiteur assidu jusqu'à l'éclatement de la guerre civile. Son roman *Le Soleil se lève aussi*, publié en 1926, apporte la gloire à l'écrivain ainsi qu'une renommée internationale aux fêtes de Pampelune. Après la guerre, Hemingway reviendra à deux occasions, en 1953 et en 1959, pouvant s'offrir le luxe d'une chambre à l'**hôtel La Perla** (p.114), sur la Plaza del Castillo. Du balcon de la chambre 217 (actuellement 201), qui donne sur la calle Estafeta, il admirait l'*encierro* matinal avant de rejoindre les arènes dans l'après-midi, aux côtés de son ami le *torero* Luis Miguel Dominguin et de l'actrice Ava Gardner. Aujourd'hui encore, le souvenir d'Hemingway demeure inébranlable, tout comme le buste en bronze de l'écrivain qui trône dans les **arènes** (p.109). De nombreuses visites guidées permettent de revenir sur les lieux chers à cet illustre visiteur, qui fit découvrir Pampelune au monde entier.

LES VINS DE RIOJA

Avec une production annuelle de 280 millions de litres (dont 90 % de vins rouges), La Rioja est le leader incontestable du marché viticole espagnol. Près de 63 593 ha de vignes (soit deux fois la surface du vignoble de Bourgogne, ou la moitié de la surface du vignoble bordelais) sont consacrés à la production de vin AOC La Rioja. S'ils sont regroupés sous un seul et même nom, les vins de la Rioja sont pourtant multiples. Ils viennent ainsi de différentes régions, sols, et altitude qui font varier leurs caractéristiques. En effet, « La Rioja » inclut les terres de La Rioja (43 885 ha), mais aussi la province d'Álava au Pays basque (12 934 ha) et la comarque d'Estella Occidentale en Navarre (6 774 ha). Le climat y est exceptionnel : la région subit à la fois les influences océaniques qui viennent du nord et les influences méditerranéennes de l'est. Tour d'horizon d'un terroir qui fait la fierté de tout le nord de l'Espagne.

Une appellation, trois régions

Les vins de la Rioja sont ainsi divisés en trois zones géographiques : la Rioja Baja, la Rioja Alta et la Rioja Alavesa. La Rioja Baja correspond à l'est de l'aire et son climat est méditerranéen (ensoleillement important, chaleur, sécheresse, amplitudes thermiques marquées). À l'inverse, la Rioja Alta et la Rioja Alavesa couvrent la moitié ouest de l'appellation et sont dominées par une influence climatique atlantique (fraîcheur, humidité). En fonction de la localisation de la parcelle qui sera plus ou moins soumise à l'une ou l'autre des influences, les vins produits seront plus légers (c'est le cas dans la « Rioja Baja ») ou plus denses (« Rioja Alavesa » ou « Rioja Alta »). Malgré ces différences, il n'existe pas de classification en matière de qualité, mais simplement une différenciation de styles de vins. Certains sont à boire jeunes, d'autres, plus complexes, sont voués à la garde.

© FAINA GUREVICH - SHUTTERSTOCK.COM

Raisin de la Rioja.

Elaboration des vins de la Rioja

Les *bodegas* sont des exploitations viti-vinicoles, l'équivalent de nos « châteaux » français. Littéralement « cave à vin », les cinq cents *bodegas* de la Rioja sont réparties de part et d'autre du cours de l'Ebre. Elles attirent à elles seules des flots de touristes au fin palais, venus découvrir les techniques de fabrication du vin, les paysages bucoliques des vignes, et les crus dans un cadre hors du commun. Au sein de ces *bodegas*, on découvre sept cépages traditionnels : pour les rouges, le tempranillo, le grenache noir, le mazuelo, le graciano, pour les blancs, la viura, la malvesía et le grenache blanc.

Principal cépage autochtone de la Rioja (utilisé dans 70 % des vignobles), le tempranillo est la base des vins rouges de la Rioja. Toutefois, pour varier les saveurs et les intensités, il peut être assemblé au grenache noir, au mazuelo et au graciano. Il en résulte des vins rouges équilibrés, tanniques, aptes au vieillissement, souvent comparés aux vins de Bordeaux. Les Rioja sont classés en plusieurs catégories : *vino de cosecha* ou *Vinos Jóvenes* : vins frais et fruités de 1 à 2 ans ; « Crianza » vieillis au moins 2 ans, dont au moins 1 an en fût de chêne ; « Reserva » vieillis au moins 3 ans, dont 1 en fût de chêne ; « Gran Reserva » vieillis au moins 2 ans en fût de chêne et au moins trois en bouteille. La notion d'élevage en fût de chêne est caractéristique des vins de la Rioja, cette technique leur permet d'accentuer leur structure tannique. Notons qu'il existe également des vins blancs, issus de différents cépages, viura, grenache blanc, malvoisie, mais aussi chardonnay. La « viura », cépage autochtone, représente 95 % des vignobles consacrés à l'élaboration de ces blancs.

Quelques domaines célèbres

La Rioja appuie sa réputation sur plusieurs grands domaines, devenus connus internationalement. Marqués de Murrieta (p.348) est

Bodega Ysios.

situé près de Logroño, depuis 1877, et produit quatre vins annuellement, plus du Gran Reserva Especial les grandes années. Marqués de Cáceres, basé à Cenicero (Rioja Alta) produit deux grands vins rouges d'exception. Enfin, à Elciego, dans la Rioja Alta, **Marqués de Riscal** (p.329) est le plus ancien « château » de la région, producteur de cinq cuvées annuelles et récemment transformé en Cité du Vin par Frank Gehry. Notons d'ailleurs que ce dernier domaine a impulsé une nouvelle forme de tourisme, « l'architecture viticole moderne ». Ainsi, les lignes avant-gardistes de la *bodega* Marqués de Riscal, mais aussi celles de la **Bodega Ysios** (p.324) (réalisée par Santiago Calatrava) sont aujourd'hui un lieu de pèlerinage pour bons vivants et esthètes.

Au-delà de ses grands domaines, La Rioja mise aussi sur le renouveau, comme en témoigne l'apparition d'entreprises viticoles relativement jeunes qui privilégient l'expression du terroir au temps d'élevage. Afin de vous repérer parmi les années, sachez que le Conseil Régulateur de l'AOC Rioja a recensé les millésimes des vins de Rioja depuis 1925, selon cinq catégories : Excellent, Très Bon, Bon, Normal et Moyen. Depuis cette date, plusieurs millésimes ont obtenu la qualification maximale : 1934, 1948, 1952, 1955, 1958, 1964, 1982, 1994, 1995, 2001, 2004, 2005, 2010 et 2011.

Une histoire qui remonte au Moyen Âge

Dès le début du XIVe siècle, le vin constitue la principale richesse du pays de **Haro** ★★ (p.335). Mais son époque florissante correspond à la fin du XIXe siècle. En 1852, les vignobles bordelais sont attaqués par le mildiou et les vendanges très compromises. Les chais français cherchent en Espagne des vins capables de pallier leurs difficultés. Une fois le mildiou vaincu, l'intérêt des Français décline, mais en 1867 c'est le phylloxéra qui fait le malheur des uns (le Bordelais) et le bonheur des autres (La Rioja). Chaque année, des Français viennent goûter, sélectionner et acheter des vins. En 1882, un traité commercial franco-espagnol réduit les taxes douanières et favorise le commerce. Un groupe de Français s'établit à Haro et fonde des caves selon les méthodes d'exploitation françaises. Haro se développe alors brusquement et gagne d'un seul coup une ligne de chemin de fer, l'électricité, le téléphone, l'ouverture de la Banque d'Espagne et celle de la station œnologique (1907). Tous les ans à l'occasion de la Saint-Pierre, le 29 juin, la bataille du vin de Haro est déclarée fête d'intérêt national.

Aujourd'hui, La Rioja est mondialement connue et possède même sa propre fête. Déclarée fête d'intérêt touristique, la fête des vendanges de Logroño coïncide avec la Saint-Mathieu, le 21 septembre. Selon la tradition, deux hommes vêtus du costume traditionnel foulent le raisin au pied devant la foule. Le premier moût qui en est extrait est donné en offrande à la Vierge de Valvanera, sainte patronne de La Rioja. Les courses de vachettes, défilés de chars, concerts, feux d'artifice et dégustations gastronomiques animent le reste de la semaine. C'est aussi l'occasion de découvrir l'art du *txikiteo*, une vieille tradition qui consiste à faire la tournée des bars entre amis (*cuadrillas*), dans un quartier déterminé, en consommant dans chaque établissement un petit verre de vin (*txikito*) accompagné d'un *pintxo*. On peut voir aujourd'hui encore d'authentiques *cuadrillas* faire la tournée des bars, où les hommes vêtus du traditionnel béret n'hésitent pas à pousser la chansonnette !

GÉOGRAPHIE

Un Pays qui n'a cure des frontières administratives, une nature d'une beauté insolente, métissée de mers et de montagnes, des villes formidables, aux identités culturelles et politiques marquées, le Pays basque est une destination de choix pour qui recherche diversité et exotisme. La géographie de cette région du nord de l'Espagne est complexe. Divisée en plusieurs secteurs administratifs, la région est également très diversifiée sur le plan du paysage, crêtes enneigées, plaines fertiles, côtes maritimes tourmentées, et de la topographie. En découlent des spécificités locales, culturelles et économiques. À l'exception de la côte – splendide au demeurant – entre Saint-Sébastien et Bilbao, la zone du Pays basque espagnol, de la Navarre et de la Rioja est particulièrement tournée vers ses montagnes et ses vallées fertiles. Notons que dans cet ouvrage, nous détaillons uniquement la partie espagnole du Pays basque.

Sept en un, un pays au-delà des frontières

La division administrative du Pays basque (Euskal Herria en basque) est surprenante, puisque le Pays s'étend sur deux nations, la France et l'Espagne. Cela a donné lieu par le passé à des conflits sanglants et interroge encore aujourd'hui une minorité de Basques. Notons qu'à la différence du Pays basque français, le Pays basque espagnol est officiellement reconnu comme Communauté autonome par l'État espagnol.

Ainsi, traditionnellement, le Pays basque est décrit comme formé par la réunion de sept provinces, ou territoires historiques. Cette définition des frontières basques, pourtant mouvantes selon les cultures et les ethnies, s'appuie sur l'ouvrage *Gero*, paru en 1643, sous la plume de l'écrivain Axular. *Gero* est considéré par l'Académie de la langue basque comme l'origine de ce découpage administratif.

Une expression basque explique ce principe : Zazpiak Bat, soit « sept en un ». Trois provinces au nord des Pyrénées forment le Pays basque français (ou Pays basque nord, Iparralde en basque) : le Labourd (capitale Bayonne), la Soule (capitale Mauléon-Licharre) et la Basse-Navarre, dont la capitale est Saint-Jean-Pied-de-Port. Quatre au sud forment le Pays basque espagnol (ou Pays basque sud, Hegoalde en basque) : la Communauté autonome basque (País Vasco en espagnol, Euskadi en basque, 7 234 km²) qui comprend l'Alava (capitale Vitoria-Gasteiz), la Biscaye (capitale Bilbao) et le Guipuzcoa (capitale Saint-Sébastien), et la Communauté autonome de Navarre (capitale Pampelune). Ainsi, actuellement, le Pays basque dans son ensemble, couvre 20 500 km² et est peuplé de 3 millions d'habitants. Notons que les autorités du Pays basque espagnol revendiquent également l'enclave de Treviño (Castille-et-León) et Valle de Villaverde (Cantabrie).

Mont Txindoki.

Bien qu'elle n'appartienne pas au Pays basque, la région de la Rioja est également traitée dans ce guide, du fait de sa proximité géographique et culturelle avec son illustre voisin. Traversée par l'Èbre et la Oja, cette Communauté autonome espagnole est limitée par le Pays basque au nord, par la Navarre au nord et à l'est, par l'Aragon à l'est et par la Castille-et-León au sud et à l'ouest. Elle s'étend sur environ 5 000 km², pour 323 000 habitants. La Communauté est divisée en trois régions, selon le lit de la rivière Ebre : la Rioja Alta (Haute-Rioja), la Rioja Media (Rioja Médiane) et la Rioja Baja (Basse-Rioja), une division que l'on retrouve également parmi les domaines célèbres viticoles. Les villes principales de La Rioja sont Logroño, sa capitale (150 071 habitants), Calahorra (24 338 habitants), Arnedo (14 289 habitants), Haro (12 203 habitants).

De crêtes enneigées en plateaux cultivés

Connu pour sa beauté naturelle, le Pays basque se caractérise par une grande diversité géographique. Baignée au nord par les eaux du golfe

© POLIKI - SHUTTERSTOCK.COM

Sierra de Aralar.

DÉCOUVRIR

de Gascogne et au sud par le fleuve Ebre, cette région est traversée par une petite chaîne montagneuse, les Montagnes basques, qui s'élèvent entre la cordillère Cantabrique à l'ouest et les Pyrénées à l'est. Sur le versant atlantique, les chaînes de montagnes viennent se heurter à l'océan, formant les falaises du **Flysch** (p.215), formations rocheuses à l'aspect déchiqueté. Sur 200 km, une côte sculpturale, connue pour ses vagues et sa splendeur, se déploie et fait la fierté des locaux. Deux des plus grandes villes de la région y sont d'ailleurs implantées, Saint-Sébastien et Bilbao.

La Sierra de Aralar (1 428 m), le massif d'Aitzkorri (1 546 m) et le mont Gorbeia (1 475 m) forment un seuil qui sépare la région littorale et montagneuse des provinces de Guipúzcoa et de Biscaye des plaines intérieures de la province d'Álava. Ce versant aux influences méditerranéennes se caractérise par des plaines sèches et fertiles, propices à l'agriculture et à la vigne. La Communauté autonome du Pays basque s'étend sur seulement 7 234 km², mais la densité y est élevée (299 habitants/km²). C'est même l'une des régions les plus urbanisées d'Espagne, avec Bilbao (plus de 345 000 habitants), Saint-Sébastien (environ 190 000 habitants) et Vitoria-Gasteiz (environ 250 000 habitants). Sans compter le nombre de petites et moyennes localités.

La Navarre, également constituée en communauté autonome, comprend trois types de paysages distincts : la zone montagnarde (au nord), la zone centrale et la Ribera (au sud). La zone nord-ouest présente un relief accidenté qui se caractérise par des paysages de vallées, de pâturages et de forêts. Au nord-est, les vallées pyrénéennes offrent des paysages de forêts de pins et de hêtres. C'est dans cette zone que se trouve le sommet le plus haut de Navarre, la Mesa de los Tres Reyes, qui culmine à 2 421 m. La zone centrale, autour de Pampelune, présente une alternance de plaines et de faibles reliefs adossés à des montagnes douces. Enfin, le sud de la Navarre est dominé par les plaines fertiles de la vallée de l'Ebre et par les étendues semi-désertiques du désert des Bardenas Reales, vaste réserve naturelle de près de 400 km² constellée d'impressionnantes formations rocheuses dues à l'érosion. La Navarre n'est pas très urbanisée et à l'exception de Pampelune (près de 200 000 habitants), elle est composée de petites villes de moins de 10 000 habitants et d'une ribambelle de villages.

Quant à la Rioja, elle prolonge les paysages de la Ribera navarraise par ses terres de cultures irriguées le long de l'Ebre et des rivières issues de la sierra de la Demanda. Encerclée par le Pays basque au nord, la Navarre au nord-est, l'Aragon au sud-est et la Castille au sud et à l'ouest, cette petite région est traversée sur 120 km par l'Ebre. De la cordillère ibérique (chaîne montagneuse qui borde le nord-est du plateau central de l'Espagne) descendent sept rivières vers l'Ebre. D'ailleurs, la rivière est surnommée à la Rioja, « celle des sept vallées ». Les rivières affluentes se nomment, d'est en ouest, Alhama, Cidacos, Leza, Iregua, Najerilla, Oja et Tirón. Au nord de la région, dans le bassin de l'Ebre, les plateaux cultivés et les collines couvertes de vignes dominent le paysage. Au sud, le territoire est traversé par les massifs du Système ibérique, formant des paysages de *sierras* aux reliefs accidentés, qui culminent à 2 271 m au niveau du mont San Lorenzo. La Rioja est une terre de forêts méditerranéennes, de hautes montagnes, de paysages lunaires, deux sites d'exception résument d'ailleurs bien ce paysage, le **parc naturel de la Sierra de Cebollera** (p.358) et la réserve de biosphère des vallées du Leza, du Jubera, du Cidacos et de l'Alhama.

NATURE

Le Pays basque est connu pour sa nature resplendissante et diversifiée. C'est un écrin naturel, qu'il convient d'explorer en le respectant, d'autant que certaines zones, notamment côtières sont très régulièrement victimes de pollution. La diversité biologique de cette zone de l'Espagne s'explique notamment par sa situation géographique, à la confluence des régions alpine, atlantique et méditerranéenne, la situation des montagnes basque dans un courant migrateur et la forte sensibilité environnementale de ses habitants. Elle est aussi le résultat de diverses politiques de protection de l'environnement. Elles se traduisent par la classification de nombreux espaces naturels, des espaces protégés aux sites naturels d'intérêt national en passant par les réserves de la biosphère et les parcs naturels. Tour d'horizon de ses exceptions naturelles et des sites emblématiques dans lesquels les découvrir.

Une faune et une flore très diversifiées

Au Pays basque, les chênes poussent dans les monts et les vallées les plus proches du littoral, tandis que les hêtres s'élèvent à une altitude supérieure à 700 m. De grandes étendues ont été repeuplées d'eucalyptus et de pins, tandis que les plaines sont consacrées à l'agriculture. Les espaces protégés constituent un habitat privilégié pour les aigles, les vautours fauves, les éperviers, les loutres, les renards, les chevreuils, les cerfs et les sangliers. À ces espèces viennent s'ajouter plusieurs races autochtones d'élevage ovin, bovin et chevalin, comme le *pottok* (poney de la région) et la *betizu* (race de vaches) et les brebis *latxa*.

En Navarre, la forêt recouvre 64 % du territoire, constitué principalement de pins sylvestres, de hêtres et de chênes. Les zones pyrénéennes sont peuplées d'isards, de chevreuils et de cerfs. L'oiseau roi est ici le gypaète barbu, mais on peut voir aussi d'importantes espèces comme le coq de bruyère et le pic noir. Dans la région atlantique et les chaînes pré-pyrénéennes, les rapaces trouvent leur habitat de prédilection dans les défilés, notamment celui de Lumbier, creusé par la rivière d'Irati au travers du massif calcaire de la Sierra de Leyre. On peut y voir l'aigle royal, le milan royal et des vautours. Les Bardenas, les paysages de steppes parsemées de buissons, sont l'habitat du Sirli de Dupont.

Dans la Rioja, les forêts installées sur les berges de l'Ebre sont appelées des *sotos* et constituent une véritable oasis peuplée de saules, de frênes, d'aulnes et de peupliers blancs. Dans les montagnes du Système ibérique, à la végétation

© MARTIN MECNAROWSKI - SHUTTERSTOCK.COM

Gypaète barbu.

DÉCOUVRIR

dense, l'habitat prédominant est constitué de bruyères, de hêtraies, de forêts de conifères et de forêts mixtes. Cette zone est peuplée d'espèces protégées comme le circaète, l'aigle royal, la perdrix grise, le busard pâle, l'aigle botté et le grand-duc. Le massif montagneux nord-ouest de La Rioja, formé d'escarpements et de falaises, est habité par le percnoptère, le faucon pèlerin, l'aigle royal, l'aigle de Bonelli et le vautour fauve.

De nombreux parcs naturels

Au Pays basque sud, ces espaces protégés représentent 23 % du territoire (notons qu'il n'y a aucun parc naturel côté français…). Parmi eux, la **réserve de la biosphère d'Urdaibai**, ★★★ (p.292) située dans un estuaire du golfe de Biscaye, au Pays basque, couvre un territoire de grande diversité écologique de 23 000 ha, formé de marais, de falaises et de plaines fluviales. L'estuaire de Mundaka, au cœur de la réserve, est un lieu privilégié pour l'observation des oiseaux. Outre cette réserve exceptionnelle, le Pays basque compte neuf parcs naturels protégés. Les **montagnes d'Aiako Harria** (p.206), à l'extrémité orientale de Guipúzcoa, celles d'**Aizkorri-Aratz** (p.227) qui abritent le plus haut sommet d'Euskadi, l'Aitxuri (1 551 m). Le parc d'Urkiola rassemble lui aussi une série de chaînes montagneuses et de crêtes calcaires, dont la cime la plus haute est l'Anboto. Autre cime convoitée, celle de la Croix de Gorbeia, au sein du Parc naturel de Gorbeia. Au cœur de ce parc, on découvre aussi le Biotope Protégé d'Itxina. Le Parc naturel d'Armañon s'étend dans les montagnes des Encartaciones, à l'ouest de la Biscaye et aux frontières de la Cantabrie. Pour observer les oiseaux, on ira dans les forêts du parc naturel d'Izki ou dans les vallées du Parc de Valderejo, tandis qu'on observe les plantes et la vie champêtre dans le Parc naturel de Pagoeta, à proximité de Zarautz. Notons que si le Pays basque sait protéger ses montagnes et ses forêts, il n'opère pas de même pour ses plages et ses eaux, qui sont connues pour être particulièrement polluées.

En Navarre, les espaces naturels sont largement soutenus et protégés par la Communauté, qui a mis en place de nombreuses lois pour la préservation de l'environnement et les économies d'énergie. L'engagement politique navarrais au service de la diversité naturelle navarraise fait d'ailleurs office de référence nationale en la matière. Outre ses espaces protégés, qui représentent 24 % du territoire, elle a fait le choix des énergies renouvelables (barrages hydroélectriques, panneaux solaires, champs d'éoliennes). La consommation d'énergie en Navarre comprend 75 % d'énergies renouvelables. Une volonté politique qui mérite d'être soulignée – le gouvernement souhaite même atteindre les 100 %. La communauté autonome abrite d'ailleurs le Centre d'étude national des énergies renouvelables (CENER, à Sarriguren).

© POLIKI - ISTOCKPHOTO.COM

Parc naturel d'Urbasa Andia.

Largement irriguée (avec 7 450 km de cours d'eau), la Navarre possède de nombreuses forêts, et rassemble près d'un tiers des exemplaires de la flore nationale. La moitié du territoire navarrais est protégée sous différentes formes d'espaces naturels. Outre les trois parcs naturels emblématiques, **Señorío de Bértiz** (p.122), Urbasa et Andía, **Bardenas Reales** ★★★ (p.136), déclaré réserve de la biosphère par l'UNESCO, la Navarre compte également trois Réserves biologiques intégrales, dédiées à la protection d'espèces endémiques et souvent fermées au public, une quarantaine de Réserves naturelles (dont les Gorges de Lumbier et Arbaiun, Larra ou le Marais de Pitillas), une trentaine d'Enclaves naturelles, une trentaine de zones de protection des oiseaux ou de la faune, et deux Zones Humides conséquentes (le Marais de Pitillas et le Marais de las Cañas).

En Rioja, 33 % du territoire intègre le réseau européen Natura 2000, qui a pour objectif de préserver la biodiversité des sites naturels, terrestres et marins. Dans la région de la Rioja, un parc naturel éblouit ses visiteurs, le Parc naturel de Sierra Cebollera. Situé sur la sierra de Cameros, il abrite notamment un parc de sculptures « naturelles », huit œuvres réalisées par des artistes nationaux et internationaux à partir de matières naturelles (bois, roche). Également à voir, la Réserve naturelle de Sotos del Ebro, dans La Rioja, qui couvre près de 500 ha et accueille la plus grande colonie de cigognes blanches d'Europe, ainsi que la Réserve de la Biosphère de La Rioja, qui s'étend sur près d'un quart de la région et est en partie classée par l'UNESCO.

CLIMAT

Entre influences océaniques et méditerranéennes, le climat du nord de l'Espagne assure des températures agréables à l'intersaison, et de grandes périodes pluvieuses en hiver. L'été, en revanche, le soleil tape dur, et certaines zones s'apparentent à de petits déserts. Au Pays basque, on oscille entre fraîcheur des Pyrénées et chaleur des plages atlantiques ; en Navarre, on ressent une chaleur lourde, presque désertique notamment dans les fameuses Bardenas Reales ; en Rioja, c'est une chaleur sèche que l'on rencontre également, propice à la culture de la vigne. Le nord de l'Espagne, surnommé « l'Espagne verte » possède ainsi un climat très différent du reste du pays, qui est aujourd'hui menacé de désertification tant la chaleur y est de plus en plus intense. Du Pays basque à la Rioja, on profite donc d'un certain confort climatique, propice au tourisme et à la découverte.

Un Pays basque, plusieurs climats

Au Pays basque, si le climat est majoritairement influencé par l'océan Atlantique, l'intérieur des terres présente toutefois des caractéristiques continentales, avec des hivers froids, des étés chauds et une moindre pluviosité. Notons en préambule que le climat basque est particulièrement changeant et imprévisible du fait de sa double influence, atlantique, et pyrénéenne. En effet, la chaîne de montagnes bloque les précipitations d'un côté ou de l'autre, déclenchant ainsi de longs épisodes pluvieux.

Sur la côte, on retrouve une zone océanique, marquée par l'influence du Gulf Stream (courant océanique). La Biscaye, le Guipúzcoa, le Labourd, la Basse-Navarre et la Soule du Nord bénéficient d'un climat tempéré et de températures assez douces. En moyenne, il pleut beaucoup plus à l'automne et en hiver qu'en été et les températures varient entre 5 et 20-25 °C, jusqu'à presque 40 °C en plein été. Les tempêtes océanes ne sont pas rares et peuvent durer plusieurs jours, déclenchant d'interminables averses – la réputation pluvieuse de la région n'est plus à démontrer.

Vers l'intérieur des terres basques, le climat est continental, avec des hivers froids, des étés chauds et une moindre pluviosité. La zone montagneuse, autour du massif d'Iraty jouit d'un climat subalpin avec enneigement hivernal – et possibilité de pratiquer certains sports d'hiver. La province d'Álava, située au niveau de la dépression de l'Ebre, bénéficie d'un microclimat avec de faibles précipitations. On parle même de climat méditerranéen tempéré, car des influences océaniques s'y font encore sentir. Ainsi, l'été on dépasse facilement les 35 °C et l'hiver, les températures peuvent descendre jusqu'à – 15 °C.

Castil de tierra, Bardenas Reales.

Navarre, entre montagne et déserts

La Navarre se divise en trois grandes zones climatiques : la zone montagnarde (au nord), la zone centrale et la Ribera (sud). Dans les vallées pyrénéennes, les températures sont froides et les sommets couverts de neige jusqu'à l'arrivée du printemps. La zone centrale est une zone de transition, océanique au nord et méditerranéenne au sud. Dans la zone de la Ribera, dont le relief annonce les plateaux secs de Castille, le climat est de type méditerranéen continental ou subdésertique (dans les Bardenas Reales notamment). C'est la zone la plus sèche de la région, elle évoque la menace de désertification qui plane sur toute l'Espagne. Une étude du CNRS sortie en 2018 analyse que si les Espagnols ne réagissent pas, d'ici 2090, une vaste steppe reliera Alicante à Lisbonne.

Rioja, entre influences atlantiques et continentales

Enfin, la Rioja présente un climat de type méditerranéen tempéré, aux influences atlantiques à l'ouest et continentales dans la région des Sierras, à l'instar de la province de l'Álava. Les températures possèdent donc une grande amplitude et les saisons sont fortement marquées.

ENVIRONNEMENT

Les régions du nord de l'Espagne contrastent avec l'image que l'on peut avoir d'un pays où le soleil brille en abondance. Mais à l'aridité de l'Andalousie s'opposent certaines régions dominées par des contrées verdoyantes. Ainsi, le Pays basque fascine par ses collines, ses montagnes et falaises qui plongent dans l'océan Atlantique, car oui l'Espagne n'est pas que méditerranéenne. Plus au sud, la Navarre avec sa vérité climatique lui offre une identité propre. Ici, on passe de vallées dominées par le vert à des gorges spectaculaires en passant par le surprenant paysage lunaire et désertique des Bardenas Reales. Et puis encore plus au sud, c'est la région de la Rioja qui se présente. Mondialement connue pour ses vins, les vignes y sont abondantes, vallonnées et les couleurs chaudes varient d'une saison à l'autre. Du Pays basque à la Rioja, les divers paysages et le dégradé des couleurs sont un rappel évident au besoin de protéger ce patrimoine naturel. Habitants, professionnels et autorités se mobilisent pour préserver une nature qui fait vivre le territoire.

Trois régions et une faune et une flore à préserver

L'Espagne a depuis longtemps maintenant mis en place un certain nombre de mesures pour assurer la protection de l'environnement. Et cela concerne aussi bien les régions arides du sud que les contrées plus verdoyantes du nord. Derrière les appellations de réserves de chasse, parcs naturels ou bien encore parcs nationaux se cache la volonté de l'État des régions de grande diversité naturelle et souvent enclines à une forte fréquentation touristique.

- **Le Pays basque espagnol** est un territoire dominé par les montagnes et la mer. Deux éléments forts de la nature qui offrent de nombreuses activités et découvertes à tous ceux qui s'aventurent dans la région. Dans la réserve naturelle de la biosphère d'Urdaibai, classé par l'UNESCO, on parcourt ainsi de très belles routes de montagne qui offrent des vues panoramiques à couper le souffle. Sur un large territoire, on y trouve des marais, des falaises et des plaines fluviales. Sans oublier les splendides plages qui font le bonheur des locaux et touristes aux beaux jours, comme la jolie plage de Laga, certainement l'un des plus beaux bancs de sable de la côte biscayenne.

- **La région de Navarre** permet également de varier les plaisirs. On peut commencer par se balader dans la forêt d'Irati (p.126), deuxième hêtraie-sapinière la plus importante d'Europe, avant de s'aventurer dans les nombreux parcs naturels que compte la région. Le Parc naturel Señorío de Bértiz (p.122) offre une randonnée au cœur d'une végétation représentative des vallées pré-pyrénéennes, d'influence atlantique. Dans le Parc naturel d'Urbasa et d'Andía, on passe de larges prairies à de profondes hêtraies en passant par des paysages d'imposantes structures karstiques. Au milieu de ce décor naturel prend place une merveille de la nature : la source de l'Urederra, dont la couleur turquoise provoquée par la grande quantité de carbonate de calcium et de minéraux dans la rivière est un appel à la contemplation. Faisant partie des sources en eau de la région, l'intérêt de la préserver apparaît comme une évidence. Au cours des randonnées, on passe successivement d'une Navarre atlantique à une Navarre plus méditerranéenne, et les influences sont évidentes lorsqu'on s'attarde à observer la flore. Et puis comme par enchantement surgit un paysage hors du commun, celui du Parc naturel des Bardenas Reales. Classé réserve de la Biosphère par l'UNESCO, le paysage y est semi-désertique sur une surface de 42 500 hectares. Les différentes routes balisées à faire à pied dévoilent alors un paysage lunaire, où l'érosion des sols a formé des buttes et des ravins. La zone se caractérise par des paysages steppiques, résultat de la singularité climatique.

Forêt d'Irati.

© VICENFOTO - ISTOCKPHOTO.COM

Vignobles de la Rioja.

La Rioja, si elle est la plus petite des régions espagnoles en termes de superficie n'en reste pas moins l'une des plus riches par ses paysages et sa biodiversité. Les vignobles ont un aspect méditerranéen, mais on y observe aussi les sommets des montagnes et ici et là, des paysages de ravins arides. La présence de sept rivières fait de l'eau un élément clé du territoire. Autour de l'Èbre, la réserve naturelle de Sotos del Ebro couvre près de 500 hectares et abrite plusieurs types d'arbres : ormes, saules, peupliers et autres frênes. La création de sites protégés par les autorités relève aussi de la nécessité de protéger les espaces vivantes des trois régions. Comme partout dans le monde, maintenir les espèces est en effet un devoir pour maintenir le parfait équilibre de la planète.

Une volonté de préserver le territoire à l'échelle nationale et européenne

La zone de l'Espagne qui regroupe les trois régions du Pays basque, de Navarre et de La Rioja présente une grande diversité biologique, qui s'explique notamment par sa situation géographique, à la confluence des régions alpine, atlantique et méditerranéenne. Le gouvernement s'est engagé politiquement à protéger cette zone extraordinaire, d'une part par la classification, et d'autre part, en invitant les communautés autonomies à développer leurs compétences autour de la préservation des espaces naturels. Mais la mobilisation va plus loin, puisque certains espaces de ces trois régions du nord espagnol sont intégrés au réseau européen Natura 2000. Ainsi, 33 % du territoire de La Rioja, 24 % du territoire de Navarre et 23 % du territoire du Pays basque sont concernés. Cet engagement politique au niveau européen vise à maintenir la survie des espèces et des habitats menacés sur le long terme. Et cela passe bien évidemment par la préservation des espaces naturels, dont certains sont également par ailleurs classés en Zones de protection spéciale des oiseaux (ou ZEPA, selon les initiales espagnoles) et en Sites d'importance communautaire (ou LIC, selon les initiales espagnoles).

Les initiatives citoyennes et professionnelles

On constate aussi une sensibilisation à l'environnement de la part des habitants du Pays basque, de Navarre et de la Rioja. Un très bel exemple est celui du majestueux domaine d'Amalurra dans le Pays basque. L'histoire, c'est celle d'un groupe de femmes qui se réunit en 1984 à l'occasion de paroles autour de la question du développement durable. Aujourd'hui, 12 familles vivent dans le domaine et accueillent les visiteurs dans un hôtel et un restaurant labellisé écologique par l'Union européenne. Dans un lieu en parfaite harmonie avec la nature, les visiteurs se voient proposer des ateliers de formation à l'écologie émotionnelle. Dans la Rioja, certains professionnels du vin s'adaptent aussi au changement climatique et cherchent à participer à leur façon à la protection de l'environnement. Dans la Bodega de Campo Viejo, ouverte à la visite, les viticulteurs produisent le vin dans un chai écologique. Adeptes du développement durable, ils utilisent des matériaux qui réduisent les émissions de gaz à effet de serre. Allier architecture et production vinicole respectueuse de l'environnement s'impose comme une initiative nécessaire quand on a pour éléments naturels environnants vignes, chaîne des monts Ibériques au loin et l'Èbre en contrebas.

HISTOIRE

À travers les âges, le Pays basque s'est toujours dressé, noble et fier. L'identité culturelle est ici extrêmement forte ; la population sait que sa culture est ancestrale, irréductible, notamment grâce à sa langue. Les Basques sont conscients du trésor sans prix qu'ils véhiculent et qu'ils ont le pouvoir de transmettre : un héritage fait de chants, de mythes de la montagne et des mondes pastoral et marin. C'est bien là que réside la véritable force basque. L'histoire du Pays basque est intimement liée à celle de l'Espagne, mais elle s'en détache à plusieurs reprises, du fait des velléités d'indépendance de son peuple, toujours en quête de plus d'autonomie. À l'instar de l'Espagne, le Pays basque possède une histoire mouvementée. Toutefois, son origine reste mystérieuse. Elle ne révèle qu'avec parcimonie ses secrets et l'on doit plusieurs découvertes à José Miguel de Barandiaran, auteur de nombreuses publications sur le sujet.

Ère paléolithique

À l'instar des autres provinces espagnoles, l'histoire du Pays basque commence au paléolithique, comme en témoigne le site archéologique d'Atapuerca dans la province de Burgos, classé au patrimoine mondial de l'UNESCO, où ont été découverts des fossiles datant de plus d'un million d'années.

IIIe MILLÉNAIRE AV. J.-C.

Les peuples ibères – dont l'origine est incertaine – s'installent dans la péninsule. L'arrivée des Celtes par le nord, communément datée de la première moitié du IIe millénaire av. J.-C., entraîne un métissage de la population. Les peuples vivant dans le centre et l'ouest de la péninsule Ibérique sont ainsi appelés « Celtibères ». Durant cette période, les progrès techniques permettent le travail du cuivre, du bronze et de la céramique.

IIE MILLÉNAIRE AV. J.-C.

Arrivée des Phéniciens et des Grecs qui fondent des comptoirs de commerce, attirés par l'artisanat des Celtibères, notamment le travail du cuivre, du bronze et de la céramique.

300-200 AV. J.-C.

Guerres puniques. Carthaginois et Romains se disputent la péninsule. Les Romains imposent leur domination aux Celtibères et romanisent le territoire pendant plus d'un siècle.

19 AV. J.-C.

Les Romains rencontrent une forte résistance au nord, où la conquête romaine ne s'achève qu'en 19 av. J.-C. Contrairement à ce que l'on a pu penser, les Romains se sont bien implantés au Pays basque et ont même été parmi ceux qui ont livré les premiers témoignages sur les ancêtres des Basques.

409 AP. J.-C.

Les Barbares pénètrent en Espagne. Les Wisigoths s'emparent du Nord et fondent un royaume qui s'étend peu à peu à toute la péninsule. L'Empire romain s'affaiblit et de multiples invasions barbares en provenance de l'Europe du Nord ont lieu. Suèves, Vandales, Alains et Wisigoths s'emparent progressivement du territoire.

584-587 Sous l'impulsion du puissant roi wisigoth Reccared Ier, l'Espagne est unifiée et Tolède désignée comme capitale. Presque aussitôt, en 587, le catholicisme devient religion d'État, à la suite de la conversion du roi jusqu'alors d'obédience arienne.

711 Début de la conquête musulmane. L'Espagne wisigothique s'effondre brutalement lorsque le chef berbère Tariq ibn Ziyad anéantit le roi Rodrigue lors de la bataille du Río Guadalete, entraînant l'écroulement de la structure étatique du royaume wisigoth et ouvrant la voie à la conquête musulmane. C'est ainsi que s'imprime l'une des plus importantes influences culturelles sur le pays. En quelques années, les Maures occupent la quasi-totalité de la Péninsule. Cordoue devient le fief du territoire Al-Andalus et un grand foyer intellectuel. À cette époque, les Omeyyades font régner une brillante civilisation où la tolérance entre juifs, musulmans et chrétiens est exemplaire. Par ailleurs, l'apport des Arabes en matière de savoir est crucial, tant dans le domaine de la philosophie que celui des sciences ou des techniques d'irrigation.

718 Première victoire chrétienne à Covadonga. Des vallées pyrénéennes ont réussi à échapper à la domination maure, du fait de leur isolement.

852 La Navarre devient indépendante de l'Empire carolingien et s'érige en royaume.

Xe SIÈCLE Le califat de Cordoue est fragmenté en une vingtaine de royaumes indépendants : les taifas. Cette division facilite la reconquête chrétienne venue du nord.

1118-1212 L'offensive face aux musulmans commence par la prise de Saragosse en 1118 et se poursuit en 1212 par la victoire de Las Navas de Tolosa, qui ouvre aux chrétiens le sud du pays.

1469 Le mariage d'Isabelle de Castille et de Ferdinand d'Aragon, connus sous le nom des Rois Catholiques, assure l'unification de l'Espagne.

1478 Après la chute de Grenade, ils instaurent l'Inquisition dans tout le pays, qui aboutit à l'expulsion des Arabes et des Juifs.

1492 Prise de Grenade, qui achève la Reconquista, sous l'autorité des Rois Catholiques, mettant fin à huit siècles de domination musulmane. En parallèle, ils soutiennent le projet de traversée vers les Indes de Christophe Colomb, qui aboutit à la découverte de l'Amérique en 1492. C'est le début de l'ère coloniale et de la mise en place du commerce avec le Nouveau Monde, propulsant l'Espagne au rang de principale puissance européenne. L'Espagne entre ainsi dans son « Siècle d'or ».

Charles Quint.

1516-1541 Début de la dynastie des Habsbourg avec le couronnement de Charles Quint et début du Siècle d'or. Charles Quint accède aux trônes de Castille et d'Aragon en 1516. Durant son règne se constitue un vaste domaine colonial avec la conquête de l'Empire aztèque par Hernán Cortés (à partir de 1519) et de l'Empire inca par Francisco Pizarro (1526-1541). Cet empire colonial procure d'immenses richesses à l'Espagne qui devient la principale puissance européenne.

1556 Arrivé sur le trône, Philippe II exploite largement ses colonies outre-Atlantique, d'où affluent or, métaux précieux et autres produits.

1600 Le Siècle d'or espagnol est aussi celui du rayonnement des arts, avec l'apparition d'une génération de grands maîtres de la peinture, comme Diego Vélasquez, El Greco et Francisco de Zurbarán. En littérature, Miguel de Cervantès invente le roman moderne avec son *Don Quichotte*, publié entre 1605 et 1615. L'auteur de théâtre Lope de Vega appartient également à cette génération.

1700 La mort sans héritier de Charles II provoque un conflit entre Habsbourg et Bourbons.
Au terme de la guerre de Succession (1701-1713), qui ébranle un peu plus le royaume, Philippe V accède au pouvoir. Son règne marque la fin du régime d'autonomie des pays de la couronne d'Aragon ainsi que de tous les territoires ayant soutenu les Habsbourg lors du conflit. Seuls le Pays basque et la Navarre, restés fidèles aux Bourbons, conservent leur autonomie.

1759-1788 Le règne de Charles III correspond à une phase de redressement économique. Despote éclairé, il entreprend une politique de réformes économiques et sociales. Son héritier, Charles IV, met fin à cette vague de réformes lorsque surgit la menace de la Révolution française.

1808

L'instabilité de la monarchie incite Napoléon à passer à l'offensive. L'empereur français s'empare de la couronne espagnole au profit de son frère Joseph Bonaparte. Dans la nuit du 2 au 3 mai 1808, à Madrid, le peuple se soulève contre les troupes napoléoniennes. La scène est immortalisée par Goya dans son célèbre tableau *Tres de mayo*. L'insurrection gagne une grande partie du pays et conduit à la guerre de l'Indépendance (1808-1814), qui ramène finalement les Bourbons au pouvoir.

© NEVESHKIN NIKOLAY - SHUTTERSTOCK.COM

Tres de Mayo de Goya.

1820

Au sortir de la guerre, le pays est ruiné. En position de faiblesse sur le continent américain, l'Espagne perd progressivement ses colonies.

1833

Début des guerres carlistes. À la mort de Ferdinand VII, en 1833, un conflit éclate entre les partisans de son frère Charles, favorables au modèle absolutiste, et de sa nièce Isabelle, qui défendent le libéralisme. Au terme de cette première guerre « carliste », en 1839, Isabelle est portée au pouvoir.

1846-1876

Deux autres guerres carlistes se dérouleront autour du même conflit entre 1846 et 1849, puis entre 1872 et 1876. La première tentative républicaine de 1873 est avortée par le couronnement d'Alphonse XII.

FIN DU XIXE SIÈCLE

Les *fueros* – code juridique recueillant les droits et devoirs des Basques établis au XIVe siècle – sont abolis, après la victoire d'Isabelle II dans les guerres carlistes. Ce fait provoque l'alliance des trois provinces basques, face à un conflit dynastique pour tenter, en vain, de retrouver leur statut.

1898

Le retard industriel et la perte de Cuba (Indépendance en 1898) précipitent à nouveau la monarchie vers l'agonie. C'est la fin de l'empire colonial espagnol. Les mouvements anarchistes et nationalistes, notamment basques, germent et se développent au même moment.

1917 - 1920

Les grèves insurrectionnelles plongent l'Espagne dans un climat presque révolutionnaire. Politiquement instable, socialement et économiquement affaiblie, l'Espagne est déchirée par ses conflits intérieurs. Le Pays basque, par exemple, revendique son statut de manière très virulente.

1923 Coup d'État du général Primo de Rivera. C'est dans ce contexte qu'arrive au pouvoir le général Primo de Rivera, après son coup d'État du 13 septembre 1923. Il instaure une dictature militaire, mais bientôt le général est contraint de démissionner sous la pression de la grande dépression mondiale de 1929, puis condamné à l'exil en 1930, suivi du roi en 1931.

1931 Proclamation de la Seconde République le 14 avril et instauration du suffrage universel.

1936-1939 Élection du Front populaire puis insurrection militaire de Franco, s'ensuit une guerre civile de trois années.

1939-1945 Dictature franquiste et marginalisation de l'Espagne au sein de la communauté internationale. Pour le Pays basque, le coup est dur. Son statut d'autonomie est interdit par le régime franquiste. La situation s'aggrave encore, lorsque Franco décide d'éradiquer la langue basque, en la discriminant.

1955 Signature d'un traité d'assistance économique et militaire avec les États-Unis en 1953 puis l'entrée de l'Espagne dans l'ONU en 1955.

1960-1970 À partir des années 1960, l'Espagne vit un boom économique grâce à l'apport de capitaux étrangers et au développement du tourisme. Le franquisme entre dans une étape plus modérée, cependant l'immobilisme du gouvernement est en décalage avec les mutations sociales et culturelles de l'époque, tandis que son centralisme entraîne une résurgence des mouvements indépendantistes en Catalogne et au Pays basque. C'est dans ce contexte que l'organisation armée ETA voit le jour en 1959. L'usure du pouvoir se traduit également par une montée de la contestation des ouvriers et des étudiants.

1975

Juan Carlos Ier.

Mort de Franco en 1975. L'Espagne entame sa transition démocratique après 36 ans de dictature. Juan Carlos Ier est proclamé roi quelques jours après la mort de Franco, et avec Adolfo Suárez il entame la transition démocratique. La légalisation des partis politiques et la question des communautés autonomes sont les principales étapes de la transition.

1979 Le Pays basque devient officiellement l'une des 17 Communautés autonomes de l'État espagnol ; sa langue est reconnue, au même titre que le galicien ou le catalan.

1982-1986 Signature du régime foral de la Navarre et du statut d'autonomie La Rioja. Les élections de 1982 mènent les socialistes (PSOE) au pouvoir en la personne de Felipe González, qui gouvernera jusqu'en 1996. Cette étape politique est marquée par l'entrée de l'Espagne dans la Communauté européenne en 1986.

1992 Jeux olympiques à Barcelone, anniversaire des 500 ans de la découverte de l'Amérique et Exposition universelle de Séville. C'est une époque de profondes mutations sociales et culturelles, dont la movida madrilène est devenue le symbole.

1996 José María Aznar (parti populaire PP) arrive au pouvoir en 1996 et gouvernera jusqu'en 2004. C'est une époque de forte croissance économique marquée par la mise en place de l'euro et une lutte intense contre l'ETA.

2002 Mise en circulation de l'euro.

2004 L'engagement d'Aznar dans la guerre en Irak, malgré l'opposition de l'opinion publique, et surtout la mauvaise gestion des attentats terroristes de mars 2004, entraînent le retour des socialistes au pouvoir, avec la victoire de Zapatero (PSOE) aux élections législatives.

2008-2010 Lors de son deuxième mandat, Zapatero se heurte à la crise économique qui frappe très durement le pays. Fin 2008, l'Espagne entre officiellement en récession et le chômage dépasse la barre symbolique des 20 % au printemps 2010. Cette période est également marquée par l'émergence du mouvement des « indignés ». Malgré la mise en place d'un plan d'austérité, les socialistes perdent la confiance des électeurs.

2011-2015 Premier mandat de Mariano Rajoy (PP), qui remporte les élections législatives. L'ETA annonce l'arrêt définitif de son activité armée. En juin 2012, l'Espagne obtient de l'Union européenne un plan de sauvetage pour son secteur financier, à travers une ligne de crédit de 40 milliards d'euros. En 2013, la Cour européenne des droits de l'homme met fin à la doctrine Parot. Des dizaines de détenus espagnols, en majorité des prisonniers de l'ETA, sont libérés.

Mariano Rajoy.

19 JUIN 2014

Felipe VI est proclamé roi d'Espagne par les Cortes Generales après l'abdication du roi Juan Carlos Ier, après 39 ans de règne.

20 DÉCEMBRE 2015

Élections générales en Espagne. Le PP remporte les élections, mais Mariano Rajoy échoue dans son entreprise de former un gouvernement « stable ». Il sera investi en octobre 2016, après trois tentatives d'investiture et un nouveau scrutin.

FIN 2017

Troubles en Catalogne. Tenue du référendum en Catalogne. Déclaré inconstitutionnel par le Tribunal constitutionnel. Le 28 octobre 2017 a lieu le vote de la déclaration unilatérale d'indépendance (DIU) par le Parlement de Catalogne. Suivie de l'approbation par le Sénat de la mise en œuvre de l'article 155 de la Constitution espagnole.

Le 21 décembre 2017, les élections en Catalogne donnent la majorité absolue aux listes indépendantistes.

20 AVRIL 2018

Excuses partielles d'ETA aux victimes de la lutte armée avant sa dissolution finale.

1ER JUIN 2018

Le président du gouvernement espagnol Mariano Rajoy, affaibli par un scandale de corruption, est renversé par une motion de censure.

2019-2020

Le socialiste Pedro Sanchez lui succède, mais s'empêtre, et le pays avec lui, dans une instabilité chronique. Après deux élections législatives sans majorité, il parvient finalement à être élu en 2020 grâce à une coalition inédite depuis Franco, les petits partis de gauche, dont les nationalistes basques du PNV et Podemos (gauche radicale).

© ZIXIA - SHUTTERSTOCK.COM

Pedro Sánchez.

DÉCOUVRIR

LES ENJEUX ACTUELS

Le Pays basque et la Navarre ont su tirer parti de leurs atouts économiques, culturels et politiques pour tirer leur épingle du jeu national espagnol, par des temps politiques et sociaux plus que troublés. La communauté autonome du Pays basque et la communauté forale de Navarre présentent elles-mêmes deux exceptions au sein des 17 communautés. Elles sont notamment les seules régions espagnoles à bénéficier d'une autonomie fiscale. Depuis les années 2000, le pays souffre d'une situation économique fragile et d'un état branlant, dans ce contexte, les velléités indépendantistes reprennent vigueur. Si nationalement, le bilan économique est pour le moins mitigé, régionalement, et notamment pour le Pays basque et la Navarre, les comptes sont au vert. Il faut dire que ces régions du nord de l'Espagne s'appuient sur des économies diversifiées, dynamiques et tournées vers l'avenir.

Des pouvoirs morcelés

La Constitution de 1978, établie après la fin du régime franquiste, a structuré l'État espagnol de manière singulière : le pouvoir est ainsi réparti entre le Roi, le gouvernement central et les communautés autonomes. L'Espagne est donc une monarchie constitutionnelle et Felipe VI, roi d'Espagne, règne depuis 2014. Chef de l'État, il ne gouverne pas ; ses compétences étant limitées. Il est chef des armées, il ratifie les lois, nomme le président du gouvernement central et peut dissoudre le gouvernement.

Ainsi, l'exécutif est mené par le gouvernement central. Le président du gouvernement, actuellement le socialiste Pedro Sanchez, est à la tête de l'exécutif et nommé pour 4 ans. Il est le leader de la majorité parlementaire, le *jefe del gobierno*. Le pouvoir législatif appartient au Parlement, ou Cortes generales. Il est composé du *congreso de los diputados* (Congrès des députés) et du *senado* (Sénat). Les plus importantes missions du gouvernement central concernent l'élaboration et la conduite de la politique intérieure et extérieure, l'administration civile et militaire et la défense de l'État, l'exercice du pouvoir exécutif et la réglementation conformément à la Constitution et aux lois, et enfin, l'élaboration des budgets généraux de l'État.

© FREDERIC LEGRAND - COMEO - SHUTTERSTOCK.COM

Felipe VI.

Optant pour un système intermédiaire entre centralisme et fédéralisme, la Constitution de 1978 institue des gouvernements régionaux. La Catalogne et le Pays basque sont les premiers à y accéder en 1979. En dix mois, c'est l'ensemble des Espagnols qui demandent un statut pour leur région. 17 communautés voient le jour, disposant chacune d'un statut d'autonomie propre. Aragon, Navarre, Valence, Castille-et-León, Castille-La Manche, Andalousie, Murcie, Estrémadure, Galice, Asturies obtiennent un statut d'autonomie en 1981. Madrid, la Rioja et la Cantabrie obtiennent leur statut en 1983. La Communauté autonome a été définie selon des critères historiques, culturels et linguistiques. Les critères géographiques, voire démographiques, n'ont pas été retenus comme critères pertinents de cette division communautaire. Ainsi, l'Espagne a des communautés qui peuvent être très disparates (La Rioja représente 1 % du territoire en termes de superficie, contre 18,5 % pour la Castille-et-León).

Pays basque et Navarre, deux communautés spécifiques

Exceptions au sein des 17 communautés, les deux territoires disposent d'une capacité pour réglementer les impôts et d'une autonomie pour leur gestion. En contrepartie, l'Accord économique établit une quote-part que la Navarre et le Pays basque doivent verser à l'État espagnol pour faire face aux charges générales qui sont de la compétence exclusive du gouvernement central, telles les relations internationales, la défense et les forces armées.

Arbre de Guernica.

Ensuite, elles demeurent aujourd'hui encore des « communautés forales ». Pendant la Reconquista espagnole, de nombreux *fueros* furent accordés par les rois et seigneurs afin d'attirer une population catholique sur les terres reconquises. Ces fors garantissaient certains privilèges et libertés au peuple. En Navarre, les premiers fors sont rédigés en 1237 et établissent les droits juridiques des habitants du royaume. C'est ensuite le tour de la province d'Álava en 1483, du Guipúzcoa en 1491 et de la Biscaye en 1526. Ces fors sont à l'origine de l'actuelle autonomie politique, administrative et fiscale du Pays basque et de la Navarre. L'arbre de Guernica, en Biscaye, est le symbole des libertés basques depuis que les rois de Castille y ont prêté serment de respecter les fors basques. Aujourd'hui encore, le *lehendakari* (président de la communauté autonome basque, actuellement Iñigo Urkullu) vient prêter serment sous l'arbre au moment de sa prise de fonction.

Au-delà des partis nationaux, dont les principaux sont le PSOE (socialistes), le PP (conservateurs), Podemos (gauche radicale), Ciudadanos (centre-droit), Los Verdes (écologistes), Izquierda Unida (alliance de gauche), il existe un grand nombre de partis régionaux, qui opèrent au sein des Communautés. Voici les trois principaux partis du nord de l'Espagne : le Parti nationaliste basque (PNV), nationaliste centriste, qui bénéficie de la plus grande représentation au Parlement basque (28 sièges). Pratiquement tous les présidents du gouvernement basque depuis 1980 sont issus de ce parti ; deuxième force politique, avec 18 sièges, Euskal Herria Bildu, coalition politique nationaliste et indépendantiste créée en 2012 qui rassemble les partis de la gauche « abertzale » du Pays basque et de Navarre ; troisième force avec 11 sièges, Elkarrekin Podemos, coalition politique de gauche radicale.

La question de l'ETA

En plus des partis politiques, le Pays basque est caractérisé par la présence de l'ETA, ou Euskadi Ta Askatasuna (qui signifie Pays basque et Liberté), un mouvement politique qui a pris diverses formes depuis sa création en 1959, sous la dictature du général Franco. À ses débuts, cette formation a pour objectif la défense de l'identité basque face à l'oppression franquiste. Dans les années 1970, le mouvement se divise en une branche politique (qui renonce à la lutte armée en 1982) et une branche militaire, qui se radicalise et évolue en organisation terroriste. Malgré la signature du statut d'autonomie basque en 1979, l'ETA poursuit ses attentats. Les années 1990 sont marquées par le scandale du Groupe antiterroriste de libération, GAL, responsable de plusieurs dizaines de meurtres et d'actes de torture sur des membres de l'ETA, dont les liens avec les plus hauts échelons du gouvernement espagnol ont été prouvés. Dans les années 2000, l'ETA est affaibli par la mise hors la loi de Batasuna en 2003 (parti basque indépendantiste de gauche), puis par le renforcement de la collaboration policière entre la France et l'Espagne. Après une trêve avortée en 2006, l'organisation armée basque ETA annonce le 20 octobre 2011 « l'arrêt définitif de son activité armée », après plus de 50 ans de lutte pour l'indépendance du Pays basque, qui a fait plus de 800 morts. Le 20 avril 2018, l'organisation demande pardon à une partie des victimes dans un communiqué publié dans le journal basque *Gara*, avant d'annoncer sa dissolution unilatérale en mai.

Une instabilité politique nationale depuis les années 2000

L'Espagne contemporaine commence avec le premier mandat de José Luis Rodríguez Zapatero (2004-2008) est placé sous le signe de la croissance économique et des réformes sociales (dont la régularisation massive des sans-papiers, la légalisation du mariage homosexuel avec droit à l'adoption et la fin des cours obligatoires de religion dans les écoles publiques). Cependant, lors de son deuxième mandat (2008-2011), Zapatero se heurte à la crise économique qui frappe très durement le pays. Fin 2008, l'Espagne entre officiellement en récession et le chômage dépasse la barre symbolique des 20 % au printemps 2010. Cette période est également marquée par l'émergence du mouvement des « indignés ». Malgré la mise en place d'un plan d'austérité, les socialistes perdent la confiance des électeurs. Ainsi, lors des élections anticipées de novembre 2011, Mariano Rajoy (PP) connaît une victoire écrasante et obtient la majorité absolue pour gouverner. Il met alors en place une sévère politique d'austérité, qui n'empêche pas le pays de s'enfoncer dans la récession, avec un taux de chômage à 26 % – la colère populaire augmente violemment. La pression des marchés conduit le gouvernement à solliciter le sauvetage des banques au cours de l'été 2012. La même année, les nationalistes basques reviennent au pouvoir : Iñigo Urkullu devient le cinquième lehendakari de l'histoire démocratique basque. En octobre 2013, la doctrine Parot, un système de remise de peine qui permet de maintenir les détenus en prison jusqu'à la limite des 30 ans prévue par la loi, est condamnée par la Cour européenne des droits de l'homme. Cette décision entraîne la libération de dizaines de détenus espagnols, en majorité des prisonniers de l'ETA. En décembre 2019, le Parlement Basque réclame « un droit des citoyens à décider ». Du côté de la Catalogne, des velléités d'indépendance se font également entendre.

Sur le plan politique, l'année 2015 a été marquée par l'irruption de deux nouveaux venus, Pode-

© ELOI_OMELLA - ISTOCKPHOTO.COM

La culture du vin est importante dans la région de la Rioja.

mos et Ciudadanos qui ont perturbé le classique bipartisme d'exercice du pouvoir en Espagne. Conséquence des résultats des élections législatives de décembre 2015, l'Espagne a connu en 2016 la plus longue crise gouvernementale de son histoire avec 315 jours sans gouvernement à sa tête. Une crise résolue partiellement le 29 octobre 2016, avec l'élection de Mariano Rajoy comme président du gouvernement.
En 2018, le président du gouvernement espagnol Mariano Rajoy est renversé par une motion de censure. Le socialiste Pedro Sanchez lui succède, mais s'empêtre, et le pays avec lui, dans une instabilité chronique. Après deux élections législatives sans majorité, il parvient finalement à être élu en 2020 grâce à une coalition inédite depuis Franco, les petits partis de gauche dont les nationalistes basques du PNV et Podemos (gauche radicale).

Des régions prospères économiquement

Au Pays basque, la tradition industrielle remonte au XIXe siècle, avec les mines de fer. Jusqu'au début du XXe siècle, elle est la seule région d'industrie lourde d'Espagne, mais la crise des années 1980 entraîne la région dans la reconversion industrielle. La construction du musée Guggenheim à l'emplacement d'une ancienne usine sidérurgique est le symbole de cette nouvelle étape. Plusieurs grandes entreprises cotées à l'Ibex 35 ont leur siège social au Pays basque. Le secteur primaire, en perte de vitesse, demeure florissant dans le domaine de la pêche, activité traditionnelle du Pays basque. Mais c'est le secteur des services, avec plus de 60 % du PIB basque, qui génère le plus de richesses.
En Navarre, le développement industriel s'est produit bien plus tardivement, vers la moitié du XXe siècle. L'automobile, l'industrie agroalimentaire et les biens d'équipement sont les secteurs d'activité les plus importants. La production agricole et l'élevage représentent une faible proportion du PIB, mais jouissent d'un important rayonnement, avec plusieurs dénominations d'origine. Enfin, le secteur des services génère plus de la moitié du PIB.
En Rioja, le secteur primaire représente 7 % du PIB de la région, principalement grâce à la culture du vin (plus de 40 % de la production agricole). Il s'agit de la troisième région agricole d'Espagne après l'Estrémadure et Castille-La Manche.
Depuis longtemps, l'importance de l'industrie du tourisme dans l'économie nationale n'échappe plus à personne. Rappelons que l'Espagne est le deuxième pays le plus visité au monde, après la France. Cependant, le tourisme en Navarre, au Pays basque et dans la Rioja s'est développé plus tardivement que dans le reste du pays. Ces régions misent sur le tourisme vert, culturel, gastronomique et œnologique, attirant principalement un tourisme national.

ARCHITECTURE

Le royaume de Navarre, ancien royaume de Pampelune, correspond aujourd'hui à la communauté forale de Navarre, à la Rioja ainsi qu'au Pays basque Sud, dit aussi Pays basque espagnol. Il s'agit d'un ancien royaume vascon, c'est-à-dire basque (ou gascon) qui vit se succéder à sa tête une lignée de rois basques jusqu'au XIIe siècle. Les trois provinces qui couvrent ce territoire aujourd'hui sont donc particulièrement influencées par cette histoire complexe et par l'héritage vascon. Ce territoire marqué par les grands courants de l'architecture ibérique, mais aussi française, connaît aujourd'hui un regain d'intérêt de la part des visiteurs, stimulé par l'effet Bilbao, et la constitution d'une petite métropole dans l'ancienne ville portuaire, ainsi qu'en Rioja, dont le vin rouge a fait la réputation. Ces récentes transformations ont su faire de la petite communauté autonome un pôle touristique incontournable.

Art roman et architecture mudéjare et gothique

Sous le règne de Sanche le Grand (1004-1035), la Navarre est un puissant royaume. L'hégémonie navarraise se traduit par une floraison artistique tout au long du chemin de Saint-Jacques en Navarre, avec la construction de nombreuses églises, monastères et chapelles. La Rioja, sous domination Navarre à cette époque, bénéficie également de ce rayonnement architectural. En témoigne le monastère de Suso (p.344), classé au patrimoine mondial de l'Unesco, dont Sanche le Grand ordonna l'ampliation (action d'agrandir et de compléter) et la restauration en 1030, dans le pur style roman.

Le style roman s'épanouit jusqu'au XIIe siècle, présentant à cette époque des influences musulmanes qui donneront naissance à l'architecture mudéjare. Les musulmans devenus sujets chrétiens du Royaume d'Espagne appliquent leur style architectural caractéristique à des édifices religieux (églises, mais aussi synagogues) et civils. Les arcs outrepassés et leurs variantes sont une des caractéristiques aisément identifiables : des arcs de cercle plus grands que des demi-cercles, évoquant des bulbes, achèvent la partie supérieure des fenêtres et des percées. C'est aussi aux mudéjares que l'on doit les premières utilisations d'*azulejos*, ces célèbres carreaux de faïence, sur la péninsule ibérique – et qui font aujourd'hui la renommée du Portugal. L'église San Bartoloméo à Logroño, dans la Rioja, remonte au XIIe siècle, ce qui fait d'elle la plus ancienne de la ville. C'est un magnifique exemple d'architecture romane mudéjare. Son originalité tient à sa tour-clocher, autrefois intégrée aux remparts, qui faisait partie intégrante du système défensif de Logroño. Ce n'est qu'à la destruction de ceux-ci que l'édifice a pu se distinguer, donnant à l'église la forme qu'on lui connaît aujourd'hui.

© BORISB17 - ISTOCKPHOTO.COM

Santa Maria, Pampelune.

Au XIIIe siècle, la couronne de Navarre s'est unie au royaume de France. Sous l'influence française, le gothique pénètre alors en Espagne par la Navarre. Il s'exprime dans l'architecture religieuse, mais aussi dans la peinture, la sculpture et l'orfèvrerie. La cathédrale Santa María de Pampelune, et les principaux monuments d'Olite ★★ (p.134) datent de cette époque. Le gothique ne se développe que plus tard au Pays basque, principalement à partir du XIVe siècle. L'essor des grandes villes à cette époque favorise la construction de nombreuses maisons, bâtiments administratifs et religieux, notamment à Vitoria-Gasteiz, où l'on peut admirer plusieurs constructions gothiques, dont on retiendra la cathédrale de Santa María (p.106), l'église de San Miguel et la Casa del Cordón (p.311).

Du style plateresque au baroque, en passant par la Renaissance

L'Espagne se distingue en Europe par une tradition ornementale qui a traversé les âges, s'adaptant aux époques en prenant toujours de nouvelles formes, et qui triompha même du classicisme épuré de la Renaissance.

Sanctuaire de Loyola.

Au XVIe siècle, les richesses issues de la découverte des Amériques permettent la construction ou la restauration de nombreux édifices. C'est à cette époque que se développe le style plateresque, qui marque en Espagne la transition entre le gothique et le style Renaissance à l'italienne.

Ce style se démarque par ses ornementations raffinées qui rappellent le travail d'un orfèvre, qui lui doit son nom : *platero* désigne un orfèvre travaillant l'argent. Ce style hybride est hérité aussi bien de l'architecture mudéjare que du gothique flamboyant. Il marque l'ascendant de l'ornementation sur la structure dans la conception des édifices. Ce sont donc les éléments de décor qui le caractérisent tandis que les structures conservent leur style gothique, et plus tard, classique. Il s'est décliné en deux périodes distinctes et consécutives, communément appelées gothique isabélin (1480-1520) et Renaissance plateresque (1520-1560). On trouve un magnifique exemple de cette dernière à Guipuscoa au Pays basque sur la façade et le *patio* de l'**université Sancti Spiritus** (p.227) d'Oñati.

De la fin du XVIe siècle au milieu du XVIIIe siècle, le style baroque impose sa profusion ornementale aux codes de l'époque. Il marque le summum de l'architecture ornementale à l'espagnole. Il trouve son apogée au Pays basque avec la construction du **sanctuaire de Loyola** (p.224) au XVIIIe siècle, chef-d'œuvre du baroque « churrigueresque » : nom donné à l'interprétation du baroque en Espagne, qui se caractérise par une surabondance dans l'ornementation. Il tient son nom d'une célèbre famille de sculpteurs de retables à Salamanque, les Churigguera. Ce style se veut un mélange de l'héritage ornemental passé avec encore plus de profusion, empruntant ici aux motifs mudéjares, là au plateresque, dans l'extravagance frisant l'excès qui le caractérise.

« L'effet Bilbao » et l'architecture contemporaine

L'architecture de la région ne connaît pas de grandes spécificités au cours du XIXe siècle et durant la première moitié du XXe, et semble plutôt empruntée de-ci de-là à ses voisins européens. Cependant, il faut reconnaître la beauté de bâtiments à l'instar de la **Gare de Bilbao Concordia** (p.245) (1898) à la façade jaune et verte d'acier et de verre caractéristique des terminaux ferroviaires de l'époque, suite à la découverte de ces nouveaux matériaux structurels. Les façades basques, de Bilbao à San Sebastián, en passant par Vitoria-Gasteiz se parent souvent de *bow-windows* aux montures blanches, plus ou moins ouvragées et abritant des loggias. Sur certaines, ces fenêtres en saillie courbe forment des blocs sortant irrégulièrement des bâtiments et composant un jeu géométrique original sur les façades. C'est une des spécificités de l'habitat urbain côté espagnol, qui n'a pas connu, comme chez son voisin français, l'essor du style néo-basque au cours du XXe siècle. S'il est difficile de caractériser précisément cet usage des *bow-windows*, on y retrouve en revanche différents styles. Leur emploi semble avoir parcouru la fin du XIXe siècle et s'être développé durant la première moitié du XXe.

Bilbao est sûrement l'emblème de l'architecture contemporaine de la région, si ce n'est de l'Espagne. En 1997, l'implantation du **Guggenheim** (p.248) de Frank Gehry marque le renouveau de cette ancienne ville industrielle et un regain d'attrait touristique, significatif de dynamisme économique, pour en faire la cité cosmopolite d'aujourd'hui. Son dessin évoque le passé portuaire de la ville. Sa ligne organique et le titane de ses parois peuvent rappeler aussi bien des écailles qu'une coque effilée ou encore les voiles d'un navire.

© NITO100 - ISTOCKPHOTO

Musée Guggenheim.

Cette coquille d'acier, de verre et de titane abrite en son sein un grand atrium – une des signatures de l'architecte – qui se déploie sur les différents étages du bâtiment. Les galeries se présentent sous forme de grands volumes qui accueillent les œuvres – la salle Richard Serra, et réalisées sur mesure pour accueillir les grandes plaques en acier oxydé de l'artiste est l'une des plus impressionnantes. Les formes des sculptures répondent à celles de l'architecte.

Les courbes extravagantes du musée de titane trouvent aujourd'hui un écho sur les façades vitrées du bâtiment du Département Basque de la Santé (COLL-BARREU Arquitectos en 2008) à l'étrange géométrie organique. Le métro est signé Norman Foster. Ses bouches vitrées évoquent un ver translucide sortant de terre pour avaler les voyageurs. L'architecte britannique a d'ailleurs été retenu pour la refonte du **Musée des Beaux-Arts** (p.246), dont les travaux devaient s'achever fin 2023.

L'espagnol Santiago Calatrava a quant à lui signé la **passerelle Zubizuri** (p.250) (le « pont blanc » en basque), reconnaissable à ses courbes en opposition : la passerelle dessine un arc de cercle au-dessus du Nervion, tandis que l'arc structurel qui maintient celle-ci se déploie dans une courbe opposée. Avec l'œuvre de Gehry, c'est l'autre emblème de la capitale de la province de Biscaye. Cette profusion artistique et architecturale vaudra à la ville son élection au rang de Meilleure ville européenne en 2018.

Les *bodegas* de la D.O.C. (équivalent espagnol de l'A.O.C.) Rioja opèrent également une petite révolution en investissant des sommes colossales dans la construction de bâtiments avant-gardistes. Ainsi les **Bodegas Ysios** (p.324)sont également signées Santiago Calatrava ; elles déploient leurs toitures qui ondulent, et reflètent comme une mer étincelante le ciel avec la sierra en arrière-plan. À préférer pour une balade des parties extérieures toutefois, l'accueil ayant bien mauvaise réputation.

Frank Gehry a aussi sévi en Rioja en imaginant une véritable cité du vin pour les **Bodegas Marqués de Riscal** (p.329). Des cascades de titane se répandent sur un bâtiment en béton, non sans évoquer un délire dionysiaque. Leurs reflets roses, or et argent rappellent autant la capsule des bouteilles de Marqués de Riscal que les couleurs du vin rouge qui fait la réputation de la Rioja. Là encore, une œuvre caractéristique du style envolé de l'architecte américain.

À San Sebastian, il faut à tout prix se rendre sur le parvis de l'auditorium Kursaal où les *Deux rochers échoués* (1999), signés Rafael Moneo qui, comme leur nom l'indique sont figurés par deux pavés inclinés trônant entre mer et terre. La nuit, ils s'illuminent entièrement, devenant un point de repère sur le bord de mer de San Sebastian. Conçus sur une structure à double paroi, un grand volume est laissé libre à l'intérieur des façades en acier et en verre, donnant accès à la salle de concert enfermée, comme prise dans un écrin, derrière des parois boisées. Du même architecte : les **archives générales et royales de Navarre** (p.106), à Pampelune. Celles-ci reprennent la forme du bâtiment initial, perché sur un rocher, dans un style plus épuré mais en utilisant les mêmes matériaux, ainsi qu'en reproduisant de façon stylisée des formes médiévales - telles que les tours et les percées.

Aussi à Pampelune, le centre hydrothermal Aquavox (2009) du basque J. M. Otxotorena, offre un bel ensemble rythmé. Sa façade est composée d'un mur rideau de béton qui rythme les percées de lumière qui viennent inonder les bassins. Une cure idéale pour les amateurs d'architecture !

BEAUX-ARTS

Ce parcours vous entraîne au cœur de trois régions hautes en couleur. Terres frontalières au passé tumultueux, elles fourmillent de joyaux ancestraux. Pour une première approche, les musées régionaux du Pays basque, de la Navarre et de la Rioja retracent leur histoire particulière, des temps anciens à nos jours à travers les vestiges et les productions locales. Les amoureux d'art médiéval ne manqueront pas les monastères de Yuso et de Suso. En Navarre, amusez-vous à localiser les sculptures publiques du célèbre Rafael Huerta. La scène artistique contemporaine n'est pas en reste. Plusieurs jeunes centres d'art s'attachent à promouvoir la création locale. Vous connaissez mal l'art basque ? Rendez-vous au Musée des Beaux-Arts de Bilbao. Quant au *street art*, il est ici chez lui, aussi bien dans les villes que dans les villages. Un voyage de la préhistoire à nos jours vous attend entre montagnes, bord de mer et villes palpitantes !

Pays basque

Archéologie. À la croisée des chemins, le Pays basque participe très tôt à la diffusion des idées, dont l'art pariétal. Les premières peintures rupestres du territoire ornent les Grottes d'Isturitz et Oxocelhaya (35 000 av. J.-C.). Une multitude de signes, de dessins de chevaux se mêlent aux gravures dans les galeries profondes. Les fouilles attestent également de la présence des Celtes, déterminants pour la culture locale, puis des Romains qui échouent à imposer leur domination.

Moyen Âge. Au milieu du XIIe siècle, les Basques fondent le Royaume de Navarre pour se prémunir contre les invasions. De nombreux lieux de culte sont construits le long du chemin de Saint-Jacques en Navarre. Le musée diocésain d'art sacré de Bilbao réunit 2 000 pièces datant du XIIe au XXe siècle, ainsi que des vestiges archéologiques.

Après une période romane relativement discrète, l'art s'épanouit au gothique tardif.

Au XVIe siècle, le style Renaissance se développe dans le nord de l'Espagne. Sa tendance ornementale, ou plateresque, conduit au baroque, qui impose ses codes jusqu'au milieu du XVIIIe siècle. En parallèle, un baroque austère se révèle dans la peinture de portraits et reflète les tensions économiques, sociales et religieuses du pays. Il se caractérise par des poses solennelles presque théâtrales, sur des fonds sobres.

Vers l'ère moderne. Renommé pour ses scènes de tauromachie, Ignacio Zuloaga (1870-1945) exécute des portraits d'une force expressive peu commune. Un musée dédié à ce peintre représentatif de la Génération de 98 a été ouvert à Eibar, sa ville natale.

Inutile de chercher la plus riche collection d'art basque ! Le Musée des Beaux-arts de Bilbao (p.246) présente peintures, gravures et sculptures locales, du XIIe à nos jours : Jorge Oteiza, Zuloaga ou Mari Puri Herreo y côtoient Zurbaran, Goya, Bacon ou encore Delaunay.

Art public. L'identité basque s'exprime dans les rues par tradition. Des fresques parent les villes et villages de toute la région. Direction San Sebastián pour prendre le pouls de la scène locale qui affiche ses revendications politiques de manière créative. Dans le quartier d'Egia et autour de la station Añorga, les graffitis se font plus colorés et ludiques. Sur la côte, la petite ville de Zarautz ★ (p.211) s'impose comme le point de rendez-vous du *street art*. Larges fresques et dessins discrets se dispersent à tous les coins de rue.

La sculpture publique s'épanouit à Saint-Sébastien. Parmi les commandes passées à de grands artistes locaux : le Peigne du Vent et l'Hommage à Fleming, signées Eduardo Chillida ; l'acclamée Construction Vide de Jorge Oteiza ; la minimaliste Colombe de la Paix de Nestor Basterretxea, en front de mer.

© PHILIPPE GUERSAN - AUTHOR'S IMAGE

Puppy est une œuvre de Jeff Koons, placée devant le musée Guggenheim.

DÉCOUVRIR

Aujourd'hui. Le Pays basque se met au diapason des tendances actuelles. Point d'orgue de son ouverture au monde, le musée Guggenheim (p.248) de Bilbao accueille l'art moderne et contemporain international. Un million de visiteurs admirent tous les ans les sculptures gigantesques qui montent la garde. L'Installation lumineuse de Jenny Holzer adresse des clins d'œil à l'Arc Rouge de Buren qui enjambe le pont voisin. Les Tulipes de Jeff Koons éclosent sur les terrasses tandis que le Pop Galo de Joana Vasconcelos se pavane fièrement. Un programme éclectique complète l'exceptionnelle collection permanente de l'institution.
Plus discrète, la Tabakalera se concentre sur l'avant-garde contemporaine. Des projets multidisciplinaires naissent dans cette manufacture de tabac reconvertie en centre d'art.

Rioja

Premiers temps. Sur la terre du Rioja, les Romains imposèrent leurs usages et fondèrent Calahorra puis Logroño au IIe siècle. Les passionnés accourront au Musée de la romanisation de Calahorra, entouré d'un jardin rempli d'éléments architecturaux. Parmi les sculptures romaines, la Dame Calahorra d'un réalisme saisissant, témoigne d'une grande maîtrise technique. De même, le drapé de la tunique de l'Aphrodite de Calahorra est merveilleusement rendu dans le marbre.
À la chute de Rome, la Rioja passe sous domination wisigothe puis arabe avant d'être incorporée à la Castille en 1073.

Moyen Âge. Située sur la route du pèlerinage de Saint-Jacques-de-Compostelle, la Rioja fut au cœur d'un conflit opposant la Navarre et la Castille. Le style roman s'épanouit dans de nombreux édifices religieux, les monastères étant alors des centres culturels majeurs. De splendides sculptures sont visibles dans le chœur de l'église du monastère de Santa María La Real de Nájera (p.346) ainsi qu'un retable représentant la figure romane de sainte Marie.
Étape incontournable, les monastères de San Millán de Yuso (p.344) et de Suso (p.344) figurent comme des chefs-d'œuvre de l'architecture romane. À Suso, les petites chapelles taillées dans la roche abritent des tombeaux, dont un exemple du XIIe siècle sculpté dans l'albâtre. Au monastère de Yuso, reconstruit dans un style gothique tardif, les bas-reliefs du portail évoquent la bataille de Simancas. Outre les portraits du Salon des Rois, le retable du maître-autel montre huit tableaux du peintre baroque Fray Juan Ricci (1600-1681).
Dans l'église cistercienne de Notre-Dame de Vico (p.362), le musée d'Art Sacré conserve sculptures et tableaux anciens parmi ses objets de culte. Le Musée de La Rioja (p.349) de Logroño permet de survoler toutes les périodes. Son fonds archéologie est complété d'œuvres du Moyen Âge (le retable de Torremuña), de la Renaissance, du baroque et de peintures modernes, en partie léguées par le Prado.

Moderne et contemporain. Fière de son passé, la Rioja n'en est pas moins tournée vers l'avenir. Le Musée Würth (p.357) d'Agoncillo soutient l'avant-garde autour de la collection de Reinhold Würth. L'art contemporain (Picasso, Louise Bourgeois, Anish Kapoor, Andy Warhol, Joan Miró) rencontre les maîtres anciens (Hans Holbein le Jeune et Lucas Cranach l'Ancien). Le Musée El Torreón de Haro défend également la jeune création, mais il occupe une tour, unique vestige des murs d'enceinte de la ville. Au second étage, les expositions temporaires sont dédiées à la jeune création qui explose depuis les années 1980 à la faveur de mesures de soutien.

Navarre

Premiers temps. Entre les charmants villages qui parsèment la Navarre, les traces des premières installations datées du paléolithique inférieur se découvrent sur les sites de Coscobillo, Urbasa et Viana. L'époque romaine est par ailleurs documentée au Musée archéologique d'Arellano. Le site de la Villa des Muses tire son nom de la mosaïque romaine à l'effigie de neuf déesses. Deux autres mosaïques évoquent le culte de Cybèle et d'Attis. Après la chute de l'Empire romain, la région affronte les Wisigoths et les Francs. Mais alors que les musulmans s'emparent du bassin de l'Èbre en 714, les chrétiens forment un noyau de résistance qui donne naissance à la première dynastie navarraise : les Iñigos. À leur suite, Sancho Garcés III l'Aîné définit au XIe siècle le tracé du Chemin de Compostelle, introduit l'art roman et diffuse sur ses terres la culture de Cluny. S'ensuit une période d'instabilité, entre indépendance et rattachement aux couronnes française, castillane et aragonaise. Le règne de Charles III le Noble (1387-1425) correspond à une phase de prospérité ainsi qu'en témoigne le palais d'Olite (p.134).

Moyen Âge. Comme la Rioja, les terres de Navarre abritent une forte concentration de monastères. À partir du XIIIe siècle, le gothique pénètre en Espagne par la Navarre et s'exprime dans l'architecture religieuse, mais aussi dans la peinture et la sculpture.
Le Musée diocésain de la Cathédrale de Pampelune (p.106) englobe plusieurs périodes. La sculpture de Sainte Marie la Royale et le Christ Crucifié de Juan de Ancheta sont de style roman. Le gothique français est représenté par les reliquaires du Saint Sépulcre et du Lignum Crucis, ayant appartenu à la Couronne de Navarre.

Église du monastère de Santa María La Real de Nájera.

© KARSOL - SHUTTERSTOCK.COM

Monument Encierro à Pampelune.

Aux précieux objets de culte, s'ajoutent de splendides peintures dont la planche de Peralta, signée Van Dyck, des retables (retable de las Navas, style flamand du XVe siècle) et sculptures.

Dans un cadre champêtre, la légende rencontre l'histoire dans la collection d'art sacré du Musée de Roncevaux. Parmi ses sculptures et ses toiles du roman au gothique mudéjar, citons le Triptyque du Calvaire, de l'école de Bosch, et la Sainte Famille de saint Juanito, signée Luis de Morales.

Le **Musée de Tudela** (p.138) regroupe des pièces d'art sacré issues de différentes églises de la ville. Sa collection couvre un large éventail de styles : retables Renaissance, toiles baroques, dont celles de Vicente Berdusán, huiles sur bois comme *Le Dernier Jugement* attribué à Bosch. La cathédrale abrite également ses chefs-d'œuvre. Le style roman est représenté par une Vierge Blanche en pierre, le gothique par trois retables, la Renaissance par les stalles du chœur signées Esteban de Obray et le baroque par la chapelle Santa Ana et Espíritu Santo

Véritable pont entre le passé et le présent, le **Musée de Navarre** (p.108) combine archéologie et beaux-arts. Le site de Leire a livré des mosaïques romaines, dont une représentation du Triomphe de Bacchus. L'art médiéval est évoqué par des chapiteaux romans et des sculptures gothiques. Se retrouvent aussi les artistes contemporains navarrais Julio Martín Caro, Jorge Oteiza, Mariano Royo, Pedro Salaberri, Juan José Aquerreta ou encore Pedro Manterola.

Récemment. Dans les environs de Pampelune, le **Musée Oteiza** (p.108) abrite la collection de Jorge Oteiza, sculpteur essentiel du XXe siècle. Sa maison-atelier dessinée par un architecte navarrais contient 1 650 sculptures ainsi qu'un large éventail de dessins et collages. Maintes fois primé, Oteiza entendait évider les formes à travers ses expérimentations esthétiques. Signalons ses Apôtres qui ornent la **Basilique d'Arantzazu** (p.228).

Les sculptures de Rafael Huerta (né en 1929) parsèment la région de Navarre, la première étant sa *Sagardo Corazón*, à Corella (1958). Plus connu, le *Monument Encierro* trône dans la **vieille ville de Pampelune** (p.110) face aux arènes. Un groupe de 11 jeunes gens est immortalisé au moment crucial où le troupeau est conduit aux arènes. Les jeux d'équilibre entre les taureaux et les personnages forment une composition à la fois solide et dynamique.

Pour les amateurs, le fonds photographique du **Musée Université de Navarre** (p.109) rassemble des images du XIXe siècle à nos jours, autour du legs de José Ortiz-Echagüe (1886-1980), l'un des principaux photographes espagnols du XXe siècle. Ouvert à toutes les disciplines, le Centre d'art contemporain de Huarte expose l'art basque et favorise l'émulsion au sein de la jeune scène artistique.

La joie de vivre qui fait le charme de Pampelune éclate sur ses murs, ses volets et les devantures de ses commerces. La zone piétonne se prête tout particulièrement à une chasse au *street art*. Qu'elles soient humoristiques, nationalistes ou sociales, ces œuvres reflètent le caractère bien trempé des locaux. Sur des façades entières, des animaux sauvages se déploient sous vos yeux. Retrouverez-vous le personnage repris de *Guernica* qui orne une porte en bois ?

MUSIQUES ET SCÈNES

Sur le plan artistique, évoquer le Pays basque convoque à l'esprit des images de l'incontournable musée Guggenheim de Bilbao ou bien d'Hemingway durant les Sanfermines (à Pampelune) que l'écrivain adorait. Mais le Pays basque, c'est aussi un monde de danses, de chants et de folklore. Un patrimoine riche, autant marqué par la pratique de nombreux instruments traditionnels – comme l'étonnant *txalaparta* – que par l'héritage du chant a capella, symbole ultime de l'univers musical basque. Mais la musique traditionnelle basque c'est aussi et surtout le choix du chant en langue basque. Grâce à la vague de nouvelle chanson qui a déferlé sur la région dans les années 1960 et la popularité des *bertsolari*, ces bardes rois des vers improvisés, la langue est non seulement maintenue vivante, mais continue à séduire les jeunes générations. Tout le caractère et la singularité du Pays basque sont à retrouver dans sa musique.

La musique traditionnelle

La région entretenant une identité culturelle très marquée, on trouve sans surprise un monde de musiques folkloriques variées au Pays basque. Une des particularités les plus frappantes de la région est la place accordée à la voix. Fort d'une longue tradition orale – certaines mélodies répertoriées remontent au XVIIe siècle –, le Pays basque pratique toujours énormément le chant a capella et les chœurs basques jouissent d'une renommée internationale.

Lorsqu'ils ne sont pas purement vocaux, les chants traditionnels peuvent s'accompagner du *txistu*, la fameuse flûte à trois trous qui se joue à une main (l'autre s'occupant généralement d'un instrument à percussion).

Mais la tradition basque la plus spectaculaire est sans conteste le *bertsularisme*, une improvisation chantée en basque, véritable pilier de la culture de la région. Dans cet art qui nécessite une grande agilité intellectuelle, on voit un improvisateur, le *bertsolari* versifier sur un thème imposé, en respectant rythme et mélodie. Phénomène aussi social que culturel, les championnats de *bertso* – qui existent ici depuis 1935 – peuvent attirer jusque plusieurs dizaines de milliers de spectateurs ! Une tradition toujours plus populaire qui joue un rôle fondamental dans la transmission orale du basque. Un nom à suivre est Maialen Lujanbio Zugasti, première femme à remporter le *Bertsolari Txapelketa Nagusia* en 2009.

Plus localement, en Navarre et en Rioja, il existe une variante de la *jota*, connue comme la « jota de l'Ebre ». Les paroles des chansons sont des poèmes populaires qui font référence à la vie rurale, comme les vendanges ou le travail dans les champs et les morceaux sont orchestrés par une *rondalla* (groupe musical en habits folkloriques).

Aussi, quelques artistes maintiennent vivante la pratique de certains instruments typiquement basques comme le *txalaparta* sorte de xylophone joué en couple avec des pilons tenus verticalement ou la *trikitixa*, un accordéon diatonique dont le musicien Kepa Junkera est devenu un maestro et un nom très couru à l'international.

À Bilbao, ce grand rendez-vous de la culture basque qu'est le Basquefest propose de goûter à cette dernière durant quatre jours via la littérature, la gastronomie, le sport et bien entendu la musique. Autrement, le Mundaka Festival se tenant dans la ville du même nom programme quantité de concerts pour accompagner ses dégustations et autres ateliers gastronomiques.

© JAVITRAPERO - ISTOCKPHOTO.COM

Txalaparta.

© KARL ALLEN LUGMAYER - SHUTTERSTOCK.COM

José María Usandizaga.

Pour quiconque voudrait approcher de plus près l'art des *bertsolaris*, il est conseillé de se rendre à la Sala BBK (p.279) de Bilbao, ancien cinéma reconverti en plateforme culturelle très dynamique ou au Doka Kafe Antzokia de San Sebastian, un des meilleurs lieux artistiques de la ville. À noter que le dernier samedi de juin à Ondarroa a lieu le Zapato Azule (samedi bleu) grande fête où les participants arborent la traditionnelle vareuse des marins de couleur bleue et on l'on voit beaucoup de *bertsolaris*.

La musique classique

Si le Pays basque français a porté quelques jolis noms de la musique classique comme Maurice Ravel (né à Ciboure) le côté espagnol a lui aussi été le berceau de grands compositeurs. Parmi eux, citons les éminents Felipe Gorriti (1839-1896) ; Jesús Guridi (1886-1961) l'auteur de la fameuse zarzuela basque *El caserio* ; Raimundo Sarriegui (1838-1913), créateur de la *Marcha de San Sebastián*, toujours jouée lors de la Tamborrada de San Sebastián ; ou encore Pablo Sarasate (1844-1908) violoniste virtuose. Moins célèbres, mais tout aussi importants, Juan Crisóstomo de Arriaga (1806-1826) fut surnommé le Mozart espagnol, José María Usandizaga (1887-1915) fût considéré comme un des pères de l'opéra basque ou encore José María Iparraguirre (1820-1881) signa *Gernikako Arbola*, l'hymne basque. Plus récemment, citons aussi les Basques Carmelo Bernaola et Luis de Pablo, membres du groupe d'avant-gardistes espagnols *Generación del 51* et Pablo Sorozábal, un des auteurs les plus courus de la musique symphonique et lyrique du XXe siècle.

Côté arts lyriques, étant donné l'amour que la région porte aux voix, on trouve évidemment quelques grands noms. À commencer par Julián Gayarre, ténor navarrais né à Roncal en 1844 (et mort en 1890) qui enchaîna les plus grandes scènes (dont Paris et La Scala de Milan) ou plus récemment la grande soprano Ainhoa Arteta. L'Orfeón Donostiarra, chœur formé en 1897 à San Sebastián et dont l'ambition est de conserver et diffuser la tradition des chants basques, demeure un des ensembles vocaux les plus prestigieux au monde.

Dans l'ensemble, la musique classique est entre de bonnes mains au Pays basque. Par exemple, des entités telles que l'Orchestre Symphonique d'Euskadi, dirigé par le jeune américain Robert Treviño, veillent à la création et à la diffusion de la musique savante basque. Jouissant d'une excellente réputation, ce dernier est chez lui dans les meilleurs auditoriums de la région : Palacio Euskalduna, Baluarte et Palais Kursaal. Le premier, imaginé par les architectes Dolores Palacios et Federico Soriano qui lui ont donné cette âme industrielle, est à Bilbao et programme de grands opéras et les concerts de l'orchestre symphonique de la ville. Il accueille aussi Musika-Música, prestigieux festival international de musique classique. Le second, installé à Pampelune, est un immense bâtiment contemporain (2003) dessiné par l'architecte navarrais Francisco Mangado. Il propose bon nombre de concerts et spectacles de qualité, notamment de l'Orchestre symphonique de Navarre. Le dernier, le Palais Kursaal est à San Sebastián et adopte une ligne artistique très proche des deux lieux frères précédemment mentionnés. C'est ici que se déroule chaque année au mois d'août, la Quincena Musical, grand festival de musique classique fondé en 1939 (le plus ancien d'Espagne).

La musique populaire

On le sait, mais on l'oublie souvent : Luis Mariano était basque. Et à l'instar du célébrissime chanteur d'opérette, la région entretient depuis des générations un penchant pour la chanson. Au XXe siècle, l'icône du renouveau du genre est Mikel Laboa (1934-2008), véritable patriarche dont l'album *El Diario Vasco* est généralement considéré comme le meilleur album basque de l'Histoire. Sous son impulsion toute une scène – que l'on pourrait qualifier de *folk basque* – est née, mariant l'usage de la guitare aux canons de la musique basque (et ses harmonies a cappella). C'est ici qu'apparaissent des compositeurs comme Ruper Ordorika ou Benito Lertxundi, considérés comme les grands rénovateurs de la chanson locale. Aujourd'hui, la chanson basque vit avec son temps et se voit incarnée par des stars de la pop très grand public comme Amaia Montero.

Le rock

C'est un fait depuis les années 1980, le Pays basque est une terre fertile pour le rock. Né dans un contexte de crise économique à la fin du franquisme, le rock, par son engagement et sa radicalité, épouse parfaitement l'esprit indépendantiste (tous les textes sont chantés en euskera) et révolté des Basques de l'époque. Pionnier parmi les pionniers, le groupe Hertzainak lance le mouvement suivi de près par Kortatu. Ce dernier, formé dans les années 1980 par Fermin Muguruza (une future personnalité musicale importante) et son frère Iñigo, mélange langue basque, musique festive et militantisme. De quoi devenir le symbole de toute une génération. Moins engagé, plus porté sur la recherche formelle, Itoiz est l'autre grand groupe de rock basque de l'époque. Trois grandes entités qui vont ouvrir la voie à des groupes qui deviendront importants, tels Fito & Fitipaldis, Kaotiko, Gatillazo ou encore Eskorbuto, l'un des groupes les plus influents de la scène punk espagnole.

Si le Pays basque ne manque pas d'adresses pour écouter du rock, deux sortent du lot par leur esprit. Le premier est le **Zentral** (p.119), situé à l'intérieur du marché de Santo Domingo, en plein centre historique de Pampelune. L'endroit à ne pas manquer pour profiter des meilleures soirées de la ville. Le second, Le Bukowski porte plutôt bien son nom et demeure depuis sa création dans les années 1980, l'épicentre de la culture underground de San Sebastián. Joli cadre vintage et bonne programmation.

La danse

Omniprésentes lors des fêtes et célébrations, les danses traditionnelles sont un des éléments parmi les plus importants du folklore basque. Et s'il existe autant de danses qu'il y a de villages au Pays basque et en Navarre, certaines traditions sont visibles dans l'ensemble de la région. C'est le cas des ***soka-dantza***, des danses en cercles ouverts exécutées en couples. Traditionnellement, les danseurs forment une chaîne humaine en se tenant par la main puis tournent dans le sens inverse des aiguilles d'une montre. Le conducteur de cette chaîne est appelé ***aurresku*** – nom qui par extension désigne parfois la danse. À l'autre extrémité, à la dernière place on trouve l'***atzesku***, c'est celui-ci qui comme l'***aurresku*** exécute la plupart des solos de danse. D'ailleurs, il est désormais fréquent que des spectacles ne mettent en scène que les danses effectuées par l'***aurresku***.

Parmi les autres danses très pratiquées, on citera le ***dantzari dantza***, exécuté au son du ***txistu*** et originaire de Durango ainsi que le ***Kaxarranka***, originaire de Lekeitio, où le danseur réalise sa chorégraphie perché sur une caisse. Dans la Rioja, une des danses les plus surprenantes est la Danza de los zancos d'Anguiano, réalisée perchée sur des échasses en bois de 45 cm de hauteur, généralement à l'occasion de la Sainte-Madeleine. D'autres bonnes occasions d'assister à des danses folkloriques sont des rendez-vous comme la Sanfermines de Pampelune, le Festival International de Folklore de Portugalete en juillet ou encore le championnat de danse Dantzari Eguna de Vitoria, une rencontre des danseurs de toutes les provinces basques.

© ALVARO GERMAN VILELA - SHUTTERSTOCK.COM

Aurresku.

LITTÉRATURE

C'est une étrange histoire que celle de la littérature basque qui a su se mettre en mots par le biais de la religion et s'ouvrir au monde par les conséquences d'une guerre civile. S'il est habituel de reconnaître 1545 comme point de départ, et difficile de nier que les premiers écrits sont le fruit du travail d'hommes de foi, depuis la seconde partie du XXe siècle la donne est tout autre. En quelques décennies à peine, les écrivains ont fait fi d'un certain classicisme et embrassé tour à tour les différents courants littéraires, jusqu'aux plus novateurs. Mais, dans cette évolution rapide, une continuité indéniable, celle d'une appartenance à un peuple qui se moque des frontières dictées par les hommes. Une communion rare qui s'inscrit aussi dans la recherche d'une langue unifiée et modernisée qui n'a vraiment rien de secondaire. Entre traditions, indépendance et curiosité, la littérature basque offre aux lecteurs de nouveaux territoires.

De la tradition...

Contre toute attente, cette courte présentation de la littérature du Pays basque, de La Rioja et de Navarre débutera par la rencontre avec un poète de langue castillane. Gonzalo de Berceo est certainement né aux alentours de 1196 dans la ville qui lui a donné son nom, le peu d'éléments sur sa vie ne minorant en rien l'importance que ses écrits auront pour les lettres espagnoles. Douze œuvres, à vocation religieuse, nous sont parvenues, celles-ci n'en sont pas moins empruntes d'une forme poétique scrupuleuse subtilement mâtinée de parler populaire. Faire de la foi un prétexte à l'écriture, tel sera l'enjeu des siècles à venir, bien que le premier livre imprimé en basque, le fameux *Linguæ Vasconum Primitiæ* du navarrais Bernart Etxepare, publié à Bordeaux en 1545, cause quelque peu scandale puisqu'il réunit en sein poèmes religieux et licencieux, il est surtout ode inaugurale à l'euskara, la langue basque, qui jusqu'à présent se pratiquait, de fait, plutôt à l'oral. Ce XVIe siècle se montrera encore par deux fois précieux, d'abord par la traduction en basque du *Nouveau Testament* par Joannes Leizarraga qui répond à la sollicitation énoncée lors du synode de Pau en 1564 et se joue de la difficulté d'allier différents dialectes, ensuite parce qu'il assiste à la naissance, en 1556 à Urdazubi, de Pedro Agerre Azpilkueta plus connu sous le nom d'Axular. Son seul ouvrage connu, peut-être d'ailleurs incomplet, est *Gero* (1643), qui peut se traduire par « après ». Le fond est à nouveau axé sur la foi, avant d'être écrivain Axular est un prédicateur qui vante l'ascétisme, mais c'est la forme, didactique, moderne et littéraire qui fera de cette œuvre un classique primordial dans le développement de la langue basque et, de son auteur, le plus célèbre des représentants de l'École de Sare. Le siècle suivant, à son tour, s'incarne sous les traits d'un homme qui ouvrira de nouvelles perspectives : Manuel de Larramendi (1690-1766). Paradoxalement il a très peu usé de l'euskara, il en fut pourtant un ardent défenseur, notamment par la grâce de ses travaux de philologue et de lexicologue – il a rédigé la première grammaire basque et élaboré un dictionnaire trilingue notifiant les équivalents castillans et latin –, mais également par sa volonté de préserver et de promouvoir cette culture. En cela, il est précurseur d'un certain patriotisme, mais agit aussi en réaction à une tendance politique que préfigurent les décrets de Nueva Planta qui prônent le centralisme, l'abrogation des « fors » et, par conséquent, l'injonction d'une langue unique. Si Larramendi insuffle une pensée voire une fierté nouvelle et influence des auteurs que l'on associe volontiers à une école portant son nom, déjà se profile un nouveau virage qu'embrasse le tout début du XIXe siècle : l'apparition du roman.

... à la fiction

Il est coutume de dire que le premier roman basque est *Peru Abarça* achevé en 1802 par Juan Antonio Mogel. Écrite en dialecte biscayen, l'œuvre est de forme non conventionnelle, laissant la part belle aux dialogues entre deux amis, Juan qui n'a de maître que le nom, car il fait montre d'une incurie touchante, mais d'un réalisme mordant, et Peru qui frôle l'omniscience, parfois le pédantisme, mais apprendra à prier. L'objectif, convaincre le lecteur de la beauté du monde rural et alors de l'importance de la culture basque, paraît atteint. Si Mogel n'aura pas la chance d'assister à la publication de ses écrits, celle-ci n'intervenant qu'en 1881, il aura néanmoins le plaisir de susciter une vocation littéraire chez sa nièce, Bizenta Mogel, et chez son neveu, Juan Jose Mogel. C'est lui qui leur aura appris à lire et à écrire, fait d'autant plus notable qu'à l'époque l'éducation des jeunes filles n'allait pas de soi. Bizenta honorera cette transmission en faisant paraître en 1804, l'année même de la mort de son oncle, et alors qu'elle n'avait que 22 ans, une adaptation basque des *Fables* d'Ésope,

José María de Iparraguirre.

devenant ainsi la première femme à publier en euskara. Citons encore Juan Ignacio de Iztueta (1767-1845) qui, lorsqu'il n'est pas occupé à écrire ses propres chansons et poèmes, collecte les danses et chants populaires, préservant ainsi un patrimoine immatériel infiniment précieux. L'essor de ces volontés démultipliées de fixer une culture particulière ne peut qu'entrer en résonnance avec les nouvelles remises en question du régime foral, et naît alors, vers 1876, ce qui pourrait rimer avec la Renaixença catalane, la Euskal Pizkundea. L'époque se montre propice aux initiatives, la première chaire de langue basque est créée en 1888, se dessinent déjà les bases de la future Académie qui est toujours très active du côté de Bilbao, de nouveaux types de publications émergent, tel le journal bilingue *Eskualduna* qui paraît à partir de 1887. Enfin, les traditionnels Jeux floraux – initiés par Antoine d'Abbadie d'Arrast en 1851 – s'exportent vers le sud. Ces concours poétiques sont l'occasion d'assister aux joutes entre bertsolaris qui pratiquent le bertso, chant improvisé et rimé qui trouve ses racines au XVIIIe siècle et dans lequel excellent Jean-Baptiste Elizanburu, l'auteur du roman *Piarres Adame* (1888), et Indalecio Bizcarrondo, poète romantique mort tragiquement. Un autre Romantique marquera également les mémoires, José María Iparraguirre né à Urretxu en 1820, dont la vie de chansonnier et de poète a mythifié la bohème et qui est le père de *Gernikako arbola*, improvisé, se dit-il, dans un café madrilène et devenu hymne basque.

L'âge d'or perdure, la production s'étoffe, les revues prolifèrent, l'attachement aux valeurs identitaires s'affirme, Julio Urquijo (1871-1950) créé en 1907 la *RIEV (Revue internationale des études basques)*, Resurrección Maria Azkue (1864-1951) devient en 1919 le premier président de l'Académie de la langue basque, le genre poétique s'épanouit grâce à un trio légendaire, Orixe, Lizardi et Lauaxeta. Mais déjà gronde la Guerre civile qui met brutalement fin aux envolées, un seul roman paraît durant le conflit, *Uztaro* de Tomas Agirre dit Barrensoro, une bleuette comme un dernier soupir d'une littérature qui sait déjà qu'elle vient d'entrer dans une nouvelle ère, le réalisme, et qu'à l'avenir elle se débarrassera de ses peaux protectrices, folklore et religion. Pour l'heure, la censure règne, voire la répression brutale, certains prennent la voie de l'exil, tentent timidement de publier depuis l'étranger, mais il faut attendre les années 50 pour que vraiment naisse un nouveau souffle.

Si Eusebio Erkiaga se fait reconnaître dès *Arranegi* (1958), mais conserve un certain style classique, ce n'est pas le cas de Txillardegi (1929-2012) à qui l'on doit en 1957 le premier roman dit moderne – et existentialiste ! - *Leturianen Egunkari Ezkutua*. Il n'aura appris le basque qu'à l'adolescence, mais s'investira pourtant pour que se tienne le congrès d'Arantzazu qui, en 1968, se donne pour but de définir les règles d'une langue unifiée, Txillardegi sera également l'un des fondateurs de l'ETA. Jon Mirande (1925-1972) interpelle aussi par son ton volontiers provocateur, parfois corrosif, comme dans les articles qu'il publie dans la revue éphémère *Igela* qu'il cofonde en 1962 et qui fait de lui l'un des représentants de l'avant-garde basque. Influencé par ses traductions, d'Edgar Allan Poe à Nietzsche, et par ses nombreux voyages, il laissera derrière lui des poèmes et un roman, *Haur besoetakora*, préfacé par le touche-à-tout Gabriel Aresti (1933-1975). Du théâtre aux nouvelles, du réalisme au symbolisme, si ce dernier s'intéresse à tous les styles son œuvre marquante reste la série *Harria* (Pierre). Enfin, Ramón Saizarbitoria achève de moderniser une littérature qui en quelques décennies à peine a radicalement rejoint les courants européens et donne à lire avec *Egunero hasten delako* (1969) le premier roman expérimental, qui pourrait s'apparenter au Nouveau roman français, de langue basque.

Et aujourd'hui…

Ramón Saizarbitoria va continuer d'occuper la scène littéraire et rapidement dépasser le rôle d'écrivain en cofondant la maison d'édition LUR en 1967 puis en créant quelques années plus tard une revue littéraire, *Oh ! Euzkadi*. Néanmoins, bien que dense et sans aucun doute novatrice, son œuvre ne franchit pas l'étape de la traduction vers le français, malheureusement, et c'est le même constat qui peut se porter sur celle de son ami, Koldo Izagirre, né en 1953 à Pasaia, tout aussi prolixe. Si les chiffres sont parlants – plus d'un millier de publications chaque année et plusieurs dizaines de maisons d'édition – force est de constater qu'à ce jour la transmission ne se fait généralement que dans un seul sens.

Deux exceptions toutefois qui laissent espérer que la situation évolue, le grand succès de Bernardo Atxaga, *Obabakoak*, disponible en 23 langues et en français chez Christian Bourgois Éditeur qui a publié début 2020 la traduction d'un autre de ses romans, *L'Homme seul*, et l'accueil réservé aux livres de Juan Manuel de Prada, né en 1970, auteur fétiche des belles éditions Seuil, chez qui l'on savourera le plaisir de s'offrir *Mourir sous ton ciel*, flamboyant roman historique.

TOP 10

LECTURE

Vaste langue, vaste territoire, vaste production éditoriale. Bien qu'à la littérature basque soit pour l'instant refusé l'honneur d'une traduction systématique, le lecteur devrait néanmoins trouver de quoi s'offrir quelques découvertes savoureuses, dans tous les styles et dans tous les domaines. Panorama.

HISTOIRE

La Conquête de la Navarre. Le petit royaume fondé par Iñigo Arista ne survivra pas à la fin du Moyen Âge, une histoire pleine de rebondissements à lire comme un roman.
Antton Curutcharry, Éditions Elkar

DÉCOUVERTE INTIME

© ARTZA EDITIONS - MARIE LEMASSON

Ces lieux qui nous racontent le Pays basque. La lauréate du Prix Euskadi 2002, Bayonnaise de naissance, postière de profession, raconte et décrit 27 lieux qui lui sont chers dans ce pays aimé.
Itxaro Borda, Éditions Artza

FOLKLORE

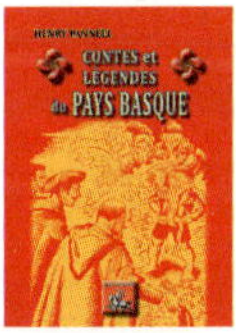

© EDITIONS DES REGIONALISMES

Contes et légendes du Pays basque. Qui connaît Basa-Yaun qui fait régner la terreur dans les forêts tandis que les sorcières tiennent sabbat sur la montagne de la Rhune ? Un imaginaire pour tous les âges.
Henry Panneel, Éditions des Régionalismes

POLITIQUE

Ceux qui construisent des ponts. L'ETA a annoncé sa dissolution en 2018, l'auteur a proposé à deux opposants de se rencontrer et d'imaginer ensemble l'avenir de leur région.
Alfonso Zapico, Éditions Futuropolis

LIVRE POUR ENFANT

© ÉDITIONS LA JOIE DE LIRE

Shola et les lions. Le plus connu et le plus lu des auteurs basques à travers le monde délaisse parfois la littérature adulte pour raconter l'histoire d'une petite chienne qui sait lire.
Bernardo Atxaga, Éditions La Joie de lire

BEST-SELLER

© PHOTOGRAPHIE DE COUVERTURE © METIN DEMIRALAY - TREVILLION IMAGES

Patria. Grande fresque sans concession et gros succès de librairie, *Patria* raconte le destin de deux familles brisées par la violence de la lutte séparatiste.
Fernando Aramburu, Éditions Actes sud

BEAU LIVRE

Euskal Herria : ezagutu. Une sélection de 270 photographies accompagnées de courtes notices explicatives pour explorer les paysages les plus fascinants du Pays basque.
Alvaro Munoz Gabilondo, Éditions Travel Bug

BANDE DESSINÉE

© BODEGAS, TOME 01, DE CORBEYRAN ET FRANCISCO RUIZGE © EDITIONS GLÉNAT 2014

Bodegas (2 tomes). Un vin inconnu remporte un concours à l'aveugle, une journaliste va enquêter sur le mystérieux vigneron. Une façon originale de découvrir la Rioja, et ses grands crus !
Corbeyran et Francisco Ruizge, Éditions Glénat

FERIA

© AGENCEATLANTICA

7 juillet. Une découverte de l'intérieur des fêtes de la San Fermín par l'œil avisé d'un journaliste écrivain qui ne nie pas la peur, mais n'oublie pas la joie.
Francisco Chap Apaolaza, Éditions Atlantica

RANDONNÉES

Pays basque espagnol. De l'Euskadi espagnol aux Pyrénées basques de France en passant par la Navarre, 50 itinéraires de choix pour prendre le temps de respirer.
Franz Halbartschlager, Éditions Rother

A L'ÉCRAN

Le cinéma basque est depuis toujours, assez méconnu du grand public. Pourtant le Pays basque est porteur de nombreux talents dans le domaine du cinéma, puisque les cinéastes Álex de la Iglesia (*El Bar*) et Julio Medem (*Ma ma*) sont originaires de ces vertes contrées. Dans La Rioja, le grand nom du cinéma est celui d'un scénariste, Rafael Azcona, auteur de certains des plus grands films du cinéma espagnol : *Placido* (1961), *El Verdugo* (1963) et *Belle Époque* (1992). Plus récemment, le réalisateur basque Jon Garaño offre une belle fenêtre de visibilité au cinéma du pays avec le film *Handia*. La plateforme Netflix aide également au développement du 7e art basque grâce à des films comme *El Fin de ETA*, *El Guardián Invisible* et *Fe de Etarras*. Enfin, n'oublions pas que la Mecque du cinéma espagnol se trouve à Saint-Sébastien, qui accueille chaque année au mois de septembre son prestigieux festival de cinéma.

Les lumières basques

Injustement méconnu par le public international, le cinéma de la région regorge pourtant de nombreux talents, à commencer par le scénariste Rafael Azcona, originaire de la région de la Rioja, à qui nous devons l'écriture de pas moins de 90 films parmi lesquels *Placido* (1961), *El Verdugo* (1963), *El Bosque animado* (1988), *Belle Époque* (1992) et *La Lengua de las mariposas* (1999). Azcona reçoit cinq Goyas (l'équivalent espagnol des Césars en France ou des Oscars aux États-Unis) pour l'écriture de ses scénarios ainsi qu'un Goya honorifique en 1997, pour l'ensemble de sa carrière. Parmi les célébrités du 7e art basque, citons également Julio Medem (originaire de Saint-Sébastien) devant sa renommée à ses courts-métrages à succès *Patas en la cabeza* (1985, lauréat du concours du film documentaire et court-métrage de Bilbao), *Las seis en punta* (1987) et des longs-métrages comme *Vacas* (1992, plaçant son intrigue dans le Pays basque des années 1970) et *Ma ma* (2015, avec Penélope Cruz). Enfin, n'oublions pas Álex de la Iglesia (originaire de Bilbao) connu pour *Action mutante* (1992, premier long-métrage financé par Pedro Almodóvar), *Crimen ferpecto* (2004), *Las brujas des Zuggaramurdi* (2013) et dernièrement, la coproduction argentino-espagnole *El Bar* (2017) ou *Veneciafrenia* (2021).

Elizondo, lieu de tournage pour El Guardián Invisible de Fernando González.

De nos jours

À partir de 2017, la plateforme Netflix entre en scène pour mettre en lumière le Pays basque avec en premier lieu la production du documentaire *El fin de ETA* (de Justin Webster), retraçant la fin de l'Euskadi Ta Askatasuna (ETA), un groupe terroriste basque responsable de plusieurs vols, enlèvements et meurtre au Pays basque durant plus de 50 ans. La même année et sur le même sujet, Netflix produit également *Fe de etarras* (Borja Cobeaga), une comédie noire sur quatre membres de l'organisation, attendant le feu vert de leurs dirigeants pour accomplir leur acte terroriste. Citons également le film d'horreur *Errementari* de Paul Urkijo et le thriller *El Guardián Invisible* de Fernando González, plaçant son intrigue dans le village d'Elizondo. L'année 2017 marque aussi la sortie du très remarqué *Handia*, réalisé par Jon Garaño et Mikel Arregi. Cette œuvre fondant son intrigue sur Migel Joakin dit le géant d'Altzo (célèbre pour sa taille impressionnante de 2,42 m) est acclamée dans de nombreux festivals du 7e art à travers le monde et surtout au Festival international du cinéma de Saint-Sébastien, où il décroche le Prix spécial du jury ainsi que le Prix Irizar du meilleur film basque. En 2019, Garaño revient avec *La trinchera infinita* sélectionné également au Festival de Saint-Sébastien où le réalisateur remporte la Coquille d'argent du meilleur réalisateur ainsi que le Prix du jury pour le meilleur scénario. Dans les œuvres basques sorties la même année, citons également : *Oreina* (Koldo Almandoz), *Black is beltza* (Fermin Muguruza) ainsi que *Dantza* (Telmo Esnal).

POPULATION

Région marquée par des disparités administratives et géographiques, le Pays basque s'illustre en revanche par son harmonie culturelle, liée notamment à son histoire et sa langue très particulière. Ainsi, les Basques revendiquent un sentiment d'appartenance et un attachement à leur culture qu'il ne faut pas confondre avec la question de l'indépendance. La grande majorité des Basques sont fiers de leur culture et en revendiquent ses particularités. C'est cette culture qui fait l'identité basque. Sur une population totale de près de 3 millions d'habitants répartis dans les 7 provinces d'Euskal Herria, on estime que 34 % sont bilingues et 19 % ont une connaissance approximative du basque (bilingues réceptifs, qui comprennent, mais ne savent pas le parler). Les velléités d'indépendance animent finalement moins d'un quart de la population basque (enquête 2017, 20 % des Basques souhaitent l'indépendance de leur région).

Une population concentrée sur la côte et dans les grandes villes

Avec 299 hab/km² au Pays basque espagnol, 61 hab/km² en Navarre et 62 hab/km² dans la Rioja, la côte nord de l'Espagne présente des disparités démographiques importantes. La partie espagnole du Pays basque accueille ainsi 84 % de la population basque. Le Guipúzcoa a longtemps été la province la plus peuplée. La tendance a changé au début du XIXe siècle, lorsque le processus d'industrialisation en Biscaye a provoqué l'arrivée de main d'œuvre en provenance du sud de l'Espagne, et entraîné une explosion démographique. Aujourd'hui, la Biscaye est donc la province la plus peuplée du Pays basque – plus de la moitié de la population totale y vit. Bilbao, avec une population de 350 000 habitants, est la ville la plus peuplée, suivie de Vitoria-Gasteiz (250 000 habitants) et Saint-Sébastien (190 000 habitants). La concentration des populations sur le littoral et dans les grandes villes explique la faible densité en Navarre et dans la Rioja. Pampelune (200 000 habitants), qui réunit un peu moins de la moitié de la population de Navarre (640 000 habitants) dans sa zone métropolitaine, présente une hégémonie évidente. On note ainsi une désertification progressive des vallées pyrénéennes, que les jeunes gens abandonnent pour rejoindre la capitale. Dans la Rioja, Logroño (150 000 habitants) concentre également la moitié de la population totale (323 000 habitants).

Une région marquée par la migration

Les immigrés représentent 8,5 % de la population au Pays basque et en Navarre, et 11,5 % dans la Rioja, contre une moyenne de 9,5 % dans toute l'Espagne. Ils proviennent principalement d'Amérique latine (Équateur, Colombie, etc.), d'Europe de l'Est (Roumanie, Bulgarie, etc.) et du Maghreb (Maroc, Algérie, etc.).

© LEONARDO2011 - SHUTTERSTOCK.COM

Centre de Bilbao.

Couple en habits traditionnels.

Depuis que l'Italie a fermé ses frontières en 2018, le Pays basque, notamment au niveau de la frontière avec la France, voit de nombreux migrants arriver. Repoussés de toutes parts, ils s'échouent à Irún et dans les environs, avec l'espoir de pouvoir passer en France puis de rejoindre l'Allemagne. Les autorités locales, mais aussi et surtout des collectifs de citoyens, s'organisent pour les accueillir et les accompagner dans leur long périple.
Les Basques ont ainsi le sens de l'accueil, d'autant qu'ils comprennent le parcours de ces migrants, étant eux-mêmes dispersés à travers le monde. La diaspora basque, ou « huitième province » comme on la surnomme, se retrouve ainsi particulièrement en Argentine, en Colombie, au Chili et aux États-Unis. Environ 4,5 millions de personnes d'origine basque vivent à l'étranger, et 15 millions de personnes portent un nom basque. La diaspora s'est effectuée en deux grandes phases. À l'époque de la conquête espagnole (1492), les Basques émigraient vers l'Amérique latine pour une vie meilleure – seuls les aînés pouvaient hériter des parents selon la loi. La seconde vague d'immigration a eu lieu au milieu du XIXe siècle, plutôt en Amérique du Nord, au moment de la ruée vers l'or.

Une langue à l'origine mystérieuse

Les hypothèses sur l'origine de la langue basque sont nombreuses, mais aucune n'est établie avec certitude. L'euskara est l'une des rares langues non indo-européennes d'Europe, avec les langues finno-ougriennes (finnois, estonien et hongrois), les langues turques et les langues sémitiques (maltais). Parmi les hypothèses sur l'origine de la langue, certains linguistes rapprochent le basque de la langue des Ibères, peuple primitif de la péninsule Ibérique, d'autres défendent la théorie des substrats, selon laquelle le basque était parlé dans toute l'Europe occidentale avant l'arrivée des peuples indo-européens. Seule certitude : l'origine du basque est antérieure à celle des langues indo-européennes, dont sont issus les langues latines, celtes, romanes, slaves et le grec.
Les premières traces écrites du basque remontent au XIe siècle, avec la découverte des textes des Glosas Emilianenses dans le monastère de San Millán de la Cogolla, situé dans la région de la Rioja. Cependant, sa normalisation par l'Académie de la langue basque ne date que de 1968. Avant cette date, l'euskara comptait plusieurs dialectes spécifiques aux provinces historiques du Pays basque : le navarro-labourdin (parlé dans le Labourd et la Basse-Navarre) ; le guipúzcoan ; le navarrais ; le souletin (parlé dans la Soule) et le biscayen. À partir de 1968, on parle de l'euskara batua, c'est-à-dire de la langue unifiée que l'on enseigne dans les écoles et qui est employée dans l'administration ou dans la presse.

Une langue co-officielle

L'euskara est employé dans les différentes régions historiques du Pays basque, mais son utilisation présente d'importantes disparités. En effet, au Pays basque espagnol et dans certaines zones de Navarre, la langue basque possède le statut de langue co-officielle avec le castillan, langue officielle de l'Espagne. En Navarre, la loi forale divise le territoire navarrais en trois zones linguistiques : bascophone, mixte et non bascophone. La zone bascophone se concentre essentiellement au nord de la région. Côté français, en revanche, l'absence de caractère officiel fragilise la langue, même si en 2018, la communauté d'agglomération du Pays basque Nord a fait un pas en avant en reconnaissant officiellement le basque et le gascon-occitan comme langues de son territoire.
L'officialité de la langue basque est une véritable victoire pour le Pays, obtenue après des décennies de luttes et d'engagements. En 1980, le ministère d'éducation régularise l'ensemble des *ikastolas* (école associative où l'enseignement est entièrement réalisé en basque) réparties sur le territoire basque. En Navarre, le système d'éducation est le même, bien qu'il ne soit appliqué que dans la zone bascophone. En France, où l'euskara n'est pas reconnu comme langue officielle, l'enseignement scolaire du basque est pris en charge par trois filières : l'enseignement public, l'enseignement privé associatif (*ikastola*) et l'enseignement privé confessionnel. Dans le public, l'enseignement bilingue à parité horaire n'est vraiment effectif que dans le primaire. En effet, dans les collèges et au lycée, seules l'histoire et la géographie sont enseignées en basque.

RELIGIONS

À l'image de toute l'Espagne, le Pays basque, la Navarre et la Rioja sont des terres de ferveur festive. Les fêtes d'origine religieuses y sont nombreuses et la religion (catholique) tient une place prépondérante dans la culture espagnole. En effet, bien que la Constitution de 1978 soit laïque et ne reconnaisse par conséquent aucune religion officielle, l'Espagne demeure un pays encore fortement marqué par la tradition chrétienne catholique (66,3 % de la population se déclare catholique – chiffres 2019). Il faut toutefois noter qu'à la différence de certaines provinces, comme l'Andalousie par exemple, la foi est moins marquée dans le nord de l'Espagne et la pratique religieuse plus libre. Un saint, toutefois, y est particulièrement fêté, saint Ignace de Loyola, canonisé en 1622, après avoir rédigé les *Exercices Spirituels* à la demande du Pape.

Un pays en transition religieuse

Très présente et très pratiquée jusqu'aux années 1970, la religion catholique est toutefois actuellement en perte de vitesse, notamment chez les jeunes citadins. Ainsi seuls 22,7 % des Espagnols déclarent aller à la messe et se confesser régulièrement. L'Église, qui a longtemps bénéficié d'une grande audience, perd aujourd'hui son influence sur la vie quotidienne des fidèles. En 2019, 16,8 % de la population se déclare sans religion et 13,3 % athée. Un phénomène inédit se révèle alors : la somme des non-croyants, soit 29,1 % dépasse celle des pratiquants, soit 22,7 %. Les autres religions sont très peu représentées (à peine 3 % revendiquées).

Notons que ces chiffres varient en fonction des provinces espagnoles. Ainsi, la Rioja compte plutôt près de 40 % de pratiquants, tandis que le Pays basque se révèle très peu religieux. Les analystes attribuent ces différences notamment à la modernité et à l'industrialisation de chaque région. Les communautés les plus multiculturelles et urbanisées présentent ainsi une baisse significative de l'appartenance religieuse.

La conception de la laïcité espagnole diffère de celle que l'on connaît en France. Citons deux grandes différences : en Espagne, si l'on se marie à l'église, on n'a pas besoin de repasser devant le maire ; et le gouvernement continue à verser des millions d'euros chaque année à l'Église catholique, argent qui sert à la rémunération des prêtres et à l'entretien des édifices. Le vote d'une loi réduisant le poids de la religion dans l'enseignement, en 2006, a marqué une rupture et a rencontré l'opposition de l'Église et du PP (Parti populaire), déjà opposés au mariage des homosexuels.

DÉCOUVRIR

Cathédrale de Logroño.

© JARPHOTO - SHUTTERSTOCK.COM

Vitrail représentant Saint-Ignace de Loyola.

Le cours de religion, jusqu'alors obligatoire à l'école et décisif pour l'accès aux classes supérieures et universitaires, devient alors optionnel. Cependant, en 2013, le gouvernement de Mariano Rajoy vote une nouvelle réforme de l'éducation qui replace la religion au centre du débat. Désormais, les élèves doivent choisir entre les cours de religion ou de « valeurs culturelles et sociales », ou les deux.

Un calendrier rythmé par la religion

Au Pays basque, comme partout en Espagne, de nombreuses festivités sont d'origine religieuse. Après s'être terminée sur Noël, l'année recommence religieusement avec notamment les Défilés des Rois mages, le 5 janvier, qui envahissent les rues des grandes villes d'Espagne – les Rois mages demeurent une institution dans tout le pays et bien souvent, les enfants reçoivent un petit cadeau le soir de Noël, mais attendent l'arrivée des Rois mages pour recevoir un gros cadeau. Les Semana Grande de Bilbao et Saint-Sébastien célèbrent, elles, la montée au ciel de la Vierge Marie, de manière très festive, avec des concerts, des courses de taureaux et des rues remplies de monde pendant une dizaine de jours autour du 15 août. Les fêtes patronales sont également très nombreuses : le 20 janvier, c'est la Tamborrada, fête du Saint patron de Saint-Sébastien et 24h de concerts ; au mois de juillet, les Sanfermines à Pampelune rendent hommage au saint patron de la ville Firmin ; chaque village fête ainsi son Saint patron, réunissant musiques, danses, gastronomie et activités locales.

Saint-Ignace de Loyola, saint patron des Exercices spirituels

Né en 1491 dans le château de Loyola, à Azpeitia (Guipuscoa), Iñigo grandit au sein d'une famille de la noblesse basque. Orphelin à quinze ans, il rejoint la cour de Ferdinand d'Aragon, puis devient secrétaire au service du trésorier de la reine de Castille, Isabelle la Catholique. À trente ans, durant le siège de Pampelune, il est blessé par un boulet de canon et perd pendant un temps l'usage de ses jambes. Lui qui rêvait d'exploits militaires se retrouve cloué au lit, la lecture d'ouvrages religieux devient son passe-temps. À la fin de sa convalescence, il se convertit et décide de faire un pèlerinage jusqu'en Terre sainte, à Jérusalem. Il passera par plusieurs sites emblématiques, comme le sanctuaire de la Vierge à Arantzazu, la montagne de Montserrat, puis la ville de Manresa – où il reste un an, priant dans une grotte. Au cours de cette période d'ermite, il commence la rédaction des Exercices spirituels. Il part ensuite à Barcelone, puis Gaète et Rome, qu'il rejoint à pied et sans argent, avant d'arriver, enfin, à Jérusalem, le 4 septembre 1523. Pendant les dix ans qui suivent, il étudie la philosophie, le latin et la théologie en Espagne. En parallèle, il prêche auprès des étudiants et partage son expérience de l'ascèse avec des « exercices spirituels » vus d'un mauvais œil par l'Inquisition. Il se voit alors obligé de fuir à Paris pour se protéger. Là-bas, il séduit les foules, qui se passionnent pour sa foi et sa dévotion au Seigneur. Le 15 août 1534, à l'issue d'une messe célébrée dans la crypte du Martyrium de saint Denis à Montmartre, le petit groupe de dévots prononce les vœux de chasteté et de pauvreté, et s'engage à rejoindre Jérusalem pour se consacrer à la gloire de Dieu. En chemin, les compagnons sont obligés de s'arrêter à Venise, car la guerre les empêche de poursuivre leur route. Ignace, comme la plupart de ses compagnons, est ordonné prêtre à Venise le 24 juin 1537. Après l'ordination, le groupe d'amis se disperse dans le nord de l'Italie pour prêcher et enseigner la doctrine chrétienne en attendant de pouvoir poursuivre la route vers Jérusalem. Ignace prend la direction de Rome pour se mettre au service du pape. Le 27 septembre 1540, le pape Paul III approuve cette « Compagnie de Jésus » et ordonne à ses membres de rester à Rome pour continuer leur mission. Ainsi, Ignace et ses compagnons abandonnent le projet de se rendre à Jérusalem pour se consacrer à leur travail apostolique. Ignace est élu premier Père général de son ordre en 1541. Il consacrera le reste de sa vie à la rédaction des constitutions de l'ordre et fera officiellement reconnaître les Exercices spirituels par le pape. Le 31 juillet 1556, Ignacio meurt à Rome à l'âge de 65 ans. Il est canonisé le 12 mars 1622 par le pape Grégoire XV, en même temps que son grand ami François Xavier. Aujourd'hui, deux sanctuaires espagnols sont consacrés à Ignace de Loyola : l'église de Gésu à Rome et le Sanctuaire-Basilique de Loyola à Azpeitia. Le Sanctuaire accueille régulièrement des pèlerins – notamment autour du 31 juillet, jour de la fête de Saint-Ignace-de-Loyola.

QUE RAPPORTER ?

À l'image de son pays, l'artisanat basque est riche, authentique et unique. Chaque objet ou spécialité témoigne de la force de cette culture très vivace. C'est l'occasion pour les voyageurs de glisser dans leurs valises quelques objets rares, qui ne sont fabriqués que dans ces montagnes. *Chistera*, espadrilles, linge de maison, *txapela* – le béret traditionnel –, les spécialités textiles et artisanales sont multiples et possèdent chacune une belle réputation internationale. On n'oubliera pas non plus de passer par la case « épicerie », qui révèle les multiples saveurs d'un pays haut en couleur : conserves de *bonito del norte*, de *pimientos del piquillo* et de piments d'Ibarra, corde de piment d'Espelette séché, fromages de brebis, à compléter par une bouteille de txakoli ou de patxarran. Les amateurs de bons vins se rendront bien évidemment en Rioja, pour découvrir des rouges puissants et un terroir très riche.

Un artisanat encore bien préservé

Une *chistera*, le gant en osier traditionnel, permettra aux sportifs de s'essayer à la pelote basque. Les indémodables espadrilles, chaussures en toile légère avec une semelle en corde de chanvre tressée, sont très réputées dans les vallées pyrénéennes. Textile, toujours, le linge basque est aussi une belle idée de souvenir ou de cadeau. Orné ou non de la croix basque, souvent rayé, le linge basque témoigne d'une tradition de tissage ancestrale, composée de plusieurs techniques bobinage, ourdissage, tissage, confection. La *txapela* est un autre incontournable de l'artisanat basque. Ce béret de couleur noire est chargé de symbolique, puisqu'on le reçoit comme signe de distinction lors de championnats sportifs et autres compétitions en tous genres. C'est le cas par exemple des tournois de *bertsolaris*, où les vainqueurs sont couronnés d'une *txapela*. On pourra aussi revenir avec un *kaiku* (veste en tricot ornée de pompons), un foulard d'*arrantzale* (en coton à carreaux blanc et bleu). Côté Pays basque Nord (en France), on retient deux marques contemporaines de vêtements au style gentiment chauvin, BTZ et 64, qui multiplient les sweat shirts et autres maillots de bain, avec une touche d'influence surf.

Mais le véritable trésor de l'artisanat local est le *makhila*. Ce bâton de marche, emblématique du caractère montagneux du Pays basque, cache à l'intérieur de son pommeau une pointe en acier. C'est un objet unique, dont le nom et la devise du propriétaire sont gravés sur le pommeau, généralement offert de père en fils ou à titre honorifique. On pense aussi à la gourde, le *zahato*, fabriqué en peau de chèvre, utilisée traditionnellement par les bergers basques et navarrais. On pourra compléter l'équipement de berger montagnard avec le couteau basque, *Bakunadar*, couteau de poche pliant à deux clous utilisé traditionnellement par les bergers pyrénéens.

Des saveurs très relevées

On rapportera des conserves de *bonito del norte*, de *pimientos del piquillo* et de piments d'Ibarra (les fameuses *guindillas* que l'on trouve sur toutes les tapas de la région). On peut aussi craquer pour une corde de piment d'Espelette séché, aussi goûteux que décoratif, ou moins encombrant, en poudre en bocal. Rouge vif, le piment d'Espelette, ou « Ezpeletako biperra » en basque, est un véritable symbole du Pays basque. On n'oublie pas non plus de goûter aux fromages basques, notamment l'Ossau Iraty un fromage à pâte pressée non cuite, affiné au moins 80 jours. Protégé par un label AOP, il est fabriqué dans le respect d'un cahier des charges bien précis. Plus sucré, le gâteau basque, fourré à la crème ou à la confiture de cerise noire. On glisse aussi dans sa valise quelques bouteilles de txakoli, ce vin blanc pétillant réalisé au Pays basque à partir de raisins verts et idéal pour le dessert, une bouteille de patxaran, liqueur fabriquée en Navarre à partir de la macération de prunelles sauvages dans de l'alcool anisé. Et pour finir, on file en Rioja, pour collecter quelques-uns des excellents crus locaux, rouges ou blancs.

© CLICK98 - SHUTTERSTOCK.COM

Conserve de piments d'ibarra.

DÉCOUVRIR

SPORTS ET LOISIRS

Sur cette terre empreinte de traditions, les sports aussi sont marqués du sceau de la région. Intimement liée au territoire, la pelote basque est évidemment l'activité la plus populaire. Mais les Basques se passionnent aussi pour les jeux de force et les régates de traînières, du nom de ces barques de pêche à rame typiques. Évidemment, le football soulève aussi les passions, notamment lorsque l'Athletic Bilbao est de sortie au stade San Mamés. Côté activités, on prend plaisir à profiter de la nature à vélo ou à pied sur des chemins de randonnée d'exception, dont le célèbre Camino francés de Saint-Jacques-de-Compostelle qui débute en Navarre. Les Pyrénées s'offrent aussi aux visiteurs aussi bien en hiver (ski de fond, raquettes) qu'en été (canyoning, rafting). Et l'arrivée des beaux jours sera aussi l'occasion rêvée d'aller profiter des spots basques avec son surf ou son bodyboard et des greens de golf.

Le football, le sport roi

En Espagne, le foot est le sport roi. Et si la Roja, l'équipe nationale, est considérée comme l'une des meilleures équipes du monde, la région se passionne avant tout pour ses clubs. Et le premier d'entre eux, l'Athletic Bilbao déchaîne les passions. Ce club singulier a pour particularité d'être formé uniquement par des joueurs d'origine basque (incluant le Pays basque français et la Navarre) ou formés sur le territoire. Un cas unique à l'heure du *foot business* ! Et comme le FC Barcelone ou le Real Madrid, l'Athletic est une association sportive qui appartient à ses *socios* (membres). Son stade San Mamés peut accueillir plus de 50 000 spectateurs.

Stade San Mamés à Bilbao.

La Real Sociedad, le club de Saint-Sébastien et rival historique de l'Athletic, évolue également en première division (Liga) et dispute ses rencontres au stade d'Anoeta (39 500 places). Enfin, Osasuna est basé à Pampelune et représente la Navarre en Liga. Dans La Rioja, même si le foot suscite beaucoup d'intérêt, les équipes locales ne décollent pas des divisions inférieures.

Aux pieds des Pyrénées, le cyclisme évidemment

Très suivi au Pays basque et en Navarre, le cyclisme s'est popularisé dans les années 1980. En Espagne, la Vuelta (le Tour d'Espagne) remonte à 1935 et se déroule habituellement en septembre, alors que le Tour du Pays basque fait partie du tour mondial (l'UCI world Tour, le plus haut niveau professionnel). Les cyclistes espagnols sont très performants et le coureur des années 1990 Miguel Indurain, originaire de Navarre, est considéré comme une légende du cyclisme international. À cette époque, et au début des années 2000, l'équipe Euskatel-Euskadi, qui ne faisait courir que des cyclistes basques, faisait partie du tour mondial. Plus récemment, Alberto Contador et Alejandro Valverde ont porté haut les couleurs espagnoles.

De sports traditionnels très populaires

Jeux de force. Si la pelote basque est le plus célèbre des sports traditionnels locaux, les jeux de force sont également une des images d'Épinal de la région et font partie intégrante de la culture. Ils animent les fêtes de village en opposant plusieurs équipes au cours d'une série d'épreuves. Constitués d'un total de 16 disciplines, ces jeux sont souvent hérités des anciens travaux agricoles, comme le *lasto altxari*, qui consiste à hisser une botte de paille de 45 kg au bout d'une corde et à répéter ce mouvement le plus grand nombre de fois possible ; le *aizkolariak*, où le participant doit couper le plus vite possible d'épais troncs à la hache ; ou encore le *lokotxa*, un concours de ramassage d'épis de maïs. Mais parmi ces différentes épreuves, c'est le *Harri altxatzea* (le lever de pierre) qui est sans doute la plus spectaculaire. Chaque participant doit hisser sur son épaule une pierre pesant entre 250 et 300 kg. Enfin, très connue également, le *soka tira* est la fameuse épreuve de tir à la corde opposant deux équipes de huit hommes.

Régates de traînières. Également très populaire au Pays basque, ce sport traditionnel trouve son origine dans le passé maritime de la région, lorsque ces bateaux à rames étaient utilisés pour la pêche et la chasse à la baleine. Un équipage de traînière est composé de 13 rameurs et d'un barreur, c'est-à-dire celui qui tient la barre. Les équipes s'affrontent lors de grandes compétitions dont la plus célèbre est celle de la *Bandera de La Concha*, qui a lieu tous les ans à Saint-Sébastien.

La randonnée, l'activité phare

Les chemins de Navarre sont le paradis des randonneurs. Point de départ du célèbre Camino francés de Saint-Jacques-de-Compostelle, la Navarre attire chaque année des milliers de pèlerins qui parcourent ses 170 km de sentiers. Les « voies vertes » de Navarre, aménagées sur le tracé d'anciennes lignes de chemin de fer, permettent aussi de découvrir à pied ou à vélo de somptueux paysages, comme les gorges de Lumbier, les rives du Bidassoa ou les vallées de Queiles et Leitzaran. Immanquables !

Dans la Rioja, des sentiers de grande randonnée traversent les sierras, tandis que le GR 38, appelé « route du vin et du poisson », suit les anciens chemins empruntés par les muletiers entre la région de la Rioja Alavesa et la côte biscayenne.

Au Pays basque, on ne manquera pas la route du Flysch qui suit les imposantes falaises de Mutriku, Deba et Zumaia, témoins de 60 millions d'années d'histoire inscrite dans la roche. Les amateurs de randonnée pourront également suivre le tracé du Camino del Norte (chemin du nord) du pèlerinage de Saint-Jacques-de-Compostelle, qui longe le littoral basque en passant par Saint-Sébastien et Bilbao. Il existe aussi deux chemins de grande randonnée, le GR 38, qui traverse le Pays basque du sud au nord depuis les vignobles d'Oyón jusqu'au port de Bermeo, et le GR 120, connu sous le nom de Route des trois temples, qui va du sanctuaire de Loyola au sanctuaire d'Arantzazu en passant par l'ermitage de Santa María La Antigua à Zumarraga.

© REBECA SERNA - SHUTTERSTOCK.COM

Raquette dans la vallée de la Larra Belagua.

Glisse et sensations garanties !

Surf. Moins connues que celles du côté français, les plages de la côte basque espagnole offrent tout de même d'excellentes conditions et sont très prisées des surfeurs locaux. Parmi les meilleurs spots, on retiendra la plage de la Zurriola à Saint-Sébastien et les vagues réputées de Sopelana, Zarautz et Mundaka. Les écoles sont nombreuses sur toute la côte et proposent aux néophytes de s'initier aux joies de ce sport.

Ski de fond et raquettes. Les Pyrénées navarraises offrent d'excellentes conditions pour la pratique du ski nordique. Les stations de Larra-Belagua (vallée de Roncal) et d'Abodi (vallée de Salazar) sont d'ailleurs des références pour la pratique du ski de fond et les balades en raquettes. Enfin, les amateurs d'alpinisme et d'escalade auront une multitude d'options dans les Pyrénées navarraises.

Canyoning et rafting. Et ces mêmes spots deviennent, dès la fonte des neiges, des endroits très courus pour la pratique du canyoning et du rafting. On peut aussi s'éclater dans le parc naturel de Urbasa-Andía. Sensations garanties !

Travailler son putt

Enfin, les amateurs de golf trouveront largement de quoi se faire plaisir dans les paysages verdoyants du Pays basque. Un cadre idéal où l'on trouve une quinzaine de clubs répartis sur tout le territoire. La liste complète est disponible sur le site de la fédération basque de golf (www.fvgolf.com).

GASTRONOMIE

Le Pays basque, la Rioja et la Navarre partagent des saveurs riches et singulières. Les côtes très poissonneuses de la région offrent divers produits de la mer alors que dans les terres les viandes – de porc, de bœuf et d'agneau – sont délicieusement cuisinées avec des légumes secs, des pommes de terre, des tomates ou encore des poivrons. Les herbes comme le thym, le persil ou le laurier sont utilisées avec d'autres épices sans forcément que la cuisine locale soit trop pimentée bien que la région soit connue pour ses nombreuses variétés de piments dont plusieurs bénéficient d'appellations protégées. On commence les repas par des *pintxos*, ces tapas qui ont donné ses lettres de noblesse à la cuisine basque et que l'on grignote avec plaisir accompagné d'un verre de vin, parmi les excellents crus de la région, sans oublier le cidre ou la bière. Si les desserts sont moins variés, ils restent savoureux et toujours très appréciés avec un bon café.

Produits d'exception et habitudes alimentaires

De nombreux produits basques bénéficient d'appellations protégées. Parmi les légumes on peut citer par exemple le *piment vert d'Ibarra*, cultivé dans le Guipúzcoa, conservé dans du vinaigre de vin, que l'on sert en pintxos. Sinon le *poivron de Guernica* est une variété locale cultivée dans la province de Biscaye. On le sert frit à l'apéritif ou comme garniture. Les haricots de Tolosa et de Guernica, de couleur grenat, sont utilisés dans de nombreuses recettes locales et sont consommés principalement en hiver. La pomme de terre d'Alava, sert notamment à préparer de nombreux ragoûts. *L'agneau de lait du Pays basque* appartient aux races autochtones de Latxa et Carranzana. Il est prisé pour sa chair tendre et juteuse.

En Navarre on citera le *pimiento de piquillo de Lodosa*, un petit poivron rouge cultivé dans la Ribera Baja de Navarre ou encore l'*artichaut de Tudela*, qui sert à élaborer de nombreuses recettes locales. Enfin, l'*asperge blanche de Navarre*, qui bénéficie d'une AOC, est très prisée. Cultivée sur les rives de l'Ebre, on l'utilise notamment dans l'élaboration du merlu en sauce verte. Dans la Rioja on déguste les *haricots pochas*, gros haricots blancs produits dans la région, qui sont d'ailleurs omniprésents dans ces recettes. Enfin, dans toute la région, la pêche en eau douce fournit un poisson très apprécié, la truite.

Côté habitudes alimentaires les Espagnols ont une longue pause déjeuner et sortent assez tard du travail et dînent généralement de manière informelle aux alentours de 21h, en grignotant quelques tapas à plusieurs. Ainsi le petit déjeuner (*desayuno*) va de 8h à 10h, le déjeuner (*almuerzo* ou *comida*) de 13h30 à 15h30 et dîner (*cena*) commence à partir de 21h.

L'art du pintxo

Version locale des *tapas*, les *pintxos* sont caractéristiques de la région. Ils sont généralement servis sur du pain et piqués d'un cure-dent. Bien sûr il existe bien des versions nouvelles qui apparaissent chaque jour dans les bars à *pintxos*. Cet élan de modernité ne saurait faire oublier les traditions locales, plus vivantes que jamais. C'est le cas des fameuses sociétés gastronomiques dont les membres se réunissent périodiquement pour partager un repas dans l'intimité d'un *txoko,* local que l'on pourrait confondre avec un restaurant, mais qui est réservé aux confréries. On retrouve en Navarre, les *peñas,* équivalent local du *txoko*, bien que leur fréquentation n'y soit pas aussi vivante qu'au Pays basque.

Beaucoup de *pintxos* se présentent sous forme de petites tranches de pain que l'on garnit d'écrasée de poisson (thon, sardines, etc.), de crevettes, d'anchois, d'anguilles, mais aussi de jambon cru ou cuit. Le Pays basque et la Navarre ne sont pas les régions d'Espagne les plus connues pour leur charcuterie et si le jambon de Bayonne est une spécialité propre à la France, on se régale toutefois côté basque espagnol d'excellents *jamón, salcichon, lomo* et autre *chorizo.* Le *pulpo pinchose* est un *pintxo* à base de poulpe grillé à l'huile alors que le *chistorra y padron*, est du pain avec de la saucisse épicée et du piment. Parmi les autres *pintxos*, on peut également citer l*a gilda* présentée sur un cure-dents avec anchois, piment en saumure et olives ou sinon on peut aussi déguster de la *morcilla cocida* (boudin noir grillé), de l'omelette de morue (*tortilla de bacalao*), des croquettes (*croquetas*) de pomme de terre (*papas)*, de fromage (*queso)* et de jambon (*jamón*). *Le kokotxas de merluza* ou menton de merlu est cuit dans une sauce épaisse avec beaucoup d'ail. Les fromages sont aussi des *pintxos* appréciés, comme l'*idiazabal* ou le *roncal,* au lait de brebis produit en Navarre ou encore le *camerano* venant de la Rioja. Ces trois fromages sont proches en goût de l'*ossau-iraty*, que l'on produit dans le Pays basque français.

Pintxos.

© JULIA-BOGDANOVA - SHUTTERSTOCK.COM

Marmitako.

Les grands classiques

Après les *pintxos*, que l'on déguste à l'apéritif – bien qu'ils puissent constitués un repas à part entière – on retrouve divers plats principaux aussi bien à base de poissons que de viande ou légumes. La morue comme dans de nombreux pays d'Europe du Sud, a une importance majeure, notamment au Pays basque. On peut citer la *bacalao al ajoarriero*, un plat typique de Navarre et du Pays basque où le poisson est cuit à feu doux dans une préparation à base de tomates, d'ail, de poivrons et d'huile d'olive. Sinon la *bacalao al pil pil* est typique du Pays basque, élaboré avec de la morue dans une sauce très aillée au piment. La *bacalao a la vizcaína* est connue pour sa sauce biscayenne élaborée à base de piments d'Espelette, d'ail, de tomates et de croûtons de pain.

Bien sûr, il existe d'autres plats de poissons comme le *marmitako* (littéralement « *de la marmite* » en basque) à base de *bonito del norte* (thon blanc), que l'on fait mijoter avec des pommes de terre, des oignons, des poivrons et des tomates. Assez proche le *bonito a la riojana* est une recette de thon mijoté avec de la sauce tomate. Sans oublier le très fameux *merluza en salsa verde*, une spécialité du Pays basque et de la Navarre. La saveur de ce plat réside dans sa sauce verte, élaborée avec de l'ail, un fumet de poisson, du vin blanc, du persil et de l'estragon. Il existe une variante au Pays basque dite « a la koxkera » qui incorpore des palourdes à la recette. Dans les deux cas, le plat est accompagné d'asperges blanches de Navarre et d'œufs durs. Le *lubina a la donostiarra* ou loup de mer à la mode de Saint-Sébastien est cuit avec des pommes terres dans une sauce très aillée. Côté rivière on apprécie la *trucha a la navarra*, une recette de truite grillée farcie de dés de jambon sec. Sans oublier les fruits de mer avec les *alcachofas con almejas a la navarra*, des palourdes avec des artichauts dans une sauce à l'ail. Pour préparer le *txangurro a la donostiarra* (araignée de mer à la mode de Saint-Sébastien) la chair du crustacé est cuisinée avec des oignons, de la tomate et des poireaux, le tout servi dans la carcasse puis gratiné au four. Le terme basque « *txipirones/chipirones* » veut dire « *calamars* » qu'ils soient grillés, frits ou en sauce avec des oignons et du vin blanc (*chipirones a lo pelayo*) ou avec leur propre encre (*chipirones en su tinta*).

Le *chilindrón de cordero* originaire de Navarre et de la Rioja, est une recette d'agneau mijoté dans une sauce à la tomate et aux légumes. Au Pays basque, on l'appelle *txilidron*. Sinon les *chuletillas al sarmiento* (côtelettes d'agneau à la braise de sarments) sont un plat typique de la Rioja qui se déguste lors des célébrations populaires comme la fête des vendanges de Logroño. La *caldereta de cordero* (agneau) ou de *conejo* (lapin) est un ragoût de viande avec des pommes de terre et de la tomate, autre ragoût les *pochas con codornices* composé de caille et de haricots blancs de la Rioja. La *txuleta*, une énorme côte de bœuf, est servie saignante dans les cidreries basques. Enfin citons l'*embuchado riojano*, l'équivalent d'une andouillette, mais avec des tripes d'agneau et non de porc.

Les *huevos carlistas*, plat typique de Navarre, sont des œufs frits couverts de béchamel puis panés à la poêle. Sinon les *huevos a la riojana* sont des œufs cocotte cuits dans une sauce au chorizo, pomme de terre et tomate. Autre spécialité nourrissante, les *patatas a la riojana*, une recette de pommes de terre sautées avec du chorizo et des poivrons, est un incontournable de la région. Côté soupe, on peut opter pour la *caparrones*, un potage épais de haricots rouges et de chorizo ou encore la *zurrukutuna*, une recette basque ancestrale de soupe à l'ail, agrémentée de morue, de piments d'Espelette et de croûtons de pain. En guise d'en-cas, on peut aussi se régaler d'un *talo*, une fine galette de maïs que l'on garnit souvent de fromage et de charcuterie.

Les desserts

Parmi les douceurs de la région, on retrouve l'*ahorcadito* (littéralement « *petit pendu* »), une pâtisserie en forme de coquille Saint-Jacques typique de Santo Domingo de la Calzada (la Rioja). Il s'agit d'une pâte feuilletée fourrée à la crème d'amande qui fait les délices des pèlerins. Autre viennoiserie, le *fardelejo* est une spécialité de la commune d'Arnedo (la Rioja), d'origine arabe sous forme d'une pâte feuilletée triangulaire et fourrée de massepain. La *goxua* vient de Vitoria, bien qu'on trouve ce dessert dans tout le Pays basque. Il s'agit d'une génoise couverte de crème pâtissière dont la surface est caramélisée. Côté entremets on peut citer la *cuajada*, un flan à base de lait de brebis caillé, accompagné de sucre, de miel ou de fruits secs. Enfin, l'étonnante *intxaursaltsa* est une crème aux noix à la cannelle venant du Pays basque. Comme dans le reste de l'Espagne, le café – mais également le chocolat chaud – est une affaire sérieuse et on déguste d'excellents cafés (expresso, cappuccino, americano). Le *carajillo* est un café avec du rhum ou du brandy.

Vins, cidres et bières

La vigne est cultivée dans cette région d'Espagne depuis des millénaires. 60 000 ha de vignes sont consacrés à la production de vin AOC la Rioja, réparties de part et d'autre du cours de l'Èbre. Ce territoire – la 3e plus grande région viticole du pays – couvre les terres de la Rioja, mais aussi la province d'Álava (Pays basque) et la comarque d'Estella Occidentale (Navarre). Ces vins, majoritairement rouges, sont issus d'un assemblage de cépages autochtones : le tempranillo, le grenache noir, le mazuelo et le graciano. On retrouve plusieurs catégories : crianza, vieillis au moins 2 ans et Gran Reserva vieillis au moins 2 ans en fût de chêne et au moins trois ans en bouteille. Parmi les grands domaines, **Marqués de Riscal** (p.329) et **Marqués de Murrieta** (p.348) sont probablement les plus célèbres. Au Pays basque le *txakoli* est le cépage emblématique. Ce vin jeune se caractérise par une légère acidité. Il est généralement servi très frais, en apéritif ou en accompagnement d'un *pintxo*. Ce vin blanc est élaboré sur la côte basque, principalement autour de Getaria et Zarautz, mais aussi dans la province d'Álava et en Biscaye. Il bénéficie d'une AOC. La Navarre propose une excellente carte de vins rosés, rouges et blancs, dont le classique Navarra qui est également un vin AOC.

Le cidre (*sagardo* en basque/*sidra* en espagnol) est produit le long du littoral atlantique espagnol depuis l'Antiquité. Les cidreries (*sagardotegi* en basque/*sidrerías* en espagnol), qui ouvrent leurs portes de janvier à avril, permettent au visiteur de profiter de la nouvelle récolte de cidre tiré directement des *kupelas* (barriques). Le Pays basque est aussi connu pour ses bières, dont de nombreuses sont produites en microbrasseries. On peut citer par exemple: *Laugar, Olbea, Bidassoa, Olañeta* ou encore *Býra*. Sans oublier le *patxaran*. Consommé depuis le Moyen Âge en Navarre, cette liqueur de prunelle oscille entre 25 et 30° d'alcool. On la boit en guise de digestif. Sa production se concentre presque exclusivement en Navarre, bien qu'il soit commercialisé dans toute l'Espagne. Autre digestif, l'*izarra* est une liqueur aux herbes et aux épices, créée en 1906.

DÉCOUVRIR

Vignoble de Txakoli.

AGENDA

Fêtes patronales, *romerías* (pèlerinage religieux), foires gastronomiques et festivals en tous genres animent tout au long de l'année le calendrier local. Toutefois, c'est en été qu'ont lieu les festivités les plus importantes, dont les incontournables *Sanfermines* de Pampelune (juillet) et la *Semana Grande* de San Sebastián et Bilbao (août). Dans la Rioja, le moment fort du calendrier des fêtes se situe au mois de juin, avec les traditionnelles batailles du vin de Haro et Logroño. Ces festivités s'accompagnent généralement de danses et de chants traditionnels, donnant à voir toute la richesse du folklore local. Dans les grandes villes, de nombreux festivals viennent enrichir cet agenda, dont le célèbre festival de cinéma de San Sebastián, qui accueille au mois de septembre des stars du monde entier. N'hésitez pas à vous rendre dans les offices de tourisme pour demander les brochures des festivités de chaque province.

TAMBORRADA DE SAN SEBASTIÁN

SAN SEBASTIÁN – DONOSTIA

Le 20 janvier.

Chaque année, la Tamborrada parodie l'occupation napoléonienne de Saint-Sébastien pendant la Guerre d'indépendance (1808-1812). La célébration commence la veille au soir sur la Plaza de la Constitución, où se réunissent les participants vêtus du costume de l'armée napoléonienne ou déguisés en cuisinier. A minuit pile, les premiers coups de tambour se font entendre au rythme des mélodies de Raimundo Sarriegui, et ne cesseront que le lendemain à minuit, soit 24 heures plus tard !

JAVIERADAS

JAVIER

Deux week-ends en mars.

Tous les ans, ce pèlerinage réunit des milliers de participants venus rendre hommage à saint François-Xavier, cofondateur de la Compagnie de Jésus, né en 1506 à Javier. Depuis le XVIIe siècle, il est aussi le co-patron de Navarre avec San Fermín. Au départ de Pampelune, ce parcours de plus de 50 kilomètres réunit autant de pèlerins que de sportifs jusqu'au château de Javier. Organisé en deux temps (durant deux week-ends consécutifs du mois de mars), on estime que le pèlerinage réunit chaque année près de 40 000 participants !

BILBAO SURF FILM FESTIVAL

BILBAO

www.bilbaosurffilmfestival.eus

3 jours en février.

Ce festival multidisciplinaire, ludique et didactique est dédié à la promotion de l'univers cinématographique du surf. Pour cela, durant trois jours, le musée maritime Itsasmuseum accueille des projections, des conférences, ainsi qu'un grand surf market. Certains films sont également projetés dans le centre culturel Azkuna Zentroa. Parmi les divers stands du surf market : du matériel de surf ou de skate, des vêtements, de l'artisanat, des écoles de surf...

BASQUE FEST

BILBAO

basquefest.bilbao.eus

En mars/ avril selon les années.

C'est le grand rendez-vous de la culture basque, à travers toutes ses expressions ! Tous les ans durant la semaine de Pâques, Bilbao bouge au rythme du « Basque FEST », le festival de la culture et de l'avant-garde basque. Pendant quatre jours, la municipalité propose une riche programmation culturelle dans divers espaces de la ville, dont El Arenal, la Plaza Nueva, le centre Azkuna Zentroa et le musée Guggenheim. Au programme : concerts, dégustations, ateliers, balades en bateau, cinéma, marchés, activités diverses pour les enfants...

EL VOLATÍN Y EL ÁNGEL

TUDELA

Pendant la Semaine sainte.

Cette tradition qui remonte au Moyen Age commence par la crémation du Volatín, personnage fait de bois et de chiffons auquel on place un pétard dans la bouche, censé représenté Judas. Le lendemain, sur la Plaza de los Fueros de Tudela, des milliers de personnes se réunissent pour assister à la *Bajada del Ángel* (descente de l'ange). Lors de cette cérémonie, un enfant déguisé en ange s'élance vers une vierge couverte d'un voile noir, symbole de deuil pour la mort du christ, et lui retire le voile pour figurer la résurrection du Christ.

BAD - BILBAO ANTZERKIA DANTZA

BILBAO

www.badbilbao.eus

Pendant 10 jours en avril.

Festival de théâtre actuel et de danse contemporaine de Bilbao. Organisé par le Département de Culture de la Mairie de Bilbao, ce festival annuel met en lumière les nouvelles tendances des arts de la scène. Une vingtaine de compagnies y présentent leurs créations dans divers espaces de la ville, principalement Bilborock, le théâtre Campos Eliseos, La Fundación, et l'espace de création Pabellón 6. Beaucoup de compagnies locales, mais aussi quelques françaises !

FESTIVAL MUSIKA-MÚSICA

BILBAO

https://musika-musica.bilbao.eus

Vers mi-avril.

Prestigieux festival international de musique classique, célébré tous les ans au Teatro Arriaga. Pendant 5 jours, de nombreux concerts sont programmés autour d'une thématique commune, dédiée à un compositeur ou une époque particulière. Au fil des ans, le festival a notamment mis à l'honneur Mozart, Vivaldi, Beethoven, Schubert ou Chopin, parmi bien d'autres compositeurs. Outre sa programmation de concerts, le festival propose aussi des conférences et des échanges avec les musiciens, ainsi que des ateliers pour les enfants et des concerts pour les familles.

MERCADO MEDIEVAL DE BALMASEDA

BALMASEDA

Autour du 15 mai pendant tout le week-end.

Pendant deux jours, la commune de Balmaseda (en Biscaye) se transporte à l'époque du Moyen Âge pour célébrer son grand marché annuel. Les artisans, vêtus de costumes d'époque, exposent leurs produits dans les rues du centre historique. L'occasion d'admirer le travail des souffleurs de verre, tailleurs de pierre, forgerons et autres artisans. En parallèle, des spectacles de lancer de couteaux, d'équilibristes ou de charmeurs de serpents assurent l'animation.

FIESTA DE SAN PRUDENCIO

VITORIA-GASTEIZ

Les 27 et 28 avril.

Les fêtes de San Prudencio, patron du territoire historique d'Álava, ont lieu tous les ans les 27 et 28 avril. Le coup d'envoi des fêtes est donné depuis le balcon du palais de la Plaza de la Provincia de Vitoria, où les trompettistes interprètent la *Retreta*. Autre moment important des fêtes, le Défilé de Tambours, au cours duquel les membres des diverses sociétés gastronomiques défilent dans les rues de la vieille ville au son des tambours, vêtus en costume de cuisinier. Le lendemain a lieu une *romería* (pèlerinage) jusqu'à la basilique d'Armentia.

FIESTAS DE SAN BERNABÉ

LOGROÑO

Le 11 juin à Logroño.

Fêtes patronales de Logroño, commémorant la victoire de 1521 sur les troupes du général français André de Foix. On raconte que les habitants de Logroño auraient survécu au siège en s'alimentant de pain, de poissons pêchés dans l'Èbre, et en buvant le vin conservé dans les *bodegas* de la région. C'est pourquoi chaque année, une dégustation de pain, de vin et de poisson est offerte au pied de la porte de Revellín, construite au XVIe siècle en souvenir de la victoire. Également des processions, défilés folkloriques et manifestations taurines.

www.petitfute.com
1er site d'information touristique
GUIDES DE VOYAGE
ADRESSES ET AVIS
EXPÉRIENCES
IDÉES DE SÉJOURS
JEUX CONCOURS
BONS PLANS
PLUS D'INSPIRATION SUR
© FREDERICK DOERSCHEM - SHUTTERSTOCK.COM / © SERATO - SHUTTERSTOCK.COM
petit futé

BATALLA DEL VINO DE HARO

HARO

Le 29 juin.

Célébrée tous les ans à l'occasion de la Saint-Pierre, le 29 juin, la bataille du vin de Haro est déclarée fête d'intérêt national. Les participants, vêtus de blanc avec un foulard rouge et munis de gourdes remplies de vin, font un pèlerinage jusqu'aux falaises de Bilibio, où un office est célébré à l'ermitage de Saint-Félix. Après la messe, la bataille commence entre les participants, qui ont jusqu'à midi pour s'arroser allègrement de vin. Ils rejoignent ensuite la Plaza de la Paz pour assister à une course de vachettes sur la place.

BILBAO BBK LIVE

BILBAO

www.bilbaobbklive.com

Autour de mi-juillet (dates variables).

C'est l'un des plus importants festivals de musique d'Espagne. Pendant trois jours, DJ et groupes internationaux envahissent les scènes à l'air libre installées aux pieds du mont Cobetas. Plus de 100 000 personnes assistent chaque année à ce macro festival né en 2007 qui réunit les plus grands artistes de la scène indépendante. La qualité de la programmation, le mélange des genres et l'environnement verdoyant du site ont fait son succès. De nombreux concerts gratuits sont organisés en marge du festival : consultez la programmation sur le site !

BILBOKO KALEALDIA

BILBAO

www.bilbokokalealdia.eus

Vers fin juin, début juillet.

Le festival de théâtre et des arts de la rue « Bilboko Kalealdia » est un rendez-vous annuel organisé par le département culturel de la Mairie de Bilbao. Durant une semaine, à l'arrivée de l'été, il offre une riche programmation de spectacles sur différentes scènes à l'air libre de la ville : le parc de Doña Casilda, la Plaza Nueva, la Plaza Arriaga et les quais de l'Arenal, entre autres. Au programme : des spectacles de danse contemporaine, de cirque ou de marionnettes, présentés par des compagnies provenant pour la plupart du Pays basque et de France.

FIESTAS DE LA MAGDALENA

BERMEO

Le 22 juillet.

Cette fête maritime est l'une des plus emblématiques du nord de l'Espagne. Elle commémore l'ancienne discorde entre Bermeo, Mundaka et Elantxobe sur la propriété de l'île d'Izaro. La légende raconte que la commune de Bermeo remporta la propriété de l'île au terme d'une régate épique. Depuis, on célèbre tous les ans une procession maritime le 22 juillet, jour de Sainte Marie-Madeleine, au cours de laquelle tous les participants sont vêtus de bleu. La veille, des concerts, dégustations et démonstrations de folklore ont lieu à Bermeo.

SANFERMINES

PAMPELUNE – PAMPLONA – IRUÑA

www.sanfermin.com

Du 6 au 14 juillet.

D'origine religieuse (San Fermín est le patron de la ville), cette feria locale doit sa renommée internationale à Ernest Hemingway, qui en fit le cadre de son célèbre roman *Le soleil se lève aussi*. Le *txupinazo* (pétard) tiré du balcon de la mairie ouvre les festivités. Pendant une semaine, l'*encierro* (lâcher de taureaux) sera l'attraction majeure des fêtes, ainsi que les corridas quotidiennes. Le soir, une foule euphorique vêtue de rouge et blanc se rassemble pour danser toute la nuit. La cérémonie finale du *Pobre de mi* clôt une semaine de marathon festif.

DANZA DE LOS ZANCOS

ANGUIANO

Le 22 juillet.

A l'occasion de la Sainte-Madeleine, huit jeunes du village effectuent cette « danse des échasses », vêtus du costume traditionnel. Accompagné par des airs de tambour et de cornemuse, ils doivent grimper une montée en pierre allant de l'église à la grande place du village, tout en effectuant des pas de danse. Cette tradition folklorique est la plus ancienne de La Rioja : des documents datant de 1603 attestent de son existence, bien qu'on estime que son origine est encore plus ancienne. Ce rite est également célébré lors du dernier samedi du mois de septembre.

FIESTAS DE LA VIRGEN BLANCA

VITORIA-GASTEIZ

Du 4 au 9 août.

Le 4 août, des milliers de personnes se réunissent sur la Plaza de la Virgen Blanca, à Vitoria, pour célébrer le coup d'envoi des fêtes de la vierge blanche. La descente du Celedón, personnage emblématique, marque le début des festivités. Pendant une semaine, Vitoria vit au rythme des nombreuses activités programmées pour l'occasion : foires gastronomiques et artisanales, feux d'artifice, concours de *bertsolaris*, jeux de force basque, concerts, etc.

SEMANA GRANDE DE BILBAO

BILBAO

Deuxième quinzaine d'août.

La plus grande célébration de Bilbao est la Semana Grande (*Aste Nagusia* en basque), célébrée pendant 9 jours à partir du samedi suivant le 15 août. L'Arenal, grande esplanade située devant le théâtre Arriaga, au bord du fleuve, est le fief de la Semana Grande. C'est ici que se concentrent les *txoznas*, stands éphémères où le *kalimotxo* (mélange de vin et de cola) coule à flots et l'ambiance bat son plein. En parallèle, une riche programmation de feux d'artifice, courses de taureaux, concerts et activités pour enfants assurent l'animation pendant toute la semaine.

SEMANA GRANDE DE SAN SEBASTIÁN

SAN SEBASTIÁN – DONOSTIA

Pendant une semaine, autour du 15 août.

Chaque été, Donostia revêt ses habits de fête pour célébrer sa « grande semaine ». A cette occasion, des feux d'artifice illuminent tous les soirs la baie de La Concha. La beauté du site et les prouesses des pyrotechniciens donnent lieu à des spectacles époustouflants, qui attirent chaque soir des milliers de visiteurs. Dans toute la ville, c'est une ambiance de fête qui règne à chaque coin de rue. Au programme : concerts à l'air libre, fête foraine, attractions pour les enfants...

FIESTAS DE SAN ANTOLÍN

LEKEITIO

Première semaine de septembre.

Moment fort des fêtes patronales de San Antolin, la Journée des Oies (Antzar Eguna) est une tradition vieille de plus de 350 ans qui compte autant de fidèles que de détracteurs. Le principe ? Au-dessus des eaux du port, des oies sont pendues par les pattes à une corde. Les participants doivent sauter pour s'accrocher à la tête de l'oie et tenir le plus longtemps possible hors de l'eau, jusqu'à ce que le cou cède… Notez que les oies utilisées pour ce jeu sont mortes au préalable, mais on comprend bien ceux qui trouvent ce jeu vraiment ancestral…

Semana Grande de San Sébastían.

FESTIVAL DE SAN SEBASTIÁN - DONOSTIA ZINEMALDIA

SAN SEBASTIÁN – DONOSTIA

www.sansebastianfestival.com

Deuxième quinzaine de septembre.

Au mois de septembre, Saint-Sébastien se déleste de sa délicieuse tranquillité pour accueillir Penélope Cruz, Marion Cotillard et autres stars du grand écran lors de son festival, le plus important d'Espagne dans sa catégorie. Chaque année depuis sa création en 1953, il récompense le meilleur film en compétition par la *Concha de Oro* (Coquille d'or), dont le nom fait évidemment référence à la célèbre plage de la Concha. Le siège du festival se trouve dans le Kursaal.

FERIA DEL ÚLTIMO LUNES DE GERNIKA

GUERNICA – GERNIKA LUMO

Dernier lundi d'octobre.

Le dernier lundi d'octobre, Gernika accueille la plus grande foire agricole de la région. À cette occasion, quelque 900 stands sont réunis dans le centre-ville et proposent des produits autochtones (fromage artisanal, txakoli de Biscaye, cidre, miel, etc.), dont les meilleurs sont récompensés par un jury. Au programme également de cette journée : des récitals de *bertsolaris*, des compétitions de *cesta punta* et des démonstrations de sport basque rural.

FIESTAS DE SAN MATEO Y LA VENDIMIA RIOJANA

LOGROÑO

Autour du 21 septembre.

Déclarée fête d'intérêt touristique, la fête des vendanges coïncide avec la Saint-Mathieu (le 21 septembre). Selon la tradition, deux hommes vêtus du costume traditionnel foulent le raisin au pied devant la foule. Le premier moût qui en est extrait est donné en offrande à la Vierge de Valvanera, sainte patronne de La Rioja. Les courses de vachettes, défilés de chars, concerts, feux d'artifice et dégustations gastronomiques animent le reste de la semaine.

ZINEBI

BILBAO

www.zinebi.eus

1 semaine en novembre (dates variables).

Festival international du film documentaire et du court-métrage, créé en 1959 pour compléter la mission du Festival de San Sebastián. Considéré comme l'un des festivals internationaux les plus importants dans son domaine, il a servi de plateforme à de nombreux réalisateurs basques et espagnols. Les projections ont lieu dans divers espaces de la ville, dont le Teatro Arriaga, la Sala BBK, le musée des Beaux-arts et le théâtre Campos Elíseos Antzokia. Outre ses projections, il organise aussi des masterclass, des soirées festives avec concerts et DJs, etc.

48H OPEN HOUSE BILBAO

BILBAO

http://openhousebilbao.org

Vers mi-octobre (dates variables).

Rendez-vous annuel des férus d'architecture, ce festival propose, le temps d'un week-end, de visiter des bâtiments habituellement fermés au public. A travers des visites guidées, on accède au toit d'une église, une ancienne usine, un bâtiment industriel, des bureaux, des appartements privés… autant de lieux divers et variés, qui ont en commun une architecture singulière. Des itinéraires thématiques sont également proposés à travers Bilbao, Getxo et Barakaldo. Prévoyez d'arriver à l'avance aux visites, il y a généralement beaucoup de monde !

MERCADO SANTO TOMÁS

BILBAO

Le 21 décembre.

C'est une des traditions les plus pittoresques du Pays Basque. Elle remonte en effet au Moyen Age lorsque les paysans venaient en ville pour payer leur rente aux seigneurs et en profitaient pour vendre leurs produits. C'est l'occasion de goûter aux spécialités de la région, et en particulier les *talos* au chorizo ou à la *txistorra*, protagonistes indiscutable de cette fête. A Bilbao, environ 300 stands sont installés pour l'occasion entre la zone de l'Arenal et la Plaza Nueva. A San Sebastián, ils sont plus de 200 répartis sur diverses places de la ville.

PASSPORT

NAVARRE

De l'ancien royaume de Navarre fondé par les Vascons au IXe siècle, la province actuelle correspond à la Haute Navarre – la Basse Navarre ayant été rattachée à la couronne de France au XVIe siècle, d'où le titre de « roi de France et de Navarre » inauguré sous le règne de Henri IV. L'actuelle Navarre est constituée de trois grandes zones géographiques : le nord, parsemé de vallées pyrénéennes ; le bassin de Pampelune, où se concentre l'activité économique de la région ; et la Ribera, qui s'étend des plaines fertiles de l'Ebre jusqu'au désert des Bardenas. Les immanquables ici ? Participer aux fêtes de la San Fermín à Pampelune, découvrir les monastères bordant le chemin de Compostelle, arpenter le Parc naturel des Bardenas Reales, visiter le palais d'Olite, les villages de Sangüesa et Puente la Reina. La gastronomie aussi : goûtez aux fameux *pimientos del piquillo* et aux légumes de Tudela !

Navarre

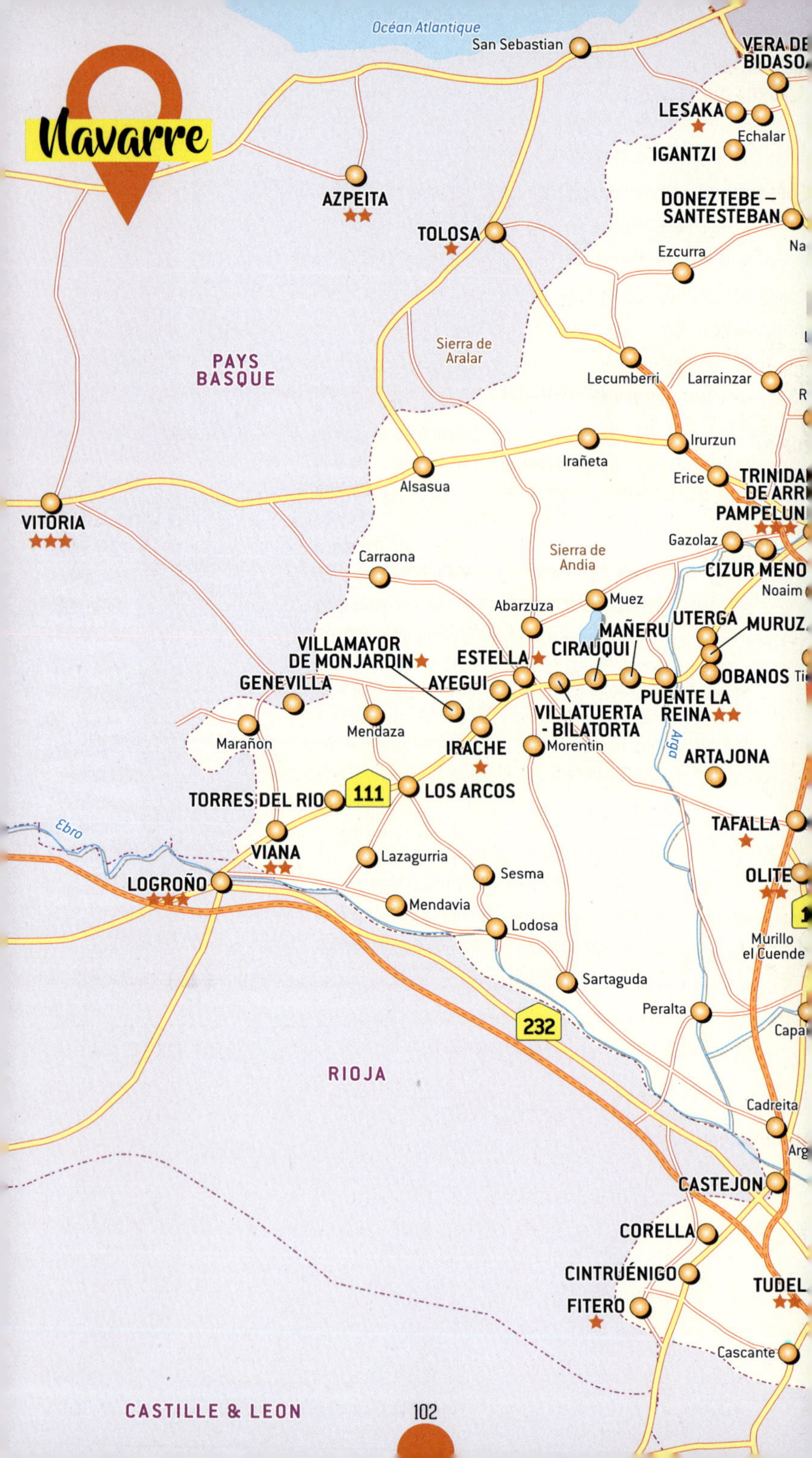

Océan Atlantique
San Sebastian
LESAKA
Echalar
IGANTZI
DONEZTEBE –
SANTESTEBAN
AZPEITA
TOLOSA
Ezcurra
Sierra de
Aralar
PAYS
BASQUE
Lecumberri
Larrainzar
Irañeta
Irurzun
Alsasua
Erice
VITORIA
Gazolaz
Sierra de
Andia
Carraona
Abarzuza
Muez
UTERGA
MAÑERU
VILLAMAYOR
DE MONJARDIN
ESTELLA
CIRAUQUI
AYEGUI
OBANOS
GENEVILLA
VILLATUERTA
- BILATORTA
PUENTE LA
REINA
Marañon
Mendaza
IRACHE
Morentin
Arga
ARTAJONA
111
TORRES DEL RIO
LOS ARCOS
TAFALLA
Ebro
VIANA
Lazagurria
Sesma
OLITE
LOGROÑO
Mendavia
Lodosa
Murillo
el Cuende
Sartaguda
Peralta
232
RIOJA
Cadreita
CASTEJON
CORELLA
CINTRUÉNIGO
FITERO
Cascante
CASTILLE & LEON

ARRAMURDI
URDAZUBI – URDAX
ELIZONDO
St-Jean
Pied de Port
VALCARLOS
-LUZAIDE
FRANCE
138
PUERTO DE IBAÑETA
IZKARRETA
GERENDAIN
Rocesvalles
BURGETE
AURIZBERRI
– ESPINAL
ORBAITZETA
135
Sierra de
Abodi
ZUBIRI
RASOAÑA
OCHAGAVIA
ISABA – IZABA
Nagore
Sarriés
RONCAL
Gallués
Vidangoz
Aoiz
Navascués
Sierra de
Leyre
Monreal
Domeño
LUMBIER
YESA
240
Lerga
JAVIER
Embalse
de Yesa
Aragon
SANGÜESA
Navardun
Petilla
de Aragon
JUÉ
el Fruto
CARCASILLO
ARAGON
30 KM
AS BARDENAS REALES
Ejea de los Caballeros
ardenas
Reales
Ebro

PAGES

● ● PAMPELUNE ET LES VALLÉES PYRÉNÉENNES

106

A l'extrémité nord-ouest de la Navarre s'étendent de vertes collines, des forêts et des villages de montagne. Cette région de pâturages, riche de traditions, de charme simple et de légendes, promet au voyageur de belles évasions. Le nord-est est quant à lui fait de vallées et de sierras ponctuées de villages aux typiques demeures à blasons.

● ● LE SUD DE LA NAVARRE

129

Si le temps n'est pas trop compté, n'hésitez pas à aller jusqu'à Tudela, la seconde ville de Navarre, en passant par Tafalla et Olite. À voir absolument dans les environs : les Bardenas Reales, un superbe parc naturel mi-désertique.

PAGES

141

●● CHEMIN DE SAINT-JACQUES DE COMPOSTELLE

La découverte du sépulcre de l'apôtre saint Jacques à Compostelle, au début du IXe siècle, marque le début des pèlerinages à Compostelle. Le Parlement européen a désigné le chemin comme étant le premier itinéraire culturel européen, et l'Unesco l'a déclaré patrimoine mondial.

Située à mi-chemin entre la France et Saint-Jacques-de-Compostelle, la Navarre s'est imposée comme une route principale du pèlerinage et les rois de Navarre y ont favorisé le développement d'infrastructures telles que routes, hôpitaux, ponts, et lieux de culte servant de haltes spirituelles aux pèlerins. Ces haltes se sont réparties entre la route française et la route aragonaise, ce qui a réduit à deux les chemins de pèlerinage qui traversent la Navarre. Le chemin français traverse les Pyrénées à Saint-Jean-Pied-de-Port pour arriver en Espagne à Valcarlos-Luzaide, puis Roncevaux, Pampelune et Puente la Reina. Le chemin aragonais, en provenance de Toulouse, passe en Espagne par le Somport, traverse l'Aragon et pénètre en Navarre par Yesa, après en avoir longé le lac. Il passe ensuite par Leyre et Sangüesa, pour rejoindre à Puente la Reina le chemin français. Ensemble, ils atteignent Estella, puis continuent jusqu'à Saint-Jacques-de-Compostelle.

Le chemin français est celui qui réunit trois des grands chemins européens, lesquels se rejoignent à Valcarlos-Luzaide ; il est emprunté par 95 % des pèlerins.

Si vous souhaitez faire le pèlerinage, voici ce dont vous devez vous préoccuper : le choix de l'itinéraire d'abord, puis le mode de transport (à pied, à vélo ou à cheval), la date (l'été comptant bien entendu la plus grande affluence) et la préparation physique, car pour bien avancer, il vous faudra marcher environ 25 km par jour. Enfin, et surtout, n'oubliez pas votre carnet de pèlerin (*credencial*), qui vous permettra d'accéder aux refuges qui assurent l'accueil traditionnel.

PAMPELUNE – PAMPLONA – IRUÑA ★★★

Pampelune est la capitale de la communauté forale de Navarre, dont elle occupe le centre géographique. 200 000 âmes peuplent cette ville qui fait l'objet d'un double pèlerinage : celui de Saint-Jacques de Compostelle et celui des célèbres fêtes de Sanfermines. Fondée vers 75 av. J.-C. par les Romains, Pampelune connaît son heure de gloire sous Sanche III le Grand qui fait d'elle la plus puissante capitale chrétienne de la péninsule, par où passe alors le jeune chemin de Saint-Jacques. Pampelune demeure aujourd'hui cosmopolite : n'est qu'à pousser la porte d'un bar à *pinchos* de la Plaza del Castillo, qu'on ne quitte qu'après un vivifiant *patcharán* !

ARCHIVO REAL Y GENERAL DE NAVARRA

C/ Dos de Mayo, s/n ✆ +34 848 424 667
www.navarra.es

Salle d'expositions ouverte du lundi au vendredi de 9h30 à 14h30 et de 17h à 20h, samedi et dimanche de 11h à 14h.

Ancien palais des Rois de Navarre (en espagnol *Palacio de los Reyes de Navarra*) édifié au XIIe siècle, puis siège de la capitainerie et du gouvernement militaire, cet imposant bâtiment, après avoir été laissé à l'abandon pendant une trentaine d'années, a été remanié en 2003 par l'architecte Rafael Moneo pour accueillir les Archives Royales et Générales de Navarre. Des expositions y sont organisées régulièrement à partir de ses fonds documentaires. Consultez le programme *online*.

CATHÉDRALE SANTA MARIA, CLOÎTRE ET MUSÉE DIOCÉSAIN ★★

Plaza Santa María ✆ +34 948 212 594
www.catedraldepamplona.com

Musée ouvert du lundi au samedi de 10h30 à 17h (19h en été). 5 €.

Reconstruite entre le XIIe et le XIVe siècle, c'est l'une des plus belles cathédrales d'Espagne : façade néoclassique, sépultures du roi Carlos III et de son épouse pour trésor, mausolée et superbe cloître finement ouvragés. Le Musée diocésain, ancien réfectoire des canoniques, abrite quant à lui une importante collection d'art religieux de Navarre : pièces d'orfèvrerie, sculptures gothiques et reliquaires superbes, dont celui du Saint-Sépulcre par exemple.

CENTRE D'INTERPRÉTATION DES FORTIFICATIONS

Calle Arrieta
✆ +34 948 211 554
www.pamplona.es/fr

Du lundi au samedi de 11h à 14h et de 16h à 19h, dimanche de 11h à 14h. Entrée libre.

Ce centre d'interprétation installé dans le fortin de San Bartolomé se propose d'explorer l'évolution des fortifications de Pampelune à travers l'histoire de la ville. En redonnant vie à un monde disparu – grâce à une muséologie interactive (témoignages, reconstitutions de modes de vie d'antan) –, on saisit mieux les différentes étapes de construction de la cité et les stratégies de défenses mises en place par ses administrateurs tout au long de son histoire.

© ALCE - FOTOLIA

Citadelle de Pampelune.

NAVARRE

CENTRE D'INTERPRÉTATION ULTREIA

Calle Mayor, 20 ✆ +34 948 420 100
www.pamplona.es/fr
Du mardi au dimanche 10h-14h. L'été, du lundi au samedi 10h-14h et 16h-20h, dimanche 10h-14h. Entrée libre.

Ultreia est un centre d'interprétation mettant en avant l'époque médiévale de Pampelune. Avec pour fil conducteur les récits d'un troubadour chargé de relater la vie quotidienne d'un pèlerin sur le chemin de Saint-Jacques-de-Compostelle sous le règne du roi Charles III le Noble (XVe siècle), le visiteur accède à un monde oublié à travers de nombreux éléments : métiers d'époque, vêtements, gastronomie, organisation sociale, médecine et pharmacopée, musique aussi... Un voyage temporel !

CITADELLE - CIUDADELA ★

Avenida del Ejército s/n
✆ +34 948 420 975
Accès au parc en semaine 7h30-21h30, samedi 8h-21h30, dimanche 9h-21h30. Salle d'expo fermée le lundi. Entrée libre.

Cet ensemble de murailles dominant la ville, avec des jardins intérieurs, a été construit par Philippe II (remanié aux XVIe-XVIIe) et fut l'un des ouvrages défensifs les plus perfectionnés de son époque. Aujourd'hui, c'est un site plaisant pour se promener et admirer les constructions et statues disséminées çà et là dans le parc, dont l'une de Jorge Oteiza (à vous de la retrouver !). Des expositions temporaires ainsi que des concerts en plein air y sont aussi régulièrement organisés. Une étape détente et historique hautement recommandée.

ÉGLISE SAN LORENZO

Calle Mayor, 74
✆ +34 689 345 103
www.capillasanfermin.com
Tous les jours de 8h15 à 12h30 et de 17h30 à 20h30.

Petite église d'origine médiévale, qui abrite la chapelle de San Fermín (XVIIIe siècle). Elle est construite selon un plan en croix grecque, que l'on peut admirer à l'intérieur. C'est ici même ; dans cette chapelle que se recueillent les dévots lorsque viennent à être célébrées les Sanfermines, ces fameuses fêtes patronales de Pampelune de renommée mondiale. Le 7 juillet est le seul jour de l'année où la statue en argent et bois polychrome du Saint, datant de la fin du XVe, quitte son lieu de repos pour parcourir en procession le vieux quartier de la ville.

ÉGLISE SAN NICOLÁS

Calle San Miguel, 15
✆ +34 948 221 281
www.parroquiasannicolas.es
Ouvert tous les jours de 6h30 à 21h30.

Cette église-forteresse jouait au Moyen Age un important rôle militaire et défensif dans le quartier du même nom, dans le Casco Viejo de Pampelune : ses épaisses parois tout comme ses grilles et ses trois imposantes tours de guet se font en effet les témoins de ce passé militaire. Construit au XIIIe siècle sur les vestiges d'une église romane, ce temple gothique a été remanié à plusieurs reprises : en 1888, avec la restauration de la façade et des arcades dans un style néogothique, puis en 1924, avec l'ajout d'un clocher et d'une tour crénelée.

ÉGLISE SAN SATURNINO ★

Calle Ansoleaga, 21
✆ +34 948 221 194
www.iglesiasansaturnino.com
Du lundi au samedi de 9h15 à 12h et de 18h à 19h30, dimanche de 10h à 13h30 et de 18h30 à 19h30. Entrée libre.

Bâtiment gothique dont les deux hautes tours contribuent à donner à la ville sa silhouette caractéristique, l'église San Cernin ou de San Saturnino était également à l'époque médiévale une forteresse au rôle défensif : jadis, les habitants des divers bourgs que comptait la cité se livraient de fréquentes batailles ! Devant le parvis de l'église se trouve le *pocico*, un petit puits dans lequel, selon la légende, l'évêque Saturnino aurait baptisé les premiers chrétiens de Pampelune. Sa tour-clocher annonce chaque année le début des Sanfermines.

MURALLAS DE PAMPLONA ★

C/Arrieta s/n
]✆ +34 948 211 554

Ces puissantes murailles évoquent la place forte que fut Pampelune : elles protégèrent les troupes napoléoniennes de celles, anglaises, de Wellington. De la Plaza Maria, on emprunte le Paseo de Barbasana qui conduit au bastion del Redil, non loin de la Puerta de Francia, l'une des portes (avec pont-levis) les mieux conservées de la ville. On arrive ensuite au palais royal (XIIe siècle), fraîchement restauré, qui abrite les Archives florales. Enfin, on passe derrière le musée pour entamer le Paseo de Ronda, l'une des promenades les plus intéressantes de Pampelune !

NAVARRE

Sanfermines à Pampelune.

HÔTEL DE VILLE - AYUNTAMIENTO

Plaza Consistorial
✆ +34 948 420 100
www.pamplona.es

C'est du balcon de l'hôtel de ville à la superbe façade – mélange de baroque et néoclassique – qu'est annoncée l'ouverture des fêtes de San Fermín, avec le lancement du *chupinazo* (fusée pyrotechnique). A la fin des fêtes, la foule s'y presse à nouveau pour chanter en chœur le *Pobre de Mí*. C'est le roi Charles III qui décida en 1423 de l'édifier en ce lieu précis : en choisissant le point de confluence des trois bourgs qui constituaient alors la cité, il contribua à la pacifier.

MUSEO DE NAVARRA ★

C/ Santo Domingo, 47
✆ +34 848 426 492
www.navarra.es

Mardi-samedi 9h30-14h et 17h-19h, dimanche et jours fériés 11h-14h. Entrée 2 €. Gratuit samedi après-midi et dimanche.

Situé sur les hauteurs de la ville, dans un ancien hôpital (l'hospice de Nuestra Señora de la Misericordia) dont il a conservé la façade, le Musée régional de la Navarre est d'autant plus agréable à parcourir qu'il domine la ville. Toute l'histoire de la Navarre y est retracée, depuis la préhistoire. A voir entre autres, la mosaïque romaine représentant le Triomphe de Bacchus (datée du Ier siècle), les chapiteaux de la cathédrale romane de Pampelune, le coffre mozarabe de Leire et le *Portrait du Marquis de San Adrián* peint par Goya. Gratuit pour les pèlerins.

MUSEO OTEIZA ★

Calle La Cuesta, 7 ✆ +34 948 332 074
www.museooteiza.org

Mardi-vendredi 10h-15h, samedi 11h-19h (l'été, lundi-samedi 10h-19h), dimanche 11h-15h. 4 €, gratuit vendredi.

Ce passionnant musée, situé à 10 km du centre de Pampelune, abrite les collections du sculpteur basque Jorge Oteiza (1908-2003), grande figure de l'art du XXe siècle. Il occupe son ancienne maison-atelier, qui a été dotée d'une grande annexe contemporaine imaginée par l'architecte Francisco Javier Sáenz de Oiza. L'œuvre complexe d'Oteiza, qui trouve son apogée dans les fameuses « boîtes métaphysiques », est assez hermétique pour les non-spécialistes, il est donc conseillé de participer à la visite guidée pour ne pas passer à côté de l'essence du génie d'Oteiza.

MUSEO PABLO SARASATE

Calle Mayor, 2
✆ +34 948 420 100
www.turismo.navarra.es
Du mardi au samedi de 11h à 14h et de 18h à 21h. Entrée libre.

Ce musée abrite une exposition monographique des objets ayant appartenu au violoniste et compositeur Pablo Sarasate (1844-1908), musicien né à Pampelune et certainement le plus célèbre des mélomanes navarrais. Parmi ses objets personnels, on peut notamment voir un portrait de l'artiste peint en 1894 par Llaneces, un buste en bronze signé Mariano Benlliure, ses violons Vuillaume et Gaul & Bernardel et son inséparable piano Bechtein. La collection s'articule autour de quatre thèmes : famille et amis ; objets personnels ; reconnaissance publique ; et musique.

MUSEO UNIVERSIDAD DE NAVARRA

Campus Universitario, s/n, ✆ +34 948 42 57 00
www.museo.unav.edu
Du mardi au samedi 12h-15h et 17h-20h, dimanche 11h-14h. L'été, du mardi au dimanche 11h-14h. Entrée 4,50 €.

Le musée d'art contemporain de l'université de Navarre occupe un bâtiment moderne imaginé par Rafael Moneo et inauguré par les Rois d'Espagne en 2015. Les fonds du musée ont été réunis grâce aux legs du photographe José Ortiz Echagüe, mécène originaire de Pampelune, dont la collection comprend une cinquantaine de toiles et sculptures (Picasso, Chillida, Tàpies et Oteiza notamment). Le lieu accueille aussi des expos d'art contemporain, projections de films, spectacles de danse…

PARC YAMAGUCHI

Av. de Barañáin, s/n

Ce parc zen séduira les amoureux de la culture japonaise. Conçu par des paysagistes nippons et inauguré en 1997, il est nommé d'après la ville japonaise jumelée avec Pampelune, où saint François-Xavier vécut au XVIe siècle. Hommage aux quatre saisons, plantes et essences variées, autochtones et exotiques, prospèrent entre les éléments ornementaux : plage, pavillon sur l'étang, ponts, cascade ou encore le geyser du lac (de 20 m de haut !). Le parc abrite aussi un Planétarium et plusieurs salles de cinéma, en faisant un grand pôle d'attraction hors centre-ville.

PLANETARIUM

Calle Sancho Ramírez
✆ +34 948 262 628
www.pamplonetario.org
Mardi et mercredi de 10h à 14h, du jeudi au samedi de 10h à 14h et de 16h30 à 20h.

Au cœur du parc de Yamaguchi, le Planétarium, inauguré en 1993, est surmonté d'une des plus grandes coupoles du monde, de 20 mètres de diamètre. On y trouvera une salle de projection (la salle de projection des étoiles Tornamiro), qui permet d'observer près de 9 000 étoiles, mais aussi des planètes et toutes sortes d'images relatives à la vie du cosmos, ainsi que deux salles d'expositions, qui accueillent de nombreuses manifestations en lien avec l'astronomie et à l'univers. Consultez le programme, le voyage spatial en vaut bien la peine !

PLAZA DE TOROS DE PAMPLONA ★

Paseo de Hemingway
✆ +34 948 264811
www.feriadeltoro.com

© TRABANTOS - SHUTTERSTOCK.COM

Deuxième arène d'Espagne après Las Ventas de Madrid, la Plaza de Toros de Pampelune a une capacité de près de 20 000 personnes. Inaugurée en 1922 et agrandie dans les années 1970 par l'architecte Rafael Moneo, c'est un lieu mythique en raison de ses fameuses corridas lors des Sanfermines. Avant que ne fussent érigées ces arènes, les corridas de Pampelune se tenaient Plaza del Castillo. Ensuite, à partir de 1843, une première Plaza de toros fut édifiée, bien plus modeste que celle-ci.

PLAZA DEL CASTILLO ★★

Plaza del Castillo

Bordée de bâtiments à arcades des XVIIIe et XIXe siècles, cette grande place est depuis le Moyen Age le point de rencontre des habitants de Pampelune et le lieu de concentration des festivités. Emblématique de la ville, la place, anneau parfait de 14 000 m², était jusqu'en 1844 le lieu où se tenaient les corridas, mais aussi le site naturel des tournois, marchés, défilés militaires et autres manifestations populaires. C'est ici aussi qu'est installé le café Iruña, illustre établissement fondé en 1888 où Hemingway avait ses habitudes.

AMIS DU CHEMIN DE SAINT-JACQUES-DE-COMPOSTELLE

C/ Florencio de Ansoleaga, 2

✆ +34 948 183 885

www.caminodesantiagoennavarra.es

L'association gère l'accueil et l'orientation des pèlerins à Pampelune. Elle organise également de nombreuses activités autour du thème du pèlerinage (conférences, expositions, concerts, concours de photographies, etc.). Depuis la France, la Navarre est en effet la porte d'entrée du Chemin de Saint-Jacques dans la péninsule ibérique. Deux grands itinéraires la traversent : l'un via les Pyrénées par le fameux site de Roncevaux, l'autre venant de l'Aragon et passant par Sangüesa.

VIEILLE VILLE DE PAMPELUNE ★★

La vieille ville abonde en maisons seigneuriales et en édifices de grand intérêt, en monuments architecturaux et historiques. Citons, entre autres, l'église forteresse de San Nicolás, les maisons ornées des blasons de la Calle de la Zapateria ; la fontaine de Neptune située sur la Plaza del Consejo ; et, non loin de là, la Bibliothèque générale de Navarre, l'église de San Saturnino et ses deux hautes tours emblématiques de la silhouette de Pampelune ou encore le couvent des Mères Récollettes. Les moins téméraires pourront également parcourir les rues où se déroule l'*encierro* (allez sans crainte, les taureaux n'y seront pas) : partez de la rue Santo Domingo où se trouve le corral, montez la Cuesta de Santo Domingo en passant devant l'hôpital militaire – le tronçon le plus dangereux pendant l'*encierro* car, les taureaux ayant les jambes avant plus courtes, prennent de la vitesse et rattrapent plus facilement les hommes. Un monument érigé en hommage à l'*encierro* est d'ailleurs visible ici, taillé par le sculpteur Rafael Huerta. L'hôpital militaire vous mènera jusqu'à la Plaza Consistorial, où se trouve l'hôtel de ville, magnifique édifice mêlant le baroque au style néoclassique d'où se lance le fameux *txupinazo* qui annonce le début des San Fermines. Prenez ensuite la Calle de los Mercaderes, qui vous conduit jusqu'à la Calle de la Estafeta, mondialement connue, qui va en ligne droite jusqu'à la Plaza de los Toros. Imaginez les rues bondées et les taureaux pourchassés et furieux...

© ALCE - FOTOLIA

Plaza del Castillo.

NAVARRE

OFFICE DU TOURISME

Calle San Saturnino 2, bajo
✆ +34 948 420 700
www.pamplona.es/turismo
Juillet-sept, tous les jours 10h-14h et 15h-19h. Nov-mars, lun-sam 10h-14h et 15h-17h (18h mars-juin, oct), dim 10h-14h.

L'Office de tourisme de Pampelune se trouve en plein cœur de la vieille ville. Toutes les informations pratiques sur Pampelune et la région de Navarre vous seront renseignées pour faire de votre séjour un moment inoubliable : brochures et documents traitant du patrimoine monumental et naturel, mais également des cartes et des infos sur la Iruña Card (gratuite), qui permet d'obtenir des réductions dans plusieurs sites touristiques. Accueil très professionnel. Vérifier sur le site web les horaires en raison des nombreux jours fériés.

PAMPLONA FOOD

Calle del Carmen, 5
✆ +34 948 223 781
www.pamplonafood.com

Bea, passionnée d'histoire, et Migueltxo, expert en vins, forment le duo aux commandes de Pamplona Food. Ils proposent de nombreuses expériences pour découvrir Pampelune et ses environs, mais aussi sa gastronomie et ses vins. Au programme : visites guidées de Pampelune, dégustation de vins dans une bodega à Olite, visite d'un moulin dans la vallée de Baztán, entre autres. Si vous disposez d'un peu de temps, il est possible de suivre une initiation à l'œnologie de cinq heures réparties sur deux jours, avec au programme la dégustation d'une douzaine de vins.

CR LISTEN

✆ +34 665 555 920
www.crlisten.com

Avec plus de quinze années d'expérience dans tout ce qui touche à l'organisation du pèlerinage de Saint-Jacques-de-Compostelle en Navarre, CR Listen est l'interlocuteur tout trouvé pour qui cherche à optimiser son expédition dans la région. Travaillant avec des organismes touristiques aussi bien publics que privés et jouissant d'une connaissance poussée du territoire, l'agence sera en mesure d'effectuer pour vous des réservations et de vous fournir toutes infos nécessaires, que vous prévoyiez un séjour à pied ou à vélo, en solo ou en groupe.

ALBERGUE CASA PADERBORN €

Playa de Caparroso, 6 ✆ +34 641 348 362
Ouvert de début mars à fin octobre. Ferme à 22h. Nuitée : 7 € sur présentation de la credencial. Petit déjeuner : 3 €.

Cette auberge est tenue par l'association allemande des amis du chemin de Compostelle et propose 26 places réparties en des chambres de 4, 6 ou 8 lits. La Casa Paderborn se trouve à l'entrée de la ville, juste après avoir traversé le pont de la Magdalena (à 100 mètres, sur la gauche). Si les principaux services sont assurés sur place (lave-linge, sèche-linge, wifi), il n'y a toutefois pas de cuisine à disposition des pèlerins. L'établissement propose cependant un service de petit déjeuner. Une option économique. Parfait pour une nuit.

DESTINO NAVARRA

Av. de Barañain, 2
✆ +34 644 288 407
www.destinonavarra.com

Coopérative de guides touristiques menée par Mikel, qui propose toutes sortes d'activités dans la ville et la région. Au programme : des visites guidées de Pampelune, une route des *pintxos*, mais aussi des excursions dans le désert des Bardenas ou le long du chemin de Compostelle. L'agence propose aussi de nombreux services très utiles pendant les fêtes de San Fermín (location de balcon, entrées pour les corridas, etc.). Une façon à la fois agréable et instructive de découvrir Pampelune et le terroir navarrais, accompagné par des guides passionnés.

ALBERGUE DE PAMPLONA €

Calle Carmen, 18
✆ +34 948 044 637
www.alberguedepamplona.com
Comptez 15 € par nuit pour un lit en dortoir. Chambre double 40 € avec salle de bain commune.

Inaugurée en 2015, cette auberge accueille pèlerins et touristes dans un joli bâtiment du Casco Viejo de Pampelune, le centre historique. Natalia et Valentín, les gérants de l'établissement, sont également d'anciens pèlerins de Compostelle. Les lits superposés, très confortables, assurent intimité et repos. Tout est neuf et bien entretenu : une très bonne adresse qui présente l'avantage d'être situé en plein cœur de la ville. Que l'on soit en pèlerinage ou en simple visite, l'Albergue de Pamplona offre un très bon rapport confort-prix.

ALBERGUE PLAZA CATEDRAL €

Calle Navarrería, 35
✆ +34 948 591 336
www.albergueplazacatedral.com
Comptez autour de 20 € la nuit par personne avec petit déjeuner.

Inaugurée en 2015, cette auberge occupe un bâtiment classé du centre historique, sur la Plaza de la Catedral, où elle accueille les pèlerins de Compostelle, mais aussi les touristes. Elle dispose de 45 lits répartis dans des dortoirs de tailles différentes, offrant une vue agréable sur un jardin intérieur. Très bon tarif pour le service proposé et pour l'emplacement : à seulement 50 mètres de l'auberge, on trouve la Plaza de Navarrería, et 100 mètres plus loin trônent les puissantes murailles de la Pampelune médiévale ainsi qu'une vue imprenable sur la cathédrale.

ALOHA HOSTEL €

C/ Sangüesa, 2
✆ +34 948 153 367
www.alohahostel.es
Entre 15 et 20 € la nuit avec petit-déjeuner. Tarif spécial pour les pèlerins.

Située à deux minutes à pied de la gare routière et à cinq minutes du Casco Viejo de Pampelune – le vieux centre-ville –, dans le quartier de l'Ensanche, cette auberge occupe tout le premier étage d'un bâtiment bourgeois. Elle propose 26 lits répartis dans des chambres de 4, 8 ou 10 places. Jolie petite terrasse fleurie et service de location de vélos. Le thé et le café sont offerts toute la journée et le lieu dispose d'une cuisine tout équipée permettant de se préparer à manger et d'un salon commun très agréable propice aux bonnes rencontres.

AUBERGE DE JESÚS Y MARÍA €

Calle Compañía, 4
✆ +34 948 222 644
Ouvert toute l'année, sauf à Noël. Nuitée : 10 €.

Auberge située dans un bâtiment historique près de la cathédrale qui accueille les pèlerins, mais aussi les touristes. Elle occupe une ancienne église aménagée en auberge, avec une capacité de 112 places : deux dortoirs se trouvent dans les nefs latérales du rez-de-chaussée de l'église (on trouve ici aussi deux salles de bains, dont une adaptée aux handicapés, ainsi qu'une bibliothèque/salle connectée), trois dortoirs au premier étage, et une cuisine-salle à manger au dernier étage. Nombreux services de première nécessité (lave-linge, sèche-linge, cuisine, wifi).

HOTEL ALDA CENTRO PAMPLONA €

Plaza Virgen de la O, 7
✆ +34 948 03 01 49
www.aldahotels.es
Environ 60 € la chambre double.

Après un changement de propriétaires en 2021, cet établissement continue de proposer des chambres propres, confortables et rénovées. Installé le long du chemin de ronde, face au parc de la Taconera, l'édifice – dont la physionomie n'est pas sans rappeler celle d'une tour de défense médiévale – abrite une quinzaine de chambres doubles et treize chambres individuelles, toutes sobrement décorées, mais assurant le confort qu'on est en droit d'attendre d'un hôtel moderne.

PENSION ESCARAY €

Calle Nueva, 24, 1° C
✆ +34 948 227 825
www.pensionescaraypamplona.com
Chambre double 45 €.

Installée dans le centre-ville depuis plus de 35 ans, la pension Escaray est une petite adresse sans prétention qui a l'avantage de n'être pas chère. Elle est située dans un joli bâtiment du XIXe siècle et propose des chambres individuelles et doubles avec salle de bains commune. L'ensemble est très propre et bien entretenu. L'atmosphère du lieu est calme et reposante et vos hôtes vous accueilleront aussi chaleureusement que si vous étiez des membres de la famille. Une étape recommandée aussi bien pour les pèlerins que pour les visiteurs de passage à Pampelune.

PENSIÓN SARASATE €

Paseo de Sarasate, 30
✆ +34 948 223 084
Environ 60 € la chambre double.

A un quart d'heure à pied de la gare ferroviaire et à 3 minutes des arènes et de la Plaza del Castillo, la petite pension Sarasate, installée au croisement avec l'Avenida Carlos III, propose des chambres modernes et confortables : le bâtiment a été entièrement rénové en 2015. Les chambres (avec lit double ou lit simple) donnent sur le Parc de Ciudadella et sont équipées d'une TV à écran plat, d'un patio et d'un balcon. Charme et simplicité sont au rendez-vous pour cette adresse navarraise, avec un emplacement privilégié dans la ville !

EL TORO HOTEL & SPA €€

Carretera de Guipuzcoa, km 5
✆ +34 948 302 211
www.hotelpamplonaeltoro.com
Comptez entre 70 et 100 € la chambre double.

Des statues de taureaux gardent l'entrée de cette bâtisse ancienne et mystérieuse. Une fois passée la porte, on découvre un intérieur somptueusement rustique, avec des sols en terre cuite. Voici un hôtel 4 étoiles où l'on peut se rendre les yeux fermés : pour ses chambres cossues à l'esprit provençal, son spa et son restaurant gastronomique. Attention cependant, l'hôtel est vraiment en dehors de la ville, il est donc indispensable de disposer d'un véhicule (ou de prendre le bus !). Une adresse de qualité dans un décor idyllique.

HOTEL AVENIDA €€

Avenida Zaragoza, 5
✆ +34 948 24 54 54
www.avenidahotel.es
Comptez entre 80 et 100 € la chambre double.

Sur une grande avenue moderne, aux portes de la vieille ville, l'hôtel Avenida nous charme pour sa décoration épurée, mélange de boiseries et de tons clairs, et ses chambres confortables. L'ensemble offre un rapport qualité-prix tout à fait correct. Qu'il s'agisse de la chambre individuelle (10 m²), double (16 m²) ou triple (20 m²), toutes sont équipées d'une salle de bains privative, ainsi qu'un téléviseur, un téléphone, un mini bar, un accès à internet, un coffre-fort et, à l'exception des chambres individuelles, un petit balcon donnant sur la ville.

HOTEL ALBRET €€

Calle Ermitagaña, 3
✆ +34 948 172 233
www.hotelalbret.com
Entre 70 et 120 € la chambre double.

L'hôtel Albret est un établissement moderne et tout confort situé à proximité immédiate du centre-ville. Idéal pour profiter de Pampelune ou vous reposer après une journée sur le Chemin de Compostelle. Il dispose de 109 chambres spacieuses et très confortables, et d'un bar/restaurant-cafétéria où vous pourrez déguster de très bons plats et pintxos. Petit « plus » : l'accès gratuit à la salle de sport, située à 200 mètres de l'hôtel. Accès facile à l'autoroute, pratique pour ceux qui souhaitent rayonner dans la région de Navarre.

HOTEL CASTILLO DE JAVIER €€

Calle de San Nicolás, 50-52
✆ +34 948 203 040
www.hotelcastillodejavier.com
Comptez entre 40 et 70 € la chambre double.

L'hôtel Castillo de Javier est un établissement aux intérieurs modernes qui mise tout sur le confort : chambres claires et fonctionnelles, lits ergonomiques et douches à hydromassage. Toutes sont équipées d'un téléviseur, d'un radio-réveil, d'un téléphone, d'un bureau et d'un accès à internet. L'hôtel dispose également d'un restaurant où est servi le petit déjeuner jusqu'à midi, et d'un bar à vins et tapas, où il est possible de se régaler de quelques spécialités navarraises et des régions alentour. Très bon emplacement, en plein centre historique.

HOTEL PAMPLONA CATEDRAL €€

Calle Dos de Mayo, 4
✆ +34 948 22 66 88
www.pamplonacatedralhotel.com
Comptez entre 80 et 160 € la chambre double.

Situé en plein centre historique, à côté de la Puerta de Francia, l'hôtel Pamplona Catedral porte son nom à merveille puisqu'il occupe un ancien couvent qui servait autrefois d'auberge pour les pèlerins et de centre d'accueil pour les jeunes filles. Entièrement restauré, c'est aujourd'hui un hôtel moderne qui mise sur un décor contemporain. Au total, une cinquantaine de chambres au mobilier contemporain des plus élégants tout en restant sobre, très confortables et baignées de lumière naturelle à travers leurs grandes fenêtres.

HOTEL POMPAELO URBAN SPA €€

Plaza Consistorial, 3
✆ +34 848 47 31 37
Comptez entre 60 et 150 € la chambre double.
En plein cœur du vieux Pampelune, un hôtel-boutique donnant sur l'incontournable Plaza Consistorial, dont la déco contemporaine se mêle aux vestiges d'une tour médiévale. Il est doté d'une trentaine de chambres modernes et bien équipées, à la décoration plutôt minimaliste. Outre son excellent emplacement, vous apprécierez cet hôtel pour son spa avec bain bouillonnant, sauna et soins de beauté ! Son café La Galea est une bonne option pour s'offrir un petit-déjeuner ou des tapas dans l'air du temps. Le Sky Bar 1423 offre quant à lui de belles vues sur la ville.

HOTEL SERCOTEL LEYRE €€

Calle Leyre, 7
✆ +34 948 228 500
www.hotel-leyre.com
Dès 80 € la chambre double.
Situé à côté de la Plaza de Toros, au cœur de la ville, l'hôtel 3-étoiles propose 55 grandes chambres, très confortables et bien tenues, pour ne pas dire coquettes. Récemment rénovées, elles sont décorées dans un esprit contemporain, dans des tonalités de noir/blanc cassé/gris (tout comme le reste des espaces de l'hôtel), sont vastes et ne manquent pas de lumière naturelle. Elles sont toutes équipées d'un téléviseur (chaînes internationales), d'un mini bar, de l'air conditionné, d'un coffre-fort ainsi que d'une connexion internet wifi.

ALMA PAMPLONA MUGA DE BELOSO €€€

Beloso Bajo 11
✆ +34 948 293 380
https://almahotels.com/pamplona
Comptez 160 € la chambre double.
A 2 km du centre-ville, voilà un hôtel que l'on peut appeler design, avec ses lignes modernes et épurées. Pourtant c'est l'appellation d'hôtel gastronomique que les gérants lui ont préféré : n'est qu'à s'intéresser au menu du restaurant pour comprendre. Les chambres, aménagées avec goût, offrent un cadre très zen, avec de grandes baies s'ouvrant sur la nature. Doté d'un spa avec une petite piscine intérieure et de jardins, cet hôtel est une bonne option pour un séjour chic et relax.

GRAN HOTEL LA PERLA €€€

Plaza del Castillo, 1
✆ +34 948 223 000
www.granhotellaperla.com
Environ 240 € la chambre double.
Le Gran Hotel La Perla ! Hemingway y séjournait régulièrement, lors de ses voyages à Pampelune, mais il accueillit d'autres célébrités telles que Orson Welles ou Charlie Chaplin. Aujourd'hui, c'est un hôtel 5 étoiles – le seul de Pampelune – où le luxe est poussé à son paroxysme : effet assuré ! Pendant les fêtes, les chambres donnant sur la Calle Estafeta (traversée par l'*encierro* matinal) affichent des prix exorbitants. Les autres chambres donnent sur l'emblématique et ultra-centrale Plaza del Castillo. Oui, vous êtes dans le cœur même de la ville.

BAR FITERO €

Calle Estafeta, 58
✆ +34 948 222 006
www.barfitero.com
Ouvert tous les jours de 9h à minuit. Compter 10 €.
Situé dans la fameuse rue sur le tracé de l'*Encierro*, ce bar sert de délicieux *pintxos*, que le propriétaire aime à nommer « cuisine miniature ». C'est une histoire de famille, l'affaire remonte à 1956, et on sent que les produits sont sélectionnés avec rigueur : dans une ambiance pas silencieuse du tout, on déguste toutes sortes de petites préparations tout à fait délicieuses, des *croquetas*, aux portions de calamars frits, de l'œuf poché et sa sauce aux asperges aux planches de charcuterie navarraise... Atmosphère populaire et joviale !

BAR GAUCHO €

Calle Espoz y Mina, 7
✆ +34 948 225 073
www.cafebargaucho.com
Ouvert tous les jours de 8h à 0h30. Comptez 15 €.
Le Bar Gaucho est une authentique et ancienne institution de Pampelune, dont le comptoir est hiver comme été assailli de clients ! De nombreux prix ont couronné ses *pintxos* inventifs, tant dans les mélanges de saveurs que dans la présentation. Amateurs de calme, évitez ce bar toujours plein. Parmi les très nombreuses combinaisons disponibles (*huevo trufado* et tortilla notamment), ne manquez pas de tester le *pintxo* de foie, un classique de la maison. Plus qu'un simple bar à *pintxos*, le Bar Gaucho, bien incrusté dans le décor, est un peu l'âme de Pampelune.

BASERRI BERRI €

Calle San Nicolás, 32
✆ +34 948 222 021
www.baserriberri.com
Du mercredi au samedi de 12h à 0h, dimanche de 12h30 à 16h30. Comptez 15 € pour des pintxos, 45 € le menu dégustation.

Récompensé en 2017 par la médaille d'or de la Semaine du Pintxo de Navarre pour son fameux « boomveja » (préparation à base d'agneau), ce bar-restaurant propose une cuisine créative à déguster sous forme de *pintxos* ou d'un menu composé de 7 plats offrant un bon rapport qualité-prix. C'est le jeune et inspiré chef Iñaki Andradas qui est aux fourneaux, devenu maître dans l'art de combiner les racines de la gastronomie traditionnelle de Navarre aux divers éléments et mouvements contemporains de la haute cuisine. Voyage culinaire en perspective.

BODEGÓN SARRIA €

Calle Estafeta, 50-52
✆ +34 948 227 713
www.bodegonsarria.com
Ouvert tous les jours, midi et soir. Environ 10-20 € selon le choix de tapas.

Au Bodegón Sarria, adresse qui a plutôt bonne réputation en ville, on trouve quelques tables et un grand bar pour déguster des *pintxos* à base de jambon et charcuterie. Offrez-vous une ration de « 5 Jotas », un jambon ibérique de qualité supérieure, accompagnée d'un verre de Rioja. Ambiance populaire dans cette vaste salle où le silence n'a définitivement pas élu domicile. Attention, les places assises sont chères ici, attendez-vous donc, comme presque tout le monde ici, à manger de debout ! Parfait pour une escale réparatrice typique.

CERVECERÍA LA ESTAFETA €

Calle Estafeta, 54
✆ +34 948 222 157
Tous les jours de 11h à 0h. Environ 10 €.

Impossible de passer à côté de la Cerveceria La Estafeta, avec son mur ancien portant deux lions et un blason médiéval. Cette taverne est l'un des lieux bien connus des habitants de Pampelune, avec un bar bien garni de préparations simples, mais absolument délicieuses. Accueil chaleureux d'Alberto et ambiance locale : on y mange debout, serrés les uns contre les autres, pour un prix modique. Une très bonne option pour les appétits solides qui souhaiteraient ne pas se ruiner, tout en approchant d'un peu plus près l'authentique Pampelune.

HAMABI €€€

C/ Mercado s/n, 1ª planta
✆ +34 621 232 755
www.hamabi.es/hamabi/
Ouvert du mercredi au dimanche de 13h30 à 15h30 et vendredi soir et samedi soir de 21h à 22h30. Compter environ 40 €.

Dans le centre historique de Pampelune et à l'intérieur du marché de Saint-Domingue, lieu de fréquentation des pèlerins et des Pamplonais, au premier étage, se trouve le restaurant Hamabi. Un restaurant qui recrée d'un point de vue moderne les plats qui étaient servis dans les anciennes auberges du vieux Iruña. Chez Hamabi, qui par ailleurs a reçu un soleil Repsol, vous y trouverez 2 propositions : *Comida de Familia*, des recettes populaires chargées d'histoire, servies avec le raffinement de la gastronomie actuelle et *Serendipia* : son menu gastronomique.

LA MANDARRA DE LA RAMOS €

Calle San Nicolás, 9 ✆ +34 948 212 654
www.lamandarradelaramos.com
Tous les jours de 10h à 0h. Menu du jour 16 € (22 € les week-ends).

La Mandarra de la Ramos est un bar du *casco antiguo* dont la décoration rend hommage aux fêtes de Pampelune, les fameuses Sanfermines. D'ailleurs est exposée sur les murs une impressionnante collection de photographies donnant à voir une belle tranche du folklore de la ville. Lieu de culture, la salle de service du restaurant sert également de lieu d'exposition aux œuvres d'artistes locaux. Appétissante sélection de *pintxos* et autres tapas, en particulier les *tostadicas* servies sur une belle tranche de pain. Un lieu emblématique de Pampelune.

ASADOR OLAVERRI €€

C/ Santa Marta, 4
✆ +34 948 235 063
www.asadorolaverri.com
Fermé le dimanche soir et au mois d'août. Comptez 40 €.

L'*asador* le plus réputé de la ville, où l'on fait griller de superbes côtes de bœuf depuis 1963, à déguster avec une bonne bouteille de cidre ! Un peu éloigné du centre historique, le restaurant occupe un local moderne : les murs sont entièrement recouverts de bois clair, bois dans lequel ont été taillées les larges tables occupant la vaste salle de service. L'ambiance y est on ne peut plus conviviale, l'*asador* accueillant aussi bien les habitués que les amateurs de bonne viande de passage en ville. Une étape indispensable pour les carnivores !

CAFÉ IRUÑA €€

Plaza del Castillo, 44
✆ +34 948 222 064
www.cafeiruna.com
Ouvert tous les jours de 8h à 23h. Menu du jour à 23 €.

Fondé en 1888 sur l'emblématique Plaza del Castillo, ce somptueux café-restaurant était fréquenté par Hemingway, auquel il rend hommage dans le « Rincón de Hemingway », lieu magique pour prendre un café ou l'apéritif. Vous pourrez aussi y déjeuner ou dîner confortablement installé à l'intérieur ou en terrasse. Les immenses miroirs finement ouvragés, les épaisses colonnes Art nouveau trônant au centre de la vaste salle, la profusion de moulures et de lustres égayant le plafond, tout ici confère au romantique. Passage hautement recommandé !

CASA MANOLO €€

Calle García Castañón, 12
✆ +34 948 225 102
www.restaurantecasamanolo.com
Ouvert de 13h à 16h et de 21h à 23h. Fermé dimanche soir et lundi. Menu de saison 25 €.

La Casa Manolo, c'est un restaurant traditionnel qui propose une cuisine régionale de très bonne facture : riz à la marinière, lasagnes au foie gras, langoustines aux piments, les préparations du chef s'adressent aux cinq sens et la satisfont presque à chaque coup ! Trois menus et, à la carte, une quinzaine d'entrées, une dizaine de préparations de la mer et autant à base de viande. Les desserts, plus classiques et se déclinant en une quinzaine de propositions également, n'en sont pas pour autant décevants. Pour découvrir les traditions culinaires de la Navarre !

ERREJOTA €€

Plaza Príncipe de Viana, 1
✆ +34 948 222 097
www.errejota.es
Mardi et mercredi de 13h à 18h, du jeudi au samedi de 13h à 0h, dimanche de 13h à 18h. Menus à partir de 32 €.

Durant de nombreuses années, le restaurant Josetxo a été une référence à Pampelune. Après sa fermeture en 2012, il a rouvert ses portes en 2015 sous le nom de Errejota. Ce sont aujourd'hui les petits-enfants des fondateurs qui dirigent ce restaurant de cuisine traditionnelle. On aura le choix entre trois menus : les menus « Erre » et « Jota » proposant entrée, plat et dessert ; le menu dégustation étant lui une très bonne et gourmande façon de se familiariser avec le patrimoine culinaire de Pampelune et de la Navarre en général.

RESTAURANTE ANTTONENEA €€

C/ San Antón, 48 ✆ +34 948 104 445
www.restauranteanttonenea.com
Du mardi au samedi de 13h30 à 16h et de 20h à 23h, dimanche de 13h30 à 16h. Menu dégustation 44 €.

Bon rapport qualité-prix dans cet excellent restaurant qui mise sur les produits de saison pour élaborer des plats créatifs et de délicieuses viandes « a la brasa ». Quelques spécialités de la maison, histoire de se mettre en appétit : millefeuilles de foie gras, pomme et chèvre ; poulpe grillé et pommes de terre confites au paprika ; morue aux asperges sautées... Pain perdu sauce vanille ou brownie et son fondant de chocolat blanc en dessert... Le décor, sobre et moderne, offre un cadre très agréable en plein centre historique de Pampelune. Superbe adresse !

SIDRERÍA RESTAURANTE PIL PIL €€

Travesia Acella, 3-5 ✆ +34 948 171 495
www.sidreriapilpil.com
Ouvert de 11h à 16h et de 20h à 23h. Fermé dimanche soir et jeudi soir. Menus à partir de 27,50 €.

Dans les assiettes, une cuisine basque typique, élaborée à base de produits de saison. Spécialités du restaurant, la morue au pil-pil et les viandes grillées (bœuf grillé sauce roquefort, confit de canard pomme aigre-douce, joue de porc sauce vin rouge) le tout arrosé d'une bouteille de cidre, bien sûr. Si vous êtes d'humeur gourmande, laissez-vous tenter par l'un des desserts maison : crème brûlée au miel, flan à la châtaigne ou sorbet mandarine au *cava* (champagne local) !

LA TRASTIENDA DEL COLMADO €€

Calle Iturralde y Suit, 24
✆ +34 948 24 21 99
www.elcolmado.es
Fermé le lundi. Comptez 30 €.

Situé dans un ancien atelier de réparation de voitures, cet endroit a fait l'objet d'une méticuleuse rénovation, récompensée par un prix du design, pour devenir l'établissement branché qu'il est maintenant : la Trastienda del Colmado. L'atmosphère industrielle n'enlève rien à la chaleur du lieu, le restaurant sert une cuisine de fusion entre la gastronomie de Navarre et des influences latino. Le lieu est également réputé pour sa cave et pour ses cocktails très réussis.

ÁBACO €€€

C/ Juan de Labrit, 19
✆ +34 948 855 825
www.abacorestaurante.com
Du mardi au dimanche de 13h30 à 15h30, également vendredi et samedi de 20h45 à 22h15. Menu 57 €.

A deux pas de la Plaza de Toros, un restaurant contemporain ouvert en 2008 et mené par Jesús Íñigo, plusieurs fois récompensé pour ses tapas inventives. De son parcours riche en voyages à travers le monde (notamment en Angleterre, au Chili et en Argentine), le jeune chef a ramené des influences internationales, qu'il mêle à ses racines navarraises. Résultat : un concept de cuisine tout à fait séduisant, à tester sous forme de tapas chic ou d'un menu dégustation. Un véritable régal, aussi bien pour le palais que pour les yeux.

ENEKORRI €€€

Calle Tudela, 14
✆ +34 948 230 798
www.enekorri.com
Du mardi au samedi de 13h30 à 15h30 et de 21h à 22h30. Menu 70 €.

À l'entrée du centre historique, un restaurant élégant et contemporain qui en trente-cinq années de bons et loyaux services est devenu une référence gastronomique dans le paysage pamplonais. Dans un décor où prédomine le bois clair et les teintes sobres, on y propose une cuisine navarraise d'auteur, agrémentée d'une belle carte des vins. Concocté à base de produits locaux et de saison, le menu change régulièrement. Enfin, le service est exemplaire et très soigné. Une adresse tout ce qu'il y a de plus recommandable. En soirée, pensez à réserver !

LA BIBLIOTECA / ALMA RESTAURANTE €€€

Calle Beloso Bajo, 11
✆ +34 948 293 380
Ouvert du mercredi au dimanche le midi, en soirée vendredi et samedi. Menu dégustation 150 €. Réservation conseillée.

Le projet gastronomique de l'hôtel Alma-Pamplona, dirigé par le chef Leandro Gil, comprend : A La Biblioteca (1 étoile Michelin 2019, 2 Soleils Repsol 2022), pour une expérience personnalisée pour dix personnes autour du monde végétal avec une vision moderne et respectueuse des traditions culinaires de la région. A Alma Restaurant (1 Sol Repsol 2022) est réinterprétée la cuisine navarraise selon trois axes : les ragoûts traditionnels, les légumes de la Ribera et la viande grillée.

RESTAURANTE EUROPA €€€

Calle Espoz y Mina, 11
✆ +34 948 221 800
www.hreuropa.com
Fermé le dimanche. Menus à partir de 54 €.

Les frères Idoate concoctent des plats contemporains inspirés des recettes traditionnelles de Navarre et des produits de saison, dont le travail a été récompensé par une étoile au Michelin. Malgré l'aspect un peu guindé de la salle, le service est très agréable et détendu. Quelques suggestions : combinaison de tataki et tartare au thon rouge, huile de sésame et émulsion wasabi ; sole sauvage rôtie au bois de noyer ; pieds d'agneau à l'étouffée ; filet de bœuf grillé au foie gras, manioc rôti et sauce raisin... Présentation spectaculaire. Desserts splendides.

NAVARRE

EL RODERO €€€

Calle Emilio Arrieta, 3
✆ +34 948 228 035
www.restauranterodero.com
Fermé le dimanche, le lundi soir et le mardi soir. Menus à partir de 75 €.

Situé à côté des arènes, c'est l'un des restaurants les plus réputés de Pampelune depuis qu'il a reçu une étoile au Michelin. On y déguste une cuisine moderne valorisant les produits de la terre avec des plats aux saveurs variées et originales : tortilla de patate et truffe et sa crème d'oignon ; lasagne de homard bleu au fenouil ou au gingembre ; lièvre rôti et sa sauce aux cacahuètes. Côté dessert, quelques surprises comme la tarte au whisky ou le crémeux de chocolat blanc rôti et sa glace de fraise semi-piquante. Cadre élégant et bon rapport qualité-prix.

AGURCHO IRURETAGOYENA

Avenida Baja Navarra 8,
✆ +34 948 248 238
www.agurchoiruretagoyena.es
Du lundi au vendredi de 10h à 14h et de 17h à 20h. Samedi de 10h30 à 13h30 (sauf juillet et août).

Non loin de la Plaza de Toros, Agurcho Iruretagoyena est une antiquaire spécialisée dans les bijoux anciens, qui propose de très belles pièces datant pour certaines du XIXe siècle. Dans la boutique, vous trouverez aussi une intéressante sélection de mobilier, objets déco et œuvres d'art. Elle a commencé sa carrière comme antiquaire en 1988, avant d'ouvrir sa boutique en 1998. Experte en gemmologie et bijoux anciens, elle se consacre depuis cette époque à la recherche de pièces spéciales et prend plaisir à combiner l'ancien au moderne.

CASA MANTEROLA

calle de Tudela
✆ +34 948 22 37 17
Du lundi au samedi de 8h à 21h.

C'est le plus vieil établissement de Pampelune, fondé en 1810 ! On y vend toute sorte de gourmandises traditionnelles : tourons, truffes, biscuits aux amandes et pignons... Au début du XXe siècle, le chocolat était fabriqué dans le sous-sol d'une boutique de la Calle Zapatería, tandis que la torréfaction se faisait à l'étage. Puis, l'activité devenant trop intense, la production a déménagé ses installations dans l'actuelle boutique vers 1945, faisant de Manterola une industrie florissante de la torréfaction de chocolat et de café.

LAS TRES Z.Z.Z.

C/ Puente de Miluce, 6
✆ +34 948 25 26 29
www.lastreszzz.com

Une illustre enseigne fondée en 1873 qui confectionne des outres à vin artisanales. Sa boutique historique de la calle Comedias a fermé en 2019, mais vous pourrez toujours vous rendre dans la fabrique, à environ 5 km du centre historique, pour vous procurer cet accessoire indispensable des Sanfermines ! *Las Tres Z.Z.Z.* a toujours été l'un des fabricants d'outres pour vin de référence dans le monde : l'utilisation des meilleures matières premières, un procédé d'élaboration minutieux et des contrôles de qualité stricts contribuent au prestige de la marque.

NAVARRE

CHURRERÍA LA MAÑUETA

Calle de la Mañueta
✆ +34 948 227 627
Ouvert uniquement pendant les Sanfermines (6h-11h) et les dimanches du mois d'octobre (7h45-11h).

Depuis 1872, cinq générations se sont succédé pour offrir ces délicieux *churros* dont eux seuls ont le secret. Armez-vous de patience, car la queue est impressionnante ! La Churrería La Mañueta a été fondée le 13 décembre 1872 précisément, par Juan Fernández Calero, le grand-père de Paulina Fernández (actuellement en charge de la boutique) qui maintient l'activité en marche : la production artisanale de churros, cuits sur bois de hêtre de Navarre. Ce lieu a été pendant des décennies, et continue d'être un éminent point de rencontre.

OLENTZERO

C/ Estafeta, 42
✆ +34 948 229 862
www.olentzeroa.com
Ouvert de 9h à 14h et de 16h à 20h. Fermé le dimanche après-midi.

Cette boutique vend les traditionnelles gourdes de la marque Las Tres ZZZ, mais aussi toute la panoplie du pèlerin de Compostelle (chapeaux, coquillages), des posters des corridas de Pampelune, la typique Txapela (béret basque), des costumes traditionnels... Bref, c'est le bon endroit pour trouver des souvenirs typiques ! Le nom de la boutique est un clin d'œil : Olentzero est un personnage emblématique de la culture basque. Charbonnier de profession aux traits grotesques, la tradition raconte qu'il se manifeste la nuit de Noël en passant par la cheminée.

AMIS DU CHEMIN DE SAINT-JACQUES-DE-COMPOSTELLE

C/ Florencio de Ansoleaga, 2
✆ +34 948 183 885
www.caminodesantiagoennavarra.es

L'association gère l'accueil et l'orientation des pèlerins à Pampelune. Elle organise également de nombreuses activités autour du thème du pèlerinage (conférences, expositions, concerts, concours de photographies, etc.). Depuis la France, la Navarre est en effet la porte d'entrée du Chemin de Saint-Jacques dans la péninsule ibérique. Deux grands itinéraires la traversent : l'un via les Pyrénées par le fameux site de Roncevaux, l'autre venant de l'Aragon et passant par Sangüesa.

BALUARTE

Plaza del Baluarte
✆ +34 948 066 066
www.baluarte.com

Aux portes de la citadelle, cet immense bâtiment contemporain (2003) a été dessiné par l'architecte navarrais Francisco Mangado pour accueillir le palais des congrès et l'auditorium de Pampelune. Tout au long de l'année, le site propose des concerts et spectacles de qualité, notamment de l'Orchestre symphonique de Navarre. La salle principale est assez impressionnante, avec ses murs lambrissés en hêtre et sa vaste scène (superficie de 520 m², avec un fond maximum de 19 m et une largeur de 28 m) pour une capacité d'accueil de 1 568 places assises.

ZENTRAL

Mercado de Santo Domingo
✆ +34 848 47 88 00
www.zentralpamplona.com

Consultez la programmation pour les concerts et spectacles.

A l'intérieur du marché de Santo Domingo, en plein centre historique, c'est l'endroit à ne pas manquer pour profiter des soirées de Pampelune ! Sur deux étages, un café-théâtre, un « gastrobar » et un club, offrant une riche programmation de concerts en live et de DJ sets les week-ends. Musique de qualité, sur des sonorités électro, pop, soul, rock… Un espace protéiforme des plus originaux, attirant jeunes et moins jeunes, mélomanes, familles, fêtards et gastronomes. Consultez le programme des évènements et concerts à venir sur le site internet du lieu.

BERA - VERA DE BIDASOA ★

Au fond de la vallée creusée par la rivière Bidasoa se trouve Vera de Bidasoa (Bera en basque), 3 800 habitants, ville frontière avec la France et qui, par conséquent, a subi de nombreux assauts guerriers. L'un des épisodes les plus violents eut lieu sous le règne de Felipe IV, qui défendit vaillamment la ville, mais s'attira le courroux des Français. Parmi les sites d'intérêt, citons l'église San Esteban, les stèles funéraires du cimetière et les maisons blasonnées, la maison Zelaia et celle de Itzea en tête. Non loin, on trouve également une stèle funéraire ornée d'une croix basque en marbre gris érigée par le grand sculpteur basque Jorge Oteiza.

IGLESIA SAN ESTEBAN

Herriko Etxea Plaza, 8

Cette église gothique aux airs de forteresse domine la ville et abrite ce qui est considéré comme le plus bel orgue romantique de toute la Navarre. Construite au XVe siècle selon le modèle de la croix latine, elle était jadis une maison-tour installée là en raison du point de vue stratégique dont elle jouit sur la vallée de la rivière Zia. De sa construction primitive, il reste peu d'éléments en raison des nombreuses guerres dans lesquelles fut prise la cité, la laissant à la merci des pillages et des incendies. La dernière restauration remonte à 1964-1965.

MAISON ITZEA

Ne se visite pas.

Cette maison blasonnée du XVIIe siècle appartient à la famille Baroja que le célèbre écrivain Pío Baroja acquit en 1912 et où s'éteignit son neveu, l'académicien Julio Caro Baroja. De l'autre côté de la rivière, on peut voir une stèle funéraire réalisée par Jorge Oteiza en mémoire de Pío Baroja. Remarquez les doubles avant-toits en bois : ils ont été façonnés sur les modèles de la Renaissance, et il n'est pas rare de retrouver ce même détail architectural sur les maisons seigneuriales et autres palais de Navarre et d'Aragon.

MAISON ZELAIA

La maison Zelaia est peut-être l'une des plus importantes maisons blasonnées de la ville. Devant celle-ci trône un Christ qui, selon la légende, aurait été transporté de France en Espagne par des contrebandiers. La tradition raconte en effet que – et c'est sans doute l'histoire que l'on vous servira si vous posez la question à un habitant de la ville – lorsque ces derniers se firent arrêter en cours de route par la garde et qu'elle leur demanda « qui va là ? », les contrebandiers auraient répondu « le Christ », de telle sorte qu'ils purent passer.

HOSTAL-RESTAURANT ZALAIN €

Zalain Auzoa, 5
✆ +34 948 630 967
www.zalain.info
Chambre double 50 €. Restaurant ouvert le midi, en soirée les vendredis et samedis. Menu à partir de 12 €.

L'hôtel Zalain est avant tout connu pour son restaurant. Rénové dans un esprit très contemporain, voilà plus de 20 ans qu'il offre ses bons et loyaux services aux Pamplonais comme aux visiteurs de passage. Sa cuisine a aussi évolué avec le temps, réussissant le pari d'offrir des plats traditionnels navarrais revus à la sauce d'aujourd'hui. L'établissement dispose aussi d'un petit hostal de 10 chambres modernes, bien équipées et confortables. Nouveauté : Zalai participe au projet Bidasoako Pedalak, proposant des randonnées dans le Pedals del Mundo.

HOTEL CHURRUT €€€

Plaza de los Fueros, 2
✆ +34 948 625 540
www.hotelchurrut.com
Comptez entre 75 et 120 € la chambre double standard. Menu gastronomique 32 €.

Cette ancienne demeure du XVIIIe siècle lové au cœur de la vieille-ville de Bera et été transformée en hôtel de charme en 2002 et compte 18 vastes chambres. La literie de qualité, le soin apporté à la décoration et le calme du lieu en font un endroit privilégié pour séjourner dans la paisible vallée de Bidasoa. On aime le souci du détail et le service feutré qui caractérisent l'établissement. Le restaurant est pour sa part situé dans l'ancienne forge de la demeure et propose une expérience culinaire traditionnelle de la région.

LESAKA ★

Lesaka (Lesaca en castillan) est l'une des plus importantes agglomérations de la région avec 2 800 habitants. Lors de sa fondation au XIIe siècle, le village avait pour principale fonction d'offrir un front de protection face aux attaques du Guipúzcoa, qui envahissait alors la région pour la piller. Lesaka est une ville au caractère médiéval bien marqué, et compte quelques bâtiments remarquables comme la tour Zabaleta ou bien celle de Minyurinea. Par ailleurs, vous pourrez observer de nombreuses maisons aux balcons de bois et de fer forgé. Sur certaines de ces demeures, des blasons indiquent que le fils de la maison a triomphé sur le champ de bataille ; sur d'autres, de superbes lions sculptés supportent les balcons ouvragés ; sur d'autres encore, des motifs sont censés protéger du mauvais œil. Les amateurs d'architecture religieuse admireront l'église de San Martín de Tours, qui abrite un retable rococo, ou encore le couvent de Nuestra Señora de las Dolores, dirigé par des carmélites. Si votre séjour coïncide avec les fêtes patronales de la ville (le week-end qui suit Pâques), vous pourrez assister à des festivités médiévales. Dans les environs, vous trouverez plusieurs sites avec des dolmens et des tumuli dans les villages de Pabolleta, Amargun et Agiña. Avant d'arriver à ce dernier site, éloignez-vous un peu du chemin pour aller voir le monument dédié au Padre Donostia, magnifique ouvrage du sculpteur basque, mais navarrais d'adoption, Jorge Oteiza.

VIA VERDE DEL BIDASOA

www.viasverdes.com

Il s'agit d'un parcours de 42 kilomètres reliant la commune de Béhobie à celle de Legasa. Le long du fleuve Bidasoa (qui en aval sert de tracé à la frontière franco-espagnole), cette voie verte a été aménagée sur l'ancien tracé du train Txikito, qui reliait Elizondo avec Irún jusque dans les années 1950. C'est aujourd'hui une agréable promenade pour les randonneurs et les cyclistes. Attention, sur la section de Sunbilla, prenez garde au passage du bétail et faites attention au trafic. De nombreuses fermes bordent le chemin. Une très jolie balade !

HOTEL RURAL ATXASPI €€

Bittiria Kalea, 24
✆ +34 948 637 536
www.atxaspi.com
Chambre double 90 €.

En quête d'une ambiance unique ? Les six chambres de ce bel hôtel ont été décorées par des artisans du pays, recréant un peu de l'atmosphère basque rurale traditionnelle. Solides armoires en hêtre, poutres apparentes, murs blanchis à la chaux, le cadre est superbe. Pour ne rien gâcher, l'établissement possède une salle équipée d'un sauna, de douches d'hydromassage et d'un spa pour 4 personnes... De quoi faire le plein de bonne énergie. Pour la petite histoire, Atxaspi était le nom du dernier bateau de la famille gérant l'hôtel, une famille de marins.

IGANTZI

Igantzi (Yanci en espagnol) est un petit hameau de quelque 600 habitants, niché dans une vallée verdoyante où l'on vénère San Juan Xar (Jean le Baptiste) depuis des temps immémoriaux. Non loin d'un cours d'eau Latsa, on trouve d'ailleurs un ermitage dédié au saint homme, se présentant sous la forme d'une grotte creusée dans la roche et dont les sources d'eau auraient des propriétés curatives. Au cœur du village, on remarquera la petite église de style gothique tardif dédiée à San Miguel Arcángel, bâtie au XVIIe siècle, tout comme le retable qu'elle abrite. Au siècle suivant, on ajouta des ailes au plan carré original de l'édifice, puis autour de 1940 on lui ajouta une tour.

SAN JUAN XAR

Accès par la route NA-4020.

Au cœur de la forêt d'Igantzi se cache cette grotte sacrée dédiée à Jean le Baptiste. Il s'agit de l'unique forêt d'Espagne où l'on peut faire la rencontre du charme commun, un arbre plutôt répandu dans les forêts d'Europe centrale. Avant d'être consacrée au culte de Jean le Baptiste, on vénérait dans cette grotte les « lamias-lamiak », nymphes mythologiques qui vivent dans les arbres de la région. On remarquera la fontaine à trois jets (quatre lors des périodes pluvieuses), dont on dit que les eaux guérissent les infections de la peau.

IRRISARRI LAND

Barrio Irisarri n°1
✆ +34 948 92 89 22
www.irrisarriland.es
Entrée parc : à partir de 16 € pour les adultes et 12 € pour les enfants.

IrriSarri Land est un monde à part, niché dans les montagnes navarraises à moins de 30 minutes de la frontière française. Il s'agit d'un gigantesque parc d'aventure à ciel ouvert, ouvertement engagé en faveur de l'écotourisme et le respect de l'environnement : imaginez une vallée profonde de 75 hectares, parcourue de ruisseaux et encadrée de collines couvertes de forêts et prairies où pâturent vaches, brebis et pottoks. Imaginez maintenant un pont tibétain de 140 mètres de long, un parcours de 3 kilomètres de descente en tyrolienne, des circuits vélo, un restaurant avec une vue panoramique sur La Rhune... Voilà, vous y êtes !

Au programme donc, des activités sportives et culturelles en pleine nature, destinées aux adultes et aux enfants, accessibles à tous les niveaux : tyroliennes, pendule, bike park (circuits VTT avec pistes balisées et pistes de descente, circuit de sauts, et parc à vélos où vous pouvez louer, nettoyer, réparer votre vélo), pont tibétain, routes thématiques (aventure, interprétation, faune et flore, mythologie) mais aussi vols en hélicoptère et promenades à cheval... Le site dispose également d'un petit centre d'interprétation et d'un musée du charbon qui accueille également des spectacles de théâtre, des concerts des expositions. Enfin, le Jolastoki, un bâtiment comprenant un restaurant avec terrasse, ainsi qu'un grand espace de jeux et d'activités couverts pour les enfants : parcours aérien, tir à l'arc, basket, château d'aventure, circuit de voitures et de vélos... Un refuge idéal en cas de mauvais temps !

IRRISARRI LAND €€

Barrio Irisarri n°1
✆ +34 948 92 89 22
www.irrisarriland.es
Comptez entre 150 et 250 € la cabane, entre 80 et 150 € le palais, et à partir de 15 € dans l'auberge.

IrriSarri Land forme un vaste complexe hôtelier éco-engagé proposant 3 catégories d'hébergement : le Palacio de Yrisarri (XVIIe s.), un 3-étoiles installé au cœur du parc avec 15 studios élégants ; la dizaine de cabanes-appart' de Les Bordes faites de pierres et de bois, rustiques, mais confortables ; l'auberge de jeunesse Non Stop Inn, économique, avec dortoirs et cuisine commune. Côté gastronomie, le complexe offre 2 options : la cuisine traditionnelle du restaurant Palacio de Yrisarri à déguster en admirant le paysage depuis le mirador, ou le snack-cafétéria.

NAVARRE

DONEZTEBE - SANTESTEBAN

Doneztebe - Santesteban se situe au cœur de la vallée de Malerreka et est entouré de montagnes. Au Moyen Âge, Doneztebe était un centre commerçant important, et continue d'ailleurs aujourd'hui encore de vivre du commerce (le bourg est notamment réputé pour ses foires aux bestiaux). Quelques éléments architecturaux intéressants ici, comme l'église San Pedro, réformée à l'époque baroque, ou encore la mairie, édifiée au XVIIIe siècle. C'est un bon point de départ pour visiter les environs et notamment le Parc naturel Senorio de Bertiz. Si vous avez le temps, faites un tour dans le petit village d'Oieregi : il abrite quelques belles demeures.

PARQUE NATURAL SEÑORIO DE BERTIZ ★

Oieregi-Bertizarana
✆ +34 948 592 421
www.parquedebertiz.es
Accueil du mardi au dimanche de 10h30 à 14h et de 15h à 17h30.

Ce parc naturel de plus de 2 000 ha garnis de châtaigniers et de chênes est habité par le renard, le sanglier et la loutre. Avant de devenir public, il fut la propriété de Don Pedro de Ciga, qui en fit l'acquisition en 1889. Voyageur et passionné de botanique, il créa un magnifique jardin avec plus de 120 espèces d'arbres prospérant entre cascades et lacs artificiels. De nombreux sentiers ont été aménagés, un centre d'information est installé dans l'ancien palais d'été du propriétaire.

HOSTAL-BAR AMEZTIA €

Camino de Ameztia, 9
✆ +34 948 450 028
www.ameztia.com
Chambre double 60 €.

De confortables chambres avec salle de bains attendent le voyageur en quête de repos. On y trouve une vingtaine de chambres sobrement décorées, confortables et bien équipées (salle de bains privative, coin bureau, télévision et wifi), dont une est adaptée aux personnes handicapées. L'accueil se fait au bar, où l'on peut déjeuner de bonnes et copieuses tapas dans une ambiance locale et populaire. Un établissement qui mise sur sa simplicité, son ambiance de village et sa proximité avec le parc Bertiz. On peut d'ailleurs y louer des vélos pour découvrir les environs.

AMEZTIA CENTRO BTT

Ameztia, 13
✆ +34 948 450 028
www.ameztia.com
20 € par jour pour la location d'un vélo adulte et 15 € pour les enfants.

L'établissement Ameztia Centro BTT propose, comme son nom le laisse deviner, toute une gamme de vélos à la location, et notamment de VTT. La zone est en effet on ne peut plus propice à la pratique du tout-terrain, et c'est avec passion et attention qu'on vous conseillera ici quant aux possibilités de circuits et randonnées. Vous trouverez sur le site de nombreuses informations (cartes et dépliants) sur les différents parcours. Le centre met également à disposition des vestiaires avec douche et toilettes, et peut vous mettre en contact avec un service de taxi.

ELIZONDO ★

Elizondo est la capitale de la vallée de Baztán. Son centre-ville s'articule autour de deux rues regroupant les maisons héraldiques et les palais. Les plus remarquables sont El Palacio de Arizkunenea, qui abrite la Maison de la culture, et la mairie, bâtiment baroque du XVIIIe siècle. La Casa Puriosenea héberge quant à elle le musée ethnographique Jorge Oteiza, le célèbre sculpteur basque. Si vous avez la possibilité de faire coïncider votre visite avec la fête du Baztandarren Biltzarra, qui a lieu fin juillet, vous aurez la chance d'assister à une joyeuse assemblée qui se réunit autour d'un immense repas populaire dans les rues de la ville.

CASCADA DE XORROXIN

Au nord d'Elizondo, Erratzu abrite les cascades de Xorroxin, où le fleuve Bidasoa prend sa source. On peut y faire une agréable promenade de 5,5 km en admirant les charmes naturels du lieu. La balade commence au niveau du parking de la rue Ubidea, non loin des entrepôts de la scierie. De là, le chemin part vers le sud et fraie entre les vergers pour rejoindre un magnifique pont de pierre. Passé l'ermitage de Gorostapolo, un nouveau pont mène à une forêt de hêtres et châtaigniers... Bientôt le ruissellement de l'eau entre mousses et lichens se fait entendre !

MOULIN D'ETXAIDE

Barrio Etxaide
✆ +34 609 828 010
Visites guidées sur rendez-vous.

Le moulin d'Etxaide est l'un des plus anciens moulins de la vallée du Baztan, qui en comptait autrefois une trentaine en activité. Construit au XIXe siècle et rénové en 2003, il continue de réduire les grains de céréales en farine de manière artisanale. La farine est ensuite utilisée pour préparer des « talos », de fines galettes que l'on déguste en période de fêtes. Toutefois, vous pourrez y goûter à n'importe quel moment de l'année dans le cadre de la visite guidée. Une visite recommandée, dans les coulisses de l'une des traditions de la vallée.

HOSTAL TRINKETE ANTXITONEA €€

Braulio Iriarte, 16
✆ +34 948 581 807
www.antxitonea.com
Chambre double standard à partir de 70 €.

Sur les rives du Baztan, cette jolie demeure du XIXe siècle est située au cœur d'Elizondo, dans l'un des coins les plus emblématiques de la ville : le quartier de Txokoto. La décoration de l'établissement est des plus chaleureuses, si bien qu'on oublierait presque que l'on est à l'hôtel. Du tapis bleuté au canapé douillet, on se sent ici comme à la maison. On y trouve 23 chambres simples et bien tenues, ainsi qu'un bar-restaurant où est servi le petit déjeuner. Une bonne adresse.

BAZTAN TOURS

C/ Jaime Urrutia, 20
✆ +34 948 452 652
www.baztantours.com

Cette agence organise des visites guidées à pied d'Elizondo, permettant de découvrir les sites les plus remarquables de la cité – ses demeures anciennes, ses palais et les histoires cachées derrière – mais aussi les traditions et coutumes qui rythment la vie d'Elizondo depuis des siècles. D'autres excursions (le transfert se fait en camionnette) pour explorer la Vallée de Baztan sont également proposées, comme celle, en forêt, de la cascade de Xorroxin (2h), ou celle, en forêt également, jusqu'au site Infernuko errota, aussi appelé le Moulin de l'enfer (2h).

SANTXOTENA €€

C/ Pedro Axular, s/n
✆ +34 948 58 02 97
www.santxotena.es
Fermé le dimanche soir et le lundi. Comptez 25 €.

Géré par Maite López Santxotena, représentante de la quatrième génération de toute une saga de cuisiniers, le restaurant Santxotena sert des plats traditionnels élaborés avec des produits du terroir et de saison. Plutôt que la grande salle à manger, préférez son petit *comedor* très chaleureux, où l'on aperçoit les cuisinières au travail. A la carte, potages, poissons (merlu koxkera, lotte ou calamar cuisiné à l'encre de seiche) et de bons ragoûts de viande (l'escalope de veau et le gibier de saison méritent d'être considérés avec attention).

NAVARRE

Elizondo, lieu de tournage pour El Guardián Invisible de Fernando González.

ZUGARRAMURDI ★

Le village des sorcières, qui a inspiré tant de légendes, mais aussi le film *Les Sorcières de Zugarramurdi* (2013) d'Alex de la Iglesia, est un petit bourg typique des montagnes basques, parsemé de blancs *caserios* et peuplé de 230 et quelques âmes. C'est le point de départ de la visite des grottes des sorcières, ou *Cuevas de Brujas*. Dès l'entrée du village, on découvre l'église, la maison Dutaria et un peu plus loin, l'hôpital construit par la famille Dutari. Une fois le cœur du village atteint, un bruit court selon lequel les demeures les plus anciennes, encadrées de pierres rouges et superbement fleuries, étaient jadis habitées par des sorcières...

MUSÉE DES SORCIÈRES (MUSEO DE LAS BRUJAS) ★

Calle de Beitikokarrika, 22
✆ +34 948 599 004
www.turismozugarramurdi.com
Été : mardi-dimanche 10h30-19h. Reste de l'année : mercredi-dimanche 10h30-17h30. Entrée 4,50 € (enfant 2,50 €).

Grande thématique identitaire du Pays basque et de la Navarre, la sorcellerie est ici racontée dans son évolution, des simples herboristes et guérisseuses aux dures lois de l'Inquisition. Inauguré en juillet 2007 et installé dans l'ancien hôpital du village, non loin de la fameuse grotte, le musée des sorcières aborde toutes les questions liées au monde de la sorcellerie et retrace l'histoire de la Navarre du XVIIe siècle avec ses mythes et ses légendes.

CASA RURAL HAITZETXEA €€

Barrio Madaria
✆ +34 948 39 34 36
www.haitzetxea.es
Comptez 65 € la chambre double.

La Casa rural Haitzetxea est un ancien corps de ferme tout en pierre bâti vers l'an 1800 et situé à 2 kilomètres du centre de Zugarramurdi. Derrière ses murs épais, on trouve sept chambres doubles et une chambre familiale avec salle de bains distribuées sur trois étages, toutes très confortables et avec de jolies vues sur la nature environnante. Trois hectares d'un terrain traversé par un ruisseau en contrebas et habitat de l'âne Kaxinta, de la jument Gorri et de quelques poulets font office de jardin. Une adresse de charme !

CUEVA DE ZUGARRAMURDI

www.turismozugarramurdi.com
En été, tous les jours de 10h30 à 19h30. Le reste de l'année, du mardi au dimanche de 10h30 à 17h30. Adulte : 4,50 €.

Bienvenue à Zugarramurdi, petite enclave de 250 habitants située entre la montagne de Navarre et la mer Cantabrique, au cœur de la région transfrontalière de Xareta. Ce nom compliqué qui évoque une vrille à ceux qui l'entendent pour la première fois fait référence à « des ormes, des noisettes et des lauriers », une végétation caractéristique du lieu. Creusée par un ruisseau à fort débit, le ruisseau de l'enfer, la principale cavité a l'aspect d'un vaste tunnel, débouchant dans cet ensemble rocheux sur deux autres galeries. Sur le plan archéologique, ont été découverts des témoignages de l'époque préhistorique, céramiques et pierres de feu étant attribuées à l'époque magdalénienne, et les ***kisulabes***, d'anciens fours à bois.

Mais ces grottes sont surtout réputées pour les légendes de l'époque des sorcières ! Pour en apprendre davantage, rendez-vous au théâtre de Zugarramurdi, où le spectacle « Sorgiñak » est présenté tout au long de l'année : un véritable voyage à travers légendes et mythes anciens, relatant aussi le procès des sorcières qui eut lieu au XVIIe siècle. Mais revenons plutôt à la grotte. Elle ne contient ni stalactites ni peintures rupestres, mais présente un attrait particulier de par sa taille et son magnétisme légendaire. Une fois à l'intérieur, il est facile d'imaginer les *sabbats* (réunions païennes au cours desquelles hommes et femmes se soustrayaient aux habitudes de la vie ordinaire via des festins effrénés, des danses autour du feu et des orgies au clair de lune), porté par les récits de rites païens et de banquets prétendument présidés par le diable. Les noms donnés à la grotte soulignent sa relation avec ce monde magique.

En effet, l'extrémité la plus ouverte du tunnel est nommée *Sorgin Leze* (grotte des sorcières) et la partie la plus étroite, *Akelarre Leze* (grotte de l'akelarre ou du sabbat). Mythe ou réalité ? Quoi qu'il en soit, Zugarramurdi et la sorcellerie sont à jamais liés par l'histoire par de l'autodafé de 1610. L'inquisiteur Valle-Alvarado, après avoir reçu de nombreuses plaintes dénonçant l'élaboration de potions, sortilèges et autres tours de sorcellerie, emmena 40 suspects à Logroño. Le tribunal de l'Inquisition condamna 11 personnes à mourir sur le bûcher, dont les noms figurent sur une plaque à l'entrée de la grotte. Une cérémonie rappelle chaque année l'usage festif des grottes à cette époque : ce grand rendez-vous a lieu le dernier jour des fêtes patronales du village, jour du traditionnel zikiro jate. Un repas populaire auquel assistent 800 personnes, autour d'agneaux rôtis à la broche.

URDAZUBI - URDAX

Au pied du col d'Otsondo, Urdazubi est un petit village médiéval de 400 habitants. Son centre historique abrite de belles maisons à blasons, mais aussi le monastère San Salvador. Erigé au IXe siècle, l'édifice a été victime de deux grands incendies qui emportèrent sa bibliothèque de 9 000 livres. Il fait de nos jours office de paroisse. C'est à partir de cette localité que vous pourrez visiter les grottes préhistoriques d'Ikaburu, excavation naturelle portant les traces de dessins datant du magdalénien. Découvertes au début du XIXe siècle et utilisées comme refuge pendant la guerre d'Indépendance, ce n'est qu'à partir de 1965 qu'elles deviennent une attraction touristique.

GROTTES D'URDAZUBI

Ikaburua

✆ +34 948 599 241

www.cuevasurdax.com

L'été, tous les jours 10h30-18h. Fermé le lundi hors saison. Entrée 6 €.

Creusée il y a environ 14 000 ans par la rivière Urtxuma, ce bijou de la Navarre offre un beau spectacle de stalactites et de stalagmites. Découverte par un berger en 1808, la grotte était probablement habitée dès la Préhistoire, comme l'indique la présence de restes de silex. Elle servit également de refuge pendant la guerre d'Indépendance et les guerres carlistes, puis de cachette pour les contrebandiers. La légende raconte qu'elle est toujours habitée par les lamias, personnage de la mythologie basque moitié femme, moitié animal.

MOLINO DE URDAX

✆ +34 948 599 070

www.otxondo-urdax.com

L'été, visites guidées tous les jours. Hors saison, week-ends et jours fériés. Prix 4 €.

Au cours des XIIe et XIIIe siècles, les moines augustins du monastère aménagèrent le territoire d'Urdazubi en construisant des canaux, des ponts, mais aussi un moulin pour produire de la farine. Tombé en décrépitude puis reconstruit au XVIIIe siècle, il fournissait de la farine aux fermes des environs en échange d'un *saskito* (boisseau). On peut aujourd'hui visiter le moulin, en parfait état de fonctionnement. De la mi-juillet à fin-août : visites du jeudi au dimanche. Hors saison, les visites se font les samedis et dimanches.

MONASTÈRE D'URDAX

Calle San Salvador, s/n

✆ +34 948 59 90 31

www.otxondo-urdax.com

En été, tous les jours 11h-19h. Reste de l'année, mercredi-vendredi 14h-18h30, week-end 11h-18h30. Tarif 8 €.

On évalue la construction de ce monastère au XIe siècle. D'abord, hôpital pour pèlerins dirigé par les chanoines de saint Augustin, il est un siècle plus tard affecté à l'ordre des Prémontés. Après deux incendies, l'expropriation des biens de l'Église par l'État, il ne reste aujourd'hui que l'église, le très joli cloître, et quelques restes de dépendances transformés en musée. Au sein du cloître, une exposition permanente retrace « 50 ans de peinture et de sculpture basque » avec 300 œuvres d'art de 28 des plus grands artistes basques de l'époque.

OFFICE DE TOURISME DE URDAZUBI - URDAX

Plaza San Salvador ✆ +34 948 599 070

www.urdax-dantxarinea.com

En été, lundi-mercredi 11h-14h et 15h-19h, jeudi-dimanche 11h-19h. Hors saison : mercredi-dimanche 11h-14h et 15h-18h.

Situé à proximité du Monastère, l'Office de tourisme vous accueille avec le sourire et vous conseille sur les visites incontournables à faire à Urdax, mais aussi dans les villages typiques alentour. L'équipe vous fournira également quelques bonnes adresses d'hébergements et des suggestions de tables pour goûter à une gastronomie typique de la région. Une « auto visite » de découverte du village à pied est aussi proposée avec un livret de balades à Urdax (compter environ 1h).

HOTEL RURAL IRIGOIENEA €€

San Salvador, 38

✆ +34 948 599 267

www.irigoienea.com

Chambre double standard entre 80 et 100 €.

Le site bucolique, la bâtisse du XVIIIe siècle (qui a survécu aux époques de la sorcellerie, des conflits, des guerres et de la contrebande), la décoration racée du rez-de-chaussée, l'accueil de vos hôtes : le charme est instantané ! Quant aux 25 chambres, certaines sont mansardées, avec d'originales têtes de lit réalisées à partir de lourdes poutres anciennes, d'autres avec des têtes de lit en fer forgé, d'autres en bois rustique. Possibilité de réserver un dîner à l'avance. Dépaysement garanti à 30 min de Saint-Jean-de-Luz dans un environnement privilégié.

ASADOR NIKOLAURENEA €€

San Salvador, 33

+34 948 599 477

Du jeudi au lundi de 9h à 17h. Comptez 25 €.

Le Nikolaurenea est un sympathique petit restaurant situé au bord du canal du moulin, où les enfants ont coutume de venir se baigner en été. On apprécie en particulier sa jolie terrasse aux tables ombragées donnant sur le canal, mais aussi son *comedor* typique tout en pierre. Côté assiette, on a affaire à des préparations typiques basques toutes simples, mais aussi quelques généreuses portions de truites ou de gibier agrémenté de champignons de saison. Une cuisine franche et rustique à accompagner du très abordable *vino de la casa*.

RESTAURANTE LA KOSKA €€

C/ San Salvador, 3

+34 948 599 042

Du mardi au dimanche de 9h à 17h. Menu 18 €.

Dans une belle salle rustique, on déguste autour d'une robuste cheminée en pierre de bonnes recettes du terroir et des plats de gibier (en saison). Les portions sont gourmandes, pour ne pas dire généreuses : piments *del piquillo*, chipirons, grives aux cèpes, côte de bœuf grillée comptent parmi quelques-unes des spécialités de la maison, tandis qu'en dessert on goûte au fromage de brebis du pays et aux *cuajadas* au miel. Très authentique ! Une halte tout à fait recommandée pour reprendre des forces dans un cadre rustique et typiquement basque.

ORBAITZETA

Orbaitzeta est un petit village d'un peu moins de 200 habitants situé dans la vallée d'Aezkoa. Le village est un point de départ idéal pour visiter l'immense forêt d'Iraty répartie entre la Navarre espagnole et la Basse-Navarre française. Le village est connu pour avoir accueilli une bataille en 1794 entre la France et l'Espagne, à l'occasion de laquelle les Français prirent la fonderie de canons, où l'on trouve à présent une fabrique d'armes. Outre ce vestige, on y trouve quelques anciens greniers à grain, mais aussi une église datant de l'ère médiévale (XVIe siècle) abritant un retable de style churrigueresque (le baroque espagnol du XVIIIe siècle).

FABRIQUE D'ARMES D'ORBAITZETA

Barrio Larraun

De la Fabrique part un sentier balisé de 14 km traversant la réserve de Mendilatz, au cœur de la forêt d'Irati.

Construite sur l'ancienne forge du col d'Aezkoa afin d'approvisionner l'armée en armes et en munition, la Fabrique royale d'armes et de munitions d'Orbaitzeta fut en activité de 1784 à 1884. Etant très proche de la frontière française (5 km), elle fut pillée, incendiée et prise à plusieurs reprises jusqu'à sa suppression définitive au XIXe siècle. Aujourd'hui, ses ruines dévorées par la végétation constituent un bel exemple de l'architecture industrielle de l'époque.

FORÊT D'IRATI ★★

Accès par l'ouest depuis Orbaitzeta et par l'est depuis Ochagavía.

www.irati.org

On accède à la forêt d'Irati soit par l'ouest, depuis Orbaizeta, soit par l'est, depuis Ochagavía, où se trouve son centre d'interprétation. Couvrant plus de 17 000 hectares, c'est l'une des plus grandes hêtraies d'Europe. Site naturel de grande richesse écologique, trois espaces protégés le composent : les réserves naturelles de Mendilatz et Tristuibartea et la réserve intégrale de Lizardoia. Un réseau de sentiers balisés permet de parcourir ces paysages splendides traversés de ruisseaux. En chemin, vous croiserez peut-être des renards, des daims ou des cerfs !

CASAS RURALES ORREAGA-IRATI €€

www.casasruralesennavarra.net

L'association des gîtes ruraux d'Orreaga-Irati propose sur son site une vingtaine de logements de charme lovés au cœur des belles Pyrénées navarraises. De belles maisons de pierres, rustiques à souhait, où l'on peut louer une simple chambre ou réserver le logement dans son intégralité. Le site web, très bien illustré et riche en informations, propose aussi des itinéraires à travers la forêt d'Irati. Une option recommandée pour les amoureux de la nature cherchant l'autonomie.

NAVARRE

OCHAGAVÍA

Ce petit village de 600 habitants situé dans la vallée pyrénéenne de Salazar (faites un tour au Centre d'interprétation de la nature) est des plus pittoresques : son pont médiéval, ses ruelles pavées, ses palais médiévaux et ses jolies maisons blasonnées aux balcons fleuris. Le sanctuaire de Nuestra Señora de Muskilda, chapelle romane du XIIe siècle (restaurée au XVIIe) trônant au sommet du mont éponyme mérite une visite, notamment pour sa tour au toit conique. L'église San Juan Evangelista date elle du XIe siècle et abrite trois retables du style Renaissance (XVIe siècle). On peut également pratiquer le ski de fond sur les pistes d'Abodi-Salaza.

CHAPELLE DE NUESTRA SEÑORA DE MUSKILDA

Carretera Izalzu km. 4

Située à quatre kilomètres d'Ochagavía, cette chapelle romane du XIIe siècle entourée d'une muraille et flanquée d'une maison d'ermite se dresse au sommet de la montagne de Muskilda, à plus de 1 000 mètres d'altitude. On peut la rejoindre à pied par un petit chemin qui part depuis le haut du village. Chaque année, un pèlerinage a lieu le 8 septembre lors des fêtes patronales d'Ochagavía. C'est l'occasion d'admirer le spectacle des danseurs en habits régionaux.

HOTEL RURAL AUÑAMENDI €€

C/ Urrutía, 23 ✆ +34 948 890 189

www.hotelruralaunamendi.com

Comptez 85 € la chambre double.

Au cœur du village, l'hôtel rural Auñamendi est une adresse familiale. C'est dans une bâtisse ancienne pleine de charme entièrement rénovée en 2014 que l'on trouve ses 13 chambres, étonnamment contemporaines, vastes et confortables. Pour pousser l'expérience un peu plus loin, demandez l'une des chambres mansardées, avec leurs poutres apparentes. Le restaurant de l'hôtel – Casa Zazón – jouit également d'une bonne réputation. Pour l'anecdote, Auñamendi est le second nom du Mont Anie (2 500 m), mais également le mot utilisé en basque pour désigner les Pyrénées !

SIDRERÍA KIXKIA €€

Calle Urrutia, 59

✆ +34 646 387 407

www.kixkia.com

Ouvert tous les jours en été, et uniquement les week-ends le reste de l'année. Menu Cidrerie 38 €.

Traditionnelle cidrerie basque, avec ses grandes tables en bois et ses tonneaux, la Sidrería Kixkia est une escale de choix, notamment (mais pas que !) pour les carnivores. La maison est en effet réputée pour son *chuletón a la brasa* (côte de bœuf grillée), qui sera servi accompagné d'une tortilla de morue pour ceux qui choisiront le menu Cidrerie. Pour les amateurs de vin, n'hésitez pas à vous faire conseiller par le sommelier Mike Ceberio, président des l'association des sommeliers de Navarre. Une adresse à la fois conviviale et typique !

RONCAL ★

Cette commune de 250 habitants donne son nom à la vallée de Roncal, ponctuée de villages typiquement pyrénéens. Berceau du célèbre ténor Julián Gayarre, dont la maison natale a été transformée en musée, et en l'honneur duquel un magnifique mausolée de Mariano Benlliure a été érigé dans le cimetière municipal. Côté patrimoine architectural, on trouve aussi, dans le centre du bourg, l'église de San Esteban – édifice datant du XVIe siècle de style gothique-Renaissance – ainsi que quelques anciennes demeures seigneuriales. Roncal est également célèbre pour ses fromages au lait de brebis, protégés par l'appellation d'origine contrôlée *Queso de Roncal*.

CASA MUSEO JULIÁN GAYARRE

Calle Arana s/n ✆ +34 948 475 180

www.juliangayarre.com

Du mardi au samedi 11h30-13h30 et 17h-19h, dimanche 11h30-13h30. Hors saison, uniquement le week-end. Entrée 3 €.

Né en 1844 à Roncal, le fameux ténor Julián Gayarre est la fierté de toute la vallée. Sa maison natale a été transformée en musée en 1990, à l'occasion du centenaire de sa mort. On peut y voir une multitude d'objets et de documents qui retracent la vie de l'artiste, illustrant quelques-uns des épisodes les plus marquants de son parcours. La consécration du chanteur advint en 1876, lorsqu'il interpréta, sur la prestigieuse scène de la Scala de Milan, son opéra favori : *La Favorita*.

MUSEO DEL QUESO Y DE LA TRASHUMANCIA

Calle Zabalea, s/n - Uztárroz
✆ +34 948 893 236
www.quesoroncalekia.com
Du lundi au vendredi 10h-13h, samedi 12h-14h et 16h-18h, dimanche 12h-14h. Entrée libre.

Le musée du Fromage et de la Transhumance présente les différentes techniques pour l'élaboration du fameux *queso de Roncal* (l'un des deux fromages ayant l'appellation d'origine navarraise), ainsi que de nombreuses photos et des objets sur les méthodes ancestrales. Un pan du musée s'intéresse également à l'office des pasteurs menant des transhumances depuis toujours. Il occupe les installations de la fromagerie Kabila Enea, où vous pourrez faire quelques achats.

CASA RURAL ARGONZ ETXEA €€

Calle Irigoiena, 21
✆ +34 649 88 25 95
www.argonzetxea.com
Entre 55 et 70 € la chambre double.

Au cœur de la vallée du Roncal, un charmant hôtel logé dans une belle demeure traditionnelle en pierre. Sur trois étages, cet hôtel rustique réunit un salon confortable et 4 chambres doubles bien équipées, offrant confort et tranquillité aux visiteurs de passage dans le village d'Urzainqui (à 3 kilomètres de Roncal). Vous apprécierez le petit déjeuner garni de confitures locales, de *tortilla* ou d'une *tarta de queso* savoureuse. Eneko, le propriétaire, assure un accueil chaleureux, et vous proposera même un service de dîner sur place.

CASA RURAL TETXE €€

Bo. Iriondoa, 5
✆ +34 628 44 73 22
www.tetxe.es
Comptez 75 € la chambre double.

Dans le village de Roncal, la Casa Tetxe occupe une bâtisse du XVIIIe siècle, à l'architecture traditionnelle pyrénéenne. Derrière une robuste façade en pierre, la maison dévoile des intérieurs chaleureux et entièrement rénovés, mêlant les poutres en bois et le parquet à la douceur de tissus naturels. Au total, 4 chambres doubles sont réparties sur deux étages, tandis que le salon au rez-de-chaussée possède une agréable cheminée. Vous apprécierez l'accueil très agréable de Pilar, et l'excellent petit déjeuner à base de produits locaux.

ISABA - IZABA

Izaba (*Isaba* en castillan) est un petit village de 400 habitants de la vallée de Roncal, traversé par la rivière Esca, point de départ vers la vallée de Belagua, où les amateurs de ski de fond trouveront 25 km de pistes, divisées en cinq circuits : sur le territoire de la commune se trouve la Mesa de los Tres Reyes, point culminant de la Navarre (2 421 m) ainsi nommé en raison de sa situation à la confluence des anciens royaumes de Navarre, de France et d'Aragon. À voir également, l'église fortifiée de San Cipriano, construite en pierres de taille au XVe siècle, son orgue datant de 1751 et son grand retable plateresque taillé en 1537.

HOSTAL LOLA €€

C/ Mendigatxa, 17
✆ +34 948 893 012
www.hostal-lola.com
Comptez entre 70 et 90 € la chambre double.

Au cœur du village, l'Hostal Lola est une belle maison en pierre à l'architecture typique de la région proposant une vingtaine de chambres à la décoration contemporaine contrastant étonnamment avec l'esprit rustique des espaces communs. Les chambres, confortables, jouissent d'une vue imprenable sur la vallée. Son restaurant de cuisine traditionnelle mérite également une halte : on y déguste, dans une cadre des plus traditionnels, des préparations *casera* (maison) fort goûteuses et élaborées à partir de produits frais de la région.

CASA TAPIA €

Bormapea, 8
✆ +34 948 893 013
www.casatapia.com
Menu du jour 13,50 €.

Dans une jolie maison montagnarde aux balcons fleuris, on pourra déguster une cuisine simple et sans prétention. Le Menú del día (menu du jour) offre le choix entre trois entrées (salade, potage ou petits légumes), trois plats (œuf frit et chistorra, truite au jambon ou *lomo de cerdo*), ainsi qu'une boisson, du pain et un dessert maison. Autrement, il est toujours possible d'opter pour un *plato combinado* : viande ou poisson accompagné d'œuf, patates et légumes. De quoi reprendre des forces sans se ruiner. A l'étage, on y loue de coquets appartements.

YESA ★

Etape incontournable pour la visite du monastère San Salvador de Leyre, situé au bout d'une route sinueuse qui monte à partir du village de Yesa. Parmi les autres éléments architecturaux remarquables, signalons les ruines d'un pont de pierre enjambant la rivière Aragon. S'il date officiellement du XIIe siècle, quelques pierres constituant les fondements de l'édifice sont d'époque romaine. Le pont des roncalais joua un rôle prépondérant dans la bataille qui opposa les habitants de la vallée aux armées arabes lors de la Reconquista. Ce petit bourg de 300 habitants attire aussi les amateurs de randonnées et de sports nautiques avec son lac artificiel.

LAC DE YESA ★

Formé par la retenue sur la rivière Aragon, ce lac artificiel forme la plus grande surface navigable de Navarre. Long de 10 km, le lac se trouve au pied de la Sierra de Leyre, mais s'étend principalement sur la province d'Aragon. Les sportifs trouveront ici un petit paradis pour la pratique de la voile et du windsurf, d'autant qu'il fait généralement doux dans ce coin de Navarre. Mais attention : ce n'est pas un lieu touristique, vous ne trouverez donc aucun service sur place. Si la gadoue ne vous effraie pas, une baignade est possible dans ses eaux turquoise !

HOSPEDERIA DE LEYRE €€

Calle Mº de S. Salvador de Leyre
✆ +34 948 884 100
www.monasteriodeleyre.com
Chambre double 85 €.

Pour prolonger l'atmosphère de recueillement du monastère, passez donc la nuit dans cette auberge. On y trouve 32 chambres (16 doubles, 12 simples, 1 triple et 3 quadruples) aménagées au cœur du monastère depuis 1979, toutes équipées de chauffage, salle de bains privative et accès wifi. Le restaurant de l'auberge est quant à lui installé dans l'une des parties les plus nobles de l'ensemble architectural de Leyre et sert des plats traditionnels navarrais simples et sobrement préparés. Pour les amateurs de sérénité et de chants grégoriens !

MONASTERIO SAN SALVADOR DE LEYRE ★★

Monasterio Leyre
✆ +34 948 884 011
www.monasteriodeleyre.com
Visites guidées sur réservation : 3,80 €.
Messes ouvertes au public.

Défendu par les crêtes calcaires de la sierra, ce magnifique monastère du XIe siècle abrite une grande église romane aux proportions harmonieuses. Délaissée, les cisterciens la transforment au XIIIe siècle. De nouveau abandonnée, elle est occupée depuis 1954 par des bénédictins venant de Silos. Quelques légendes sont associées à ce temple, comme celle de l'abbé de San Virila qui dit-on, demeura en état d'extase pendant 300 ans après avoir entendu le chant d'un oiseau.

Perché à 771 mètres d'altitude, le monastère domine le lac de Yesa. La visite se concentre autour de l'église et de la crypte, le reste des bâtiments étant occupés par l'Hospedería, le restaurant et les installations des moines. Avant d'entrer dans l'église, ne manquez pas d'admirer l'harmonieux portail du XIIe siècle, ou *Porta Speciosa*, dont les chapiteaux et tympans débordent de symbolisme. A l'intérieur, le chevet du XIe siècle a été conçu dans le plus pur style roman, tandis que la nef affiche un style gothique. Côté nord, niché dans un renfoncement et fermé par une grille, se trouve le panthéon des premiers rois de Navarre. Côté sud, on peut admirer un très beau portail roman du XIIe siècle, qui s'ouvre sur une petite chapelle dotée d'un magnifique retable. La visite se poursuit dans la crypte du XIe siècle, véritable joyau de ce monastère, qui recèle des chapiteaux aux styles et formes diverses. En sortant, deux itinéraires très plaisants permettent d'explorer les alentours.

© KARSOL - SHUTTERSTOCK.COM

NAVARRE

LUMBIER ★

A Lumbier (*Irunberri* en basque), commune d'un peu plus de 1 300 habitants, les rivières Irati et Salazar se rejoignent, taillant dans la roche une gorge spectaculaire que l'on peut visiter en longeant l'ancienne voie de chemin de fer de l'Irati. C'est d'ailleurs le principal point d'intérêt du bourg, dont les rues à l'inclinaison raide rappellent la proximité des Pyrénées. Ici, les maisons à blasons sont légion. Dans la rue Mayor se trouve la mairie : elle est la bâtisse de style Renaissance XVe siècle la plus ancienne de toute la Navarre. A signaler également, l'église de Santa María de la Asunción qui abrite de superbes retables romans et baroques.

VOIE VERTE DE LA FOZ DE LUMBIER ★★

www.viasverdes.com

Cette voie verte suit le tracé de l'ancien train électrique qui reliait, sur 58 kilomètres, Pampelune, Aoiz et Sangüesa. Conçu pour l'exploitation et le transport du bois provenant de la forêt d'Irati, le train fonctionna entre 1911 et 1955. Aujourd'hui, 6 kilomètres de son ancien tracé ont été aménagés en voie verte pour les promeneurs, offrant un agréable parcours au départ de Lumbier, aussi bien à pied qu'à bicyclette. Une très belle promenade.

FOZ DE ARBAYÚN

A une dizaine de kilomètres à l'est de Lumbier, la rivière Salazar a creusé dans la roche un vertigineux défilé peuplé de vautours fauves et d'autres rapaces, qui s'étire sur environ 6 km de long, avec des parois s'élevant jusqu'à 300 mètres : la Gorge d'Arbaiun. Pour mesurer toute sa grandeur, rendez-vous au mirador d'Iso (sur la NA-178, entre Lumbier et Ezcároz), qui offre un panorama privilégié sur les gorges. Afin d'en profiter au mieux, il est recommandé de passer par le Centre d'Interprétation des Gorges, situé dans le centre de Lumbier.

BODEGAS AZPEA €€

Camino del Iturbero, s/n

✆ +34 948 888 433

www.bodegasazpea.com

Menu dégustation 45 €.

Ce restaurant est situé dans un domaine viticole de 18 hectares, où l'on produit des vins écologiques. Il est possible de visiter le domaine et la bodega, mais on viendra surtout pour se régaler d'une bonne côte de bœuf grillée à la braise ! On trouve également au menu, en vrac : du chorizo au vin blanc, de la terrine de foie, du mérou grillé, et bien d'autres douceurs encore. Les tartelettes en dessert font également leur effet. Vous pourrez aussi, bien évidemment, tester les vins de la bodega pour accompagner votre repas !

FOZ DE LUMBIER ★★

www.focesdenavarra.es

Informations supplémentaires à l'office de tourisme de Lumbier.

Il s'agit d'un étroit défilé creusé par la rivière Irati et classé réserve naturelle. Ses parois verticales peuvent atteindre jusqu'à 150 mètres de hauteur. On peut s'enfoncer dans ce paysage spectaculaire, territoire des vautours, en empruntant un sentier sur 1,3 km qui longe la rivière au pied de falaises annonçant les contreforts des Pyrénées orientales de la Navarre. Vous apercevrez certainement les vestiges d'un pont qui, dit-on, fut construit avec l'aide du diable, mais aussi deux tunnels jadis empruntés par le premier train électrique d'Espagne, l'Irati.

HOTEL RESTAURANTE IRU BIDE €€

Avda. Bijues s/n

✆ +34 948 880 435

www.hotelirubide.com

Chambre double 65 €. Menu 20-32 €.

A 5 minutes de la gorge de Lumbier, cet hôtel doté d'une vingtaine de chambres ne passe pas inaperçu avec son imposante façade bleu ciel ! Bien pour passer une nuit, l'endroit est surtout apprécié pour son restaurant de cuisine traditionnelle. Le menu du jour propose une succession de plats régionaux mis au goût du jour et soigneusement présentés. Il est servi dans l'un des *comedores* confortables de l'établissement et offre un bon rapport qualité-prix !

SANGÜESA / ZANGOZA ★

Il est attesté que Sangüesa fut la plus ancienne commanderie navarraise de l'ordre de Saint-Jean de Jérusalem. Des documents attestent que les Hospitaliers se sont établis en ville en l'an 1131, après avoir reçu en don un palais et une église. Aujourd'hui, cette jolie commune d'un peu moins de 5 000 habitants groupée entre les champs de céréales, le long de la rive gauche de l'Aragon, semble à jamais veiller sur le pont qui, au Moyen Age, lui apporta la prospérité. Le joyau de ce village reste la façade sud de l'église Santa Maria Real (à l'extrémité de la ville). A voir également, le palais de Vallesantoro et celui du prince de Viana.

Sangüesa / Zangoza.

ÉGLISE DE SANTIAGO

Calle Santiago
✆ +34 948 870 132
Lundi de 17h à 21h, du mardi au samedi de 10h à 13h30 et de 17h à 21h, dimanche de 10h à 13h30. Entrée libre.

Ville-étape du Camino Aragonés (section du pèlerinage de Saint-Jacques-de-Compostelle suivant la rivière Aragon), Sangüesa rend hommage à l'apôtre saint Jacques avec cette église qui lui est dédiée. Deux représentations du saint homme s'offrent à l'œil du pèlerin : la première préside le tympan de l'entrée, tandis que l'autre, de style gothique, est à l'intérieur de l'église. Ces deux éléments ainsi que le retable de San Eloy (XVIe) sont les joyaux de cet édifice construit entre le XIIe et le XIIIe siècle, bel exemple de transition du roman au gothique.

ÉGLISE SANTA MARÍA LA REAL ★

Calle Mayor
✆ +34 948 870 132
Mardi-samedi 11h-13h. En été, visites guidées mardi-vendredi 11h-14h, samedi 11h-14h et 16h-18h30. Prix : 2,30 €.

Classée Monumental national, l'église de Santa María la Real est l'une des œuvres les plus représentatives de l'art roman en Navarre. Initiée au XIIe siècle, elle arbore un superbe portail dont le style correspond à la transition du roman au gothique : il présente un foisonnement de sculptures et une richesse d'expression remarquable. A l'intérieur de l'église, on remarquera un grand retable plateresque et son ostensoir en argent, du XVe siècle, l'un des plus anciens d'Espagne.

HOSTAL RURAL J.P. €

Avenida Padre Raimundo Lumbier, 3
✆ +34 948 871 693
www.hostalruraljp.wordpress.com
Chambre double de 55 à 60 €. Lit en dortoir 15 € (uniquement en été).

Près du fleuve Aragon et face à la fameuse église Santa Maria Real, l'hostal rural J.P. est un établissement de construction récente proposant confort et tranquillité dans un décor qui se veut des plus simples. Les chambres sont bien équipées et disposent toutes d'une salle de bains ou salle d'eau privative ; notez cependant qu'il n'y a pas la climatisation (simplement un ventilateur). L'accueil y est convivial et on pourrait même faire des rencontres dans le salon du rez-de-chaussée. Une adresse sans prétention, mais efficace.

ASADOR MEDIAVILLA €€

Alfonso el Batallador, 15
✆ +34 948 870 212
Ouvert le midi du mardi au dimanche et en soirée uniquement le samedi. Environ 25 €.

L'Asador Mediavila est un restaurant de grillades situé en plein centre médiéval de Sangüesa, qui séduit par son décor rustique et ses immenses fourneaux visibles de la salle du restaurant. Les amateurs de bonne bidoche seront ici aux anges, et pour accompagner vos viandes, vous aurez le choix parmi plusieurs vins de la Rioja et de Navarre. Si la viande ou le poisson grillé n'entre pas dans votre régime du jour, vous pourrez toujours trouver votre bonheur dans les suggestions d'entrées, et elles sont nombreuses ! Adresse typique navarraise.

NAVARRE

JAVIER ★

Ce village de 115 habitants est indissociable de son château, lieu de naissance de célèbre saint François-Xavier, missionnaire jésuite navarrais au XVIe siècle, et lieu de pèlerinage à l'occasion des Javieradas (début mars). Cofondateur de la Compagnie de Jésus, François-Xavier fut canonisé le 12 mars 1622 par le pape Grégoire XV, en même temps que son grand ami prêtre et théologien Ignace de Loyola. Les Javieradas sont célébrées depuis 1886, époque à laquelle la Navarre était ravagée par une épidémie de choléra et à laquelle l'invocation de saint François-Xavier aurait mis fin. C'est en hommage à cet épisode historique que l'on continue d'effectuer ce pèlerinage.

ARTAJONA

Au Moyen Age, Artajona tenait une place capitale, comme en témoigne son fort baptisé « El Cerco », construit entre le XIe et le XIIe siècle. Aujourd'hui seules neuf tours sur les quatorze originales demeurent le long de la muraille. Dans l'enceinte, l'église fortifiée San Saturnino (XIIIe siècle) conserve un magnifique retable du XVIe, mais elle n'est ouverte que ponctuellement. Son nom, elle le doit à un capitaine navarrais qui prit part aux côtés de l'infant Ramiro de Navarre à la première croisade en Terre sainte (1096-1999). A 3,6 km, on accède aux dolmens du Portillo de Eneriz y de la Mina. Une fête médiévale s'y déroule chaque année fin août.

NAVARRE

CASTILLO DE JAVIER ★★

Plaza San Francisco Javier, 4
✆ + 34 948 884 024
www.castillodejavier.es
Tous les jours de 10h à 16h, jusqu'à 18h30 en été. Prix : 3,50 €.

Berceau de saint François-Xavier, patron de Navarre, cette forteresse médiévale aux tours crénelées rassemble chaque année des milliers de Navarrais lors du pèlerinage de la Javierada. Les visites guidées, organisées par les jésuites, permettent de découvrir six immenses toiles baroques de Godofredo Maes et la chapelle du Christ, dont les murs sont ornés d'une fresque médiévale sur le thème de la Danse macabre. La chapelle abrite aussi une statue gothique représentant Jésus sur la croix qui, dit-on, versa des larmes de sang le jour de la mort de François-Xavier.

CERCO DE ARTAJONA ★

Calle San Saturnino
Accès libre.

Epousant harmonieusement la topographie de la colline sur laquelle ils sont posés, les Remparts d'Artajona sont l'une des fortifications médiévales les plus importantes de la Navarre. Cet ensemble fortifié du XIe siècle était à l'origine constitué de quatorze tours crénelées reliées par un chemin de ronde, il n'en reste que neuf. Les remparts entourent l'église-forteresse de San Saturnin, une imposante construction du XIIIe siècle. Pour accéder à l'enceinte, il vous faudra emprunter l'une des anciennes portes : celle de San Miguel ou celle de Remahua.

HOTEL XABIER €

Paseo de la Abadía, 2
✆ + 34 948 884 006
www.hotelxabier.com
Comptez 60 € la chambre double.

Installé dans un beau bâtiment face au château de Javier, cet établissement propose une quarantaine de chambres confortables (de simple à la quadruple), chacune avec son propre style, décorées avec du mobilier ancien et dotées d'une salle de bains privée. On trouve également au sein de l'hôtel Xabier un très bon restaurant traditionnel navarrais qui propose, dans un cadre élégant, classique et agréable, de nombreux plats plutôt élaborés. Les cuisiniers travaillent des produits de qualité et de saison, et ça se sent ! Piscine municipale à 250 m.

ASADOR EL CERCO €€

C/ Mayor, 3
✆ +34 948 364 074
www.asadorelcerco.com
Tous les jours de 9h à 22h. Menu 13-26 €.

Modeste et accueillant, l'Asador el Cerco est un petit restaurant aux airs de cantine rustique proposant un copieux menu du jour fort apprécié des locaux. La cuisine maison y est des plus goûteuses : le chef a une prédilection affirmée pour les ragoûts, que l'on accompagne d'une bouteille de cidre. A l'étage, on trouve quelques chambres coquettes et tout ce qu'il y a de plus confortables, à la décoration castillane. Une adresse familiale et chaleureuse parfaitement recommandable pour une halte gourmande et réparatrice dans une ambiance locale.

TAFALLA ★

Tafalla, 11 000 habitants, abrite deux églises intéressantes, dont l'église Santa María et son retable italianisant taillé par Juan de Anchieta. La vieille ville, en plus des nombreuses façades arborant une trentaine de blasons variés, conserve quelques exemples d'architecture civile, tels le palais néoclassique du marquis de Feria ou celui des Mencos (XVIIe s.). On raconte par ailleurs que la ville aurait été fondée par le premier habitant de la péninsule Ibérique, un certain Túbal, qui donne son nom à l'un des meilleurs restaurants de la région. Depuis le XVe siècle, Tafalla accueille vers la mi-février l'une des foires les plus populaires du coin.

ÉGLISE DE SANTA MARÍA

Calle de la Primicia, 2

Cette église d'origine romane fut reconstruite aux XVIe et XVIIIe siècles : son inauguration officielle remonte au 25 juillet 1735. Le véritable trésor de l'église se trouve conservé dans le presbytère : le retable principal, fruit du travail exceptionnel de Juan de Anchieta, conçu au XVIe siècle. Cet authentique bijou maniériste, de par la finesse des reliefs et sa richesse iconographique, a fait couler beaucoup d'encre au cours des siècles, tout comme le *Cristo del Miserere* que l'on trouve ici, véritable chef-d'œuvre de réalisme et de cohérence anatomique.

ÉGLISE SAN PEDRO

L'existence de cette église, dédiée à Saint Pierre, est mentionnée dès le XIIe siècle, ce qui en fait le plus ancien temple de Tafalla. Le chœur date du XVIe tandis que la sacristie est achevée deux siècles plus tard. La structure extérieure de l'édifice est très simple ; avec sa porte à cinq arches pointues. Le Grand Retable Renaissance, attribué au peintre Joaquín Oliveras, représentant divers saints constitue un exemple précieux de l'art religieux de cette période. L'église de San Pedro est, depuis fin 2006, présidée par le retable de l'église de la Recoleta.

HOTEL BERATXA €€

Escuela Pias, 11

✆ +34 948 704 046

www.hotelberatxa.com

Chambre double de 55 € à 90 €.

Beratxa s'élève au détour d'une petite impasse, au cœur de Tafalla. L'immeuble, de construction moderne (et sans grand charme, il faut le dire), abrite des chambres spacieuses et très sobrement décorées (salle de bains privative, télévision, téléphone, accès wifi). L'atmosphère y est plutôt calme et le personnel se montre assez accueillant. L'établissement compte également un restaurant de grillades (une dizaine d'entrées au menu, et à peu près autant de plats de résistance), à déguster entre des murs de pierres, éclairés à la chandelle.

LA PEÑA €

Tubal, 14

✆ +34 948 700 019

www.restaurantebarlapenia.es

Fermé le mercredi. Menu 14-30 €.

Dans le cœur historique de Tafalla, juste à côté de l'église Santa Maria, nous avons ici affaire à un restaurant familial réputé pour ses ragoûts traditionnels de Navarre et pour ses viandes grillées : magret de canard, pièces de bœuf, côtelettes d'agneau, mais aussi une belle gamme de poissons cuits avec tout autant de passion et de savoir-faire. Le menu du jour propose un bon rapport qualité-prix pour déguster une bonne cuisine *casera*, élaborée avec les produits de la région. Essayez de garder un peu de place pour le dessert, ils sont faits maison !

RESTAURANTE TÚBAL €€€

Plaza de Navarra, 4

✆ +34 948 700 852

www.restaurantetubal.com

Fermé le lundi et en soirée du dimanche au jeudi. Menus à partir de 27,50 €.

Une excellente adresse, connue pour son authenticité. En effet, Túbal est une histoire de famille. L'actuelle propriétaire, Atxen Jimenez, raconte volontiers que, dès son plus jeune âge, elle aidait ses parents à tenir le Bar Túbal, situé également Plaza de Navarra. Aujourd'hui, ses enfants ont repris le flambeau et renouvellent les recettes traditionnelles navarraises avec imagination. Les plats sont à déguster dans une élégante salle à manger, avec un coin piano-bar. Quelques suggestions ? Risotto aux champignons, canard confit, homard rôti...

OLITE ★★

Situés dans une vaste plaine, entre champs de céréales et vignobles, Olite mérite un arrêt pour découvrir son extraordinaire château-palais au cœur du quartier médiéval. Résidence royale au XVe siècle, la ville abrite d'intéressantes constructions civiles et religieuses. Au détour de ses ruelles, on pourra admirer de nobles maisons, des palais Renaissance et baroque, ainsi que l'admirable portail gothique de l'église de Santa María. Olite est également réputée pour sa production de vin : les nombreuses bodegas autour de la commune lui ont valu le statut de « capitale du vin » de Navarre. A l'automne, goûtez aux *tortas de txantxigorri* de la Casa Vidaurre.

PALACIO REAL DE OLITE ★★

Plaza Carlos III El Noble

✆ +34 948 740 035

www.guiartenavarra.com

Tous les jours de 10h à 18h, jusqu'à 20h en été. Entrée 3,50 €.

Edifié au XVe siècle, le Palacio Real est divisé en trois parties : Palacio Viejo (actuel Parador de Olite), les ruines de la chapelle San Jorge et le Palacio Nuevo, seul à être ouvert à la visite. Ses arches gothiques, ses patios et de leurs galeries, ses clochers et ses tourelles valent la visite. Le roi Carlos III le Noble est à l'origine de sa construction. Connu pour son amour de l'art et de la culture, le monarque fit ainsi édifier ce qui fut l'un des palais les plus luxueux d'Europe. Sa restauration, achevée en 1966 après 40 ans de travaux, est saisissante.

ÉGLISE DE SANTA MARÍA LA REAL ★

Plaza Carlos III El Noble

✆ +34 948 74 00 56

En été : en semaine 11h-13h et 16h-18h, samedi 11h-13h30 et 16h-18h30, dimanche 12h-13h et 16h-18h30. Prix : 1,50 €.

A côté du Parador se trouve l'église Santa Maria La Real, qui accueillit au cours des siècles diverses célébrations des rois de Navarre. Cette ancienne chapelle royale mérite surtout une visite pour sa façade du XIVe siècle, qui constitue l'un des ensembles les plus significatifs de la sculpture gothique navarraise. A l'intérieur de l'église, au-dessus du maître-autel, on pourra admirer un magnifique retable Renaissance présidé par une Vierge gothique.

HOSTAL RURAL VILLA VIEJA €€

Calle Villavieja, 11

✆ +34 948 74 17 00

www.hostalvillavieja.com

Entre 55 et 70 € la chambre double.

Dans un style plutôt moderne, cet hostal offre un excellent emplacement au cœur d'Olite, à deux minutes à pied du fameux palais royal. Derrière une façade ancienne et bien conservée, on découvre des intérieurs rénovés et fonctionnels, où la charmante Esther propose des chambres de différents types : standard, supérieure, sous les toits... Certaines possèdent même une belle vue sur le château ! Une belle adresse à Olite, avec une mention spéciale pour le petit déjeuner élaboré avec de bons produits locaux et du jus d'orange frais.

MUSEO DE LA VIÑA Y EL VINO DE NAVARRA

Plaza de los Teobaldos, 4

✆ +34 948 741 273

www.museodelvinodenavarra.com

Du lundi au samedi de 10h à 14h et de 15h à 18h, le dimanche de 10h à 14h. 3,50 €.

Olite est la capitale viticole de Navarre. Situé dans l'ancien palais Santo Ángel (une splendide demeure du XVIIe siècle bordant la place Teobaldos), ce musée stimule les sens et livre les secrets du précieux breuvage. De la culture des vignes à l'œnologie, en passant par les différents types de vins que l'on peut trouver en Navarre, on découvre au cours d'une visite agréable et interactive que la Rioja n'est pas la seule région viticole d'Espagne.

EL JUGLAR €€

Calle Rua Romana, 39

✆ +34 948 741 855

www.merindaddeolitehoteles.com

Chambre double entre 100 et 140 €.

El Juglar est un superbe petit hôtel installé dans un manoir du centre-ville historique d'Olite, combinant le confort offert par la modernité à l'atmosphère médiévale. A l'intérieur, on trouve neuf chambres cossues, toutes de taille différente et à la décoration unique – le mobilier tout comme les matériaux choisis leur confèrent un cachet incroyable –, et certaines disposent d'une baignoire à hydromassage, d'autres d'une terrasse. Au milieu du jardin, une petite piscine à la disposition des clients. Une adresse parfaite pour une escale romantique.

MERINDAD DE OLITE HOTEL-RESTAURANT €€

Rúa de la Judería, 11
✆ +34 948 740 735
www.merindaddeolitehoteles.com
Chambre double entre 70 et 90 €. Menu de saison 33 €.

Parmi les 22 chambres de l'hôtel Merindad de Olite, 10 d'entre elles offrent un balcon avec vue sur le vieux-village d'Olite. Cette belle adresse, située dans l'ancien quartier juif de la vieille ville, mise sur son environnement idéal et sur des chambres impeccables à la décoration des plus traditionnelles. L'établissement est également réputé pour son restaurant qui offre une très grande variété de vins pour accompagner ses plats modernes aux accents rustiques.

PARADOR DE OLITE €€€

Plaza de los Teobaldos, 2
✆ +34 948 740 000
Entre 95 et 180 € la chambre double. Comptez 30 € dans le restaurant.

Cet ancien palais, restauré et classé monument historique, accueille les voyageurs dans une ambiance médiévale chic. Une partie de l'hôtel occupe une des ailes du majestueux palais, dont les couloirs sont ornés d'arcades et de vitraux... ambiance médiévale assurée ! Si vous ne pouvez y passer la nuit, accordez-y une petite visite ou bien déjeunez dans le restaurant traditionnel, sous les voûtes tendues de tapisseries et de lourds rideaux de velours : on y déguste des plats contemporains variés et élaborés à partir de produits de saison.

CASA VIDAURRE

Avda. Estación, 3
✆ +34 948 74 05 79
www.casavidaurre.com
Du mardi au dimanche de 7h à 15h de 16h30 à 22h.

Depuis 1910, cette pâtisserie élabore des douceurs régionales pour les gourmands. Située à deux pas de la gare et de l'office de tourisme, sa cafeteria dispose d'une grande salle avec des poutres au plafond, ainsi qu'une vaste terrasse à l'air libre, où il fait bon s'offrir un petit déjeuner. Parmi les spécialités, on testera les *tortas de txantxigorri*, une spécialité de Navarre que l'on déguste généralement à l'automne. La maison est également réputée pour ses « tresses » au beurre, ses madeleines à l'huile d'olive et ses *mantecadas* (biscuits).

UJUÉ ★★

Superbe village peuplé d'un peu moins de 200 âmes, posé sur un pic solitaire entouré des plaines de La Ribera. Ses charmantes ruelles médiévales bordées de demeures blasonnées mènent à l'église-forteresse de Santa María (monument national). Si l'on est sûr de rien concernant l'origine de ce village solitaire, la légende veut qu'un pasteur ait été témoin d'une apparition : celle d'une colombe entrant et sortant d'un trou dans la roche. En la suivant, l'homme aurait découvert une grotte abritant une statue de la Vierge à l'Enfant. Lorsqu'il rapporta sa vision aux hommes, elle fut interprétée comme une injonction de la Vierge : ici doit être fondé un village !

ÉGLISE-FORTERESSE DE SANTA MARÍA D'UJUÉ ★★

San Isidro, 8
www.guiartenavarra.com

Perchée au sommet d'Ujué, cette église romane a des allures de forteresse avec ses tours crénelées, ses solides contreforts, et son chemin de ronde ajouté par le roi Carlos II au XIVe siècle. On remarquera à l'intérieur la statue de la Vierge d'Ujué (XIIe s.), l'une des plus anciennes sculptures romanes de Navarre, qui fait l'objet d'une procession traditionnelle à la fin avril. Autre joyau de l'église : son portail sud, élevé au XIVe siècle, merveilleux exemple du gothique navarrais.

HEREDAD BERAGU HOTEL €€

C. el Abrigo, 12 - Gallipienzo Antiguo
✆ +34 948 05 01 09
www.heredadberaguhotel.com
Comptez entre 75 et 120 € la chambre double.

A mi-chemin entre Sangüesa et Ujué, cet hôtel rustique-chic est une véritable pépite cachée en pleine nature, au sein de la réserve naturelle de la Kaparreta. Tout en pierre, l'hôtel a été conçu à partir de quatre vieilles bâtisses du village de Gallipienzo, entièrement rénovées dans une démarche écolo et respectueuse de l'environnement. Les neuf chambres décorées avec un goût exquis offrent des vues superbes sur la nature. Au petit déjeuner et au dîner, les produits du terroir sont bien sûr à l'honneur. Une magnifique adresse... pour adultes seulement !

CASA URRUTIA €

C/ San Isidro 41
✆ +34 948 73 92 57
www.casaurrutia.net
Fermé le mercredi. Menu à partir de 20 €.

Une épicerie-restaurant restée très authentique : l'établissement est plus que centenaire, tenu par la troisième génération de la même famille. La boutique de la ferme s'avère une halte parfaite pour faire des provisions (et pourquoi pas des souvenirs gourmands) : confiseries naturelles, pâtisseries traditionnelles – biscuits à la crème et au chocolat, Mantecados, brioches à l'anis, tarte aux pommes basque, délices à l'orange –, miel et de fromages, mais aussi tester les fameuses *migas*, spécialité du village. Excellent menu !

CARCASTILLO

Carcastillo est une commune viticole de 2 500 habitants, traversée par les eaux du río Aragón, affluent de l'Ebre, mérite un arrêt pour visiter le Monastère cistercien de Santa María de la Oliva. Bâti eu XIIe siècle, il s'agit de l'un des trois monastères encore préservés de la Ribera de Navarre et incarne, avec ses vastes proportions, l'un des exemples les plus authentiques de l'art cistercien en Espagne. Elle abrite actuellement une vingtaine de moines cisterciens priant et méditant dans le cloître gothique. La cité abrite aussi l'église d'El Salvador, datée du XIIIe siècle, mais aussi le Palais seigneurial des abbés de La Oliva, du XVIe siècle.

MONASTÈRE DE SANTA MARÍA DE LA OLIVA ★

Carretera Caparroso-Carcastillo km. 17,5
✆ +34 948 725 006
www.monasteriodelaoliva.org
Lundi-samedi 9h-12h et 15h30-18h, dimanche et jours fériés de 9h30-11h30 et 16h-18h. Entrée 2,50 €.

Fondé au XIIe siècle, le monastère est habité par une petite communauté cistercienne. On y trouve une église de style cistercien et plusieurs dépendances médiévales disposées autour du cloître. On pourra assister aux liturgies chantées tous les jours par les moines, pourquoi pas séjourner à l'*hospedería* du monastère, et faire un tour dans la boutique où les moines vendent leur propre production de vin. Ne reste qu'à se laisser envahir par le silence du cloître gothique...

LAS BARDENAS REALES ★★★

Les Bardenas Reales ont été déclarées parc naturel et classées Réserve de la Biosphère par l'Unesco, ce qui induit un comportement responsable de la part des visiteurs. Il existe d'ailleurs un règlement avec les recommandations nécessaires afin de ne nuire ni à la faune ni à la flore. C'est une des raisons, outre la sécurité, pour laquelle l'accès aux visiteurs est limité de 8h du matin à la tombée de la nuit. Plus de 400 km² à explorer par 200 km de chemins de terre et souvent de cailloux. Le sentier GR-13 au nord est praticable en VTT. Attention à la chaleur en été et au *cierzo*, un vent violent. Rdv au centre d'information du parc pour récupérer un plan.

Le chemin d'entrée entre Valtierra et Arguedas continue jusqu'au lac El Ferial où se trouve une zone aménagée pour les visiteurs. Cette partie correspond au nord de la zone, appelée les Bardenas blanches. Une autre route, la NA-125, arrive du sud dans les Bardenas noires, entre Tudela et Ejea de los Caballeros. C'est un paysage lunaire hallucinant. La légende raconte que tous les arbres de cette région auraient été sacrifiés pour construire les bateaux de l'Invincible Armada. Au nord, les Bardenas blanches sont les plus désertiques à cause d'un sol salin où l'érosion a découpé des formes capricieuses. Au sud, les Bardenas noires ont développé une forêt méditerranéenne sur un sol calcaire et argileux. Aigles et vautours sillonnent ces cieux d'un bleu intense.

CABEZO DE CASTILDETIERRA

Icône du parc, le « cabezo » de Castildetierra est une étonnante formation rocheuse qui illustre à merveille l'action de l'érosion sur les paysages des Bardenas. Cette cheminée des fées, semblable à un totem de 28 mètres de hauteur, est située sur le circuit de la Blanca Baja. Cette boucle de 32 kilomètres – accessible en voiture ou à vélo – est la meilleure option pour découvrir le parc naturel. Il faut compter environ 1 heure 30 en voiture et 3-4 heures à vélo pour explorer ce site, aux paysages singuliers, façonnés par l'eau et le vent.

NAVARRE

« Castildetierra », emblème des Bardenas Reales.

AIRE DE BARDENAS €€€

Carretera Ejea, km 1,5.
✆ +34 948 116 666
www.airebardenas.com
Entre 270 et 330 € la chambre double.

Aire de Bardenas est sans aucun doute l'hôtel le plus surprenant de Navarre, et l'un des plus insolites d'Espagne. Cet étrange complexe s'étend au milieu du désert des Bardenas. Ici, tout est conçu pour apprécier cet environnement extraordinaire. Une vingtaine de cubes, dispatchés sur cette terre hostile, sont agencés autour d'une piscine et d'un potager. Toutes les chambres jouissent d'un patio privé, et certaines sont même équipées d'un bain bouillonnant. Un camping de luxe dans le désert, à la fois branché, conceptuel et étonnant.

MUSEO DE TUDELA

C/ Roso, 2
✆ +34 948 402 161
https://museodetudela.com
Du lundi au samedi 10h-13h30 et 16h-19h, dimanche 11h-13h30. L'hiver, fermé samedi après-midi et dimanche. Entrée 4 €.

Ce très beau musée d'Art sacré – toutes époques confondues – est hébergé dans un ancien palais du XVe siècle, situé à l'ombre de la cathédrale, et restauré en 2000. Au rez-de-chaussée sont exposées des images religieuses de diverses époques (médiévale, Renaissance et baroque) presque toutes polychromes. Au premier étage, dans les anciens appartements du Doyen, est située la salle où sont exposées les peintures. Enfin, dans le cloître, entre le musée et la cathédrale, on peut admirer des restes archéologiques islamiques et chrétiens.

TUDELA ★★

Située sur les rives de l'Ebre, Tudela (35 000 habitants) ne manque pas de charme. Elle fait partie des 23 villes qui furent fondées en Espagne par les Arabes aux alentours du IXe siècle. En 1119, Alfonso Ier d'Aragon prend Tudela aux mains des musulmans et christianise la zone. Parallèlement, les communautés juives s'y installent. Aujourd'hui, Tudela s'illustre comme « capitale des légumes », ses terres fertiles offrant de belles récoltes. La meilleure vue d'ensemble sur la ville se situe sur les berges de l'Ebre, avant d'y entrer par le pont. Le fleuve y est très large et reflète le pont, les tours de la cathédrale et la colline du Sagrado Corazón.

NAVARRE

TORRE MONREAL

Calle Torre Monreal, s/n
✆ +34 948 848 058
Visites guidées sur réservation.

Si vous avez le temps, vous pouvez visiter la tour Monreal, édifice défensif construit au XIIIe siècle au sud-ouest de la ville. Réformée au cours du temps, cette tour hexagonale n'a gardé de témoignage de son origine médiévale qu'une citerne destinée à emmagasiner l'eau de pluie. Elle possède une chambre obscure, d'où l'on peut avoir une vue panoramique sur la ville, et un centre d'interprétation dédié aux différentes cultures qui cohabitèrent en ville : juifs, musulmans et chrétiens. Une manière originale et différente de faire connaissance avec Tudela.

CATEDRAL DE TUDELA ★★

Calle de Roso
✆ +34 948 402 161
www.palaciodecanaldetudela.com
Mêmes horaires que pour le musée.

Edifice gothique érigé à la fin du XIIe siècle sur les ruines d'une ancienne mosquée, la cathédrale de Tudela (classée monument historique depuis 1884) abrite, entre autres, un magnifique retable dédié à la Vierge Marie et deux chapelles baroques, Dolorosa y Santa Ana. Avant d'y pénétrer, il est conseillé de marquer un arrêt face au portail principal, également porte du Jugement dernier, pour en admirer la spectaculaire façade sculptée. Adjacent à la cathédrale, le cloître roman, rénové en 2005, vaut également une petite visite.

HOSTAL-RESTAURANTE PICHORRADICAS €€

Calle de Cortadores, 11
✆ +34 948 821 021
www.pichorradicas.es
Chambre double de 55 € à 90 €. Comptez 30 € le repas dans le restaurant.

Au rez-de-chaussée, le restaurant Pichorradicas de Mesón Julián fait honneur à la réputation de Tudela, capitale des légumes. On y concocte des asperges fraîches ou des fèves au jambon, qui raviront les gourmets. Dans les étages, le petit hôtel Pichorradicas réserve un nid douillet aux voyageurs, qui apprécieront la décoration chaleureuse des lieux. Se situant dans une zone piétonne, vous devrez laisser votre véhicule dans l'un des parkings proches de l'hostal. Une bonne adresse.

AC HOTEL CIUDAD DE TUDELA €€€

Misericordia, s/n
✆ +34 948 402 440
www.espanol.marriott.com
Comptez entre 110 et 140 € la chambre double.

Un hôtel de catégorie supérieure doté de services de qualité situé au cœur de Tudela, à 500 mètres de la Cathédrale. Cet établissement 4 étoiles est installé dans un ancien hospice du XVIIIe siècle, jadis connu sous le nom de Casa de Beneficencia. Savant mélange de tradition et de modernité dans la décoration, des chambres impeccablement tenues, centre de remise en forme, service de soin, sauna et hammam, et jardin romantique... Ajoutez-y un savoureux restaurant, tout y est !

MESÓN JULIAN €€

C/ Merced, 9 ✆ +34 948 822 028
www.mesonjulian.com
Fermé le mardi. Ouvert tous les midis et en soirée uniquement le vendredi et le samedi. Compter 40 €.

Une référence de Tudela, vous verrez d'ailleurs à l'entrée une collection de photos des nombreuses célébrités qui sont passées par là... Mais avec la modernisation du restaurant et une nouvelle direction, le mesón Julian a un peu perdu de son âme. Sa cuisine traditionnelle reste pourtant une bonne option pour un repas à Tudela : Gyozas de porc aux légumes, terrine de lapin aux olives noires et parmesan, agneau cuit à basse température et ses petites patates, ragoût de mérou et fruits de mer, *pulpo a la plancha*... Les desserts auront les faveurs des gourmands !

RESTAURANTE 33 €€€

Calle de los Capuchinos, 7
✆ +34 948 827 606
www.restaurantetreintaitres.com
Fermé dimanche soir, lundi soir et mardi. Menu dégustation de légumes autour de 45 €.

Depuis plus de 50 ans, ce restaurant régale les locaux et les visiteurs chanceux. Comme partout à Tudela, les légumes y sont rois et traités comme tels. Si vous souhaitez découvrir les saveurs de la terre de Ribera, c'est l'endroit à ne pas rater. Quelques suggestions, histoire de se mettre en appétit : pâte feuilletée croustillante farcie à la crème de poireaux et crevettes, asperges blanches rôties et œufs pochés, filet de lotte noire à la ratatouille, *Pluma ibérica* et sa crème de patates et ail. La carte des vins permet de choisir parmi plus de 300 références.

RESTAURANTE TRINQUETE €€€

C/ Trinquete, 1 bis
✆ +34 948 413 105
Fermé le dimanche soir. Comptez 45 €.

Dans ce restaurant au cadre moderne, les fameux légumes de Tudela proviennent pour la plupart du potager de Manolo, le père du propriétaire. Le soin accordé aux produits est donc immense, tout comme l'accueil chaleureux réservé aux clients (en français !), et c'est avant tout cela qui fait la différence. La cuisine à laquelle on goûte ici est à la fois simple et raffinée, authentique et sincère, largement végétarienne. La sélection de vins mérite aussi le détour. Une belle adresse. Une escale des plus saines hautement recommandée !

CASCANTE

A une dizaine de kilomètres au sud de Tudela, l'ancienne Cascantum romaine est aujourd'hui un gros bourg de 3 700 habitants. L'endroit mérite une halte pour son église baroque de Nuestra Señora del Romero, perchée sur une butte dans les hauteurs de la ville. On la rejoint en suivant une singulière galerie à arcades longue de 136 mètres, connue sous le nom de *Los Arcos del Romero*. Elle est formée de 39 arcades en plein cintre, permettant aux fidèles de se protéger des intempéries lorsqu'ils se rendaient jusqu'au lieu de culte de la Vierge del Romero. Une belle curiosité architecturale, offrant en plus un point de vue superbe sur la Ribera de Navarre.

CORELLA

Corella, ville aux nombreux monuments et abritant presque 8 000 habitants, est une étape intéressante pour découvrir le baroque navarrais. Les divers édifices – essentiellement des manoirs et des hôtels particuliers – qui émaillent le bourg illustrent quant à eux une étape clé de l'architecture baroque propre à la Navarre, à l'image de la Casa de Las Cadenas, où séjourna la reine Marie-Louise de Savoie. On découvrira également la Casa Museo Arrese, qui abrite une intéressante collection d'œuvres religieuses Renaissance et baroque, mais aussi la Casa de los Virto de Vera sur la Plaza de los Fueros, et l'église Nuestra Señora del Rosario du XVIIe siècle.

CINTRUÉNIGO

À l'ouest de Tudela se trouve Cintruénigo (7 800 habitants), capitale de l'albâtre. C'est une ville industrielle avec peu de charme, exception faite d'une église du XVIe siècle, dotée d'un magnifique retable de la Renaissance. C'est, par contre, le meilleur endroit pour rapporter un objet d'albâtre, acheter une caisse de vin rosé aux Bodegas Gran Feudo, mais aussi de s'équiper en mobilier, la ville étant également réputée pour être une fabrique de meubles. Mais surtout, on ne manquera pas de s'offrir un bon repas dans son fameux restaurant Maher. Signalons à cet égard que Cintruénigo est également renommée pour ses asperges, artichauts et olives.

MAHER €€€

Ribera, 19

✆ +34 948 811 150

www.hotelmaher.com

Restaurant fermé le dimanche soir et le lundi. Comptez 50-70 €. Chambre double 100 €.

En bord de route, dans un bâtiment sans grand charme, rien ne laisse présager la qualité de cet hôtel-restaurant. Dirigé par Enrique Martínez, référence de la gastronomie locale, cet établissement est le principal attrait de Cintruénigo, et un moteur économique pour cette petite ville. Sa cuisine, respectueuse des produits, est aussi pleine d'inventivité. Vaste et rénové avec des accents industriels, ce restaurant est l'une des meilleures tables de la région. L'hôtel, plus classique, mise sur le confort et la tranquillité de ses hôtes.

BODEGAS GRAN FEUDO

Calle Ribera 34

✆ +34 948 811 000

www.granfeudo.com

Visites sur rendez-vous.

Fondées en 1872, les Bodegas Gran Feudo sont l'un des plus anciens producteurs de vin d'Espagne et continuent d'élaborer certains des vins les plus emblématiques de Navarre : il s'agit d'ailleurs du principal exportateur de vin de Navarre. Reconnues internationalement depuis des décennies pour la production d'excellents vins de divers cépages – Tempranillo, Garnacha, Cabernet Sauvignon, Merlot, Chardonnay et Moscatel –, les caves ouvrent leurs portes sur rendez-vous, permettant aux curieux de parcourir les champs de vignes, les caves elles-mêmes et de goûter !

FITERO ★

Fitero (commune de 2 000 habitants) se trouve au cœur de la plaine maraîchère de la vallée de l'Alhama et marque la limite de La Rioja. Elle est surtout réputée pour son Monastère Santa María, premier couvent cistercien de la péninsule ibérique. Mis à part le monastère lui-même, les vestiges nobles sont rares : les moines interdisaient la construction de grandes bâtisses et l'usage de blasons sur les façades. Fitero est par ailleurs un bon point de départ pour réaliser des balades, dont celle menant à la grotte où, selon la légende, apparaît chaque soir l'âme éplorée d'une princesse maure cherchant de l'eau pour son amant chrétien blessé.

MONASTERIO DE SANTA MARÍA LA REAL ★

Plaza de la Iglesia, 12

✆ +34 948 776 600

Visites guidées sur réservation (3 €).

Ce monastère cistercien fondé en 1140 par Alphonse VII de Castille a été le premier de toute la péninsule Ibérique, permettant à l'ordre cistercien de se propager à travers les différents royaumes chrétiens de la péninsule. Il conserve son cloître, son réfectoire, une jolie salle capitulaire sous des arcs romans, un palais et l'église Santa María la Real dotée de voûtes remarquables. Un véritable joyau de l'art cistercien aux influences arabes et chrétiennes.

BALNEARIO DE FITERO €€

C/ Extramuros, s/n

✆ +34 948 776 100

www.balneariodefitero.es

Entre 120 et 150 € la chambre double avec accès au spa.

Le centre balnéaire de Fitero (situé en pleine nature, à 4 km de la ville) tire parti des sources d'eau à 50 °C ici jaillissantes et reprend la tradition locale de soins aux eaux thermales et minérales depuis l'époque de l'empereur Auguste. Particulièrement indiquées pour les personnes souffrant de maladies rhumatologiques ou respiratoires, les eaux de Fitero attirent des quatre coins de la Navarre et de plus loin encore. Au programme : massages, piscine d'eau thermale et minérale contre le stress, cure d'amaigrissement… Revigorant !

VALCARLOS - LUZAIDE

C'est la porte d'entrée du chemin de Compostelle en Espagne. Son nom castillan, le Val-de-Carlos, vient de Charlemagne (qui y perdit quelques plumes dans la bataille de Roncevaux, en 778). Le nom basque provient de Luze Bidea, « chemin long », en référence à celui de Saint-Jacques-de-Compostelle. On parle trois langues – le basque, l'espagnol, le français – dans ce village paisible... Paisible, période de Pâques exceptée ! C'est alors le rythme saccadé des *ioldunaks*, deux grandes sonnailles attachées aux reins des participants au carnaval qui agite le bourg. Le monument en hommage aux pèlerins est une œuvre du sculpteur basque, Jorge Oteiza.

RONCESVALLES-ORREAGA ★★

Roncesvalles-Orreaga est le point le plus important du chemin de Compostelle en Navarre. Formé autour de l'ancien hôpital des pèlerins, construit au Xe siècle, le village s'est rapidement imposé comme une halte principale. Le village de Roncevaux, situé dans un environnement verdoyant, est surmonté de sa Real Colegiata aux solides murs, un complexe architectural du XIIIe siècle qui fut fondé comme institution hospitalière à destination des nombreux pèlerins transitant par ici, à l'abri du col d'Ibañeta. Une grande partie du complexe date cependant de l'après-guerre civile, en raison des nombreux incendies et destructions subis au cours des siècles.

PUERTO DE IBAÑETA

C'est là qu'a eu lieu la célèbre bataille au cours de laquelle les Vascons affrontèrent l'armée de Charlemagne qui venait de dévaster Pampelune (vraisemblablement, la bataille aurait eu lieu au *col de Roncevaux* actuel, mais un peu plus au sud, sur le territoire espagnol). L'armée franque perdit la bataille, ce qui donna néanmoins le jour à ce qui est devenu une œuvre majeure de la littérature, *La Chanson de Roland*. À l'époque, l'ermitage du village était pourvu d'une cloche dont le son guidait les pèlerins les jours de brouillard. De nos jours, elle a été remplacée par une chapelle moderne, inaugurée en 1965, construite non loin de l'ancienne chapelle de San Salvador de Ibañeta.

CHAPELLE DE PUERTO DE IBAÑETA ✞

Posée sur le col d'Ibañeta - passage naturel entre Espagne et France, emprunté depuis des siècles par soldats, pèlerins et contrebandiers -, cette chapelle moderne, inaugurée en 1965, a été construite à proximité de l'ancienne chapelle de San Salvador, fondée en 1127, dont il ne reste que des ruines. Au Moyen Age, le son de sa cloche permettait aux pèlerins de s'orienter malgré le brouillard. C'est également à cet endroit que fut construit le premier hôpital pour pèlerins de Roncevaux.

AUBERGE DE PÈLERINS DE RONCEVAUX €

Real Colegiata de Roncesvalles
✆ +34 948 760 000
www.alberguederoncesvalles.com
14 € la nuit.

Rattachée à la Collégiale Royale de Roncevaux, il s'agit d'une grande auberge récemment rénovée et dotée de 180 places réparties sur trois étages dans d'immenses dortoirs. Sur place, vous trouverez une cuisine bien équipée avec four à micro-ondes, mais également un espace laverie avec un lave-linge et un sèche-linge, quelques espaces de détente et une bibliothèque. Le bâtiment est superbe, et la restauration des dortoirs est une vraie réussite. Possibilité de demi-pension.

HOTEL RONCESVALLES €€

C/ Nuestra Señora de Roncesvalles, 14
✆ +34 948 760 105
www.hotelroncesvalles.com
Chambre double entre 85 et 100 €.

Voici l'occasion de dormir dans une bâtisse du XVIIIe siècle, mais avec tout le confort. Ce superbe hôtel, rénové en 2009, séduit par ses murs de pierre, son service impeccable et sa situation incroyable, au cœur de la Colegiata. 16 vastes chambres, décorées avec sobriété et modernité, sont à découvrir. On y trouve également un restaurant proposant quelques spécialités de la région : truite de Saint-Jean-Pied-de-Port, fromage de Roncevaux, txistorra de Zubiri, poivrons de Puente la Reina rôtis au feu bois, bœuf et agneau de Navarre...

REAL COLEGIATA DE NUESTRA SENORA DE RONCESVALLES ★★

Nuestra Señora de Roncesvalles s/n
✆ +34 948 760 000 - www.roncesvalles.es

Eglise ouverte tous les jours de 8h30 à 20h30. Messe du pèlerin le samedi à 18h, dimanche à 12h et 18h.

La Colegiata est un ensemble de bâtiments, dont les premiers furent érigés au XIIe siècle. Le musée renferme de précieuses pièces d'orfèvrerie, ainsi qu'un échiquier attribué à Charlemagne. Le cloître date du XVIIe siècle et a remplacé celui de style gothique qui s'est écroulé sous la neige en 1600. Du cloître, on passe à la salle capitulaire, dont la magnifique voûte étoilée abrite la tombe de Sancho le Fort, qui fut le fondateur de la collégiale et qui mesurait, dit-on, 2,25 m, d'où son surnom. L'église, de style gothique français, se caractérise par de très belles rosaces qui, les jours de soleil, illuminent tout le temple, et, surtout, une très belle pièce d'orfèvrerie à l'effigie de la Sainte Vierge. La légende raconte qu'au IXe siècle, de peur que les envahisseurs arabes ne la volent, les moines la cachèrent. On oublia la Vierge, jusqu'au jour où un chasseur entendit des pleurs dans une grotte des environs. L'histoire vint aux oreilles de l'évêque de Pamplona, qui n'en crut pas un mot, jusqu'à ce qu'un ange le visite pendant son sommeil et lui indique l'endroit où était enterrée la statue. On la déterra, et elle retrouva son emplacement originel.

En sortant de la collégiale, vous pourrez visiter la chapelle du Sancti Spiritus, qui est la construction la plus ancienne de l'ensemble. On raconte que c'est ici que furent enterrés Roland et les soldats de Charlemagne après leur défaite. Plus loin, l'église romande de Santiago abrite la cloche qui sonnait autrefois à Ibañeta.

© B.F. - FOTOLIA

NAVARRE

AURITZ-BURGUETE

Village d'un peu plus de 220 habitants fondé comme bourg de Roncesvalles, Auritz (en basque, Burguete en castillan) constitue une halte des plus agréables, avec ses maisons traditionnelles aux toits pentus – essentiellement des manoirs et demeures seigneuriales édifiés entre le XVIe et le XVIIIe siècle – réparties des deux côtés de la rue, mais aussi son très beau cimetière municipal. La rue unique vous mènera ensuite vers Mezkiritz, où vous pourrez admirer une pierre avec l'image de la Vierge de Roncesvalles. Le village est mentionné dans le roman *Le soleil se lève aussi* d'Hemingway, qui y séjournait pour se consacrer à l'une de ses grandes passions : la pêche.

ÉGLISE SAN NICOLAS DE BARI

Pl. del Ayuntamiento, 5

L'église Saint-Nicolas de Bari est l'église paroissiale d'Auritz, village qui fut reconstruit après l'incendie provoqué par les troupes françaises de la Convention en 1794. Son église a suivi le même destin : détruite et reconstruite à deux reprises, sa façade Renaissance datant de 1699 a malgré tout résisté. Le clocher lui est plus vieux encore, puisque sa construction remonte à 1612. A l'intérieur, on peut admirer un retable baroque récemment restauré (après l'incendie de 1962).

HOSTAL BURGUETE €

Calle de San Nicolás, 71
✆ +34 948 760 005
www.hotelburguete.com

Fermé entre décembre et Pâques. Chambre individuelle 40 €, chambre double 60 €.

Une auberge centenaire installée dans une belle demeure navarraise, autrefois fréquentée par l'illustre écrivain américain Ernest Hemingway. Elle propose 20 chambres confortables décorées avec du mobilier rustique et toutes dotées d'une salle de bains privative, d'une télévision et de la connexion Internet wifi. L'auberge dispose également d'un accès pour les personnes à mobilité réduite et d'une chambre adaptée. Le restaurant propose une bonne cuisine traditionnelle. Une terrasse et un jardin sont mis à disposition des hôtes.

ASADOR ARITZA €€

Calle Kanaleburua, 6
+34 948 760 311
www.restauranteasadoraritza.com
Fermé le mercredi. Menus à partir de 17 €.

L'Asador Aritza est un restaurant à la décoration aussi chaleureuse que ses patrons, Juanjo et Aurora, qui proposent une cuisine régionale traditionnelle élaborée avec de délicieux produits de saison. On y déguste des légumes des champs ou du potager (champignons, asperges, haricots rouges et verts, épinards), des viandes (principalement du bœuf mais aussi du gibier de saison, notamment du pigeon), des poissons *a la parilla*, et le typique *ajoarriero*. Chaque ingrédient est issu de l'agriculture et de l'élevage biologiques. Une adresse authentique.

ZUBIRI

D'origine basque, son nom signifie « village avec pont », référence au pont médiéval que les pèlerins empruntent pour entrer dans les lieux. Ici, la légende raconte que sous un des arcs du pont sont enterrées les reliques de sainte Quitterie... Prenez donc un moment pour monter jusqu'au lac artificiel d'Eugui, entouré de vertes prairies, le lieu est idéal pour se reposer. Dans le vieux centre, la récente église San Martín remplace l'ancienne, détruite en 1836 lors des guerres carlistes. La plupart des pèlerins terminent cette étape du chemin à Zubiri. Les plus motivés poursuivront jusqu'à Larrasoaña, afin d'avoir du temps pour profiter de Pampelune le lendemain.

ALBERGUE EL PALO DE AVELLANO €

Avenida de Roncesvalles, 16
+34 948 30 47 70
www.elpalodeavellano.com
Chambre double à 60 €, lit en dortoir 18 € avec petit déjeuner. Dîner 13,50 €.

Installée dans une belle demeure en pierre rénovée en 2008, l'auberge El Palo de Avellano («La canne de noisetier» en français, en référence à l'emblématique bâton de marche des pèlerins) propose des dortoirs de 8 et 12 personnes, ainsi que des chambres doubles et une chambre quadruple. Décor de charme avec poutres et pierres apparentes. Location de draps et de serviettes, lave-linge et sèche-linge. Une très bonne adresse sur la route de Compostelle !

ALBERGUE ZALDIKO €

Puente de la Rabia, 1
+34 609 73 64 20
www.alberguezaldiko.com
Ouvert de mars à octobre (en fonction de la demande entre novembre et février). Nuitée 14 €.

À quelques mètres du pont médiéval, l'auberge touristique privée Zaldiko est tenue par Maria Eugenia qui propose 24 places réparties dans 3 chambres avec des lits superposés. L'auberge dispose de tout le nécessaire pour une étape réussie : téléphone public, chauffage, eau chaude, trousses de premiers soins, machines à laver et sèche-linge, prises pour recharger les portables, connexion Internet et cuisine à disposition (avec cafetière et micro-ondes). Une adresse toute simple qui conviendra tout particulièrement aux marcheurs désireux de reprendre des forces.

AUBERGE MUNICIPALE DE ZUBIRI €

Av. de Zubiri
+34 628 324 186
Ouvert de mars à octobre. 8 € par personne. Réception de 13h30 à 22h.

Installée dans l'ancienne école du village, l'auberge municipale de Zubiri propose 44 places réparties dans deux grandes chambres pleines de lits superposés, avec 5 douches pour hommes et 5 douches pour femmes. L'auberge est dotée du chauffage en hiver et de la climatisation en été, mais il n'y a ni lave-linge ni sèche-linge. On trouve également un salon-salle à manger équipé de distributeurs automatiques de denrées alimentaires et de boissons, une cuisine et une aire de pique-nique.

CASA RURAL TXANTXORENA €€

Calle la Zatoya, 5
+34 679 12 93 96
www.txantxorena.com
Chambre double entre 85 et 95 €.

Au cœur du village de Zubiri, Txantxorena est une belle bâtisse du XVIIe siècle, à l'architecture montagnarde typique de cette région. Entièrement restaurée en 2016, la maison occupe deux niveaux sur lesquels sont répartis un grand salon avec cheminée, une cuisine équipée et huit chambres confortables. L'ensemble est décoré avec un goût minimaliste, qui met en valeur les matériaux d'origine de la maison, en particulier ses poutres en bois et ses murs en pierre. A l'arrivée des beaux jours, profitez du jardin et de sa zone barbecue !

NAVARRE

LARRASOAÑA

Larrasoaña, 145 habitants en 2018, était autrefois un village qui s'étendait autour du monastère San Agustín, aujourd'hui disparu. Cité dans le *Codex Calixtinus*, le village abritait jadis deux hospices. C'est ainsi devenu une halte habituelle avant d'arriver à Pampelune. On peut encore y admirer son église du XIIIe siècle dédiée à saint Nicolas. Les pèlerins empruntant le Camino navarro du Pèlerinage de Saint-Jacques-de-Compostelle arriveront très certainement du hameau d'Eskirotz. Depuis Larrasoaña, l'étape suivant du chemin est le hameau d'Akerreta, lui aussi intégré à la commune d'Esteribar. On trouve ici une auberge, ouverte de Pâques à octobre.

CIZUR MENOR

Cizur Menor (Zizur Txikia en basque) est une commune d'environ 2 000 habitants située en périphérie de Pampelune. Elle conserve deux églises romanes, dont une qui abrite un refuge pour les pèlerins, géré par l'ordre de Malte : l'église de San Miguel Arcángel. Celle-ci est située à extérieur du bourg. L'autre église, au cœur du village, est dédiée à San Emeterio et à San Celedonio. Elle est de style roman (XIIe siècle), mais a été maintes fois reformée au cours des siècles, si bien qu'elle a agrégé dans sa structure des éléments de diverses époques, à l'image de sa tour du XVIIe siècle. Le portail est lui bien roman, avec son arc d'un demi-point.

NAVARRE

HOTEL AKERRETA €€

C/ Transfiguración, 11 - Akerreta
✆ +34 948 30 45 72
https://hotelakerreta.com
Chambre double entre 85 et 95 € avec petit déjeuner.

A 10 minutes à pied en sortant de Larrasoaña, cet hôtel rustique apparaît au bord du chemin de Saint-Jacques de Compostelle, offrant un logement chaleureux et confortable aux pèlerins en route vers Pampelune. Connue autrefois sous le nom de Casa Sastrearena, cette belle bâtisse est protégée au patrimoine local. Derrière ses solides murs de pierre, la maison dévoile un intérieur chaleureux où domine le bois ancien. L'ensemble a été soigneusement restauré durant quatre années, et offre des chambres spacieuses et ravissantes. Beaucoup de charme !

EL MOLINO DE URDÁNIZ €€€

Carretera Francia por Zubiri Na-135, km
✆ +34 948 304 109
www.elmolinourdaniz.com
Mardi-jeudi 13h-15h, vendredi-samedi 13h-15h et 20h30-22h30, dimanche 13h-15h. Menu dégustation à partir de 121 €.

Sur la route de Zubiri à Larrasoaña, dans un beau *caserío* en bord de route, voilà une adresse surprenante qui ravira les fins gastronomes ! Au rez-de-chaussée, l'endroit ressemble à un typique bar de village, avec son comptoir et ses tables en bois. C'est à l'étage, dans la partie restaurant, que le chef David Yárnoz fait des merveilles ! Une cuisine délicate et innovante, à déguster dans un décor rustique et authentique : c'est évidemment la meilleure adresse du coin. Les appétits solides opteront pour l'un des deux menus dégustation (12 ou 14 plats).

IGLESIA DE SAN EMETERIO Y SAN CELEDONIO

Église de style roman du XIIe siècle, située au cœur du village. Elle a subi quelques transformations au cours de son histoire, en particulier au niveau de sa tour, qui elle date du XVIIe siècle. Elle conserve un beau portail roman avec un arc en plein cintre encadré de colonnes surmontées de chapiteaux sculptés en une profusion végétale, et possède également un chrisme sur le tympan. La nef est quant à elle composée de quatre sections, encadrée elle aussi de colonnes taillées.

IGLESIA DE SAN MIGUEL

Située à la sortie du village, l'église de San Miguel Arcángel faisait partie d'un monastère des Hospitaliers de Saint-Jean de Jérusalem qui disposait d'une auberge pour les pèlerins. Abandonnés au début du XIXe siècle, l'église et les vestiges du monastère sont restaurés dans les années 1990 et cédés à l'ordre de Malte en 1998. L'ordre aménagea un refuge pour les pèlerins dans un bâtiment annexe à l'église. Constituée d'une seule nef avec une voûte en berceau renforcée par des contreforts, l'église conserve une belle façade avec un portail roman du XIIIe siècle.

ALBERGUE DE MARIBEL €

Paseo de Lurbeltzeta
✆ +34 670 323 271
www.elalberguedemaribel.com
Fermé entre novembre et mars. Nuitée : 13 €.

Cela fait presque trente ans que Maribel Roncal accueille les pèlerins dans cette belle demeure du XVIIIe siècle. Il s'agit d'une auberge privée qui propose 51 places réparties dans cinq chambres-dortoirs de 6 ou 10 personnes, toutes très lumineuses, car donnant sur le jardin intérieur. L'établissement est doté de 5 douches et 7 WC, lave-linge, sèche-linge, location de draps et serviettes, cuisine équipée et grand jardin. Si l'auberge a été conçue pour recevoir les pèlerins en chemin, les non-pèlerins sont également les bienvenus.

AUBERGE DE PÈLERINS DE L'ORDRE DE MALTE €

✆ +34 616 65 13 30
Ouvert entre mai et septembre. Ferme à 22h. Nuitée : 7 €.

Accueil religieux dans cette auberge tenue par des volontaires (délégation de l'Association espagnole de Navarre) et située juste en face de l'église romane de San Miguel, qui était celle de l'ancienne commanderie de Saint-Jacques. Au total, une petite trentaine de places réparties dans plusieurs chambres-dortoirs. Pas de lave-linge et seulement 3 douches et 2 toilettes à partager entre tous les occupants. On y trouve également une cuisine et une terrasse.

ASADOR MARTINTXO €€

C/ Irunbidea, 1
✆ +34 948 180 020
www.martintxo.com
Ouvert tous les jours le midi, en soirée du jeudi au samedi. Compter 30 €.

Une bonne adresse pour s'offrir une viande grillée ! Ce traditionnel *asador* régale ses clients de côtes de bœuf *a la brasa*, d'agneaux et de cochons de lait. Charmant décor traditionnel, où vous pourrez même tester le cidre servi directement de la *kupela* (tonneau). Quelques suggestions de plats pour se faire une idée du lieu : *pimientos del piquillo a la brasa*, artichauts sautés ou terrine de foie des landes, solomillo de bœuf... Le restaurant propose aussi le typique menu de cidrerie à base de chorizo au cidre, tortilla à la morue et côte de bœuf. Un régal !

OBANOS

Cette ville charmante à l'aspect tranquille est célèbre pour son histoire que personne ici n'oublie. La sœur du duc d'Aquitaine, Felicia, fit un pèlerinage à Compostelle. A son retour, elle décida d'abandonner le luxe de la vie de princesse pour l'amour d'un paysan et celui des pèlerins qu'elle s'était promis d'aider. Son frère, fou de rage, vint la chercher, mais comme elle refusait de le suivre, il la tua. En signe de repentir, il fit le pèlerinage à Compostelle, puis se retira à Arnotegui, où il vécut en ermite et atteignit la sainteté : on parle aujourd'hui de saint Guillen. Une célébration annuelle à laquelle participe tout Obanos rend hommage à cet épisode.

IGLESIA SAN JUAN BAUTISTA

Calle de San Juan, s/n

Construite en pierres de taille et inaugurée en 1912 dans un style néogothique, cette église remplace une ancienne église gothique dont elle a conservé le narthex (c'est-à-dire le vestibule de l'église, entre le portail et la nef) daté du XIVe siècle et les chapiteaux représentant des scènes de lutte entre hommes et animaux, ainsi que les sculptures du retable du XVIIe siècle. Notons que l'église de San Juan Bautista a fait l'objet d'une restauration en 2007.

ALBERGUE USDA €

San Lorenzo, 6
✆ +34 676 56 09 27
Ouvert entre avril et mi-octobre, de 13h30 à 22h. Nuitée : 9 €.

L'auberge Usda est un établissement privé situé dans une belle maison en pierre en plein centre d'Obanos, tout juste à côté de l'église. Elle est tenue par un ancien pèlerin qui propose une bonne trentaine de places en dortoirs de 6, 10 ou 20 lits, avec au total trois douches et trois toilettes. L'établissement est doté d'une cuisine commune, patio, salle à manger, local pour les vélos, et d'une laverie avec lave-linge et sèche-linge. Une adresse à l'image des nombreuses autres que l'on trouve tout au long du chemin de Compostelle : sobre et efficace.

PUENTE LA REINA - GARES ★★

De toutes les étapes du pèlerinage, le village de Puente de la Reina est peut-être celui qui en évoque le mieux l'atmosphère telle qu'elle devait être au Moyen Age. C'est aussi le point de rencontre des deux principales routes espagnoles du pèlerinage : celle de Navarre, qui passe par Roncevaux et Pampelune, et celle d'Aragon, qui traverse les localités de Jaca, Leyre et Sangüesa. A l'entrée de la ville, un monument est là pour le rappeler symboliquement : on passe sous l'arc de l'église du Crucifix, prélude à une belle promenade sur la rúa Mayor – ses demeures blasonnées, ses églises – jusqu'au pont roman, véritable joyau roman de la ville.

IGLESIA DEL CRUCIFIJO ✞ ★

Calle del Crucifijo

✆ +34 948 341 301

En semaine 9h-18h, week-end 10h30-18h. Entre avril et octobre, en semaine 9h-20h, week-end 10h-20h. Entrée libre.

Située à l'entrée du chemin de Saint-Jacques, on attribue l'édification de l'Igreja del Crucifijo (l'église du Crucifix) aux templiers, au XIIe siècle. Le porche est couvert de coquilles Saint-Jacques, emblème des pèlerins. L'église possède un étonnant crucifix en « Y », qui fut offert par des pèlerins allemands en remerciement pour l'accueil qu'ils avaient reçu à Puente la Reina : cette croix serait celle que ces derniers auraient portée en chemin. A voir également, un portique orné de représentations d'animaux fantastiques et de végétaux.

IGLESIA DE SAN PEDRO APÓSTOL ✞

Calle Mayor

Cette belle église dédiée à San Pedro est l'une des trois que compte Puente La Reina. On peut admirer à l'intérieur une image gothique de la Vierge du Puy, plus connue sous le nom de Virgen del Txori. Selon la légende, du temps où l'image de la Vierge se trouvait dans une chapelle située au milieu du pont, un petit oiseau, *txori* en basque, venait lui laver le visage avec l'eau de la rivière qu'il récupérait dans ses ailes. Ce symbole figure également dans les armoiries de la ville.

PONT ROMAN 📷 ★

Construit au XIe siècle, vraisemblablement sur ordre de la reine Mayor de Castilla, ce pont fut édifié pour faciliter l'accès des pèlerins à Puente la Reina. Superbe exemple d'architecture médiévale, il compte ses sept arches et une tour unique où les pèlerins devaient s'acquitter d'un péage pour continuer leur chemin – les deux autres se sont effondrées et le pont a perdu son aspect défensif. C'est le symbole de la ville – c'est en raison de la présence de ce port que la ville porte ce nom précis – et, à ce titre, il figure dans ses armoiries.

IGLESIA DE SANTIAGO EL MAYOR ✞

Calle Mayor

✆ +34 948 341 301

Du lundi au samedi de 10h30 à 20h, dimanche de 10h à 19h30.

Cette église du XIIe siècle, qui présente un intérieur reconstruit au XVe et dont une partie est un ajout du XVIIIe, conjugue trois styles : le gothique, le roman et le néoclassique. Sa pièce maîtresse se trouve à l'intérieur du temple : un extraordinaire saint Jacques en bois polychrome baptisé « Santiago beltza » (noir en basque) en raison de son visage tanné et noirci par le temps. Une statue du XVIe mérite l'attention elle aussi : celle d'un saint Barthélemy en pierre polychrome.

OFFICE DU TOURISME - CASA DEL VINCULO 📷

Puente De Los Peregrinos, 1

✆ +34 948 341 301

www.puentelareina-gares.es

Ouvert du mardi au samedi de 10h à 14h et de 16h à 19h, dimanche de 11h à 14h.

L'office de tourisme est situé dans la Casa del Vinculo, un bâtiment en brique du XVIIe siècle, qui servait à l'origine d'entrepôt pour le blé, puis d'école maternelle et même de prison ! Cette belle maison noble est blottie au célèbre pont roman construit au-dessus de l'Arga. A l'intérieur, une salle expose des maquettes dédiées aux ponts et « chemins suspendus ». Le personnel de l'office de tourisme pourra aussi vous fournir de nombreuses infos pour découvrir la cité.

NAVARRE

© FULCANELLI - FOTOLIA

Pont roman de Puente la Reina.

ALBERGUE DE LOS PADRES REPARADORES €

C/ Crucifijo, 1
✆ +34 948 34 00 50
www.dehonianospuentelareina.es
Auberge ouverte toute l'année de 12h à 22h. Nuitée 7 €.

Accueil chrétien dans cette auberge tenue par des volontaires. Elle propose une centaine de places en dortoirs de 6, 8, 10, 12 ou 14 lits, avec 9 douches et 8 w.c. à partager. On aura ici accès à une cuisine (machine à café, réfrigérateur), une salle à manger et un grand jardin avec terrasse. L'auberge dispose aussi d'un local pour les vélos, lave-linge et sèche-linge. On profitera également de la halte pour charger les batteries de téléphone et se connecter au web.

AUBERGE - RESTAURANT JAKUE €

Calle Irunbidea s/n
✆ +34 948 341 017
www.jakue.com
Chambre double 45 €. Lit en dortoir 13 €. Menu 14 €.

L'hôtel-restaurant Jakue, officiellement ouvert depuis 2009 (mais accueillant des pèlerins depuis 1999 et les nourrissant depuis 1989), a aménagé une partie auberge de pèlerins dans un bâtiment annexe. Au total, 60 places réparties dans des dortoirs de 6 ou 32 places ainsi que des chambres doubles. Installations confortables, location de draps et serviettes, terrasse, local pour les vélos avec atelier de réparation, climatisation, lave-linge et sèche-linge.

LA CONRADA €

Paseo de los Fueros, 17
✆ +34 948 340 052
www.restaurantelaconrada.com
Mardi et mercredi de 9h à 16h, du jeudi au dimanche de 9h à 0h. Menu 14,50 €.

Avec sa terrasse qui donne sur le paseo principal du village, ce petit restaurant attire en permanence une foule de locaux. Difficile de se frayer un chemin, mais si vous y parvenez, vous serez récompensé par une cuisine traditionnelle savoureuse et bon marché. Après quelques patatas bravas ou tranches de chorizo au cidre à partager, on aura le choix entre plusieurs salades, quelques *platos combinados* (viandes ou poissons accompagnés de garniture), une courte liste de burgers et sandwichs. Becs sucrés, sachez que les desserts ici sont assez gourmands.

ASADOR EL FOGÓN DE ETAYO €€

Calle Cerco Viejo, 78 ✆ +34 628 175 749
www.asadorelfogondeetayo.com
Tous les jours 13h30-15h30. Vendredi et samedi 20h30-23h. Comptez 30 €.

L'Asador El Fogón de Etayo est notre adresse préférée à Puente La Reina : on s'y régale d'une excellente cuisine régionale dans un décor agréable, mêlant la vieille pierre à des détails contemporains. Viandes et poissons grillés, légumes frais du potager (artichauts, asperges, poivrons, etc.) : ce restaurant mise sur les bons produits de saison pour offrir des plats traditionnels. Ne manquez pas les *pochas* au chorizo, une soupe aux haricots blancs très goûteuse, ainsi que les incontournables viandes grillées « a la parilla ».

NAVARRE

MURUZÁBAL

Traversé par le *Camino Navarro* du chemin de Saint-Jacques-de-Compostelle (étape entre Uterga et Obanos), ce petit village de 300 habitants peut faire l'objet d'une halte pour admirer son église romane dédiée à Santa María de Eunate. L'origine de ce temple, estimée à 1170, est nimbée de mystère, certains historiens arguant qu'il fut hôpital de l'Ordre de Saint-Jean, d'autres évoquant une construction templière, alors que la tradition populaire veut que l'église fut érigée par une reine dont la chapelle funéraire se trouve sous l'édifice. La découverte de restes d'une sépulture et de coquilles Saint-Jacques confirme que des pèlerins y furent enterrés.

CIRAUQUI

Le centre de Cirauqui (*Zirauki* en basque) est bâti autour de l'église gothique de San Roman : repérez ses portes polylobées, son autel romain et ses décorations sculptées. En dépit de multiples transformations au cour des siècles, l'église a gardé son aspect de forteresse. Les rues pavées sont quant à elles garnies de maisons de maître blasonnées : le nom du propriétaire d'alors ainsi que la date de construction sont généralement gravés sur les façades. En laissant Cirauqui derrière vous, vous tomberez sur une ancienne chaussée romaine qui vous fera traverser un pont à dos d'âne romain très bien conservé et dont le tablier fut rénové en 1702.

ÉGLISE DE SANTA MARÍA DE EUNATE ★★

Carretera de Campanas
✆ +34 628 872 835
www.santamariadeeunate.es
Horaires à consulter sur le site web. Entrée 2 €.

© FULCANELLI - FOTOLIA

Solitaire et majestueuse, cette église fut construite au XIIe siècle, et n'a pratiquement pas été modifiée par la suite. C'est l'un des joyaux de l'architecture romane navarraise. Déclarée monument national, elle est entourée d'une galerie à arcades, aux chapiteaux décorés. Son portail est garni de coquilles Saint-Jacques, marquant le chemin jacquaire. Son intérieur aux influences arabes mérite toute l'attention des visiteurs, qui seront séduits par tant de superbe.

IGLESIA DE SAN ROMÁN ✞ ★

L'église de San Román, dont le style incarne assez bien la période de transition entre le roman tardif et le début du style gothique, a vraisemblablement été édifiée au début du XIIIe siècle. Malgré les nombreuses transformations qu'elle a subies au cours de son histoire, l'église conserve son aspect de forteresse. Aujourd'hui, on pourra s'attarder devant sa belle façade romane du XIIIe siècle, avec un portail en ogive et arcs polylobés d'influence mozarabe : les motifs représentés y sont riches et variés. Une halte singulière.

AUBERGE MARALOTX €

C/ San Román, 30
✆ +34 678 635 208
www.alberguecirauqui.com
Ouvert de mi-avril à mi-octobre. Lit en dortoir 14 €. Chambre double 60 €. Repas 13 €.

Auberge privée située en face de l'église, dans une maison traditionnelle en pierre. Elle propose 28 places en dortoirs de 6, 10 ou 12 places, ainsi que des chambres doubles. Il n'y a pas de cuisine commune, mais l'établissement abrite un restaurant en sous-sol, installé dans une ancienne cave à vin, qui sert un copieux menu – un dîner communautaire pour être précis – composé de deux plats (pain, eau, vin jeune de Cirauqui et dessert inclus – option végétarienne et végétalienne sur demande). Jolie terrasse couverte sous les arcades de la maison.

ESTELLA-LIZARRA ★★

Jadis minuscule bourgade peuplée de Vascons, son sort changea lorsque, en 1090, le roi Sancho Ramírez décida d'y fonder une ville. Les rois de Navarre, qui l'affectionnaient particulièrement, lui accordèrent de nombreux privilèges et la ville devint un important centre commercial. Ses quartiers se multiplièrent, dont l'un des plus importants fut la Juderia, détruite au XVe siècle par les Castillans qui expulsèrent tous les Juifs d'Espagne. Au XIXe siècle, durant la guerre civile, les carlistes firent d'Estella leur quartier général. Depuis, chaque année en mai, une procession monte jusqu'au sommet d'une montagne proche pour y commémorer les morts.

IGLESIA DE SAN MIGUEL ✝ ★

Plaza de San Miguel
✆ +34 948 550 431
Du lundi au samedi de 10h à 20h (18h l'hiver), dimanche et jours fériés de 10h à 12h30.

Après le petit pont (Puente de la cárcel), prenez la première à gauche et montez jusqu'au sommet d'un promontoire rocheux baptisé « La Mota » pour atteindre la sobre et belle église San Miguel, ouvrage de style roman tardif. Son portail nord constitue l'un des joyaux du chemin de pèlerinage de Compostelle. Les deux bas-reliefs les plus expressifs montrent (en bas du portail) les trois Marie revenant du sépulcre (à droite) et saint Michel terrassant le dragon (à gauche). Le retable gothique de Santa Elena mérite lui aussi le coup d'œil.

IGLESIA DE SAN PEDRO DE LA RÚA ★

Calle San Nicolás, 1
Du lundi au samedi de 10h à 13h30 et de 18h à 19h. Dimanche de 10h à 12h30.

© JALONSO - FOTOLIA

En face du palais des rois de Navarre, on trouve la plus ancienne et la plus célèbre église d'Estella, celle de San Pedro de la Rúa, dont la construction remonte au XIIe siècle. L'église présente un beau portail d'influence arabe richement décoré. À l'intérieur, son cloître du XIIe siècle est considéré comme l'un des joyaux de l'art roman en Navarre. Autre élément remarquable, le retable de Santa Elena, datant de 1406, représentant Marie dévoilant la croix sur laquelle mourut Jésus.

IGLESIA DEL SANTO SEPULCRO ✝ ★

Calle Curtidores
Possibilité de visites guidées. Renseignements à l'office de tourisme.

L'église du Saint Sépulcre n'ouvre qu'en de rares occasions, mais son magnifique portail en bois sculpté datant du XIVe siècle et donnant sur la rue des Pèlerins mérite qu'on lui accorde quelques instants. Il raconte plusieurs épisodes de la vie du Christ, dont la Crucifixion, la Résurrection et la Cène. Dans sa partie supérieure, la façade est agrémentée d'une galerie de douze arceaux trilobés sous lesquels se tiennent des représentations des apôtres.

MONASTERIO DE SANTA MARÍA DE IRANTZU ✝ ★★

Carretera NA-120, km 8
✆ +34 948 520 047
Ouvert tous les jours 10h-14h et 16h-18h. Entre avril et septembre, tous les jours 10h-14h et 16h-20h. Entrée 2,50 €.

Il s'agit d'un monastère du XIIe siècle dédié à Santa Maria de Irantzu, au pied de la Sierra de Andia. Le temple situé en son centre n'a pas beaucoup d'attrait, on peut même dire qu'il est un peu austère, selon les règles de l'ordre cistercien. Le cloître a beaucoup plus de charme et on peut se laisser aller à écouter le bruit de l'eau qui coule de la fontaine centrale. La visite des cellules des moines et de l'ancienne cuisine donne un aperçu de la vie monastique.

NAVARRE

MUSEO DEL CARLISMO

Calle Rua, 27-29 ✆ +34 948 552 111

www.museodelcarlismo.navarra.es

Ouvert mardi-samedi 10h-14h et 16h-19h, dimanche 11h-14h. 2 € (gratuit le samedi après-midi et le dimanche).

Installé dans le palais dit du Gouverneur, ce musée retrace l'histoire du carlisme, un mouvement politique né en 1833 pour soutenir don Carlos. Une collection permanente, située au premier étage du bâtiment, lui est consacrée : tableaux, uniformes, pièces de monnaie et documents qui permettent de suivre l'évolution du Carlisme de sa naissance jusqu'à 1939. Au rez-de-chaussée, des expositions semi-temporaires analysent des aspects concrets du carlisme (relations, influences) et au sous-sol, enfin, une exposition sur le bâtiment lui-même est assurée toute l'année.

AUBERGE MUNICIPALE D'ESTELLA €

C/ La Rúa 50

✆ +34 948 55 02 00

Nuitée : 6 €. Fermeture à 22h.

Auberge de pèlerins située dans un charmant bâtiment du centre-ville. Elle dispose de 96 places réparties dans de grands dortoirs de 16 ou 32 lits. Elle est dotée d'une cuisine, terrasse, salle à manger, 10 douches et lave-linge. Cette auberge est gérée par l'association des amis du chemin de Saint-Jacques d'Estella. Un espace a également été aménagé pour permettre aux cyclistes de ranger leur vélo en toute sécurité. Deux ordinateurs et accès wifi.

PALAIS DES ROIS DE NAVARRE - MUSEO MAEZTU ★

Calle San Nicolás, 1

✆ +34 948 546 037

www.museogustavodemaeztu.com

Du mardi au samedi 9h30-13h30 (et 16h-18h en été), dimanche 11h-14h. Entrée libre.

Très bel édifice du XIIe siècle à la splendide façade. Il s'agit là de l'un des rares exemples encore existants d'architecture civile romane de grande envergure. Ses portiques ouverts supportés par des colonnes, ses chapiteaux ornés de motifs végétaux ou celui représentant la bataille entre le géant Ferragut et Roland sont autant d'éléments qui rendent sa visite indispensable. Le palais abrite actuellement le musée Maeztu, du nom du peintre Gustavo de Maeztu, mort à Estella en 1947.

HOTEL TXIMISTA €€€

Calle Zaldu, 13

✆ +34 948 555 870

www.hoteltximista.com

Comptez entre 80 et 110 € la chambre double.

L'hôtel est situé à l'extérieur de la ville, dans un environnement verdoyant, avec un agréable jardin. Il occupe une ancienne fabrique industrielle du XIXe siècle rénovée dans un esprit contemporain. Le décor des chambres, tout en sobriété, met en valeur les éléments anciens du bâtiment. On y trouve par ailleurs tout le nécessaire à un séjour confortable : très bonne literie, air conditionné et chauffage, mini bar, coffre-fort, connexion wifi, télévision, et salle de bain privative. Restaurant recommandable. Une adresse design et pleine de charme.

ALBERGUE PARROQUIAL SAN MIGUEL €

Mercado Viejo, 18

✆ +34 948 550 297

Ouvert d'avril à octobre. Sur donation. Admission des pèlerins entre 12h et 22h.

Accueil chrétien assuré par des volontaires dans cette auberge paroissiale située en face de l'église San Miguel, dans un bâtiment tout ce qu'il y a de plus moderne. Elle propose 32 places en dortoirs avec 2 douches et 3 w.c. Petit déjeuner et dîner avec la communauté. Attention, cette auberge est réservée aux pèlerins, et vous n'y serez accepté que sur présentation de votre credencial. Pas de connexion internet (en revanche connexion possible depuis la bibliothèque publique, à 100 m).

CASANELLAS TALLER GASTRONÓMICO €

C/ Espoz y Mina, 3

✆ +34 676 29 16 15

Du mercredi au dimanche midi. En soirée, les vendredis et samedis. Comptez 20 €.

Un petit restaurant à l'ambiance intimiste, où l'on se croirait presque à la maison. Situé à deux pas du vieux pont de la Cárcel, cet « atelier gastronomique » fonctionne à la fois comme restaurant et comme école de cuisine. Tous les midis, de bons plats du jour à base de produits bio ou locaux sont proposés à la dégustation : wok de légumes, cannelloni de poulet, chipirons grillés aux oignons... Les vendredis et samedis en soirée, possibilité de grignoter des sandwiches sur place.

LA CEPA €€

Plaza de los Fueros, 15
✆ +34 948 550 032
www.restaurantecepa.com
Tous les jours de 13h à 16h. Le soir, uniquement le vendredi et le samedi. Menu week-end à 33 €.

Le restaurant La Cepa est installé au premier étage d'un bâtiment de la Plaza de los Fueros, dans un décor contemporain et intime. C'est la meilleure adresse du coin pour s'offrir un « menu del día » copieux et savoureux. A la carte, de nombreuses spécialités de la région qui font honneur aux produits autochtones, comme les *cogollos* de Tudela (variété de laitue), les *piquillos* de Lodosa (poivrons) ou les fameuses asperges de Navarre. Que l'on soit plutôt viande ou poisson, végétarien ou carnivore, bec salé ou sucré, la Cepa a quelques bonnes cartes en main.

RESTAURANTE NAVARRA €€

Gustavo de Maeztu, 16
✆ +34 948 550 040
www.restaurantenavarra.es
Tous les jours de 12h à 17h, vendredi et samedi jusqu'à 0h. Comptez 25 €.

Le restaurant Navarra propose un dîner dans un cadre typiquement navarrais, où même les serveurs sont habillés de costumes traditionnels. Au menu : asperges farcies, merlu à la navarraise, cochon braisé ou haricots verts… La carte est alléchante et les assiettes bien remplies, à accompagner de bon vin ! La décoration joue la carte médiévale à fond, avec plafonds de bois sculptés, lourdes chaises blasonnées et mosaïques aux murs... Une expérience à la fois amusante et qui permet de s'approcher un peu plus près du folklore navarrais.

RICHARD €€

Avenida de Yerri, 10
✆ +34 948 551 316
www.barrestauranterichard.com
Ouvert de 7h à 23h. Fermé le lundi. Comptez 25 €.

Ici, la tradition culinaire navarraise est à l'honneur. Dans des assiettes bien garnies, savourez des asperges farcies, accompagnées de morue ou d'écrevisses. La viande est également bien représentée, avec notamment au menu du cerf, du magret de canard, des côtelettes d'agneau a la plancha ou encore une belle entrecôte sauce roquefort. Les desserts sont plutôt alléchants eux aussi, qu'il s'agisse de la mousse de fromage frais aux framboises et glace miel ou la glace de figue sauce café. Cuisine simple, décor à l'ancienne, bon rapport qualité-prix.

IRACHE ★

Juste à la sortie d'Ayegui (petite ville d'environ 2 000 habitants où vous pourrez faire halte pour jeter un œil à l'église de San Martín, construite au XVIIIe siècle), on tombe sur l'un des joyaux du pèlerinage : le monastère d'Irache, construit à l'abri du Montejurra et entouré de vignes. Au cours des siècles, cet ensemble monumental, véritable mosaïque architecturale (on décèle des bâtisses médiévales, Renaissance ou baroque) inhabitée depuis 1985 a occupé de multiples fonctions : hospice de pèlerins, université, hôpital militaire ou encore collège religieux, en faisant l'un des monuments les plus notables de la Navarre.

BODEGAS IRACHE

Monasterio de Irache, 1
✆ +34 948 551 932
www.irache.com
Visites des caves du mercredi au samedi à 12h. Musée ouvert du mercredi au dimanche de 9h à 14h et de 16h à 19h.

A côté du monastère, une fontaine permet aux pèlerins de se rafraîchir : d'un côté de l'eau, et de l'autre du vin ! Cette joyeuse fontaine appartient en fait aux Bodegas Irache, dont on peut visiter les caves. Près de 10 000 tonneaux de vin reposent dans ses caves ornées d'arcs en plein cintre : une authentique cathédrale du vin ! Le site accueille aussi un petit musée dédié au vin, logé dans un vieux bâtiment en pierre de 1891. On peut y voir une collection de plus de 200 objets liés à l'univers du vin, ainsi qu'une sélection des grands millésimes de la maison.

MONASTERIO DE IRACHE ★★

✆ +34 948 554 464
Ouvert du mercredi au dimanche de 10h à 13h30 et de 16h à 18h. Accès libre.

Situé au pied du mont Montejurra, le mont sacré des carlistes, le monastère d'Irache a été fondé par les moines bénédictins. C'est là qu'a été construit le premier hospice du chemin de Saint-Jacques-de-Compostelle, en 1045. On y trouvera une magnifique église romane, un cloître de style plateresque et un autre, du XVIe siècle, avec de beaux chapiteaux sculptés. Au fil des ans, le monastère est devenu une étape importante du pèlerinage, et il devrait bientôt être transformé en Parador. La richesse architecturale du site en fait une étape incontournable.

VILLAMAYOR DE MONJARDIN ★

Villamayor de Monjardín est un village de 120 habitants où l'on peut voir la belle église San Andrés, construite au XIIe siècle, et dont le portail roman tout comme le clocher baroque du XVIIIe siècle sont en bon état de conservation. À proximité, s'élèvent les vestiges du réputé inexpugnable château de Monjardín, construit au Xe siècle, où, d'après ce que la légende raconte, se trouve la dépouille de Sanche Ier de Navarre, qui parvint à prendre la forteresse en l'an 908. On ne manquera pas non plus d'admirer la Fuente de los Moros (fontaine des Maures), qui présente une intéressante citerne gothique dont l'ouverture sculptée ne laisse pas deviner la profondeur.

BODEGAS CASTILLO DE MONJARDÍN

Viña Rellanada s/n
✆ +34 948 537 412
www.monjardin.es
Visite et dégustation sur rendez-vous.
Fondée en 1988, cette bodega produit depuis plus de trente ans des vins à partir de cépages français qui se sont très bien acclimatés à la région. Elle est entourée de 120 hectares de vignobles de chardonnay, cabernet-sauvignon et merlot. On peut visiter les caves où repose le vin dans des fûts de chêne français ou américains et participer à une séance de dégustation sur place. Le site est également doté d'un restaurant et d'une boutique de vins.

IGLESIA DE SAN ANDRES ✝

Cette église dédiée à San Andrés de style roman (avec quelques éléments protogothiques, style largement répandu dans la Navarre à l'époque) a été construite au XIIe siècle, et pourvue postérieurement d'une sacristie baroque (construite avant 1727 par Francisco de Ibarra, tout comme le portique, actuellement en ruine) et d'une tour elle aussi baroque (œuvre de Pedro de Urbieta, qui l'érigea entre 1625 et 1641). Tout l'intérêt de l'église réside dans sa magnifique croix en bois recouverte d'argent. Toutefois, elle n'est que très rarement ouverte à la visite.

TORRES DEL RIO

Ce village d'environ 150 habitants abrite l'un des meilleurs exemples du roman tardif en Navarre : l'église du Saint-Sépulcre, construction singulière liée depuis ses origines au chemin de Compostelle. Son plan octogonal rappelle la basilique de Jérusalem. On peut également y voir, dans le haut de la ville, dominant les ruelles garnies de demeures blasonnées des XVIIe et XVIIIe siècles, l'église de San Andrés, datant du XVIe siècle (elle a été édifiée sur les ruines d'une église plus ancienne encore), qui abrite un intéressant retable. Sur la Plaza de los Fueros, place principale du village, vous trouverez une épicerie pour faire des provisions.

IGLESIA DEL SANTO SEPULCRO ✝ ★

Au cœur de ce village se niche l'église du Saint-Sépulcre, une œuvre romane exceptionnelle en Navarre édifiée vers 1170. A l'origine construite pour abriter un cimetière, elle est considérée comme un hommage au tombeau principal de la chrétienté, le bâtiment circulaire du Saint-Sépulcre à Jérusalem. À l'intérieur, une voûte impressionnante à nervures croisées évoque l'art hispano-musulman, ce qui laisse supposer que l'église a été construite par des artisans mudéjars.

ALBERGUE CASA MARIELA €

Plaza Padre Valeriano Ordóñez, 6
✆ +34 948 64 82 51
Ouvert toute l'année. Fermeture à 22h. Nuitée 12 €, petit déjeuner 3,50 €.
L'auberge Casa Mariela est une auberge privée installée dans une belle demeure en pierre au centre de Torres del Río. Elle propose 50 places réparties dans 5 dortoirs, avec 5 douches et 4 w.c. à partager. On y trouve également un local pour les vélos, une terrasse, une laverie (avec lave-linge et sèche-linge) et un réfrigérateur. Il n'y a pas de cuisine commune, mais l'établissement gère un bar-restaurant au rez-de-chaussée qui sert des petits déjeuners et des repas. Une halte absolument recommandable pour reprendre des forces sur le chemin de Saint-Jacques.

VIANA ★★

Viana est le point final du chemin de Saint-Jacques en Navarre. La géographie et l'histoire en ont fait une ville importante, c'est d'ailleurs à Viana qu'est enterré César Borgia, le fils du pape Alejandro VI. La ville fut fondée sur une colline, au début du XIIIe siècle, par Sancho el Fuerte, pour faire face à la Castille. Sa position stratégique aux portes de la Rioja lui valut de nombreuses batailles entre les différents rois qui voulaient se l'approprier. Dans la Calle Mayor, se trouve l'église gothique de Santa María, avec en son sein le sépulcre de César Borgia. Elle possède un portail Renaissance, l'un des plus beaux d'Espagne.

IGLESIA DE SANTA MARIA ✝ ★★

Calle Mayor

✆ +34 948 44 63 02

Visites guidées sur réservation auprès de l'office de tourisme.

Dans la Calle Mayor, se trouve l'église gothique de Santa Maria, avec en son sein le sépulcre de César Borgia, qui inspira Machiavel pour l'écriture de son œuvre la plus célèbre, *Le Prince* (publié en 1532). Bâtie entre 1250 et 1312 dans le style gothique, elle fut complétée aux XVIe et XVIIIe siècles. Elle possède un portail Renaissance, l'un des plus beaux d'Espagne, ainsi que la chapelle du Ramo, ajoutée au XVIIIe siècle à sa base gothique et ornée de peintures. Ne serait-ce que pour cette église, une halte à Viana est recommandée !

ALBERGUE ANDRES MUÑOZ €

Calle Ruinas de San Pedro, s/n

✆ +34 948 64 55 30

Ouvert de 12h à 22h. Nuitée 8 €.

Le nom de l'auberge est un hommage à Andrés Muñoz, ancien président de l'Association des amis du chemin de Saint-Jacques en Navarre, qui marcha dans les années 1980 avec un pot de peinture jaune pour tracer les fameuses flèches du pèlerinage ! Située à l'emplacement des ruines de l'église San Pedro, cette auberge municipale propose 46 lits répartis dans des dortoirs de 5 places. On y trouve une cuisine commune, 4 douches et 5 w.c., une salle à manger, un local pour les vélos, et une laverie (avec lave-linge et sèche-linge). Simple et efficace.

AUBERGE DE LA PAROISSE DE SANTA MARÍA €

Plaza de los Fueros

✆ +34 948 64 50 37

Ouvert de juin à septembre, de 12h à 22h. Nuitée sur donation, avec présentation du credencial.

Auberge paroissiale collée à l'église de Santa María, tenue par des volontaires chrétiens. Elle propose 15 places sur des matelas posés à même le sol. Les installations sont aussi spartiates que l'accueil est chaleureux. Repas communautaire avec le prêtre de la paroisse et les volontaires. On ne trouve en revanche rien ici qui ait un lien avec la notion de confort : une expérience de l'hospitalité dont pouvaient jouir les pèlerins bien avant l'arrivée de la modernité.

HOTEL PALACIO DE PUJADAS €€

C/ Navarro Villoslada, 30

✆ +34 948 64 64 64

www.palaciodepujadas.com

Comptez entre 70 et 120 € la chambre double.

Cet hôtel de charme occupe un magnifique bâtiment du XVIe siècle, aménagé dans un décor traditionnel. Ses 28 chambres, à la fois vastes, lumineuses et très confortables, présentent une décoration des plus classiques (salle de bains privative équipée, grands lits, mini bar, télévision à écran plat et connexion wifi haut débit). A noter que l'établissement dispose également de quatre suites de charme. L'hôtel abrite aussi un restaurant, où l'on se régale de spécialités régionales dans de jolis salons en pierre avec poutres apparentes.

CASA ARMENDARIZ €€

Navarro Villoslada, 19

✆ +34 948 645 078

www.sidreriacasaarmendariz.es

Fermé le lundi. Menu Sidreria 38 €.

Dans un ancien palais du XVIIe siècle restauré, ce restaurant-cidrerie réputé sert une cuisine régionale à base de morue, de *chuletas* et de légumes, sans oublier le cidre, quand c'est la saison. Quant au patron, il est très accueillant et ne manque pas d'anecdotes ! L'établissement dispose également d'une pension au premier étage, permettant de se loger dans l'une des trois chambres simples ou des quatre chambres doubles à la décoration des plus simples, toutes équipées d'une salle de bains personnelle et d'un petit balcon donnant sur la rue.

Eglise Santa Maria de Viana.

PAYS BASQUE

Le Pays Basque s'étend de part et d'autre des Pyrénées occidentales. Cette communauté autonome se compose de trois provinces : la Biscaye, le Guipúzcoa et l'Álava. Identité, culture et traditions sont ici fortement enracinées, et témoignent d'une histoire ancestrale qui fait la singularité du peuple basque.

Des vertes vallées en côtes déchiquetées par l'océan, le Pays Basque offre des paysages de toute beauté aux amateurs de nature et de grands espaces. Parmi ses incontournables : San Sebastián, la bien nommée « perle du Cantabrique » ; l'avant-gardiste Bilbao et son musée Guggenheim ; Vitoria, capitale méconnue et passionnante ; Mundaka, meilleur spot de surf de la région ; les sanctuaires de Loyola et d'Aranzazu ; la réserve naturelle d'Urdaibai... autant de trésors à explorer ! Et puis, où que l'on aille en terre basque, l'océan n'est jamais loin, et avec lui les tables étoilées et les bars à *pintxos* !

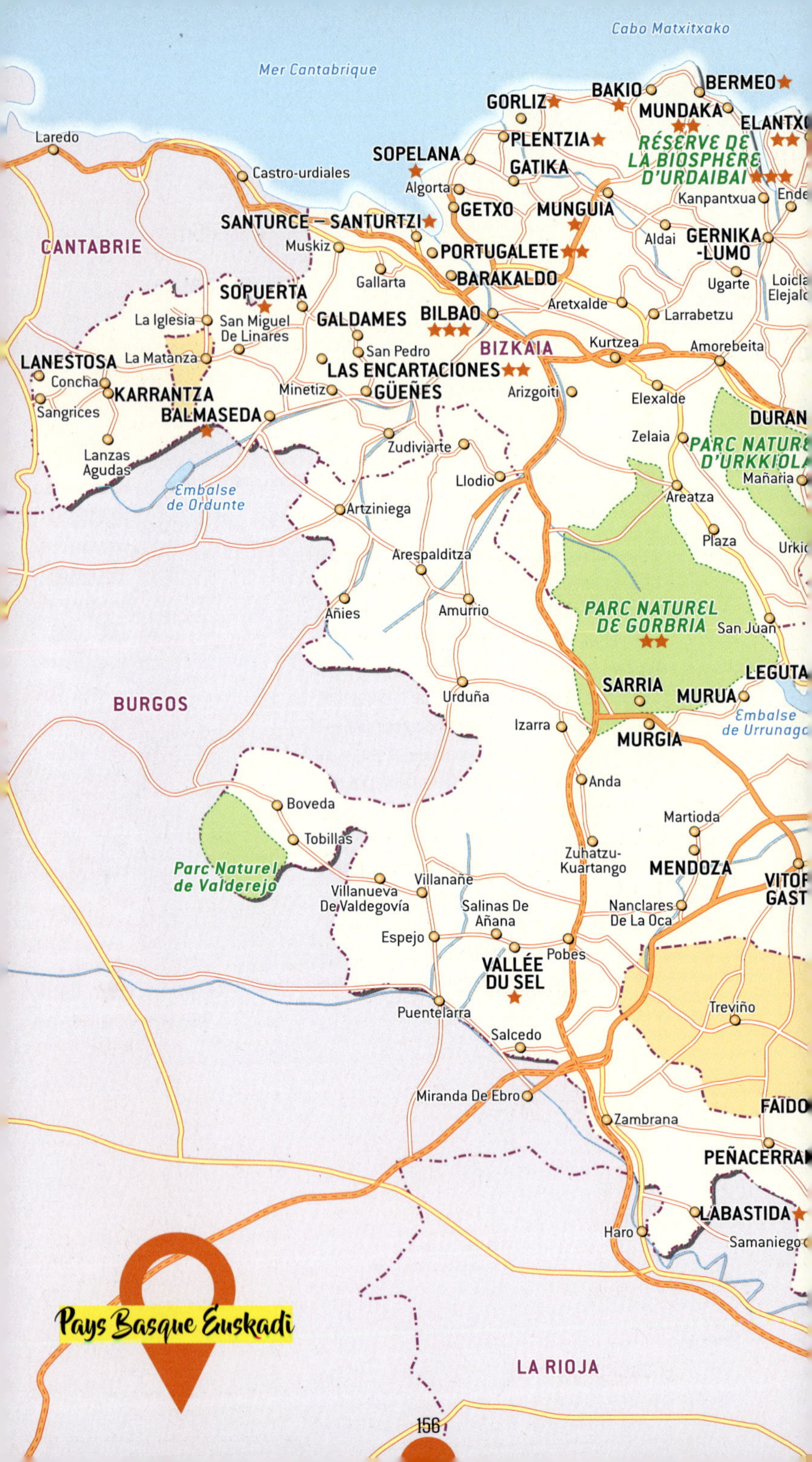

Cabo Matxitxako
Mer Cantabrique
BERMEO
BAKIO
GORLIZ
MUNDAKA
ELANTX
PLENTZIA
RÉSERVE DE LA BIOSPHÈRE D'URDAIBAI
Laredo
SOPELANA
GATIKA
Castro-urdiales
Algorta
Kanpantxua
Ende
GETXO
MUNGUIA
SANTURCE – SANTURTZI
Aldai
GERNIKA -LUMO
CANTABRIE
Muskiz
PORTUGALETE
Gallarta
BARAKALDO
Ugarte
Loicla
Elejald
SOPUERTA
Aretxalde
La Iglesia
San Miguel De Linares
GALDAMES
BILBAO
Larrabetzu
San Pedro
BIZKAIA
Kurtzea
Amorebeita
LANESTOSA
La Matanza
LAS ENCARTACIONES
Concha
KARRANTZA
Minetiz
GÜEÑES
Arizgoiti
Elexalde
Sangrices
BALMASEDA
DURAN
Zelaia
PARC NATUREL D'URKKIOLA
Zudiviarte
Lanzas Agudas
Llodio
Mañaria
Embalse de Ordunte
Areatza
Artziniega
Plaza
Urkio
Arespalditza
PARC NATUREL DE GORBRIA
Añies
Amurrio
San Juan
LEGUTA
SARRIA
MURUA
Urduña
Embalse de Urrunaga
BURGOS
Izarra
MURGIA
Anda
Boveda
Martioda
Tobillas
Zuhatzu-Kuartango
MENDOZA
Parc Naturel de Valderejo
Villanañe
VITOR GAST
Villanueva De Valdegovía
Salinas De Añana
Nanclares De La Oca
Espejo
Pobes
VALLÉE DU SEL
Treviño
Puentelarra
Salcedo
FAIDO
Miranda De Ebro
Zambrana
PEÑACERRA
LABASTIDA
Haro
Samaniego
Pays Basque Euskadi
LA RIOJA

Golfe de Vizcaya
Cabo Higer
FRANCE
HONDARRIBIA
IRÚN
PASAIA
LEZO
DONOSTIA/
SAN SEBASTIÁN
ERRENTERIA
OIARTZUN
HERNANI
Parc Naturel
de Aiko Harria
Erenozu
Embalse
de Añarbe
LEKEITIO
Zelaia
ONDARROA
MUTRIKU
GUETARIA
ZUMAIA
ZARAUTZ
ORIO
Usurbil
Lasarte
-oria
Aulesti
DEBA
MARKINA
-XEMEIN
Garagarza
ZESTOA
Parc Naturel
de Pagoeta
AIA
Andoain
Villabona
Eibar
AZKOITIA
AZPEITIA
Alkiza
Elduain
Elgeta
Bergara
Bidania
TOLOSA
Berastegi
Elorrio
GUIPUZCOA
Altzo
Lizartza
ZUMARRAGA
Urretxu
Santa Lutzi-
Anduaga
Arraste/
Mondragón
Gaintza
Baliarrain
LEGAZPI
BEASAIN
ORDIZIA
Amezketa
Abaltzisketa
Aretxabaleta
ORMAIZTEGI
Lazkao
OÑATI
Zerain
Eskoraitza
IDIAZABAL
San Martín
Parc Naturel
d'Aralar
Leintz-gatzaga
Arantzazu
Zegarria
San Gregorio
Marieta
Barria
Altasu-
Alsasua
ZALDUONDO
Embalse
de Ulibarri
Dallo
GACEO
ALEGRIA/
DULANTZI
SALVATIERRA-
AGURAIN
ALAIZA
Eguileta
Iturrieta
ÁLAVA-ARABA
CONTRASTA
Maeztu
SAN VICENTE DE ARANA
Parc Naturel
d'Izki
ORBISO
ANTOÑANA
Quintana
SANTA CRUZ
DE CAMPEZO
NAVARRE
30 KM
Bernedo
Kripan
AGUARDIA
Yécora
RIOJA
ALAVESA
Moreda
Orion
LOGROÑO
Frontière internationale
Autoroute à péage
Voie Rapide
Route nationale
Route 1° niveau
Route locale
Ville principale
Parc naturel

PAGES

D'une superficie de 1 980 km², limitée à l'est par la Navarre et au sud par la province d'Álava, le Guipúzcoa (en basque Gipuzkoa) est la plus petite et la plus montagneuse des régions du Pays basque. Elle compte plus de 700 000 habitants, dont 50 % de bascophones. Son littoral, long de 86 km, est ponctué de charmants villages de pêcheurs, tels Fontarrabie ou Guetaria, et de stations balnéaires, comme Zarautz. On y pratique le surf, la plongée et la voile. Historiquement, cette région est intimement liée à la mer et ses habitants étaient souvent pêcheurs, mais, dès le XIXe siècle, une industrialisation massive transforme le territoire de Guipúzcoa. Sa capitale, Saint-Sébastien, est une ville touristique très animée jouissant d'une belle baie. Si, à l'intérieur, on trouve quelques centres industriels (Bergara, Eibar, Mondragon), les couleurs prédominantes du paysage sont le vert des montagnes ponctuées de vieilles fermes et le bleu de la mer Cantabrique. Cachés entre les hauts sommets, les sanctuaires d'Aranzazu et de Loyola sont deux sites paisibles et fascinants, qui ajoutent une note de spiritualité à cette région où la nature domine.

PAGES

280 ●● PROVINCE DE VISCAYA - BIZKAIA

D'une superficie de 2 217 km² et peuplée de plus de 1 150 000 habitants, la province de Biscaye est limitée à l'est par celle de Guipúzcoa et au sud par celle d'Alava. Son littoral s'étend d'Ondarroa à la capitale Bilbao. Sur 80 km de falaises et de plages de sable fin, plusieurs petits villages de pêcheurs se succèdent : Ondarroa, Lekeitio, Elantxobe, Mundaka, Bermeo, ou encore, plus résidentiels, Bakio et Sopelana.

La Biscaye devint une seigneurie, El Senorio de Viscaya, en 888, après la bataille légendaire de Padura, qui opposait les Biscayens aux troupes asturléoniennes du roi Alonso III, vaincues et poursuivies jusqu'en Alava, où elles laissèrent une épée plantée dans la pierre. C'est d'ailleurs de là que l'ancien village de Padura tire son nom actuel d'Arrigorriaga (« les pierres incarnées »). Les Biscayens nommèrent celui à qui ils devaient cette éclatante victoire, premier seigneur de Biscaye : le jeune noble Lope Fortun, de Mundaka, surnommé le Seigneur Blanc en raison de ses origines maternelles écossaises dont il avait hérité la blondeur. C'est en 1876 que naquit la nouvelle organisation politique qui fit de la Biscaye une province dépendante de la Castille, mais avec une législation et un gouvernement propres. De nos jours, l'intérieur de la région est plutôt industrialisé, à l'exception d'Urdaibai (réserve de la biosphère, territoire d'intérêt écologique) et de la vallée d'Arratia, aux paysages pittoresques et sereins et aux villages entièrement consacrés à l'élevage. La Biscaye doit son grand développement économique à l'exploitation, dans le passé, de mines de fer et à la sidérurgie. La révolution industrielle et les échanges avec la France et l'Angleterre, au XIXe siècle, ont favorisé la construction de beaux bâtiments et de petits palais résidentiels dans Bilbao et ses alentours.

Un joli chemin longe la côte de Biscaye : par la route C-6212, vous traverserez les charmantes communes d'Ondarroa, Lekeito, Ea, Elantxobe, les plages de Laga et Laida, la Réserve naturelle d'Urdaibai, mais aussi Mundaka, célèbre dans le milieu des surfeurs, ainsi que Bermeo et Bakio, des coins plus touristiques. Plages, montagnes, lieux magiques et inespérés, gastronomie : voilà le programme qui vous attend.

●● PROVINCE D'ÁLAVA - ARABA

En raison de ses caractéristiques géographiques, la province d'Álava a été depuis toujours terre de passage et de contact avec d'autres cultures et d'autres civilisations. Les Romains y avaient fait passer une de leurs voies les plus importantes, celle qui reliait Astorga à Bordeaux. Les pèlerins du Moyen Âge en firent une route secondaire du chemin de Saint-Jacques, en l'honneur duquel on y édifia deux merveilles de l'art roman : la basilique San Prudencio et le sanctuaire de Nuestra Senora de Estibaliz. Outre de nombreux et remarquables témoignages de l'architecture médiévale et baroque, la région est caractérisée par la présence relativement importante de dolmens.

Les rois de Navarre opposèrent aux Maures une ligne fortifiée qui allait être consolidée, au XIIe siècle, par les rois de Castille. C'est ainsi que des villages fortifiés bien alignés montent encore la garde. Álava n'a pas été isolée comme le reste du Pays basque.

Álava est la région la plus étendue du Pays basque (2 963 km^2), mais la moins peuplée (environ 320 000 hab.) et la moins connue. Elle est limitée, au nord, par le Guipúzcoa et la Biscaye, et ses paysages sont essentiellement plats. C'est pourquoi on l'appelle la Llanada Alavesa, bien qu'elle soit traversée par de vastes vallées couvertes de hêtres. 75 % des 400 villages d'Álava comptent moins d'une centaine d'habitants. Le nord-ouest est couvert de forêts de pins ; le centre, sans aucun relief, est une zone de culture. Au sud-est, la chaîne montagneuse d'Urbasa relie l'Álava à la Navarre. Au sud, entre la cordillère Cantabrique et l'Èbre, se trouve la Rioja Alavesa, terre de vignobles. Plusieurs de ses villages pittoresques, avec leurs places fortes du Moyen Âge, leurs tours et leurs palais ruraux, évoquent déjà les paysages castillans. À une cinquantaine de kilomètres de Vitoria et près de La Rioja, entre Haro et Logroño, vous trouverez les villes de Laguardia et Labastida, dont l'histoire et le développement sont très marqués par l'industrie viticole.

Du point de vue gastronomique, les produits horticoles d'Álava, les grillades et les boudins sont très renommés, de même que la confiserie : nougats, chocolats, fruits confits et gâteaux… La boisson typique est le zurracapote (vin de prune sèche, cannelle, écorce de citron) et, bien entendu, les vins de la Rioja Alavesa.

SAN SEBASTIÁN - DONOSTIA

© ALXPIN - ISTOCKPHOTO.COM

Ancien lieu de villégiature de la monarchie espagnole, cette ville de 180 000 habitants a conservé son charme Belle Époque, dont le Paseo de la Concha est l'image la plus visible. Cette agréable promenade qui longe la fameuse plage en forme de coquille est aussi le théâtre des tempêtes qui offrent à la capitale du Gipuzkoa ses paysages les plus époustouflants. Ville de fête au moment de la Semana Grande, capitale du cinéma espagnol pendant son célèbre festival, Saint-Sébastien est aussi une destination prisée des bons vivants qui se régalent de *pintxos* dans les bars de la vieille ville (nombreux sont les vacanciers à grimper dans le Topo pour rejoindre les rues de la Parte Vieja) et des fins gourmets qui s'offrent les meilleures tables du Pays basque dans ses restaurants étoilés.

Océan Atlantique
Monte Urgull
Batería del Mirador
Salamanca Pasealekua
Zuloaga Plaza
Calle de Soraluze
Trinitate Plaza
Calle del 31 de Agosto
Calle de S. Vicente
Joan Bilbao Kalea
Iñigo Kalea
Calle de Aldamar
Konstituzio Plaza
Calle de Narrica
Calle de San Juan
Fermin Kalbeton Kalea
Kale Nagusia
Calle de Embeltrán
Boulevard Zumardia
Alameda del Boulevard
Boulevard Zumardia
Río Urumea
Urumea Terraza
SALA KUBO-KUTXA
CENTRO KURSAAL
Puente de Zurriola
Calle de Peña y Goñi
Ramón María Lili Pasealekua
TOPA SUKALDE
MUSEO DEL WHISKY
TEATRO VICTORIA EUGENIA
OQUENDO
Okendo Plaza
KOH TAO
HOTEL MARIA CRISTINA
MIMO BITE THE EXPERIENCE
DRY BAR SAN SEBASTIÁN
AUKA CAMINO
PENSIÓN JOAKINA
Calle de Elkano
Calle de Legazpi
Pl. de Gipuzkoa
Calle de Okendo
Calle de Peñaflorida
Puente de S. Catalina
JARDINS D'ALDERDI-EDER
Calle de Hernani
Calle de Andía
Calle de Idiakez
Calle de Garibai
Calle de Txurruka
Calle de Etxaide
ABBA SAN SE
Askatasunaren Hiribidea
Pl. de Cervantes
Calle de Bergara
Calle de Getaria
Calle de Hondarribia
Calle de Loiola
Paseo de los Fueros
Paseo de los Fueros
Urumea Ibaia
PLAGE DE LA CONCHA
HOTEL DE LONDRES
MIINTODAY
PENSIÓN URKIA
ALMACENES ARENZANA
PENSIÓN URUMEA
RESTAURANTE NARRU
Calle de Zubieta
Calle de Easo
Calle de San Martín
Bilbao Plaza
Maria Kristina Zubia
Pte. de María Cristina
KAFE BOTANIKA
Artzain Onaren Plaza
Pl. del Buen Pastor
Calle de Urbieta
AMELIA BY PAULO AIRAUDO
HOTEL VILLA KATALINA BY INTUR
Calle de Prim
Po. de Francia
Calle de San Martín
SUKALDEAN AITOR SANTAMARÍA
CATEDRAL DEL BUEN PASTOR
Calzada de Aldapeta
Calle de Easo
GUEST HOUSE IBAIA ER ARRAMAK
CASA VALLÉS
Gernikako Arbolaren Pasealekua
Urumea Pasealekua

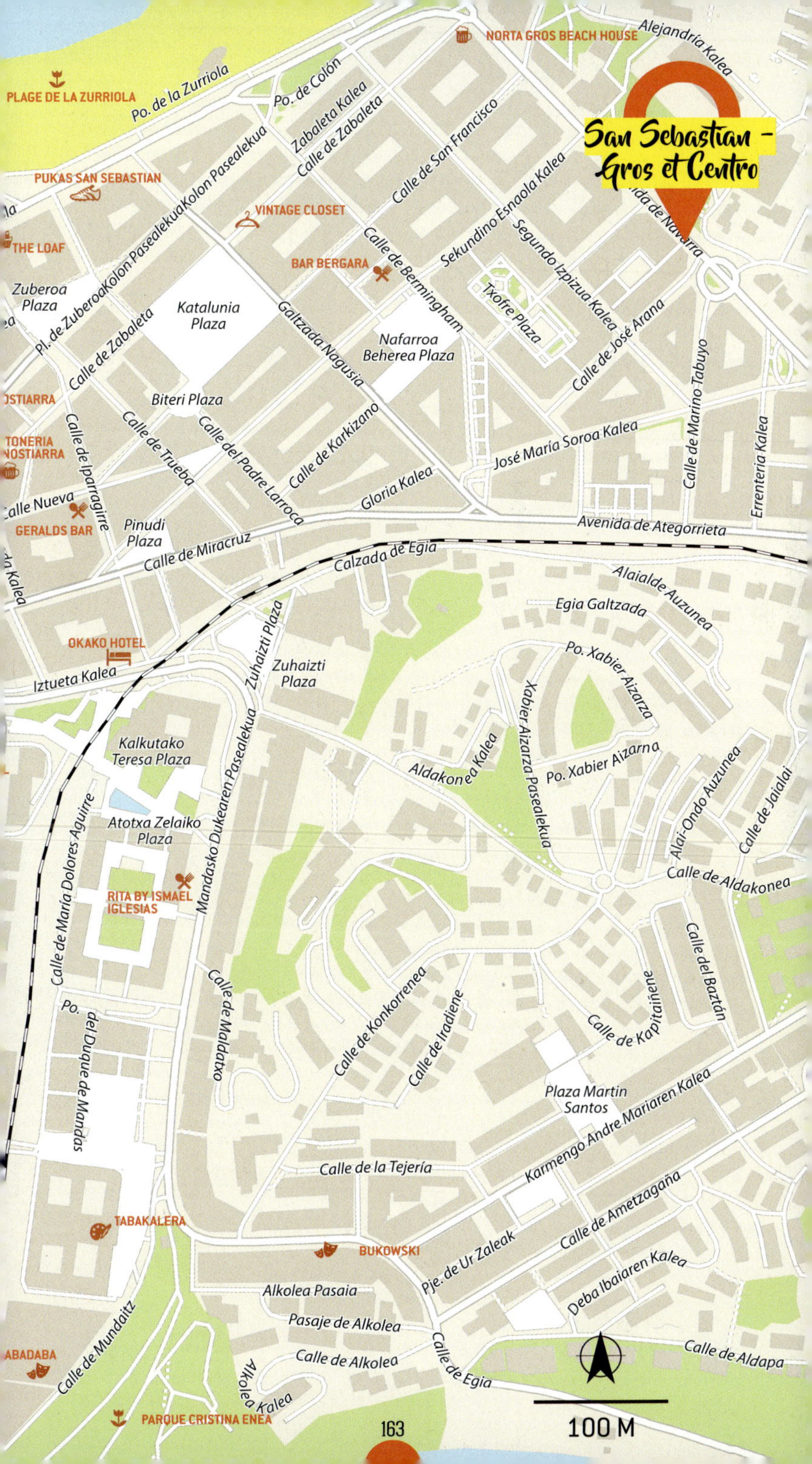
San Sebastian - Gros et Centro
NORTA GROS BEACH HOUSE
PLAGE DE LA ZURRIOLA
PUKAS SAN SEBASTIAN
VINTAGE CLOSET
THE LOAF
BAR BERGARA
GERALDS BAR
OKAKO HOTEL
RITA BY ISMAEL IGLESIAS
TABAKALERA
BUKOWSKI
PARQUE CRISTINA ENEA
ABADABA
Alejandría Kalea
Po. de la Zurriola
Po. de Colón
Zabaleta Kalea
Calle de Zabaleta
Calle de San Francisco
Kolon Pasealekua
Kolon Pasealekua
Pl. de Zuberoa
Zuberoa Plaza
Katalunia Plaza
Calle de Bermingham
Sekundino Esnaola Kalea
Segundo Izpizua Kalea
Txofre Plaza
Galtzada Nagusia
Nafarroa Beherea Plaza
Calle de José Arana
Calle de Marino Tabuyo
Errenteria Kalea
Biteri Plaza
Calle de Trueba
Calle del Padre Larroca
Calle de Karkizano
José María Soroa Kalea
Gloria Kalea
Calle de Iparragirre
Calle Nueva
Pinudi Plaza
Calle de Miracruz
Avenida de Ategorrieta
Calzada de Egia
Alaialde Auzunea
Egia Galtzada
Po. Xabier Aizarza
Xabier Aizarza Pasealekua
Po. Xabier Aizarna
Zuhaizti Plaza
Zuhaizti Plaza
Iztueta Kalea
Kalkutako Teresa Plaza
Mandasko Dukearen Pasealekua
Aldakonea Kalea
Alai-Ondo Auzunea
Calle de Jaialai
Calle de Aldakonea
Atotxa Zelaiko Plaza
Calle de María Dolores Aguirre
Calle del Baztán
Calle de Kapitaiñene
Calle de Maldatxo
Calle de Konkorrenea
Calle de Iradiene
Po. del Duque de Mandas
Plaza Martin Santos
Karmengo Andre Mariaren Kalea
Calle de la Tejería
Calle de Ametzagaña
Pje. de Ur Zaleak
Deba Ibaiaren Kalea
Alkolea Pasaia
Pasaje de Alkolea
Calle de Alkolea
Calle de Egia
Calle de Aldapa
Calle de Mundaitz
Alkolea Kalea
100 M

Océan Atlantique
MERCURE MONTE IGUEL
MONTE IGUELDO
Paseo del Faro
Itsasargi Pasealekua
Parc
Igeldo
HOTEL LEKU EDER
Camino de Marbil
Paseo de Igeldo
Igeldo Ibilbidea
ALBERGUE JUVENIL
ONDARRETA "LA SIR
Igeldo Pasealekua
Paseo de Igeldo
Reno Plaza
Igeldo Pasealekua
RESTAURANTE REKONDO
Donibane Garazi Ka
Paseo de Ondarreta
Calle de Maule
150 M

San Sebastian - El Antiguo
Île de Santa Clara
ÎLE DE SANTA CLARA
PEINE DE LOS VIENTOS
Bahía De La Concha
alekua
Eduardo Chillida Pasealekua
Av. de Satrustegi
PLAGE D'ONDARRETA
Satrustegi Hiribidea
HOTEL LA GALERÍA
Kontxa Pasealekua
Av. de Satrustegi
PALAIS DE MIRAMAR
Calle de Wiesbaden
Calle del Infante Don Juan
Calle de la Infanta Cristina
Calle de la Infanta Beatriz
Calle de Pamplona
Avenida de Zumalakárregi
Gaskonia Plaza
Parc de Zubimusu
Calle del Maestro Guridi
Calle de Matía
Heriz Pasealekua
Paseo de Pío Baroja
Paseo de los Mikeletes
Calle de Palacio
Jauregi Kalea
Jauregi Kalea
Txalupagillene Plaza
Calle del Aizkorri
DOKA - DONOSTIAKO KAFE ANTZOKIA
DRINKA
Munibe Kalea
losa

PASEO NUEVO
Batería de las Bardocas
Urgull Mendia Kalea
Calle Gaztelubide
MONTE URGULL
Gaztelubide Kalea
Calle Monte Urgull
Batería de Napoleón
Batería Baja de Santa Clara
Batería de Santiago
Batería Alta de Santa Clara
MUSEO D
BASILI
KOFRADIA ITSAS ETXEA
Paseo Nuevo
Batería de las Damas
Jacques Cousteau Plaza
BOKADO MIKEL SANTAMARÍA
RAMPA
Kaia Pasealekua
MUSEO MARÍTIMO VASCO
AQUARIUM SAN SEBASTIÁN
Kaiko Ibilbidea
Pl. de Kaimingaintxo
Mollaerdia Pasealekua
Mollaberria Pasealeku
50 M

San Sebastian - Parte Vieja
Océan Atlantique
Paseo de Salamanca
Batería del Mirador
PENSION ITXASOA
Calle de San Juan
Salamanca Pasealekua
ZAZPI STM
Calle de Soraluze
HOTEL PARMA
Elbira Zipitria Andereñoaren Kalea
SAN TELMO MUSEOA
CUCHARA DE SAN TELMO
IGLESIA DE SAN VICENTE
Jauregi Jeneralaren Kalea
Trinitate Plaza
VIÑA
CEPA
Calle de San Vicente
GOÑI ARDOTEKA
ASTELENA 1997
Calle de Aldamar
Calle de Euskal Herria
GANDARIAS JATETXEA
PENSIÓN AMAIUR
Joan Bilbao Kalea
Iñigo Kalea
BAR NESTOR
ALBOKA ARTESANÍA
BAR TXEPETXA
Calle de Narrica
KAPADOKIA BAR
GOIZ ARGI
AITOR LASA
CASINO KURSAAL
GANBARA
Konstituzio Plaza
BAR SPORT
BODEGÓN ALEJANDRO
Etxague Jeneralaren Kalea
¡BE ! CLUB
Calle del Puerto
ZAPORE JAI
CASA UROLA
BORDA BERRI
Bretxa Plaza
KOLOREKA
PASTELERIA OTAEGUI
CASA NICOLASA
PENSIÓN EDORTA
UR-ALDE
Calle del Campanario
Calle de San Lorenzo
Calle de los Esterlines
Sarriegi Plaza
IRULEA
ALTXERRI JAZZBAR
Pl. la Brecha
TEATRO PRINCIPAL
Kale Nagusia
Calle de Embeltrán
Boulevard Zumardia
PENSIÓN SARRIEGI
Lasala Plaza
Pl. de Lasala
LASALA PLAZA HOTEL
Alameda del Boulevard
Calle de Legazpi
Calle de Okendo
Calle de Elkano
Calle de IJentea
Calle de Garibai
ROOM MATE GORKA
Alderdieder Parkea
Calle de Hernani
Calle de Peñaflorida
Plaza de Gipuzkoa

SE REPÉRER SE DÉPLACER

Il est assez simple de s'orienter et de se déplacer à San Sebastián : la ville s'étire en bord de mer, le long de trois belles plages, entre les monts Urgull et Igueldo. On circule essentiellement à pied dans la *Parte Vieja,* cœur historique de la cité dont les premières pierres ont été posées vers la fin du XIIe siècle et qui, en raison de la profusion monumentale qu'elle abrite, demeure de nos jours le quartier le plus touristique. Si les autres quartiers de San Sebastián (la zone commerçante d'*El Centro*, la promenade de *La Concha*, le quartier hype de *Gros*, le populaire *Antiguo)* peuvent parfaitement être parcourus à pied, afin de gagner du temps en déplacement entre les diverses zones, on aura recours au service municipal de location de vélos électriques (www.dbizi.com) ou à son réseau de bus (30 lignes en journée, 10 la nuit). On pourra également prendre le taxi ou louer un vélo ou un scooter (www.bicirentdonosti.es).

SAN SEBASTIÁN - DONOSTIA

AEROPUERTO DE SAN SEBASTIÁN

Kalea Gabarrari, 901
✆ +34 913 211 000
www.aena.es

Ce petit aéroport situé à une vingtaine de kilomètres de San Sebastián, à l'entrée d'Hondarribia, propose uniquement des vols nationaux à destination de Madrid et de Barcelone. Ces vols sont proposés par les compagnies Iberia et Vueling. De nombreuses lignes de bus de la compagnie Lurraldebus permettent de rejoindre les communes voisines d'Hondarribia, Irún, Rentería, San Sebastián, etc. En voiture, comptez 20-30 minutes pour rejoindre le centre de San Sebastián.

ESTACIÓN SAN SEBASTIÁN-DONOSTIA

Paseo de Francia, 22
✆ +34 902 320 320
www.renfe.es

Connue également sous le nom d'Estación del Norte, il s'agit de la gare principale de San Sebastián. Inaugurée en 1864, elle est desservie par des lignes nationales et internationales, mais aussi par les trains régionaux de Cercanías permettant de rejoindre les communes de Pasaia, Tolosa, Beasain, Legazpi... (ligne C1). Le projet de la « Y vasca », ligne à grande vitesse Vitoria-Gasteiz - Bilbao - Saint-Sébastien/frontière française, devrait voir le jour en 2024.

ESTACIÓN DE AMARA-DONOSTIA

Plaza Easo
www.euskotren.eus

C'est depuis cette gare que partent les trains régionaux Euskotren en direction d'Hendaye ou de Bilbao. Le « topo » se rend à Hendaye entre 6h à 21h45 (deux départs par heure) et la nuit du samedi au dimanche (avec un départ toutes les 2 heures). Il relie aussi Donostia à Bilbao, mais le trajet est beaucoup plus long qu'en bus : compter environ 2h30 de trajet, contre 1h15 en bus... Une nouvelle station de topo « Centro-La Concha » devrait voir le jour prochainement.

ESTACIÓN DE AUTOBUSES DE SAN SEBASTIÁN

Paseo de Federico García Lorca, 1
✆ +34 943 47 51 50
www.estaciondonostia.com

Inaugurée en 2016, la nouvelle gare routière de San Sebastián se trouve juste à côté de la gare ferroviaire, sur les bords du fleuve Urumea. Plusieurs compagnies de bus sillonnent le pays au départ de San Sebastián. Liaisons avec Bilbao, Irún, Bayona, Tolosa, Logroño, Pampelune, Santander, Oviedo, Santiago de Compostela, Pontevedra, Vigo, La Corogne… La liaison entre Bilbao et Saint-Sébastien est assurée par la compagnie Pesa en 1 heure 10 de trajet.

LES QUARTIERS DE SAN SEBASTIÁN

San Sebastián doit sans doute beaucoup de sa douceur de vivre à la présence de l'océan et aux trois belles plages qui le bordent, limitées par les monts Igueldo et Urgull. C'est au pied de ce dernier que la *Parte Vieja* – cœur historique de la ville – fut édifiée en 1180. Garni de monuments et de bars à tapas, c'est le quartier le plus fréquenté de San Sebastián. *El Centro*, connu aussi comme le *Barrio Romántico* est une zone commerçante traversée de larges avenues, tandis que *La Concha* et sa promenade en bord de mer orné de balustrades en fer forgé (inspiration du trophée du Festival de cinéma de San Sebastián) offre de jolis panoramas jusqu'à *Gros*, plage hipster de la ville aux immeubles élégants et bourgeois. *El Antiguo* (littéralement, « *l'ancien* ») est quant à lui un quartier préexistant à San Sebastián, authentique et populaire, avec dans sa continuité la plage d'Ondarreta et la zone d'Igueldo.

Parte Vieja

La Parte Vieja est le cœur historique de San Sebastián. C'est ici que la ville est fondée en 1180 par le roi de Navarre Sanche le Sage, qui convoite son accès à la mer Cantabrique pour le transport maritime. Blottie au pied du mont Urgull, la Parte Vieja reste fortifiée jusqu'en 1863, date de la destruction de ses murailles, dont on peut voir quelques vestiges dans la zone du port. Si la vieille ville conserve son tracé médiéval, elle a pourtant été largement reconstruite au début du XIXe siècle, après le grand incendie de 1813. Lieu enchanteur, sillonné de multiples ruelles piétonnes bordées de vieilles maisons aux balcons fleuris et de nombreux bars à tapas, c'est le quartier le plus fréquenté. C'est ici que se concentrent les trois principaux monuments de la ville : la basilique Santa Maria del Coro, l'église San Vicente et le musée de San Telmo, installé dans un ancien couvent dominicain du XVIe siècle.

Centro et Gros

▸ El Centro, connu aussi comme le Barrio Romántico (quartier romantique) est le cœur commerçant de San Sebastián. Il fut édifié à partir de 1863, date de la destruction des murailles de la Parte Vieja. L'architecte municipal Antonio Cortázar imagina de grandes avenues permettant à la ville d'étendre sa superficie, bordées d'immeubles élégants de style éclectique, selon le goût de l'époque.

▸ La Concha s'offre une belle promenade ornée d'une balustrade en fer forgé et de lampadaires élégants, dont la forme a inspiré le trophée du Festival de cinéma de San Sebastián. L'élégant pont María Cristina (1905), orné de quatre obélisques monumentaux, permet de rejoindre la rive droite de l'Urumea.

▸ C'est ici que commence le Gros, quartier aux immeubles élégants et bourgeois, où la seule construction contemporaine détonne dans le paysage. Il s'agit bien sûr du Kursaal, centre de congrès et siège du festival de cinéma, dont l'architecture signée Rafael Moneo est l'objet de nombreuses polémiques. Juste à côté s'étire la plage de la Zurriola jusqu'au pied du mont Ulía, spot fétiche des surfeurs de San Sebastián et lieu de baignade favori de la jeunesse locale. Ici règne une ambiance bien distincte de celle du Barrio Romántico. Entre boutiques de surf, petits créateurs et restaurants à la mode, le Gros est un coin éminemment hipster sous ses airs de quartier résidentiel.

Pont Maria Cristina.

San Sebastián.

À VOIR / À FAIRE

C'est dans la *Parte Vieja* que le roi de Navarre Sanche le Sage fonda en 1180 la cité de San Sebastián. Blotti au pied du mont Urgull (ancien bastion de défense, le mont est aujourd'hui un lieu de promenade offrant des vues magnifiques sur la baie), ce quartier reste fortifiée jusqu'en 1863, date de la destruction de ses murailles, puis est largement reconstruit début XIXe siècle. En plus de l'aquarium, ici se concentrent les trois principaux monuments de la ville : la basilique Santa Maria del Coro, l'église San Vicente et le musée de San Telmo, installé dans un ancien couvent dominicain du XVIe siècle. Plus à l'ouest, la *Concha* est sans conteste l'une des plus belles plages urbaines d'Europe : la promenade s'étend sur près de 1,5 km, des jardins d'Alderdi Eder au pied du mont Igueldo et son parc d'attraction très fréquenté le dimanche. Plages, parcs et restaurants sont les principaux atouts de la zone *Gros/Centro/El Antiguo*.

OFFICE DE TOURISME DE SAN SEBASTIÁN

Alameda del Boulevard, 8
✆ +34 943 481 166
www.sansebastianturismoa.eus
Du lundi au samedi de 10h à 18h (20h l'été), dimanche de 10h à 14h (19h l'été).

L'office de tourisme est situé sur l'Alameda Boulevard, grande avenue centrale qui sépare le centre historique du quartier d'El Centro. L'accueil y est très professionnel et, en plus des services habituels, l'office met à votre disposition le plan de la ville et des brochures sur l'histoire de San Sebastián. De nombreuses visites guidées y sont proposées. Il existe deux autres points d'information dans la ville, l'un à la gare, l'autre face à la Concha (uniquement en été).

SAGARDOA ROUTE

✆ +34 943 33 68 11
www.sagardoa.eus

Vous rêvez de tester une typique cidrerie basque, mais vous ne savez pas comment vous y prendre, ni même comment vous rendre sur place ? L'association des Cidreries du Pays Basque a créé la Sagardoa Route pour rendre l'accès plus facile aux visiteurs ! Durant la saison du Txotx (entre janvier et mai environ), des excursions sont organisées avec transport inclus, visite d'une *bodega* et dégustation du menu traditionnel des cidreries (omelette à la morue, côte de bœuf...). Une merveilleuse expérience pour découvrir cette belle tradition basque !

BASQUE DESTINATION

Camino de Mundaiz, 50
✆ +34 943 326 600
www.basquedestination.com

L'agence Basque Destination est basée à San Sebastián, dans les locaux de l'Universidad de Deusto. Elle propose des visites guidées à la journée de Bilbao, Vitoria et San Sebastián, mais aussi toutes sortes d'expériences et de routes thématiques dans le reste de la région. Parmi ses spécialités, des expériences sur le thème de la gastronomie basque : masterclass avec un chef étoilé, découverte du Txakoli de Getaria, cuisine dans une société gastronomique... La sélection est pointue et ravira les fins gourmets en quête de nouvelles expériences !

SLOW WALKING

37 Portuetxe Kalea
✆ +34 943 226 390
www.slow-walking.es

Cette agence basée à Saint-Sébastien propose divers séjours pour les randonneurs. Avec le chemin de saint Ignace, vous partirez à la découverte de Loyola. Le long du Camino del Norte, vous découvrirez les magnifiques paysages de la côte basque. L'agence propose aussi un itinéraire le long de la Route du Vin et du Poisson, de Laguardia à Lekeitio, mais aussi le long de la route du Flysch ou dans les sommets montagneux du Pays basque. Le nom de l'agence le laisse deviner : la lenteur est ici de mise, pour profiter pleinement de l'instant et du paysage.

AUPA HI

✆ +34 685 718 816

www.aupahi.eus

Le sympathique Julien propose à travers son agence de vivre une expérience vraiment authentique du Pays basque. En dehors des sentiers battus, il vous emmènera surfer, faire la tournée des bars à Saint-Sébastien, participer à un concours de pintxos dans une authentique société gastronomique, visiter une traditionnelle *quesería* où l'on fabrique du fromage, goûter au menu typique des cidreries basques, déguster des vins dans une bodega de *txakoli*… Toutes ces expériences sont organisées à la journée, à Saint-Sébastien et dans ses environs.

GO LOCAL SAN SEBASTIAN

Sarriegi Plaza, 9

✆ +34 688 958 118

www.golocalsansebastian.com

Une équipe jeune, dynamique et professionnelle qui vous fera découvrir San Sebastian et ses environs comme un vrai local ! Visites guidées à pied ou à vélo, privées ou en petit groupe, Go Local s'adapte à vos envies et partagera avec vous sa passion pour l'histoire et la culture de sa ville. Ne ratez pas la visite guidée en vélo électrique, la randonnée le long du Chemin de Compostelle ou les visites thématiques. Bon plan : Go Local propose chaque jour une visite gratuite de la ville à pied et dispose également d'un service de location de vélos.

CATAMARAN CIUDAD SAN SEBASTIAN

Paseo del Muelle 14

✆ +34 943 287 932

www.ciudadsansebastian.com

L'été, départs tous les jours entre 12h et 20h. Le reste de l'année, uniquement les week-ends. Prix : 12 €.

Depuis 1967, cette entreprise maritime promène les visiteurs dans la baie et sur le littoral de San Sebastián. Actuellement, elle dispose d'un catamaran moderne de 120 places, pour une agréable excursion de 40 minutes environ. Au départ du vieux port, la balade vous permettra d'admirer la sculpture d'Oteiza, la plage de la Zurriola, le peigne des vents de Chillida, l'île de Santa Clara… Sans oublier la baie de la Concha et ses icônes : l'hôtel de ville, le palais de Miramar…

MOTORAS DE LA ISLA

Plaza La Lasta s/n

✆ +34 943 000 450

www.motorasdelaisla.com

Service entre juin et septembre. Ligne rouge 4 €, ligne bleue 6,50 € A/R.

Depuis 1942, cette petite entreprise familiale assure le transport des passagers jusqu'à l'île de Santa Clara durant la période estivale. Situé face à la baie de la Concha, cet îlot de 5 hectares, resté pratiquement vierge, possède une plage agréable où il fait bon passer quelques heures en été. Deux lignes sont proposées : la rouge vous conduira directement jusqu'à l'île, tandis que la bleue offre un détour par La Concha pour admirer ses fonds marins et ses monuments emblématiques. Service spécial pour les feux d'artifices de la Semana Grande (se renseigner).

CITY TOUR DONOSTIA

https://sansebastian.city-tour.com

Tous les jours en été, vacances et ponts. L'hiver, uniquement les week-ends. Bus 12 €, train touristique 5 €.

Promenade en petit train de 40 minutes à travers la ville, disponible en français, pour voir les principaux monuments et sites touristiques : Parte Vieja, Paseo de la Concha, Palacio Miramar, Catedral del Buen Pastor, Teatro Victoria Eugenia… Cette agence propose aussi un service de bus touristique. Le parcours dure environ 1h, mais on peut monter et descendre à sa guise. Il passe notamment par les plages de La Concha, Zurriola et Ondarreta. Les billets sont disponibles en ligne, à l'office de tourisme ou directement à bord du bus ou du train !

SAN SEBASTIAN ADVENTURES

Reyes Catolicos Kalea, 14

✆ +34 639 267 948

www.sansebastianadventures.com

Cette agence, gérée par une équipe de jeunes professionnels (dont quelques expatriés tombés en amour de la ville et du Pays Basque), propose de découvrir San Sebastián à travers divers itinéraires bien ficelés. Visites à vélo, tournées des bars à *pintxos*, randonnée le long du chemin de Compostelle… mais aussi des visites sur mesure. À tester également : la visite guidée à la découverte du mont Urgull pour mieux comprendre l'histoire de la ville. Dans une ambiance détendue sont égrenés anecdotes et secrets, donnant à voir une San Sebastián différente.

AQUARIUM SAN SEBASTIÁN ★★

Plaza Carlos Blasco de Imaz, 1
✆ +34 943 440 099
www.aquariumss.com
L'été, tous les jours 11h-20h. Reste de l'année, fermé le lundi. Entrée adulte 13 €, enfant (4-12 ans) 6,50 €.

Situé dans le vieux port de San Sebastián, l'aquarium occupe un bâtiment de 1928 où sont exposées plus de 200 espèces marines. Outre la section « aquarium » à proprement parler, une exposition retrace l'histoire maritime de la région autour des thèmes de la pêche, les baleiniers basques et le commerce maritime. Richement illustrée de peintures et maquettes, cette section s'intéresse également à la création de la société d'océanographie de Gipuzkoa, entité fondatrice de l'aquarium, qui fut l'une des pionnières de la recherche océanographique en Espagne.

L'aquarium, quant à lui, réunit une trentaine de bassins où sont représentées des dizaines d'espèces marines provenant de l'océan Atlantique, mais aussi de mers tropicales. Le clou de la visite est son immense tunnel transparent, long de 36 mètres, permettant d'observer à 360° une quarantaine d'espèces marines, notamment des requins, des tortues, des raies ou encore des murènes.

La visite guidée en français vous apprendra, par exemple, que 10 % de l'eau de l'aquarium est renouvelée journellement par de l'eau de mer, qu'en une année les poissons consomment 6 700 kg de nourriture et qu'il faut 3 heures par jour pour nettoyer le tunnel acrylique. Pour les plus intrépides, une activité nocturne vous permettra de dormir à l'intérieur de l'aquarium ! Le site comporte également un auditorium ainsi qu'une boutique de cartes postales et de souvenirs. Au-dessus du bâtiment, le restaurant Bokado sert une cuisine raffinée avec de très belles vues sur la Concha.

BASILIQUE SANTA MARÍA DEL CORO ★

C/ 31 de Agosto, 46
✆ +34 943 423 124
Tous les jours de 10h30 à 13h et de 16h à 19h30.

© LIVCOOL - ISTOCKPHOTO.COM

Achevée en 1774 dans un style baroque, la basilique fut élevée sur le site d'une ancienne église romane en l'honneur de Sainte-Marie du Chœur, la patronne de San Sebastián. Située en plein cœur de la Parte Vieja, cette basilique compte parmi les monuments les plus photographiés de la ville. Il faut dire que sa somptueuse façade de style churrigueresque attire tous les regards ! Dans la niche, observez la statue de saint Sébastien martyr, saint patron de la ville.

IGLESIA DE SAN VICENTE

Calle de San Vicente, 3
✆ +34 943 422 199
www.san-vicente-parroquia.es
Tous les jours de 11h à 13h et de 17h à 20h.

En plein Casco Viejo, c'est la plus ancienne église de la ville, construite durant la première moitié du XVIe siècle dans un style gothique. A l'intérieur, on remarquera le magnifique retable du XVIe siècle qui couronne le maître-autel, œuvre du sculpteur Ambrosio Bengoechea, ainsi que les voûtes sur croisées d'ogives et les impressionnants vitraux. Sur sa façade latérale, observez la sculpture de l'artiste Jorge Oteiza, *La Piété*. Durant la Quinzaine Musicale de San Sebastián, de nombreux concerts sont célébrés dans son enceinte.

MUSEO DIOCESANO DE SAN SEBASTIÁN

31 de Agosto Kalea, 46
✆ +34 617 256 284
www.dmuseoa.com
Du lundi au vendredi 10h30-14h30 et 17h-19h, samedi jusqu'à 18h. L'été, tous les jours 10h30-19h. Entrée 3 €.

Inauguré en 2016, ce musée diocésain flambant neuf occupe l'une des dépendances de la basilique Santa María del Coro, réhabilitée par les architectes Rafael Moneo et Pedro Elcuaz. Il remplace, six ans après sa fermeture, l'ancien musée du quartier d'Amara. Les 70 œuvres exposées couvrent une large période allant du Xe siècle jusqu'à l'époque contemporaine, et sont organisées en trois grandes sections : art médiéval, art moderne et art contemporain.

MONTE URGULL ★★

Castillo de la Mota

Horaires Casa de la Historia : en été, tous les jours 11-20h. Reste de l'année, du mercredi au dimanche 10-17h30.

Ancien bastion de défense, le mont Urgull est aujourd'hui un lieu de promenade offrant des vues magnifiques sur la baie de San Sebastián. Là se trouvent les restes du Castillo de la Mota, une ancienne forteresse du XIIe siècle construite par le roi Sancho de Navarre. Les canons posés sur les tours de guet rappellent que San Sebastián fut une place militaire active entre les XVe et XIXe siècles face aux attaques régulières des troupes françaises. Un petit musée aménagé dans l'une des dépendances militaires du château – La Casa de la Historia (maison de l'Histoire) – propose un parcours à travers l'histoire de la ville, ses traditions et ses fêtes.

Une infinité de petits chemins permettent de gravir la montagne au sommet de laquelle trône le monument du Sagrado Corazón (Sacré-Cœur), élevé sur plus de 12 mètres. Construite dans les années 1950 par le sculpteur espagnol Federico Coullaut-Valera, cette statue est devenue l'un des emblèmes de San Sebastián. Sur le versant nord de la montagne, le cimetière des Anglais demeure un lieu confidentiel, où seuls quelques curieux s'aventurent pour profiter d'un panorama éblouissant. Construit en 1924, il préserve les tombes des soldats anglais morts lors de la Première Guerre carliste. À l'ouest, sur le Paseo Nuevo qui contourne la montagne, l'imposante *Construction vide* du sculpteur basque Jorge Oteiza semble défier la force des marées. Les jours de tempête, seuls les plus téméraires empruntent cette belle promenade où viennent se briser des vagues parfois violentes.

MUSEO MARÍTIMO VASCO ★

Kaiko Pasealekua, 24

✆ +34 943 430 051

www.untzimuseoa.eus

Du mardi au samedi 10-14h et 16-19h, dimanche 11-14h. Gratuit.

Logé dans l'ancienne « Casa del Consulado » bâtie autour du XVIIIe siècle, ce musée retrace plusieurs siècles de l'histoire navale basque. C'est l'occasion d'en apprendre un peu plus sur la relation passionnelle qui unit le peuple basque à la mer ! Parmi les 6 000 pièces qui composent sa collection permanente, vous remarquerez par exemple la réplique d'une chaloupe baleinière, un habitacle de compas de 1950 et autres instruments et maquettes de navigation. Le musée accueille aussi régulièrement des expositions temporaires sur le thème maritime.

PASEO NUEVO ★★

Pasealeku Berria

Cette belle promenade inaugurée en 1916 contourne le Mont Urgull depuis le port jusqu'à la Parte Vieja. Les jours de tempête, seuls les plus hardis viennent profiter du spectacle majestueux des vagues venant se briser sur ses remparts. On peut y admirer une sculpture monumentale de Jorge Oteiza, *Construción vacía* (« Construction vide »). Le lieu est habituellement calme, bien que la foule s'y presse en août pour profiter des attractions de la Semana Grande, puis en septembre pour assister aux compétitions de la Bandera de la Concha.

SAN TELMO MUSEOA ★★

Plaza Ignacio Zuloaga, 1

✆ +34 943 481 580

www.santelmomuseoa.eus

Ouvert du mardi au dimanche 10-20h. Entrée 6 €. Gratuit le mardi.

Situé au pied du mont Urgull, le musée San Telmo de San Sebastián occupe un ancien couvent dominicain du XVIe siècle doté d'un très joli cloître. Rouvert en 2011 après sa rénovation, le musée s'est agrandi et présente désormais une façade contemporaine percée de milliers de petits trous laissant échapper de la végétation. Le musée San Telmo est le lieu pour découvrir l'histoire, la culture et les modes de vie du peuple basque. Dans l'église du couvent, l'artiste catalan Josep Maria Sert a exploré à travers une série de 11 toiles des thèmes de la culture basque comme les « fueros » (anciennes lois locales), la pêche à la baleine ou l'arbre de Guernica. Le musée abrite aussi une remarquable collection de stèles originaires du Pays basque, dont certaines remontent à l'époque pré-romaine. Composée de plus de 80 pièces, cette collection forme un témoignage exceptionnel de l'art funéraire basque. La section ethnographique s'intéresse à la société basque et en particulier au culte des ancêtres à travers une collection d' « argizaiolas », des planches à chandelles en bois sculpté utilisées pour veiller les défunts. Dans la section consacrée aux beaux-arts, on remarquera surtout la collection d'art basque, qui expose notamment des œuvres des célèbres sculpteurs Jorge Oteiza et Eduardo Chillida, mais aussi du peintre figuratif Vicente Ameztoy et d'autres auteurs des XIXe et XXe siècles. Le musée accueille aussi régulièrement des expositions temporaires et propose des activités diverses (consulter le site).

Sagrado Corazón au Monte Urgull.

CATEDRAL DEL BUEN PASTOR ★

Urdaneta Kalea, 12
✆ +34 943 464 516
Tous les jours de 8h à 14h et de 17h à 20h.
Bâtie au XIXe siècle dans un style néogothique, la cathédrale du Bon Pasteur fut inaugurée en 1897 par la régente Marie-Christine et son fils Alphonse XIII. Construite avec des pierres provenant du mont Igueldo, elle arbore une tour néogothique haute de 75 mètres. Sur sa façade principale, on remarque *La Cruz de la paz* (*La Croix de la paix*), œuvre du célèbre sculpteur basque Eduardo Chillida. A l'intérieur de la cathédrale, remarquez son orgue inauguré en 1954 : c'est le plus grand d'Espagne et l'un des plus grands d'Europe !

CENTRO KURSAAL

Avda. de Zurriola, 1
✆ +34 943 003 000
www.kursaal.eus
Un bâtiment contemporain qui continue de faire enrager les puristes ! Inaugurée en 1999, cette œuvre de l'architecte navarrais Rafael Moneo fut l'objet de vives polémiques. Rien à voir, en effet, avec l'ancien Gran Kursaal de 1921, dont l'architecture Belle Epoque était le cadre des jeux du casino. Le « nouveau » Kursaal se présente quant à lui sous la forme de deux cubes de verre translucide, dans un lieu privilégié face à la plage de la Zurriola. Utilisé comme palais des Congrès et auditorium, il est le siège principal du Festival de cinéma de San Sebastián.

ÎLE DE SANTA CLARA ★

✆ +34 943 000 450
www.motorasdelaisla.com
Navette maritime en service de juin à fin septembre, de 10h à 20h. Départ toutes les demi-heures. Prix : 4 €.
Située face à la baie de la Concha, cette petite île haute de 48 mètres est accessible pendant la période estivale grâce à un service de navette maritime. Au XVIe siècle, elle servit d'hospice pour les malades de la peste. L'îlot, resté pratiquement vierge, est seulement doté d'un phare et de quelques tables pour pique-niquer. En été, de nombreux visiteurs viennent profiter de sa petite plage dotée de tous les services (douches, bar, poste de secours). Longue d'une trentaine de mètres, elle apparaît et disparaît au rythme des marées.

LA CONCHA ★★★

Bahía de La Concha
La Concha, en forme de coquille (*concha* signifie « coquillage » en espagnol) est sans conteste l'une des plus belles plages urbaines d'Europe. San Sebastián doit beaucoup de son charme à son Paseo de la Concha, lieu de rencontre et de balade, auquel le rythme hors saison sied si bien. Depuis le port et les jardins d'Alderdi Eder – dont le nom signifie « beau site » – jusqu'au pied du mont Igueldo, la promenade s'étend sur près de 1,5 km. On peut également contourner le mont Urgull par le Paseo Nuevo pour pousser la balade jusqu'à la plage de la Zurriola.

C'est vers la moitié du XIXe siècle que La Concha acquiert une renommée internationale. Sur les conseils de son médecin, la reine Isabel II effectue des bains de mer pour soigner ses problèmes de peau, entraînant dans son sillage toute l'aristocratie de l'époque. L'essor touristique provoqué par l'arrivée de la reine conduit à l'aménagement d'une belle promenade le long de la plage : le Paseo de la Concha. Parmi ses éléments emblématiques, on remarquera la balustrade en fer forgé créée en 1910 par l'architecte municipal Juan Rafael Alday, dont les formes ornementales font la singularité. Ses élégants lampadaires ont, quant à eux, inspiré le trophée remis lors du festival de cinéma de la ville. Vers la fin du XIXe siècle, la régente Maria Cristina venait elle aussi prendre des bains de mer dans la baie de La Concha. Succombant au charme du site, elle fit construire le palais Miramar pour y passer ses étés. Edifié en 1893, ce superbe palais de style anglais se dresse sur un promontoire face à la baie. En face, l'île de Santa Clara, accessible en navette maritime, offre une petite plage de 30 mètres de long prisée des vacanciers.

Aujourd'hui, la baie de La Concha n'a rien perdu de son charme. Pendant l'été, lorsque la marée est basse, 40 mètres de plage s'offrent aux familles et aux vacanciers – les surfeurs préférant la plage de la Zurriola pour ses vagues. Sous les arcades, de nombreux services ont été aménagés pour les baigneurs (vestiaires, douches, casiers, etc.). En fin de journée, son *paseo* se remplit d'une foule dense, en particulier lors de la fameuse Semana Grande. A cette occasion, la baie de La Concha devient le théâtre d'un grand concours de feux d'artifice célébré tous les ans depuis 1964, auquel participent les meilleures compagnies pyrotechniques du monde entier. Au mois de septembre, c'est au tour des *traineru* (« traînière » en français) d'envahir la baie à l'occasion de la compétition Bandera de La Concha (littéralement « drapeau de la Concha »).

EUREKA ! MUSÉE DE LA SCIENCE ★★

Paseo Mikeletegi, 45 ✆ +34 943 012 478
www.eurekamuseoa.eus
Du lundi au vendredi 10h-19h (20h l'été), week-end 11h-20h. Entrée adultes : 10 €, enfants (4-17ans) : 7 €.

Accessible à tous, un musée ludique, interactif, innovant, qui s'emploie à transmettre les connaissances scientifiques : l'astronomie, grâce à son planétarium qui vous projette des images en haute définition sur un écran à 360°, ou son observatoire installé dans une tour de plus de 30 mètres de haut. Le musée vous fera découvrir l'univers fascinant des phénomènes scientifiques et techniques à travers diverses sections thématiques : Jeux de lumière, Monde mécanique... ou la toute nouvelle salle Étincelles d'énergie. Le musée abrite également l'espace Animalia avec plus de 20 espèces d'animaux vivants. Vous y verrez notamment des tortues, des serpents des forêts tropicales, des méduses et pieuvres ! Une salle de simulateurs vous attend pour vivre des expériences uniques et vous transporter dans un monde de sensations fortes : moto GP, voiture F1, vaisseau Orion, cabine de vol Max Flight ou encore l'immanquable simulateur de montagnes russes ! L'observatoire astronomique est un lieu d'activités passionnantes pour les férus d'astronomie. Sous une large coupole, deux immenses télescopes permettent d'observer les étoiles et les planètes lors de visites guidées nocturnes. À l'extérieur du musée, une exposition de maquettes présente les édifices emblématiques de San Sebastián et du Guipúzcoa. Vous y verrez aussi un jardin botanique. Enfin, le musée dispose d'un grand parking et d'un restaurant, tout cela dans un environnement privilégié à 10 min du centre de San Sebastián.

JARDINS D'ALDERDI-EDER

Leur nom signifie « beau site » en langue euskera. Créés en 1880, ces jardins toujours noirs de monde se trouvent en face de l'Hôtel de Ville (1887), élégant bâtiment Belle Epoque qui abritait autrefois un casino ! Dessinés par le paysagiste français Pierre Ducasse, les jardins sont parsemés de tamariniers, espèce côtière résistante à l'assaut des entrées maritimes. En août, c'est l'un des lieux de rassemblement incontournable pour assister aux feux d'artifice de la Semana Grande. Son joli manège avec la baie en toile de fond offre un décor de carte postale !

MONTE IGUELDO ★★★

www.monteigueldo.es
L'été, tous les jours de 10h à 22h. L'hiver, jusqu'à 19h en semaine et 20h les week-ends. Funiculaire 4 € A/R.

A l'extrémité ouest de la baie de la Concha se dresse le mont Igueldo avec son parc d'attractions, lieu de pèlerinage dominical pour plusieurs générations de Donostiarras. C'est au début du XXe siècle que le mont Igueldo est aménagé en parc de loisirs alors que San Sebastián connaît son apogée grâce aux séjours estivaux de la reine Maria Cristina et de sa cour. Dès 1911, le parc inaugure un grand casino qui disparaîtra quelques années plus tard, en 1925, avec l'interdiction des jeux. Un hôtel de luxe, le Mercure Monte Igueldo, a depuis été construit à cet emplacement. Le 25 août 1912 voit le jour son funiculaire, qui reste encore aujourd'hui le meilleur moyen d'accéder au sommet du mont Igueldo. Ses wagons conservent leur carrosserie en bois d'origine, plus d'un siècle après leur création. En seulement trois minutes, ce pittoresque funiculaire parcourt les 312 mètres de voies qui permettent de rejoindre le sommet du parc. Là, petits et grands viennent profiter de ses attractions rétro – La Rivière mystérieuse, Le Labyrinthe ou La Montagne suisse, qui est la plus ancienne montagne russe en acier du monde encore en fonctionnement ! Ce décor au charme suranné est dominé par le Torreón de Monte Igueldo, un ancien phare du XVIIIe siècle construit à 180 mètres au-dessus du niveau de la mer, offrant une vue époustouflante depuis sa terrasse. Lorsque le ciel est dégagé, ce panorama saisissant embrasse le cap Machichaco jusqu'aux Landes, où le bleu profond de la mer Cantabrique semble toucher l'infini.

Palais de Miramar.

PALAIS DE MIRAMAR ★

Achevé en 1893, ce somptueux palais de style anglais fut édifié comme résidence estivale de la régente Maria Cristina. Sujette à des infections de la peau, ses médecins lui avaient recommandé un traitement à base de bains d'eau de mer. C'est donc à San Sebastián que la reine prit coutume de passer ses étés, entraînant avec elle sa cour et toute l'aristocratie de l'époque. Le palais se dresse sur un promontoire face à la baie. Il est le siège permanent des cours d'été de l'université du Pays basque, tandis que ses jardins accueillent de nombreuses célébrations.

PARQUE DE AIETE ★

Aiete Pasealekua

Ce palais de style néoclassique (1878), ancienne résidence d'été du général Franco, est sans nul doute l'un des plus beaux de la ville. Ses magnifiques jardins, dessinés par le paysagiste Pierre Ducasse, sont un havre de paix et de romantisme. Ils sont peuplés d'une centaine d'espèces d'arbres et de plantes, ornés d'un étang, de grottes et de cascades. Le palais abrite désormais la Maison de la Paix et des Droits de l'Homme. Juste à côté, un bâtiment très moderne, pratiquement enterré sous les jardins, accueille un centre culturel.

PARQUE CRISTINA ENEA ★

66 Paseo del duque de Mandas

✆ +34 943 453 526

www.cristinaenea.eus

Parc ouvert de 6h30 à 22h30.

Situé juste à côté du centre culturel Tabakalera, c'est l'un des plus grands parcs urbains d'Espagne avec ses 95 hectares dessinés par le paysagiste Pierre Ducasse, auteur notamment des jardins du Palais de Miramar. Ce parc romantique, peuplé de cygnes et de paons, fut construit par le duc de Mandas pour sa femme Cristina à la fin du XIXe siècle. Son ancienne résidence, au cœur du parc, est aujourd'hui le siège de la Fondation Cristina Enea, qui gère différents projets environnementaux et accueille régulièrement des expositions.

PEINE DE LOS VIENTOS ★★

Eduardo Chillida Pasealekua, s/n

Situé à l'extrémité ouest de la plage d'Ondarreta, le Peigne du vent est une sculpture réalisée par l'artiste Eduardo Chillida et l'architecte Luis Peña Ganchegui. Elle se compose de trois éléments de neuf tonnes en acier, ancrés dans les rochers de la côte, qui se laissent fouetter par les assauts de la mer Cantabrique. Au ras du sol, on peut voir l'eau et le vent jaillir sous ses pieds par des orifices spécialement conçus à cet effet, produisant un son très particulier, que certains n'hésitent pas à surnommer « l'orgue de Chillida ».

PLAGE D'ONDARRETA ★

Playa de Ondarreta

Située à l'ouest de la baie, cette petite plage longue de 600 mètres se niche entre le mont Igueldo et les jardins du Palais Miramar. Moins célèbre que sa voisine La Concha et généralement plus tranquille, elle est très appréciée des familles en raison de ses nombreux équipements (rampe d'accès, douches, location de parasols, jeux pour enfants). Les plus sportifs, quant à eux, profiteront des terrains de volleys, et pourront même se lancer à la nage jusqu'à l'île de Santa Clara (se renseigner). Les jours de forte houle, il n'est pas rare d'y voir des surfeurs.

PLAGE DE LA ZURRIOLA ★★

Playa de la Zurriola

Blottie aux pieds du Kuursal, face au quartier du Gros, la plage de la Zurriola est le rendez-vous des surfeurs et des jeunes de San Sebastián. Elle s'étend sur 800 mètres entre l'embouchure du fleuve Urumea et le mont Ulía, depuis son urbanisation dans les années 1990. Moins touristique que la Concha, elle prend des airs californiens en été, lorsque sa promenade se remplit de jolies filles dans le vent et de surfeurs bronzés. La plupart des écoles de surf se concentrent d'ailleurs à cet endroit, bien plus exposé à la houle que les autres plages de la ville.

SALA KUBO-KUTXA

Avd. de la Zurriola, 1

✆ +34 943 012 400

www.sala-kubo-aretoa.eus

Du mardi au dimanche 12h-14h et 16h-20h (l'été, sans interruption les week-ends). Entrée libre.

Située dans le bâtiment très moderne du Kursaal, la salle Kubo-Kutxa accueille des expositions temporaires dans un vaste espace de 1 000 m². Inaugurée en l'an 2000, elle est gérée par la fondation Kutxa, de la banque du même nom. Peinture, photographie, sculpture : ses expositions explorent principalement l'art moderne et contemporain du début du XXe siècle jusqu'à nos jours. Parmi les prestigieux artistes exposés entre ses murs, citons par exemple Javier Mariscal, Joan Miró, Jorge Oteiza, Rafael Moneo ou encore Miquel Barceló.

TABAKALERA ★★

Andre Zigarrogileak Plaza, 1 ✆ +34 943 118 855

www.tabakalera.eus

Du lundi au jeudi de 9h à 21h, vendredi de 9h à 22h, samedi de 10h à 22h et dimanche de 10h à 21h. Accès libre.

Inauguré en 2015, ce centre de culture contemporaine occupe le bâtiment d'une ancienne manufacture de tabac, qui fonctionna entre 1913 et 2003. Cœur battant de la création contemporaine locale, c'est à la fois un lieu de production culturelle, avec son laboratoire de culture digitale et ses espaces dédiés à la création, mais aussi un lieu de diffusion avec ses salles d'expositions et de cinéma. Tabakalera fonctionne également comme un écosystème culturel, accueillant dans ses locaux les sièges de diverses institutions et entreprises du secteur de la création.

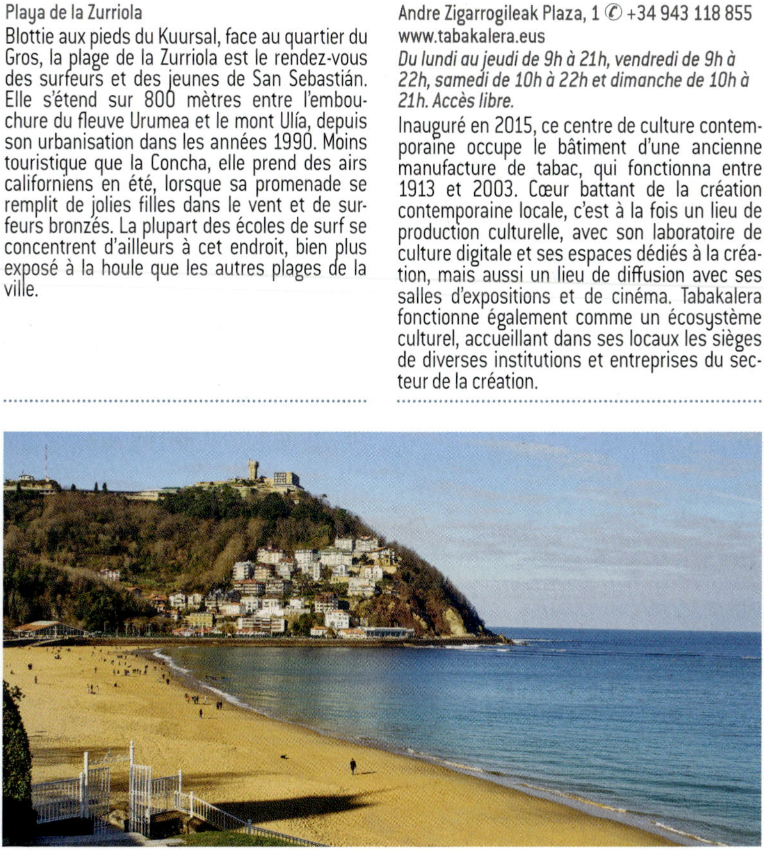

Plage d'Ondarreta.

SE LOGER

L'offre hôtelière de Saint-Sébastien est très variée, des petites pensions de charme aux grands hôtels de luxe. Ici, il y a peu de grandes chaînes hôtelières, mais les prix sont aussi plus élevés. D'abord parce qu'il s'agit d'une station balnéaire, ensuite à cause des grands événements annuels (Semana Grande, festival du film, etc.). Si vous avez le sommeil léger, évitez les établissements de la Parte Vieja, en particulier ceux situés à proximité directe de la Place Gipuscoa (à moins que vous soyez justement en quête d'animation nocturne et que le sommeil n'est pas votre priorité), pour vous orienter vers les autres quartiers, nettement plus tranquilles. La zone un peu plus au sud de la Parte Vieja est une bonne option en ceci qu'elle reste très centrale et active, mais plutôt calme une fois passée l'heure du dîner. Le quartier d'Antiguo est une autre option très populaire, historique et ne manquant pas d'authenticité.

CASA RURAL ARISTONDO €

Pilotegi Bidea, 70
✆ +34 943 215 558
www.aristondo.com
Comptez 60 € la chambre double.

Située en pleine zone rurale du quartier d'Igueldo, cette exploitation est consacrée à l'horticulture bio. Les visiteurs peuvent même participer aux travaux agricoles et acheter les produits de la maison. Les 4 chambres avec salle de bains se trouvent dans un bâtiment récent mais de style local, et indépendant de la ferme. Simples mais spacieuses, elles sont prisées des familles. La valeur ajoutée de cet établissement réside dans la transmission des valeurs basques, notamment de la nature, avec ses activités agricoles, horticoles et d'élevage.

AGROTURISMO MADDIOLA €€

Paseo del Padre Orkolaga, 161
✆ +34 652 703 128
www.agroturismomaddiola.com
Chambre double entre 70 et 80 €.

Une splendide maison admirablement située, avec une vue grandiose sur la mer et la montagne. Bien que de construction récente, les matériaux nobles dont elle est faite – la pierre et le bois – lui donnent l'aspect d'une maison traditionnelle. Les chambres sont très confortables et bien équipées. Entourée de jardins et de pâturages pour les pottoks, la Casa Maddiola se trouve à 7 km du centre-ville et à proximité de la plage. L'accueil des propriétaires et l'excellent petit déjeuner méritent d'être soulignés. Un lieu paisible pour déconnecter de tout !

PENSIÓN AMAIUR €

31 de Agosto, 44
✆ +34 943 429 654
www.pensionamaiur.com
Comptez entre 50 et 120 € la chambre double selon la saison.

Sympathique pension colorée aux balcons chargés de fleurs, située au cœur de la Parte Vieja, à côté de la basilique Santa Maria. La pension, accueillante et confortable, propose des chambres doubles et triples avec salle de bain commune ou privée (mais à l'extérieur de la chambre !). On peut profiter de la cuisine pour préparer un petit plat ou pour faire connaissance avec les nombreux voyageurs qui font halte dans cette pension et contribuent à son atmosphère inégalable. Notez qu'il n'y a pas d'ascenseur, et que l'escalier d'accès est assez raide !

GUEST HOUSE IBAIA ER ARRAMAK €€

Larramendi, 2
✆ +34 672 653 656
www.ibaiaetarramak.com
Comptez entre 130 et 220 € selon la saison.

Au bord des rives de l'Urumea, la pension la plus chic de San Sebastián occupe le premier étage d'un immeuble néoclassique du XIXe siècle, ouvert sur un charmant jardin. Côté déco, le mixe entre design contemporain et inspiration nordique est une vraie réussite. On apprécie aussi le calme et l'intimité du lieu. Ses chambres, à la décoration épurée, mêlent le bois et le verre avec beaucoup d'élégance. Emplacement commode, en face de la gare et du centre culturel Tabakalera.

HOTEL LA GALERÍA €€

Infanta Cristina, 1-3
✆ +34 943 317 559
www.hotellagaleria.com
Chambre double entre 50 et 250 € selon la saison.
Installé dans un élégant bâtiment du XIXe siècle, ce petit hôtel se dresse au bord de la promenade maritime d'Ondarreta. Dans les chambres, spacieuses et bien entretenues, un décor à l'ancienne inspiré des grands peintres – Picasso, Dalí, Miró – avec du mobilier d'époque. La plupart offrent des vues somptueuses sur la plage d'Ondarreta. Le petit-déjeuner buffet est servi dans le joli bar au décor maritime. Bon à savoir : l'hôtel accueille les animaux de compagnie (avec supplément). Un hôtel au charme intemporel, à l'image de Saint-Sébastien.

HOTEL PARMA €€

Paseo de Salamanca, 10
✆ +34 943 428 893
www.hotelparma.com
Chambre double entre 50 et 180 €.
Hôtel calme, avec une clientèle familiale. Très fonctionnelles, ses 26 chambres bénéficient d'une salle de bains privée, téléphone, wifi et coffre-fort. Les chambres, dites « intérieures », donnent sur la cour du bâtiment, tandis que les chambres « extérieures » ont vue sur la rue voisine ou sur l'océan. Après des travaux en début d'année 2018, l'hôtel s'est également doté d'un ascenseur. Vous apprécierez son excellent emplacement à l'entrée de la Parte Vieja, face à la plage de La Zurriola et le palais des congrès Kursaal. Très bon accueil !

HOTEL LEKU EDER €€

K. Balenziaga, 2
✆ +34 943 210 107
www.lekueder.com
Comptez entre 65 et 130 € la chambre double.
Sur le mont Igueldo, un hôtel familial qui séduit par son emplacement au-dessus des falaises offrant des vues panoramiques. Ses 21 chambres présentent une décoration à l'ancienne, avec du mobilier en bois à tendance rustique, et sont équipées de tout le nécessaire pour un séjour confortable (salle de bain privée, climatisation, connexion wifi). Mais ce qui nous séduit vraiment dans ce petit hôtel, c'est sa grande salle à manger qui surplombe l'océan, où l'on sert un délicieux petit déjeuner. Accueil très chaleureux du personnel de l'hôtel !

HOTEL VILLA KATALINA BY INTUR €€

Hondarribia Kalea, 42
✆ 943 05 11 75
www.intur.com
Chambre double entre 70 et 200 €.
Tout nouveau, tout beau, cet hôtel inauguré en 2021 au cœur de San Sebastián propose un concept de boutique-hôtel de charme, dans un bel édifice du XIXe siècle restauré avec soin. Situé juste à côté de la cathédrale Bon Pastor, et à 5 minutes à pied de la plage de la Concha, il offre une trentaine de chambres séduisantes, à la décoration éclectique. Au rez-de-chaussée, le restaurant Rúa 877 sert une cuisine raffinée (mais pas donnée !) et de bons petits déjeuners.

HOTEL NIZA €€

Zubieta, 56
✆ + 34 943 426 663
www.hotelniza.com
Chambre double de 70 à 200 €.
Un hôtel familial qui jouit d'un emplacement privilégié sur la promenade de la Concha, en bord de plage. Son hall, classique et élégant, est décoré de meubles anciens, de miroirs et de chandeliers. Ses 40 chambres, spacieuses et claires, possèdent tout le confort. Les plus agréables (mais aussi les plus chères) sont bien sûr celles qui donnent sur l'océan. Le restaurant de l'hôtel, Biarritz, mené par le jeune chef David Agüero, est réputé pour son excellente cuisine de saison. Un pied-à-terre élégant et atemporel, face à la Concha !

OKAKO HOTEL €€

Calle Iztueta, 7 bajo
✆ +34 943 326 000
www.okakohotel.com
Comptez entre 70 et 250 € la chambre double.
Okako est niché dans le quartier de Gros – un endroit parfait pour ceux qui cherchent à se tenir à l'écart de la foule de la vieille ville. Ce boutique-hôtel offre 12 chambres très confortables à la décoration originale. Un œil d'artiste mêle matériaux nobles et pièces vintage aux lignes modernes et aux touches de couleurs vives. L'accueil est attentionné et le service très chaleureux. Koro et son fils s'occupent de tout, des clients au design. L'hôtel est à 5 minutes à pied des magasins du centre, des pintxos de la Parte Vieja et de la plage de la Zurriola.

ABBA SAN SEBASTIÁN HOTEL €€€

Frantzia Pasealekua, 4
✆ +34 9 43 93 04 94
www.abbahoteles.com/es/
Chambres entre 99 € et 350 €.

© ABBA

L'hôtel Abba San Sebastián, est un boutique-hôtel unique dans un palais baroque. L'hôtel est situé le long de la rivière, sur le Paseo de Francia, l'une des promenades préférées des Donostiens, à 5 minutes à pied de la vieille ville, du centre-ville et de la plage La Concha. Les chambres sont décorées sur les tons blanc et bleu, les couleurs de la ville, et bénéficient toutes d'un équipement ultra moderne. Profitez également d'un petit déjeuner buffet composé de produits frais, du parking, de la salle de sport et de la terrasse panoramique.

PENSIÓN ALTAIR €€

Calle del Padre Larroca, 3
✆ +34 943 293 133
www.pension-altair.com
Chambre double entre 50 et 150 €.

Jolie pension située dans le quartier du Gros, à quelques mètres de la plage de la Zurriola et à 10 minutes à pied des bars à pintxos de la Parte Vieja et des boutiques d'El Centro. La pension occupe le premier étage d'un immeuble bourgeois et propose des chambres calmes et décorées avec goût. Arcs en pierre et mobilier contemporain donnent beaucoup de cachet à l'ensemble. La pension propose aussi des appartements équipés, une option pratique pour les familles ou les groupes d'amis. Bon emplacement pour explorer la ville, et des chambres agréables !

PENSIÓN EDORTA €€

Puerto, 15 - 1° ✆ +34 943 423 773
www.pensionedorta.com
Chambre double avec salle de bains commune de 35 à 110 €, avec salle de bains privée de 50 à 150 €.

Chambres spacieuses et bien décorées dans une pension qui n'a rien à envier à certains hôtels ! Installée dans un bâtiment centenaire, cette adresse familiale conjugue le charme des maisons d'hôtes avec un emplacement en plein centre historique, à deux pas du vieux port de San Sebastián et à 5 minutes à pied de la plage de La Concha. Xabier et Arantxa, les propriétaires, ont conservé tout le cachet de cette vieille maison de famille aux murs en briques et pierres apparentes. Attention, les salles de bain, même privées, sont situées à l'extérieur de la chambre !

PENSION ITXASOA €€

Calle San Juan, 14
✆ +34 943 420 132
www.pensionesconencanto.com
Entre 70 et 150 € la chambre double standard.

Une charmante pension située dans la Parte Vieja face à l'agréable promenade du Paseo Nuevo, à mi-chemin entre les plages de La Zurriola et de La Concha (à environ 10 minutes à pied). Elle propose des chambres lumineuses avec salle de bains privée et petite terrasse ou balcon. Elles sont décorées dans des tons clairs avec du parquet ; en prime, toutes les chambres doubles jouissent d'une belle vue sur l'océan. Un petit déjeuner à prix modique peut être servi le matin dans votre chambre. Excellent emplacement et bon rapport qualité-prix !

PENSIÓN JOAKINA €€

Camino, 4 - 4° Dcha
✆ +34 943 425 835
www.pensionjoakina.com
Comptez entre 45 et 120 € la chambre double.

Une petite pension familiale, située à côté de l'élégante Plaza de Gipuzkoa, dans le quartier des boutiques de mode. Elle comprend 6 chambres doubles avec salle de bains privée ou commune, ainsi qu'un appartement équipé. La plupart des chambres possèdent un balcon et donnent sur la rue. L'endroit, en plein centre-ville, demeure très silencieux et tranquille. Vous apprécierez l'accueil de Luis et ses recommandations ! Pratique également : la possibilité d'utiliser le frigo et le four à micro-ondes, mais aussi le thé et le café gratuits.

PENSIÓN SARRIEGI €€

Plaza Sarriegi, 1
✆ +34 628 642 875
https://pensionsarriegi.com
Comptez entre 60 et 190 € la chambre double.

A l'orée du centre historique, une pension de charme située au premier étage d'un bel immeuble classique. La pension dispose de 12 chambres lumineuses avec balcon, bien insonorisées, avec une superficie de 12 m² pour les chambres standard et jusqu'à 16 m² pour les « deluxe ». On aime la décoration moderne d'inspiration scandinave, qui mêle le bois clair à des lignes minimalistes. Une bonne option pour un séjour en plein cœur de San Sebastián, à deux pas des boutiques d'El Centro et à 5 minutes de l'emblématique plage de La Concha.

PENSIÓN URKIA €€

Urbieta, 12
✆ +34 943 424 436
www.pensionurkia.com
Chambre double entre 50 et 150 €.

Une agréable pension en plein centre-ville, à 100 mètres de la plage de La Concha et à 5 minutes à pied de la Parte Vieja. Récemment rénovées, ses chambres simples, voire minimalistes, offrent tout le nécessaire pour un agréable séjour : salle de bains privée, wifi, mais aussi micro-ondes et réfrigérateur. Vous apprécierez leur décoration agréable, même si les bruits de couloir sont parfois un peu gênants. Cette pension familiale est tenue par Juan Mari, un Basque pure souche qui partage volontiers ses bonnes adresses avec ses hôtes !

PENSIÓN URUMEA €€

C/ Getaria, 14, 1.°
✆ +34 943 424 605
www.pensionurumea.com
Chambre double entre 50 et 150 €.

Au 1er étage d'un immeuble ancien et rénové, cette pension propre et agréable propose 5 chambres doubles avec salle de bains privée et wifi. Située au cœur du quartier commerçant d'El Centro, à 5 minutes à pied de La Concha et de la gare, la pension offre un excellent emplacement pour profiter de la ville. Bien qu'un peu étroites, ses chambres offrent tout le confort nécessaire pour un séjour agréable. Les chambres dites « extérieures » donnent sur la rue, tandis que les « intérieures » donnent sur une cour très calme. Bon rapport qualité-prix !

HOTEL DE LONDRES €€€

Zubieta, 2
✆ +34 943 440 770
www.hlondres.com
Chambre double standard entre 100 et 300 €.

L'Hôtel de Londres y de Inglaterra a une situation exceptionnelle sur la plage de La Concha. Doté d'une histoire centenaire toujours présente, il reflète le lieu de prédilection de la famille royale. Vous y trouverez quelques vestiges de ce glorieux passé : appliques et lustres en cristal, mobilier ancien… Les chambres sont de la même veine, avec une décoration classique et des salles de bains de marbre, dont plus de la moitié donnent sur l'océan. Pour les repas, la Brasserie Mari Galant propose une cuisine basque de qualité à des prix très corrects.

© HOTEL DE LONDRES Y DE INGLATERRA

© HOTEL LONDRES

SAN SEBASTIÁN - DONOSTIA

HOTEL AKELARRE €€€

Padre Orkolaga Ibilbidea, 56
✆ +34 943 311 208
https://akelarre.net
Chambre double à partir de 350 €, petit déjeuner inclus.

Perché sur une colline dominant l'océan, l'hôtel ultra chic de Pedro Subijana a été conçu par le cabinet d'architectes Mecanismo autour du célèbre restaurant éponyme. Son concept ? Cinq cubes en pierres grises aux lignes minimalistes, abritant une vingtaine de chambres luxueuses qui s'intègrent parfaitement dans l'environnement d'Igueldo. A l'intérieur, le bois clair et le verre dessinent des espaces infiniment reposants. L'hôtel possède d'ailleurs un spa réputé. Un lieu unique, réservé à quelques privilégiés, pour un séjour gastronomique inoubliable.

HOTEL VILLA SORO €€€

Avenida de Ategorrieta, 61
✆ +34 943 297 970
www.villasoro.es
Comptez entre 120 et 270 € la chambre double.

A 10 minutes à pied de la plage de la Zurriola, sur l'avenue la plus exclusive de la ville, cet hôtel occupe un beau manoir du XIXe siècle aux intérieurs cossus, ornés de meubles classiques et d'œuvres d'art, ayant appartenu à la famille Gaitan de Ayala. Parfaitement restauré, l'hôtel possède vingt-cinq chambres raffinées : quinze dans la villa principale, et dix dans les anciennes écuries. A l'arrivée des beaux jours, son jardin romantique se remplit de fleurs. La proximité du restaurant Arzak attire aussi les fins gastronomes.

HOTEL MARIA CRISTINA €€€

Paseo de la República Argentina, 4
✆ +34 943 437 600
www.marriott.com
Chambre double à partir de 230 €.

Inauguré en 1912 sur les rives du fleuve Urumea, l'hôtel Maria Cristina est à San Sebastián ce que le Majestic est à Cannes : un classique. Ses chambres, ses salons et ses couloirs ont vu défiler une pléiade d'acteurs et de réalisateurs, parmi lesquels les légendaires Robert Mitchum, Sophia Loren et Bette Davis. Les clients y ont droit à toutes les attentions conformes à son statut de grand hôtel. Les chambres, superbes, affichent un classicisme parfait, avec leurs salles de bain en marbre et leurs vues privilégiées sur le fleuve Urumea.

LASALA PLAZA HOTEL €€€

De Lasala Plaza, 2
✆ +34 943 547 000
www.lasalaplazahotel.com
Chambre double de 120 à 400 € selon la saison.

Logé dans un bâtiment néoclassique de 1917, ce superbe hôtel a vu le jour en 2018 dans la Parte vieja de San Sebastián, à deux pas du vieux port et de l'élégante promenade de La Concha. Ses chambres – une soixantaine au total – sont orientées vers le centre historique ou l'océan, et offrent un beau décor qui rend hommage à l'esprit marin de Donostia. Son toit-terrasse, doté d'une petite piscine, offre des vues merveilleuses sur la Concha... Ne manquez pas son restaurant, La Jarana Taberna, où le chef Ander González revisite la tradition basque !

UR-ALDE €€

Portu Kalea, 17 ✆ +34 943 422 581
https://ur-alde.com/pension
Pension de charme ouverte toute l'année. Prix de 60 à 230 €.

Ur-Alde est une pension de charme en plein cœur du quartier du *casco viejo* de San Sebastián. Six chambres qui symbolisent une ville ou une région emblématique (Rio de Janeiro, Amsterdam, Atlanta, Donostia, Glasgow et la Provence). Ur-Alde est une pension sans prétention, simple, propre et confortable. Le plus : son personnel absolument adorable, leurs recommandations de restaurants, et une carte de 10 % de réduction pour le petit déjeuner dans un restaurant partenaire. Ils feront tout pour vous faire vivre un agréable moment à San Sebastián.

MERCURE MONTE IGUELDO €€€

Paseo del Faro, 134
✆ +34 943 210 211
www.monteigueldo.com
Chambre double standard entre 100 et 250 €.

Cet hôtel vit le jour en 1912 dans le cadre de la création d'une zone de loisirs au sommet du mont Igueldo, incluant un casino, un funiculaire et le fameux parc d'attractions. Il est doté de 125 chambres confortables à la décoration assez standard, avec vue sur la baie ou sur la montagne. L'hôtel offre un panorama époustouflant sur la ville et l'océan depuis ses salons et sa terrasse, dotée d'une vaste piscine. Son restaurant, El Torreón, est apprécié pour sa cuisine de saison. Un hôtel idéal lors d'un séjour estival, pour profiter de la vue et de la piscine !

ROOM MATE GORKA €€€

Gipuzkoa Plaza, 11
✆ +34 900 818320
https://room-matehotels.com/fr/gorka
Comptez entre 100 et 350 € la chambre double.

Logé dans un superbe bâtiment à arcades donnant sur la place du Gipuzkoa, ce boutique-hôtel offre de grandes chambres lumineuses au design ultra soigné. Vous n'aurez que quelques mètres à parcourir pour flâner dans le centre historique, vous promener sur la plage de la Concha ou rejoindre les meilleurs bars à pintxos de la ville. Outre son excellent emplacement, l'hôtel séduit avec ses intérieurs à la fois classiques et contemporains. Pour plus de confort, l'hôtel dispose également d'un gymnase, d'une salle de réunion et d'un bar avec terrasse.

ZINEMA7 HOTEL €€€

C/ Sagrada familia, 1 - Amara
✆ +34 943 445 000
www.zinema7hotel.com
Chambre double entre 70 et 200 €.

Logé dans l'ancien cinéma Astoria, cet hôtel est décoré sur le thème du festival du film de San Sebastián. Ses chambres contemporaines sont toutes dédiées à un acteur ou un réalisateur qui a visité la ville. L'hôtel occupe un bâtiment moderne dans le quartier d'Amara, tout près des rives du fleuve Urumea. Outre son superbe décor, il vous séduira par son restaurant dans l'air du temps « Bistroteka », où déguster une excellente cuisine régionale signée Iñigo Palma. Chaque jour, profitez de son menu du jour élaboré avec des produits locaux. Chic et contemporain !

HOTEL TRES REYES SAN SEBASTIÁN €€€

Dulce María Loynaz, 7
✆ +34 943 93 29 32
https://www.hotel3reyes.com/es/
A partir de 76 € la nuit pour une chambre premium, 286 € pour une suite.

© TRES REYES

L'Hôtel Tres Reyes de San Sebastián est idéal si vous voulez profiter de la proximité de San Sebastián sans les inconvénients d'être dans le centre-ville. A 5 minutes du golf Real Nuevo Club Golf Basozabal, venez profiter de la piscine, de son solarium, d'un petit déjeuner buffet responsable (producteurs locaux et produits kilomètre zéro). L'hôtel et ses 80 chambres ont été *designées* par l'architecte d'intérieur Lázaro Rosa Violán. Un petit havre de paix proche de la ville.

FEELFREE €€

Calle Peña y Goñi 3, bajo
✆ +34 943 563 654
www.feelfreerentals.com
A partir de 120 € la nuit.

Cette agence basée à San Sebastián sélectionne des appartements de qualité et dotés de licences touristiques. L'équipe professionnelle et attentionnée propose plus de 150 appartements à San Sebastián dans les principaux quartiers de la ville : Parte Vieja, El Centro, Gros et El Antiguo. Des studios économiques aux lofts luxueux en passant par des appartements avec terrasse ou des villas face à La Concha : il y en a pour tous les goûts, tous les budgets, toujours avec un bon rapport qualité-prix. Une belle alternative pour profiter de son séjour à San Sebastián.

FOREVER RENTALS SAN SEBASTIÁN €

C / Zabaleta, 49
✆ +34 943 265 473
www.forever-rentals.com
A partir de 100 € la nuit.

Cette agence basée à San Sebastián, Bilbao et Madrid sélectionne des appartements de charme. À San Sebastián, elle gère actuellement moins d'une dizaine d'appartements situés dans les quartiers du Gros et El Centro, dont certains avec vue sur les plages de la Zurriola ou de La Concha. Tout équipés (certains avec parking), avec des descriptifs détaillés sur le site web et des prestations de qualité, ces appartements sont une valeur sûre pour les familles ou les petits groupes.

SE RÉGALER

Des inventions culinaires des chefs étoilés aux traditionnels *pintxos* des bars de la vieille ville, Saint-Sébastien est devenue une destination privilégiée pour fins gourmets et bons vivants. Tous les week-ends, ils sont nombreux les vacanciers ou les Basques français, de Saint-Jean-de-Luz à Bayonne, qui grimpent dans le Topo pour rejoindre les rues étriquées de la Parte Vieja et faire la tournée des bars à tapas. Le labyrinthe des ruelles de la vieille ville devient le théâtre d'un flux incessant de locaux et de visiteurs, passant d'un bar à l'autre pour tester les spécialités de chacun. Gastronomique ou typique, populaire ou avant-gardiste, bon marché ou luxueux, vous pourrez composer votre parcours en fonction de vos envies en consultant le site Todo Pintxos (www.todopintxos.com), qui référence les spécialités de chaque établissement pour proposer des itinéraires thématiques. Les gourmets seront ici aux anges !

Pintxos.

ASTELENA 1997 €€

Euskal Herria 3
✆ +34 943 425 867
www.restauranteastelena.com
Du mardi au dimanche de 13h30 à 15h. Également jeudi, vendredi et samedi de 20h30 à 0h. Menu dégustation 55 €.

Menée par le chef Ander González, cette table réputée occupe un ancien entrepôt à bananes admirablement restauré. Outre son beau décor, le restaurant propose une cuisine traditionnelle de qualité, héritée d'une longue tradition familiale (les grands-parents d'Ander possédaient un bar sur la Plaza de la Constitución). À la carte, vous trouverez par exemple d'excellentes noix de Saint-Jacques à la plancha, des petits boudins d'Orio aux poivrons grillés, ou une *carrillera* mijotée au vin rouge. En dessert, testez la *torrija* caramélisée (variante du pain perdu).

BAR NESTOR €€

C/ Pescaderia, 11
✆ +34 943 424 873
De 13h à 15h30 et de 20h à 23h. Fermé le lundi et le dimanche soir. Environ 40 €.

Une institution de la Parte Vieja depuis 1980 ! Cette minuscule taverne est dotée d'une seule table, la fameuse *mesa 19*, qu'il convient de réserver à l'avance pour avoir la chance d'y manger. Sinon, comme les autres, il faudra vous accouder au bar pour déguster les spécialités du Bar Nestor. La divine tortilla, pour commencer, servie invariablement à 13h et 20h (il faudra réserver votre part dès midi, tant elle est sollicitée !). Puis l'excellente salade de tomates, les poivrons grillés, et la meilleure côte de bœuf (*txuleta*) de la ville. Toujours bondé !

BAR SPORT €

C/ Fermin Calbeton, 10
✆ +34 943 42 68 88
Tous les jours de 9h à minuit, les week-ends à partir de 11h. Comptez 10 € pour des pintxos.

Un bar populaire de la Parte Vieja offrant un grand choix de *pintxos*. Comme dans la plupart des bars du quartier, il vous faudra jouer des coudes pour vous approcher du comptoir et découvrir ses spécialités : foie gras poêlé à la plancha (réputé comme l'un des meilleurs du quartier), *txangurro* (araignée de mer) au four, crêpes garnies (aux champignons, au *txangurro*, etc.), ou encore la surprenante crème d'oursin. Pratique pour les néophytes : des étiquettes indiquent la composition de chaque *pintxo* ! Notez qu'il y a quelques tables pour s'asseoir.

BAR TXEPETXA €

Pescadría, 5
✆ +34 943 422 227
De 12h à 15h et de 19h à 23h. Fermé le dimanche soir, le lundi et le mardi midi. Comptez 10 € pour des pintxos.

L'un des bars à tapas incontournables de la Parte Vieja : les photos de célébrités, les articles de presse et les nombreuses récompenses accrochées à ses murs témoignent de son statut mérité d'institution ! Manu Marañón, l'actuel patron, a hérité ce bar maritime de ses grands-parents. En marge des modes, il continue de préparer la spécialité de la maison : les ***boquerones***, ces anchois marinés au vinaigre. Immanquables : le pintxo d'*antxoas con crema de centollo* (anchois à la crème de crabe) et *la jardinera*, à base de poivrons rouges, verts et d'oignon.

BODEGÓN ALEJANDRO €€€

Fermin Calbeton Kalea, 4
✆ +34 943 427 158
www.bodegonalejandro.com
Du mercredi au dimanche de 13h à 15h30 et de 20h30 à 22h30. Tous les jours en avril-oct. Menu dégustation 52 €.

Dans l'une des rues emblématiques de la Parte Vieja, un restaurant dédié à la cuisine basque traditionnelle. Présidée par une aquarelle de 1820 représentant un large panorama sur San Sebastián, la salle du restaurant offre un cadre agréable pour déguster des recettes régionales. À la carte, salade de *txangurro*, soupe de poisson à la Donostiarra, merlu à la plancha, *kokotxas* (joues) de morue au txakoli : autant de recettes ancestrales qui s'agrémentent d'une présentation moderne. Une belle adresse pour faire un tour d'horizon de la cuisine basque.

BOKADO MIKEL SANTAMARÍA €€€

Plaza Jaques Cousteau, 1 ✆ +34 943 431 842
www.bokadomikelsantamaria.com
Ouvert de 13h30 à 15h30 et de 21h à 23h. Fermé le dimanche soir, le lundi et le mardi soir. Menus 55-65 €.

Sur le Paseo Nuevo, blotti contre le mont Urgull, ce restaurant offre un emplacement privilégié à côté de l'aquarium et face à la baie de la Concha. C'est un cube en verre, moderne et minimaliste, qui s'ouvre vers l'océan avec sa belle terrasse. En cuisine, le chef Mikel Santamaría élabore des plats créatifs et iodés : ventrèche de thon et piments verts d'Ibarra ; soupe Donostiarra aux palourdes, lotte et homard ; raviole de langoustine et noix de Saint-Jacques sautées… Pour un prix plus modique, profitez de l'espace cafétéria.

BORDA BERRI €

Fermin Calbeton 12
✆ +34 943 430 342
De 12h30 à 15h30 et de 19h30 à 22h30. Fermé le mardi. Pintxos 10 €.

Ici, vous ne trouverez pas de pintxos au comptoir : il faut faire votre choix sur l'ardoise et passer commande aux serveurs (si vous parvenez à vous frayer un chemin jusqu'au bar !). Cette taverne minuscule, l'une des meilleures de toute la ville, est incontournable pour ses *pintxos guisados*, de véritables petits plats mijotés en sauce, comme la fameuse *carrillera* (porc) au vin rouge. Le risotto au fromage d'Idiazábal est également excellent, tout comme le « kebab » de côtes de porc et les raviolis garnis de langoustines ou de chipirons (selon la saison).

LA CUCHARA DE SAN TELMO €

Santa Korda Kalea, 4
✆ +34 943 441 655
Mardi 19h-23h, du mercredi au samedi 12h30-15h30 et 19h-23h, dimanche 12h30-15h30. Comptez 20 €.

Notre adresse préférée pour manger des tapas dans la Parte Vieja ! Malheureusement, elle n'est plus un secret pour personne, il faudra donc vous armer de patience pour passer votre commande, l'endroit étant minuscule et toujours plein à craquer ! L'ardoise au mur laisse rêveur : foie gras poêlé à la plancha et sa compote de pomme, *carrillera* (bœuf) mijotée au vin rouge, cochon de lait rôti à la bière, poulpe grillé à la sauce tximitxurri… servis sous forme de pintxos au comptoir, ou de *raciones* à partager dans les tables à l'extérieur. Divin !

CASA UROLA €€

Fermin Calbeton, 20
✆ +34 943 441 371
www.casaurolajatetxea.es
De 12h à 16h et de 19h à 23h30. Fermé mardi et dimanche soir. A la carte 50 €, pintxos 15 €.

Fondé en 1956, le restaurant a été repris en 2012 par le talentueux chef Pablo Loureiro. Il propose ici une cuisine traditionnelle rénovée, qui cherche à tirer le maximum de saveur de chaque produit. Selon la saison, on déguste des asperges de Navarre accompagnées d'une mayonnaise à la truffe, la traditionnelle Kokotxa de merlu grillée à la *parilla*, des artichauts et cardons grillés accompagnés d'une crème au jambon... Egalement de très bons pintxos exposés au comptoir, ainsi que des tapas à la carte d'une grande finesse (laissez-vous conseiller !).

GANBARA €€

San Jerónimo, 21
✆ +34 943 422 575
www.ganbarajatetxea.com
Du mercredi au samedi 12h30-15h30 et 19h-23h, dimanche 12h30-15h30. Pintxos 15 €, repas 40 €.

Un grand classique de la Parte Vieja, que le chef Juan Mari Arzak (3 étoiles au Michelin) recommande dans toutes ses interviews ! S'il raffole de son merlu frit, la maison compte bien d'autres spécialités : tartelettes de *txangurro* (araignée de mer), croustillant à la *txistorra* (saucisse), et la plus belle sélection de champignons de toute la ville ! Pour apprécier sa cuisine, préférez un repas dans la partie restaurant et testez ses merveilles de saison : truffe, civelle, artichauts au foie gras, petits pois « lagrima » aux asperges blanches et œuf mollet...

LA CEPA €

Calle 31 de Agosto 7-9
✆ +34 943 426 394
www.barlacepa.com
Ouvert de 11h à 0h. Pintxos 10 €, carte 25 €.

Un classique de la Parte Vieja ! Cette maison traditionnelle fondée en 1948 propose deux ambiances de charme : un bar à tapas très sympa pour déguster divers pintxos, et un restaurant géré par Aitziber qui propose un voyage culinaire autour de la cuisine basque, avec des spécialités comme le *chuletón* (côte de bœuf), les *hongos a la plancha* (champignons sautés) ou les *anchoas fritas* (anchois), avec une excellente carte de vins régionaux. En dessert, ne manquez pas la délicieuse *tarta de queso* (gâteau au fromage). Une bonne adresse et un bon rapport qualité-prix.

GANDARIAS JATETXEA €

C/ 31 de agosto, 23
✆ +34 943 426 362
www.restaurantegandarias.com
Tous les jours de 11h à 0h. Pintxos 10€, restaurant 30-40 €.

Une valeur sûre de la Parte Vieja pour déguster des *pintxos* au comptoir (généralement bondé !) ou une bonne *txuleta* (côte de bœuf) dans la partie restaurant. N'hésitez pas à tester les *pintxos* à la carte, comme le risotto aux champignons et fromage Idiazábal, et les différentes brochettes à l'agneau, aux chipirons, aux noix de Saint-Jacques ou encore aux crevettes. Côté restaurant, la carte fait la part belle aux classiques de la gastronomie basque. Bon à savoir : vous y trouverez une sélection de plats végétariens, végans et sans gluten.

KOFRADIA ITSAS ETXEA €€

Kaimingaintxo Plaza, 1
✆ +34 943 05 07 64
https://kofradia.eus
Du mercredi au dimanche de 11h30 à 18h30, vendredi et samedi jusqu'à 0h. Comptez 30-40 €.

Sur le charmant petit port de San Sebastián, cette « maison des pêcheurs basques » offre un espace dédié au poisson d'Euskadi. Tout à la fois gastronomique et pédagogique, ce lieu vise à faire connaître les espèces pêchées dans les eaux du golfe de Gascogne, tout en offrant de délicieuses dégustations ainsi qu'un coin épicerie. Le poisson est évidemment ultra frais, et la carte change au gré des saisons. Notez aussi que diverses expériences sont proposées sur place : visites de la halle aux poissons de Pasaia, excursions à bord d'un bateau de pêche...

KOKOTXA €€€

Campanario, 11
✆ +34 943 421 904
www.restaurantekokotxa.com
Du mardi au samedi de 13h30 à 15h et de 20h30 à 22h30. Menu du marché 90 €.

Ici, la simplicité et la qualité vont de pair et se conjuguent à tous les temps. Dans le cadre d'abord, la grande salle arborant des tables simplement nappées de blanc et des chaises bistrot. Dans l'accueil chaleureux et courtois. Enfin dans la cuisine que le chef Daniel Lopez (une étoile Michelin) s'emploie à travailler avec une rare précision, à partir de bons produits aux accents basques. Quelques exemples pour s'en persuader : terrine de perdrix, *pluma* ibérique (porc) aux cerises et basilic, pigeon de Bresse dans son ragoût... Très original !

MIRADOR DE ULIA €€€

Paseo de Ulía, 193
✆ +34 943 272 707
www.miradordeulia.es
De 13h30 à 15h et de 20h30 à 22h30. Fermé dimanche soir, lundi et mardi. Comptez 80 €.

Un restaurant gastronomique qui fait honneur à son étoile Michelin, et en prime un emplacement privilégié sur le mont Ulía, avec des vues panoramiques sur l'océan. Le chef Rubén Trincado y élabore une cuisine innovante et sans complexe, bien qu'enracinée dans la tradition. Le menu dégustation est évidemment la meilleure option pour découvrir son univers culinaire : salade de homard, riz aux palourdes, pigeon rôti, et des options véganes et végétariennes. Prenez votre temps et profitez de la vue : voici l'un des plus beaux panoramas sur San Sebastián !

LA RAMPA €€

Paseo del Muelle, 26
✆ +34 943 421 652
www.restaurantelarampa.com
Ouvert de 12h30 à 15h30 et de 20h à 22h30. Fermé le mercredi. Comptez 30-40 €.

La meilleure adresse pour déjeuner sur le vieux port de San Sebastián, dans un décor tout à fait pittoresque, à deux pas de l'Aquarium. À l'arrivée des beaux jours, c'est l'endroit parfait pour partager des *raciones* de sardines grillées, d'anchois frais et de *txopitos* (friture de seiche) en terrasse, le tout accompagné d'une bouteille de txakoli. Avec les premières fraîcheurs, on optera pour la soupe de poisson très goûteuse. Le restaurant propose aussi des poissons et fruits de mer, mais la note sera évidemment un peu plus salée !

LA VIÑA €€

C/ de Agosto, 31
✆ +34 943 427 495
www.lavinarestaurante.com
Du mardi au dimanche de 11h à 16h et de 19h à 23h. Tarta de queso 5 €.

Entre cantine et petite taverne d'habitués, cet espace simple et sans fioriture dont la vocation première était le bar à tapas traditionnel a vu l'arrivée dans la salle du fond d'un restaurant. On y mange de bonnes *raciones* et *pintxos*, dont l'excellent jambon de Bellota, le *canutillo* (sorte de bâton feuilleté) garni de fromage et d'anchois, les artichauts au jambon et œuf poché, les œufs brouillés aux champignons... Mais ce qui fait la réputation de La Viña, c'est son excellente *tarta de queso* (gâteau au fromage), tout simplement la meilleure d'Espagne !

ZAZPI STM €€

Plaza Zuloaga 1
✆ +34 943 506 767
www.zazpistm.com
Ouvert de 10h à 0h. Mardi et dimanche jusqu'à 20h. Fermé le lundi. Taverne 20 €, restaurant 50 €.

Déjà connus de la scène gastronomique locale, Paul Arrillaga et Maite Mujika ont déménagé leur « Zazpi » de la calle San Marcial jusqu'à leur nouvel emplacement au sein du San Telmo Museoa. Dans la partie taverne, les pintxos offrent un festival de saveurs en version mini, telle la morue sauce pil-pil ou le riz aux champignons, truffe et foie, accompagnés d'une excellente sélection de vins. La partie restaurant, dotée de seulement sept tables, propose une cuisine basque raffinée. À noter : sa grande terrasse très convoitée les jours de beau temps !

AKELARRE €€€

Paseo del Padre Orkolaga, 56
✆ +34 943 311 209 - www.akelarre.net
De 13h à 14h30 et de 20h30 à 22h. Fermé dimanche soir, lundi, mardi (sauf en été) et janvier-février. Menu 240 €.

C'est le restaurant du sympathique et talentueux Pedro Subijana – 3 étoiles au Michelin ! Splendide vue sur la mer au travers de larges baies vitrées, où déguster une cuisine sublime mêlant tradition et avancées de la recherche gastronomique. Le sommelier d'Akelarre, Juan Carlos Muro, est une institution à lui tout seul. Il faut absolument prendre l'option « maridaje » (accompagnement des vins), car c'est une expérience tout aussi intense que celle de la dégustation des plats. Discret, aimable et francophone, Juan Carlos offre un accompagnement admirable.

AMELIA BY PAULO AIRAUDO €€€

Zubieta Kalea, 26
✆ +34 943 84 56 47
www.ameliarestaurant.com
Mercredi 19h-21h30, du jeudi au samedi 13h-14h30 et 19h-21h30. Menu de saison 230 €.

Nouvelle sensation gastronomique de San Sebastián, la table de l'Argentin Paulo Airaudo a décroché sa 2e étoile au guide Michelin fin 2021. Logé dans le bel hôtel Villa Favorita sur la promenade de La Concha, ce restaurant propose une cuisine d'inspiration italienne, avec des influences venues d'Argentine et du Japon, et une sélection de champagnes remarquable. Un peu plus informel que ses concurrents, le restaurant possède un large bar où les cuisiniers servent eux-mêmes les plats aux clients. Une adresse superbe pour fins gastronomes !

RITA BY ISMAEL IGLESIAS €€

Mandasko Dukearen Pasealekua, 6, 8
✆ +34 943 507 288
https://restauranterita.com/
Ouvert tous les jours de 9h à minuit et le dimanche jusqu'à 16h30.

© RITA

Rita by Ismael Iglesias propose une cuisine basque moderne et de saison. Le chef Ismael a une particularité : il ne cuisine qu'au charbon, aucune autre cuisson n'est utilisée, et cela pour le bonheur de vos papilles ! Son amour pour sa région, sa détermination pour trouver les meilleurs produits et les sublimer se ressentent dans l'assiette. Pour son premier restaurant, en tant qu'ancien ébéniste, le chef Ismael a *designé* la salle et conçu plusieurs de ses meubles. Une cuisine gastronomique à l'identité prononcée, dans une salle épurée ou sur la grande terrasse.

ARZAK €€€

Avenida de Alcalde Jose Elosegi, 273
✆ +34 943 285 593
www.arzak.es
Du mardi au samedi de 13h15 à 15h15 et de 20h45 à 22h30. Menu dégustation 255 €.

Deux fois prix national de gastronomie et trois fois étoilé au Michelin depuis 1989, l'adresse des fins gourmets combine nouvelle cuisine et cuisine traditionnelle. Nec plus ultra de San Sebastián, l'adresse se niche pourtant dans une villa discrète. Au menu : *chipirones* à l'encre noire, joues de lotte à la sauce de Txacoli, homard aux pêches, gâteau de fruits rouges sur chocolat blanc... Et une cave dont la richesse tient à la qualité et à la diversité des grands vins traditionnels de France et d'Espagne, mais aussi à de nouvelles provenances vinicoles.

ASADOR PORTUETXE €€

Igara Bidea, 71
✆ +34 943 215 018
https://portuetxe.com
Tous les jours de 13h à 15h30 et de 20h à 22h30. Comptez 40 €.

Ce typique *caserío* vieux de quatre siècles résiste fièrement au milieu des bâtiments modernes de la périphérie. Outre son beau décor rustique de pierres et de poutres apparentes, présidé par d'immenses *kupelas* (tonneaux) de cidre, l'endroit est réputé depuis 1982 pour ses côtes de bœuf et ses poissons grillés à la *parilla*. A la carte également, des délices du terroir comme les *cogollos* (sucrines) de Tudela, les endives au saumon et *txangurro* (crabe), les œufs brouillés aux *kokotxas* (morue)... Une bonne adresse pour un repas traditionnel.

BAR BERGARA €

C/ General Artetxe, 8
✆ +34 943 275 026
www.pinchosbergara.es
Tous les jours de 12h à 16h et de 19h à 23h. Comptez 20 €.

Un arrêt indispensable sur la route des *pintxos* de Donostia ! Situé dans le quartier de Gros, non loin du Kursaal, le bar Bergara propose une cuisine miniature dans un décor moderne. Ne manquez pas les *pintxos* emblématiques de la maison, comme la *txalupa* (gratin de champignons et langoustine) et le *bacalao ajoarriero* (à base de morue), mais aussi le foie gras à la confiture de mangue, l'*itxaso* (lotte à la crème de poireaux), les œufs brouillés aux anchois et poivrons... Tout est délicieux et bien expliqué sur la carte : pratique pour les néophytes !

BODEGA DONOSTIARRA €

C/ Peña y Goñi, 13
✆ +34 943 011 380
www.bodegadonostiarra.com
Du lundi au samedi de 9h à 23h, dimanche jusqu'à 16h. Comptez moins de 20 €.

A deux pas du Kursaal, cette joyeuse taverne de 1928 ne désemplit jamais ! Durant le festival du film, elle est même l'un des lieux fétiches des journalistes. Outre son excellent menu du jour et ses spécialités à la *brasa* (brochettes de poulpe, boudin aux poivrons, merlu), le lieu est réputé pour ses excellents *pintxos*. Au comptoir, testez la classique Gilda ou le poulpe à la vinaigrette. Mais surtout, ne partez pas sans avoir goûté à l'excellente *tortilla* (préparée sur le moment) et au sandwich *kompleto* à base de thon, piments d'Ibarra et anchois.

GAIA BY ISMAEL IGLESIAS €€

C/ Antonio Mª Labaien nº 1
✆ +34 943 56 39 09
Ouvert du mardi au dimanche de 13h à 15h30 et de 20h à 22h30.

© GAIA

Gaia Donosti est situé dans l'Hôtel Zenit San Sebastian. Chez Gaia, le chef Ismael Iglesias propose une cuisine selon le concept : moins c'est plus. Gaia est le deuxième restaurant d'Ismael, cette fois-ci, la carte se tourne plus vers les produits de la mer tout en continuant sa proposition de ne cuisiner qu'au charbon, pour le plaisir de vos papilles ! La personnalité du chef et son amour de la nature se ressentent dans chaque assiette. Même si ce n'est pas le restaurant le plus central, il faut venir découvrir l'univers de ce chef atypique !

CASA VALLÉS €€

Reyes Católicos, 10
✆ +34 943 452 210
www.barvalles.com
Ouvert de 11h30 à 23h30. Fermé lundi et dimanche soir. Environ 25 €.

Au rez-de-chaussée, le bar à *tapas*. Au sous-sol, deux salles de style rustique et simple. La Casa Vallés sert une clientèle d'habitués qui apprécient sa bonne et généreuse cuisine : légumes, haricots, chorizos, gambas grillées, poisson, agneau de lait… Parmi ses *pintxos*, testez la *gilda*, spécialité de la maison à base de piments d'Ibarra et d'anchois. On dit même que la célèbre brochette fut inventée ici par le grand-père Blas Vallés, et qu'elle doit son nom au film interprété par Rita Hayworth, sorti sur les écrans espagnols en 1946. Un classique !

GERALDS BAR €

Iparragirre, 13
✆ +34 943 083 001
www.geraldsbar.eu
Du mardi au dimanche de 13h à 16h et de 19h30 à 23h. Menu 20 €.

Petit frère d'un bar homonyme à Melbourne, ce restaurant est né de la passion de Gerald, originaire d'Australie, pour la cuisine du nord de l'Espagne. Au cœur du Gros, c'est un lieu singulier, avec son décor tout boisé et sa musique jazzy, sa cuisine tantôt internationale, tantôt enracinée. Au gré des saisons et des produits du marché, on s'y régale d'un steak tartare de *pikaña* (morceau de bœuf très tendre), d'une sole meunière ou d'un rouget aux poireaux. Les plus intrépides laisseront carte blanche au chef. Un lieu qui a une âme !

SAN SEBASTIÁN - DONOSTIA

MARTÍN BERASATEGUI €€€

Loidi Kalea, 4
✆ +34 943 366 471
www.martinberasategui.com
De 13h à 14h45 et de 20h30 à 22h15. Fermé dimanche soir, lundi, mardi, et de mi-décembre à mi-mars. Menu 295 €.

Le célèbre chef Martín Berasategui a installé son restaurant gastronomique dans une élégante villa à moins de 10 kilomètres du centre de San Sebastián, offrant de belles vues sur la campagne environnante. Cet illustre restaurant, trois fois étoilé au Michelin, offre un service impeccable, une carte surprenante, et une carte des vins très bien assortie qui ont su convaincre les palais les plus fins. De fait, on y vient du monde entier pour découvrir la cuisine de Berasategui, considéré à juste titre comme l'un des plus grands chefs espagnols.

OQUENDO €€

C/ Okendo, 8
✆ +34 943 420 736
www.caferestauranteoquendo.com
Ouvert de 9h à 0h. Fermé le mardi. Menu du jour 18-27 €.

A deux pas du théâtre Victoria Eugenia, cet établissement presque centenaire est un lieu emblématique du Festival de cinéma, avec ses murs couverts de photos de stars. Le souvenir de ses prestigieux visiteurs – Ava Gardner, Liz Taylor et Luis Mariano, entre autres – apporte beaucoup à la magie du lieu. Ici on vient pour se régaler de *pintxos* autour du bar ou d'un bon menu dans la partie restaurant. Chaque jour en fonction du marché, on testera par exemple le potage aux haricots de Navarre, le bœuf mijoté au vin rouge, et le caillé de brebis en dessert.

RESTAURANTE NARRU €€€

C/ San Martín, 22
✆ +34 843 931 405
www.narru.es
Tous les jours de 13h à 16h et de 20h à 23h. Menu 80 €.

Cet élégant restaurant est logé dans l'hôtel Arbaso, à côté de la cathédrale del Buen Pastor. Le jeune chef Iñigo Peña, formé dans les cuisines les plus prestigieuses du Pays basque, offre ici une cuisine de saison raffinée et respectueuse de l'essence de chaque ingrédient. Dans la salle du restaurant à la décoration boisée et chaleureuse, on se régale d'un *txangurro* (crabe) au four, de raviolis à la queue de bœuf, d'une sole à la plancha... Juste à côté, le Bar Original offre une ambiance plus informelle pour partager des tapas.

RESTAURANTE REKONDO €€€

Paseo de Igeldo, 57
✆ +34 943 212 907
www.rekondo.com
De 13h à 15h30 et de 20h30 à 23h30. Fermé le mardi, le mercredi et le dimanche soir. Comptez 80 €.

Un restaurant classique et élégant sur la route du mont Igueldo, réputé dans toute la ville pour sa superbe bodega et sa cuisine raffinée. Fondé en 1964, Rekondo occupe une jolie villa en pierres, dont les salons rénovés offrent un cadre très agréable pour découvrir son excellente cuisine traditionnelle : artichauts au foie gras, *txangurro* (crabe) au four, merlu en sauce verte, riz aux palourdes... Avec plus de 4 000 références, le restaurant possède l'une des plus belles cartes des vins du monde. Charmante terrasse pour déjeuner à l'ombre des platanes.

SUKALDEAN AITOR SANTAMARÍA €€€

San Martin Kalea, 45
✆ +34 943 56 39 02
http://sukaldeanaitorsantamaria.com
Du mardi au samedi 13h30-15h30 et 20h30-23h. Dimanche 13h30-15h30. Menu 60 €.

Au sein de l'hôtel Zenit Convento San Martín, cet élégant restaurant est mené par le jeune Aitor Santamaría, formé dans les cuisines d'Arzak avant de lancer son concept de cuisine Euskal-sushi mêlant les saveurs basques et asiatiques. Très à la mode, cette table moderne dans un décor de vieux couvent séduit les palais en quête de nouvelles saveurs. A la carte, les viandes et poissons à la *parilla* côtoient donc le nigiri de txuleta ou le maki de merlu et *piquillo*. Original !

TOPA SUKALDERÍA €€

Agirre Miramon, 7
✆ +34 943 569 143
www.topasukalderia.com
Lundi et mercredi 20h-22h30, du jeudi au dimanche 13h-15h30 et 20h-22h30. Comptez 25€.

Imaginé par Andoni Luis Aduriz, chef du prestigieux Mugaritz, ce restaurant naît de l'union entre cuisine basque et latino-américaine, héritée des nombreux échanges entre ces deux cultures. La carte, très conceptuelle, réinvente les classiques tacos, quesadillas et ceviches à partir des produits du terroir pour offrir des plats originaux et riches en saveur. Ne manquez pas le guacamole, dont la présentation saura vous surprendre ! Côté boisson, on teste sans hésiter les différentes *micheladas*, à base de bière et de jus de citron vert.

FAIRE UNE PAUSE

San Sebastián est une ville épicurienne qui sait faire la fête et honore la gastronomie basque. C'est aussi une cité au patrimoine architectural et historique époustouflant, si bien que si l'on ne dispose que peu de temps pour en découvrir toute la richesse, on risque de s'essouffler rapidement... et ce serait bien dommage ! Si San Sebastián est une métropole vibrante, agitée et parfois frénétique, elle est aussi un lieu où les habitants aiment prendre leur temps, en particulier à la belle saison, à l'occasion d'un jour férié ou les fins de semaine. Difficile ici de faire la différence entre un bar où l'on ne vient que pour un verre ou un café, d'un restaurant où l'on accompagne sa boisson d'un *picapica* (petites portions de nourriture à partager), voire d'une solide assiette. Quoi qu'il en soit, sous ces latitudes ensoleillées, les nombreuses terrasses constituent autant de raison de s'arrêter un moment pour prendre le pouls de la cité.

AKERBELTZ

Mari Kalea, 19
✆ +34 943 46 09 34
Du mardi au dimanche de 12h à 23h, jusqu'à 2h les week-ends.

Ce petit bar attire beaucoup de monde grâce à son emplacement privilégié face au port et sa programmation musicale de qualité. Dès qu'il y a un rayon de soleil, on s'installe en terrasse ou sur les escaliers qui grimpent vers le mont Urgull pour profiter du panorama. Le patron, Imanol Basterra, sélectionne de bonnes bières locales, comme celles de Basqueland et Gora, et s'occupe de la programmation musicale. Souvent, il officie comme DJ en passant de la soul et du ska, et des sonorités plus pop-rock à mesure qu'avance la nuit.

DRINKA

Calle Matía, 50
✆ +34 943 228 476
www.drinkadonosti.com
Ouvert de 11h à 0h, jusqu'à 3h les week-ends. Fermé mardi et mercredi.

Déco scandinave, toute de bois clair et de blanc, pour ce bar sympathique de la Calle Matía, rue commerçante et animée au cœur d'El Antiguo. Les gens du quartier s'y retrouvent les week-ends pour boire une bière ou un « marianito » (vermouth servi avec une goutte de gin), accompagnés de beignets de morue, d'une assiette de charcuterie ibérique ou d'une salade. C'est aussi une bonne option pour avaler un sandwich, un burger ou un bon plat du jour dans une ambiance très locale. Le dimanche à 13h, ne manquez pas la « Marigilda » avec concert en live et *vermut* !

NORTA GROS BEACH HOUSE

Avenida de Navarra, 2
✆ +34 943 32 16 39
www.nortagbh.com
Ouvert tous les jours de 9h à minuit. Environ 15 €.

© NORTA

Situé en face de la plage de Zurriola, dans le quartier de Gros, le restaurant Norta vous accueille du brunch jusqu'au dîner. Norta bénéficie d'un grand local avec différentes pièces et ambiances, et également une terrasse. Une décoration branchée, quelques graffitis, une excellente *playlist*. Vous y verrez des expositions d'artistes locaux. Tout l'étage du bas est privatisable pour des groupes et/ou célébrations. Le plus : leur variété de sauces pour votre burger, sandwich ou *bowl* sur mesure à consommer sur place ou à emporter pour votre pique-nique à la plage.

DRY BAR SAN SEBASTIÁN

Paseo Republica Argentina, 4
✆ +34 943 437 600
www.dry-sansebastian.com
Tous les jours de 11h à 23h, jusqu'à 1h les jeudis, vendredis et samedis.

Au rez-de-chaussée de l'hôtel Maria Cristina, le bar Dry présente une carte imaginée par Javier de las Muelas, le roi du cocktail en Espagne. L'endroit parfait pour un apéritif chic dans un décor Belle Epoque qui rend hommage aux stars de cinéma qui fréquentèrent l'hôtel, notamment Bette Davis, dont le portrait trône au-dessus du bar. A la carte, des classiques indémodables et des cocktails signature qui raviront les palais les plus exigeants. L'heure du thé, autre moment privilégié, s'accompagne d'une sélection de biscuits, madeleines et gâteaux délicats.

PARIÈS

Plaza de Euskadi, 1
✆ +34 685 75 24 31
www.paries.fr
Du lundi au vendredi de 8h30 à 20h30, samedi et dimanche de 9h à 20h.

La prestigieuse pâtisserie originaire de Saint-Jean-de-Luz régale les *donostiarras* depuis l'été 2017, avec l'ouverture de cette succursale sur la Plaza de Euskadi, face au pont de Santa Catalina. Comme dans la maison-mère de 1895, on s'y régale de gourmandises basques, tourons et chocolats. Parmi ses spécialités : les divins *muxus,* friandises moelleuses à base d'amandes broyées, semblables à des macarons ; les *kanougas,* délicieux caramels tendres et fondants ; mais aussi le gâteau basque à la crème d'amande ou aux cerises noires !

LA GINTONERIA DONOSTIARRA

Zabaleta, 6
✆ +34 943 021 956
Tous les jours de 19h à 1h, jusqu'à 2h les week-ends.

Dans une rue animée du quartier du Gros, une merveilleuse adresse pour les amateurs de gin-tonic ! En Espagne, ce cocktail à la mode ne cesse de faire des émules, si bien que ce bar propose une carte spécialisée en gin de tous les pays, avec une multitude de références. La préparation des cocktails est un spectacle en soi, aussi nous vous conseillons de vous installer au bar pour observer les barmen au travail. Continuez la soirée en terrasse, où l'ambiance est toujours animée !

PASTELERIA OTAEGUI

Narrika, 15
✆ +34 943 425 606
Tous les jours de 9h30 à 20h, le dimanche jusqu'à 17h.

Depuis 1886, cette pâtisserie est une référence à San Sebastián, avec cinq établissements dans toute la ville (celle de la Parte Vieja est la plus réputée !). Aujourd'hui, la troisième génération de la famille Otaegui continue de régaler les gourmands avec sa traditionnelle *panchineta de Otaegui,* gâteau à base de pâte feuilletée et de crème, recouvert de petits éclats d'amandes grillées. La maison est également réputée pour son *turrón* artisanal, les *huesos de santo* (littéralement « os du saint », à base de massepain), le gâteau russe et le gâteau basque.

KOH TAO

C/ Bengoetxea, 2
✆ +34 943 422 211
Du lundi au vendredi de 7h30 à 22h (jusqu'à 1h30 le vendredi), samedi de 9h à 2h, dimanche de 9h à 22h.

Ne vous fiez pas à son nom très exotique (Koh Tao est une île thaïlandaise...) ! Ce petit café situé en plein centre de San Sebastián est en réalité un refuge bohème, où sont régulièrement organisés des expositions d'artistes locaux et des concerts dans une ambiance intimiste. Décoré dans un esprit vintage, l'endroit est tout aussi plaisant en journée pour boire un café qu'en soirée pour prendre un verre accompagné d'un pintxo de tortilla. Ses cakes maison et ses tartines à l'avocat ou au saumon fumé ont beaucoup de succès à l'heure du petit déjeuner !

THE LOAF

Zurriola, 18
✆ +34 943 265 030
www.theloaf.eus
Tous les jours de 9h à 20h.

Située face à la plage de la Zurriola, cette boulangerie est le point de rencontre de ceux qui vénèrent le bon pain. D'excellents gâteaux et madeleines au comptoir (dont un brownie absolument divin !), du café préparé dans les règles de l'art, et surtout de belles boules de pain de campagne font la réputation du lieu. Au sous-sol, l'espace « Bistrot » est apprécié des hipsters locaux pour son brunch et ses délicieux sandwichs. Plusieurs adresses dans toute la région, notamment à Irún (Colon Ibilbidea, 50) et Zarautz (Zigordia Kalea, 12).

(SE) FAIRE PLAISIR

Galeries d'art, épiceries traditionnelles, artisanat… les ruelles de la Parte Vieja recèlent de charmantes adresses. Les boutiques gourmettes proposent des articles souvent issues de production familiale : fromages artisanaux, charcuterie ibérique, conserves (thon, anchois, foie gras, asperges de Navarre, gelée de pommes, etc.), vins *txakolis* ou de la Rioja, cidre basque... Quelques séculaires échoppes perpétuent le savoir-faire artisanal : broderies et linge de maison cousus main, *chistorra* et *txapelas*, céramiques mais aussi des objets de folklore constituent de bonnes idées cadeaux ! Pour un shopping stylé, faites un tour dans le Gros, quartier fétiche des hipsters de San Sebastián. Vers le Centro, vous trouverez toutes les grandes enseignes nationales et internationales de prêt-à-porter. El Antiguo, qui est resté un quartier populaire, abrite surtout de petits commerces de proximité le long de la Calle Matía.

ALBOKA ARTESANÍA

Plaza de la Constitución, 8
✆ +34 943 426 300
www.albokaartesania.com
Du lundi au vendredi de 10h30 à 13h30 et de 16h à 20h, samedi de 10h30 à 20h30.

Dans cette boutique dédiée à l'artisanat basque, Maïté sélectionne des pièces emblématiques de la culture locale, comme la chistera, les txapelas (bérets), mais aussi de la céramique et du linge de maison basque. Installé depuis 1939 sur la Plaza de la Constitución, ce petit commerce est une mine d'or pour dénicher des idées cadeaux et des souvenirs de qualité. Ne manquez pas la jolie sélection d'objets de folklore, comme les kilikis de Pampelune et les géants de Donostia en carton-pâte, personnages indispensables des fêtes locales !

AITOR LASA

Aldamar Kalea, 12
✆ +34 943 430 354
www.aitorlasa.com
Ouvert de 8h30 à 14h et de 17h à 20h. Fermé le samedi après-midi et le dimanche.

Cet établissement trouve ses origines dans le marché de La Bretxa, où pendant longtemps les parents d'Aitor Lasa se consacrèrent à la vente des produits de la ferme. Avec le goût du terroir en héritage, le fils a donc maintenu la tradition familiale en créant cette épicerie fine réputée pour ses fromages artisanaux, en particulier ceux à base de lait de brebis Latxa. Parmi sa sélection soignée, vous trouverez également des champignons de saison, de la gelée de pommes, mais aussi des charcuteries ibériques, des fruits secs ou encore des vins.

KOLOREKA

San Jerónimo, 19
✆ +34 645 703 539
www.koloreka.com
Du jeudi au samedi de 12h à 20h, dimanche de 12h à 17h.

Dans cette micro-boutique de la Parte Vieja, Nerea et Ramón exposent leurs illustrations, *prints* et sérigraphies, inspirées des paysages et des habitants de la ville. La galerie occupe le local d'une ancienne charcuterie, dont le décor a été entièrement repensé pour accueillir leurs jolies créations. Différents thèmes et formats sont proposés, certains en éditions limitées, mais toujours à des prix très accessibles, et présentés en packaging soigné. Parfait pour un cadeau ou un souvenir artistique de votre séjour à San Sebastián !

GOÑI ARDOTEKA

Aldamar, 3
✆ +34 943 211 597
www.ardoteka.com
Du lundi au vendredi de 10h à 14h et de 16h à 19h30, samedi de 10h30 à 14h.

Asier, Amaya et Nerea ont hérité de leur père leur passion pour le vin. Dans leur belle boutique de la Parte Vieja, ils proposent une vaste sélection de crus nationaux et internationaux, avec pas moins de 1 000 références ! Les vins espagnols tiennent bien sûr le haut de l'affiche, et s'accompagnent d'une grande variété de produits gourmets : charcuterie ibérique, conserves de thon et anchois, foie gras, huiles d'olive, etc. Bon à savoir : la maison organise régulièrement des dégustations de vins dans ses locaux. Se renseigner sur les dates !

ZAPORE JAI

San Jeronimo, 21
✆ +34 943 422 882
www.zaporejai.com
Du mardi au vendredi de 10h30 à 20h, le samedi de 10h à 19h30, et le dimanche au mois de juillet et août.

Dans cette épicerie fine située à deux pas de la Plaza Constitución, vous trouverez une belle sélection de produits régionaux vendus sous forme de conserves (asperges de Navarre, guindillas, etc.), le fameux fromage Idiazábal, une sélection de txakolis (dont l'excellent Txomin Etxaniz, provenant de Getaria), mais aussi du cidre basque et des vins de la Rioja. Mais surtout, une grande variété de jambons ibériques finement taillés au couteau, dont l'excellent Bellota. Parfait pour faire quelques provisions ou rapporter des souvenirs gourmands !

MIINTODAY

C/ San Marcial, 18
✆ +34 943 43 60 58
https://miintoday.com
Du lundi au samedi de 10h30 à 20h30.

Une marque *made in* San Sebastián créée en 2013, dont les collections féminines à tendance urbaine ou *sporty* séduisent les jeunes demoiselles dans le vent. Son succès tient aussi à la qualité de ses vêtements, qui sont fabriqués pour la plupart en Espagne, au Portugal et en Italie. Une approche *ecofriendly*, pour cette marque locale spécialiste du denim et de la maille, qui propose aussi un vaste choix de t-shirts, robes, manteaux, sacs et autres accessoires. La marque possède également une annexe à Bilbao (C/Máximo Aguirre, 26).

AUKA CAMINO

C/ Camino, 1
✆ +34 943 429 360
www.auka.es
Du lundi au samedi de 10h30 à 13h30 et de 16h à 20h.

Vêtements chics pour femmes et petites filles, bougies parfumées et savons délicats, ce temple du *lifestyle* cultive l'élégance comme porte-drapeau et séduit une clientèle au goût affiné. Parmi sa sélection impeccable, les exquises bougies de Santa Maria Novella, la mode élégante de Maliparmi, ou encore les adorables vêtements pour enfants de Violeta e Federico. Les foulards sont l'autre grande passion des propriétaires, qui exposent leurs propres créations. Le concept-store possède une annexe à seulement 300 mètres (C/ Peñaflorida, 4).

VINTAGE CLOSET

C/ Zabaleta, 43
✆ +34 843 98 32 81
Lundi de 17h à 20h, du mardi au samedi de 11h à 13h30 et de 17h à 20h.

Incontournable pour les amateurs de vintage, cette jolie boutique tenue par Nagore propose beaucoup de vêtements importés des États-Unis, mais aussi une sélection de marques tendance (Komono, Anerkjendt, Herschel), les bijoux craquants de Hello Zephyr, ainsi qu'un espace pour les enfants avec des jouets anciens. Située au cœur du Gros, cette adresse attire la foule *hipster* grâce à sa sélection pointue de fripes et de petites marques, mais surtout en raison du goût impeccable de sa propriétaire pour le *mix and match* et l'assemblage vintage-moderne.

IRULEA

C/ Mayor 7
✆ +34 943 426 029
www.irulea.com
Du lundi au samedi de 10h à 14h et de 16h à 20h.

Au cœur du vieux San Sebastián, une superbe boutique traditionnelle fondée en 1932, dont le nom basque d'Iruela signifie « fileuse » en français. En effet, la plupart des broderies, linge de maison et vêtements de naissance exposés dans la boutique sont faits main par les propriétaires, troisième génération de la même famille. Outre la qualité incontestable de ses produits, le lieu mérite une visite pour son merveilleux décor et son mobilier inchangé depuis près d'un siècle. La famille royale anglaise compte parmi ses fidèles clients !

ALMACENES ARENZANA

C/ Getaria, 14
✆ +34 943 422 527
www.almacenesarenzana.com
Du lundi au vendredi de 9h30 à 13h et de 16h à 19h30, samedi de 10h à 13h30.

Charmante boutique de 1900, tenue par la quatrième génération d'une même famille ! Comme à ses débuts, la maison continue de vendre des bouchons et des cordages, mais aussi des tapis, des chapeaux et des paniers tressés. Juan Pedro « Txiki » reçoit sa clientèle dans un espace digne d'un musée, avec ses étagères immenses chargées de mille objets. Sa boutique sent bon le bois et conserve cette atmosphère nostalgique des commerces d'autrefois. Un lieu à voir pour son joli décor, et pourquoi faire quelques emplettes pratiques pour la maison !

BOUGER & BULLER

Outre les terrasses de la ville où il fait bon flâner, les églises et musées où l'on s'émerveille, outre les tables gourmettes où l'on se régale tout en prenant des forces, on trouve à San Sebastián bien des manières d'occuper son temps. On pourra par exemple s'en aller musarder du côté de la Concha en observant, songeur, le ballet des mouettes se mêler à celui des bateaux, et pourquoi par pousser la porte La Perla, un centre de thalassothérapie haut-de-gamme centenaire. Les apprentis cordons bleus suivront à Mimo un cour de gastronomie basque et repartiront avec quelques recettes d'authentiques *pintxos* dans leur besace. Les sportifs enfin auront le choix entre la mer et la terre : les superbes routes panoramiques longeant les côtes aussi bien que celles des montagnes intérieures invitent naturellement au cyclisme, tandis que l'océan est un terrain de jeu on ne peut plus propice à la pratique du surf.

BASQUE COUNTRY CYCLING

Jose Miguel Barandiaran, 24
✆ +34 943 537 134
https://basquecountrycycling.com

Cette agence s'adresse aux cyclistes chevronnés qui souhaitent découvrir le Pays basque à vélo. En effet le cyclisme est une vraie passion pour les gens du coin, les sublimes paysages de la côte et des montagnes à l'intérieur des terres y étant pour beaucoup. L'agence propose de vous accompagner sur différents itinéraires, notamment la « Clásica San Sebastián » au fil du mont Jaizkibel (3-5h), ou un itinéraire côtier traversant les ports de pêche et les vignobles de Txakoli. Vous pouvez aussi simplement louer des vélos pour partir à l'aventure en solo.

ESTADIO ANOETA - REALE ARENA

Anoeta Pasalekua

Inauguré en 1993, le stade d'Anoeta, connu aussi sous le nom de Reale Arena, est le domicile du club de la ville : la Real Sociedad. Ce temple du football local peut accueillir jusqu'à 40 000 personnes. C'est aussi un lieu que les joueurs de rugby de Bayonne et de Biarritz notamment, fréquentent lors de matches qui sont de temps en temps délocalisés à Saint-Sébastien. L'occasion de soutenir son équipe mais aussi de finir la soirée en beauté dans les rues animées de San Sebastian !

BRAI KANTAURI

Mollaberria Kalea
✆ +34 6 58 72 31 94
https://brai.eus/

Location sur mesure pour des groupes jusqu'à 12 personnes, de 2 à 8 heures.

© BRAI

Plus qu'une simple sortie bateau, une expérience sur mesure. Découvrir la côte basque par la mer, faire une sortie pêche, profiter du coucher du soleil sur l'eau, à vous de choisir ! Asier, capitaine et guide, et son épouse Ruth, tous les deux passionnés, travaillent pour que cette expérience soit accessible à tous : un bateau très confortable, un audioguide pour connaître les secrets de la côte cantabrique et des différents itinéraires possibles. *Brai* est un oiseau de mer qui accompagne les pêcheurs, leur *Brai* vous fera vivre une expérience nautique unique.

HIPÓDROMO DE SAN SEBASTIÁN

Arrapide Pasealekua, 11 (Zubieta)
✆ +34 943 373 180
www.hipodromoa.com

L'hippodrome de San Sebastián connaît deux saisons de courses : l'une au printemps, l'autre en été. La première débute au mois de mars et prend fin en mai, alors que les courses d'été se disputent entre juillet et septembre. Inauguré en 1916 par le roi Alfonse XIII, c'est le deuxième hippodrome le plus grand d'Espagne après celui de Madrid. Chaque été, les courses de la Copa de Oro attirent la bonne société de San Sebastián venue assister aux compétitions.

LA PERLA

Paseo de La Concha s/n
✆ +34 943 458 856
www.la-perla.net
Circuit thalasso de 2 heures : 29,50 €.

Au milieu de la promenade de la Concha se détache la rotonde panoramique de La Perla, un centre de thalassothérapie datant de 1912, avec ses colonnes tapissées de mosaïques. Déjà vers la fin du XIXe siècle, la régente Maria Cristina venait y prendre des bains de mer alors que le centre n'était encore qu'une modeste cabane en bois. Aujourd'hui, il est doté de toutes les installations haut de gamme : piscines d'eau froide, hydrothérapie, cascade, bain de vapeur marine, sauna... De nombreux soins sont également proposés, la plupart à l'eau de mer.

PUKAS SAN SEBASTIAN

Avenida Zurriola, 24
✆ +34 943 320 068
https://eskola.pukassurf.com

Une référence pour les surfeurs ! Située juste en face de la plage de La Zurriola – le spot de surf de San Sebastián –, cette prestigieuse école basque propose des cours d'initiation, de perfectionnement ainsi que du matériel à la location (possibilité de cours en français). Dans la boutique, vous trouverez aussi leurs collections de vêtements et maillots de bain qui cartonnent auprès des jeunes. Mais pour refaire votre garde-robe, mieux vaut vous rendre dans leur boutique de la Parte Vieja (C/ Mayor, 5), dont la sélection mode s'étend sur deux niveaux.

JUST FOLLOW ME

Olaeta Kalea, 19
✆ +34 943 845 003
www.justfollowme.com

Cours de cuisine, tournées des bars à *pintxos* et des marchés de San Sebastián, cette agence propose de nombreuses expériences autour de la gastronomie basque. Les cours de cuisine seront l'occasion de pénétrer dans une traditionnelle « société » gastronomique de San Sebastián, ou de s'exercer aux fourneaux d'un restaurant moderne étoilé au Michelin. Vous y apprendrez notamment à préparer les incontournables *pintxos* basques ou à cuisiner le poisson frais selon les vieilles recettes locales. Également des visites de cidreries, de *bodegas*...

URRIOLA SURF ESKOLA

Usandizaga Kalea, 14
✆ +34 943 01 13 91
http://zurriolasurfeskola.com

Située à deux pas de la plage, dans le quartier du Gros, l'Urriola Surf Eskola est une valeur sûre pour s'initier au surf ou au bodyboard sur la mythique Zurriola. Les caractéristiques de cette plage en font un lieu idéal aussi bien pour l'apprentissage du surf que pour la pratique de haut niveau – la partie gauche, proche de la digue, étant plus adaptée aux débutants. L'école vous proposera des cours pour tous les niveaux, mais aussi de la location de matériel, des surf camps et même des sessions de training pour se mettre en forme.

MIMO BITE THE EXPERIENCE

Calle Okendo, 1
✆ +34 943 06 20 18
https://mimo.eus

Mimo est un vaste espace de 400 mètres carrés dédié à la gastronomie, aménagé au rez-de-chaussée de l'hôtel María Cristina. L'endroit fonctionne comme une école de cuisine, proposant une multitude de cours et d'expériences autour de la gastronomie basque. En petits groupes d'une quinzaine de personnes, vous apprendrez à préparer d'authentiques *pintxos*, à mijoter des plats typiques de la gastronomie basque, ou encore à élaborer des recettes dignes d'un restaurant étoilé. Divers « tours » de pintxos sont proposés dans la ville en compagnie de fins connaisseurs !

Outre les fameux et incontournables bars à *pintxos* de la Parte Vieja, où l'animation se prolonge jusque tard dans la soirée, les bars musicaux et autres clubs de danse permettent de changer d'ambiance, et pour certains, de profiter de jolies vues ! L'animation nocturne bat également son plein dans les bars classiques du Centro, et les salles alternatives du Gros, où se donne rendez-vous la jeunesse locale. Dans le coin d'El Antiguo, vous trouverez pas mal d'animation dans la Calle Matía, où se concentrent de nombreux bars. Parmi les clubs en vue, citons le branché Bataplan, s'animant sur fond de chill-house à l'heure du *sunset* et fréquenté par les vedettes lors du festival de cinéma de la ville, ou bien le Gu, club aux airs de navire dominant la baie où l'on sirote des cocktails chics. San Sebastián propose également quelques lieux de cultures très recommandables tel le Teatro Principal, mais aussi un splendide casino.

ALTXERRI JAZZBAR

Calle de la Reina Regente, 2
✆ +34 943 422 931
https://altxerrijazzbar.com
Du jeudi au dimanche de 20h à 2h.

A deux pas du théâtre Victoria Eugenia et du pont qui mène au Kursaal, ce petit club de jazz et de blues offre tous les soirs des concerts en live de qualité. Au rez-de-chaussée, une galerie d'art contemporain expose les œuvres de jeunes talents et d'artistes consolidés. Il faut descendre les escaliers pour s'enfoncer dans ce sous-sol aux murs en pierre et prendre un verre à la lumière des bougies. Derrière le comptoir en bois ou confortablement installé sur l'une de ses petites tables, on s'offre un bon cocktail en profitant de la musique !

BATAPLAN DISCO

Paseo de la Concha, s/n
✆ +34 943 473 601
www.bataplandisco.com
Consultez la programmation.

Depuis 1979, cette emblématique boîte de nuit située sur la promenade de la Concha accueille les célébrités de passage à San Sebastián pour le festival de cinéma. Avec sa déco *seventies* et ses vues sublimes sur la baie, c'est aussi un lieu de référence pour les DJ de la scène internationale (David Guetta, Bob Sinclar ou encore Roger Sanchez sont passés par là). En 2019, le Bataplan a fait son entrée dans le classement du World's Best Clubs Top 100. L'été, sa terrasse est un spot privilégié pour observer le coucher de soleil sur fond de chill-house.

GU SAN SEBASTIÁN

C/ Ljentea 9
✆ +34 843 980 775
www.gusansebastian.com
Mercredi et dimanche de 17h à 2h ; du jeudi au samedi de 17h à 6h.

C'est le club à la mode de Saint-Sébastien ! Il est situé à deux pas de la Parte Vieja, dans le magnifique bâtiment du club nautique. Construit dans les années 1920, ce bâtiment centenaire aux allures de bateau est une des icônes de la ville. Après une rénovation respectueuse, mettant en valeur les lignes rationalistes du bâtiment avec du mobilier d'inspiration Bauhaus, l'établissement a finalement ouvert ses portes en 2015. A la fois restaurant, bar à cocktail et club, c'est l'endroit chic à ne pas manquer. Vue magnifique sur la baie.

¡BE ! CLUB

Salamanca Pasealekua, 3
✆ +34 943 47 85 05
https://beclubss.com
Tous les jours de 15h à 5h, jusqu'à 6h30 les vendredis et samedis.

Après un lifting complet en 2016, l'emblématique Be Bop est devenu le ¡ BE ! Club. Malgré ce changement de nom et d'image, le club conserve son caractère éclectique et sa programmation musicale de qualité. Situé à l'angle du Paseo Salamanca, juste à l'embouchure du fleuve Urumea, il offre de belles vues sur le Kursaal à travers ses grandes baies vitrées. Au programme : musique soul et jazzy les vendredis, classiques des 50-60's ou tubes des 80-90s les samedis soir... En été, on ouvre un peu plus tôt pour prendre le *vermut* dès 12h30 !

LE BUKOWSKI

C/ Egia, 18
www.lebukowski.com
Du lundi au mercredi de 10h à 23h, jeudi de 11h à 2h, vendredi de 11h à 4h, samedi de 19h à 4h, dimanche de 19h à 0h.

Depuis sa création en 1988, cette salle de concert est l'épicentre de la culture underground de San Sebastián. Situé dans le quartier d'Egia, zone en pleine mutation depuis l'ouverture du centre culturel Tabakalera, le Bukowski met à l'honneur des artistes émergents autant que des noms consacrés. Dans un joli décor aux airs vintage – l'endroit fonctionne aussi comme café en journée –, le mythique Bukowski accueille concerts et DJ sets aux styles variés, allant du rock à la house, en passant par le punk, le mambo ou encore la musique garage.

TEATRO PRINCIPAL

Calle Mayor, 3
✆ +34 943 48 19 70

Au cœur du vieux Saint-Sébastien, le Teatro Principal (théâtre principal), inauguré en 1843, est le théâtre le plus ancien de la ville. Reconstruit vers 1930, ce bâtiment classique accueille une programmation variée de théâtre (souvent en Euskera), danse et musique. Il est aussi le siège de plusieurs festivals de cinéma, notamment Dock of the Bay (festival du documentaire musical) et la Semaine du Cinéma Fantastique et de Terreur. Pour acheter en ligne des entrées à ses spectacles ou concerts, rendez-vous sur le site donostiakultura.eus

DABADABA

Mundaitz Kalea, 8
✆ +34 943 265 826
www.dabadabass.com
Du jeudi au samedi de 0h à 6h. Le reste de la semaine, consulter la programmation.

A deux pas du parc Cristina Enea et du centre culturel Tabakalera, quartier en pleine émergence hipster, un bar polyvalent qui accueille aussi bien des concerts en live et des DJ sets que des expositions, des projections audiovisuelles ou des marchés aux disques éphémères. Ce concept fourre-tout, allié à une déco vintage, une petite terrasse et un baby-foot, font de cet endroit un lieu original et vibrant, prisé de la jeunesse locale. Pour une plongée dans le San Sebastián *mainstream*, consultez son agenda culturel et venez y boire une bière artisanale !

TEATRO VICTORIA EUGENIA

República Argentina, 2
✆ +34 943 481 160
www.victoriaeugenia.eus

Nommé en l'honneur de Victoire-Eugénie de Battenberg, ce théâtre de style néo-Renaissance est l'œuvre de l'architecte Francisco de Urcola. Il fut édifié en 1909 au même moment que l'hôtel María Cristina, alors que Saint-Sébastien vivait son âge d'or comme lieu de villégiature de l'aristocratie. Dans la salle principale, couverte par une voûte et décorée de fresques, se sont tenus de nombreux spectacles de zarzuela. Catalyseur de la création artistique locale, il est aussi le siège du Festival de Jazz et de la Quinzaine Musicale.

DOKA - DONOSTIAKO KAFE ANTZOKIA

Erregezaintza Kalea, 20
✆ +34 943 224 601
www.doka.eus
Consulter la programmation.

Concerts, DJ, présentations de livres, *bertsolaris* (improvisation chantée et versifiée en basque), lectures de poésie... Cet espace culturel à l'ambiance jeune attire beaucoup de locaux. Inauguré en 2007 dans le quartier d'El Antiguo, Doka est né de l'initiative d'un petit groupe d'amis souhaitant créer un espace *euskaldun* (bascophone) vivant et participatif. Ainsi, sa programmation met en lumière la création locale en langue basque : parfait pour une immersion culturelle !

CASINO KURSAAL

Calle Mayor, 1
✆ +34 943 429 214
www.casinokursaal.com
Salle des machines : tous les jours de 10h à 4h (du jeudi au samedi jusqu'à 5h). Salle de jeux à partir de 18h30.

Avant l'inauguration du Kursaal moderne de Rafael Moneo à la fin des années 1990, c'est un bâtiment Belle Epoque qui occupait cet emplacement privilégié face à l'océan. Inauguré en 1921, le casino Gran Kursaal ferme ses portes seulement trois ans plus tard, en 1924, lorsque l'interdiction du jeu est décrétée. Aujourd'hui, le casino Kursaal occupe un bâtiment classique de la Parte Vieja, dont la décoration rend hommage à la Belle Epoque de San Sebastián. Sur 4 niveaux, il accueille un restaurant, des salles de jeux, machines à sous…

IRÚN ★

Irún n'est pas qu'une simple ville frontalière sans intérêt. Au cours du temps, la ville a œuvré à la mise en valeur de son patrimoine et de son rôle dans l'histoire. En effet, Irún avait été choisie par les Romains pour installer leur activité minière et leur port commercial stratégique, Oiasso. Les vestiges de ce port ont été portés à la connaissance du public grâce à l'ouverture, en 2006, du musée romain Oiasso. C'est aussi à Irún, sur l'île aux Faisans, que fut signé le traité des Pyrénées, en 1659, scellant la paix entre la France et l'Espagne par le mariage de Louis XIV avec la fille de Felipe IV d'Espagne, union célébrée par la suite non loin de là, à Saint-Jean-de-Luz.

ERMITA DE SAN MARCIAL

Au XVIe siècle, Don Beltrán de la Cueva, capitaine général du Gipuzkoa, fit construire un ermitage sur le mont Aldabe pour commémorer la victoire sur les troupes françaises lors de la bataille de San Marcial, le 30 juin 1522. Le premier ermitage fut détruit dans un incendie, et reconstruit en 1804. La tour date, quant à elle, de 1910. A côté de l'ermitage, un mirador offre un joli panorama sur toute la ville d'Irún, la baie de Txingudi, Hondarribia, la Bidassoa et le mont Jaizkibel. Le chemin de grande randonnée GR 11 traverse cet endroit.

© LEONID ANDRONOV - SHUTTERSTOCK.COM

PAYS BASQUE

Irún.

ÉGLISE NUESTRA SEÑORA DEL JUNCAL ★

Plaza del Juncal 1

✆ +34 943 620 640

Du lundi au vendredi de 17h à 20h, samedi et dimanche de 8h30 à 13h30.

Bâtie entre les XVIe et XVIIe siècles, cette église mêle différents styles architecturaux, principalement du gothique, Renaissance et baroque. Sa façade extérieure, plutôt austère, se distingue tout de même par son portail baroque et sa haute tour rectangulaire. À l'intérieur du temple, ne manquez pas d'admirer le grand retable de Barnabé Cordero (XVIIe s.), dont les sculptures sont l'œuvre de Juan de Bazcardo, et la Vierge gothique, la plus ancienne du Guipúzcoa.

MUSEO OIASSO ★

Calle Eskoleta, 1

✆ +34 943 639 353

www.oiasso.com

Du mar. au dim. de 10h à 14h (et 16h-19h ven.-sam.). L'été, du mar. au sam. de 10h à 20h, dim. 10h à 14h. Tarif 6,25 €.

Juste à côté de l'église gothique de Nuestra Señora del Juncal, ce musée est dédié à la cité romaine d'Oiasso, sur laquelle fut fondée l'actuelle ville d'Irún. Outre ses collections permanentes, on peut visiter l'ermitage de Santa Elena (à 10 min à pied), qui renferme l'ancienne nécropole d'Oiasso. Le ticket d'entrée donne également accès à la visite du site d'Irugurutzeta, qui conserve la plus grande batterie de fours de calcination employée dans l'exploitation du carbonate de fer de Gipuzkoa. On y accède par un petit train au départ du musée !

PARQUE ECOLÓGICO DE PLAIAUNDI

Playaundi Kalea
✆ +34 943 619 389
www.ekoetxea.eus/txingudi
Centre d'interprétation ouvert tous les jours de 10h à 14h et de 15h30 à 17h30 (16h-19h en été).

Situé dans l'embouchure de la rivière Bidasoa, ce parc protège 24 hectares de marécages, de lagunes et de marais formant une zone écologique protégée. Au printemps et à l'automne, c'est un lieu de passage migratoire important pour de nombreuses espèces d'oiseaux (175 en moyenne), notamment des hérons, des rapaces et des cigognes. Son centre d'interprétation propose de nombreuses activités pour découvrir le site et des visites guidées à travers les marais de Txingudi.

HOTEL ALCÁZAR IRÚN CENTRO CIUDAD €€

Avenida Iparralde, 11
✆ +34 943 620 900
www.hotelalcazar.net
Comptez entre 55 et 120 € la chambre double.

Derrière une façade récente, cet hôtel propose 48 chambres à la décoration castillane, offrant une vue sur un parc arboré de 500 m². Il est situé au cœur d'Irún, à 50 mètres du Paseo de Colón, artère principale de la ville. Au rez-de-chaussée, grands salons communs, salles de réunion et un cadre à l'ancienne pour le restaurant avec une enfilade de poutres, des murs de pierre, des chaises rustiques... Une ambiance familiale et paisible accompagnée d'un accueil agréable.

HOTEL RESTAURANTE ATALAIA €€

Aritz Ondo, 69
✆ +34 943 629 433
www.hotelatalaia.com
Comptez entre 70 et 120 € la chambre double.

Un hôtel familial, avec son jardin et son fronton privé, qui propose une vingtaine de chambres spacieuses et confortables dans un environnement verdoyant. On aime la décoration classique et très soignée, le délicieux petit déjeuner servi chaque matin, et surtout l'accueil chaleureux qui marque la différence par rapport aux grandes chaînes hôtelières. L'hôtel est proche de l'autoroute, pratique pour ceux qui souhaitent rayonner dans la région. Un lieu très accueillant !

BAR LA CANASTA €

Ensanche Plaza, 5
✆ +34 943 618 477
Tous les jours de 11h à 22h, jusqu'à 2h les week-ends. Fermé le lundi en hiver. Pintxos 10 €.

Le meilleur bar à tapas de la Plaza Ensanche ! Situé au cœur d'Irún, il étend sa vaste terrasse face au fameux kiosque à musique, lieu de rencontre des habitants de tous âges. On s'y installe pour boire un café, prendre l'apéritif ou déjeuner d'une bonne cuisine régionale. Tous les *pintxos* exposés au comptoir sont un délice, notamment ceux à base d'anchois. Mais ne manquez pas de tester les *pintxos* à la carte (préparés sur le moment), en particulier celui à base de foie et sauce au porto. A tester également, le risotto aux champignons et fromage Idiazabal.

ASADOR TRINKETE BORDA €€€

Caserio Borda ✆ +34 943 623 235
www.trinketeborda.com
De 13h à 15h30 et de 20h à 22h30. Fermé le mardi. Comptez 50 €.

Cette ferme du XVIIIe offre un cadre très agréable avec ses salons cossus et son grand jardin pour déguster de délicieuses grillades, spécialité de la maison. Les *chuletas*, les turbots, les lottes cuites dans leur plus simple appareil sont superbes. Elles participent à l'élaboration d'une cuisine du terroir où le jambon ibérique, les asperges et les *piquillos* sont les rois de la fête. Notez que leur viande de Kobe provient d'un élevage à Hondarribia spécialisé dans cette race d'origine japonaise. En saison, testez les *guindillas* et les tomates du potager !

RESTAURANTE IÑIGO LAVADO €€€

Avda. Iparralde, 43 ✆ +34 943 639 639
www.inigolavado.com
Mercredi, jeudi et dimanche de 12h30 à 16h, du jeudi au samedi de 12h30 à 16h et de 20h à 23h. Comptez 50 €.

Logé dans le palais des congrès Ficoba, ce restaurant propose un concept singulier, puisqu'ici on passe commande au bar avant d'être servi à table ! L'endroit n'a pourtant rien d'un fast-food, il offre au contraire une véritable expérience gastronomique menée par le chef basque Iñigo Lavado, qui revendique une « cuisine des émotions ». Des plats raffinés issus de la tradition basque, auxquels viennent s'ajouter des influences plus exotiques : tartare de thon rouge à l'aguachile, queue de bœuf aux tomates grillées et olives de Kalamata...

PAYS BASQUE

BIDASSOA BASQUE BREWERY

Lavanderas Kalea, 6
✆ +34 943 24 36 46
https://bidassoa.es
Du mercredi au vendredi de 17h à 23h, samedi et dimanche de 13h à 23h.

Certes, ce n'est pas le meilleur emplacement d'Irún, mais cette brasserie artisanale a tout pour séduire à l'intérieur de ses murs : une déco industrielle dans le vent, de grandes tables conviviales, et une carte gourmande pour accompagner les dégustations de bière. Avec la salle de fermentation en toile de fond, on apprécie les subtilités aromatiques des *craft beers*, tout en se régalant de délicieux petits plats à partager aux influences diverses : nachos, calamars frits, quesadillas, sandwichs au pastrami et burgers raviront les gourmands !

MERCAIRUN

Iparralde, 7
✆ +34 943 638 394
www.centrocomercialmendibil.com
Du lundi au vendredi de 9h à 13h30 et de 16h30 à 20h, samedi de 9h à 14h.

Situé au rez-de-chaussée du centre commercial Mendibil, ce coquet marché couvert est très bien fourni en fromages, légumes, fruits, poissons, viandes et charcuterie. Ici vous ne risquez pas d'être dépaysés, car bon nombre de ses clients viennent d'Hendaye, et même de Saint-Jean-de-Luz, pour y faire leurs achats d'anchois, d'olives ou de croquetas. Parmi ses nombreux étals, ne manquez pas le charcutier Zubikoa, dont la sélection de jambon de Bellota est une merveille. Soyez patients, cependant, car il y a souvent du monde devant son échoppe.

VINOTECA MENDIBIL

C/ Juan de la Cruz, 1
✆ +34 943 660 400
www.vinotecamendibil.com
Du lundi au vendredi de 9h à 13h30 et de 15h30 à 19h. Samedi de 9h à 13h30.

À deux pas de la Plaza Ensanche, ce caviste jouit d'une excellente réputation. En effet, la passion et la connaissance des vins se transmettent depuis quatre générations au sein de cette famille ! C'est donc l'endroit tout indiqué pour faire des provisions de vins espagnols et de *txakolis*, d'autant que la maison possède un vaste catalogue de plus de 3 000 références issues du monde entier. Beaucoup de Français viennent faire leurs emplettes dans sa boutique de 270 m². Laissez-vous conseiller par le propriétaire, qui parle très bien le français !

FUENTERRABÍA - HONDARRIBIA ★★★

Fuenterrabía est une charmante petite ville d'un peu plus de 16 000 habitants, très appréciée en été par une clientèle madrilène fidèle. Ce fut, pendant plusieurs siècles, une place forte et une cité de tradition en même temps qu'une ville de pêcheurs. Le vieux quartier aux ruelles tortueuses est très bien conservé, ainsi que le quartier de la Marina, très pittoresque avec ses petites maisons aux balcons fleuris et colorés. La population du Pays basque français ainsi que celle de Gipuzkoa apprécient beaucoup d'aller du bord de la Bidasoa vers le sauvage cap du Figuier. Que ce soit dans la vieille ville ou le quartier des pêcheurs, la cité ne manque pas de charme.

BARRIO DE LA MARINA [QUARTIER DES PÊCHEURS] ★

L'ancien quartier des pêcheurs se déploie autour de la calle San Pedro, la calle Santiago, et la confrérie des pêcheurs de San Pedro fondée en 1361. Le matin comme le soir, il est toujours animé ! Les murs blanchis à la chaux, les volets colorés des maisons et les balcons chargés de fleurs composent un décor des plus pittoresques. Ici, on déambule parmi la foule en s'arrêtant tous les cinquante mètres pour *tomar un pintxo* et un verre de vin sur une terrasse de la Calle San Pedro.

CASA PALENCIA - PLAZA DEL OBISPO

Calle del Obispo

La Casa Palencia [ou Etxebestenea] se dresse sur la charmante Plaza del Obispo, dans le cœur historique de la ville. C'est ici que naquit en 1502 don Cristóbal Rojas Sandoval, à la carrière brillante : archevêque de Séville, il participa au concile de Trente et présida celui de Tolède, il fut aussi chapelain de Charles Quint et protecteur de sainte Thérèse d'Avila. Une statue lui a été érigée sur la place, près de sa maison natale devenue un bel hôtel, l'Hotel Palacio Obispo.

ÉGLISE DE SANTA MARÍA DE LA ASUNCIÓN Y DEL MANZANO ★

Calle Mayor s/n

Visites guidées organisées par l'office de tourisme.

Depuis sa consécration par l'évêque de Bayonne en 1549, elle a été le témoin d'importantes cérémonies, dont les noces par procuration de Louis XIV et Marie-Thérèse d'Autriche en 1660. Trois nefs la composent, chacune avec abside. Remarquez la superbe voûte en croisée d'ogives qui domine le chœur. De chaque côté de la porte principale, les deux coquilles servant de bénitier ont été ramenées des Philippines par des marins. Du haut du mirador, vue admirable sur la baie de Txingudi.

VIEILLE VILLE ★★

De l'extérieur, on peut observer la muraille du XVIe siècle qui encercle encore une partie de la ville. On pénètre dans la cité médiévale par la porte de Santa Maria, surmontée des armoiries de la ville, puis on remonte la Calle Mayor pour admirer de remarquables bâtiments, dont la casa Consistorial (hôtel de ville) au n° 28. Sur la Plaza de Armas se dresse le château de Carlos V, magnifique forteresse du Xe siècle aménagé en Parador. Ne manquez pas non plus la jolie Plaza de Gipúzkoa qui, malgré les apparences, est de construction récente !

PAYS BASQUE

© LUIS OVERLANDER - SHUTTERSTOCK.COM

Barrio de la Marina (Quartier des Pêcheurs).

SANTUARIO DE NUESTRA SEÑORA DE GUADALUPE ★

Carretera Jaizkibel, s/n

Ce sanctuaire bâti au XVIe siècle se trouve à l'extérieur d'Hondarribia, sur la route qui mène au mont Jaizkibel. On y vénère la Vierge de Guadalupe, patronne de la ville, et l'une des huit Vierges noires du Gipuzkoa. À l'intérieur, son temple a subi diverses modifications, la dernière datant du XIXe siècle. Tous les ans, le 8 septembre, les habitants s'y rendent en procession pour remercier la Vierge d'avoir protégé Hondarribia lors du siège de 1638.

JOLASKI - PROMENADES EN MER

Paseo Butrón ✆ +34 622 427 388

www.jolaski.com

Navette Hendaye-Hondarribia 2 €. En été, tous les jours de 10h à 0h. Consultez les horaires le reste de l'année.

Cette compagnie maritime propose diverses balades en mer ou le long de la Bidassoa, notamment une belle promenade en bateau à la découverte de la baie de Txingudi et des alentours du phare Higuer (1h environ). La balade le long de la côte du Jaizkibiel (1h30) permet quant à elle d'admirer les falaises couvertes de flysch (strates rocheuses). Jolaski effectue également les liaisons entre Hendaye et Hondarribia, avec des navettes toutes les quinze minutes environ.

HOTEL PALACETE €€

Plaza Guipúzcoa, 5
✆ +34 943 640 813
www.hotelpalacete.net
Chambre double de 70 à 150 € selon la saison.

Situé sur l'une des plus jolies places du centre historique, cet hôtel aux allures de petit palais ne manque pas de charme ! Bâti au cours du XXe siècle – bien qu'on pourrait croire qu'il est plus ancien ! – il fut à l'origine construit comme résidence de vicaire. Outre ses chambres coquettes et lumineuses, l'hôtel séduit avec sa jolie terrasse où il fait bon prendre le petit déjeuner. Vous apprécierez aussi la tranquillité de la plaza Guipúzcoa à toute heure de la journée. N'hésitez donc pas à prendre une chambre donnant sur la place !

HOTEL SAN NIKOLAS €€

Plaza Armas, 6
✆ +34 943 644 278
www.hotelsannikolas.es
Comptez entre 60 et 130 € la chambre double selon la vue et la saison.

Il ne vous faudra qu'un coup d'œil à l'intérieur des chambres pour apprécier ce petit hôtel. Cette maison à trois étages abrite 16 vastes chambres récemment rénovées dont la décoration mêle l'esprit vintage et *shabby chic* avec des tons neutres et des matières naturelles. Certaines donnent sur une cour intérieure, les autres sur la mer. Situé en plein cœur historique, sur l'incontournable Plaza de Armas, cet hôtel compte également une cafétéria animée où l'on peut prendre son petit déjeuner. Un lieu charmant, offrant un bon rapport qualité-prix.

HOTEL JAIZKIBEL €€€

Baserritar Etorbidea, 1
✆ +34 943 646 040
www.hoteljaizkibel.com
Chambre double entre 80 et 200 €.

Un peu à l'écart de la ville, cet hôtel a tout d'un grand ! Sa décoration minimaliste et lumineuse séduit et offre une sensation de bien-être. Si vous y ajoutez un service chaleureux et efficace, une terrasse avec vue sur le mont Jaizkibel et des chaises longues pour les journées ensoleillées, vous aurez une formule idéale pour un séjour très relax ! Ses chambres, paisibles et lumineuses, offrent un décor moderne où prédomine le bois clair. Vous apprécierez également l'excellent petit déjeuner (buffet) de l'hôtel, composé de viennoiseries, jus et fruits frais.

HOTEL PALACIO OBISPO €€€

Plaza del Obispo, 1
✆ +34 943 645 400
www.hotelpalacioobispo.com
Chambre double de 80 à 180 €.

Un hôtel de charme situé dans la maison natale de l'évêque Cristóbal de Rojas y Sandoval, superbe palais du XIVe siècle situé au sud-est du bastion de San Felipe, près de la porte Santa María. Pierres sèches, jeux de bois, de lumière, voûtes et couleurs fraîches... partout on y respire une ambiance médiévale, et bien sûr dans les chambres, toutes différentes, affichant balcons, parfois une petite terrasse donnant sur la baie, portes en ogive, plancher ancien et des lits joliment drapés de tissus colorés. Grande terrasse à l'étage avec vue sur la Bidassoa.

PARADOR DE HONDARRIBIA €€€

Plaza de Armas, 14
✆ +34 943 645 500
Comptez entre 120 € et 280 € la chambre double.

Elégance et raffinement conjugué à tous les temps dans ce *parador* installé sur l'incontournable Plaza de Armas. L'imposant château de Charles V avec son décor de forteresse médiévale mérite absolument une visite, même si vous n'y séjournez pas. Bâti au Xe siècle et remodelé au XVIe siècle par Charles V, il préserve un magnifique patio intérieur et de superbes salons d'époque. Les chambres, toutes différentes, affichent une décoration médiévale pour certaines, plus moderne pour d'autres. Depuis la terrasse, vues magnifiques sur la mer et la côte basque française.

BAR GRAN SOL €

San Pedro, 65
✆ +34 943 642 701
www.bargransol.com
Du mardi au samedi de 11h30 à 22h30, dimanche de 11h30 à 16h. Comptez 20 €.

Le meilleur bar à pintxos d'Hondarribia, sans hésitation ! Avant toute chose, prévoyez d'arriver de bonne heure pour trouver une place en terrasse, car la maison ne prend pas de réservations. Au comptoir, une ribambelle de pintxos très appétissants, mais nous vous conseillons de commander à la carte pour tester des préparations bien plus élaborées. Incontournables « huevo mollete » et « hondarribia », maintes fois primés dans des concours de pintxos, mais aussi le délicieux « txerribeltz », porc en trois textures à la mayonnaise de betterave. Divin !

ABARKA JATETXEA €€

36 Baserritar etorbidea
✆ +34 943 641 991
www.restabarka.com
De 13h à 15h et de 20h à 23h. Fermé dimanche soir et lundi. Menu tradition 35 €.

A 10 minutes à pied du centre historique, une belle *casona* rustique qui cache bien son jeu par sa diversité et par la qualité de sa cuisine. Plusieurs salles à l'intérieur, l'une altière dans des habits de parade, nappage blanc, chaises anciennes... l'autre plus décontractée sous véranda couverte où la pierre, le bois et les larges baies se disputent l'espace. Quant à la cuisine, elle est l'œuvre de Natxo Gracia, qui sait se jouer avec simplicité des bonnes recettes du passé métissées d'une once de modernité et d'originalité.

ALAMEDA €€€

Minasoroeta Kalea, 1
✆ +34 943 642 789
www.restaurantealameda.net
Mercredi, jeudi et dimanche 13h-15h30. Vendredi et samedi 13h-15h30 et 20h-23h. Menus à partir de 84 €.

La salle de restaurant est lumineuse et raffinée, et le couvert dressé dans le plus grand classicisme. C'est une famille unie autour d'une même cause qui vous reçoit, les frères Txapartegi et leur tante. Le jeune chef, Gorka, a déjà un passé d'artiste qui l'autorise à faire la cuisine qu'il aime, traditionnelle et inventive à la fois : œuf à la pomme de terre truffée et soupe à l'ail, artichaut confit et son voile parfumé de lard... Le poisson n'est pas à la carte, car il dépend de la pêche du jour. Dans le local attenant, une taverne à des prix plus accessibles.

LA HERMANDAD DE PESCADORES €€€

Calle Zuloaga, 12
✆ +34 943 642 738
www.hermandaddepescadores.com
De 13h à 15h30 et de 20h à 23h. Fermé lundi et dimanche soir. Environ 40 €.

Avisez la petite maison aux volets bleus, dans le quartier de La Marina : il s'agit de l'ancienne confrérie des pêcheurs. Depuis 1938, on sert dans ce pittoresque décor une excellente cuisine maritime à déguster dans une ambiance toujours très conviviale. La maison est célèbre pour sa soupe de poisson, réputée dans toute la région ! Mais vous y dégusterez aussi d'excellents poissons à la *parilla* (grillés), et en dessert, une divine *torrija* caramélisée.

OIARTZUN

Située au creux d'une immense vallée qui abrite le parc d'Aiako Arria, la ville d'Oiartzun conserve une identité très forte, ancrée dans la tradition, malgré une extension rapide et l'implantation de nombreuses industries. Elle reste profondément attachée au milieu rural et à son environnement. Le vieux centre du bourg abrite une multitude d'édifices remarquables parmi lesquels se distinguent deux églises : l'église paroissiale San Esteban de Lartaun et son superbe retable du XVIIe siècle, et la basilique San Juan Bautista datant elle du XVIe siècle. Une belle manière de profiter d'Oiartzun consiste à se promener sur la fameuse Voie Verte d'Arditurri.

PARQUE NATURAL AIAKO HARRIA ★

L'entrée principale du parc se trouve à Elurretxe. De Oiartzun, emprunter la GI 3454.

A 10 km à l'est d'Oiartzun, ce parc naturel de 7.000 ha porte l'empreinte de temps ancestraux, puisque son massif granitique a fait surface il y a plus de 250 millions d'années. On y a également découvert des fossiles d'animaux marins et des dizaines de monuments mégalithiques. Le site est très apprécié des randonneurs et des amateurs de pique-nique. Dominé par l'Irumugarrieta (806 m), Txurrumurru (827 m) et Erroilbide (837 m), il est plus connu sous le nom des Trois couronnes.

SOINUENEA - CENTRE DE LA MUSIQUE POPULAIRE

Calle Tornola, 6
✆ +34 943 493 578
www.soinuenea.eus
Visites du mardi au samedi de 10h à 14h et de 15h à 18h. Prix 3 €.

L'exposition du Centre de documentation de musique populaire rassemble plus de 400 instruments de musique venus du monde entier. Au détour des galeries, on découvre ses jolies collections de flûtes, accordéons, tambours et autres jouets sonores... Les amateurs des musiques populaires y trouveront aussi toutes les informations concernant la tradition musicale du Pays basque. Ce petit musée né dans les années 1990 occupe le bâtiment de l'ancienne école municipale d'Oiartzun.

VOIE VERTE ET MINES D'ARDITURRI

Arditurri bidea, 3
www.arditurri.com
Visites guidées des mines du mardi au dimanche en juillet-août (reste de l'année, du mercredi au dimanche). Prix 5,75 €.

Située en plein cœur du parc naturel Aiako Harria, ces mines d'origine romaine ont été exploitées pendant plus de 2 000 ans de manière presque ininterrompue. On peut y accéder à pied ou à vélo en suivant la voie verte d'Arditurri sur une quinzaine de kilomètres. Sur le site, possibilité de visiter le centre d'interprétation, dont le rez-de-chaussée est dédié aux ressources naturelles du parc Aiako Harria et le premier étage retrace le passé minier de la région.

HOTEL RESTAURANTE USATEGIETA €€€

Maldaburu Bidea, 15
✆ +34 943 260 530
www.usategieta.com
Chambre double entre 80 et 150 €, petit déjeuner inclus.

Au cœur d'une nature intacte, cette solide bâtisse typiquement basque est idéale pour se reposer. À l'intérieur, l'hôtel se joue des espaces, dans les salons avec ses imposantes colonnes et les chambres avec de grands lits, de larges baies vitrées, de hauts plafonds, des poutres apparentes et des salles de bains ultramodernes. Une belle diversité que l'on retrouve dans le restaurant, qui sert une bonne cuisine traditionnelle élaborée avec les produits de saison.

© UNAI HUIZI - SHUTTERSTOCK.COM

Parque Natural Aiako Harria.

TREN VERDE DE ARDITURRI (TRAIN)

Plaza de Done Eztebe
✆ +34 943 494 521
www.arditurri.com
Train vert + Arditurri (2h15) : 12,50 €.

Au départ de la Plaza de Doneztebe, à Oiartzun, ce petit train touristique emprunte la voie verte d'Arditurri pour rejoindre les mines du même nom, où l'on peut visiter le centre d'interprétation et les anciennes galeries minières. En chemin, vous pourrez voir le moulin hydraulique d'Ugarte, sur les bords de la rivière Oiartzun, témoin du passé industriel de la région. Certains jours, le petit train rejoint également le centre de musique populaire Soinuenea.

ZUBEROA €€€

Camino Araneder - Barrio Hurriotz
✆ +34 943 491 228
www.zuberoa.com
Fermé dimanche soir, mardi soir et mercredi (l'été, uniquement dimanche et mercredi). Menu dégustation 165 €.

Tenue par la famille Arbelaitz, c'est l'une des meilleures tables de la région, plusieurs fois primée lors de concours gastronomiques internationaux et récompensée par une étoile au Michelin. Le restaurant, situé dans le plus vieux *caserío* d'Oiartzun, offre un cadre magnifique, avec des tables joliment dressées et un service de première qualité. Au menu : un succulent cochon de lait avec sa compote de fruits au cumin, un homard rôti au gingembre, et bien d'autres plats tout aussi alléchants à déguster dans un décor rustique de poutres et de murs en pierre !

ERRENTERIA

Orientée vers la mer, Errenteria et ses 40 000 habitants est une ville de tradition maritime, dont l'essor a commencé au XIIIe siècle. Elle s'est dès lors imposée comme une zone commerciale et industrielle importante, comme en témoignent son port et ses chantiers navals qui se tournent alors vers le commerce du bois. A l'époque, on la surnommait la « petite Manchester », à cause des fumées des usines. Le centre historique d'Errenteria a gardé quelques beaux bâtiments, toutefois une industrialisation massive a un peu détérioré la ville. Elle est malgré tout parvenue à conserver un patrimoine culturel, dont l'église Nuestra Señora de Asunción est sans doute l'élément principal.

MUGARITZ €€€

Otzazulueta Baserria, Aldura Aldea, 20
✆ +34 943 522 455
www.mugaritz.com
Ouvert de mai à octobre. Fermé dimanche soir, lundi et mardi midi. Menu dégustation 242 €.

On ne présente plus Andoni Luis Aduriz, ce chef au parcours impressionnant, qui s'est formé notamment dans les cuisines d'El Bulli. Prix national de gastronomie en 2002, il est connu pour sa créativité et son goût de l'innovation, dépassant bien souvent les limites de la cuisine pour se frotter au monde de l'art. La salle à dimension humaine, qui contient une quarantaine de couverts, est un lieu serein pour se frotter à la haute gastronomie que défend Andoni Luis Aduriz, jouant constamment entre innovation et tradition basque.

FUERTE DE SAN MARCOS

Camino San Marcos s/n
Ouvert de mi-juin à mi-octobre du mercredi au dimanche de 10h à 14h et de 16h à 18h.

Bâtie au XIXe siècle pour assurer la défense d'Errenteria au cours de la seconde guerre carliste, cette construction militaire est située au sommet du mont Bizarai, à 260 mètres d'altitude. Son fort, occupé par l'armée jusqu'en 1970, fait désormais partie du parc naturel de Lau Haizeta. Il abrite un centre d'information touristique où sont exposées des répliques de canons. Les panneaux d'information sont disponibles en plusieurs langues. Véritable mirador sur la région, le site offre de belles vues jusqu'à la baie de la Concha, Pasaia et Txingudi.

VIEILLE VILLE

La vieille ville d'Errenteria, fondée en 1320, conserve le tracé médiéval de ses origines. Vous pourrez y voir notamment la maison-tour médiévale Torrekua, qui protégeait autrefois l'une des portes d'accès à la cité ; la Casa Consistorial (hôtel de ville), bâtiment du XVIIe siècle de style Renaissance ; l'église Nuestra Señora de la Asunción et son maître-autel orné d'un retable néoclassique (XVIIIe s.) ; ou encore le couvent des Augustines du XVIe siècle. Un ensemble architectural qui raconte l'histoire de la ville et témoigne de son importance au Moyen Age.

PASAIA ★★

Principal port du Guipúzcoa, Pasaia réunit quatre villages-quartiers établis autour d'un des seuls fjords naturels de la côte : Pasaia Donibane, où se trouvent la vieille ville et les restaurants ; Pasaia San Pedro, qui regroupe les activités marines ; et les moins touristiques Trintxerpe et Pasaia Antxo. Perçus comme une seule et même ville, ces villages s'enorgueillissent d'une identité commune liée à la mer. Cette enclave naturelle d'une très grande beauté et nimbée d'une atmosphère romantique a également séduit Victor Hugo, dont on peut visiter la maison de villégiature. La plupart des monuments d'intérêt se trouvent à Pasai Donibane et San Pedro.

ALBAOLA FAKTORIA ★

Ondartxo Pasealekua, 1
✆ +34 943 392 426
www.albaola.com
Du mardi au dimanche de 10h à 14h et de 15h à 18h (jusqu'à 19h en été). Entrée 7 €.

C'est dans cet ancien chantier naval du quartier de San Pedro qu'a été construit, au XVIe siècle, le baleinier *San Juan*, dont on a découvert l'épave dans la péninsule du Labrador, au Canada. Reconverti en centre de la culture maritime, c'est aujourd'hui un vaste atelier où l'on perpétue la construction artisanale des navires. Actuellement, une équipe de volontaires travaille à la reconstruction d'une réplique grandeur nature du baleinier *San Juan*, un travail titanesque que vous pourrez découvrir lors de la visite guidée. Passionnant !

CASA VICTOR HUGO

Donibane, 63

✆ +34 943 341 556

En travaux.

Cette maison du XVIIe siècle fut le refuge de l'illustre écrivain pendant l'été 1843. Séduit par les environs, il écrivit une description détaillée du village de Pasaia dans son ouvrage *Voyage vers les Pyrénées*. Aujourd'hui la maison abrite l'office du tourisme au rez-de-chaussée, l'exposition permanente « Victor Hugo, voyage vers la mémoire » au premier étage, tandis que le deuxième étage est consacré à des expositions temporaires. Dans l'espace multimédia, un film retrace l'histoire de Pasaia au XIXe siècle à travers le point de vue de l'écrivain.

ERMITA DE SANTA ANA

Erigée sur une colline dominant la baie, cette chapelle bâtie en 1758 a le charme de la simplicité. Ses formes rectangulaires, dépourvues d'ornement, appellent à la quiétude et au recueillement. A l'intérieur, on peut découvrir un admirable retable représentant sainte Anne et la Vierge. On raconte qu'il fut acquis en 1573 dans les Flandres, puis ramené en bateau jusqu'à Pasaia. Tous les ans, le 26 juillet, une messe commémore la fête de sainte Anne. L'ermitage abrite une auberge pour les pèlerins de Saint-Jacques-de-Compostelle, située dans le bâtiment annexe.

QUARTIER HISTORIQUE ★

On y découvre de nombreuses maisons et palais, comme le palais baroque d'Arizabalo (XVIIe s.), la Casa Miranda et sa belle façade Renaissance (XVIe s.), la Casa Platain (XVIe s.), où se mêlent la brique et la pierre de taille... Sur la Plaza de la Piedad, un petit embarcadère relie Pasaia Donibane avec Pasaia San Pedro. Vous pourrez y apercevoir El Humilladero de la Piedad, une croix en pierre du XVe s. élevée en hommage à Notre-Dame de la Piété. Elle symbolise la victoire de la bataille de Roncevaux, à laquelle les habitants de Pasaia participèrent.

CASA CAMARA €€

C/ San Juan, 79

✆ +34 943 523 699

www.casacamara.com

Du mardi au dimanche de 13h30 à 15h30. Egalement vendredi et samedi de 20h30 à 22h30. Comptez 40 €.

Fondée en 1884, cette table réputée est gérée par la quatrième génération de la famille Cámara. Elle est située dans une belle demeure du XVIIe siècle au bord de l'eau, d'où l'on contemple le va-et-vient des bateaux. Dans la grande salle lumineuse, vous dégusterez une cuisine basque savoureuse, à base de produits de la mer et servie avec le sourire. Remarquez l'étonnant vivier naturel au centre du *comedor,* d'où l'on remonte les langoustes et homards servis ensuite dans les assiettes ! Un classique immanquable de Pasaia pour déguster une cuisine de la mer.

HERNANI

Située au pied du mont Santa Bárbara, Hernani est une ville fortement industrialisée qui abrite cependant quelques monuments intéressants dans son vieux quartier. Ce dernier, situé sur une petite colline et classé ensemble monumental, est de forme ovale en raison de la présence, jadis, de murailles. On y trouve aujourd'hui l'église San Juan Bautista du XVIe siècle, l'hôtel de ville et la place Gudarien Enparantza. C'est ici également que se trouve le musée Chillida-Leku, qui a, bonne nouvelle, rouvert au public en 2019. Mais Hernani mérite surtout une visite pendant la saison du « Txotx » qui permet de découvrir ses cidreries traditionnelles.

HERNANI ET LE RITUEL DU CIDRE

Entre mi-janvier et fin avril, c'est la saison du cidre au Pays basque. Pendant cette période, appelée le « Txotx », il est de coutume de visiter les cidreries pour déguster le traditionnel menu à base de tortilla de morue, côte de bœuf grillée, fromage idiazábal, pâte de coing et noix. Nous vous conseillons de visiter une cidrerie basque pour découvrir cette tradition et la vivre comme les locaux. La plupart des cidreries se concentrent à Hernani et Astigarraga. Dans les « vraies » cidreries, on mange debout autour d'une table haute, et l'on remplit soi-même son verre de cidre auprès de la *kupela*. Une expérience très authentique à ne pas manquer !

MUSEO CHILLIDA-LEKU ★★

Bº Jauregi, 66
✆ +34 943 33 59 63
www.museochillidaleku.com
Ouvert de 10h à 17h. Fermé mardi et mercredi. Entrée 12 €.

« *Un jour, j'ai rêvé d'une utopie : trouver un espace où pourraient reposer mes sculptures et où les gens pourraient marcher entre elles comme dans une forêt* ». Ces mots du sculpteur Eduardo Chillida (1924-2002) illustrent bien le projet de ce musée unique, conçu comme une œuvre d'art totale, où fusionnent l'art et la nature en un seul et même lieu. Une « utopie » née au début des années 1980 avec la découverte du *caserío* Zabalaga, vieille ferme à l'abandon du XVIe siècle que Chillida entreprit de restaurer avec l'aide de l'architecte Joaquín Montero. Il fit progressivement l'acquisition de parcelles de terrain – jusqu'aux 11 hectares actuels – pour y exposer ses œuvres. Aujourd'hui, une quarantaine de sculptures monumentales jalonnent le parc ; on peut les toucher, les contourner, voir même les traverser, en flânant des jardins aux sous-bois en toute sérénité.

À l'intérieur du *caserío* sont exposées des pièces plus délicates en bois, en albâtre ou en laine sous une merveilleuse charpente. On peut également y voir une étude autour du corps humain à travers des peintures et sculptures, ainsi qu'une exposition photographique sur le *Peigne du Vent*, probablement l'œuvre la plus célèbre de Chillida, située sur la Concha de San Sebastián.

Inauguré en l'an 2000, deux ans avant la mort du sculpteur, le site avait dû fermer ses portes en 2011 pour des raisons économiques. Il a finalement rouvert ses portes en 2019 avec l'aide de la galerie Hauser & Wirth. Profitez de votre visite pour déjeuner dans l'excellent Lurra Cafe !

SIDRERÍA ZELAIA €€

Barrio Martindegi, 29
✆ +34 943 55 58 51
www.zelaia.es
Repas en soirée du mardi au samedi. Le midi, uniquement vendredi et samedi. Comptez 35 €.

Voilà une cidrerie traditionnelle qui ouvre ses portes uniquement durant la saison du Txotx. Au menu : chorizo au cidre, tortilla de morue, morue aux piments, côte de bœuf grillée, fromage Idiazábal, et de délicieux biscuits de Tolosa. Un menu simple et traditionnel, avec des produits de première qualité, en particulier la viande de bœuf, parfaitement cuite « a la brasa ». Ici on mange debout dans une grande salle conviviale, ou près des *kupelas* (tonneaux de cidre). Entre chaque plat, on va se servir un verre de cidre directement sorti des tonneaux !

ORIO ★

Située dans la zone centrale de la côte du Guipúzcoa, Orio fut longtemps liée à la pêche à la baleine. Les chalutiers à rames, qui ont servi aux pêcheurs de l'époque pour chasser les cétacés, se sont reconvertis aujourd'hui : c'est à l'aviron que s'adonne Orio. La ville entretient aussi une relation forte avec le chemin de Saint-Jacques, dont témoignent l'ermitage San Martín de Tours ou l'église baroque San Nicolás de Bari. Son centre historique aux ruelles escarpées et escaliers pentus, Goiko Kale, date du Moyen Âge. Deux plages ici : Antilla, à l'embouchure du fleuve Oria, est la plus fréquentée ; et Orizabar, plus calme, idéale pour la promenade.

Orio.

PARC NATUREL DE PAGOETA

Iturraran
✆ +34 943 835 389
www.gipuzkoanatura.eus
Centre d'interprétation : du mardi au vendredi 10h-14h (et 16h30-18h30 l'été), week-end 10h-14h. Tarif 1 €.

Situé entre les fleuves Urola et Oria, tout près de la côte, ce parc doit son nom au mont Pagoeta, qui est son centre géographique. Les bois et prairies de ses versants sont caractéristiques du paysage rural des vallées du Pays basque. Dans ses collines, on trouve encore quelques témoignages du passé : hameaux, forges, moulins… Des dizaines de sentiers s'offrent au visiteur, qui peut les parcourir tout en découvrant la beauté du parc. Le centre d'orientation du parc est installé dans une ferme du XVIIIe siècle, où l'on peut visiter une exposition sur le parc.

CENTRE D'INTERPRÉTATION DU CHEMIN DE COMPOSTELLE

Kale Nagusia, 17 ✆ +34 943 835 565
http://turismo.orio.eus
L'été, tous les jours 10h-14h et 16h-20h, fermé dimanche après-midi. Hors saison, fermé aussi lundi et mardi après-midi.

Ce centre d'interprétation du chemin de Saint-Jacques-de-Compostelle se trouve dans un ancien palais du XVIe siècle situé dans le cœur historique d'Orio. Le premier étage accueille les bureaux de l'office de tourisme municipal. Au deuxième étage, une exposition retrace l'histoire du chemin de pèlerinage et de Saint-Jacques, avec aussi des légendes, des statistiques... Enfin, le troisième niveau s'intéresse aux deux chemins qui parcourent le Pays Basque.

BODEGA KATXIÑA TXAKOLINA €€€

Barrio Ortzaika, 20 ✆ +34 943 58 01 66
www.bodegakatxina.com
Du mardi au dimanche de 10h à 18h30 (jusqu'à 0h vendredi et samedi). Comptez 80 €.

Dans le village de pêcheurs d'Orio, la daurade est le poisson-roi depuis des générations, à tel point qu'on célèbre tous les ans au mois de juillet la Fête de la Daurade. Selon la tradition, le poisson est grillé à la *parilla*, un savoir-faire qu'Iñaki Zendoia a appris de son père, propriétaire du célèbre asador Katxiña (aujourd'hui fermé). La bodega perchée sur une colline au-dessus de la rivière Oria est entourée par les vignobles de txakoli. Le lieu est superbe, et très apprécié des familles basques pour toutes sortes de célébrations.

RESTAURANTE ASADOR SAN MARTIN €€€

Barrio de San Martin, s/n
✆ +34 943 580 058
www.asadorsanmartin.com
Lundi, mercredi, jeudi et dimanche 13h-15h30, vendredi et samedi 13h-15h30 et 20h30-23h. Comptez 50 €.

C'est d'abord pour le cadre que l'on choisira ce restaurant : situé sur les hauteurs d'Orio, il offre un panorama privilégié sur l'océan. Son intérieur rustique, où se mêlent la pierre et le bois, est tout à fait charmant. Sous une robuste charpente, on se régale d'une excellente cuisine traditionnelle. Le *chuletón* (côte de bœuf) à la parilla compte parmi les spécialités du restaurant. La carte offre aussi une grande variété de poissons et fruits de mer de première qualité.

ZARAUZ – ZARAUTZ ★

Située sur une petite plaine ouverte sur la mer, Zarautz est une ville touristique moderne et attrayante. Il faut dire que la ville bénéficie d'un paysage et d'un environnement naturel privilégiés grâce à sa situation entre mer et montagne. Sa plage est l'une des plus longues du littoral basque, et se termine, sur son versant oriental, par un grand espace dunaire protégé. Quelques petites rues et une placette – la Barren Plaza, pour ses bars à *pintxos* – forment le centre-ville, très animé durant toute l'année. Outre ses nombreuses boutiques, la ville est aussi réputée pour ses *asadores* traditionnels, où se régaler de viandes et de poissons grillés.

OFFICE DE TOURISME ZARAUTZ

Kale Nagusia, 30 ✆ +34 943 830 990
www.turismozarautz.eus
Ouvert tous les jours en été. L'hiver, fermé samedi après-midi et dimanche.

Situé au cœur de la ville, l'office du tourisme propose toutes les informations nécessaires pour passer un agréable séjour dans cette charmante cité balnéaire. Vous y trouverez une documentation très complète sur les points d'intérêt, mais aussi de précieux conseils pour votre hébergement et les activités disponibles sur place. Des visites guidées thématiques sur les principaux sites architecturaux de la ville et les caves de txakoli sont également disponibles.

ENSEMBLE ARCHÉOLOGIQUE DE SANTA MARIA LA REAL

Calle Elizaurre, 1
✆ +34 943 835 281
www.zarauzkoparrokia.org
Musée fermé le lundi et durant tout le mois de janvier. Entrée 2 €.

L'ensemble archéologique monumental de Santa María la Real se compose de la Torre-Campanario (tour-clocher) du XVe s., qui abrite le musée d'Art et d'Histoire de Zarautz, et la paroisse Santa María la Real, où l'on remarquera plusieurs beaux retables baroques. Des verrières aménagées au sol dévoilent les vestiges des constructions antérieurs et les tombes d'une nécropole. Le musée présente un aperçu du passé de la ville, à travers les découvertes historiques et archéologiques.

PARC DE VISTA ALEGRE

Sur près de 5 hectares, le Parc de Vista Alegre est le point de rencontre entre la ville et la nature. Ce vaste espace naturel protégé se découvre grâce à un réseau de sentiers, parcours d'orientation et aires de jeux équipées de tyroliennes. Outre sa végétation très variée qui fait la part belle aux espèces exotiques, le parc préserve aussi un fabuleux mirador appelé « Torreón ». Construit en 1913, ce bâtiment néo-classique fut l'une des premières constructions en béton armé de la région. Depuis le premier étage, la vue sur Zarautz est splendide.

BLAI BLAI HOSTEL €

Nafarroa Kalea, 37

✆ +34 688 75 50 26

https://blaiblai.com

Comptez entre 20 et 35 € la nuit en dortoir selon la saison.

Ce sympathique petit *hostel* se trouve à seulement trois minutes à pied de la plage de Zarautz : un emplacement privilégié pour ceux qui souhaitent profiter des joies de l'océan. Il propose des dortoirs de 6, 8 ou 10 lits au design bien pensé, avec des matelas confortables, des lampes et des prises individuelles, parfait pour les jeunes voyageurs à la recherche d'un logement pas cher, mais stylé ! Pratique : vous pourrez profiter de la cuisine équipée d'un four à micro-ondes, cafetière/théière et réfrigérateur. Une bonne adresse pour les jeunes surfeurs !

PHOTOMUSEUM ARGAZKI & ZINEMA MUSEOA

San Inazio Kalea, 11

✆ +34 943 130 906

www.photomuseum.name

Du mardi au dimanche de 10h à 14h et de 17h à 20h. Entrée 6 € (gratuit mercredi et vendredi).

Installé dans la charmante Villa Manuela, ce petit musée retrace l'histoire de la photographie à travers une riche collection permanente organisée en sections thématiques : la technique photographique depuis l'ère du daguerréotype jusqu'à nos jours, les genres photographiques (portrait, nature morte, paysage...) et l'utilisation de l'image dans les arts graphiques, le journalisme, le cinéma... Le rez-de-chaussée accueille quant à lui des expositions temporaires.

KAIXO APARTMENTS ZARAUTZ €

Iturribide kalea, 22

✆ +34 607 83 66 63

www.kaixoat.com

Environ 80 € la nuit.

José Luis et Esther dirigent ce petit réseau d'appartements né en 2018 à Zarautz. Au total, ce sont 7 appartements modernes et bien situés, répartis dans différents emplacements de la ville : les appartements Kaixo Museum, situés en face du Photomuseum ; les Kaixo Family, équipés de jouets pour enfants et situés en face d'une aire de jeux ; et enfin les Kaixo Marina, un ensemble de 3 appartements situés à 500 mètres de la plage. Bel accueil et prestations de qualité pour ces logements touristiques au centre de Zarautz. Idéal pour les familles !

TXAKOLI TALAI BERRI

✆ +34 943 13 27 50

www.talaiberri.com

Visites guidées sur réservation.

Le txakoli de Zarautz, qui comprend une centaine d'hectares, est protégé sous l'appellation d'origine contrôlée « Txakoli de Getaria ». Ici, 90 % de la production correspond au cépage de cuve blanc autochtone *Hondarribi Zuri*. Bixente Eizaguirre produit le fameux vin blanc pétillant dans ce vignoble de 12 hectares blotti à flanc du mont Talaimendi. Des visites guidées permettent de découvrir la salle de pressurage, assister à la mise en bouteille, comprendre les caractéristiques du txakoli... avant de passer à l'étape dégustation !

ZARAUTZ HOSTEL €

Gipuzkoa Kalea, 59

✆ +34 943 833 893

www.zarautzhostel.com

Comptez 25 € par personne en dortoir. Environ 150 € l'appartement.

Ouvert en 2014, ce petit hostel est situé à 5 minutes de la plage de Zarautz. Il est tenu par le sympathique Mario, figure locale du surf, qui accueille ses hôtes dans des dortoirs de 4 à 6 personnes ainsi que des appartements. Les chambres de l'ático, sous les toits, sont les plus coquettes de l'établissement. Elles peuvent accueillir 4 personnes et disposent d'une salle de bains privée. Installations de bonne qualité et grande terrasse pour faire connaissance avec les autres voyageurs : une option sympa et pas chère pour les jeunes !

HOTEL ZERUPE €€

Zigordia Kalea, 24
✆ +34 943 50 85 82
www.hotelzerupe.com
Comptez entre 70 et 150 € la chambre double.

Aménagé dans un ancien entrepôt par le studio Lurbel, cet hôtel contemporain offre un excellent emplacement en plein centre-ville et à 150 mètres de la plage. Ses chambres, éclairées par des fenêtres de toit, offrent un décor très serein mêlant le bois clair, le béton et le verre, avec d'immenses photographies signées Jon Atxutegi. Conçu selon les préceptes Passivhaus, l'hôtel affiche tout bon en matière de performance énergétique. Un lieu singulier, offrant à la fois un concept très moderne et un emplacement privilégié dans la ville !

HOTEL-RESTAURANTE KARLOS ARGUIÑANO €€€

Calle Mendilauta, 13 ✆ +34 943 130 000
www.hotelka.com
Tlj sauf mercredi de 13h à 15h30, vendredi et samedi de 20h30 à 23h. L'été, tlj sauf dimanche soir. Comptez 40-50 €.

L'espiègle chef basque Karlos Arguiñano possède cet hôtel-restaurant situé dans un ancien palais du début du XXe siècle, connu sous le nom de Villa Aiala. Dans l'hôtel, une douzaine de chambres coquettes et un peu rétro, jouissant d'un bel emplacement en bord de plage. Le restaurant propose quant à lui des plats de saison dans un joli cadre maritime, avec de grandes baies vitrées donnant sur l'océan. À la carte : salade de *txangurro* (crabe) et avocat, morue à la sauce pil-pil...

PENSIÓN TXIKI POLIT €€

Plaza Musika, 26
✆ +34 943 835 357
http://txikipolit.eus
Chambre double entre 45 et 100 €.

A deux pas de la plage, cette pension familiale compte une vingtaine de chambres, dont la moitié donnent sur l'agréable Plaza Musika, la place de la musique, qui sert régulièrement de cadre à des concerts. Les chambres, plutôt spacieuses, sont propres et bien tenues, avec une décoration simple, mais agréable. Certaines possèdent même de grandes baies vitrées. Au rez-de-chaussée, un bar à tapas/ caféteria sert un menu du jour très honnête et une grande variété de pintxos. Sa terrasse est aussi très agréable à l'heure de l'apéritif !

PUKAS SURF ESKOLA ZARAUTZ

Lizardi, 9
✆ +34 943 890 636
www.pukassurf.com
Initiation au surf : 80 € / 5 jours.

La renommée des vagues de Zarautz attire des surfeurs de tous horizons venus s'initier ou se perfectionner sur sa grande plage. Les écoles sont donc légion dans la ville ! Pukas est la plus prestigieuse : cette école de surf basque vend et loue du matériel, mais propose aussi des stages à la semaine ou des cours particuliers. Pour les cours, renseignez-vous au magasin Calle Lizardi, sur la plage. Sinon, vous trouverez la boutique de vêtements Av. Navarra, 4.

KIRKILLA ENEA JATETXEA €€

Santa Marina, 12
✆ +34 943 131 982
www.kirkilla.com
De 13h30 à 15h30 et de 20h30 à 23h. Fermé dimanche soir et lundi (sauf en été). Menu 20-28 €.

Un restaurant familial et chaleureux, très apprécié des gens du coin pour son excellent rapport qualité-prix. Ici, la cuisine est ouverte sur la salle : on peut voir comment sont mijotés les plats. Ouvert en 1983 par la famille Ameztoy-Alfaro, ce restaurant vit une nouvelle jeunesse sous la direction du jeune chef Xabier Zabala, qui propose une cuisine innovante et pourtant très ancrée dans le terroir. A la carte : tartare de thon rouge et gaspacho de mangue, riz aux chipirons, morue aux trois sauces, cochon de lait... Optez pour le menu du jour !

REAL GOLF CLUB DE ZARAUTZ

Lauaxeta Kalea, 7
✆ +34 943 830 145
www.golfzarauz.com

Au pied du mont Talaimendi, dans un environnement naturel d'une grande beauté, ce superbe golf vit le jour en 1916 en présence du roi Alphonse XIII et de la reine Marie-Christine. Entre mer et marécages, ce 9-trous présente une rare végétation sur ses 165 000 mètres carrés, avec la difficulté ajoutée d'une abondance de sable. Considéré comme l'un des plus beaux golfs d'Espagne, mais aussi l'un des plus anciens, on y joue sur les mêmes terrains qu'en 1916.

GUETARIA ★★

Guetaria est l'un des plus jolis villages de pêcheurs de la côte et est doté d'une très belle plage. C'est aussi le berceau du grand navigateur Juan Sebastián Elcano, qui ramena, en 1522, des Philippines, le seul navire rescapé de la première expédition autour du monde, ainsi que du célèbre couturier Cristóbal Balenciaga. La pêche à la baleine a été l'activité principale de la cité pendant plusieurs siècles. Son vieux quartier est bien conservé. Dans le port s'alignent de nombreux restaurants avec terrasse, où vous n'oublierez pas de goûter au *txakoli* (vin basque, blanc ou rouge, à déguster frais de préférence), dont les vignes entourent le village.

BALENCIAGA MUSEOA ★★

Parque Aldamar, 3 ✆ +34 943 008 840
www.cristobalbalenciagamuseoa.com
Juillet-août : tous les jours 11h-20h. Reste de l'année : du mardi au dimanche 11h-19h (15h nov-février). Entrée 10 €.

L'ouverture de ce musée dédié au prince de la mode, Cristóbal Balenciaga, né à Guetaria en 1895 (et décédé en 1972), a eu lieu en 2011, après plusieurs années d'attente. Il occupe un ancien palais du XIXe siècle, auquel un bâtiment moderne a été adjoint. Sa superficie atteint plus de 5 000 m² et ce sont près de 90 pièces qui y sont présentées de façon permanente. Un espace distinct est réservé aux expositions temporaires. Il permet aux visiteurs de découvrir à chacune d'entre elles une partie des 1 200 autres pièces conservées par la Fondation Balenciaga.

IGLESIA DE SAN SALVADOR

Calle Nagusia, 39
✆ +34 943 140 751

L'église San Salvador, joyau de l'art gothique, fut le cadre de l'Assemblée générale de 1397 qui décréta la naissance de la province de Gipuzkoa. Classée comme Monument national depuis 1895, sa construction remonte au XIVe siècle et se poursuit jusqu'au XVIIIe siècle. Elle présente un plan trapézoïdal avec trois nefs. La nef centrale est surmontée d'une voûte sur croisée d'ogives étoilée. Remarquez son dallage légèrement en pente, qui épouse l'inclinaison des ruelles de la vieille ville. Le triforium mérite aussi un coup d'œil !

BODEGA TXOMIN ETXANIZ

✆ +34 943 14 07 02
www.txominetxaniz.com
Visites guidées et dégustation du lundi au samedi sur réservation. 20 €.

Cette *bodega*, la plus vaste de l'appellation Txakoli de Getaria, est aussi l'une des plus prestigieuses. En effet, depuis le XVIIe siècle, la famille Etxaniz y cultive la vigne de génération en génération, au point qu'on lui doit la création en 1989 de l'appellation d'origine contrôlée Getariako Txakolina. Sur une soixantaine d'hectares, on cultive le cépage autochtone Ondarrabi, qui produit des vins frais et fruités. La visite guidée est l'occasion de parcourir les vignobles de la maison et de tester ses txakolís accompagnés des typiques anchois de Getaria.

ABETA ZAHARRA ALOJAMIENTO RURAL €

Barrio Meagas
✆ +34 943 833 041
www.abetazaharra.eu
Environ 55 € la chambre double.

Située dans l'intérieur des terres de Getaria, à 3 kilomètres de la plage, cette belle maison rurale vieille de 400 ans propose six chambres doubles meublées très sobrement et un grand appartement de 2 chambres. En pleine nature, on profite d'un séjour très reposant. De la terrasse, on peut notamment apercevoir des chevaux et des ânes qui s'ébattent sur le grand terrain. Une collection de vieux outils d'agriculture donne au lieu beaucoup de cachet.

SAIAZ GETARIA HOTEL €€

San Roke Kalea, 25
✆ +34 943 140 143
www.saiazgetaria.com
Chambre double de 80 à 200 €.

C'est l'histoire d'une maison de famille transformée en hôtel par Mikel, entre la plage de Gaztetape et le cœur historique de Getaria. Le charme du bâtiment est indéniable, de sa façade du XVe siècle à ses murs de pierre restaurés, en passant par ses salles communes avec vue imprenable sur l'océan. Le mobilier ancien, chiné avec passion, ajoute encore à cette atmosphère authentique. Enfin, certaines des chambres jouissent de baies vitrées avec une vue à pic sur la côte de Getaria. Petit plus, Mikel parle français couramment !

PAYS BASQUE

ELKANO €€€

Herrerieta Kalea 2

+34 943 140 024

www.restauranteelkano.com

Le midi, ouvert tous les jours sauf le mardi. Le soir, uniquement vendredi et samedi. Comptez 80 €.

Spécialisé dans les grillades de la mer, ce restaurant fondé en 1964 par Pedro Arregui est une institution à Getaria. Son fils Aitor a repris le flambeau et perpétue l'art de griller à la *parilla*. Ainsi, langoustes, homards, étrilles ou daurades à peine pêchés passent avec maestria sur la braise avant de finir dans votre assiette. En 2014, il a été récompensé par une étoile au Michelin, tandis qu'en 2019 il a fait son entrée dans le classement du World's 50 Best Restaurants. À deux pas, le charmant bar Elkano (Elkano, 13) sert des *pintxos* et *raciones*.

KAIA KAIPE €€€

Calle General Arnao, 4

+34 943 140 500

www.kaia-kaipe.com

Tous les jours 13h-16h, vendredi et samedi 20h-23h. Comptez 50 €.

Inauguré en 1962 à deux pas de l'église San Salvador, Kaia Kaipe est aujourd'hui un classique de Getaria, réputé auprès des gens du coin pour ses excellents poissons à la *parilla*. Sur son agréable terrasse avec vues sur le port, on déguste du merlu, une sole, un turbot ou encore une daurade grillée, mais aussi d'excellents fruits de mer provenant du vivier de la maison... Le tout s'arrose d'un txakoli bien frais ou d'une bouteille de vin choisie parmi l'immense sélection du restaurant, dont la *bodega* compte quelque 1 000 références. Une valeur sûre !

MAISOR

Edificio Astillero, Puerto 3

+34 943 140 993

www.maisor.com

Tous les jours de 10h30 à 18h30.

Cette entreprise familiale est depuis longtemps liée aux traditions de la mer : chez Maisor, on est pêcheur de père en fils. A l'aube du XXIe siècle, la famille s'est lancée dans la production de conserves. Anchois à l'huile ou au vinaigre, thon blanc et maquereau sont mis en conserve de manière artisanale. Dans ses locaux situés sur le port de Getaria, l'entreprise propose des ateliers de préparation d'anchois ainsi que des dégustations. Vous pourrez surtout y faire des provisions d'excellentes conserves d'anchois, de thon, sardines, etc.

ZUMAIA ★

Il fut un temps l'un des ports commerciaux les plus importants de Guipuzcoa. Zumaia est une ville côtière aux nombreux atouts, à commencer par deux plages splendides, un centre-ville plein de charme et un port de plaisance moderne. Située sur le chemin de Saint-Jacques, la ville est célèbre pour ses fêtes de la San Telmo, au cours desquelles on peut assister aux *tamborradas* et démonstrations de pelote basque. Le charme des lieux n'a d'ailleurs pas échappé à deux artistes, le sculpteur Julio Beobide et le peintre Ignacio Zuloaga, à qui Zumaia a d'ailleurs dédié un musée. Côté patrimoine sacré, l'église gothique de San Pedro (XIIIe siècle) vaut le coup d'œil.

FLYSCH ★★

Kantauri plaza, 13

+34 943 143 396

www.geoparkea.eus

Excursion en bateau de 3h environ : 25 € par adulte, 15 € pour les moins de 12 ans.

© ALCE

Les falaises spectaculaires de la côte occidentale de Gipuzkoa cachent un singulier trésor naturel : des millions d'années d'histoire géologique écrite en une succession de strates rocheuses mises à nu par l'action continue de la mer. Cette formation capricieuse a été baptisée du nom de « flysch », un élément qui confère à la côte toute sa personnalité et qui constitue une grande partie du Biotope protégé. Différentes alternatives pour réaliser de passionnants voyages à travers le temps vous sont proposées : promenade en bateau, kayak, observation de cétacés...

PAYS BASQUE

BEGI BISTAN

Txomin Agirre Kalea, 3
✆ +34 657 794 677
www.begi-bistan.com
Activités disponibles toute l'année, environ 20 €.

Basée à Zumaia et à Orio, Begi Bistan est une agence spécialisée dans les activités nature et respectueuses de l'environnement. Ainsi, elle propose des expériences écotouristiques autour du flysch et de la rivière Oria, qui s'adressent aussi bien à des groupes qu'à des particuliers. Au programme : balade en traînière, SUP ou kayak sur l'Oria, excursion en bateau à la découverte du flysch et ses mystères géologiques, routes « nomades » à partir d'une demi-journée... Autant d'expériences à vivre dans le respect de la nature et des écosystèmes.

© BEGI

© BEGI

PLAYA DE ITZURUN

Itzurun

En contrebas de Zumaia, cette plage est l'une des plus spectaculaires de la côte basque, avec ses grandes falaises verticales et ses parois calcaires qui atteignent une hauteur de 150 mètres. Le phénomène géologique, nommé flysch, résultat d'une érosion millénaire, a modelé la roche en épis impressionnants. Le site est si singulier qu'il a servi de décor à la série *Game of Thrones*. Tout en haut des falaises, la petite chapelle de San Telmo est dédiée au patron des marins. Les habitants du village s'y rendent en procession tous les ans, juste après Pâques.

Z ESPACIO CULTURAL

Santiago auzoa, 3
✆ +34 677 078 445
www.espaciozuloaga.com
Uniquement sur réservation.

C'est l'un des deux musées consacrés à Ignacio Zuloaga (1870-1945), l'autre est à Ségovie. Située dans la maison familiale du peintre, à l'embouchure du fleuve Urola, la bâtisse s'élève entre les marais protégés et la plage. On y voit notamment l'atelier de l'artiste, une chapelle au très beau retable gothique, les collections privées des Vierges romanes et des retables primitifs, quelques Greco, Goya, Zurbaran, des sculptures de Rodin et, dans l'atelier, les toiles de Zuloaga exposées grâce à un système de roulement. L'ensemble est surprenant et magique.

CASA RURAL APARTAMENTOS JESUSKOA €€

Barrio Oikia
✆ +34 635 758 849
www.jesuskoa.net
Chambre double entre 75 et 90 €.

Une belle adresse rustique, à 3 km de Zumaia. Voici l'occasion de dormir dans une bâtisse classée au patrimoine historique, car construite au XVIIIe siècle par les jésuites pour constituer un point de débarquement de matériel pour l'édification de la basilique de Loyola. Poutres apparentes, parquet en bois sombre et mobilier ancien ajoutent encore à l'authenticité du lieu. Egalement un restaurant traditionnel où l'on cuisine les bons produits du potager.

CASA RURAL LANDARTE €€

Artadi auzoa 1
✆ +34 943 86 53 58
www.landarte.net
Fermé entre décembre et février. Chambre double entre 85 et 100 €.

Cette belle maison en pierre perchée sur les hauteurs de Zumaia, domine la mer et le port. Les six chambres sont décorées avec goût et dans un style unique. Elles ont l'avantage d'être spacieuses et dotées de salles de bain privées. De plus, vous n'êtes qu'à 8 minutes à pied de la plage de Santiago, et à une quinzaine de minutes de la plage d'Itzurun, où s'élèvent les fameuses falaises de Flysch. Tous les matins, on vous servira un excellent petit-déjeuner à base de fruits frais et de viennoiseries. Une charmante adresse en pleine nature !

AMAMA TABERNA €€

C/ Ortega y Gasset, 3
✆ +34 943 574 651
Tous les jours de 11h à 23h. Fermé le mardi. Comptez 25 €.

Une taverne des temps modernes située dans le centre de Zumaia. Sur l'ardoise, on affiche une vaste sélection de vins servis au verre, tandis que le comptoir est chargé de *pintxos* savoureux. Mais c'est surtout pour se régaler de divines *tostas* que l'on fréquente cette adresse ! Elles sont agrémentées de thon rouge, de morue, de saumon fumé, d'anchois… Des tapas d'une grande finesse, servies avec le sourire ! Pour un repas plus consistant, optez pour les délicieuses *cazuelas* (petits plats servis dans des ramequins en terre cuite). Notre coup de cœur à Zumaia !

ASADOR BEDUA €€€

Barrio Bedua
✆ +34 943 860 551
www.bedua.es
Ouvert de 13h à 16h et de 20h à 23h. Fermé dimanche soir. Comptez 50 €.

Dans un cadre enchanteur, une robuste maison en pierre, où les clients venaient autrefois en barque pour se régaler d'une tortilla aux pommes de terre et piments verts. Très à la mode depuis qu'il a servi de décor au film *Ocho apellidos Vascos* en 2014 (« Huit noms basques »), ce restaurant reste fidèle à ses racines en proposant poissons, fruits de mer et viandes grillées à la *parilla*, et de savoureux légumes provenant de son potager. Dorade, turbot, lotte, sole... les meilleurs poissons y sont préparés dans leur plus simple appareil. Une adresse de charme !

DEBA ★

Bâtie entre la mer et la montagne, Deba (5 500 habitants) est une ville un peu industrialisée, mais sa plage reste agréable et c'est un bon point de départ pour des excursions vers la Biscaye ou la Guipúzcoa. Deba connut sa période de prospérité au XVIe siècle, grâce à son transport naval et à ses expéditions de pêche à la baleine et au cabillaud. Deba est aussi sur le chemin du nord de Compostelle, on y trouve une auberge de pèlerins. D'un point de vue géologique, Deba est connue pour son phénomène d'érosion notamment : à proximité d'abruptes falaises s'étend une surface plane se découvrant à marée basse, très appréciée des oiseaux migrateurs.

EKAINBERRI

Portale kalea, 1
✆ +34 943 868 811
www.ekainberri.eus
Du mardi au vendredi de 10h à 18h, samedi et dimanche de 10h à 19h. Entrée 6 €.

Une cinquantaine de grottes et sites préhistoriques se trouvent sur le territoire de Deba. Ce réseau souterrain abrite des gisements parmi les plus importants de tout le Pays basque. La plus célèbre des grottes est celle d'Ekain. Elle abrite le plus bel ensemble de chevaux de l'art franco-cantabrique, une merveille de l'art pariétal classé par l'Unesco. Si ce site est fermé au public, on peut visiter juste à côté sa réplique. Certaines des pièces découvertes dans ces grottes sont conservées au musée San Telmo de San Sebastian et au Musée archéologique de Bilbao.

IGLESIA SANTA MARIA ✝ ★

Plaza Zaharra, 7
✆ +34 943 192 452

Edifiée au XVe siècle et achevée au XVIIIe, elle reflète parfaitement l'évolution artistique de la Renaissance à l'époque moderne. C'est une église aux dimensions monumentales, proches de celles d'une cathédrale, caractérisée par trois nefs de hauteur égale, des chapelles sépulcrales encaissées entre les contreforts, un chœur surélevé, une tour porche, un cloître voûté côté méridional et une sacristie adossée au chevet et richement meublée. Cette église constitue l'une des œuvres maîtresses de l'architecture religieuse du Guipúzcoa.

PLAGES DE DEBA

La grande plage de Deba, plus connue sous le nom de Santiago, est l'une des plus fréquentées de la Côte basque. Ses caractéristiques géographiques en ont fait une sorte d'attraction pour tous ceux qui cherchent le repos en bord de mer, mais elle attire également bon nombre de surfeurs ! Un peu plus loin, la plage de Lapari est accessible par les promenades maritimes de Cárdenas et Pablo Sorozabal, véritables miradors sur l'océan. A une dizaine de kilomètres, la Playa de Sakoneta offre un cadre sauvage au cœur des falaises du Flysch.

MUTRIKU ★★

A 5 kilomètres à l'ouest de Deba, Mutriku est le dernier village côtier de Guipúzcoa avant de pénétrer dans la province de Biscaye. Ancienne ville médiévale, elle fut un port corsaire en plus d'être un port baleinier ! Mais Mutriku est surtout connu pour être le lieu de naissance de l'amiral Damián Churruca, grand navigateur et cartographe considéré par les locaux comme un héros de Trafalgar, où il mourut en 1805. Sa maison natale est située dans le beau Palacio Arrietakua du XVIIIe siècle. La vieille ville abrite bien d'autres palais et demeures blasonnées, ainsi que l'église néoclassique Nuestra Señora de la Asunción du XIXe siècle.

SANTUARIO DE NUESTRA SEÑORA DE ITZIAR

Herriko Plaza

Rénové au XVIe siècle, ce temple ne possède qu'une seule nef, sans colonnes intermédiaires, de largeur singulière et composée de trois travées rectangulaires. Dédié à sainte Marie, le sanctuaire abrite une image romane de la Vierge, ainsi qu'un extraordinaire retable plateresque qui représente des scènes de la vie de la Vierge. Ce retable du XVIe siècle est l'œuvre d'Andrés de Araoz. A l'extérieur du temple, remarquez la sculpture de Jorge Oteiza, intitulée *La Maternité*.

NAUTILUS - CENTRO DE INTERPRETACIÓN GEOLÓGICA

Calle Jose Antonio Ezeiza, 3

✆ +34 943 60 32 59

www.mutriku.eus

Fermé en hiver. Combiné « Nautilus, les fossiles du flysch » avec musée + bateau : 15 €.

Ce centre d'interprétation, très didactique, explore le passé géologique de Mutriku à travers des panneaux explicatifs, des documents audiovisuels et une importante collection de fossiles trouvés dans le Flysch Noir. Ils proviennent pour la plupart de la collection privée de Jesús M. Narvaez Amasorrain et Esperanza Azkarraga. La visite guidée « Nautilus, les fossiles du flysch » combine la visite des collections et une sortie en bateau vers les falaises du flysch.

AGROTURISMO ARRUAN HAUNDI €

Barrio de Lastur

✆ +34 943 603 704

www.lastur.net

À partir de 120 € le gîte pour 4 personnes.

A l'intérieur des terres, dans un cadre champêtre idéal pour un séjour en famille, ces jolis chalets en bois possèdent des chambres doubles, salle de bains, salon-cuisine et terrasse sous les arbres. Les enfants seront ravis de la présence des cochons, des moutons, des poules et des lapins ! A côté, les charmants propriétaires fabriquent fromages et confitures. Ils se feront un plaisir de vous montrer leur travail et de vous indiquer les belles balades à faire.

VIEILLE VILLE

La visite commence sur la plaza Txurruka, où trône la statue du héros Cosme Damián Churruca, mort à la bataille de Trafalgar. On peut y voir aussi l'église de Notre-Dame-de-l'Assomption (XIXe s.), qui conserve une toile de Zurbarán, et le palais Galdona (XVIIe s.), de style baroque. Dans la rue Conde de Motrico se trouve l'admirable palais Arrietakua (XVIIIe s.) et ses délicats balcons en fer forgé. Juste à côté, le Palais Zabiel possède une belle façade baroque. Enfin, en montant à Atxukale, on peut contempler une merveilleuse vue sur le port.

HOTEL ARBE €€

Laranga Auzoa
✆ +34 943 604 749
www.hotelarbe.com
Environ 100 € la chambre double standard.

Itziar, qui parle français, et son mari Boby vous accueillent avec chaleur dans ce qui est certainement l'un des plus beaux hôtels de Mutriku. Situé sur une colline, ce bâtiment rouge et gris compte 11 superbes chambres, dont 10 font face à la mer et donnent sur une piscine. Le confort de l'établissement, son design coloré et épuré, sa terrasse avec vue imprenable, nous pousseraient presque à ne plus bouger ! D'autant plus qu'une salle de massage ayurvédique et un sauna sont installés au sous-sol. Excellent petit déjeuner avec des pâtisseries maison !

TOLOSA ★

La capitale de Guipúzcoa au siècle dernier est aujourd'hui un centre industriel qui abrite quelques bâtiments dignes d'intérêt, tels le couvent Saint-François ou la maison Consistorial, ainsi que de nombreux palais baroques situés dans le petit centre historique. L'église Santa María, datant du XVIIe siècle, avec trois nefs, ses voûtes et une impressionnante façade baroque, est un très bel exemple du gothique basque. L'hôtel de ville, les palais d'Idiakez, Atodo, Aramburu et les Archives Provinciales méritent aussi un tour. Tolosa est aussi très connue des gastronomes pour ses haricots rouges, ses *chuletas* (côte de bœuf), et ses tuiles aux amandes.

MUSEO DEL TXOCOLATE RAFA GORROTXATEGI

Polígono Industrial Usabal, 14
✆ +34 943 89 03 06
https://rafagorrotxategi.eus
Du lundi au samedi de 9h30 à 13h30. Tarif 4 €.

Après la fermeture du musée de la confiserie créé par son père José Mari, Rafa Gorrotxategi prend la relève avec l'ouverture de ce musée du chocolat. Passionné par l'histoire du cacao, il a constitué au cours des trente dernières années une vaste collection qu'il expose désormais dans son atelier de fabrication. Toutes sortes de machines et ustensiles retracent ici l'histoire passionnante du chocolat ! Evidemment, une dégustation s'impose à la fin de la visite...

TOPIC - EL MUSEO DEL TÍTERE

✆ +34 943 65 04 14
www.topictolosa.com
Du mardi au vendredi de 10h à 13h et de 16h à 19h. Été et week-ends de 10h à 14h et de 15h30 à 19h30. Entrée 4 €.

Inauguré en 2009, ce centre international est dédié à l'art des marionnettes. Son musée réunit une collection de plus de 1 850 marionnettes provenant du monde entier, et en particulier des pays asiatiques, qui constituent sa section la plus riche. La plupart des exemplaires datent de la seconde moitié du XXe siècle, avec aussi une superbe collection d'ombres chinoises des XVIIIe et XIXe siècles. En hiver, son festival international Titirijai accueille de nombreux spectacles !

CASA RURAL SEGORE ETXEBERRI €

Valle Santa Marina, Albiztur
✆ +34 943 580 976
www.segore.com
Chambre double 55 €.

Bien que construit récemment, ce *caserio* ne manque pas de charme. Situé à une dizaine de kilomètres de Tolosa, il offre un environnement rural très reposant. Des couvre-lits désuets aux bouquets de fleurs sur la table de nuit, on se croirait quelques décennies en arrière. Ses cinq chambres rustiques sont pourtant bien équipées ! Les vertes plaines et la silencieuse montagne qui entourent le gîte ajoutent encore à son charme. Sur place, également un restaurant.

HOTEL BIDEBIDE TOLOSA €€

Euskal Herria Plaza, 1
✆ +34 943 23 11 11
https://hotelbidebide.eus
Environ 90 € la chambre double.

Un petit hôtel très design, inauguré en 2018 en plein centre historique de Tolosa. Logé dans un bâtiment centenaire, où se trouvait jadis le palais de justice, l'hôtel présente un décor de charme mêlant pierre et bois clair. Ses chambres, une vingtaine au total, sont ornées de peintures et illustrations imaginées par des artistes locaux, en vente sur le site web de l'hôtel ! Son restaurant sert quant à lui un bon petit déjeuner ainsi qu'une grande variété de plats : tapas, *arroces* (riz), burgers, tostas, sandwichs et plats de saison.

HOTEL ORIA €€

Calle Oria, 2
+34 943 654 688
www.hoteloria.com
Chambre double standard entre 70 et 100 €.

Cet hôtel, situé dans le centre historique de Tolosa, dispose de 45 chambres réparties dans deux bâtiments distincts. Ainsi, pour vous loger, vous aurez le choix entre un bâtiment moderne et fonctionnel où se trouve la réception, et une charmante villa avec jardin du XIXe siècle, à deux pas de l'église San Francisco. L'hôtel dispose également d'un *asador* dans la plus grande tradition basque, où l'on sert les typiques haricots de Tolosa et des viandes grillées à la *parilla*. Dans le bar-cafétéria, vous pourrez grignoter des *pintxos* ou prendre un petit déjeuner.

CASA ECEIZA

Rondilla Kalea, 34
+34 943 65 51 61
www.casaeceiza.com
Lundi de 7h30 à 14h, du mardi au samedi de 7h30 à 14h et de 15h à 19h30, dimanche à partir de 8h.

Maison traditionnelle fondée en 1924, réputée pour ses fameuses tuiles (*tejas*) et cigarettes (*cigarillos*) de Tolosa, vendues dans de jolies boîtes en métal. C'est Luis Eceiza, fils du fondateur, qui imagina ces délicieux biscuits pour le restaurant Asador Julian ! À tester également sur place : les « bombas », sorte de beignets fourrés à la crème pâtissière ou à la Chantilly, dont se régalent les gens du coin au petit déjeuner et à l'heure du goûter. La maison propose aussi une belle sélection de *turrones*, pour la plupart à base de chocolat !

PAYS BASQUE

© ALBERTO LOYO - SHUTTERSTOCK.COM
Tolosa.

CASA JULIÁN €€

Santa Clara, 6
+34 943 671 417
https://casajulianmg.com
Tous les jours le midi de 13h à 15h30. En soirée, uniquement les vendredis et samedis de 20h30 à 23h. Compter 50 €.

Un grand classique de Tolosa, connu dans tout le pays pour son excellente cuisine. Cette maison traditionnelle est réputée pour son *chuletón a la parrilla* (côte de bœuf grillée) – le meilleur du monde selon le magazine américain Forbes ! – servi avec des piments de *piquillo* absolument divins ! Tout le secret de sa viande délicieuse réside dans la cuisson, un art qui perdure depuis 1954. En entrée, testez les asperges de Navarre ou le jambon de *bellota*. Il y a très peu de choix à la carte, mais tous les produits sont excellents. Incontournable !

MERCADOS DE TOLOSA

+34 943 697 521
www.tolosaldea.eus
Tous les samedis dans le Mercado del Tinglado, la Plaza Verdura et la Plaza Euskal Herria.

Sa situation de carrefour entre la Navarre, la France et la Castille a favorisé le développement économique de Tolosa. Les marchés du samedi y sont très animés : produits frais au Mercado del Tinglado, le long de la Calle Solana, près du fleuve, marché aux fleurs et aux plantes sur la Plaza Verdura, et produits textiles sur la Plaza Euskal Herria. Les halles du Tinglado, bâties en 1899 et récemment rénovées, forment un bel ensemble architectural. Sous leur structure métallique, on vient y acheter les bons produits locaux, en particulier les fameux haricots !

ORDIZIA ★

Ordizia est la capitale de la région du Goierri. Dévastée lors d'un incendie en 1512, elle a été presque entièrement reconstruite. Elle conserve cependant un noyau urbain très intéressant datant du Moyen Age. Mais ce qui fait sa réputation, ce sont les marchés qui s'y tiennent tous les mercredis depuis le XIIe siècle, où vous trouverez toutes sortes de produits du terroir. Côté patrimoine, la charmante Ordizia conserve dans son vieux quartier – classé ensemble historique – quelques édifices remarquables comme l'église Nuestra Señora de la Asunción, les palais Zabala et Barrena du XVIIe siècle, ou encore la maison-tour Muxika.

ORDIZIAKO AZOKA [MARCHÉ D'ORDIZIA]

Plaza Nagusia
www.ordiziakoazoka.eus
Tous les mercredis matin.

Ce marché est un rendez-vous incontournable au Pays basque, où l'on établit chaque semaine les prix de référence de chaque produit ! Depuis 1512, on y vend tous les mercredis des produits du terroir, dont les fumets envahissent les rues d'Ordizia. Les étals de fruits et légumes locaux, fromages Idiazábal, agneaux, etc. sont réunis sous une grande halle construite en 1925 sur la Plaza Mayor. Des foires spéciales y sont organisées (consulter le calendrier).

PARQUE NATURAL DE ARALAR

Ataun
✆ +34 943 582 069
www.goierriturismo.com

Le parc se trouve au cœur de la chaîne de montagnes Aralar, située dans la partie sud-est du Guipúzcoa, à la frontière avec la Navarre. Il s'étend sur 20 km et a une altitude moyenne de 900 à 1 000 m. On peut y accéder depuis les villages d'Ataun et Abaltzisketa. C'est un espace sauvage et riche, aux nombreux monuments mégalithiques et aux paysages calcaires. Le sommet le plus haut est le mont Txindoki, qui culmine à 1 300 m. Le parc possède un centre d'interprétation dans le village d'Ataun où l'on peut se renseigner sur les différentes randonnées.

RESTAURANTE MARTINEZ €€

Andre Mari Kalea, 10
✆ +34 943 880 641
www.martinez1890.com
Fermé le lundi. Menus à partir de 12 €.

Un classique d'Ordizia fondé en 1890. Situé en plein cœur du village, à quelques mètres du célèbre marché, le restaurant est tenu par le chef Xabier Martínez, qui sert une très bonne cuisine de saison ainsi que de bons classiques : merlu à l'ail, agneau grillé au four... Les plats sont servis avec le sourire, et le bon rapport qualité-prix achève de mettre en appétit. Dans la partie bar, on se régale de *pintxos* et *raciones* dans une ambiance informelle. Il y a foule le mercredi, jour de marché, pour déguster ses œufs brouillés aux champignons !

BEASAIN

Beasain se trouve dans un cadre des plus idylliques, en plein cœur de Goeirri, entouré de montagnes et baigné par le fleuve Oria. Cette ville-musée, qui a conservé un admirable ensemble monumental du Moyen Âge, est aussi un important centre d'industrie ferroviaire, au point que les habitants de la ville ont été surnommés les « wagonniers ». Ne ratez pas le palais d'Igartza, site médiéval édifié au XIIIe siècle composé notamment d'un pont, d'une digue en bois, d'une forge et d'un moulin. Le centre-ville lui-même accueille quelques notables points d'intérêts touristiques, tels la basilique San Martín de Loinatz et l'ermitage Nuestra Señora de Loinatz.

ENSEMBLE MONUMENTAL D'IGARTZA

Peategi
✆ +34 943 087 798
www.igartza.eus
L'été, visites du mercredi au dimanche. Le reste de l'année, uniquement les week-ends. Prix 4 €.

Cet ensemble médiéval situé à l'entrée du village a fait la réputation de Beasain. La visite permet notamment de découvrir une forge du XVIIIe s., un moulin du XVIIe s. où sont organisés des ateliers de fabrication de pain, un ancien pressoir, un barrage en bois du XVIe s., ainsi qu'un beau palais en pierre et bois des XVIe-XIXe s. À côté du palais, on remarquera la petite chapelle de Nuestra Señora de Belén ainsi que le pont médiéval flanqué d'une haute croix en pierre.

PAYS BASQUE

HOTEL RESTAURANTE DOLAREA €€

Nafarroa Etorbidea, 57
✆ +34 943 88 98 88
www.hoteldolarea.com
Comptez 150 € la chambre double.

Un *caserío* du XVIIe siècle aménagé en hôtel de charme, au sein de l'ensemble monumental d'Igartza. Le site abrite un ancien *tolare* (pressoir en basque) vieux de quatre siècles, que l'on peut aujourd'hui visiter. L'hôtel, rénové dans un style contemporain, dispose d'une vingtaine de chambres confortables, dont certaines mansardées. Le restaurant propose plusieurs menus de saison dans un décor agréable. Plus informel, l'espace cafétéria sert le petit déjeuner et un *menu del día*.

MUSEO DEL QUESO IDIAZABAL

Kale Nagusia 37 ✆ +34 943 188 203
www.idiazabalturismo.com
L'été, tous les jours 11h-14h et 16h-19h. Reste de l'année, uniquement les week-ends. Entrée 2,30 €.

Le fromage de dénomination d'origine contrôlée Idiazábal est produit au Pays basque avec du lait de brebis de race Latxa. C'est un fromage gras au goût intense, à pâte pressée et non cuite, dont la maturation n'est jamais inférieure à 90 jours. Dans ce centre d'interprétation et de dégustation, vous trouverez toutes les informations sur le produit phare du village. On y organise aussi des visites guidées de la fromagerie Ondramuño où la famille Aranburu élabore du fromage.

IDIAZABAL

Idiazabal, c'est le village du fromage ! On peut y voir une jolie église dédiée à l'archange saint Michel (son portail du XIIe siècle est spectaculaire) et l'ermitage de Gurutzeta, ainsi que quelques palais *indianos* et autres sensationnelles maisons seigneuriales. Mais si on vient dans ce petit village de 2 300 habitants, c'est avant tout pour acheter du fromage et, pourquoi pas, rendre hommage au monument du Berger. En mai, Idiazabal accueille de nombreuses festivités autour du fromage et des pâturages, et on peut assister à la tonte des brebis. Dans les environs du bourg, on peut voir un ensemble de monuments mégalithiques datant du Néolithique et de l'âge du Bronze.

ORMAIZTEGI

Si vous avez le temps, vous pouvez bifurquer un moment sur la GI-632 pour admirer l'imposant viaduc en métal qui domine la ville d'Ormaiztegi (1 300 habitants). Datant de 1862, il a été construit par Alexander Lavalley, ingénieur du canal de Suez. Le musée Zumalakarregi, dédié au général Tomas Zumalakarregi, qui a combattu pour le peuple basque pendant les guerres carlistes, se trouve dans la maison natale du général. On trouvera également en ville, à l'intérieur de l'église dédiée à San Andrés, une des reliques les plus anciennes : les fonts baptismaux du VIIIe siècle, qui présentent des gravures géométriques particulièrement intéressantes.

Fromage d'Idiazábal.

MUSEO ZUMALAKARREGI

Muxika Egurastokia Kalea, 6
✆ +34 943 889 900
www.zumalakarregimuseoa.eus
L'été, du mardi au sam. 10h-14h et 16h-19h, dim. 10h-14h. Hors saison, fermé lundi et mercredi. Prix 3 €.

Ce musée est situé dans la Casa Iriarte-Erdikoa, typique *caserío* basque du XVIIIe siècle, qui fut la maison d'enfance du général carliste Tomás de Zumalacárregui (1788-1835). Sa collection permanente retrace l'histoire des Guerres carlistes au travers d'objets militaires et personnels du général et de sa famille. Longue-vue, armes, uniformes d'époque, etc. sont exposés dans différentes sections et complétés par un fonds de 4 000 documents et une riche bibliothèque spécialisée dans le XIXe siècle. Un intéressant témoignage sur le Pays basque au XIXe siècle !

AZPEITIA ★★

Située dans la vallée du fleuve Urola, Azpeitia, fondée en 1310 par Ferdinand IV de Castille, est le berceau du fondateur de la Compagnie de Jésus, saint Ignace de Loyola. En juillet, la fête locale de la Saint-Ignace présente un mélange de célébrations religieuses et de manifestations profanes pendant 3 jours et 4 nuits. C'est dans cette ville que saint Ignace, alors qu'il se remettait des blessures subies en défendant Pampelune contre les Français, décida de se consacrer au service du Christ. Ce qui explique la présence du sanctuaire qui porte son nom. Outre sa maison natale, on pourra visiter les maisons Antxieta et Altuna, aux façades mudéjares.

EKOETXEA AZPEITIA (MUSÉE DE L'ENVIRONNEMENT)

Loiola Auzoa 1

✆ +34 943 812 448

www.ingurugiroetxea.org

Du lundi au samedi 10h-13h et 15h-17h30 (16h-18h30 le samedi), dimanche 10h-13h. Gratuit.

A 200 mètres à peine du sanctuaire de Loyola, dans un *caserio* du XVe siècle, ce musée présente plusieurs aires thématiques qui s'emploient à mettre en valeur l'importance de l'environnement. Ses quatre salles d'exposition abordent notamment les thèmes du changement climatique, la biodiversité, l'énergie et le transport, le développement durable... Au total, une douzaine de thèmes abordés de façon très didactique, particulièrement adaptés au jeune public.

CAMINO IGNACIANO

https://caminoignaciano.org

Voilà presque 500 ans qu'Ignace de Loyola parcourut le pèlerinage depuis sa maison natale de Loyola jusqu'à la ville catalane de Manresa – étape clé de son cheminement spirituel. C'est en 1522 qu'il prit la route, avec pour objectif de rejoindre la ville de Jérusalem. Finalement, la destination finale était bien moins importante que le chemin en lui-même, puisque c'est lors de son séjour à Manresa que virent le jour les Exercices spirituels. Officiellement créé en 2011, le Camino Ignaciano parcourt plus de 650 kilomètres en quatre semaines de marche.

MUSEO VASCO DEL FERROCARRIL ★

C/ Julián Elorza, 8 ✆ +34 943 150 677

https://museoa.euskotren.eus

Du mardi au samedi de 10h à 13h30 et de 15h à 18h30, dimanche de 10h30 à 14h. Musée 2 €, ou 6 € avec train à vapeur.

Le chemin de fer d'Urola était une ligne de chemin de fer à voie étroite qui reliait les communes de Zumárraga et de Zumaia à travers la vallée de la rivière Urola. Inauguré en 1926 par le roi Alphonse XIII, il fut le premier chemin de fer électrique de toute l'Espagne. Après sa fermeture en 1988, la création du Museo Vasco del Ferrocarril (musée basque du chemin de fer) à Azpeitia permit de conserver ses vieilles locomotives à vapeur et diverses sortes de wagons.

Le musée présente l'une des collections ferroviaires les plus complètes d'Europe, avec des véhicules de tous types : locomotives à vapeur, véhicules automoteurs, wagons en bois ou en métal... Certaines sont des dames de plus de 100 ans, faisant l'objet d'un remarquable et considérable travail de conservation. On peut également y voir l'ancien atelier mécanique du Chemin de fer d'Urola, dont les installations ont été parfaitement conservées depuis 1925. À voir également : les maquettes de trains, l'évolution des uniformes depuis le XIXe siècle jusqu'à nos jours, des photographies en noir et blanc, ainsi qu'une remarquable collection d'horloges ferroviaires... De quoi ravir petits et grands !

Le week-end, le musée organise des excursions depuis Azpeitia jusqu'à Lazao à bord de la locomotive à vapeur Aurrera, le long de l'ancienne voie ferroviaire de l'Urola. Ces excursions ont lieu les samedis et dimanches entre Pâques et début novembre. Un sympathique voyage dans le temps !

HOTEL RESTAURANTE LARRAÑAGA €€

Ctra Urrestilla s/n

✆ +34 943 811 180

www.hotellarranaga.com

Chambre double entre 60 et 90 €. Menu du jour 14-18 €.

Un hôtel rural tout à fait charmant situé à 3 kilomètres du centre d'Azpeitia et à 4 kilomètres du sanctuaire de Loyola. Le charme de l'établissement repose essentiellement sur son architecture du XVIIIe siècle – une robuste structure en pierre avec des plafonds voûtés. Les huit chambres, quant à elles, affichent un style rustique très harmonieux, avec du mobilier d'époque et des chandeliers à l'ancienne. Le restaurant sert quant à lui une cuisine traditionnelle basque.

SANCTUAIRE DE LOYOLA ★★

Loiola Auzoa, 16
✆ +34 943 025 000
https://loyola.global/es
L'été, tous les jours de 10h à 19h30. Hors saison, de 10h à 13h et de 15h30 à 19h.

Au pied du mont Izarraitz aux parois rocheuses et grises, le sanctuaire de Loyola est imposant et serein. Prévoir 2h de visite pour découvrir les nombreuses richesses artistiques du sanctuaire et suivre les pas de la vie de saint Ignace, né en 1491 et fondateur de la Compagnie de Jésus.

La basilique de Loyola, œuvre de l'architecte italien Carlo Fontana (disciple de Bernini) au XVIIe siècle, constitue l'un des plus singuliers exemples de construction baroque dans le monde. La richesse des fresques en marbre et des portiques taillés en pierre blanche est impressionnante, à l'instar des coupoles, des statues, des chapelles et des plafonds de style baroque de cette forteresse. Le maître-autel, réalisé vers 1750 par Ignacio Ibero, est de style baroque churrigueresque. Admirez le travail du marbre, en particulier l'utilisation du procédé de l'*intarsia*. Cette technique d'origine italienne consiste à encastrer des pierres de formes et de couleurs variées dans un support de marbre qui a été évidé pour les recevoir. La basilique est surmontée d'une vaste coupole, qui s'élève à 65 mètres de hauteur.

La maison natale de saint Ignace, la Casa Santa, est en très bon état de conservation, car elle est protégée à l'intérieur de l'enceinte du sanctuaire. Elle présente un captivant diorama retraçant les grandes étapes de la vie de saint Ignace.

Au nord du sanctuaire, le musée d'art sacré expose dans ses deux salles une collection d'objets liturgiques et un autel de style plateresque en bois d'acajou, œuvre de Saturnino López Gómez.

ZESTOA

Cette petite localité de 3 700 habitants était réputée au XIXe et au début du XXe siècle comme station thermale (en fonctionnement depuis 1804). Mais en 1969, la découverte, à 1,5 km du centre du village, de la grotte d'Ekain, va changer l'orientation touristique du village. Pour autant, profitez de l'étape à la grotte pour faire un petit saut jusqu'à la place centrale. L'église et la Plaça Cuadrada valent bien un petit crochet. Après une halte face aux maisons Portalekoa, Lizenziadokua et Arretxe, en allant vers le palais médiéval de Lili et la grotte, attardez-vous sur les vieilles pierres du très photogénique pont de Zubiaurre.

EKAINBERRI (RÉPLIQUE DE LA GROTTE EKAIN) ★

Portale kalea, 1 ✆ +34 943 868 811
www.ekainberri.eus

L'été, tous les jours de 10h à 19h. Hors saison, du mardi au vendredi de 10h à 18h, week-end de 10h à 19h. Entrée 6 €.

Découverte en 1969, la grotte d'Ekainberri abrite des dizaines de représentations de chevaux, isolés ou en troupeaux, ainsi que des bisons et des cerfs, tous datés d'il y a 14 000 à 10 000 ans environ. Dans un souci de préservation, la grotte originale ne peut être visitée, mais on pourra se consoler avec la très belle réplique aménagée sous le gigantesque blockhaus construit en 2008, à l'occasion du classement de la grotte au patrimoine de l'humanité par l'Unesco, et qui contraste férocement avec l'atmosphère bucolique de la vallée.

Après avoir acheté vos billets au centre de réservation du village, vous devrez effectivement suivre à pied un agréable chemin à travers champs pour rejoindre le site (moins de 30 minutes). De quoi s'immerger dans les reliefs et les paysages très verts où vivaient les populations de la fin du Paléolithique.

La grotte d'Ekainberri est aux chevaux ce que Lascaux est aux mammouths. On y a répertorié pas moins de 59 dessins, dont 39 sont des chevaux. Parmi les autres peintures et gravures de la grotte, on remarquera des rhinocéros, des ours, des cerfs, des bisons, mais aussi, fait plus rare, des poissons.

En ressortant du blockhaus, ne manquez pas de participer aux quelques ateliers proposés en marge de la visite. Des animateurs vous apprendront le tir à l'arc ou au propulseur sur des reproductions d'animaux, les techniques de peinture paléolithique ou encore la science du feu. Pensez à réserver à l'avance votre visite !

AZKOITIA

En quittant le sanctuaire de Loyola, on pourra suivre les traces de saint Ignace en direction d'Azkoitia, berceau maternel du saint. Outre la tour médiévale de Balda, où vécut sa mère, s'y trouvent le palais mudéjar Floreaga (XVIe siècle), la tour des Idiaquez et la paroisse de Santa María la Real. On y verra aussi les plus vieilles maisons fortifiées du Guipúzcoa, comme celle d'Insausti, où siégeaient les « petits chevaliers d'Azkoitia », du nom d'un groupe de nobles du XVIIIe siècle, fondateurs de la Société royale des amis du Pays basque. A Azkoitia, on pourra également visiter l'ermitage de San Martin, qui abrite une exposition sur l'histoire de la ville.

ZUMÁRRAGA ★

Sa prospérité passée, Zumárraga la doit à l'industrie du chemin de fer. Cette ville de 10 000 habitants était autrefois un point stratégique des lignes des *vascongados* et de celle de la vallée d'Urola. Mais après la crise économique des années 1970, une partie de sa population a émigré. Zumárraga est en outre le berceau du célèbre conquérant des Philippines, Miguel Lopez de Legazpi, dont la statue domine la place principale de la ville, depuis 1897, et dont la maison natale a été restaurée. A Zumárraga, vous pourrez aussi visiter l'ermitage de La Antigua, qui forme la route des Trois Temples avec les sanctuaires de Loyola et d'Aranzazu.

ERMITA DE LA ANTIGUA ✞ ★★

Beloki Hiribidea
✆ +34 616 245 463
www.urolagaraia.com

L'été, du mardi au dim. de 11h30 à 13h30 et de 16h30 à 19h30. Hors saison, du vendredi au dim. (consulter horaires).

Derrière une austère façade à caractère défensif, l'ermitage de Santa Maria La Antigua cache un extraordinaire plafond en chêne fait d'un complexe treillis de poutres, tirants et parapets. Lieu de culte jusqu'à la fin du XVIe siècle, le bâtiment comporte, outre un intéressant portail roman, un ensemble unique de motifs sculptés dans le bois – dessins géométriques, têtes humaines et ustensiles – présentant un concentré de culture basque. Les styles roman, gothique et Renaissance s'y mêlent harmonieusement aux techniques et à une esthétique locale.

PAYS BASQUE

CENTRO DE INTERPRETACIÓN DE LA ANTIGUA

Beloki Hiribidea, s/n
✆ +34 943 722 042
www.urolagaraia.com
L'été, tous les jours de 10h à 18h. Hors saison, fermé lundi et dimanche après-midi. Entrée 2 €.

Situé à côté de l'ermitage, le centre d'interprétation occupe un grand bâtiment moderne doté de plusieurs espaces d'exposition ainsi qu'un office de tourisme. Il retrace l'évolution de Zumárraga et de l'ermitage La Antigua à travers un parcours didactique, renforcé par des écrans tactiles, des photographies, des textes et des vidéos. On y verra en particulier l'importance de l'ancienne ligne de chemin de fer ainsi que l'exploitation du fer dans la région.

HOTEL RESTAURANTE ETXEBERRI €€

Barrio Etxeberri, s/n
✆ +34 943 721 211
www.etxeberri.com
Environ 80 € la chambre double.

A 1 kilomètre du village de Zumárraga, cet hôtel à la façade moderne et sans charme présente à l'intérieur une décoration agréable, dans un style plutôt classique. Les chambres sont spacieuses et accueillantes, avec tout le confort. Chaque matin, l'hôtel sert un délicieux petit déjeuner, tandis que le restaurant propose une bonne cuisine régionale variant au gré des saisons. Vous pourrez profiter du jardin et de la terrasse à l'arrivée des beaux jours.

RESTAURANTE KABIA €€

Calle Legazpi, 5
✆ +34 943 726 274
www.restaurantekabia.com
Du mercredi au dimanche de 13h à 15h, également le samedi de 21h à 22h30. Menu 28-54 €.

Situé au centre de Zumárraga, tout près de la plaza Euskadi, ce restaurant est tenu par le sympathique Juanma Hurtado. Il y propose une excellente cuisine traditionnelle ainsi que des recettes plus novatrices. Son credo ? Le « kilomètre zéro », c'est-à-dire des produits issus de son potager, qu'il cueille chaque matin avant de rejoindre les cuisines du restaurant. Les trois salles à manger vous réservent des ambiances différentes – rustique, design ou romantique – pour déguster l'excellent menu du jour ou un menu dégustation. Une très belle adresse !

LEGAZPI ★

Voici la ville du fer, comme en témoigne la forge de Mirandaola. Le développement de l'activité métallurgique de Legazpi y a été favorisé par la présence de mines, la richesse forestière et la proximité du fleuve Urola. Cette omniprésence du fer à Legazpi a notamment attiré le sculpteur basque Eduardo Chillida, venu élaborer ses créations, en imaginant des pièces qu'il faisait forger dans la forge industrielle. On peut d'ailleurs visiter son atelier. Côté patrimoine, la mairie de Legazpi mérite un coup d'œil pour sa belle façade en pierres de taille et l'imposant bouclier en fer l'ornant, ou encore le beau palais Bikuña, œuvre du XVIe siècle.

CHILLIDA LANTOKI / ATELIER DE CHILLIDA

Calle Azpikoetxe
✆ +34 943 730 428
http://lenbur.com
Visites sur rendez-vous.

Cette ancienne usine transformée en musée illustre les liens entre l'art et l'industrie à travers la figure du sculpteur basque Eduardo Chillida, mort en 2002 à San Sebastián. Célèbre pour ses sculptures en métal qui ornent nombreuses villes et villages du Pays Basque, Chillida avait choisi Legazpi pour réaliser ses œuvres monumentales. Sur plus de 1 000 m² et deux étages, le travail de l'artiste y est expliqué et retracé au moyen de vidéos et photos.

HOTEL MAULEON €€

Saturnino Telleria Kalea, 3
✆ +34 637 95 97 99
www.hotelmauleon.es
Chambre double 66 €.

Au cœur de la Vallée du Fer, à 5 minutes de la gare de Legazpi, cet hôtel occupe un superbe bâtiment construit dans les années 1920 et classé comme monument historique. Les 12 chambres (9 doubles et 3 individuelles) sont toutes décorées différemment et certaines sont mansardées. L'intérieur y est classique, pour ne pas dire un peu vieillissant, mais vous apprécierez le charme du bâtiment. Le restaurant sert une cuisine traditionnelle honnête. Le petit déjeuner à base de jus de fruits, pain grillé et viennoiseries est également très correct.

BAR RESTAURANTE KATILU €

Plazaola kalea, 12
✆ +34 943 081 198
www.katilu.es
Tous les jours de 8h à 0h. Menu du jour 12 €.

C'est le typique bar-restaurant de village, qui vit au rythme de ses habitants. Il est situé en face de la mairie et propose un menu du jour très correct, ainsi que des sandwichs, des *pintxos* et des plats à emporter. Vous pourrez par exemple opter pour une crème de légumes en entrée, un jarret de porc à la bière comme plat principal, et en dessert, un riz au lait fait maison. Le tout est servi dans un décor moderne bien qu'assez impersonnel. Aux beaux jours, sa grande terrasse est toujours animée, à toute heure de la journée.

PARQUE NATURAL DE AIZKORRI-ARATZ

Au centre de la chaîne de montagne Aizkorri s'étend ce parc naturel qui fait frontière avec l'Alava. Au cœur de ses 18 000 hectares de montagnes et de forêts naissent les fleuves Oria, Urola et Deba. On y trouve également le tunnel de San Adrian, grotte naturelle qui, tout au long de l'histoire, a servi de voie d'accès entre le Guipúzcoa et l'Álava. Les possibilités de parcours y sont immenses et vous feront découvrir une faune et une flore très riches.

OÑATE - OÑATI ★★

Considérée comme l'une des plus jolies communes de Biscaye, en raison de son héritage architectural, Oñate (11 000 habitants) est une ville seigneuriale. Elle fut la capitale d'un comté régi par des seigneurs contre lesquels ses habitants se sont successivement révoltés jusqu'en 1845, année où elle s'intègre au Gipuzkoa. Appelée la « Tolède basque » par le grand peintre Zuloaga, Oñate regorge de palais, d'églises, de monastères Renaissance, plateresque, gothique... De 1548 à 1901, elle avait même son université, aussi illustre que celle de Salamanque ou de Valladolid. La petite ville se visite avec plaisir : elle abrite le sanctuaire d'Arantzazu.

UNIVERSIDAD SANCTI SPIRITUS ★

✆ +34 943 783 453
Visites guidées sur réservation auprès de l'office de tourisme.

Fondée en 1548 par l'évêque Rodrigo Mercado de Zuazola, cette université à l'architecture Renaissance fut la première université du Pays Basque. Jusqu'à sa fermeture en 1901, on y enseigna le droit, la médecine, les lettres et la théologie. Sur sa façade plateresque ornée de bas-reliefs, on peut voir une représentation de son fondateur en train de prier. A l'intérieur, remarquez le plafond à caissons d'inspiration mudéjar, et le cloître Renaissance orné de portraits en médaillon.

CUEVAS DE OÑATI-ARRIKRUTZ

Barrio Araotz Auzoa, s/n
✆ +34 943 082 000
Tous les jours en été. Hors saison, du mardi au dimanche. Réservation horaire de visite en ligne. Entrée 9 €.

Sur la route qui mène au sanctuaire d'Aránzazu, ces grottes ont été l'un des sites pionniers d'exploration spéléologique, archéologique et paléontologique au Pays basque. On y a notamment découvert le squelette complet d'un lion des cavernes... Une visite guidée d'une heure explique, entre autres, comment l'eau a sculpté la roche, les formations géologiques remarquables du lieu, ainsi que l'importance d'Arrikrutz dans le contexte de l'histoire de la spéléologie.

HOTEL ONGI €

Kale Zaharra Kalea, 19
✆ +34 943 718 285
www.hotelongi.com
Chambre double entre 50 et 60 €.

Au cœur d'Oñate, un hôtel agréable qui propose une vingtaine de chambres individuelles et doubles, équipées de tout le confort (climatisation, wifi). Cet établissement familial, simple et sans prétention, offre un cadre plaisant avec ses chambres propres et spacieuses, et son décor assez classique. L'hôtel abrite aussi une salle à manger pour prendre un petit-déjeuner buffet à base de fruits frais, viennoiseries et pain grillé, ainsi qu'un bar-cafétéria plutôt animé les week-ends. Accueil chaleureux et rapport qualité-prix très honnête.

SANTUARIO DE ARÁNZAZU ★★

Arantzazu © +34 943 71 89 11
www.arantzazu.org
Ouvert tous les jours de 9h à 20h. Visites guidées tous les jours en été. Hors saison, uniquement les week-ends.

Entouré par les monts Akaitz (1 324 m) et Aizkorri (1 544 m), le sanctuaire d'Arantzazu s'inscrit dans un site imposant et grandiose par sa radicale verticalité. Sa Vierge, découverte en 1468 par un berger, incite les habitants à construire une humble chapelle. Les franciscains s'y installent ensuite. Victime de plusieurs incendies, l'édifice est reconstruit à plusieurs reprises. En 1950, les architectes Saenz de Oiza et Laorga entreprennent de créer une basilique, pour remplacer le bâtiment antérieur devenu trop petit. Arantzazu devient alors l'une des œuvres d'architecture contemporaine les plus importantes du Pays basque. Sa couleur grise s'harmonise avec les immenses parois rocheuses des monts qui l'entourent. Le sculpteur Jorge Oteiza a conçu la façade, où une Pieta s'interroge sur la souffrance, et 14 apôtres représentent l'humanité. Passées les lourdes portes de fer d'Eduardo Chillida, la basilique révèle le retable Lucio Munoz, 600 mètres carrés de panneaux de bois polychrome, avec au centre la petite Vierge du XIIIe siècle. Les vitraux ont été conçus par Xabier Alvarez de Eulate, tandis que les peintures autour de la Vierge et dans la crypte ont été réalisées par Xabier Egana et Nestor Basterretxea. A voir absolument pour son originalité architecturale et sa situation naturelle exceptionnelle. Prenez aussi le temps de visiter le Misterio, le petit bâtiment situé entre la Basilique et Gandiaga Topagunea. Il tient son nom de « mystère », de la sculpture de Jorge Oteiza qui s'y trouve.

© JON_CHICA

GOIKO BENTA OSTATUA €€

Barrio Arantzazu Auzoa
© +34 943 781 305
www.goikobenta.com
Comptez 70 € la chambre double.

Beaucoup de charme dans cette ancienne *venta* transformée en petit hôtel de seulement 10 chambres. Depuis plus de cent ans, on y accueille les pèlerins, voyageurs et randonneurs dans une ambiance familiale. Située à côté du sanctuaire d'Arantzazu, elle offre des vues superbes et un décor très soigné, où se mêlent pierres et poutres apparentes. On aime l'esprit cosy des chambres entièrement rénovées et dotées de salles de bains privées. Le restaurant de l'hôtel, qui sert de bons plats du terroir, permet d'opter pour un séjour en demi-pension ou pension complète.

HOTEL SANTUARIO DE ARANTZAZU €€

Arantzazu Auz., 8
© +34 943 781 313
www.hotelsantuariodearantzazu.com
Environ 80 € la chambre double. Possibilité de demi-pension et pension complète.

Pendant trois siècles, c'était une auberge de pèlerins, depuis 2008, l'établissement s'est converti en hôtel 3-étoiles. Les chambres, épurées et confortables, préservent toutefois l'atmosphère générale de recueillement. Le bâtiment, dont l'entrée est recouverte d'un revêtement de tôle cuivrée, s'intègre parfaitement dans le paysage surprenant et mystique du sanctuaire. Malgré ses airs de couvent, on y trouve tout de même un sauna et une mini-salle de gym.

ZELAI ZABAL €€

Carretera Oñate Aranzazu, km 8
© +34 943 781 306
www.zelaizabal.com
Ouvert vendredi, samedi et dimanche de 11h à 17h. Environ 40 €.

A 500 mètres du sanctuaire d'Arantzazu, cet authentique *caserío* basque est un arrêt obligatoire pour les fins gastronomes qui visitent la région. Dans cet établissement centenaire, on fusionne tradition et modernité pour offrir une cuisine à la fois enracinée et dans l'air du temps. Alberto Elorza, troisième génération de la famille, y sert par exemple un excellent foie gras à la crème de pomme et un ragoût de *carrilleras* (joues de porc) à la mousse de *piquillo*. Ses salons élégants accueillent régulièrement des mariages et des célébrations en tous genres.

BILBAO

Ville à taille humaine, dynamique et créative, Bilbao cultive un charme indéniable et concentre le meilleur de la culture espagnole assaisonnée à la sauce basque. Avec ses fiers habitants (quelque 350 000 âmes), son adoration de la mer et sa divine gastronomie, la cité vous réserve un séjour riche en découvertes. Il faut dire que l'ancienne cité industrielle, jadis grise et morose, a su se réinventer en seulement quelques années, provoquant l'admiration de tous. Cette fulgurante transformation doit beaucoup à l'effet Guggenheim, mais pas seulement. Bilbao avait déjà bien d'autres atouts pour séduire les visiteurs, avec son Casco Viejo plein de charme, ses immeubles éclectiques de l'Ensanche, et la proximité de l'océan avec de superbes spots de surf. Des joyeux bars à pintxos de la vieille ville aux expos tendance et dernières créations, imprégnez-vous de cette ville de traditions et d'innovations !

Bailén Kalea
Arriaga Plaza
Plaza del Arriaga
Arenal Ka
TEATRO ARRIAGA
MERCADO D
Areatza Kalea
Arriaga Plaza
EL TILO DE MAMI LOU
REST
IRRINTZI
PETIT PALACE ARANA
CASUAL ARRIAGA
Barria Kalea
TURRONERÍA ADELIA IVAÑEZ
BASQ LORE
SKFK
Victor Kalea
Calle del Correo
Calle Santa María
HOTEL BILBAO JARDINES
Bidebarrieta Kalea
GATZ
Jardiñeta Kalea
ÄTAKONTU
HOTEL TAYKO BILBAO
CHARAMEL GOZOTEGIA
Mesedetako Kalea
CASUAL GUREA BILBAO
OLA MARTÍN BERASATEGUI
ITURRIENEA OSTATUA
7KALE BED AND BREAKFAST
MANDOYA
Loteria Kalea
Calle del Perro
RIO OJA
Mesedeetako Zubia
Calle de la Ribera
BASQUE BOUTIQUE
Calle de la Torre
Calle de la Pelota
Barrenkalebarrena Kalea
Plazuela Santiago
CATHÉDRALE
ANDER ETXEA
Erribera Kalea
Ría De Bilbao
Santiago Karrera
Muelle de la Merced
TIPULA
Barrenkale Kalea
AH ! MODA
Carniceria Vieja Kalea
Calle de la Tendería
MERCADO DE LA RIBERA
RESTAURANTE MINA
HAPPY RIVER BILBAO
Muelle Martzana
Belostikale Kalea
LAS SIETE CALLES
Puente de la Ribera
RIBERA BILBAO
BAC
MONGOLIA GUNEA
Mira Soleko Kontea Kalea
Martzana Kalea
BIHOTZ CAFÉ
GANBOA JEWELLERY
DANDO LA BRASA

Bilbao – Casco Viejo
Zazpikaleak/
Casco Viejo
San Nicolás Plazatxoa
IGLESIA DE SAN NICOLÁS
Parc
Etxebarria
Zazpikaleak/
Casco Viejo
alle de los Fueros
LÔ BILBAO
LAZA NUEVA
Askao Kalea
MAIKALA
PLAZA NUEVA
MERCADO DOMINICAL PLAZA NUEVA
BAR CHARLY
VICTOR MONTES
CINEMA
CAFE BAR BILBAO
ARKEOLOGI MUSEOA
Calle la Libertad
Prim Plaza /
Plaza Prim
Z BED AND BREAKFAST
mbrereria Kalea
ROSTIAGA
Prim Kalea
Pl. Miguel Unamuno
MUSEO DE PASOS
EUSKAL MUSEOA (MUSÉE BASQUE)
Iturribide Kalea
Gurutzeko Kalea
IGLESIA DE LOS SANTOS JUANES
María Muñoz Kalea
a Kalea
Calle Zumárraga
Zumarraga Kalea
Solokoetxe Kalea
Pl. Zumárraga
Maestro Iciar Kalea
Calle Somera
Solokoetxe Kalea
Calle Fika
Fika Kalea
Larrinaga Kalea
Calle Solokoetxe
PUB K2
Calle de la Ronda
Zumarraga Kalea
Zabalbide Kalea
Sorkunde Kalea
50 M
Donibane
Plazatxoa
Plaza Santos Ju
Atxuri K
TÓN

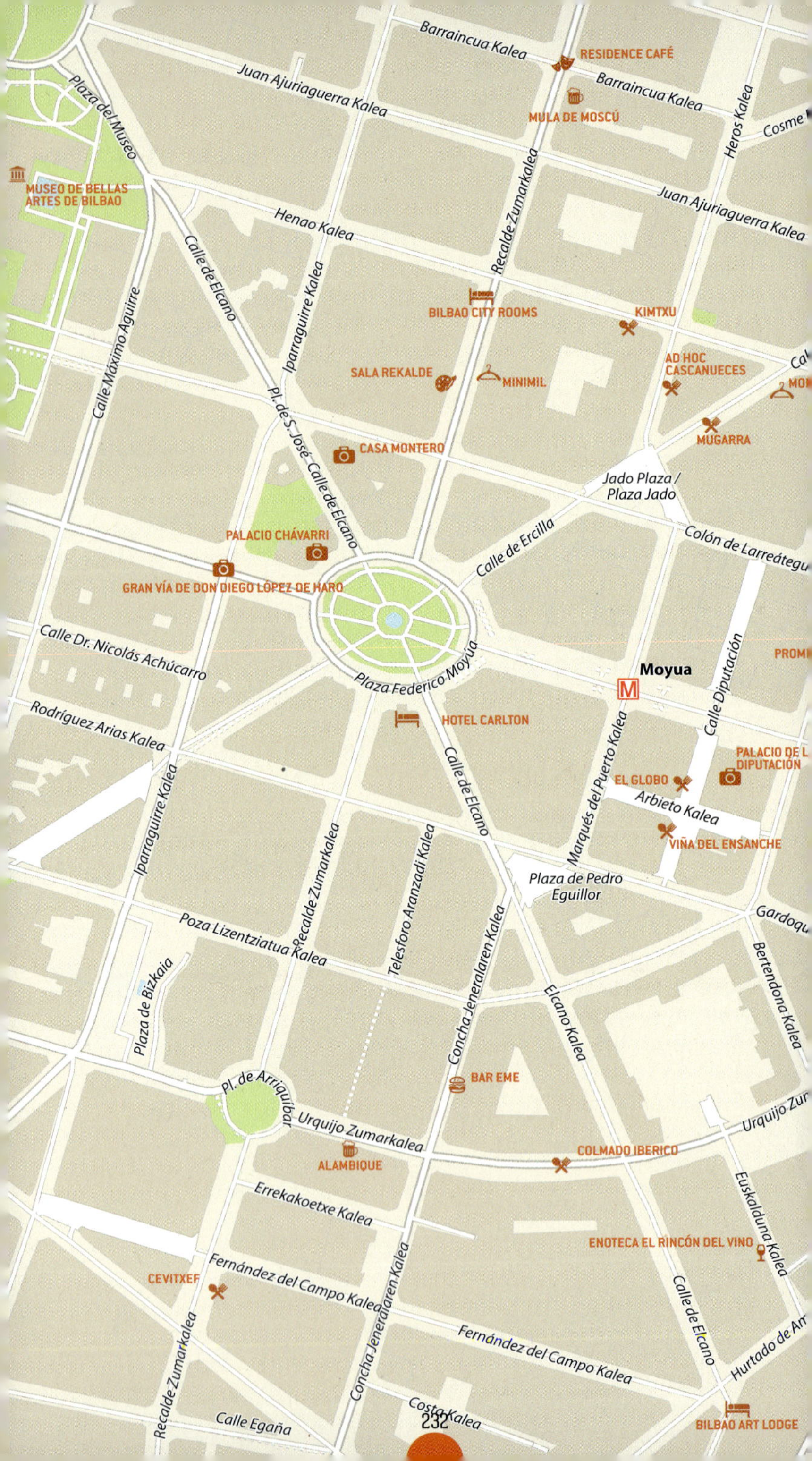
Barraincua Kalea
RESIDENCE CAFÉ
Barraincua Kalea
MULA DE MOSCÚ
Heros Kalea
Cosme
Juan Ajuriaguerra Kalea
Plaza del Museo
MUSEO DE BELLAS ARTES DE BILBAO
Juan Ajuriaguerra Kalea
Recalde Zumarkalea
Henao Kalea
Calle de Elcano
Iparraguirre Kalea
Calle Máximo Aguirre
BILBAO CITY ROOMS
KIMTXU
AD HOC CASCANUECES
SALA REKALDE
MINIMIL
MUGARRA
Pl. de S. José
Calle de Elcano
CASA MONTERO
Jado Plaza / Plaza Jado
Colón de Larreátegu
PALACIO CHÁVARRI
Calle de Ercilla
GRAN VÍA DE DON DIEGO LÓPEZ DE HARO
Calle Dr. Nicolás Achúcarro
Plaza Federico Moyúa
Moyua
Calle Diputación
HOTEL CARLTON
Rodríguez Arias Kalea
Calle de Elcano
Marqués del Puerto Kalea
PALACIO DE L DIPUTACIÓN
EL GLOBO
Arbieto Kalea
VIÑA DEL ENSANCHE
Iparraguirre Kalea
Recalde Zumarkalea
Telesforo Aranzadi Kalea
Plaza de Pedro Eguillor
Gardoqu
Poza Lizentziatua Kalea
Concha Jeneralaren Kalea
Bertendona Kalea
Elcano Kalea
Plaza de Bizkaia
BAR EME
Pl. de Arriquíbar
Urquijo Zumarkalea
Urquijo Zur
ALAMBIQUE
COLMADO IBERICO
Errekakoetxe Kalea
Euskalduna Kalea
ENOTECA EL RINCÓN DEL VINO
CEVITXEF
Fernández del Campo Kalea
Concha Jeneralaren Kalea
Calle de Elcano
Fernández del Campo Kalea
Hurtado de Am
Recalde Zumarkalea
Calle Egaña
Costa Kalea
BILBAO ART LODGE

Bilbao - El Ensanche-Abando
100 M
Zubizuri
Puente Zubizuri
Paseo Campo de Volantín
Campo Volantín Pasealekua
Tiboli Kalea
Paseo Uribitarte
Uribitarteko Aldapak
Bizikidetasun Plaza / Plaza de la Convivencia
ETXANOBE
Rampas de Uribitarte
Calle Uribitarte
Uribitarte Kalea
Calle Isleta
Isleta Kalea
BARCELÓ BILBAO NERVIÓN
BIKANDI ETXEA
ZORTZIKO
Mazarredo Zumarkalea
Arbolantxa Kalea
BACK&STAGE
Nerbioi Kalea
CASITA DE SABINO
CINNAMON
MERCURE BILBAO JARDINES DE ALBIA
Pio Baroja Plaza / Plaza Pío Baroja
Plaza Pío Baroja
AZKENA
KAFE ANTZOKIA
RESTAURANTE KAFE ANTZOKIA
Ibañez de Bilbao Kalea
San Vicente Kalea
IGLESIA DE SAN VICENTE DE ABANDO
Barroeta Aldamar Kalea
Ripa Kalea
BASCOOK
JARDINES DE ALBIA
Jardines de Albia
BILBAO BERRIA LEDESMA
Colón de Larreátegui Kalea
CAFÉ IRUÑA
Ledesma Kalea
Príncipe Kalea
Paseo Uribitarte
Buenos Aires Kalea
Don Diego Lopez Haroko Kale Nagusia
Villarias Kalea
RADISSON COLLECTION HOTEL GRAN VÍA BILBAO
Abando
M
ESTACIÓN DE ABANDO
Calle de la Amistad
BAR MUELLE
Aiala Kantzilerraren Kalea
Nafarroa Kalea
Calle Padre Lojendio
José Maria Olavarri Kalea
Puente del Arenal
Hurtado de Amézaga Kalea
Calle de Navarra
ESTACIÓN DE CONCORDIA
Arriaga Plaza
Lutxana Kalea
MPOS ELÍSEOS ANTZOKIA
Calle Bailén

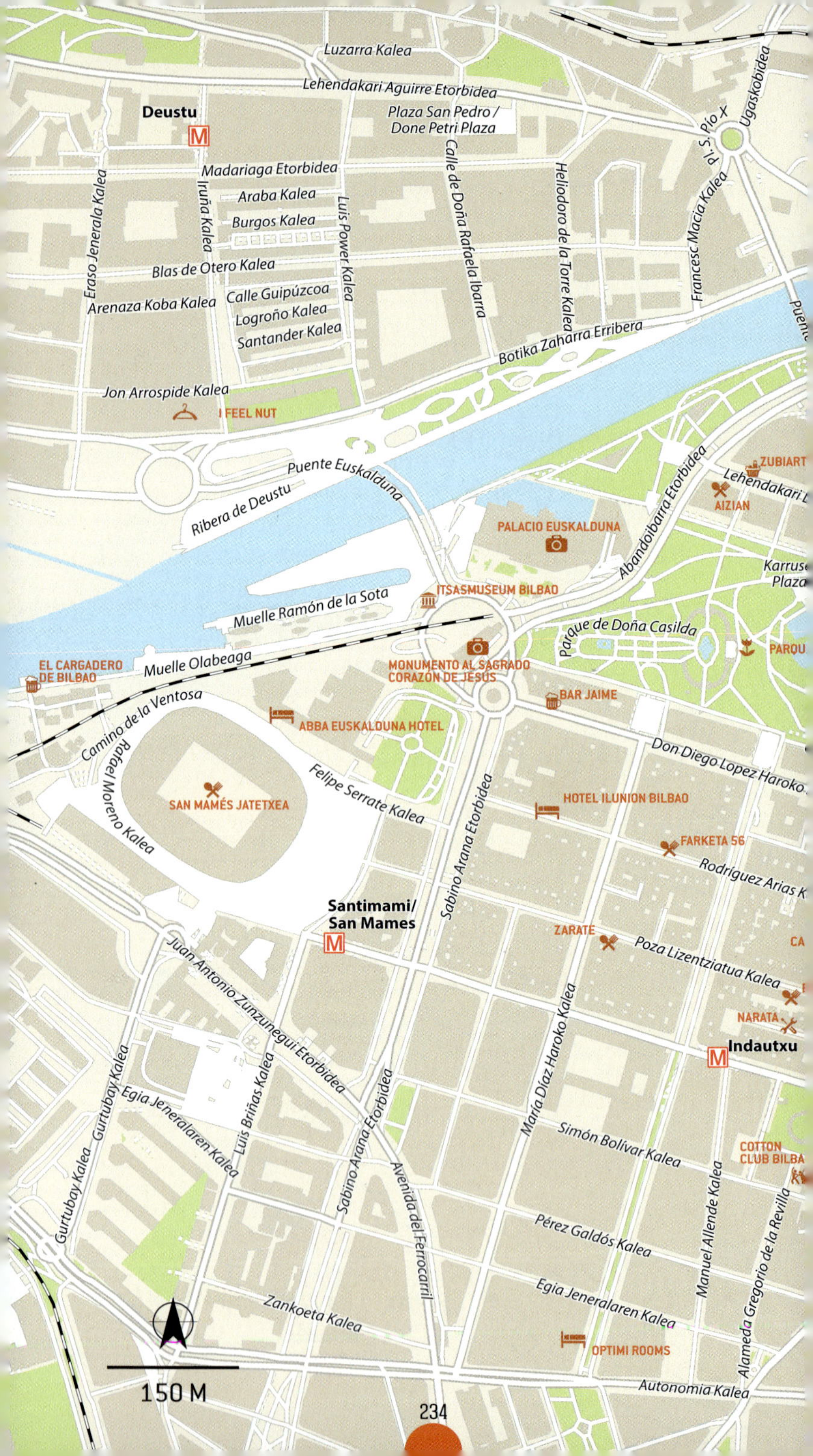
Luzarra Kalea
Lehendakari Aguirre Etorbidea
Deustu
Plaza San Pedro / Done Petri Plaza
Ugaskobidea
Pl. S. Pío X
Madariaga Etorbidea
Araba Kalea
Burgos Kalea
Blas de Otero Kalea
Calle Guipúzcoa
Logroño Kalea
Santander Kalea
Arenaza Koba Kalea
Eraso Jenerala Kalea
Iruña Kalea
Luis Power Kalea
Calle de Doña Rafaela Ibarra
Heliodoro de la Torre Kalea
Francesc Macià Kalea
Botika Zaharra Erribera
Jon Arrospide Kalea
I FEEL NUT
Puente Euskalduna
Ribera de Deustu
ZUBIART
Lehendakari L
AIZIAN
PALACIO EUSKALDUNA
Abandoibarra Etorbidea
Karrus Plaza
ITSASMUSEUM BILBAO
Muelle Ramón de la Sota
Parque de Doña Casilda
PARQU
Muelle Olabeaga
EL CARGADERO DE BILBAO
MONUMENTO AL SAGRADO CORAZÓN DE JESÚS
BAR JAIME
Camino de la Ventosa
ABBA EUSKALDUNA HOTEL
Don Diego Lopez Haroko
Felipe Serrate Kalea
Rafael Moreno Kalea
SAN MAMÉS JATETXEA
HOTEL ILUNION BILBAO
FARKETA 56
Sabino Arana Etorbidea
Rodríguez Arias K
Santimami/ San Mames
ZARATE
Poza Lizentziatua Kalea
CA
NARATA
Indautxu
Juan Antonio Zunzunegui Etorbidea
María Díaz Haroko Kalea
Gurtubay Kalea
Egia Jeneralaren Kalea
Luis Briñas Kalea
Simón Bolívar Kalea
COTTON CLUB BILBA
Avenida del Ferrocarril
Manuel Allende Kalea
Pérez Galdós Kalea
Alameda Gregorio de la Revilla
Zankoeta Kalea
OPTIMI ROOMS
150 M
Autonomia Kalea

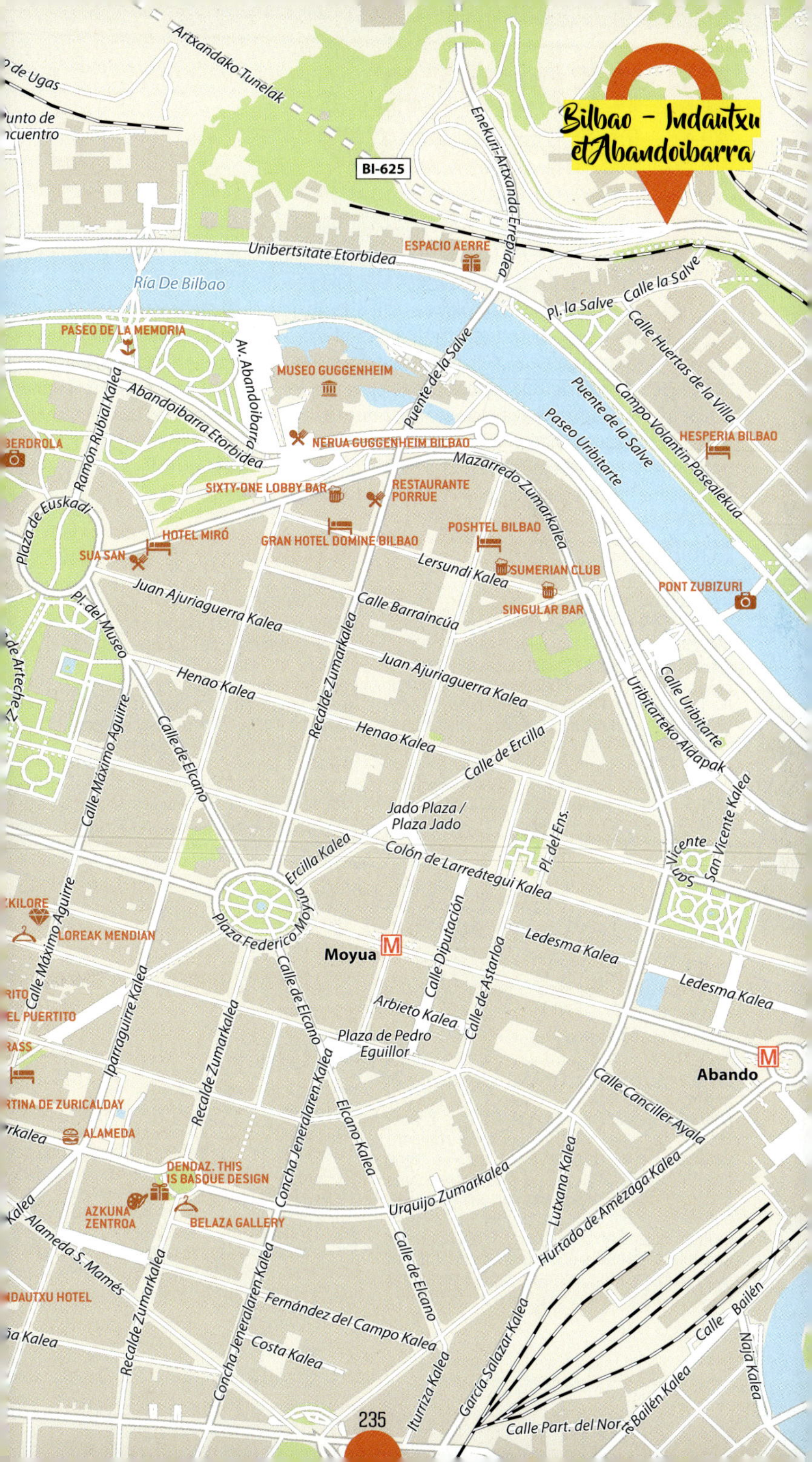
Bilbao – Indautxu et Abandoibarra
Artxandako Tunelak
BI-625
Enekuri-Artxanda Errepidea
Unibertsitate Etorbidea
ESPACIO AERRE
Ría De Bilbao
Pl. la Salve
Calle la Salve
Calle Huertas de la Villa
Campo Volantín Pasealekua
PASEO DE LA MEMORIA
Av. Abandoibarra
MUSEO GUGGENHEIM
Puente de la Salve
Paseo Uribitarte
HESPERIA BILBAO
Ramón Rubial Kalea
Abandoibarra Etorbidea
NERUA GUGGENHEIM BILBAO
Mazarredo Zumarkalea
SIXTY-ONE LOBBY BAR
RESTAURANTE PORRUE
Plaza de Euskadi
HOTEL MIRÓ
GRAN HOTEL DOMINE BILBAO
POSHTEL BILBAO
SUA SAN
Lersundi Kalea
SUMERIAN CLUB
PONT ZUBIZURI
SINGULAR BAR
Pl. del Museo
Juan Ajuriaguerra Kalea
Calle Barraincúa
Henao Kalea
Recalde Zumarkalea
Calle Uribitarte
Uribitarteko Aldapak
Calle de Elcano
Calle Máximo Aguirre
Calle de Ercilla
Jado Plaza / Plaza Jado
Pl. del Ens.
San Vicente
San Vicente Kalea
Ercilla Kalea
Colón de Larreátegui Kalea
Plaza Federico Moyúa
LOREAK MENDIAN
Moyua
M
Calle Diputación
Calle de Astarloa
Ledesma Kalea
Calle Máximo Aguirre
Iparraguirre Kalea
Arbieto Kalea
Plaza de Pedro Eguillor
EL PUERTITO
M
Abando
Calle Canciller Ayala
Recalde Zumarkalea
Calle de Elcano
Concha Jeneralaren Kalea
Elcano Kalea
ALAMEDA
Hurtado de Amézaga Kalea
Lutxana Kalea
DENDAZ. THIS IS BASQUE DESIGN
AZKUNA ZENTROA
BELAZA GALLERY
Urquijo Zumarkalea
Alameda S. Mamés
Calle de Elcano
Fernández del Campo Kalea
Costa Kalea
Recalde Zumarkalea
Concha Jeneralaren Kalea
Iturriza Kalea
García Salazar Kalea
Calle Bailén
Bailén Kalea
Naja Kalea
Calle Part. del Norte

SE REPÉRER SE DÉPLACER

Si ce n'est pas une ville immense, Bilbao est depuis les deux *ensanches* (élargissements) tout de même assez étendue : le Casco Viejo est le centre historique de la cité et se visite à pied (monuments, musées et bars à *pintxos* sont ici légion), Bilbao La Vieja se trouve de l'autre côté du Nervión et se veut plutôt branchée, Abando est vaste (parcs et bâtisses spectaculaires), Abandoibarra avant-gardiste à souhait et Indautxu à la fois traditionnelle et hipster. Pour rallier ces divers quartiers, le vélo est une bonne option en été, autrement, on pourra emprunter le métro au look futuriste de Bilbao composé de trois lignes, mais aussi les bus circulant de 6h à 23h (30 lignes en tout) ou encore l'agréable tramway de la ville. Valable pour tous les transports de la ville, la carte à recharge *Barik* (son coût est de 3 € et les recharges à partir de 5 €) est une option économiquement avantageuse pour sillonner les Bilbao.

AEROPUERTO DE BILBAO

Loiu

www.aena.es

Situé à 12 km du centre de Bilbao, cet aéroport est le plus important de la région, avec près de six millions de passagers chaque année. Il est desservi par une vingtaine de compagnies aériennes nationales et internationales. Le nouveau terminal, inauguré en 2000 et dessiné par l'architecte Santiago Calatrava, revêt la forme d'un oiseau en plein vol, ce qui vaut à l'aéroport le surnom de La Paloma (la colombe). Diverses compagnies aériennes assurent les liaisons avec la France : Volotea pour Lyon, Vueling et Air France pour Paris...

BIZKAIBUS

✆ +34 946 125 555

https://web.bizkaia.eus

Il s'agit du réseau d'autobus de transport régional de la province de Biscaye, composé d'une centaine de lignes. Ces bus desservent pratiquement toutes les communes du littoral et de l'intérieur des terres au départ de Bilbao, avec notamment des lignes vers Bermeo, Ondarroa, Durango ou encore Balmaseda. Les bus partent du terminal d'autobus Bilbao Intermodal (anciennement appelé Termibus), situé juste à côté de la gare de San Mamés. Bizkaibus dessert également l'aéroport de Bilbao avec la ligne A3247, qui assure le trajet toutes les 20 minutes environ.

EUSKOTREN

C/ Atxuri, 6

✆ +34 944 333 333

www.euskotren.eus

Les trains régionaux Euskotren, gérés par le gouvernement basque, assurent les liaisons interurbaines au Pays basque. La ligne Bilbao-Bermeo (E4) permet notamment de rejoindre Guernica et la réserve d'Urdaibai. La ligne Lasarte/Oria-Hendaia (E2) – plus connue sous le nom de *Topo* – assure les liaisons entre San Sebastián et Hendaye en 40 minutes environ. La ligne Bilbao-San Sebastián (E1) est utile pour se déplacer dans les communes du littoral (Zarautz, Zumaia, etc.), en revanche le trajet entre les deux villes est très long (plus de 2h30).

ESTACIÓN DE BILBAO INTERMODAL

Calle de Gurtubay, 1

✆ +34 944 395 077

www.bilbaointermodal.eus

Il s'agit de la nouvelle gare routière de Bilbao, inaugurée en 2019 au sous-sol de l'échangeur multimodal de San Mamés. Plusieurs compagnies connectent Bilbao avec les principales villes d'Espagne et les communes des environs : Alsa pour les liaisons avec Hendaye, Burgos, Santander, etc. ; Autobuses La Unión pour Vitoria et Pampelune ; Pesa vers Saint-Sébastien et Biarritz ; Bizkaibus pour les liaisons avec toutes les communes de Biscaye et l'aéroport de Bilbao.

BILBAO BIZI

Plaza Ernesto Erkoreka, 12
✆ +34 94 656 49 05
www.bilbaobizi.bilbao.eus
Abonnement 25 € pour les non résidents.

Bilbao Bizi est le système de vélos en libre-service de la ville de Bilbao. Il permet d'accéder à un réseau de 40 bornes de vélos réparties dans toute la ville, notamment devant le marché de La Ribera, le théâtre Arriaga, l'hôtel de ville, la gare Abando, ou encore la gare routière de San Mamés. Le service est disponible uniquement à travers un abonnement à l'année qui vous permet de réaliser un nombre de trajets illimités, mais il faut pour cela remplir un formulaire d'inscription et le présenter au bureau d'information de la Plaza Ernesto Erkoreka.

BILBOBUS [BUS URBAINS DE BILBAO]

✆ +34 944 790 981
www.bilbao.eus
Ticket de bus à 1,35 €.

Il s'agit du service de bus de transport public urbain de Bilbao. Une trentaine de lignes circulent en journée dans toute la ville, généralement de 6h à 23h (cet horaire est variable selon les lignes). Vous reconnaîtrez facilement ces bus de couleur rouge, dont le nom provient du toponyme *Bilbo* (Bilbao en basque). Le service Gautxori propose également huit lignes de bus nocturnes, qui ont pour point de départ la Plaza Biribila, dans le quartier d'Abando.

FUNICULAR DE ARTXANDA

Funikularreko Plaza
✆ +34 944 454 966
https://funicularartxanda.bilbao.eus
Tous les jours de 7h15 à 22h (l'été : vendredi et samedi jusqu'à 23h, dimanche à partir de 8h15). Prix 2,50 €.

Départ de la calle Castaños, près du Campo Volantin, entre l'hôtel de ville et le pont de la Salvé, pour gagner le sommet du mont Artxanda, à 250 mètres d'altitude, une zone de loisirs aménagée avec de vastes espaces verts, des promenades, des bars et des restaurants. On y jouit du meilleur panorama sur Bilbao. Inauguré en 1915, le funiculaire parcourt 770 mètres en 3 minutes de trajet, avec une fréquence de départs toutes les 15 minutes environ. Outre sa fonction utilitaire, le funiculaire constitue à lui seul une attraction touristique de Bilbao.

METRO BILBAO

✆ +34 944 254 025
www.metrobilbao.eus
Le métro fonctionne de 6h à 23h, jusqu'à 2h le vendredi et toute la nuit du samedi.

Le réseau de métro de Bilbao se compose actuellement de trois lignes. Moyen de communication facile et très sûr, le métro dessert toutes les agglomérations de la rive droite, depuis Plentzia sur la ligne 1 jusqu'au Casco Viejo de la capitale, en passant notamment par Getxo et Sopelana. La ligne 2 permet quant à elle de rejoindre Portugalete, du côté de la rive gauche, ainsi que Barakaldo et Santurtzi. La ligne 3, inaugurée en 2017, relie le centre avec les quartiers du nord de la ville. Le look futuriste des bouches de métro est signé Norman Foster.

TOURNÉ

C/ Villarías, 1
✆ +34 944 249 465
www.tournebilbao.com
Location vélo à partir de 8 €.

Une petite agence sympathique qui propose des vélos de qualité à la location, avec la possibilité de louer un siège bébé ou de louer des vélos pour enfants. Bicyclettes, vélos électriques, Brompton, biporteur pour transporter vos loustics... vous n'aurez que l'embarras du choix ! Des visites guidées sont également proposées sur différentes thématiques : Bilbao en famille (avec un parcours adapté pour les enfants), itinéraire « underground », tournée des bars à pintxos, « Le grand tourné » pour pédaler jusqu'à Getxo et le Pont Bizkaia, etc.

TRANVÍA DE BILBAO [TRAMWAY]

✆ +34 902 543 210
www.euskotren.eus/tranviabilbao
Tous les jours de 7h à 23h environ. Le trajet coûte 1,50 €.

Construit en 2002, le tramway de Bilbao est un moyen de transport écologique et fort agréable. Au départ de la gare d'Atxuri, il rejoint celle de La Casilla en suivant un agréable itinéraire le long de la ría, en passant par les stations Ribera, Arriaga, Abando, Pío Baroja, Uribitarte, Guggenheim, Abandoibarra, Euskalduna, Sabino Arana et San Mamés. Lors d'un séjour à Bilbao, mieux vaut privilégier cette option pour circuler en ville, bien plus pratique que le métro !

À VOIR / À FAIRE

Outre l'incontournable Guggenheim trônant au milieu d'un paysage urbain d'avant-garde, Bilbao abrite plusieurs musées qui méritent une visite, en particulier le musée des Beaux-Arts, qui offre un parcours passionnant à travers l'art du XIIe siècle jusqu'à nos jours, et le Museo Maritimo, pour découvrir le passé maritime et industriel de Bilbao. Arpenter la cité basque, c'est aussi admirer l'architecture de la cité, des prouesses avant-gardistes du quartier d'Abandoibarra, marqué de l'empreinte du designer français Philippe Starck, aux bâtiments éclectiques et Art nouveau de l'Ensanche en passant par les traditionnelles demeures colorées et la belle Plaza Nueva aux portiques néoclassiques du Casco Viejo. A signaler aussi : le Zubizuri, une passerelle suspendue au-dessus de Nervión, et la basilique de Notre-Dame de Begoña, sanctuaire gothique érigé en hommage à la sainte patronne de la ville.

BILBAO BIZKAIA CARD

www.bilbaobizkaiacard.com
Forfait 1, 2 ou 3 jours (10 €, 15 € et 20 €).
Cette carte permet d'utiliser les transports de Bilbao et sa province de manière illimitée (Bilbobus, métro, tramway, funiculaire, Bizkaibus, Euskotren), mais aussi de bénéficier de visites guidées gratuites. La BBCard sert également de coupe-file jusqu'aux caisses des musées Guggenheim et des Beaux-Arts (attention, il vous faudra tout de même acheter vos tickets d'entrée pour chaque musée !). Elle donne droit aussi à des réductions dans d'autres musées, restaurants, loisirs... Achat disponible en ligne ou dans les offices de tourisme.

BILBAO PASO A PASO

17 - 1° C C/ Ribera,
✆ +34 944 153 892
www.bilbaopasoapaso.com
Cette agence basée à Bilbao propose de nombreuses expériences dans la région, mais aussi des logements et des séjours sur mesure. Que vous veniez en groupe, en famille ou en couple, l'agence conçoit des itinéraires adaptés à vos centres d'intérêt et à la durée de votre séjour. Toutes sortes de thématiques sont proposées, allant du patrimoine classé par l'Unesco aux activités urbaines ou en pleine nature. Parmi les classiques : visite guidée de Bilbao, excursion dans la Rioja Alavesa ou jusqu'à San Juan de Gaztelugatxe... les options sont variées.

OFFICE DE TOURISME DE BILBAO

Plaza Biribila, 1
✆ +34 944 795 760
www.bilbaoturismo.net
Tous les jours de 9h à 20h (17h en hiver).
Il s'agit du principal office de tourisme de Bilbao, le second étant situé à proximité du musée Guggenheim (Mazarredo Zumarkalea, 66). Dans un espace moderne, avec des tablettes à disposition des visiteurs, vous trouverez des informations touristiques très complètes sur la ville et sa région, une boutique de souvenirs, ainsi qu'une centrale de réservation. Vous pourrez également acquérir la Bilbao Bizkaia Card et réserver des visites guidées de la ville.

NIS BASQUE INCOMING

Arbidea, 7
✆ +34 944 255 830
www.nis.es
Cette agence réceptive basée à Bilbao propose ses services depuis 1992 aux voyageurs qui souhaitent découvrir le Pays Basque, la Navarre ou la Rioja. D'une part, elle propose des séjours complets avec logement, transport et restauration sur des thématiques diverses (séjours en famille, gastronomie, nature ou architecture...). D'autre part, elle offre de nombreuses expériences à faire à la journée, notamment des cours de dégustation de vin ou de cuisine traditionnelle, des tours photographiques de Bilbao, des balades à vélo dans le quartier d'Abandoibarra...

BILBAO GREETERS

www.bilbaogreeters.com

Sur donation. Réservation 2 semaines à l'avance minimum.

Cette association culturelle propose aux visiteurs de découvrir Bilbao, accompagnés par des locaux. Les guides, non professionnels, partagent leurs bonnes adresses et leurs lieux préférés pour le simple plaisir de faire connaître leur ville. Lors de la balade, qui dure généralement entre 2 et 4h, votre guide bénévole vous donnera une foule de conseils pratiques pour explorer la cité. Les pourboires ne sont pas acceptés, en revanche les donations à l'association sont les bienvenues. Une option très originale et authentique pour découvrir Bilbao !

BILBOATS

Plaza Pío Baroja

✆ +34 94 642 41 57

www.bilboats.com

Départs tous les jours en été. L'hiver, uniquement les week-ends. Pas de service en février. Adultes 13 €, enfants 9 €.

Bilboats propose une croisière d'environ une heure sur le Nervión, au départ de l'embarcadère de la Plaza Pío Baroja. La balade vous permettra d'admirer l'hôtel de ville, le pont Zubizuri, le musée Guggenheim, l'université et le pont de Deusto, le palais Euskalduna et le musée maritime. Un audioguide (disponible en français) vous donnera des informations sur les monuments visibles en chemin. Vous pourrez également opter pour une croisière de 2 heures jusqu'à l'embouchure de l'Abra et découvrir en chemin le pont suspendu de Portugalete.

BILBAO XPERIENCE

Viuda de epalza, 12

✆ +34 688 608 184

www.bilbaoxperience.com

Il s'agit d'une centrale de réservation de visites guidées et activités touristiques à Bilbao. Basée en plein centre-ville, elle offre une multitude d'activités à réserver directement sur son site web : balades en kayak ou en paddle le long de la ría, découverte de la ville à vélo, *escape room*, réalité virtuelle... L'agence propose aussi des dégustations de vins, des tours sur le thème des *pintxos* et même des soirées football au stade de San Mamés. Également un grand choix de véhicules à pédales : karts, tricycles, ou encore le *Party-Bike* pour les fêtards !

SECRET BILBAO

✆ +34 628 084 774

www.secretbilbao.com

Le sympathique Miguel propose des visites guidées de Bilbao, mais aussi des excursions à San Sebastián ou dans La Rioja. Son thème de prédilection : la gastronomie et les vins locaux ! Ainsi, les amateurs de bonne chère prendront un plaisir fou à découvrir la ville à ses côtés. D'autant qu'il vous conduira loin des sentiers battus pour vous faire découvrir le visage le plus authentique de Bilbao. Parmi les expériences proposées : un « pintxo tour » d'une demi-journée, ou un « foodie tour » d'une journée entière. Visites uniquement en anglais ou espagnol.

BILBAOGUIA

✆ +34 640 772 976

www.bilbaoguia.com

Originaire de Bilbao et diplômée en histoire de l'art, Ane est passionnée par l'histoire et les transformations de sa ville. Cette passion, elle la partage lors de visites guidées en petits groupes, disponibles en espagnol, anglais et français. Au programme, plusieurs routes thématiques pour découvrir l'essentiel de la ville : histoires et anecdotes du Casco Viejo, visites de la cathédrale, du musée Guggenheim, ou grimpée par le funiculaire d'Artxanda... Egalement des excursions dans la forêt d'Oma, San Juan de Gaztelugatxe et le pont de Biscaye.

VISITES GUIDÉES DE BILBAO

✆ +34 944 795 760

www.bilbaoturismo.net

Visite du Casco Viejo les week-ends à 10h ; Ensanche et Abandoibarra à 12h. Prix : 4,50 €.

L'Office de tourisme propose deux itinéraires de 1 heure 30 chacun. Le premier, celui du Casco Viejo, permet de découvrir la Bilbao médiévale, avec ses rues en pierre, la cathédrale gothique de Santiago ou encore le marché de la Ribera. Le second itinéraire parcourt, quant à lui, les quartiers de l'Ensanche et Abandoibarra, illustrant le développement urbanistique de Bilbao et son architecture. Pour une visite guidée en français, se renseigner à l'Office de tourisme.

ARKEOLOGI MUSEOA ★

Calzadas de Mallona, 2
✆ +34 944 040 990
www.bizkaikoa.bizkaia.eus

Du mardi au samedi de 10h à 14h et de 16h à 19h30, dimanche de 10h30 à 14h. Entrée 3,50 €. Gratuit vendredi.

Installé dans le bâtiment de l'ancienne gare du Casco Viejo, entièrement rénové et agrandi, le musée d'archéologie est accessible par l'ascenseur de la Calle Prim. Il expose sur deux étages de nombreux vestiges qui permettent de retracer l'histoire de la Biscaye, de la Préhistoire jusqu'au Moyen Age, à travers des stèles funéraires de l'âge de fer ou des objets en céramique datant de l'époque romaine. Joyau du musée, l'épave d'Urbieta, une pinasse basque du XVe siècle de 12 mètres de long, fut découverte en 1998 dans la ría de Gernika.

CASA CONSISTORIAL

Plaza Ernesto Erkoreka, 1
✆ +34 944 205 006
www.bilbao.eus

Visites guidées du lundi au vendredi sur réservation.

Construit en 1892, le bâtiment de l'hôtel de ville, de style éclectique, est l'œuvre de l'architecte municipal Joaquín Rucoba, auquel on doit également la construction du théâtre Arriaga et des anciens entrepôts devenus Azkuna Zentroa. Les travaux, initiés en 1883, s'achevèrent neuf ans plus tard. L'architecte s'inspira du classicisme de l'architecture française de la troisième république pour concevoir la façade monumentale du bâtiment. Les intérieurs mêlent inspiration néo-Renaissance et influences néo-arabes, notamment dans la salle de réception.

EL ARENAL

Paseo del Arenal

Cette emblématique promenade qui marque la séparation entre le Casco Viejo et le reste de la ville était autrefois une vaste bande sableuse qui bordait la ría. Aménagé à partir du XVIIIe siècle, El Arenal occupe une superficie de presque 30 000 m². Avec ses fontaines ornées de grenouilles et de sirènes, son kiosque à musique aux accents art déco, ses arbres et ses statues, El Arenal est un lieu de promenade très apprécié des habitants de la ville. Tous les dimanches matin, son traditionnel marché aux fleurs est un rendez-vous prisé de nombreux *bilbaínos*.

BASILIQUE DE BEGOÑA ★

Calle de Virgen de Begoña, 38
✆ +34 944 127 091

Du lundi au samedi de 8h30 à 13h30 et de 17h à 20h. Dimanche à partir de 9h.

La basilique de Begoña est la plus ancienne église de la ville. Cette très belle construction baroque, perchée sur les hauteurs de Bilbao, abrite une statue de la sainte patronne de la ville, Begoña. C'est un ensemble architectural magnifique, d'autant plus original qu'il a été pris en charge non pas par de riches familles nobiliaires comme il était coutume au XVIe siècle, mais par de simples fidèles, la plupart des résidents de la ville de Bilbao. Ce sont en effet les boucliers qui couronnent les piliers de la nef qui permettent de l'affirmer puisqu'aucun ne porte les armes de familles nobles, mais les emblèmes des marchands et des corporations de la ville. Si l'aspect architectural de la basilique justifie à lui seul la visite, l'importance historique de l'édifice n'est pas à sous-estimer. L'histoire de la basilique est intimement liée au carlisme. Appartenant au périmètre défensif de Bilbao pendant le siège carliste au XIXe siècle, elle fut le théâtre de la chute du général Zumalacarregui, mortellement blessé le 15 juin 1835, tout près de l'esplanade. Elle devint donc un sanctuaire tout trouvé pour la cause légitimiste. Et quelques années plus tard, sur cette même esplanade, le 16 août 1942 une bombe explosa en sortie de messe, probablement posée par des phalangistes, elle fit de nombreux blessés dans le camp carliste.

L'église renferme un beau retable néobaroque de Modesto Echániz, datant de 1869. Elle possède également un carillon de 1922, dont les 24 cloches tintent de nombreuses mélodies !

© PHILIPPE GUERSAN - AUTHOR'S IMAGE

CATHÉDRALE DE SANTIAGO ★

Plaza de Santiago, 1
✆ +34 944 320 125
www.catedralbilbao.com
Du lundi au vendredi de 10h à 14h et de 15h à 18h30, samedi de 10h à 18h30. Entrée 6 € avec l'église de San Anton.

Dédiée à Saint-Jacques, saint patron de Bilbao, cette cathédrale est une étape importante du « Camino del Norte » pour les pèlerins de Saint-Jacques de Compostelle. Classée « Patrimoine historique et artistique d'Espagne » depuis 1931, elle est considérée comme l'un des plus beaux exemples du gothique au Pays Basque. Elle forme une croix latine divisée en trois nefs, surmontées de voûtes en croisées d'ogives.

La cathédrale de Santiago trouve son origine avant la naissance de la ville en 1300. C'était alors une petite église, qui fut détruite lors d'un incendie en 1374. Grâce à l'intervention du Pape Grégoire XI, les travaux de construction d'un nouveau temple commencèrent peu après, vers la fin du XIVe siècle, avec l'édification d'un bâtiment de style gothique, conformément au goût de l'époque. Ils se prolongèrent pendant plus d'un siècle, d'abord avec la construction du déambulatoire et des chapelles au XVe siècle, puis avec l'ajout du cloître et du très beau portique de la Puerta del Ángel (également appelée « Porte des pèlerins ») au XVIe siècle. Toute la partie donnant sur la plazuela de Santiago, c'est-à-dire la façade et la tour, a été construite postérieurement dans un style néogothique.

Lors de la visite, on remarquera surtout l'originalité de son déambulatoire, découpé en espaces rectangulaires et triangulaires, ainsi que le triforium (passage aménagé sur les bas-côtés de la nef), qui établit un lien de parenté avec d'autres églises du Pays Basque : Gernika, Lekeitio, Portugalete, San Antón de Bilbao, etc.

EUSKAL MUSEOA [MUSÉE BASQUE] ★★

Plaza Miguel Unamuno, 4
✆ +34 944 155 423
Fermé pour travaux d'agrandissement jusqu'en 2023.

Situé sur la plaza Miguel de Unamuno, l'Euskal Museoa (Musée basque) présente une scénographie vivante et soignée, qui rend très agréable la découverte de l'histoire et de la vie quotidienne des peuples basques. À l'origine, lors de sa création en 1921, il occupait les salles du cloître baroque de l'ancien collège San Andrés, autrefois géré par les Jésuites. Avec le temps, il s'est agrandi dans les bâtiments annexes pour former une vaste collection dédiée à l'archéologie de Biscaye et l'ethnographie du Pays Basque. Le rez-de-chaussée, consacré aux monuments funéraires, abrite également des salles d'expositions temporaires. On remarquera notamment une reproduction du Calvaire de Kurutziaga, superbe croix gothique du XVe siècle, dont l'original se trouve à Durango. Le premier étage, dédié à l'ethnographie, présente des objets liés aux activités basques traditionnelles (pêche, céramique, tissage du lin) et une collection d'armes datant de la Guerre civile et des Guerres carlistes. Le deuxième étage est consacré aux collections de céramiques et de ferronneries, avec de superbes pièces de céramique populaire et de porcelaine basque. Enfin, au troisième étage dédié à l'histoire de la région, on remarquera l'immense maquette de la Biscaye ainsi que les salles du Consulat, où admirer leur superbe mobilier d'origine. Au centre du cloître, une pièce rare : l'idole de Mikeldi, qui représente un animal tenant un disque entre ses pattes et qui date de l'âge de fer.

FUNDACIÓN BILBAOARTE

Urazurrutia Kalea, 32
✆ +34 94 415 50 97
www.bilbaoarte.org
Salle d'exposition ouverte du lundi au vendredi de 17h30 à 20h30. Accès libre.

Créé en 1998, ce centre de production artistique fonctionne comme lieu de résidence pour de jeunes artistes prometteurs. Il met à leur disposition ses infrastructures et organise des séminaires et des échanges internationaux. Régulièrement, on peut voir les œuvres de ces jeunes artistes dans la salle d'exposition du centre, une façon de s'immerger dans le panorama artistique local. Au programme également : des ateliers, des cours, des conférences, des projections de films... Un vivier de création au cœur de Bilbao La Vieja !

IGLESIA DE LOS SANTOS JUANES

C/ De la Cruz, 4
✆ +34 944 153 997

Construite à partir de 1622 pour servir d'église au collège jésuite de San Andrés (actuel Musée Basque), cette petite paroisse constitue un bel exemple du style baroque du XVIIe siècle. Située au croisement des rues Ronda et Cruz, en plein cœur du Casco Viejo, l'église a été méticuleusement restaurée après les inondations de 1983, préservant ainsi de beaux retables baroques dans ses différentes chapelles. Celui du maître-autel, de style churrigueresque, date de la fin du XVIIe siècle.

BILBAO

IGLESIA DE SAN ANTÓN

Calle Ribera, 24

✆ +34 664 605 588

Du mardi au samedi de 11h à 14h30. Prix : 4 €.

Eglise gothique édifiée vers la fin du XVe siècle sur les rives du Nervión, à deux pas du marché de la Ribera. Représentée sur le blason de la Villa, elle apparaît comme un symbole important de l'histoire de Bilbao. Son clocher baroque date du XVIIIe siècle, tandis que le portail Renaissance remonte au XVIe siècle. Malheureusement, les inondations de 1983 ont causé bien des dégâts à l'intérieur de l'église, détruisant la plupart du mobilier. Elle conserve cependant quelques pièces intéressantes, notamment le retable plateresque de La Piété.

IGLESIA DE SAN NICOLÁS

Plaza San Nicolás

✆ +34 944 163 424

Construite entre 1743 et 1756 par l'architecte Ignacio de Ibero en l'honneur du saint patron des marins, cette église baroque se dresse face au théâtre Arriaga. Elle présente une conception sobre, avec un plan en croix grecque surmonté d'une coupole, et deux tours symétriques de chaque côté de la façade. Son portique, rénové en 1891, est orné d'un tympan en bronze réalisé par le sculpteur Josep Llimona. A l'intérieur, on remarquera surtout l'ensemble des cinq retables rococo conçus par Juan Pascual de Mena, qui fut l'un des meilleurs sculpteurs de son époque.

MERCADO DE LA RIBERA ★★

Erribera Kalea ✆ +34 944 79 06 95

www.mercadodelaribera.biz

Lundi de 8h à 14h30, du mardi au vendredi de 8h à 14h30 et de 17h à 20h, samedi de 8h à 15h.

© PHILIPPE GUERSAN - AUTHOR'S IMAGE

Au bord de la ría, cet édifice de style éclectique abrite l'un des plus grands marchés couverts d'Europe avec ses 10 000 m² de superficie. Si son activité commerçante remonte au XIVe siècle, le bâtiment actuel date, lui, de 1929. L'architecte Pedro Ispizua imagina un édifice très moderne pour son époque, laissant la lumière naturelle pénétrer dans tous les espaces. Le marché a fait peau neuve en 2010 après deux années de travaux, qui ont rendu toute sa splendeur à la façade. Le samedi matin, c'est un régal : le bruit, la cohue, la couleur locale comme on dit.

LAS SIETE CALLES ★★

Le cœur du vieux Bilbao est formé par ces « sept rues », appelées « zazpi kaleak » en basque. Aux plus anciennes, Artekale, Somera et Tendería, vinrent s'ajouter postérieurement les rues Belostikale, Carnicería Vieja, Barrenkale et Barrenkale Barrena. Documenté depuis le XVe siècle, cet enchevêtrement de petites ruelles formait le cœur de l'activité marchande de la ville. Depuis les années 1980, c'est une zone entièrement piétonne, dont les maisons aux façades typiquement basques sont bordées de nombreux bars à *pintxos* et de boutiques.

MUSEO DE PASOS

Iturribide, 3

✆ +34 944 150 433

http://museodepasosbilbao.com

Ouvert tous les jours sauf le lundi de 11h à 13h et de 17h à 19h30, dimanche de 11h à 14h. Entrée 2 €.

Situé dans un bâtiment néoclassique du XVIIIe siècle, ce musée permet de tout savoir sur les chars, les sculptures et sur le cérémonial qui entoure les processions de la Semaine sainte à Bilbao. La partie la plus remarquable du musée expose les « pasos » (statues religieuses transportées mécaniquement ou portées par des hommes), que les neuf confréries de la ville font défiler lors des processions. Le musée expose également des pièces d'orfèvrerie, une série de photographies sur l'histoire de la Semaine sainte et des habits de cérémonie.

MUSEO DE ARTE SACRO / ELEIZ MUSEOA ★

Plaza Encarnación, 9
✆ +34 944 320 125
www.eleizmuseoa.com
Ouvert du mardi au samedi de 10h30 à 13h30 et de 16h à 19h, dimanche de 10h30 à 13h30. Entrée 3 €. Gratuit le mardi.

L'ancien couvent de la Encarnación (XVIe siècle), autrefois habité par les sœurs dominicaines, abrite aujourd'hui le musée d'Art sacré, qui regroupe les œuvres religieuses les plus importantes de Biscaye depuis l'art roman jusqu'à nos jours. Les collections proviennent des églises, des couvents et des ermitages de toute la province. Composé d'une église et d'un joli cloître autour duquel sont reparties les différentes salles d'exposition, le musée abrite de magnifiques objets liturgiques en argent, des pièces d'orfèvrerie basques et des habits de cérémonie (du XVIe au XXe siècle). Il comprend aussi de belles statues gothiques, comme celle de la Vierge à l'enfant (XIVe siècle) et une série de quinze tableaux sur la vie du Christ exécutés par le napolitain Luca Giordano, qui fut l'un des peintres les plus importants du baroque. On remarquera aussi le clavecin de Salvador Bofill datant de 1743, qui est l'un des rares exemples fabriqués en Espagne de ce type d'instruments. Le musée possède également une bibliothèque spécialisée en art religieux. Bon à savoir : le musée accueille depuis 2019 un escape room baptisé « La Abadía de Atxuri ». Une expérience à compte à rebours au sein du musée, avec des énigmes à résoudre en petits groupes de 2 à 6 personnes. Une façon originale d'explorer l'ancien couvent dominicain et les œuvres du musée d'art sacré, particulièrement appréciées du jeune public ! Activité disponible uniquement en espagnol, euskera et anglais.

MUSEO DE REPRODUCCIONES

Calle de San Francisco, 14
✆ +34 946 790 255
www.bilbokoberreginenmuseoa.eus
Du mardi au samedi de 10h à 13h30 et de 16h à 19h, dimanche de 10h à 14h. Entrée 3 €. Gratuit le jeudi.

Copier est tout un art : en voici la preuve dans ce musée des reproductions artistiques ! Installé dans l'église du Corazón de María, ce musée insolite présente une collection de reproductions d'œuvres d'art comme *La Vénus de Milo*, la frise du Parthénon ou la Victoire de Samothrace. Conçu à l'origine pour permettre aux habitants de Bilbao d'admirer les grands chefs-d'œuvre de l'histoire de l'art, à une époque où il était moins courant de voyager dans toute l'Europe, ce musée propose une visite didactique et plaisante pour redécouvrir ses classiques !

PLAZA NUEVA ★

M° Casco Viejo.

Entourée de 64 arcades néoclassiques, la « place neuve » fut achevée en 1849 pour accueillir le gouvernement de Biscaye. Désormais, c'est l'académie de langue basque (Euskaltzaindia) qui siège dans ses bâtiments. Sous les arcades sont installés de nombreux bars à *pintxos*, boutiques et commerces en tous genres. Tous les dimanches, la Plaza Nueva accueille un marché aux timbres, monnaies et oiseaux apprécié des badauds ! Elle est aussi le lieu de nombreux événements populaires, comme le traditionnel Mercado de Santo Tomás durant les fêtes de Noël.

TEATRO ARRIAGA ★

Plaza del Arriaga, s/n
✆ +34 944 792 036
www.teatroarriaga.eus
Visites guidées les week-ends. Prix : 5 €.

© PHILIPPE GUERSAN - AUTHOR'S IMAGE

Superbe théâtre de style néobaroque, construit en 1890 par l'architecte Joaquín de Rucoba (auteur également de l'hôtel de ville). Inspiré de l'Opéra de Paris, il est dédié au compositeur basque Juan Crisóstomo Arriaga, surnommé le « Mozart espagnol » en raison de son grand talent (il composa son premier opéra à l'âge de 13 ans et mourut quelques années plus tard, à 20 ans, de la tuberculose). Actuellement, il accueille principalement des représentations théâtrales, des concerts et des spectacles de danse. Sa programmation est toujours de grande qualité.

CASA MONTERO ★

Alameda de Recalde, 34

Ne se visite pas.

Construit en 1904 par l'architecte français Jean Batiste Darroquy (auquel on doit également le Teatro Campos Elíseos) et l'espagnol Luis Aladrén (auteur du Palacio de la Diputación), ce bâtiment moderniste est surnommé « Casa Gaudí » en raison de sa ressemblance avec certaines œuvres de l'architecte catalan. Sa façade ouvragée, ses motifs végétaux et la richesse décorative des balcons présentent en effet des similitudes avec le travail de Gaudí. Observez aussi sa belle porte d'entrée, fruit d'un travail délicat du bois et de la ferronnerie.

ESTACIÓN DE ABANDO

Plaza Circular, 2

Connue aussi sous le nom d'*Estación del Norte* (gare du Nord), cette gare de style classique, située dans le centre-ville sur l'ancienne place d'Espagne, fut inaugurée en 1948. On remarquera son immense vitrail de 15 mètres de large sur 10 mètres de haut réalisé en 1948 par Jesús Arrecubieta. Composé de plus de 300 éléments, il représente des scènes de vie typiques de la société basque ainsi que des lieux emblématiques de Bilbao, dont la basilique de Begoña. Au centre, il possède une horloge et les armoiries du Royaume d'Espagne.

IGLESIA DE SAN VICENTE DE ABANDO

Done Bikendi Kalea

✆ +34 944 231 296

www.sanvicentemartirdeabando.org

Ouvert de 10h30 à 13h et de 17h30 à 19h30 (dimanche jusqu'à 19h).

Construite entre les XVIe et XVIIe siècles, cette église aux influences baroques et Renaissance dépendait autrefois de la commune d'Abando, qui fut annexée par la ville de Bilbao en 1870. Située face aux Jardines de Albia, elle présente une architecture caractéristique d' « église-halle », composée de plusieurs vaisseaux de même hauteur communiquant entre eux et soutenus par de vastes colonnes. Le temple conserve le tombeau du poète Antonio de Trueba, mort à Bilbao en 1889.

GRAN VÍA DE DON DIEGO LÓPEZ DE HARO ★

Gran Vía de Don Diego López de Haro

C'est l'artère principale de l'Ensanche de Bilbao. Connue tout simplement sous le nom de « Gran Vía », elle réunit sur 1,5 kilomètre les principaux bâtiments administratifs et financiers de la ville, ainsi qu'une offre commerciale considérable avec de grands magasins et de belles boutiques.

Nommée en l'honneur du fondateur de Bilbao Don Diego López V de Haro, seigneur de Biscaye, la Gran Vía est aménagée à la fin du XIXe siècle dans le cadre du projet d'expansion urbanistique de l'Ensanche. Elle s'étend depuis la Plaza Circular jusqu'à la Plaza del Sagrado Corazón de Jesús, en traversant la Plaza de Federico Moyúa, qui constitue le noyau de Bilbao.

La Gran Vía traverse la ville de part en part. Au début de cette avenue se trouvent la Banque d'Espagne, construite en 1923, puis la Bourse de Bilbao, créée en 1907, et la Sociedad Bilbaina (1839), un club privé d'entrepreneurs et de banquiers. Sur la Plaza Circular, point d'union entre le Casco Viejo et l'Ensanche, se dresse la statue de don Diego López de Haro, seigneur de Biscaye, qui porte dans sa main la lettre de fondation de la ville de Bilbao.

En parcourant la Gran Vía, à partir de la Plaza Moyua, vers l'ouest, on pénètre dans la zone du Sagrado Corazón. La puissance économique et commerciale de la ville s'y ressent dès que l'on aperçoit les premiers bâtiments, comme l'Edificio Sota, construit au début du XXe siècle dans un style régionaliste basque, et le Palacio Chávarri, actuel siège du gouvernement de Biscaye.

JARDINES DE ALBIA

Colon de Larreategui, 13

Au milieu de l'agitation de la ville se cachent ces charmants jardins construits à la fin du XIXe siècle, entourés de beaux bâtiments éclectiques imaginés par des architectes de renom. Côté Alameda de Mazarredo, on remarquera une statue érigée en l'honneur de l'écrivain Antonio de Trueba. Vers le Palais de Justice, c'est une statue de Sabino Arana Goiri, fondateur du Parti nationaliste basque (PNV), qui trône au milieu des jardins. En semaine, beaucoup de travailleurs des entreprises du quartier viennent déjeuner ici à l'ombre des arbres.

ESTACIÓN DE CONCORDIA ★

Calle Bailén, 2

Connue aussi sous le nom d'Estación de Santander, cette gare assure les liaisons vers Santander, Balmaseda et León. C'est ici également que le train de luxe El Transcantábrico marque l'arrêt à Bilbao. Située juste à côté de la gare d'Abando, elle affiche une belle façade moderniste de 1902, œuvre de l'architecte Severino Achúcarro, qui avait également collaboré à la conception urbanistique de l'Ensanche. Posé sur les rives du Nervión, ce joyau de la Belle Epoque a été rénové en 2007. Son activité ferroviaire devrait cesser dans le futur.

MUSEO DE BELLAS ARTES DE BILBAO ★★

Museo Plaza, 2 ✆ +34 944 396 060
www.museobilbao.com
Ouvert de 10h à 20h. Fermé mardi et dimanche après-midi. Entrée gratuite durant les travaux (jusqu'à fin 2023).

Créé en 1908, le musée des Beaux-Arts occupe son emplacement actuel depuis 1945, au moment où il fusionne avec l'ancien musée d'Art moderne. Pour accueillir ses collections, un nouveau bâtiment de style néoclassique est construit dans l'Ensanche, à l'orée du parc Doña Casilda de Iturrizar. Au cours des années 1970, le musée s'agrandit avec la construction d'un bâtiment moderne, inspiré de l'architecture de Mies van der Rohe. Aujourd'hui, le musée occupe près de 14 000 m², accueillant les 33 salles de l'exposition permanente ainsi que des expositions temporaires. Il présente d'importantes collections de peintures, gravures, sculptures et arts décoratifs, couvrant une longue période allant du XIIe siècle jusqu'à nos jours. Les collections s'articulent autour de deux grands axes : l'art ancien, d'une part, qui met à l'honneur les peintres espagnols (Le Greco, Zurbarán, Goya) ainsi que la peinture flamande et hollandaise du XVe au XVIIe siècle ; l'art moderne et contemporain, d'autre part, avec une section passionnante consacrée aux artistes basques du XIXe siècle et de la première moitié du XXe siècle : Zuloaga, Jorge Oteiza, Eduardo Chillida… Parmi les œuvres phares du musée, on ne manquera pas le *Saint Sébastien soigné par les Saintes Femmes* de Ribera, les *Laveuses à Arles* de Gauguin, *Le Portrait de la comtesse de Noailles* de Zuloaga ou encore *Des potirons* de Miquel Barceló. Un projet d'extension du musée signé Norman Foster verra le jour fin 2023.

© PHILIPPE GUERSAN - AUTHOR'S IMAGE

PALACIO CHÁVARRI

Plaza Don Federico Moyúa, 5
✆ +34 94 450 92 04

Construit en 1888, ce bâtiment éclectique aux influences flamandes fut imaginé par l'architecte Paul Hankar, un des principaux représentants de l'Art nouveau belge. Il fut édifié pour Víctor Chavárri, important industriel de l'époque, qui en fit sa résidence familiale. Ce dernier avait étudié dans sa jeunesse à l'université de Liège, où il avait prit goût pour l'architecture flamande. Après avoir été le siège du Gouvernement Civil de Biscaye entre 1943 et 1947, il accueille depuis plusieurs années la délégation du Gouvernement Basque.

PALACIO DE LA DIPUTACIÓN

Gran Vía, 25
✆ +34 94 608 35 37
Visites sur rendez-vous.

Le Palais du gouvernement de Biscaye, construit entre 1890 et 1900, est l'un des exemples les plus remarquables de l'éclectisme basque, qui associe librement des éléments d'architecture classique pour mieux brouiller les références. L'intérieur du bâtiment, richement orné de marbre, de miroirs et d'œuvres d'art, conserve aussi de belles fresques dans le Salón del Trono. Après la construction de ce palais, qui marque l'apogée du style éclectique au Pays Basque, c'est le courant moderniste qui dominera l'architecture de la ville à partir de 1900.

SALA REKALDE

Alameda Rekalde, 30
✆ +34 94 406 85 32
www.salarekalde.bizkaia.net
Du mardi au samedi de 10h à 14h et de 17h à 20h30, dimanche de 10h à 14h.

Créé dans les années 1990 par les autorités basques, cet espace d'exposition était – avant l'inauguration du Guggenheim – le lieu de référence de l'art moderne à Bilbao. Depuis, la Sala Rekalde s'intéresse tout particulièrement aux artistes basques du panorama contemporain. Sur 800 mètres carrés, elle accueille des expositions d'art diverses (peintures, photographies, etc.). L'espace du « Cabinet Abstrait », du nom de l'œuvre de El Lissitzky, accueille quant à lui toutes sortes d'activités : sessions de débats, conférences, projections vidéo…

AZKUNA ZENTROA [LA ALHÓNDIGA] ★★

Plaza Arriquibar, 4
✆ +34 944 014 014
www.azkunazentroa.eus
Tous les jours de 9h à 21h.

Construit en 1909 par l'architecte basque Ricardo Bastida, ce bâtiment industriel aux accents modernistes servait autrefois d'entrepôt à vin. Tombé à l'abandon à partir des années 1970, il devait être transformé en centre culturel par le célèbre sculpteur Jorge Oteiza dans les années 1990, et fut même pressenti pour accueillir les collections du Guggenheim. Aucun de ces projets n'ayant abouti, c'est finalement dans les années 2000 que sa transformation commence. Après une longue période de rénovation, il accueille aujourd'hui le centre culturel Azkuna Zentroa, précédemment connu comme La Alhóndiga, qui fut inauguré en 2010. Son nom rend hommage à Iñaki Azkuna, maire de Bilbao de 1999 jusqu'à sa mort en 2014. L'architecte et designer français Philippe Starck fut chargé de la transformation de l'ancien entrepôt, pour lequel il a imaginé un ensemble de 43 colonnes sur lesquelles sont suspendus trois cubes en brique. Ces colonnes, conçues en collaboration avec le scénographe italien Lorenzo Baraldi, évoquent la diversité culturelle par leur grande variété de matériaux (marbre, bronze, céramique, etc.) et de styles (Art déco, Renaissance, oriental, etc.). En levant la tête, depuis l'atrium central, on peut apercevoir les nageurs de la piscine transparente. Au total, le complexe abrite 43 000 m² destinés à des expositions temporaires, des installations sportives, une médiathèque, un auditorium, etc. Il accueille également plusieurs restaurants et un cinéma.

BIVA - VISTA ALEGRE BILBAO

Calle Martín Agüero, 1
✆ +34 944 448 698
http://bivabilbao.com
Consultez la programmation.

C'est en 1882 que Bilbao inaugure sa première *plaza de toros* (arènes), détruite par un incendie en 1961, puis reconstruite un an plus tard. L'ensemble a été remodelé il y a peu et rebaptisé Biva Bilbao. Inaugurées en 2022, les nouvelles arènes accueillent des corridas au mois d'août, et d'immenses concerts le reste de l'année, avec une capacité de 15 000 personnes ! L'hiver, une vaste coupole recouvre la piste centrale pour continuer d'accueillir des événements.

EL MIRADOR DE ARTXANDA ★

Enekuri Artxanda Errepidea, 70
https://funicularartxanda.bilbao.eus
Départs funiculaire tous les jours de 7h15 à 22h (jusqu'à 23h vendredi et samedi en été).

Situé à 250 mètres d'altitude, ce mirador offre un point de vue privilégié sur la ville. Jadis fréquenté par les chasseurs de *chimbos* (espèce d'oiseau endémique) et par les clients du casino détruit pendant la Guerre civile espagnole, c'est aujourd'hui le lieu parfait pour prendre un bol d'air pur en profitant du panorama sur Bilbao. Le sommet du mont Artxanda est accessible par un funiculaire construit en 1913. Remodelé en 1937 après avoir été bombardé pendant la Guerre civile, puis en 1983, on le prend depuis la rue Castaños, à côté de l'hôtel de ville.

ITSASMUSEUM BILBAO ★★

Muelle Ramón de la Sota, 1
✆ +34 946 085 500
www.itsasmuseum.eus
Du mardi au dimanche de 11h à 19h. Entrée 6 €. Gratuit le mardi (sauf en été).

Situé dans l'ancienne zone des chantiers navals Euskalduna, ce musée maritime retrace la relation qui, depuis toujours, existe entre Bilbao et la mer. Construit par l'architecte Juan Francisco Paz et inauguré en 2003, son bâtiment singulier est niché sous le rond-point du pont Euskalduna, dans un vaste espace qui devait à l'origine être aménagé en parking. L'utilisation de la pierre, de l'acier et du bois rappelle les matériaux utilisés dans la construction navale. Car la vocation principale de ce musée, c'est précisément d'entretenir la mémoire de l'activité maritime de la ville. Pour cela, 7 000 mètres carrés d'exposition ont été aménagés à l'intérieur du musée, et 20 000 mètres carrés à l'extérieur du bâtiment. Grâce à une muséographie passionnante et très didactique, on découvre ce que fut l'activité maritime, commerciale et industrielle du port de Bilbao à travers des collections de photos, maquettes, cartographies, etc. A l'extérieur, une exposition de bateaux et navires complète la visite. Plusieurs types d'embarcations ont été conservés en cale sèche, offrant un éclairage très intéressant sur les fonctions de chaque bateau. On remarquera aussi l'immense grue Carola, construite dans les années 1950, devenue l'icône du musée. Juste à côté, on peut aussi observer trois immenses statues en bronze, œuvres de Jesús Lizaso et Pedro Chillida, dont la plus imposante atteint les 4 mètres de hauteur. Ne manquez pas non plus l'espace Erain, inauguré en 2018, dédié à la charpenterie de marine.

MONUMENTO AL SAGRADO CORAZÓN DE JESÚS

Plaza del Sagrado Corazón

Ce monument dédié au Sacré-Cœur de Jésus représente une grande statue en bronze finalisée en 1927, œuvre de l'architecte Pedro Muguruza et du sculpteur Lorenzo Coullaut. Elle s'élève sur la place du même nom, à l'intersection entre la Gran Vía et l'avenue Sabino Arana, posée sur un obélisque monumental à une quarantaine de mètres de hauteur. C'est une des œuvres les plus emblématiques de Bilbao, d'autant qu'elle est visible depuis presque n'importe quel point de la ville.

PALACIO EUSKALDUNA

Abandoibarra, 4

✆ +34 944 035 000

www.euskalduna.eus

Visites guidées gratuites le samedi à 12h.

Imaginé par les architectes Dolores Palacios et Federico Soriano, le Palais des congrès occupe une partie des anciens chantiers navals Euskalduna. Ce bâtiment singulier, devenu l'un des symboles de la renaissance de Bilbao, se présente sous la forme d'un bateau en perpétuelle construction. Sa façade, couverte de plaques oxydées, évoque l'ancienne activité industrielle de la ville. Inauguré en 1999, le palais occupe plus de 50 000 m² dédiés à l'organisation de congrès et de spectacles musicaux. Il est également le siège de l'orchestre symphonique de Bilbao.

PARQUE DE DOÑA CASILDA ★

Mº Moyua.

Aménagé à partir de 1907, ce parc romantique de plus de 11 hectares fut construit sur un terrain cédé par Casilda Iturrizar, riche veuve qui consacra la fin de sa vie à aider les plus pauvres. L'architecte Ricardo Bastida dessina un parc éclectique à la végétation luxuriante, inspiré du paysagiste français Jean Claude Forestier. Orné de fontaines et de sculptures, il possède également un étang peuplé de canards, de cygnes et de paons. Ne manquez pas sa belle pergola ajoutée en 1927, œuvre de Pedro de Ispizua, qui accueille régulièrement des concerts.

MUSEO GUGGENHEIM ★★★

Avenida Abandoibarra, 2 ✆ +34 944 359 080

www.guggenheim-bilbao.eus

Du mardi au dimanche de 11h à 19h. Également le lundi en été. Prix variable selon l'exposition.

On ne présente plus le célèbre musée Guggenheim de Bilbao, inauguré en grande pompe par le roi Juan Carlos Ier en 1997. Comme son cousin de New York, le musée de Bilbao présente une architecture audacieuse pour héberger les collections d'art contemporain de la fondation Solomon R. Guggenheim. L'architecte canadien Frank Gehry a imaginé une grande sculpture en titane, dont les formes ondulées émergent sur les bords de la ría, effaçant le souvenir des quais laissés à l'abandon par la crise industrielle des années 1990. Cette « fleur de titane » aux formes organiques s'articule autour d'un atrium central permettant l'accès à une vingtaine de galeries réparties sur trois étages, et occupant plus de 10 000 m² d'espaces d'exposition. Surmonté d'une coupole zénithale, l'atrium est le cœur battant du musée. Sa conception prodigieuse invite à flâner d'une salle à l'autre tout en profitant du panorama somptueux sur le fleuve. Outre ses grandes expositions temporaires, le musée présente une collection permanente regroupant les œuvres des artistes les plus importants de ces cinquante dernières années : exemples significatifs de pop art, de minimalisme, d'expressionnisme abstrait, d'art conceptuel, etc. L'art contemporain basque et espagnol est également bien représenté, avec des œuvres de Jorge Oteiza, Eduardo Chillida, Antonio Saura, Juan Muñoz, Miquel Barceló ou encore Antoni Tàpies. Parmi les œuvres et installations phares du musée, on retiendra :

- ***Puppy*** (1992), gardien des portes du musée, est l'œuvre de l'artiste américain Jeff Koons. Ce West Highland Terrier géant (13 mètres de hauteur) est couvert de milliers de fleurs irriguées par un système complexe.
- ***Maman.*** Cette impressionnante sculpture de Louise Bourgeois s'élève sur près de 9 mètres de hauteur à l'entrée du musée. Entièrement réalisée en bronze et en acier, *Maman* (1999) appartient à une série inspirée par les araignées.
- ***Tulips***. Posées sur la terrasse du musée, ces tulipes (1995-2004) imaginées par Jeff Koons remplissent l'espace de couleur et d'optimisme.
- ***Fog Sculpture #08025***. Cette « sculpture de brouillard » (1998) de l'artiste japonaise Fujiko Nakaya montre une certaine affinité avec le land art en utilisant le brouillard comme élément sculptural.
- ***Fire Fountain***. Cet alignement de cinq « fontaines de feu » posées sur un bassin est l'œuvre de l'artiste français Yves Klein.
- ***The Matter of Time***. Ensemble monumental de huit sculptures d'acier en forme de spirales, *La Matière du temps* (1994-2005), œuvre de l'américain Richard Serra, interroge le temps et notre perception de l'espace.

Museo Guggenheim.
© NITO100

PASEO DE LA MEMORIA ★

Pedro Arrupe Zubia

Cette « promenade de la mémoire » est située dans le parc de Ribera de Abandoibarra, œuvre des architectes Javier López Chollet et Marta Dalmau. Sur 3 kilomètres le long de la ría, les anciens chantiers navals ont été aménagés en 2005 pour accueillir une agréable promenade bordée de palmiers et de tilleuls, d'où émergent de nombreuses sculptures. Tel un musée à ciel ouvert, le site présente les œuvres de sculpteurs de prestige international (Rückriem, Tucker, Lüpertz) et de grands noms de la sculpture basque (Chillida, Garraza, Zugasti).

PONT ZUBIZURI ★

Puente Zubizuri

Le pont Zubizuri, « pont Blanc » en basque, est une passerelle piétonne suspendue à 10 mètres de hauteur au-dessus du fleuve Nervión, tout près du Guggenheim. Dès son inauguration en 1997, le pont Zubizuri est devenu l'un des symboles de la transformation de Bilbao. Son design aérien est signé Santiago Calatrava, architecte star et controversé, auteur de la Cité des arts et des sciences de Valence. En cause : sa surface en verre très glissante, qui a occasionné de nombreuses chutes aux habitants de la ville les jours de pluie !

TORRE IBERDROLA

Plaza Euskadi, 5

✆ +34 944 354 349

www.torreiberdrola.es

Construite par l'architecte argentin César Pelli, cette tour s'élève à 165 mètres de hauteur. Il s'agit du gratte-ciel le plus haut de tout le Pays basque, avec 41 étages et un héliport à son sommet. Symbole d'innovation et de transformation urbaine, la tour a été construite dans une démarche environnementale durable et utilise des énergies renouvelables. Dans le hall principal du bâtiment sont exposées les œuvres de plusieurs artistes basques, notamment une fresque du peintre Jesús Mari Lazkano représentant les paysages de la réserve naturelle d'Urdaibai.

STADE DE SAN MAMÉS

C/ Rafael Moreno Pichichi, s/n

✆ +34 944 240 877

www.athletic-club.eus

Musée et tour San Mamés : du mardi au dimanche de 10h à 19h (20h l'été). Tarif 14 €.

Le football est arrivé à Bilbao à la fin du XIXe siècle, importé par des marins anglais. Puis des étudiants passionnés par ce sport fondèrent une équipe qui deviendra plus tard l'Athletic de Bilbao. Pendant un siècle, le stade de San Mamés a été considéré comme la cathédrale du football, la grotte des lions (les joueurs étant surnommés *leones*) où bat le cœur des supporters. La « Cathédrale » est inaugurée le 21 août 1913, et le premier but fut marqué par Rafael Moreno, dit Pichichi. De nos jours, le surnom de « pichichi » désigne le joueur qui a marqué le plus de buts durant la ligue.

Après avoir accueilli les matchs de l'équipe pendant 100 ans (1913-2013), l'ancien stade a été démoli et remplacé par un nouveau. D'une capacité de 53 000 personnes, le nouveau stade de l'Athletic de Bilbao réunit à chaque match une multitude de supporters qui vivent les victoires de leur équipe dans la nouvelle « cathédrale » du football. Le nouveau stade s'est doté d'un vaste musée de 1 400 mètres carrés dédié à l'histoire du Club. Plus de 500 objets conservés pendant plus d'un siècle qui retracent l'épopée de ce club mythique, classé en première division depuis la création de la ligue espagnole. Trophées, écrans interactifs, et un immense *video wall* doté d'une centaine d'écrans projetant les moments forts de l'histoire de l'Athletic feront les joies des fans du ballon rond. La découverte du musée est complétée par une visite guidée du stade, permettant d'accéder au terrain évidemment, mais aussi à la salle de presse, aux vestiaires...

ZAWP BILBAO (ZORROTZAURRE ART WORK IN PROGRESS)

Zuloaga Ignacio Pintor Kalea, 9

✆ +34 944 75 95 76

www.zawp.org

Dédié à l'art, la création et l'innovation, ce projet est né en 2008 pour accompagner la transformation de la presqu'île de Zorrotzaurre. Conçu comme un espace multidisciplinaire, il accueille chaque dimanche « El Bazar de ZAWP », grand marché dédié à la vente de produits bio, d'artisanat, de vintage, avec aussi des concerts en live, des ateliers créatifs, des espaces gastro... Un lieu à l'énergie débordante, dont la programmation culturelle séduit la communauté hipster de Bilbao !

SE LOGER

Bilbao dispose d'une bonne offre hôtelière qui va de l'hôtel de luxe aux auberges de jeunesse, de l'appartement en centre-ville à la chambre d'hôtes face à la mer. La ville, qui a été pendant des décennies une ville industrielle, a su se reconvertir en une destination touristique attirant chaque année davantage de curieux. C'est pourquoi la plupart des hôtels sont de récente construction et les plus anciens ont fait peau neuve tout en respectant l'architecture classée de leurs bâtiments. La plupart des hôtels de charme et de luxe, ainsi que bon nombre d'auberges, travaillent main dans la main avec des tour-opérateurs, des agences de voyages et de réservations par Internet. Nous ne saurions que trop vous encourager à effectuer vos réservations à l'avance, tout particulièrement en haute saison : en s'y prenant avec suffisamment d'anticipation, on peut parfois trouver des réductions très intéressantes.

ALICIAZZZ BED AND BREAKFAST €

C/ Sombrereria, 1 -1°
✆ +34 946 79 21 98
www.aliciazzz.com
Chambre double entre 40 et 120 €, petit déjeuner inclus.

Sympathique pension située au cœur du Casco Viejo qui propose six chambres décorées sur le thème d'Alice au pays des merveilles ! Toutes les chambres sont coquettes et spacieuses, mais ne se valent pas : les chambres avec baie vitrée sont vraiment plus jolies (précisez votre souhait au moment de la réservation). Petit déjeuner en mode self-service dans la cuisine équipée et emplacement très commode dans un bel immeuble à deux pas de la Plaza Nueva.

CASUAL GUREA BILBAO €

Bidebarrieta, 14 – 3°
✆ +34 944 163 299
http://casualhoteles.com
Comptez entre 45 et 100 € la chambre double.

Entièrement rénové en 2014, cet hostal propose des chambres modernes et confortables dans un joli bâtiment du centre historique, situé à deux pas de la cathédrale de Santiago. Dotées de salle de bains privée et du wifi, les chambres affichent une déco sobre et plaisante, avec de beaux parquets anciens. On apprécie aussi les services proposés sur place, comme la location de vélo. Attention cependant à ceux qui ont le sommeil très léger : les murs sont fins entre chaque chambre... Enfin, notez que la pension est située au troisième étage sans ascenseur !

HOSTAL BEGOÑA €

Amistad, 2
✆ +34 944 230 134
www.actioturis.com
Entre 50 et 70 € la chambre double.

Dans un bel immeuble classique du quartier d'Abando, cette pension propose 17 chambres à la décoration un peu vieillotte, mais dotées d'une télévision, salle de bains privée et accès pour les personnes à mobilité réduite. On aime les chambres spacieuses et confortables, l'accueil chaleureux et l'emplacement de la pension, très commode pour se balader dans la ville. Notez qu'il n'y a pas de service de petit-déjeuner sur place, mais vous trouverez de nombreux cafés à proximité. Un rapport qualité-prix tout à fait raisonnable pour Bilbao !

HOTEL ARTETXE €

Carretera Enékuri - Artxanda, km 7
✆ +34 944 747 780
www.hotelartetxe.com
Chambre double entre 60 et 110 €.

Situé à 4 km de Bilbao sur le mont Artxanda, le long du chemin de Saint-Jacques-de-Compostelle, cet hôtel rural est formé de trois jolis *caserios* (fermes) en pierre, rénovés avec soin : Artexe, Artabiko et Arriaga. Ses chambres rustiques et bien équipées offrent tout le confort ; pour un supplément de charme, optez pour les chambres mansardées. L'hôtel dispose aussi d'un appartement avec deux chambres, très pratique pour les familles. Le site, entouré de jardin, offre des vues superbes sur Bilbao. Une bonne alternative à l'hébergement urbain !

HOTEL BILBAO JARDINES €

Jardines, 9
✆ +34 944 794 210
www.hotelbilbaojardines.com
Entre 60 et 110 € la chambre double. Location de vélos.

© JARDINES

L'hôtel Bilbao Jardines propre et lumineux, de construction récente, se trouve au cœur du Casco Viejo de Bilbao : vous êtes à quelques pas de l'emblématique Plaza Nueva, mais aussi du théâtre Arriaga et de la cathédrale. Les chambres, bien équipées, sont avant tout très fonctionnelles. Si vous voyagez avec votre troupe, vous apprécierez les grandes chambres familiales, très commodes et bien aménagées ! Pratique : les services, le petit déjeuner et le prêt de vélos pour explorer la ville. Un hôtel central et fonctionnel, offrant un bon rapport qualité-prix !

ITURRIENEA OSTATUA €

Calle Santa María, 14
✆ +34 944 161 500
www.iturrieneaostatua.com
Chambre double de 60 à 100 €.

Située à 3 minutes à pied de la cathédrale de Santiago, dans une rue piétonne animée avec de nombreux bars et restaurants, cette pension occupe le premier étage d'un bel immeuble de 1906. Les murs en pierres et l'omniprésence du bois donnent beaucoup de charme à l'ensemble, d'autant que la pension est aménagée avec goût. Les neuf chambres avec salle de bains, télévision et téléphone sont grandes, meublées de quelques antiquités, et possèdent pour la plupart un balcon. Vous apprécierez l'accueil chaleureux et le bon petit déjeuner !

OPTIMI ROOMS €

C/ Doctor Areilza, 58
✆ +34 94 685 41 12
www.optimirooms.com
Comptez entre 30 et 80 € la chambre double capsule.

Le tout premier hôtel capsule de Bilbao, mais aussi le premier d'Espagne ! Ce concept directement importé du Japon a de quoi surprendre au Pays Basque... Et pourtant, il s'avère très pratique pour les petits budgets qui souhaitent séjourner en centre-ville sans renoncer à un certain confort. Ainsi, ses micro-chambres de 3 ou 4 m² au décor futuriste feront les joies des voyageurs connectés avec leurs écrans TV, ports USB et accès WiFi. Vous apprécierez aussi les casiers XL, les lampes LED modulables, et l'accès à la cuisine moderne. Original !

PENSIÓN VISTA ALEGRE €

Carmelo Gil Doktoreen Kalea, 12
✆ + 34 944 21 60 38
Environ 50 € la chambre double.

Juste à côté de la Plaza des Toros, cette pension conviendra aux petits budgets. L'établissement propose des chambres confortables et propres, décorées dans un style classique bien qu'un peu vieillot, et relativement spacieuses (15 m² les chambres doubles). Toutes possèdent des salles de bains communes. En revanche, l'absence de climatisation dans les chambres et celle d'un ascenseur sont regrettables. Un petit déjeuner assez basique est servi tous les matins au sein de l'établissement. Rapport qualité-prix très correct dans cette pension à l'ancienne.

POSHTEL BILBAO €

C/ Heros 7
✆ +34 944 256 586
www.poshtelbilbao.com
Entre 20 et 40 € par personne la nuit en dortoir, et entre 60 et 100 € la chambre double.

Tout est dans son nom : le *posh* mise sur une décoration chic et urbaine qui séduira tous les publics. Pourtant cet *hostel* situé à 300 mètres du Guggenheim s'adresse en principe aux petits budgets en proposant des lits en dortoirs (certains réservés aux filles), mais aussi des chambres pour 1 à 4 personnes. Si la déco, toute blanche, est assez minimaliste dans les chambres, les espaces communs offrent, quant à eux, une vraie leçon de style. Pratique : la cuisine disponible 24h/24 et le bar Txío, où prendre une bière et quelques pintxos dans un beau décor !

BILBAO

7KALE BED AND BREAKFAST €€

C/ Andra Maria, 13 (1°)
✆ +34 94 640 20 11
www.7kalebnb.com
Comptez entre 55 et 120 € la chambre double, petit déjeuner inclus.

Au cœur du Casco Viejo, une charmante pension à l'accueil chaleureux, proposant 12 chambres décorées avec soin et dotées de petites salles de bain privées. Crème, rose, lilas, bleu ciel... chaque chambre arbore une couleur différente et offre un cadre confortable et bien équipé (wifi, chauffage), ainsi qu'un petit balcon agréable donnant sur la rue. Au petit déjeuner, on apprécie les différentes variétés de lait et le jus d'orange fraîchement pressé ! Très bon emplacement pour visiter la ville et profiter de l'animation du vieux Bilbao.

ABBA EUSKALDUNA HOTEL €€

Ventosa Bidea, 34
✆ +34 946 67 31 69
www.abbahoteles.com
Entre 70 et 150 € la chambre double standard.

Abba Euskalduna est un élégant hôtel situé juste à côté du stade San Mamés. Ce bel immeuble des années 1920 dispose d'une grande terrasse avec vue sur le fleuve Nervión, à fréquenter les soirs d'été pour siroter un cocktail. Au total, 82 chambres aux lignes modernes, avec des équipements haut de gamme. L'hôtel, très agréable, quoiqu'un peu impersonnel, se distingue surtout pour son emplacement privilégié au bord de la ría, superbe point de départ pour découvrir la ville en flânant le long des quais. Bon petit-déjeuner et possibilité de chambres familiales !

BASQUE BOUTIQUE €€

Calle de la Torre, 2 - 1°
✆ +34 944 790 788
www.basqueboutique.es
Chambre double entre 50 et 150 €.

Une pension haut de gamme située à 150 mètres de la cathédrale de Santiago, en plein centre historique. Les 8 chambres sont toutes différentes et imprégnées de culture basque, comme El Caserio et son typique mobilier basque ; La Gernika, inspirée du célèbre tableau de Picasso ; ou El Euskera, qui rend hommage à la langue basque. Parquet ancien, briques et poutres apparentes donnent beaucoup de cachet à l'ensemble. En outre, les chambres sont équipées de tout le confort moderne ! Un très beau décor et un bel hommage à la culture locale.

BILBAO ART LODGE €€

Iturriza, 3
✆ +34 946 858 951
www.bilbaoartlodge.com
Entre 50 et 150 € la chambre double.

Au cœur d'Abando, une petite pension chaleureuse de seulement six chambres... avec tout le confort moderne ! Dans ce grand appartement situé au 1er étage d'un immeuble bourgeois, le concept de pension se renouvelle en offrant un accueil personnalisé et des installations de qualité. Les chambres, décorées sobrement, sont dotées de lits confortables, de jolies salles de bain modernes, mais aussi d'une machine Nespresso ! Une bonne adresse offrant un emplacement très commode à 5 minutes à pied de la plaza Moyua et à 10 minutes du Casco Viejo.

HOTEL BILBAO PLAZA €€

Paseo Campo Volantin, 1
✆ +34 946 856 700
www.hotelbilbaoplaza.com
Comptez entre 60 et 120 €.

Inauguré en 2016, l'Hôtel Bilbao Plaza est situé en plein cœur de Bilbao, jouissant d'un emplacement idéal aux portes du Casco Viejo, juste à côté de l'Hôtel de Ville. Derrière une façade moderne, il possède une cinquantaine de chambres calmes et très bien équipées, offrant une décoration sobre et de belles vues sur le fleuve Nervión. Certaines possèdent même une agréable terrasse ! Résolument contemporain, l'établissement mise sur des intérieurs design et une conception durable des installations. Cafétéria au rez-de-chaussée pour prendre le petit déjeuner.

BILBAO CITY ROOMS €€

Alameda Recalde, 24
✆ +34 944 25 60 50
www.bilbaocityrooms.com
Comptez entre 50 et 130 € la chambre double.

A 5 minutes à pied du Guggenheim, cet hôtel propose une vingtaine de chambres décorées dans l'air du temps et ornées de larges photos panoramiques représentant les grands sites et monuments de Biscaye. Les chambres sont spacieuses et lumineuses, décorées dans des tons assez sobres avec une touche acidulée. Pratiques, les nombreux services disponibles dans l'hôtel (consigne gratuite, blanchissement, berceau jusqu'à 3 ans). On apprécie la gentillesse du personnel et l'accueil attentionné, un vrai « plus » dans ce type d'établissements.

HOTEL ILUNION BILBAO €€

66 Rodriguez Arias
✆ +34 944 413 100
www.ilunionbilbao.com
Chambre double entre 60 et 150 €.

Hôtel moderne situé à proximité du stade San Mamés. Les jours de matchs de l'Athletic, les bars de la zone s'animent et l'ambiance est à la fête. Malgré une façade peu engageante, l'hôtel cache à l'intérieur une décoration réussie aux accents industriels. Les chambres, aménagées sobrement, offrent tout le confort. Vous apprécierez également les nombreux services et équipements proposés sur place, notamment son bar à pintxos pratique pour les petits creux, ainsi que la salle de sport. Un hôtel urbain, bien situé, au design contemporain !

CASUAL ARRIAGA €€

Bidebarrieta, 3 - 1°
✆ +34 94 416 32 99
www.casualarriaga.com
Comptez entre 40 et 100 € la chambre double.

Très bien située dans le Casco Viejo, cette pension se trouve juste à côté du Théâtre Arriaga, comme son nom l'indique bien. Logée au premier étage d'un immeuble agréable, elle dispose de plusieurs types de chambres modernes et colorées, qui ont l'avantage d'être équipées d'un frigo, micro-ondes et table à manger. Chaque chambre porte le nom d'un compositeur basque et présente une décoration particulière. L'ensemble est moderne, confortable et très pratique pour ceux qui cherchent un bon compromis entre hôtel et appartement.

LÔ BILBAO €€

Cuevas Ekain, 3
✆ +34 944 151 240
www.lobilbao.es
Chambre double entre 60 et 120 €.

Charmante pension au cœur du Casco Viejo, tenue par le sympathique Carlos. Située à l'angle de la Plaza Nueva, elle est bien insonorisée et offre des chambres modernes et équipées de tout le confort pour profiter d'un agréable séjour (climatisation, wifi, etc.). La décoration, très soignée, met en valeur les belles poutres d'origine et les murs en pierres, donnant à chaque chambre beaucoup de cachet. Parmi les « plus » de l'établissement, citons son délicieux petit déjeuner, que l'on prend dans le restaurant Víctor Montes, sur la place.

HOTEL ERCILLA €€

Calle Ercilla, 37-39
✆ +34 944 705 700
www.hotelercilla.es
Comptez entre 100 et 170 € la chambre double.

Design et confort caractérisent l'hôtel Ercilla, situé à deux pas du centre culturel Azkuna Zentroa. Vous apprécierez l'atmosphère moderne des chambres et les parties communes dotées de pièces signées Ingo Maurer et Philippe Starck. Plusieurs types de logements sont proposés, de la chambre standard jusqu'à la suite avec terrasse, avec aussi des options pour les familles très commodes. Mais le « plus » de l'hôtel, c'est son *rooftop* particulièrement prisé à l'heure de l'apéritif. Clientèle locale, DJs et bons cocktails vous y attendent !

MERCURE BILBAO JARDINES DE ALBIA €€

San Vicente, 6
✆ + 34 944 354 140
www.hoteljardinesdealbia.es
Comptez entre 80 et 180 € la chambre double.

Situé dans la zone commerçante de la ville, près des jardins d'Albia, cet hôtel présente un décor chic et moderne derrière une imposante façade en béton brut. Ses 138 chambres, d'inspiration maritime, offrent tout le confort. Pratique : les chambres « familiales » permettent d'accueillir 2 adultes et 2 enfants dans un seul espace. A quelques mètres de la Gran Via et proche du Casco Viejo, il abrite un spa bien sympathique après une journée de visite.

PENSIÓN CARAVAN CINEMA €€

Calle del Correo, 11
✆ +34 688 860 907
www.caravan-cinema.com
Comptez entre 80 et 150 € la chambre double.

Située en plein cœur du centre historique de Bilbao, cette pension chic propose 5 chambres et 2 appartements imaginés sur le thème du cinéma. Ils portent d'ailleurs chacun le nom d'un grand cinéaste. La décoration, extrêmement soignée, est évidemment le point fort du lieu (en plus de son emplacement). L'appartement Alfred Hitchcock affiche par exemple un style rétro inspiré des années 1950, tandis que la chambre Pedro Almodovar, au décor éclectique, est couverte d'affiches de films du célèbre réalisateur espagnol. Un lieu original !

PENSIÓN PLAZA NUEVA €€

Plaza Nueva, 1
✆ +34 681 024 999
www.pensionplazanueva.es
Chambre double entre 65 et 110 €.

Située sur la Plaza Nueva, cette pension offre un emplacement privilégié dans le cœur battant du Casco Viejo. La pension occupe le premier étage d'un immeuble auquel on accède par un système de codes, de même que ses chambres confortables et rénovées. Toutes portent le nom d'une couleur (bleu indigo, vert-de-gris...) et présentent une décoration personnalisée, avec des équipements de qualité : climatisation, machine Nespresso, etc. À souligner : l'excellent petit-déjeuner servi dans le restaurant Víctor Montes, sur la place. Une belle adresse !

PETIT PALACE ARANA €€

Bidebarrieta, 2
✆ +34 944 156 411
www.petitpalacearanabilbao.com
Chambre double de 70 à 150 €.

Idéalement situé à l'entrée de la vieille ville, juste en face du théâtre Arriaga, l'Arana offre un cadre chaleureux dans un bâtiment de charme du XIXe siècle. Même si certaines chambres sont un peu étroites, nous avons beaucoup aimé ce Petit Palace qui change agréablement des hôtels de luxe impersonnels. C'est aussi une excellente option pour les familles, puisqu'il propose des chambres familiales pouvant accueillir jusqu'à 5 personnes et une multitude de services (berceaux, poussettes, etc.). Service gratuit de location de vélos !

HOTEL PUERTA DE BILBAO €€

Calle Rio Castaños, 2
Avenida de la Ribera
✆ +34 944 184 700
www.hotelpuertadebilbao.com
Chambre double entre 50 et 130 €.

Situé à Barakaldo, à 10 minutes du centre de Bilbao, l'Hôtel Puerta de Bilbao propose des chambres modernes et spacieuses. Il dispose d'une piscine extérieure avec terrasse. Son restaurant offre une cuisine basque traditionnelle et moderne, et sert un petit déjeuner élaboré avec des produits locaux. Le Lobby Bar vous accueille pour vos déjeuners ou snacks, tandis que le Kids Club propose diverses activités pour les bambins. Sa situation proche du métro et l'accès commode à l'autoroute permettent de rejoindre très facilement les principaux sites de Bilbao.

© HOTEL PUERTA DE BILBAO

© HOTEL PUERTA DE BILBAO

SILKEN INDAUTXU HOTEL €€

s/n Plaza Bombero Etxaniz
✆ +34 944 211 198
www.hoteles-silken.com
Chambre double de 80 à 150 €.

En plein cœur d'Indautxu, cet hôtel se distingue par son aspect extérieur, puisqu'il occupe une demeure d'architecture basque du début du XXe siècle, à laquelle s'est greffé un bâtiment ultra moderne. Des chambres « basiques » de la partie nouvelle jusqu'aux Junior Suites de la maison d'origine, le choix est vaste parmi ses 180 chambres ! Pour les familles, les chambres doubles connectées sont une bonne option. Deux restaurants sur place : cuisine régionale chez Etxaniz, et burgers dans le Meat & Soul ! Une bonne adresse à l'accueil professionnel.

HESPERIA BILBAO €€€

Campo Volantín, 28
✆ +34 94 40 51 100
www.hesperia.com
Comptez entre 80 et 180 € la chambre double standard.

Un hôtel contemporain qui surprend avec sa façade cubique multicolore et son design intérieur avant-gardiste. Situé à quelques pas du Guggenheim, il offre un excellent emplacement sur les rives du Nervión. La décoration des chambres mise sur des lignes pures et des matériaux de qualité, offrant pour certaines de très belles vues sur la ría. Les chambres doubles sont spacieuses, avec une superficie de 20 mètres carrés pour les chambres standards, et jusqu'à 50 mètres carrés pour les suites. Excellent emplacement pour découvrir la ville !

BARCELÓ BILBAO NERVIÓN €€€

Campo Volantín, 11
✆ +34 944 454 700
www.barcelo.com
Chambre double de 90 à 150 € selon la saison.

Situé sur la promenade qui longe le fleuve Nervión, à 10 minutes à pied du Guggenheim, cet hôtel contemporain met à votre disposition 350 chambres modernes et parfaitement équipées. Une réussite en matière de design qui combine le bois clair avec des tonalités de vert olive et de lavande. Dans son restaurant Ibaizabal, apprécié des visiteurs autant que des locaux, vous dégusterez une cuisine basque de qualité, offrant un bon rapport qualité-prix le midi grâce à son menu du jour. Attention, prévoyez un budget conséquent pour le parking !

HOTEL CARLTON €€€

Plaza Federico Moyúa, 2
✆ +34 944 162 200
www.hotelcarlton.es
Comptez entre 90 et 200 € la chambre double.

Vous ne pouvez pas manquer ce magnifique bâtiment construit dans les années 1920 qui trône sur la Plaza de Federico Moyúa ! Classé monument historique en 1995, l'hôtel fut le siège du gouvernement basque durant la guerre civile. A présent, il séduira les amateurs de luxe à l'ancienne avec ses salons élégants, ses lustres et ses tableaux. Les chambres standard affichent des prix très corrects pour un hôtel de cette catégorie. Elles sont toutes bien équipées et décorées dans un esprit contemporain, avec des tons chaleureux et des matières sobres.

GRAN HOTEL DOMINE BILBAO €€€

Alameda de Mazarredo, 61 ✆ +34 944 253 300
www.hoteldominebilbao.com
Comptez entre 120 et 300 € la chambre double standard.

Un hôtel 5-étoiles moderne avec une vue imprenable sur le Guggenheim. Sa façade surprenante, formée de miroirs, offre un jeu constant de reflets avec le musée. L'architecture cylindrique et le design sophistiqué marque ensuite toute la différence. Vous remarquerez par exemple l'immense sculpture « Cyprès » dans le hall. L'hôtel propose 145 chambres confortables, sobres et contemporaines, certaines avec vue sur le musée. Vous pourrez aussi profiter du délicieux petit déjeuner servi en terrasse, offrant une vue incomparable sur la ría et le musée Guggenheim.

HOTEL MIRÓ €€€

Alameda Mazarredo, 77
✆ +34 946 611 880
www.mirohotelbilbao.com
Entre 80 et 250 € la chambre double.

Idéalement situé à 150 mètres du musée Guggenheim, cet hôtel-boutique au design très chic garantit un service impeccable. Il compte une magnifique collection de photographies contemporaines qui témoigne de son lien avec le monde de l'art. Une atmosphère calme et relaxante où le client se sent à l'aise grâce à un service professionnel et personnalisé. A la fois moderne et confortable, l'hôtel Miró dispose d'un espace bien-être avec spa, massages et salle de gym. A tester : son délicieux petit déjeuner élaboré avec des produits locaux.

HOTEL TAYKO BILBAO €€€

Erribera Kalea, 13
✆ +34 944 65 20 70
https://taykohotels.com
Comptez entre 100 et 250 € la chambre double.

Dans un élégant immeuble de 1924, autrefois siège des grands magasins « Zubicaray », un hôtel cosmopolite doté d'une soixantaine de chambres. Inauguré en 2018, Tayko offre un décor chic et minimaliste, où la structure d'origine du bâtiment – et en particulier le béton – est mise en valeur avec beaucoup d'élégance. Outre ses jolies chambres, dont certaines donnent sur la Ria, l'hôtel se distingue par son offre gastronomique menée par le chef Martín Berasategui dans le restaurant Ola. Une belle adresse contemporaine en plein centre historique !

MELIÁ BILBAO €€€

Lehendakari Leizaola, 29
✆ + 34 944 280 000
www.melia.com
Comptez entre 100 et 200 € la chambre double standard.

A l'image des autres hôtels de la chaîne, le Meliá Bilbao mêle confort, design et élégance. Situé entre le palais Euskalduna et le musée Guggenheim, cet immense hôtel posé sur les rives de la ría offre des chambres vastes et lumineuses dotées de tout le confort, ainsi qu'un centre wellness avec piscine semi-extérieure. Une très bonne adresse au service impeccable, dont le restaurant Aizian dirigé par José Miguel Olazabalaga est l'une des meilleures tables de la ville. Pour les plus petits budgets, le Q Lounge mêle bonnes mélodies et savoureux *pintxos*.

RADISSON COLLECTION HOTEL GRAN VÍA BILBAO €€€

Don Diego López Haroko Kale Nagusia, 4
✆ +34 946 05 67 53
Comptez entre 120 et 250 € la chambre double.

Inauguré en 2022 dans la zone cosmopolite de la Gran Vía, cet hôtel 5 étoiles offre 137 chambres chics et classiques à proximité du Casco Viejo et du musée Guggenheim. Un emplacement superbe et des prestations haut de gamme, dont un superbe bar Orangerie sur le toit de l'hôtel, offrant de très belles vues sur la ville. L'hôtel abrite également le restaurant NKO, nouvelle adresse gastro du chef Eneko Atxa, qui fusionne les cuisines basque et japonaise.

APARTAMENTOS ATXURI €€

Avd. Miraflores, 17
✆ +34 944 667 832
www.apartamentosatxuri.com
Comptez entre 60 et 120 € la nuit pour un appartement de 1-3 personnes.

A 10 minutes à pied du Casco Viejo, dans un immeuble de construction récente, des appartements modernes pouvant accueillir de 1 à 5 personnes. Construit en 2010, le bâtiment possède une cinquantaine d'appartements lumineux et bien équipés, bénéficiant de nombreux services dignes d'un hôtel, notamment un gymnase, un service de blanchisserie ou encore de consigne. Décorés dans un esprit contemporain, les appartements disposent de la connexion wifi, lave-linge, micro-ondes, etc. Possibilité de parking et grande terrasse sur le toit de l'immeuble !

FOREVER RENTALS BILBAO €€

Barraincúa kalea, 11
✆ +34 944 677 824
www.forever-rentals.com
À partir de 70 € la nuit.

Cette agence basée à Bilbao, San Sebastián et Madrid sélectionne des appartements de charme et toujours bien situés. À Bilbao, elle gère actuellement une vingtaine d'appartements pour 2 à 8 personnes situés en plein centre-ville dans les quartiers du Casco Viejo, El Ensanche, ou à proximité du musée Guggenheim. Tout équipés, avec des descriptifs détaillés sur le site web et des prestations de qualité, ces appartements sont une valeur sûre pour les familles ou les petits groupes. En prime, une décoration toujours très agréable !

SANTIAGO APARTMENTS BILBAO €€

Licenciado Poza, 12
✆ +34 944 703 920
santiagoapartments.es
Comptez entre 90 et 130 € la nuit dans un appartement pour 2 personnes.

Elégance classique dans ces confortables appartements de l'Ensanche, situés dans une zone commerçante et animée. Derrière une façade très moderne, des intérieurs classiques en bois sombre et moquette pour certaines chambres, ou actuels et colorés dans les logements récemment rénovés. Au total, 35 appartements entièrement équipés logés dans le même bâtiment, avec en prime tous les services d'un hôtel (réception, parking privé, blanchisserie, etc.).

SE RÉGALER

Les plaisirs de la table sont devenus en quelques années un motif de visite – parfois quasiment exclusif – pour de nombreux touristes « gastronomiques », qui font escale chaque année au Pays basque espagnol pour se délecter de la cuisine locale. Le centre de Bilbao est le théâtre d'un flux incessant de locaux et de visiteurs, passant d'un bar à l'autre pour tester les spécialités de chacun. Ici, c'est le *poteo* qui mène la danse, rituel espagnol qui consiste à faire la tournée des bars à tapas, dont les Basques sont devenus les plus fidèles ambassadeurs ! Toutes catégories confondues, on compte pour la seule ville de Bilbao un bon millier d'établissements, autant dire qu'il y a quelques portes à pousser. Parmi les grands classiques de la gastronomie basque, citons quelques appétissantes spécialités comme la morue à la biscayenne, le pisto ou le colin à l'ondarresa… Voici donc une succincte sélection d'adresses gourmandes !

Dégustation de tapas.

AGAPE €€

C/ Hernani, 13
✆ +34 944 160 506
www.restauranteagape.com
Du lundi au samedi de 13h30 à 16h. Le soir, du jeudi au samedi de 21h à 23h. Plusieurs menus à partir de 15 €.

Un bistrot moderne, proche du marché de la Ribera, qui constitue une excellente option à l'heure du déjeuner ou du dîner grâce à ses menus bien ficelés. Son décor minimaliste laisse la vedette à des recettes toujours inventives, qui lui ont valu d'être distingué parmi « les 20 meilleurs menus du jour d'Espagne » selon le quotidien *El País* ! De bons produits de saison et une cuisine basque rénovée sont les clés de ce succès, ainsi qu'un bon rapport qualité prix. Notez également la qualité du service, toujours sympathique et attentif à chaque instant !

BAR BASTER €

C/ Correo, 22
✆ +34 944 071 228
basterbilbao.wordpress.com
Du mardi au samedi de 9h30 à 22h (23h vendredi-samedi), dimanche de 9h30 à 16h. Comptez 10 €.

Au cœur des « sept rues » historiques de Bilbao, un bar à la mode réputé pour ses tortillas préparées à la demande, ses mini quiches, son *ensaladilla boltxebike* (salade froide à base de pommes de terre, thon, œuf, mayo) et autres délicieux *pintxos* et *raciones*. Logé dans un bâtiment d'inspiration Art déco, le Baster séduit une clientèle hipster avec son décor un peu rétro. Sa terrasse, à l'angle des rues Correo et Cinturería, est l'une des plus prisées les week-ends, à l'heure du traditionnel vermouth accompagné de *rabas* (calamars frits).

CAFE BAR BILBAO €

Plaza Nueva, 6
✆ +34 944 151 671
www.bilbao-cafebar.com
Du lundi au vendredi de 7h à 23h, samedi de 8h30 à 23h, dimanche de 8h30 à 15h. Environ 10 €.

Bar traditionnel niché sous les arcades de la Plaza Nueva, avec quelques tonneaux et une grande terrasse sur la place. Derrière son emblématique façade bleue, cet établissement de 1911 conserve une décoration de caractère. Sol en damier, moulures, mosaïques : le lieu respire une atmosphère Belle Époque et garde le souvenir des anciennes *tertulias* littéraires. Autour de son vaste comptoir central, vous vous régalerez de tapas variées, en particulier de délicieux *pintxos* à base de champignons ou d'excellentes *rabas* (calamars frits) pour l'apéritif !

DANDO LA BRASA €€

Arechaga Kalea, 7
✆ +34 946 756 196
www.dandolabrasa.com
Tous les jours de 11h à 1h. Comptez 25 €.

A l'image du quartier multiculturel de Bilbao La Vieja, ce restaurant fusionne les styles et les ambiances. Azulejos au bar, chaises dépareillées en salle, et dans les assiettes, une cuisine nikkei pleine de saveurs mêlant influences japonaises et péruviennes, mais aussi de nombreuses spécialités mexicaines. Testez par exemple les *quesadillas* aux fleurs de citrouille, le tataki de thon au quinoa, le ceviche de morue, les *mollejitas* (gésiers) aux tomates confites... Les week-ends, le restaurant ne désemplit pas et attire la jeunesse locale.

EL ARANDIA DE JULEN €€€

Plaza de la Encarnación, 10
✆ +34 944 331 086
www.arandiadejulen.com
Ouvert le midi du mercredi au dimanche. En soirée, les vendredis et samedis. Menus à partir de 35 €.

Un restaurant de cuisine traditionnelle basque, dans un joli décor avec murs en pierre et tables à nappes blanches. Tous les mercredis (et les autres jours sur réservation), on y sert une spécialité ancestrale des terres basques, les *alubias rojas con sacramentos*, à base de haricots rouges. La *chuleta* (côte de bœuf) est également un classique de la maison. Le patron, Julen, est l'âme du lieu : avec son béret et sa veste noirs, son accent basque et sa bonne humeur, il insuffle au restaurant un charme fou ! Une merveilleuse adresse de cuisine traditionnelle !

EL PERRO CHICO €€

Aretxaga, 2
✆ +34 944 150 519
www.elperrochico.com
Mercredi et dimanche de 12h30 à 15h, du jeudi au samedi de 12h30 à 15h et de 20h à 23h. Comptez 30 €.

Situé face à la ría, El Perro Chico a longtemps été un classique de Bilbao, où artistes et célébrités de passage se régalaient de recettes traditionnelles. Après un changement de propriétaires en 2015, la carte s'est modernisée pour offrir une cuisine de saison aux influences diverses. Ainsi, les anchois de Bermeo et le merlu gratiné côtoient sur la carte le tataki de saumon et les côtelettes à la coréenne. Le tout à déguster dans un très beau décor de carreaux de faïence, de briques, et de mobilier d'inspiration bistrot. Agréable terrasse sur les quais !

ZURIMA €€

C/ Bailén, 33 ✆ +34 944 743 024
www.restaurantezurima.com
Du mercredi au samedi de 13h30 à 16h et de 20h à 23h, dimanche de 13h30 à 16h. Menu du jour 16,50 €.

© ZURIMA

Zurima est un petit restaurant dédié aux cuisines du monde dans le quartier de San Francisco. Sa déco vintage et sa bonne cuisine maison, qui mixe sans complexe les influences les plus variées, sont la clé de son succès. Ici, la carte change constamment au gré des produits de saison et des envies du moment, mais n'hésitez pas à tester son menu du jour : c'est une valeur sûre ! Riz noir à l'encre de calamar, salade thaïe aux crevettes, curry vert de bœuf, chou-fleur grillé au *ras el-hanout* (épices) et son couscous : un festival de saveurs du monde entier !

GATZ €

Santa María, 10
✆ +34 944 154 861
www.bargatz.com
Du lundi au jeudi de 12h30 à 23h, vendredi et samedi de 12h30 à 0h, dimanche de 12h30 à 16h. Comptez 10 €.

Un établissement connu du Casco Viejo, incontournable lors d'une tournée des bars à *pintxos* de Bilbao. Fondé en 1994, c'est l'endroit idéal pour s'immerger dans l'ambiance locale en buvant un *txakoli* ou une bière et en dégustant les *pintxos* de la maison. Parmi ses spécialités : le *pintxo* de tortilla au boudin, le steak tartare et la morue sauce pil-pil. Autour du bar, tous les âges et tous les styles se mélangent dans une ambiance populaire et conviviale. Le décor, franchement rétro, se fiche des tendances pour mieux revendiquer ses classiques !

GURE TOKI €

Plaza Nueva, 12
✆ +34 944 158 037
www.guretoki.com
Lundi, mardi et du jeudi au samedi de 9h à 23h30, dimanche de 10h à 16h. Environ 15 €.

Incontournable de la Plaza Nueva, Gure Toki propose des *pintxos* d'une grande finesse, à la présentation très soignée. Maintes fois récompensé dans divers concours de *pintxos*, l'établissement a fait peau neuve en 2015 et affiche un décor beaucoup plus contemporain, tout en conservant son caractère traditionnel. Plutôt que les *pintxos* froids exposés au comptoir, n'hésitez pas à tester les *pintxos* « chauds » (c'est-à-dire préparés sur le moment). Soupe de fromage Idiazabal et œuf de caille, *talo* (galette) garni de txistorra : tout est délicieux !

IRRINTZI €

Santa María, 8
✆ +34 944 16 76 16
www.irrintzi.es
Ouvert tous les jours de 9h30 à 23h, samedi de 12h à 0h, dimanche de 12h à 17h. Environ 10 €.

Situé à deux pas de la ría, cet établissement moderne et sans chichis est apprécié de la clientèle locale. Autour de son comptoir, une belle sélection de *pintxos*, certains assez originaux, et une ambiance très animée les week-ends. Petite particularité à signaler : il existe plusieurs *pintxos* sans gluten à la carte : renseignez-vous auprès des serveurs ! Nous vous conseillons d'y faire un arrêt à 11h le matin ou 19h30 le soir, au moment où les *pintxos* sortent de cuisine… Pratique : de petits écriteaux permettent de voir la composition de chaque pintxo !

MANDOYA €€

3-5 Calle El Perro ✆ +34 944 150 228
www.restaurantemandoya.com
Du mardi au dimanche de 13h30 à 16h30. Le soir, vendredi et samedi de 20h30 à 22h30. Menus à partir de 38 €.

Depuis plus de 50 ans, le restaurant Mandoya régale ses hôtes d'une cuisine traditionnelle basque élaborée avec de bons produits de la région, notamment le poisson cuit à la *brasa* provenant directement des ports de Lekeitio et de Bermeo. Dans ses salles à manger décorées à l'ancienne, on déguste une excellente morue à la biscayenne, des palourdes en sauce verte, des côtelettes d'agneau ou un filet de bœuf fondant. Classique, authentique, c'est une valeur sûre du Casco Viejo pour profiter de la gastronomie basque en bonne compagnie. Ambiance amicale et détendue.

OLA MARTÍN BERASATEGUI €€€

Erribera Kalea, 13
✆ +34 944 652 066
Du mercredi au samedi de 13h30 à 15h30 et de 20h30 à 22h30, dimanche de 13h30 à 15h30. Menu 85-125 €.

Nouvelle table à la mode portée par le célèbre chef basque Martín Berasategui (trois fois étoilé dans son restaurant éponyme). Installé au premier étage de l'hôtel Tayko, le restaurant affiche un décor chic-industriel, avec ses murs en briques et ses grandes fenêtres noires donnant sur la ría. À la carte, quelques classiques de la maison-mère de Lasarte, et des créations de saison dictées par les produits du marché. Mille-feuille caramélisé au foie gras et anguille fumée, huître tiède à la pomme et granité concombre-txakoli... Divin !

LA OLLA DE LA PLAZA NUEVA €€

Plaza nueva, 2
✆ +34 946 63 00 12
www.laolladelaplazanueva.es
Tous les jours de 12h à 22h30. Pintxos 10 €, carte 30 €.

Sous les arcades de la Plaza Nueva, un établissement récompensé par le prix du meilleur bar à pintxos de Biscaye. La Olla, maison réputée pour son excellente sélection de jambon ibérique, d'anchois et de *bonito del norte* (thon), sert aussi des tapas très convaincantes : croustillant au boudin et pignons, pintxo d'œufs brouillés à la piperade, mille-feuille au poulpe et à la pomme de terre... Dans la partie restaurant, bonne cuisine traditionnelle !

PESO NETO €€

San Frantzisko Kalea, 1
✆ +34 944 36 01 90
www.pesoneto.es
Tous les jours de 11h à 1h. Menu 15 €. Comptez 20 € à la carte.

Situé juste en face du marché de la Ribera, Peso Neto est un ancien bar de quartier transformé en 2015 par un trio d'amis en phase avec leur époque. Quelques notes vintage dans la décoration, un menu bien ficelé, beaucoup de plats servis dans des bocaux (la signature du restaurant) : il n'en fallait pas plus pour séduire la clientèle branchée des environs. La carte, très éclectique, propose par exemple un risotto de jarret de porc au miel, un saumon au four et hoummous de betterave, ou encore un confit de canard et sa sauce aux cerises et vermouth.

RESTAURANTE VICTOR €€

Plaza Nueva, 2
✆ +34 944 151 678
www.restaurantevictor.com
Du lundi au samedi de 8h30 à 23h. Comptez 30-40 €.

Fondé en 1940, le restaurant Victor est une institution à Bilbao ! L'établissement s'organise autour d'un bar à *pintxos* au rez-de-chaussée, et une salle de restaurant à l'étage tout juste rénovée, offrant de belles vues sur la Plaza Nueva depuis ses grandes baies vitrées. En été, vous pourrez aussi profiter de son agréable terrasse. A la carte, de nombreux plats de viandes et de poissons, dont l'incontournable *bacalao Victor*, excellent plat de morue à la sauce *pilpil* et tomates concassées. L'endroit se distingue aussi pour son impressionnante carte des vins.

© RESTAURANTE VICTOR

© RESTAURANTE VICTOR

BILBAO

TIPULA €

Barrenkale Barrena, 6
✆ +34 94 471 52 32 - https://tipula.es/
Du dimanche au jeudi de 13h30 à 16h et de 20h à 23h ; du vendredi au samedi de 20h à minuit. Chiens acceptés.

© TIPULA

Tipula est un restaurant *hipster*, à la devanture bleue, dans le *casco viejo* de Bilbao. Le chef passionné de *streetfood* s'est formé aux Etats-Unis durant 10 ans afin d'offrir aujourd'hui une carte qu'il aime nommer « De Los Angeles à Bilbao ». Des burgers gourmets, urbains, élaborés à partir de produits bio et locaux. L'ambiance de Tipula cherche à reproduire la jungle urbaine de L.A. Bonne nouvelle, les végétariens ne sont pas oubliés grâce à l'option falafel. Tipula a remporté le prix du meilleur burger en 2019 pour leur burger « arima ». A goûter absolument !

PULPERÍA VERMUTERÍA FLORINES €

San Frantzisko Kalea, 31
✆ +34 944 97 87 16
Du jeudi au samedi de 13h à 16h et de 19h30 à 0h, dimanche de 13h à 17h. Comptez 10-15 €.

Au cœur de Bilbao La Viejo, une adresse authentique à souhait qui met à l'honneur la cuisine galicienne. Car malgré la révolution hipster qui s'est emparée du quartier, cette *vermutería* continue d'offrir les mêmes classiques depuis plus de 40 ans. Le poulpe à la galicienne, servi sous forme de pintxo ou de *ración*, est la star des lieux ! Mais les croquettes de cecina ou de lacón valent aussi le détour. Elles s'accompagnent d'un petit verre de vermouth, spécialité du lieu !

RESTAURANTE MINA €€€

Muelle Marzana
✆ +34 944 795 938
www.restaurantemina.es
De 14h à 15h30 et de 21h à 22h30. Fermé lundi, mardi et dimanche soir. Menus 110-140 €.

Le restaurant surprend déjà par son emplacement, sur les quais, dans un coin un peu mal famé. Pourtant, à l'intérieur, c'est une très belle salle de restaurant qui attend le visiteur, où l'on sert uniquement une dizaine de tables à chaque service. Le chef Álvaro Garrido élabore son menu avec des produits de saison provenant du marché de la Ribera et de petits producteurs locaux, tout en intégrant certaines influences asiatiques. La créativité du chef assure une véritable expérience gastronomique à ceux qui tenteront cette adresse.

LA RIBERA BILBAO €€

Erribera kalea, 20
✆ +34 946 57 54 74
www.lariberabilbao.com
Jeudi de 11h à 0h, vendredi et samedi de 11h à 2h, dimanche de 11h à 22h. Comptez 25 €.

Un espace singulier avec vues sur la *ría*, qui mêle la gastronomie et la musique, en particulier le jazz. Situé à l'intérieur du Mercado de la Ribera, c'est à la fois un restaurant, un bar à cocktail et un club musical. Sur place, cuisine de saison élaborée avec des produits du marché, cocktails sophistiqués, et des concerts en live menés par La Ribera Jazz Band. Sa programmation inclut également des groupes émergents de la scène locale ou internationale, et une fois par mois, des concerts et des activités imaginées pour le jeune public !

VICTOR MONTES €€€

Plaza Nueva, 8
✆ +34 944 157 067
www.victormontes.com
Tous les jours de 12h à 23h. Comptez 15 € pour des pintxos et 50 € à la carte.

Un grand classique de la Plaza Nueva, que l'on reconnaît vite avec sa belle façade d'époque. Certes touristique, le restaurant conserve malgré cela toute son authenticité. Tout à la fois bar à *pintxos*, restaurant et épicerie, il est réputé pour ses spécialités à base de poisson ou de viande. Si votre budget ne vous permet pas de dîner dans la partie restaurant – qui compte, parmi ses illustres visiteurs, le prince Albert de Monaco ou encore le chanteur Bono –, optez simplement pour quelques *pintxos* au rez-de-chaussée de l'établissement.

AD HOC CASCANUECES €€

C/ Heros, 21
✆ +34 944 979 898
www.cascanuecesbilbao.com
Du mardi au samedi 13h30 à 15h30 et de 20h30 à 23h. Comptez 40 €.

Moderne, créatif, parfois surprenant, le « casse-noisette » se consolide chaque jour un peu plus comme l'une des adresses phares de l'Ensanche. Dans une ambiance informelle côté bar ou plus intime en salle, on se laisse séduire par la présentation originale des plats, leur composition et même leurs textures. La carte très appétissante propose notamment un tataki de thon rouge à la sauce ponzu, un riz noir aux chipirons, des artichauts de Tudela et leur crème ibérique, ainsi qu'un excellent poulpe. En dessert, ne manquez pas *el bosque* (la forêt) !

BAR EME €

Concha Jeneralaren Kalea, 5
✆ +34 944 43 42 98
www.baremebilbao.com
Du lundi au jeudi de 10h à 21h, vendredi et samedi jusqu'à 22h. En juillet, fermé le samedi. Environ 5 €.

Dans ce bar sans prétention, on déguste les meilleurs sandwichs de Bilbao, les *triangulos* ! Du pain de mie artisanal découpé en forme de triangle, un peu de laitue, du jambon d'York et de la mayonnaise faite maison : a priori, rien d'extraordinaire. Le secret réside dans la sauce rouge, dont la recette demeure un mystère depuis 1950 ! Ne vous attendez à rien de sophistiqué : c'est simple, mais furieusement bon, plus encore si on l'accompagne d'une petite caña (bière pression). Le lieu, bien que rénové, a gardé son ambiance populaire.

BASCOOK €€

Barroeta Aldamar, 8
✆ +34 944 009 977
www.bascook.com
Du dimanche au mercredi 13h-19h, du jeudi au samedi jusqu'à 1h. Menu de midi 35 €.

Le restaurant occupe d'anciens entrepôts de sel du XIXe siècle. Rénové dans un esprit contemporain tout en respectant la structure originale, l'endroit est absolument superbe avec ses murs en pierre et son aura clandestine. Côté cuisine, Aitor Elizegi propose une carte vagabonde, offrant un voyage culinaire à travers des recettes végétariennes, des spécialités basques et des saveurs du monde : nigiri de saumon mariné, coquilles Saint-Jacques braisées, Tatin de chou-fleur gratiné... De quoi satisfaire tous les goûts et découvrir de nouvelles saveurs !

EL GLOBO €

C/ Diputación, 8
✆ +34 944 154 221
www.barelglobo.es
Du lundi au jeudi de 9h à 23h, vendredi de 9h à 0h, samedi de 11h à 0h. Fermé 1ère quinzaine d'août. Comptez 15 €.

Récompensé à maintes reprises pour ses *pintxos*, El Globo est un classique de Bilbao ! Situé à côté du palais de la Diputación, c'est un lieu de rencontre à toute heure de la journée. Autour de son bar, l'ambiance est effervescente, mêlant une clientèle locale aux visiteurs bien informés. Le choix de *pintxos* est immense : *txangurro* (araignée de mer) gratiné, anchois marinés et œufs de lump à la sauce tartare, *morcilla* (boudin) de León aux cacahuètes, croquettes aux chipirons... Pistez ceux qui sortent tout juste des cuisines : fraîcheur garantie !

© BAR EL GLOBO

© BAR EL GLOBO

BILBAO

CEVITXEF €€

Alameda de Recalde 53
✆ +34 946 12 39 71 - www.cevitxef.com
Ouvert du lundi au samedi de 13h à 16h et de 19h30 à 21h30 ; dimanche de 13h à 16h. Comptez environ 30 €.

© CEVITXEF

Cevitxef est une adresse aux couleurs de l'Amérique latine ! Vous y rencontrerez une équipe vénézuélienne et tatouée dont le chef s'est formé à Lima, au Pérou, pour maîtriser tous les secrets du fameux *ceviche*, leur spécialité. *Tiraditos*, *causas* et autres spécialités péruviennes sont aussi à la carte. Les poissons et crustacés sont frais, ils seront épicés à votre convenance. Une adresse ensoleillée et gourmande. Vous pourrez profiter de la terrasse à l'extérieur ou siroter un verre à l'intérieur du restaurant et du bar à cocktails.

BIKANDI ETXEA €

Paseo Campo Volantín, 4
✆ +34 944 46 67 39
Ouvert du lundi au vendredi de 7h à 19h30. Menu 15,50 €.

Une vraie cuisine *casera* (faite maison), dans le décor simple et authentique d'un petit *comedor* avec une demi-douzaine de tables coiffées de nappes à carreaux. José Antonio et Conchi y accueillent chaque jour une clientèle fidèle, venue se régaler d'un excellent menu : morue sauce pil-pil, *callos*, anchois frais... Ici pas de carte, tout dépend de la pêche et des produits de saison, mais vous y trouverez à coup sûr un plat de poisson frais, une viande mijotée et des légumes de saison. Beaucoup de charme, et un excellent rapport qualité-prix !

BILBAO BERRIA LEDESMA €€

Calle Ledesma, 26
✆ +34 944 24 92 73
www.grupobilbaoberria.com
Du mardi au samedi de 12h à 0h, dimanche et lundi de 12h à 18h. Comptez 30 €.

Elégant restaurant situé dans la Calle Ledesma, une rue piétonne très animée parallèle à la Gran Vía. On peut y déguster d'excellents *pintxos*, ainsi qu'une belle cuisine de saison à découvrir à la carte. Du côté des pintxos, on teste le *taco* de bœuf et guacamole, les croquettes de calamar et les anchois de Santoña... La présentation des plats, très soignée, réserve aussi quelques surprises, comme les différents types de pain présentés dans des sachets. Agréable ambiance dans un décor aux accents industriels, et un service très attentionné.

CAFÉ IRUÑA €

Calle Berástegui, 5
✆ +34 944 237 021
www.cafeirunabilbao.net
Du lundi au vendredi 9h-23h, samedi 11h-0h, dimanche 12h-16h. Menu du jour 18 €.

C'est le plus beau café de Bilbao et l'un des plus anciens ! Inauguré en 1903 et récemment restauré, il a vu passer entre ses murs de nombreux artistes et intellectuels basques, comme Pío Baroja et Miguel de Unamuno. À visiter absolument pour prendre un café ou déjeuner dans un décor d'inspiration mudéjare avec profusion d'*azulejos* et de peintures murales. Sur son magnifique comptoir en bois ouvragé, une belle sélection de tapas invite à une pause. Ne manquez pas de tester les *pinchos morunos* (brochettes d'agneau), la spécialité de la maison !

LA CASITA DE SABINO €€€

Henao Kalea, 3
✆ +34 611 216 822
www.lacasitadesabino.com
Lundi 13h-20h, du mardi au jeudi 13h-22h, du vendredi au dimanche 13h-23h. Comptez 40 €.

C'est l'un des restaurants de poissons et fruits de mer les plus prisés de la ville, d'abord pour la qualité de ses produits, mais aussi pour son excellent rapport qualité-prix. Ici, c'est la simplicité qui prime, aussi bien dans le décor que dans l'assiette. Son *comedor*, simple et sans prétention, se concentre sur l'essentiel : les coquillages, crustacés et poissons frais exposés aux yeux des clients, et les étagères remplies de bons vins pour les accompagner ! Le tout à déguster dans une ambiance chaleureuse, avec un service attentionné.

LA DESPENSA DEL ETXANOBE €€€

C/ Juan de Ajuriaguerra, 8 ✆ +34 944 421 071
ladespensadeletxanobe.com
Du lundi au samedi de 13h à 15h30 et de 19h45 à 22h30. Menus à partir de 68 €.

Une table prestigieuse dirigée par Fernando Canales. Après une trajectoire de près de 20 ans à l'intérieur du Palacio Euskalduna, le chef basque a repris sa liberté en 2017 pour faire évoluer son restaurant Etxanobe. Celui-ci se décline à présent sous deux concepts : l'Atelier, dédié à la haute gastronomie, et La Despensa, restaurant plus accessible de cuisine basque où déguster des plats affinés et ancrés dans leur terroir : *txangurro* de crevette blanche, escargots à la biscayenne, *kokotxas* de merlu, poivrons farcis de chipirons... Succulent !

KIMTXU €€

C/ Henao, 17 ✆ +34 946 527 892
www.kimtxu.com
Mardi de 13h30 à 15h30, du mercredi au samedi de 13h30 à 15h30 et de 20h30 à 23h. Menus 25-42 €.

Dans ce restaurant à la mode, le jeune chef Iván Abril fusionne produits basques et technique orientale pour créer des plats innovants aux accents asiatiques, accompagnés d'une belle sélection de vins locaux. Selon la saison et les produits du marché, on se régale par exemple d'un poulpe grillé à la coréenne et sa purée de patates douces, ou d'un plat de morue aux petits pois et sauce verte aux moules. Toujours en effervescence, Kimtxu accueille aussi des dîners thématiques, des *masterclass* et des dégustations. Un lieu original, généralement bondé le week-end.

KOKKEN €€

Calle de Quintana 3
✆ +34 946 850 920
www.restaurantekokken.com
Lundi et dimanche 12h-18h, du mardi au samedi 12h-23h. Menus à partir de 20,50 €.

Ce restaurant est né comme un espace pluridisciplinaire afin d'explorer le lien entre gastronomie, art et design. Inspiré de la culture et de l'esthétique des pays scandinaves, le local mise sur le bois clair et l'esprit minimaliste. Kokken, dont le nom signifie « cuisine » en norvégien, c'est surtout une expérience gourmande à travers des menus de cinq, sept ou neuf plats. Des plats apparemment simples mais qui sont pourtant très élaborés, tant au niveau des matières premières (issues de la production locale) que dans les techniques de préparation.

MUGARRA €€€

C/ Ercilla, 14
✆ +34 94 423 39 14
www.restaurantemugarra.com
Du lundi au vendredi de 10h30 à 20h30, samedi de 10h à 14h30. Comptez 40 €.

Ce restaurant élégant ouvert depuis 1983 est réputé dans toute la ville pour la fraîcheur de son poisson. Modernisé en 2017, il affiche désormais une décoration dans l'air du temps, mêlant la brique, le bois et les détails industriels. Un esprit bistrot, qui se conjugue avec une carte actualisée : tartare de Saint-Jacques et homard, chipiron « Begihaundi » dans son encre, poêlée de petits pois, artichauts et *kokotxas* de merlu. Grande nouveauté : son espace gourmet où s'approvisionner de petits plats à emporter, de conserves et d'huiles d'olive.

EL PUERTITO €

Licenciado Poza, 22
✆ +34 944 026 254
www.elpuertito.es
Tous les jours de 12h à 22h. Comptez 15 €.

© EL PUERTITO

El Puertito est le premier bar à huîtres de Bilbao ! En pleine « *calle Pozas* », c'est le lieu de rendez-vous à la mode à l'heure de l'apéritif. Pas de *pintxos* dans ce petit bar d'Indautxu, mais des huîtres en provenance de Galice, du Portugal, de France, d'Irlande et même de Hollande. Elles s'accompagnent d'une excellente sélection de vins, avec en prime la gentillesse et le savoir-faire des sympathiques serveurs à marinière. Le must : une petite coupe de champagne pour accompagner la sélection d'huîtres, à déguster bien sûr autour du bar dans une ambiance locale.

BILBAO

RESTAURANTE KAFE ANTZOKIA €

Done Bikendi Kalea, 2
✆ +34 944 244 625
www.kafeantzokia.eus
Du lundi au vendredi 13h30 à 15h30, samedi de 14h à 16h. Menu 16-22 €.

Il s'agit du restaurant du Kafe Antzokia, salle de concert et centre culturel emblématique de Bilbao. Ce temple de la musique ouvre ses portes à midi pour proposer un menu à prix serré, différent chaque jour de la semaine. Vous mangerez sur la scène où ont chanté Sergent Garcia, Maceo Parker… des plats sympathiques élaborés avec des produits de saison. L'expérience est pour le moins insolite, certaines tables étant installées littéralement sur la scène !

ALAMEDA €

Alameda Urquijo, 40
✆ +34 944 43 50 08
Du lundi au samedi de 8h à 23h. Comptez moins de 10 €.

A côté du centre Azkuna Zentroa, ce bar traditionnel régale les Bilbaínos avec ses « felipadas », délicieux sandwichs à base d'anchois, de laitue et de sauce piquante. Paco García, le patron du bar, raconte volontiers la genèse du *pintxo* phare de la maison : il aurait été préparé pour la première fois en 1955 par un certain Felipe, membre d'une cuadrilla. Dès le lendemain, ses compagnons commencèrent à réclamer d'autres « felipadas », jusqu'à ce que le petit sandwich intègre définitivement la carte. Au comptoir, également bien d'autres *pintxos* à découvrir !

ZORTZIKO €€€

Alameda de Mazarredo, 17
✆ +34 944 239 743
www.zortziko.es
Du jeudi au samedi de 13h30 à 15h et de 20h30 à 22h30, dimanche de 13h30 à 15h. Menus 75-115 €.

« Zortziko », un bien joli mot basque qui désigne une forme poétique traditionnelle, illustrée notamment par les bertsolari (joutes oratoires). Daniel Garcia dirige ce restaurant gastronomique situé à deux minutes des jardins d'Albia. Une expérience savoureuse qui mêle les saveurs exotiques aux produits traditionnels basques, récompensée par une étoile au Michelin. Car ici, l'expérience culinaire se présente comme un voyage vers des saveurs nouvelles ou oubliées. La salle du restaurant, décorée dans un style classique, offre un cadre très agréable.

AZURMENDI €€€

Barrio Legina s/n
✆ +34 944 558 866
Du mardi au jeudi de 13h à 15h15, vendredi et samedi de 13h à 15h15 et de 20h30 à 22h15. Menu 260 €.

En décrochant sa troisième étoile, le chef Eneko Atxa a fait de son restaurant Azurmendi une référence au Pays basque. Très attaché à ses origines, ce jeune Biscayen cultive un dialogue permanent avec la nature environnante. Son restaurant, posé au-dessus de la vallée de Txoriemi, occupe un écobâtiment mêlant la pierre, le bois et le fer. Tout autour, les plantations du potager fournissent le chef en légumes de saison. Un décor en parfaite harmonie avec la nature, où la cuisine innovante et enracinée du chef s'exprime en toute liberté.

AIZIAN €€€

Lehendakari Leizaola, 29
✆ +34 944 28 00 39
www.restaurante-aizian.com
De 13h30 à 16h et de 20h30 à 23h. Fermé lundi soir et dimanche. Menus à partir de 52 €.

Le chef, José Miguel Olazabalaga, adepte du slow food, opère un mélange festif de cuisines traditionnelle et nouvelle dans les cuisines d'Aizian depuis 2003. Il imagine des plats avant-gardistes faisant la part belle à des classiques de la cuisine ibérique comme le poulpe ou la morue. Installé au rez-de-chaussée de l'hôtel Meliá, son décor signé par l'architecte Ricardo Legorreta se distingue par son atmosphère élégante et chaleureuse, avec vues sur le parc Doña Casilda. Une très belle adresse au service impeccable, récompensée par une étoile au Michelin.

BISTRO GUGGENHEIM BILBAO €€

Av. Abandoibarra 2
✆ +34 944 23 93 33
www.bistroguggenheimbilbao.com
Du mardi au dimanche de 13h à 15h30 (également de 20h à 22h les vendredis et samedis). Menu à partir de 22 €.

Situé à l'intérieur du musée Guggenheim, ce restaurant sert une cuisine raffinée qui fait la part belle aux produits de saison, dans une ambiance assez informelle. Il existe plusieurs menus à des prix tout à fait corrects. Côté bar, on se régale de bons *pintxos* face à l'imposante fresque de l'artiste basque Juan Pérez Agirregoikoa, intitulé « La forêt des maîtres-sots ». A l'arrivée des beaux jours, profitez de la terrasse et son environnement privilégié.

BRASS €

C/ Licenciado Poza, 27
✆ +34 944 27 54 55
www.brass27.com
Tous les jours de 9h à 0h (week-end à partir de 10h). Comptez 15 €.

Dans la très animée rue « Pozas », un charmant bistrot qu'il fait bon fréquenter à toute heure de la journée, pour un petit déjeuner sain et gourmand, des tapas ou un plat du jour aux accents exotiques. Le week-end, c'est l'un des meilleurs spots de la ville pour savourer un brunch servi sous forme de buffet. La carte fait la part belle aux saveurs venues d'ailleurs : tataki de thon rouge, *tacos* aux crevettes et à l'avocat, *nasi goreng* (riz frit indonésien), quinoa à la mexicaine... Un tour d'horizon des cultures du monde dans un décor cosy !

CAFE ESTORIL €

Plaza Campuzano, 3
✆ +34 944 41 10 33
Du mardi au samedi de 8h30 à 23h, dimanche de 10h30 à 15h30. Environ 10 €.

Sa devanture bleue et son vermouth sont une institution de Bilbao ! Fondé à la fin des années 1980 par Rober et Pele, ce bar un peu *old fashion* est un classique du quartier d'Indautxu, principalement fréquenté par une clientèle d'habitués. Au comptoir, une très grande variété de *pintxos* classiques et savoureux, dont l'incontournable *pintxo de tortilla* au chorizo, l'excellent *pintxo* de foie, ou encore celui à base de morue et piment vert. On les accompagne d'un petit verre de vermouth, la spécialité de la maison ! Grande terrasse sur la place.

EL HUEVO FRITO €

C/ Maestro García Rivero, 1
✆ +34 944 41 22 49
www.elhuevofrito.com
Du lundi au jeudi de 10h à 22h, vendredi et samedi jusqu'à 0h. Environ 10 €.

Dans l'un des coins les plus animés d'Indautxu, un bar sans prétention qui ne désemplit pas à l'heure de l'apéro. Et pour cause : son comptoir jaune poussin est chargé de délicieux *pintxos* simples et savoureux, servis avec le sourire par le sympathique personnel du bar. La plupart des *pintxos* sont coiffés d'un œuf de caille frit, à l'origine du nom de l'établissement (littéralement, « l'œuf frit »). À l'ardoise, également de bonnes brochettes garnies de poulpe et crevette, de légumes et sauce au miel... Arrêt incontournable du *poteo* !

ASADOR ARDE BILBAO €€€

Henao 54
✆ +34 946 67 31 47
www.asadorardebilbao.com
Du lundi au mercredi et dimanche de 12h à 19h, jeudi de 12h à 23h, vendredi et samedi de 12h à 1h30. Environ 50 €.

L'établissement est situé dans le cœur de Bilbao, entre le musée des Beaux-Arts et le Guggenheim, à l'image de la cuisine proposée : entre modernité et tradition. Chez Asador Arde Bilbao vous mangerez une cuisine locale, de qualité et moderne. Miguel le patron et Joseba le chef, rencontrent chaque fournisseur et sélectionnent chaque produit pour composer leur carte de saison. La spécialité : la cuisson au charbon, dont chaque table est équipée de « mini barbecue ». Une excellente adresse qui a pour ambition de devenir l'une des meilleures de Bilbao !

© ARDE BILBAO

© ASADOR

BILBAO

FARKETA 56 €€€

Rodriguez Arias, 56

✆ +34 944 419 761

http://farketa.com

Du lundi au vendredi de 7h30 à 0h, samedi de 9h à 0h, dimanche de 12h à 0h. Comptez 50 €.

Cuisine de tradition dans un cadre assez rustique, avec nappes blanches et poutres apparentes. Depuis 1982, ce restaurant sert des spécialités basques, avec une prédilection pour les bons produits de la chasse (perdrix, cailles, faisans, etc.) accommodés d'exquises sauces au vin, fruits secs ou pruneaux. En entrée, il ne faut pas manquer les haricots (*habitas*) au chorizo, un plat typique de l'intérieur des terres. En plat principal, la queue de bœuf confite au vin rouge et le *chuletón* (côte de bœuf) sont également des valeurs sûres !

NERUA GUGGENHEIM BILBAO €€€

Abandoibarra, 2

✆ +34 944 000 430

www.neruaguggenheimbilbao.com

Du mardi au dimanche 13h-15h, également vendredi et samedi 20h30-22h. Menu 80 €.

Le restaurant gastronomique du Guggenheim, tenu par le chef Josean Alija. On y accède par la porte principale, qui donne sur la *ria*, ou depuis l'intérieur du musée. Le minimalisme règne dans la salle du restaurant, aux tonalités de blanc et de beige. Josean Alija fait écho à l'architecture du Guggenheim avec ses créations personnelles et avant-gardistes, récompensées par une étoile au Michelin. Sa cuisine est basée sur la recherche, l'analyse des produits et la quête de l'essence des saveurs. Une approche conceptuelle et tout à fait fascinante de la gastronomie.

RESTAURANTE PORRUE €€€

Alameda Recalde, 4

✆ +34 944 231 313

www.porrue.com

Tous les jours de 13h à 23h, le dimanche jusqu'à 16h. Menu dégustation 108 €.

Décoration moderne et jeux de lumière plantent un décor original pour ce restaurant à la mode. Ici, la nouvelle cuisine basque s'exprime avant tout par le travail d'excellentes matières premières, et en particulier des poissons et fruits de mer achetés auprès des pêcheurs locaux. Poisson frais de Bermeo, huîtres de Cambados, pain de Lekeito : le chef Unai Campo sélectionne ses producteurs avec un soin extrême. Un point d'honneur est également mis sur la sélection des vins et la préparation des cocktails (dont l'incontournable gin tonic).

SAN MAMÉS JATETXEA €€€

Estadio San Mamés

✆ +34 946 412 432

www.sanmamesjatetxea.com

Du mardi au dimanche de 13h30 à 15h30. Le soir, du jeudi au samedi de 20h à 22h30. Menus à partir de 39,50 €.

A l'intérieur du stade San Mamés, c'est le restaurant tout indiqué pour les fans du ballon rond… mais pas seulement ! Car en plus d'une vue privilégiée sur le terrain, ce restaurant sert une cuisine basque raffinée. Ainsi, les fins gastronomes apprécieront la cuisine de Fernando Canales (chef du restaurant Atelier Etxanobe) servie dans un décor de bistrot moderne mêlant le bois, la céramique et les luminaires design. À midi, le menu « ejecutivo » offre un bon rapport qualité-prix. Des cours de cuisine et des show-cooking sont organisés sur place !

SUA SAN €

Mazarredo Zumarkalea, 79

✆ +34 94 498 77 51

https://suasan.com

Du lundi au vendredi de 8h à 23h, samedi de 9h à 0h, dimanche de 9h à 16h30. Menus 18-24 €.

A deux pas du Guggenheim et du musée des beaux-arts, voilà une adresse très agréable pour un petit-déjeuner, un brunch ou un *menu del día* sain et équilibré. Son décor moderne et éclectique, mêlant banquettes en velours, lampes globe et illustrations *arty*, séduit une clientèle cosmopolite venue de tous horizons. Installez-vous autour de ses grandes tables en bois ou en terrasse pour siroter un jus détox, bruncher autour d'un plat gourmand d'œufs Bénédicte au guacamole, savourer un plat du jour ou une spécialité à la carte (salades, crèmes, bagels, etc.).

ZARATE €€€

Licenciado Poza, 65

✆ +34 94 441 65 21

www.zaratejatetxea.com

Mardi, mercredi et dimanche de 13h30 à 16h, du jeudi au samedi de 13h30 à 16h et de 21h à 23h. Menu 105 €.

Refuge paisible au cœur de la très animée rue « Pozas », Zarate offre une cuisine traditionnelle de haut niveau, récompensée par une étoile au Michelin. Sergio Ortiz, le chef du restaurant, aime travailler les bons produits, et en particulier les poissons et fruits de mer, sans à peine altérer leur saveur. C'est d'ailleurs l'une des meilleures adresses de la ville pour savourer une cuisine de la mer. Chipirons dans leur encre, *kokotxas* de merlu à la sauce pil-pil, et une superbe sélection de poisson frais provenant des ports de Lekeitio et Ondarroa.

FAIRE UNE PAUSE

Comme un peu partout au Pays Basque et alentour, il n'est pas aisé de distinguer les établissements dédiés à l'apéritif de ceux plutôt orientés simple pause café. Profondément intégrée dans les mœurs, la culture de la terrasse est telle que les adresses sont innombrables. Parmi les quartiers sympas pour s'attabler le temps d'un café ou d'un vermouth, le cœur du Casco Viejo est sans doute le plus fréquenté, en particulier la zone entièrement piétonne des *Siete Calles* (sept rues), un enchevêtrement de petites ruelles (appelées « zazpi kaleak ») : ses maisons aux façades typiquement basques sont bordées de nombreux bars à pintxos et de boutiques. Juste de l'autre côté du fleuve, faisant toujours partie du centre historique de Bilbao, le quartier branché de San Francisco – plus largement connu sous le nom de Bilbao La Vieja – est particulièrement dynamique et abrite lui aussi de bonnes adresses.

ALAMBIQUE

37 Alda Urquijo
✆ +34 944 434 188
Tous les jours de 8h à 0h, les week-ends à partir de 11h.

Situé à deux pas du centre culturel Azkuna Zentroa, ce bar musical est une valeur sûre de l'Ensanche pour boire un cocktail sophistiqué, sur fond d'une programmation musicale variée allant du jazz aux sonorités lounge. On aime la décoration soignée du lieu, qui offre un cadre agréable pour boire un verre en soirée, mais surtout la carte de cocktails colorés et savoureux. Autour du bar, les divines serveuses font tourner les têtes, tandis que le patron Jon assure un accueil agréable. Une bonne adresse pour faire des rencontres !

ANDER ETXEA

Barrenkale, 21
✆ +34 944 157 683
Tous les jours de 11h à 23h (19h le dimanche, 21h le lundi).

Dans le nord de l'Espagne, le vermouth est appelé *marianito*. Ce petit bar authentique et populaire des Siete Calles en a fait sa spécialité : ici, le vermouth est servi avec une goutte de gin et d'Angostura (concentré d'essences originaire des Caraïbes), de l'écorce d'orange, et une assiette d'olives. Vous pourrez le boire rouge ou bleu, dans ce cas avec une goutte de *curaçao*, et opter en accompagnement pour une petite assiette de crustacés : bulots, crevettes, etc. L'endroit est particulièrement animé le samedi et le dimanche midi !

ANTIGUA CIGARRERÍA

Calle Astarloa, 5
✆ +34 944 24 89 73
Tous les jours de 9h à 3h, vendredi et samedi jusqu'à 4h.

Un local au design moderne et épuré, qui propose plusieurs ambiances tout au long de la journée. On s'y arrête pour un café de bon matin, un *vermut* à l'heure de l'apéritif, ou une coupe de champagne accompagnée d'huîtres. On peut aussi y savourer de délicieuses *raciones*, comme les anchois de Bermeo ou les asperges de Navarre, et surtout y boire de bons cocktails réalisés avec un grand savoir-faire. En soirée, concerts et sessions DJ assurent l'ambiance pour une clientèle hétéroclite. Un lieu cosmopolite à fréquenter à toute heure de la journée !

ARRESE

Calle Gran vía, 24
✆ +34 94 423 40 52
www.arrese.biz
Ouvert du lundi au samedi de 9h à 21h, dimanche de 9h à 15h et de 17h à 20h30.

Depuis 1852, cette pâtisserie est une institution de la ville. Sa décoration, qui n'a pratiquement pas bougé depuis cent ans, conserve de belles pièces de mobilier comme ce superbe comptoir en marbre de Carrare. Une grande variété de gâteaux et de chocolats régalent les *bilbaínos* depuis plusieurs générations, mais la grande spécialité de la maison demeure la truffe au chocolat dont la préparation artisanale reste inchangée depuis des décennies. Vendues sous forme de boîtes et assortiments, c'est une bonne idée de souvenir pour vos amis gourmands !

BAR JAIME

Gran Vía Diego López de Haro, 86
✆ +34 944 422 492
Du lundi au vendredi de 7h30 à 1h30, samedi à partir de 9h.
Un petit bar familial où se délecter de super cocktails et de très bons *pintxos*. Avec sa grande terrasse sur la Gran Vía, c'est un lieu de rencontres à toute heure de la journée, où l'on croise aussi bien des *señoras* venues prendre un café que des trentenaires à l'apéritif. Parmi ses spécialités appréciées des habitués : le pintxo de tortilla, considéré comme l'un des meilleurs de la ville, et ses petits sandwichs grillés qu'on avale sur les coups de 11h en guise de petit déjeuner. Le soir, bonne ambiance sur deux étages et autour du bar !

BIHOTZ CAFÉ

C/ Arechaga, 6
✆ +34 679 06 03 12
Du mardi au jeudi de 15h à 22h, vendredi de 13h à 23h, samedi de 11h à 23h, et dimanche de 11h à 22h.
A deux pas du quai Marzana, un pur bar hipster avec sa décoration scandinave, ses meubles vintage et son vieux vélo accroché au mur. On s'y retrouve entre amis pour boire des bières artisanales ou un bon café de différentes variétés, accompagné de sandwichs ou de gâteaux faits maison. Les sandwichs, préparés avec du pain artisanal, sont garnis d'avocat et de fromage frais, de houmous et oignon caramélisé, ou encore de saumon fumé. Un lieu qui séduira les amateurs de bière avec sa grande variété de marques locales et importées, tout comme les puristes du café !

BAR MARZANA 16

C/ Marzana, 16
✆ +34 944 15 01 37
www.barmarzana.com
Du lundi au vendredi de 17h à 23h, samedi et dimanche de 12h à 23h.
Ce petit bar qui domine la *ria* est le repaire des étudiants et des artistes du quartier. Installé dans une vieille taverne remise au goût du jour, il affiche un décor plein de charme mêlant carreaux de faïence bleu ciel et mobilier bohème. L'endroit parfait pour siroter une bonne bière ou un *marianito* (vermouth) à toute heure de la journée dans une ambiance authentique. Pour les petites faims, on y trouve également de bons sandwichs et salades. En prime, la plus jolie terrasse des environs pour profiter de vues agréables sur la ría !

CHARAMEL GOZOTEGIA

Jardines Kalea, 2
✆ +34 944 165 984
www.charamelgozotegia.com
Tous les jours de 9h à 20h30, dimanche jusqu'à 15h.
A deux pas du Teatro Arriaga, un joli décor rétro-branché pour une pause sucrée à base de biscuits et de gâteaux artisanaux. Parmi ces douceurs, des recettes classiques ou internationales, des pâtisseries raffinées et une belle sélection de spécialités basques : tiramisu, scones, *bollos de mantequilla* (brioche typique de Bilbao), gâteau basque, au fromage ou *carrot cake*... Le tout à déguster dans un joli décor en pierre accompagné d'un café, d'un chocolat chaud ou d'un jus de fruits frais. Immanquable : l'*hojaldre* (gâteau feuilleté) !

BAR MUELLE

Erripa Kalea, 3
Du mercredi au samedi à partir de 17h.
Inauguré en 2018 sur les bords de la ría, ce spot à la mode fonctionne à la fois comme espace culturel, salle de concert et boîte de nuit en plein centre de Bilbao. On s'y arrête pour voir un concert, boire un cocktail après le travail, siroter un vermouth au soleil le dimanche midi ou danser sur le *dance floor* au son des Dj. Dans un décor stylé de belles lampes Art déco et de jeux de lumière, ou simplement sur la terrasse au bord de l'eau, voici le nouveau lieu de rendez-vous des hipsters de Bilbao ! Consultez la programmation sur le site web.

CINNAMON

C/ San Vicente 3
✆ +34 944 65 78 01
Tous les jours de 9h30 à 13h30 (et samedi de 16h30 à 22h).
Charmant café à l'esprit bohème, point de rencontre prisé à l'heure du petit déjeuner en semaine ou du brunch les week-ends. Dès le petit matin, on s'y régale de tartines grillées (*tostadas*) à l'avocat et saumon, aux œufs brouillés, ou de bols de yaourt aux fruits frais et granola. Avec ses meubles vintage, ses gâteaux faits maison et son café de qualité, c'est aussi l'endroit parfait pour une pause gourmande à l'heure du goûter. Pour les petites faims : salade de quinoa, sandwich « veggie » et autres options bonnes et saines.

EL CARGADERO DE BILBAO

Dique Kalea, 1

✆ +34 653 42 22 24

Du lundi au mercredi de 16h à 22h, du jeudi au dimanche à partir de 12h.

En face de la presqu'île de Zorrotzaurre, ce bar à la mode possède la terrasse la plus agréable de Bilbao. Et pour cause : elle est littéralement posée sur la *ría*, tel un cube de verre sur pilotis. Géré par le club nautique de Bilbao, le bar possède – comble du chic – son propre embarcadère ! Ses excellents cocktails et sa programmation musicale en live attirent une clientèle jeune et branchée. L'endroit est particulièrement prisé les week-ends à l'heure du *vermut*, sur les coups de midi. Un spot privilégié pour un apéritif ou un cocktail !

MARTINA DE ZURICALDAY

Calle de Ercilla, 43

✆ +34 944 435 796

www.martinazuricalday.com

Tous les jours de 9h30 à 14h30 et de 16h30 à 21h.

La première pâtisserie Martina de Zuricalday remonte à 1830. C'est donc aujourd'hui la pâtisserie artisanale la plus ancienne du Pays basque. La sixième génération de la famille gère aujourd'hui les quatre boutiques éponymes et continue de régaler les gourmands avec ses fameux *bollos de mantequilla* (brioche à la crème pâtissière), ses gâteaux et autres délices variés (macarons, financiers, cupcakes, etc.). Parmi les autres spécialités de Bilbao, testez la *Carolina* (tartelette garnie d'un cône meringue-chocolat) et le *bollo suizo* (brioche au sucre).

EL TILO DE MAMI LOU

Arenal, 1

✆ +34 944 16 88 67

www.mamiloucupcake.com

Lundi 9h-14h, du mardi au jeudi 9h-20h30, vendredi et samedi jusqu'à 21h.

Juste en face du théâtre Arriaga, ce ravissant salon de thé succède au café historique El Tilo, lieu de rencontre des artistes pendant plus d'un siècle. Ornée de fresques Belle Epoque, cette adresse gourmande est réputée pour ses cupcakes aux multiples saveurs : chocolat, red velvet, fruits rouges, Oreo (biscuits)… Ses énormes parts de gâteau à la citrouille, au fromage ou aux spéculoos sont également à tomber. Une excellente adresse pour un petit déjeuner ou une pause gourmande à l'entrée du Casco Viejo, dans un décor à l'ancienne !

LA MULA DE MOSCÚ

Alameda de Recalde, 15

✆ +34 946 07 71 90

lamulademoscu.com

Du lundi au jeudi de 16h à 1h, vendredi et samedi de 16h à 2h30, dimanche de 13h à 21h.

Conçu par les « MindShakers », jeune équipe de *bartenders* ultra créatifs, ce bar à cocktails offre un décor cosy et cosmopolite pour boire un verre entre amis. Sa déco éclectique s'organise en différents espaces où fusionnent, pêle-mêle, banquettes et coussins orientaux, canapé Chester, murs en brique et style *mid-century*. On aime leurs cocktails tantôt classiques, tantôt inventifs, qui s'accompagnent de tapas et petits plats aux accents exotiques (ceviches, nachos, gyozas, etc.). Très à la mode, le bar est généralement bondé les week-ends !

MAIKALA

Plaza Nueva, 11

✆ +34 946 02 86 45

Tous les jours de 10h à 21h.

Sur l'emblématique Plaza Nueva, une adresse gourmande pour s'offrir un café et une belle part de gâteau ! Difficile de choisir parmi cette irrésistible variété de desserts : tarte au chocolat, carrot cake, red velvet, brownie, brioches et l'excellent « muerte por chocolate »… Un conseil cependant : testez la délicieuse *tarta de queso cremoso* (gâteau au fromage) : une valeur sûre de la maison ! Une bonne adresse pour un petit déjeuner ou un goûter, pratique également pour les familles puisque vos bambins pourront jouer sur la place en toute sécurité !

PROMENADE

C/ Ledesma, 21

✆ +34 944 070 429

www.promenadebilbao.com

Tous les jours de 12h à 0h, le dimanche jusqu'à 17h.

Lorsque le chic parisien rencontre la tradition espagnole, le résultat mérite forcément un coup d'œil. C'est le cas dans ce bistrot de la rue Ledesma, incontournable voie piétonne toujours très animée, où l'on remet au goût du jour l'apéritif au vermouth, dont la maison propose plus de 50 références et de nombreuses variations (au rhum, au cava, sangria de vermouth…) ! On le déguste avec quelques *gildas* (typique *pintxo* basque), coques ou anchois. Plus consistants : les *croquetas* de jambon ibérique et les assiettes de saumon fumé, poulpe ou fromage de brebis.

PUB K2

C/ Somera, 10
✆ +34 944 16 34 50
www.pubk2bilbao.com
Du lundi au jeudi de 10h à 1h, vendredi jusqu'à 4h, samedi de 11h à 4h, dimanche de 12h à 0h.

Un classique du Casco Viejo les soirs de match de l'Athletic : une foule de supporters s'y retrouvent dans une ambiance survoltée ! Le K2 accueille également des expositions temporaires de jeunes artistes ainsi que des concerts (consultez la programmation sur leur site). Un endroit sympa et animé pour prendre un verre en soirée, mais aussi pour grignoter quelques *pintxos* et autres *raciones* sans prétention (tortilla, burgers, etc.). Une bonne adresse pour les amateurs de foot qui souhaitent voir un match de l'Athletic dans une ambiance locale !

SUMERIAN CLUB

Heros Kalea, 9
✆ +34 944 67 79 24
Tous les jours de 16h à 4h, les week-ends jusqu'à 5h.

Haut lieu de la mixologie, ce bar né en 2018 est le nouveau point de rencontre des férus de cocktails et d'ambiances chic ! Situé à proximité du musée Guggenheim, il offre un décor ultra soigné avec ses étagères en bois où s'alignent liqueurs et bocaux multicolores, ses banquettes en velours vert très tendance et son globe lumineux. Derrière le bar, les serveurs stylés vous concocteront des élixirs à tomber, à choisir parmi une carte de « nouveaux classiques » et de cocktails signature. En accompagnement, testez leurs délicieuses crêpes !

SINGULAR BAR

Lersundi Kalea, 2
✆ +34 944 23 17 43
www.singularbar.com
Du lundi au jeudi de 9h30 à 23h, vendredi jusqu'à 1h, samedi de 12h à 1h.

Inauguré en 2015, ce superbe bar à la décoration contemporaine est spécialisé dans la bière. Au bar, 6 fûts à bière qui changent en fonction des saisons, et une carte très soignée de bières en bouteille provenant du monde entier, qui laisse aussi une place privilégiée à la production artisanale locale. Pour les accompagner, de bons *pintxos* et des *raciones* de produits régionaux, comme les anchois de Santoña, les coques de Galice ou la *cecina* de León. Régulièrement, le bar programme des dégustations et des concerts. Très beau décor à l'esthétique industrielle.

TERRAZA YANDIOLA

Plaza Arrikibar, 4
✆ +34 944 13 36 36
www.yandiola.com
Du lundi au vendredi de 14h30 à 22h (23h le vendredi), samedi et dimanche de 13h à 23h.

A l'arrivée des beaux jours, voici le spot à ne pas manquer pour prendre un verre en soirée. Installé sur le toit du centre culturel Azkuna Zentroa, ce bar en terrasse attire une clientèle branchée, venue siroter un cocktail sur fond de musique lounge. La terrasse dépend du restaurant Yandiola, bonne table de cuisine actuelle située à l'intérieur du centre culturel, mais on peut y accéder de manière totalement indépendante. Outre son ambiance chill-out propice aux rencontres, vous apprécierez aussi ses vues agréables, en particulier sur la coupole du bâtiment.

SIXTY-ONE LOBBY BAR

Alameda Mazarredo, 61
✆ +34 944 253 300
Du jeudi au samedi de 19h à 1h.

Rénové en 2016, le bar du Gran Hotel Domine présente un décor chic et contemporain imaginé par l'agence locale Foraster Arquitectos. Les matériaux luxueux, comme la grande table en marbre à l'entrée, le contraste entre les tissus et les belles matières et les dessins joyeux du célèbre designer espagnol Javier Mariscal composent un décor harmonieux. Installez-vous dans l'un de ses confortables canapés en velours pour déguster un excellent cocktail dans une ambiance cosmopolite. Pour les petites faims, intéressant choix de tapas et *raciones*.

TURRONERÍA ADELIA IVAÑEZ

C/ Correo 12
✆ +34 944 169 326
www.adeliaivanez.com
Tous les jours de 9h à 21h (dimanche à partir de 10h).

Depuis 1860, cet établissement propose des glaces, du *turrón* et de l'*orchata* (boisson valencienne à base de jus de souchet) aux gourmands. Créé par une famille originaire du village de Jijona, berceau du *turrón*, l'établissement est aujourd'hui mené par la sixième génération. Outre sa grande variété de *turrones*, il propose bien d'autres douceurs en période hivernale : *polvorones* (biscuits friables), figurines au massepain, fruits confits, chocolats et cavas... L'été, on se régale de leurs glaces artisanales aux multiples parfums.

(SE) FAIRE PLAISIR

Vous trouverez à Bilbao toutes les grandes enseignes du shopping à l'espagnole : Zara, Massimo Dutti, Mango, Pull and Bear, Zara Home, etc. Toutes ces marques espagnoles affichent des prix de 20 à 30 % moins chers que les prix français et se concentrent dans le quartier de l'Ensanche, sur la Gran Via et les avenues environnantes. Bilbao est aussi une ville de créateurs. Les enseignes Loreak Mendian et Skunkfunk sont les plus célèbres représentants de la mode basque, mais on y trouve aussi les principaux créateurs du reste de l'Espagne (Bimba y Lola, El Ganso, Desigual, etc.), là aussi à bon prix. Les boutiques et commerces sont généralement ouverts de 10h à 14h et de 17h à 20h, du lundi au samedi. Les grandes enseignes de la mode et les centres commerciaux (Corte Inglés) ouvrent en général de 10h à 21h sans interruption. Les soldes d'hiver commencent quelques jours après Reyes (6 janvier) et les soldes d'été vers début juillet.

DENDAZ. THIS IS BASQUE DESIGN

Plaza Arriquibar, 4
✆ +34 944 014 014
https://dendaz.azkunazentroa.eus
Tous les jours de 10h à 14h et de 18h à 21h.

Inauguré en 2019, ce grand showroom situé au rez-de-chaussée du centre culturel Azkuna Zentroa met en lumière le travail des artistes locaux dédiés au design et à la création. À la fois librairie, papeterie, boutique de mode et de décoration, l'espace compte plus de 150 mètres carrés aménagés avec des meubles en bois modulables, réalisés par des artisans de la région. C'est donc un endroit incontournable pour trouver des idées cadeaux design et locales !

ENOTECA EL RINCÓN DEL VINO

Euskalduna Kalea, 5
✆ +34 944 104 791
www.pasionporelvino.com
Du lundi au vendredi de 9h à 14h et de 16h à 20h, samedi de 9h à 14h.

Ce caviste né en 1994 réunit plus de 3 000 références de vins et liqueurs dans un vaste espace dédié à la vente, mais aussi à toutes sortes d'activités autour du vin (conférences, dégustations, présentations de crus ou de *bodegas*, etc.). Vous apprécierez l'accueil toujours aimable et très professionnel d'Antonio et son équipe, l'immense variété des crus sélectionnés, mais aussi leur excellent rapport qualité-prix. Une adresse incontournable pour faire des achats de vins !

BACALAO GREGORIO MARTÍN

C/ Artekale, 22
✆ +34 94 415 37 07
www.gregoriomartin.es
Du lundi au vendredi de 9h à 13h15 et de 16h30 à 19h45, samedi de 9h à 13h30.

Le *bacalao* (morue), star de la cuisine locale, est à l'honneur dans cette vieille épicerie fondée en 1931. La « Bacalada de Gregorio Martín », comme on la surnomme, vaut aussi le coup d'œil pour son décor authentique, rempli de conserves, de rangées de saucisses et de sacs de légumes secs. La morue, produit phare de la maison, est importée des îles Féroé, où elle est issue d'une pêche durable. Le choix des producteurs est la clé du succès de cette enseigne : fromages, charcuteries, vins, chocolats, etc., sont sélectionnés auprès des meilleurs producteurs.

MERCADO DE FLORES DEL ARENAL

Arenal de Bilbao
Tous les dimanche de 10h à 14h.

Ce marché aux fleurs se tient tous les dimanches matin sur la promenade d'El Arenal, à quelques mètres de l'Hôtel de Ville. Les étals sont installés au bord de la ría, offrant toutes sortes de plantes et de fleurs à petit prix. Les emblématiques *tinglados* (abris métalliques), hérités de l'ère industrielle, deviennent ainsi l'écrin de ce joli marché où il fait bon flâner parmi les fleurs fraîchement coupées. Beaucoup de petits producteurs viennent y vendre leurs produits.

MERCADO DOMINICAL PLAZA NUEVA

Plaza Nueva

Tous les dimanches de 10h à 14h.

Tous les dimanches matin, la Plaza Nueva se remplit de passants et de curieux à l'occasion de son marché dominical. Sous les arcades de la place, une cinquantaine d'étals vendent des disques, des livres, des jouets anciens, et même des poissons et des oiseaux. C'est aussi le lieu de rendez-vous des passionnés de *cromos* (cartes à collectionner). Ce jour-là, les bars de la place ne désemplissent pas ; il est coutume d'y prendre l'apéritif avec des *rabas* (calamars frits).

ÄTAKONTU

Jardines Kalea, 8

✆ +34 627 034 080

https://atakontu.bigcartel.com

Du lundi au samedi de 11h à 14h30 et de 17h à 20h.

Le duo formé par Ibai León et Sara Campillo est à l'origine de cette marque 100 % locale, proposant des vêtements au graphisme très *arty* pour hommes, femmes et enfants. Une mode colorée et amusante à découvrir dans leur jolie boutique du Casco Viejo, née en 2012 après plusieurs années d'expérimentation graphique. Tous leurs vêtements sont dessinés et confectionnés dans leur atelier de Bilbao, fruit d'un processus mêlant nouvelles technologies et savoir-faire traditionnel. Leur logo représentant une tête de tyrannosaurus est un *must* !

ZUBIARTE

2 Lehendakari Leizaola

✆ +34 944 277 380

www.zubiarte.com

Boutiques ouvertes du lundi au samedi de 10h à 22h.

Posé sur les bords de la ría, entre le palais des congrès Euskalduna et le musée Guggenheim, voici l'unique centre commercial du centre-ville de Bilbao. Face au pont de Deusto, ce grand bâtiment en brique rouge accueille sur quatre étages une cinquantaine de boutiques, huit salles de cinéma, un supermarché et plusieurs restaurants. Vous y trouverez bien évidemment les grandes enseignes de la mode internationale (Zara, H&M, Stradivarius, etc.), mais aussi une boutique Ikea, un Media Markt... de quoi assouvir toutes vos envies de shopping !

BASQ LORE

Calle Bidebarrieta, 5

✆ +34 622 04 08 18

www.basqlore.com

Du lundi au samedi de 10h30 à 14h et de 17h à 20h.

Une charmante petite boutique de bijoux et de souvenirs située en plein coeur du Casco Viejo ! Fondée en 1913, elle occupe sept mètres carrés à l'entrée d'un immeuble élégant. Derrière sa belle vitrine en fer forgé sont exposés une multitude de souvenirs, de bijoux à offrir et bien d'autres jolies choses à dénicher. Vous y trouverez notamment les symboles les plus chéris du Pays Basque comme la fleur protectrice Eguzkilore ou le symbole ancestral de la Croix Basque Lauburu. Une micro-boutique idéale pour trouver des idées cadeaux !

AH ! MODA

C/ Carnicería Vieja, 18

✆ +34 944 157 603

www.ahmoda.com

Du lundi au vendredi de 11h à 14h et de 16h30 à 20h, samedi de 11h à 14h et de 17h à 20h.

A deux pas de la cathédrale de Santiago, cette boutique de vêtements et accessoires est une excellente adresse pour faire un tour d'horizon de la création locale. Depuis ses débuts, il y a plus de 15 ans, elle a fait le pari de mettre en lumière de petits créateurs émergents, proposant une mode durable avec des pièces faites main ou de production limitée. Une référence du *handmade* et du bon goût, dont la sélection séduit les filles à la mode avec des pièces d'inspiration vintage, mais aussi de jolis bijoux et des *prints* de jeunes illustrateurs. A découvrir !

BELAZA GALLERY

Plaza Arriquibar, 5

✆ +34 944 10 62 75

www.belazagallery.com

Du lundi au samedi de 10h30 à 14h et de 16h30 à 20h.

Voici la boutique de Kepa Acero, légende locale du surf qui parcourt le monde à la recherche de nouvelles vagues et de nouvelles expériences à vivre. Véritable aventurier des temps modernes, Kepa Acero y partage ses goûts et affinités en matière de mode et accessoires (dont certaines de ses créations à travers sa marque Basati). Marinières, grosses mailles, bonnets : la panoplie du hipster-surfeur ! La boutique, qui fonctionne également comme galerie d'art, accueille régulièrement des expositions d'artistes locaux, souvent autour du thème du surf.

GANBOA JEWELLERY

Aretxaga, 5
✆ +34 94 652 79 89
www.ganboajewellery.com
Du lundi au vendredi de 17h à 20h, samedi de 12h à 14h et de 17h à 20h.

Dans son atelier-boutique du quartier de San Francisco, la créatrice Maitena Gandoa imagine des bijoux inspirés de la nature, aux formes organiques et délicates. Son magnifique showroom, avec ses hauts plafonds et ses poutres en bois apparentes, mérite à lui seul un coup d'œil. Ses anneaux en argent aux formes cylindriques ne sont pas sans rappeler les lignes du Guggenheim... La boutique expose également les pièces d'autres créateurs qui partagent sa philosophie du *handmade* (chapeaux, foulards, sacs, etc.). De quoi trouver de belles idées cadeaux !

LOREAK MENDIAN

C/ Rodríguez Arias, 24
✆ +34 94 427 34 47
www.loreakmendian.com
Du lundi au samedi de 10h30 à 20h30.

Une marque basque de référence fondée dans les années 1990 à Saint-Sébastien. Aujourd'hui, Loreak Mendian cartonne dans toute l'Europe avec ses collections pour hommes et femmes inspirées de l'art, la nature et le surf. Très ancrée dans la culture locale, la marque collabore régulièrement avec des créateurs de la région pour des collections capsules surprenantes. Ses pièces contemporaines et fonctionnelles séduisent une clientèle avide d'une mode atemporelle, et qui apprécie les tissus de qualité. Deux boutiques également à San Sebastián !

I FEEL NUT

C/ Iruña, 1 Bis
✆ +34 946 402 689
www.ifeelnut.com
Du lundi au vendredi de 9h à 18h.

La créatrice Maite Grande a créé sa marque « Ifeelnut » en 2013. Dans son atelier du quartier de Deusto, nouvel épicentre de la création locale, on découvre ses vêtements minimalistes influencés par l'esthétique japonaise et le design scandinave. Une mode féminine, d'inspiration classique, qui se distingue aussi par la qualité des tissus employés, et sa production locale et durable. Sur place, des ateliers de couture sont régulièrement organisés. Maite confectionne également des robes de mariée sur commande. Une mode 100 % *made in Bilbao.*

MINIMIL

Alameda de Rekalde, 25
✆ +34 944 232 043
www.minimil.es
Du lundi au samedi de 10h à 20h.

Cette enseigne de mode se présente comme l'ambassadeur du *New Basque Style* avec ses lignes modernes, simples, et ses tissus de qualité. Fondée dans les années 1980 à San Sebastian, la marque s'inspire du style élégant et atemporel du couturier Cristóbal Balenciaga. Les créations de Contxu Uzkudun puisent alors dans la simplicité des formes propres au maestro espagnol. Aujourd'hui, ses filles Ana et Beatriz poursuivent le développement de la marque, qui compte désormais plusieurs boutiques à Bilbao, Vitoria-Gasteiz et San Sebastián.

JOYERÍA EGUZKILORE

Máximo Aguirre, 20
✆ +34 94 439 94 07
www.eguzkilorejoya.com
Du lundi au samedi de 10h à 20h15.

« Eguzkilore » est la fleur que l'on accrochait autrefois aux portes des maisons basques en guise de protection. C'est aussi le nom de cette marque de bijoux qui s'inspire de la mythologie basque pour créer ses collections. Maître joaillier depuis 1950, la famille Zuluaga a créé cette marque en 2007 avec l'idée d'allier la tradition et le savoir-faire artisanal avec un design dans l'air du temps. Le succès est au rendez-vous, et la marque possède désormais plusieurs boutiques à Bilbao, San Sebastián, Vitoria, et des points de vente dans les Corte Inglés.

MOIQUT

Ercilla, 5
✆ +34 688 64 26 61
www.moiqut.com
Du lundi au vendredi de 10h30 à 14h et de 16h30 à 20h, samedi de 11h à 14h et de 17h à 20h.

Une boutique de mode stylée qui, en plus d'une sélection pointue de marques tendances ou écolos (Compañia Fantastica, People Tree), organise régulièrement des expositions d'art et des concerts en live (généralement le samedi vers 19h). Adeptes du recyclage, ses propriétaires laissent libre cours à leur imagination pour meubler l'espace et la vitrine de la boutique. Les murs y sont généralement couverts de tableaux ou de photographies issus des expositions en cours. Entre deux essayages, jetez un œil à sa petite bibliothèque d'échange de livres.

MONGOLIA GUNEA

Aretxaga Kalea 2
✆ +34 946 94 85 52
www.mongoliagunea.com
Du lundi au vendredi de 11h à 14h et de 17h à 20h30, samedi de 12h à 20h30.

De l'autre côté du pont de la Ribera, un espace dédié à la mode et à l'art, point d'union entre jeunes créateurs et artistes en devenir. Née en 2014, Mongolia Gunea propose une jolie sélection de vêtements et accessoires pour hommes et femmes aux lignes atemporelles, à travers une sélection de marques pointues. Le lieu accueille également des expositions fréquentes d'artistes nationaux, tout en collaborant avec des designers locaux qui ont fait le choix du *handmade*. Un lieu débordant de créativité au cœur de Bilbao La Vieja !

ESPACIO AERRE

2 Avenida Universidades
✆ +34 944 42 27 35
www.aerredesign.com
Du lundi au vendredi de 12h à 14h et de 17h à 20h, samedi de 11h à 14h.

De l'autre côté du pont de La Salve, un lieu dédié à la création graphique, également doté d'une petite galerie d'art. C'est le lieu de rendez-vous des amateurs du design et de l'illustration, qui viennent dénicher ici des créations originales, admirer l'exposition en cours ou participer à l'un des ses ateliers dédiés à l'édition artisanale. Sur ses étagères : *prints*, illustrations, photographies et créations design inspirées de Bilbao en font l'endroit parfait pour dénicher un souvenir stylé... à seulement 5 minutes à pied du Guggenheim !

N32

C/ Ledesma, 32
✆ +34 944 255 128
www.n32.es
Du lundi au samedi de 10h30 à 20h

Une jolie boutique de mode pour femmes, où vous trouverez une sélection de marques très tendance comme Bellerose, Ba&sh, Des Petits Hauts, Sessun, Woolrich, Rains, Veja, Blundstone, Mercules, Beatriz Furest et bien d'autres. Dans une atmosphère intime, vous y bénéficierez de conseils personnalisés et d'un accueil attentionné. Excellente adresse pour un shopping branché ! Une deuxième boutique N32 a ouvert ses portes dans la rue Doctor Achucarro 4, et met en avant des produits durables avec des marques écoresponsables comme ECOALF.

NARATA

C/ Indautxu, 4
✆ + 34 944 399 047
www.naratashop.com
Du lundi au vendredi de 11h à 14h et de 17h à 20h, samedi de 11h à 14h.

Né en 2010, Narata est un espace dédié au design contemporain au travers de l'art, du mobilier et de la mode. Toujours à l'affût de nouvelles tendances, la décoratrice Ainara Barañano et l'artiste Aristide Stornell mixent les pièces de designers avec des objets de création locale. En plus d'une sélection très pointue de meubles et d'objets de décoration, la boutique accueille aussi régulièrement des expositions d'artistes locaux. Une adresse à retenir pour dénicher des objets déco, des idées cadeaux, ou pourquoi pas s'offrir une œuvre d'art !

SKFK

C/ Victor, 5
✆ +34 946 054 955
www.skfk-ethical-fashion.com
Du lundi au samedi de 10h30 à 20h.

Autrefois connue sous le nom de Skunkfunk, cette enseigne slow et écolo a été rebaptisé SKFK pour aborder une nouvelle étape de création. Née il y a une vingtaine d'années à Bilbao, cette marque de mode éthique mise sur la qualité et l'originalité tout en privilégiant une consommation responsable. Ses créations, à la fois urbaines et empreintes de spiritualité, sont inspirées de l'art contemporain. La marque possède une autre enseigne à Bilbao dans le quartier d'Indautxu (C/ Maximo Aguirre, 32). Elle est aussi présente à Pampelune, San Sebastián, Vitoria...

SOMBRERERÍA GOROSTIAGA

C/ Víctor, 9
✆ +34 944 161 276
https://sombrerosgorostiaga.com
Du lundi au vendredi de 10h à 13h30 et de 16h à 20h, samedi de 10h à 13h30.

Fondée en 1857 par Fructuoso Gorostiaga, cette noble maison propose une sélection de bérets, casquettes et sombreros (chapeaux) en tous genres. La plupart des modèles – de belle qualité – proviennent de fabriques espagnoles. Cependant, le patron Emilio Pirla continue de fabriquer (sur commande) des chapeaux de manière artisanale, comme autrefois, dans son atelier au fond de la boutique. Il faut dire que dans les années 1930, Bilbao comptait 100 000 habitants et pas moins de 14 chapeliers ! Un lieu hors du temps où s'offrir une traditionnelle *txapela* (béret) !

BOUGER & BULLER

C'est bien connu, les Basques sont de grands sportifs, et surtout des amoureux de la nature ! Proximité de la montagne et de l'océan oblige, le vélo et le surf sont leurs sports de prédilection. Ainsi, tous les week-ends, beaucoup s'échappent de Bilbao pour rejoindre les plages du littoral et les sentiers verdoyants de l'intérieur des terres. Si vous souhaitez vous initier aux joies du surf, consultez les chapitres dédiés à Getxo et Sopelana où vous trouverez une sélection d'écoles qui proposent des cours d'initiation et de perfectionnement, accessibles en métro depuis Bilbao. Sinon, vous pourrez toujours opter pour une balade en kayak le long de la ría de Bilbao, une expérience insolite qui permet de mêler activité sportive et découverte de la ville. Si vous êtes plus aventureux encore, il est envisageable de partir en expédition en naviguant jusqu'à Getxo, Portugalete et Santurce, avec haltes pique-nique.

BILBOBENTURA

Muelle Ramón de la Sota, 1
✆ +34 660 734 953
www.bilbobentura.com

Cette agence propose plusieurs excursions en kayak pour découvrir la ville et les principaux monuments qui jalonnent la ría. Le trajet « La Peña-Bilbao » (1h30) vous fera passer notamment devant le marché de la Ribera. Celui de « Bilbao-Bilbao » (1h30) vous permettra d'admirer le musée Guggenheim et l'hôtel de ville. L'agence propose aussi des traversées nocturnes en groupe et des excursions jusqu'au pont suspendu de Getxo. Autre option : louer un paddle pour naviguer le long de la ría en toute liberté. Également un service de location de vélos.

RIVERCHEER

Evaristo Churruca kaia, 1
✆ +34 622 932 042
A partir de 55 €.

Cette agence loue des petits bateaux à moteur sans permis, pour une randonnée fluviale dans la ville le long de la ría. Les bateaux, qui peuvent accueillir jusqu'à 4 personnes, sont faciles à manier même sans expérience. Après une formation de rigueur, vous pourrez voguer sur le fleuve en toute liberté, à la découverte des principaux monuments de la ville. Les plus motivés pourront même emporter leur pique-nique pour déjeuner à bord ou faire halte le long des quais. Possibilité également de naviguer jusqu'à Getxo, Portugalete et Santurce.

DESKONECTA

Plaza de Moraza, 1
✆ +34 649 071 616
https://deskonecta.com

Deskonecta, c'est un duo formé par Toni et Begoña, un Catalan et une Basque amoureux de l'aventure et de la nature. Férus de cyclisme, ils proposent des itinéraires à vélo pour découvrir Bilbao et ses environs. Parmi les expériences proposées, « El Bilbao de toda la vida », une excursion d'environ 3h à la découverte des principaux quartiers et monuments de la ville. Pour ceux qui préfèrent explorer la cité basque en toute liberté, optez pour la location de vélos (électriques, hybrides, VTT...). Des itinéraires personnalisés sont aussi proposés.

LA ABADÍA DE ATXURI (ESCAPE ROOM)

Encarnacion Plaza, 9B
✆ +34 688 75 38 41
https://abadiadeatxuri.com

Cet escape room baptisé « La Abadía de Atxuri » se déroule dans le cadre insolite du musée d'art sacré, au cœur du vieux Bilbao. Le concept ? Une expérience à compte à rebours au sein du musée, avec des énigmes à résoudre en petits groupes de 2 à 6 personnes. Jeux de lumière, effets spéciaux et musique d'ambiance vous plongeront dans une atmosphère singulière. Une façon originale d'explorer l'ancien couvent dominicain et les œuvres du musée d'art sacré !

SORTIR

Bilbao est une ville qui bouge et fera le bonheur des fêtards et autres oiseaux de nuit. Si la soirée commence en général par une tournée des bars à pintxos en bonne et due forme, les options pour la faire durer sont légion. On pourra aussi bien se rendre au classique et intime Cotton Club pour un fin cocktail qu'en sortie clubbing au Fever, une immense boîte de nuit de quatre salles (le club organise un vendredi par mois une soirée dans le musée Guggenheim, DJs en accompagnement). Les amateurs de live music ne seront pas en reste : Bilbao étant une ville pleine de talents, les salles de concert sont nombreuses et il y en a pour tous les goûts, du jazz au fado, du folk au flamenco, du rock à la soul... Quelques salles de spectacles (théâtre, danse, musique) viennent compléter les options nocturnes de la ville basque, avec notamment le Badulake, lieu déjanté au cœur de Bilbao La Vieja où le burlesque est à l'honneur.

BACK&STAGE

Uribitarte Kalea, 8
✆ +34 626 11 25 40
www.backandstage.com
Ouvert le soir les jeudis, vendredis et samedis.

Deux salles collées l'une à l'autre – Stage live et Back room – dans un emplacement très central au bord de la ría, face au célèbre pont de Zubizuri. Ici se succèdent concerts et soirées *clubbing* à la programmation variée : soirées Erasmus, musique commerciale, reggaeton...). Dotée d'une solide réputation, Stage live accueille des artistes de qualité, tandis que la Back room est l'un des clubs de prédilection des 18-25 ans. Le club possède aussi plusieurs espaces VIP, les bien nommés *privados,* où célébrer toutes sortes d'évènements.

BADULAKE

Hernani, 10
✆ +34 669 32 72 77
Ouvert les jeudis, vendredis et samedis de 23h à 6h.

Au cœur du quartier de San Francisco, un bar déjanté qui accueille régulièrement des spectacles décalés où le burlesque est de mise. Le show de Las Fellini (www.lasfellini.com) est un classique à ne pas manquer : vous allez adorer ce cabaret transformiste complètement barré ! Le reste du temps, une clientèle éclectique à dominance gay s'y retrouve pour danser sur de la musique pop et des tubes des années 1980 jusqu'au bout de la nuit. Soyez attentif à la programmation disponible sur leur page Facebook : Badulake organise régulièrement des fêtes costumées !

COTTON CLUB BILBAO

Alameda Gregorio De La Revilla, 25
✆ +34 944 10 49 51
www.cottonclubbilbao.es
Mardi et mercredi de 20h30 à 3h, jeudi jusqu'à 5h, vendredi et samedi jusqu'à 6h.

Un classique des nuits de Bilbao depuis les années 1990, situé au cœur du quartier d'Indautxu. Ce pub à la décoration boisée et intime, aux murs couverts de billets de banque, de vieux cadres et de capsules de bouteilles, est parfait pour prendre un verre en soirée. Des concerts en live y sont régulièrement programmés, ainsi que des DJ sets jusqu'au petit matin. Des artistes espagnols comme Pablo Lopez, Antonio Orozco, El Lichis ou encore Nil Moliner sont montés sur sa scène au cours des dernières années, mais aussi des groupes émergents du panorama local.

FEVER

Tellería Kalea, 27
✆ +34 944 598 617
www.fever.es
Ouvert les vendredis, samedis et jours fériés.

Depuis sa création en 2005, Fever est le club de référence à Bilbao. Situé au sud du Casco Viejo, cette immense boîte de nuit accueille dans ses 4 salles (Pink Fever, Gold Fever, Black Fever et Blue Fever) une clientèle éclectique, avide de nouveautés musicales. Outre son excellente programmation de concerts, Fever organise également un vendredi par mois les soirées « Art After Dark » dans le musée Guggenheim, pour visiter les expositions de nuit avec la musique des DJs pour accompagnement. Consultez l'agenda sur leur site web !

KAFE ANTZOKIA

Done Bikendi Kalea, 2
✆ +34 944 24 46 25
www.kafeantzokia.eus
Ouvert tous les jours, consulter la programmation.

A l'origine, cet espace avait été conçu dans les années 1990 pour offrir un lieu de réunion aux bascophones. Ne soyez donc pas surpris si vous entendez beaucoup de gens parler en basque ! Installé dans un ancien cinéma, il fonctionne aujourd'hui comme restaurant, salle de concerts et boîte de nuit. C'est une scène de référence pour les musiciens basques de la région, bien qu'il accueille aussi de nombreux groupes et artistes internationaux. Côté club, l'ambiance est jeune et détendue, avec une programmation musicale très variée.

AZKENA

Ibáñez de Bilbao Kalea, 26
✆ +34 944 240 890
www.azkena.eus
Ouvert les jeudis, vendredis et samedis à partir de 20h.

Très bonne ambiance dans cette salle de concert de l'Ensanche née en 2001, qui programme principalement des groupes de rock, pop, folk, country et musique indé. C'est une salle emblématique du circuit musical de Bilbao, qui accueille une clientèle éclectique, mais fidèle, avec son service sympa, ses prix corrects et sa bonne musique. Les mélomanes ne manqueront pas d'admirer la collection de guitares signées par des légendes de la musique, exposées dans l'une des vitrines du local. Après les concerts, un DJ assure l'animation jusqu'au petit matin.

BILBOROCK

Muelle La Merced, 1
✆ +34 94 415 13 06
http://bilbaogazte.bilbao.eus
Consulter la programmation. Entrée payante pour certains événements.

Au cœur du quartier de San Francisco, une église bâtie au XVIIe siècle par Antonio Ortiz de Calina et Francisco de Elorriaga, puis rénovée au XVIIIe siècle. Dans les années 1990, la mairie de Bilbao décida de transformer cette ancienne église en espace musical et culturel. Depuis, Bilborock accueille une programmation variée : concerts, projections de films, spectacles de théâtre et de danse, conférences, etc. Son concours Pop-Rock Villa de Bilbao réunit le meilleur de la scène émergente. Un lieu atypique, devenu le temple de la culture alternative de Bilbao.

RESIDENCE CAFÉ

Barrainkua s/n
✆ +34 944 052 666
www.residencecafe.com
Du lundi au jeudi de 15h à 1h30, du vendredi au dimanche à partir de 13h.

Inauguré en 2003, le bar de Manu Iturregi est désormais un classique de l'Ensanche. Son local au décor de pub irlandais accueille régulièrement des concerts de jazz, de blues, de folk... La qualité de la musique et la dextérité des barmen sont d'ailleurs les principales raisons du succès de Résidence. Fréquenté par une clientèle d'habitués, on y respire une atmosphère pleine d'authenticité où il fait bon boire une bière artisanale ou un whisky, sélectionné parmi l'une des 200 références disponibles ! Tous les mercredis soir, concerts acoustiques de folk à 21h.

SALA BBK

Gran Vía López de Haro, 19-21
✆ +34 944 05 88 24
www.salabbk.es
Consultez la programmation sur le site web.

Installée dans un ancien cinéma de l'Ensanche, la Sala BBK est un lieu dédié à la diffusion de la culture urbaine. Le lieu appartient à l'entité financière basque BBK, connue désormais sous le nom de Kutxabank. Tout au long de l'année, on y programme des concerts de jazz, fado, flamenco, rock and roll, etc., ainsi que des projections de films, des conférences, des spectacles de danse et des *bertsolaris*. Toutes les formes de la culture y sont représentées. Une programmation spécialement conçue pour les familles est également proposée.

TEATRO CAMPOS ELÍSEOS ANTZOKIA

C/ Bertendona, 3
✆ +34 94 443 86 10
www.teatrocampos.com

Théâtre inauguré en 1902, dont la somptueuse façade moderniste – aux influences orientales – est l'œuvre de l'architecte français Jean Batiste Darroquy, originaire de Saint-Jean-de-Luz. L'intérieur, entièrement rénové, abrite une grande salle principale et la « sala Cúpula » dédiée aux concerts. Le théâtre propose une programmation variée de concerts et spectacles. Le cycle Kupula Bilbao met en lumière la création contemporaine locale, avec des spectacles *made in Bilbao*.

SANTURTZI ★

À quelques kilomètres à peine, sur la rive gauche de Bilbao, se trouve cette ville de pêcheurs qui s'est agrandie pour devenir le centre névralgique du commerce maritime. Mais, pour les gens de la région, Santurtzi reste le fief de la sardine et des sardinières qui vendent leurs poissons sur le port et à l'entrée de l'église San Jorge. Une chanson espagnole leur est même dédiée, *Desde Santurce a Bilbao* : jadis, les femmes de Santurtzi devaient marcher pieds nus jusqu'à Bilbao, sur 14 km, pour livrer le panier à sardines qu'elles portaient sur leur tête. Bref, il n'est pas de meilleur endroit pour goûter aux sardines grillées.

© ALBERTO LOYO - SHUTTERSTOCK.COM

Santurtzi.

SANTURTZI ITSAS MUSEOA

Puerto Pesquero 20

✆ +34 94 483 94 94

visitsanturtzi.eus

Tous les jours 10h-15h, jusqu'à 19h en été. Visite musée et bateau 2,50 €.

Ce musée de la mer, qui occupe l'emblématique bâtiment de la confrérie des pêcheurs, propose un itinéraire à travers l'histoire maritime de Santurtzi. Vous y découvrirez l'histoire passionnante de célèbres contrebandiers basques du XVIe siècle, la tradition des régates de traînières ou encore la figure des vendeuses de sardines. Des visites guidées ou théâtralisées du musée sont organisées, et peuvent se poursuivre par la découverte d'un bateau de pêche traditionnel de 1960, l'Agurtza, pour découvrir les secrets de la pêche au thon.

VER BALLENAS [OBSERVATION DE BALEINES]

✆ +34 944 839 494

www.verballenas.com

Sorties de juillet à octobre. Comptez 70 € par personne.

Ces sorties pédagogiques rencontrent tous les ans un grand succès auprès des visiteurs de la région. Gorka Ocio, expert en cétacés, vous accompagne lors d'une excursion naturaliste à travers le golfe de Gascogne pour observer les baleines et les dauphins. Son approche respectueuse et pédagogique séduit un large public : pensez donc à réserver à l'avance ! L'excursion dure environ 8 heures et inclut une conférence sur les espèces marines. Passionnant !

URH PALACIO DE ORIOL €€

Cristobal de Murrieta Hiribidea, 27

✆ +34 944 934 100

www.urhpalaciodeoriol.com

Comptez entre 60 € et 120 € la chambre double standard.

Situé au cœur du quartier historique de Santurtzi, cet hôtel de charme est particulièrement apprécié pour son joli point de vue sur la ville et sur la baie d'Abra. Il est installé dans un splendide palais datant de 1906 classé monument historique. Ses 88 chambres sont confortables et très bien équipées. Elles offrent une décoration moderne et agréable et jouissent pour la plupart de belles vues sur la mer. Emplacement très commode pour rejoindre Bilbao en 20 minutes en métro. En revanche, on regrette un peu la proximité des voies ferrées.

MANDANGA HOGAR DEL PESCADOR €€

Puerto Pesquero, s/n

✆ +34 944 610 211

www.hogardelpescadorsanturce.es

De 13h30 à 16h et de 20h à 23h. Fermé dimanche soir et lundi soir. Comptez 40 €.

Situé dans le bâtiment de la Confrérie des pêcheurs, sur le port de Santurce, ce restaurant est un classique pour manger du poisson grillé à la *parilla*. Sur deux étages, dans un agréable décor d'inspiration maritime, on se régale d'une soupe de poisson, d'une dorade ou d'un merlu grillé, de palourdes en sauce verte... L'été, installez-vous sur sa grande terrasse pour partager des sardines grillées et une bouteille de txakoli dans une ambiance informelle. Bon rapport qualité-prix !

OFFICE DU TOURISME

Puerto Pesquero, 20 ✆ +34 94 483 94 94
www.turismo.santurtzi.eus
L'été, tous les jours de 10h à 20h. Le reste de l'année, du lundi au samedi de 10h à 19h, dimanche de 10h à 14h.

Allez au port de pêche de Santurtzi découvrir son histoire et ses traditions à l'âme maritime. Les activités pour petits et grands ne manquent pas ! Visitez le Musée de la Mer et l'Agurtza : ce bateau-musée et centre d'interprétation de la pêche traditionnelle. Partir à l'observation des baleines, goûter aux fameuses sardines grillées et marcher jusqu'à l'emblématique Puente Bizkaia, premier pont transbordeur construit au monde. N'hésitez pas à demander à l'office de tourisme les visites guidées au mont Serantes pour une vue imprenable sur le littoral cantabrique.

PORTUGALETE ★★

Le bijou de Portugalete (50 000 habitants) est le Puente Colgante, classé au patrimoine de l'humanité par l'Unesco. Il s'agit d'un pont transbordeur qui rejoint l'autre côté du Nervión, de Portugalete à Getxo. Symbole du développement industriel de la région au XIXe siècle, ce pont attire les curieux, qui une fois sur place poussent jusqu'au centre-ville. Le Casco Viejo compte, entre autres, la Tour Salazar datant du XIVe siècle (sans doute la bâtisse la plus emblématique de Portugalete), mais aussi la Basilique Santa María (de style gothico-Renaissance, elle abrite un grand retable en bois), ou encore un musée industriel de premier plan.

BASÍLICA SANTA MARÍA

Santa María Kalea
✆ +34 944 95 10 66
Des visites guidées sont organisées en été. Se renseigner à l'office de tourisme.

A l'origine, cette basilique fut construite au XIVe siècle sous les ordres de María Díaz de Haro, fondatrice de la ville de Portugalete en 1322. Le bâtiment original, devenu trop étroit, fut remplacé au XVe siècle par la basilique de style gothique-Renaissance que l'on peut admirer aujourd'hui. Quant à la tour baroque, elle fut ajoutée au cours de la première moitié du XVIIIe siècle. La basilique, classée comme Bien d'Intérêt Culturel, possède aussi un petit musée d'art sacré. En sortant du temple, un mirador offre de belles vues sur la Ría.

CASA TORRE DE SALAZAR

Travesía de Salazar, s/n
✆ +34 944 723 140
Du mardi au vendredi de 17h30 à 20h30, samedi de 11h à 14h et de 17h30 à 20h30, dimanche de 11h à 14h.

Cette tour de défense fut construite à la fin du XVe siècle par le seigneur Salazar. Sa hauteur permettait de contrôler la circulation des personnes et des marchandises venant du port et par les chemins. Incendiée en 1934, l'ancienne maison-tour fut reconstruite en 1958 par l'architecte Joaquín Irízar, qui lui donna un aspect très médiéval. Elle héberge aujourd'hui un petit musée retraçant l'histoire de la ville, une salle d'expositions temporaires et un restaurant de cuisine basque offrant un bon menu du jour avec vue sur la ría.

RIALIA - MUSEO DE LA INDUSTRIA ★

Paseo de la Canilla
✆ +34 944 724 384
www.portugalete.org
Du mardi au vendredi 10h-14h30 et 16h30-19h, samedi et dimanche 11h-14h30. Fermeture 1h plus tôt en hiver. Entrée 2 €.

Inauguré en 2006 au bord de la ría, ce musée est consacré à l'histoire de l'industrie du fer au Pays basque qui, pendant des années, a été le moteur de l'économie régionale. Son exposition permanente présente sur trois niveaux des peintures, photographies, maquettes, outils et documents divers illustrant la transformation de la région aux XIXe et XXe siècles. Le dernier étage accueille, quant à lui, des expositions temporaires sur des thèmes variés.

PUENTE COLGANTE BOUTIQUE HOTEL €€

Calle de Doña María Díaz de Haro, 2
✆ +34 944 014 800
www.puentecolganteboutiquehotel.com
Comptez entre 90 € et 145 € la chambre double.

Installé dans un bâtiment historique, cet hôtel récemment rénové offre des vues privilégiées sur le pont suspendu de Biscaye. Fondé en 1922 par un *indiano* qui avait fait fortune à Cuba, l'hôtel affiche une décoration élégante d'inspiration coloniale. Au total, il offre 74 chambres très confortables, dont certaines avec vue sur la *ria* et le pont. Son restaurant El Paladar de La Habana sert une belle cuisine créative aux influences latines ainsi que des pintxos.

MERCADO DE ALDEANAS

Plaza del solar
Tous les jeudis et samedis pendant toute l'année.

Sur ce marché, vous trouverez du bio et du bon : une quinzaine de petits producteurs du coin s'y retrouvent les jeudis et samedis pour vendre leurs fruits et légumes du potager, mais aussi des fleurs et des plantes. Depuis 1718, les étals du marché sont situés autour du joli kiosque de la plaza del solar. Ce dernier, construit dans un style éclectique, date de 1912. Profitez-en pour venir faire des provisions de bons produits régionaux, dont les typiques poivrons verts de Gernika, sans oublier de rapporter quelques bouteilles de txakoli.

Pont suspendu de Biscaye, Portugalete.

GETXO ★★

Située à l'embouchure du Nervión, Gexto est une zone résidentielle huppée en banlieue nord de Bilbao, divisée en plusieurs quartiers. Depuis le début du XIXe siècle, Getxo est habité par les aristocrates et les maisons seigneuriales s'y succèdent. Sa situation en bord de mer fut un atout qui lui autorisa un développement prospère. Aujourd'hui, même si la proximité du port nuit un peu à son charme, l'agglomération possède une agréable promenade au bord de la mer et dans le vieux port d'Algorta, très animé les soirs d'été. On trouvera ici une série d'éléments attirant l'attention, à l'image du Moulin d'Aixerrota ou encore de l'ancien Fort de la Galea.

Phare Arriluce dans le quartier Neguri.

PUERTO VIEJO DE ALGORTA [VIEUX PORT] ★

Né autour du XVIIe siècle sur les hauteurs de la baie d'Abra, ce coin pittoresque semble figé dans une autre époque. Les week-ends, les gens du coin s'y retrouvent pour flâner dans ses ruelles escarpées où s'alignent les maisons de pêcheurs aux volets verts, rouges et bleus, et pour faire halte dans l'un de ses nombreux bars à *pintxos*. En chemin, remarquez l'ancienne chapelle de San Nicolás, qui fut le siège de la confrérie des navigateurs au XVIIe siècle.

ROUTE DES FALAISES : LA GALEA ET AIXERROTA

Ctra. de la Galea

Souvent comparée aux falaises de craie blanche de Normandie, La Galea offre une superbe balade le long du littoral de Getxo, avec des vues panoramiques sur le port de l'Abra. Le site préserve plusieurs sites remarquables, notamment le fort de La Galea, bel exemple de construction militaire du XVIIIe siècle, et le moulin d'Aixerrota, bâti au XVIIIe siècle dans un contexte de grande sécheresse. De cet endroit, les vues sur l'océan sont extraordinaires.

HOTEL PETIT PALACE TAMARISES €€

Muelle de Ereaga, 4

✆ +34 944 915 092

www.petitpalacetamarises.com

Chambre double entre 70 € et 150 €.

Situé dans un bâtiment moderne face à la mer, cet hôtel affiche une décoration design et offre une multitude de services bien pensés : iPad gratuit, prêt de vélos, consigne pour les bagages... L'hôtel porte une attention particulière aux familles en proposant des chambres quadruples dotées d'un lit double et de lits superposés, mais aussi le prêt de berceaux et de poussettes. On apprécie son emplacement privilégié au bord de la plage d'Ereaga et la modernité de ses installations.

HOTEL ERCILLA EMBARCADERO €€€

Zugatzarte Etorbidea, 51

✆ +34 944 803 100

www.hotelembarcadero.com

Chambre double standard entre 135 et 210 €.

Aménagé dans une superbe maison basque du début du XXe siècle, cet hôtel luxueux donne sur un petit embarcadère. Ses chambres, très élégantes, affichent une décoration à l'anglaise avec moquette et tapisseries. Certaines ont vue sur la mer et possèdent même une petite terrasse. Profitez du beau jardin pour prendre l'apéritif ou savourer un excellent petit déjeuner. Son restaurant El Embarcadero, spécialisé dans la cuisine basque, est l'un des plus réputés de la ville.

© PHILIPPE GUERSAN - AUTHOR'S IMAGE

Le quartier de Las Arenas.

BAR GALEA €

Mayor Kalea, 22
✆ +34 944 637 678
Tous les jours de 7h à 22h. Comptez 10 €.
Situé dans la rue principale du quartier de Las Arenas, ce petit bar est réputé pour ses nombreux *pintxos*, en particulier celui de tortilla. À l'heure de l'apéritif, son bar est pris d'assaut par les amateurs de *pintxo-pote* (pintxo et verre de vin), une coutume locale toujours très appréciée des visiteurs ! Outre son incontournable tortilla, testez le mini sandwich de *bonito* (thon) et piment vert, le poulpe, les poivrons farcis, le foie gras... Tout est bon, alors laissez-vous tenter selon l'envie du moment ! Ambiance informelle et locale.

KAROLA ETXEA €€

C/ Aretxondo, 22
✆ +34 94 460 08 68
www.karolaetxea.net
Tous les jours de 13h à 16h et de 21h à 23h. Fermé dimanche soir. Menu du jour 22-45 €.
Situé dans une ancienne maison de pêcheurs du Puerto Viejo, ce petit restaurant plein de charme est géré par la même famille depuis près de 50 ans. Ici, on vient se régaler de poisson frais et de fruits de mer qui varient en fonction de la pêche et des saisons, mais aussi de savoureuses recettes traditionnelles comme la morue à la sauce biscayenne ou les *kokotxas* à la sauce pil-pil. Une cuisine honnête mettant en lumière les produits de la mer, que l'on déguste dans un charmant *comedor* aux couleurs de l'océan, sous de belles poutres patinées par le temps.

SUKAM €€

Plaza Zubiko, s/n
✆ +34 946 850 992
www.sukam.es
Du mardi au dimanche de 13h30 à 15h30. Le soir, du jeudi au samedi de 20h30 à 23h. Comptez 40 €.
Situé juste à côté du pont suspendu, ce restaurant est géré par le jeune chef Alvaro Martínez, formé dans les cuisines d'Arzak, Martín Berasategui et El Bulli. Avec un tel bagage culinaire, on comprend mieux la présence de certains plats très modernes, comme l'œuf cuit à basse température, ou d'inspiration asiatique, comme le *nigiri de txangurro* (crabe). A la carte également, des beignets croustillants aux piments et boudin, des gyozas de crevettes, le parmentier aux champignons et queue de bœuf... le tout à déguster dans un beau décor contemporain !

GETXOPORT

Muelle Bajada de Ereaga Kalea, 3
✆ +34 630 492 045
www.getxoport.com
Cette agence installée au bord de la plage d'Ereaga propose une multitude d'activités à Getxo, mais aussi dans le reste du Pays basque. Activités nautiques, montagne, gastronomie, œnotourisme : il y en a pour tous les goûts et tous les budgets. Vous pourrez par exemple tester le stand up paddle ou vous initier au surf sur la plage de La Salvaje (Sopela), profiter d'une sortie en bateau au départ du port de plaisance de Getxo, participer aux vendanges dans la Rioja Alavesa, ou emprunter les chemins de randonnée qui traversent la Biscaye.

PAYS BASQUE

© PHILIPPE GUERSAN/AUTHOR'S IMAGE

PUENTE VIZCAYA ★★

Puente de Vizcaya Zubia
✆ +34 94 480 10 12
www.puente-colgante.com
Tous les jours de 10h à 14h et de 16h à 20h. Tarif 12 €.

Si Getxo mérite surtout une visite, c'est pour son célèbre pont Vizcaya (ou *puente colgante*), un pont transbordeur monumental qui relie la ville à Portugalete en enjambant l'embouchure de l'estuaire de l'Ibaizabal. Conçu par l'architecte basque Alberto de Palacio et inauguré en 1893, il a été le premier pont métallique pourvu d'une nacelle suspendue et a servi de modèle à de nombreux autres ponts similaires en Europe, en Afrique et aux Amériques, dont seuls quelques exemplaires ont été conservés jusqu'à nos jours. Classée au patrimoine mondial de l'Unesco en 2006, cette prodigieuse construction en acier de 160 mètres de longueur est l'un des symboles de l'ère industrielle du Pays basque. De par son utilisation novatrice des câbles d'acier légers à torsion alternative, il est considéré comme une des constructions d'architecture métallique les plus remarquables de la révolution industrielle. En empruntant la passerelle piétonne à 45 mètres au-dessus de la ria (accès par ascenseur), on profite de vues magnifiques sur l'embouchure du Nervión, le port de Bilbao et Getxo.

Les amateurs de sensations fortes pourront y tester l'une des activités d'aventure proposées : une grimpée en escalade jusqu'à la passerelle panoramique suivie d'une descente en rappel, ou encore un saut à l'élastique du haut de ses 45 mètres... Les personnes souhaitant tenter l'expérience devront réserver au préalable auprès de la société Ojo Guareña Aventura (+34 660 77 00 67 - ojoguarenaaventura.com). Sujets au vertige, s'abstenir !

SOPELANA ★

A 15 km du centre de Bilbao, d'impressionnantes falaises et des plages sauvages se succèdent tout au long de la côte. La paisible et accueillante petite ville de Sopela (un peu moins de 14 000 habitants), où un certain nombre de Bilbaínos ont élu résidence l'été, fera le bonheur des sportifs. Elle permet en effet de réaliser des activités aussi variées que le surf, le bodyboard, le golf, le parapente, l'escalade et les excursions en VTT. Les plages sont, sans aucun doute, ses principaux attraits. Barinatxe ou La Salvaje attire de nombreux surfeurs. Arrietara est l'une des plages les plus fréquentées. Atxabiribil, bordée de falaises, est ouverte sur la mer.

PLAGES DE SOPELANA ★★

Si vous rêvez d'une plage de sable fin et doré, c'est sur la plage de Barinatxe qu'il faut vous rendre, plus connue sous le nom de La Salvaje. C'est un spot prisé des surfeurs locaux. En revanche, si vous avez envie de calme et de solitude, c'est la plage de Meñakoz qu'il vous faut. Très sauvage, c'est une plage de galets, entourée de falaises. Ne soyez pas surpris si vous y croisez des nudistes ! Au milieu s'étire la Playa Arrietara, la plus longue plage de Sopelana, mais aussi la plus fréquentée ! Plusieurs écoles de surf y sont installées.

MOANA SURF HOSTEL €

Elortza Auzoa 5
✆ +34 946 764 859
www.moanasurfhostel.com
Entre 20 et 35 € la nuit par personne, petit déjeuner inclus.

Aménagé dans une jolie maison basque du XIXe siècle, cet *hostel* a été conçu pour les amateurs de surf et de skate. Il dispose de 75 places dans des dortoirs très cosy, avec une décoration vraiment réussie. Entouré d'un grand jardin, l'hostel dispose d'une rampe pour pratiquer le skate, une piscine climatisée, un coin barbecue… Dès l'arrivée des beaux jours, des *surf camps* pour les jeunes, mais aussi pour les adultes y sont régulièrement organisés, ainsi que des *skate camps* encadrés par une équipe sympathique de moniteurs. Une super adresse !

EL PEÑÓN DE SOPELANA €

Atxabiribil Hiribidea, 82
✆ +34 946 760 786
www.elpenondesopelana.com
Vendredi de 12h à 0h, samedi de 12h à 0h, dimanche de 12h à 22h. Comptez 20-30 €.

Un lieu magique, face à l'océan, pour manger un burger, des pintxos, ou des plats plus sophistiqués dans la partie restaurant – essentiellement à base de poisson. Inauguré en 1998 sur la Playa de Atxabiribil, El Peñón possède trois terrasses sur différents niveaux. Avec son panorama sublime sur l'océan, c'est un spot privilégié pour boire un cocktail à l'heure du coucher de soleil. A la carte du restaurant : tataki de thon, tartare de saumon et chipirons sautés constituent une option savoureuse. Egalement de belles salades et plusieurs plats pour les enfants !

GOLFO NORTE

Carretera Barrika-Sopelana
✆ +34 944 67 85 49
Du lundi au jeudi de 15h à 0h, vendredi et samedi de 15h à 3h, dimanche de 12h à 0h.

Sur les hauteurs de la plage de Barrika, un excellent spot à l'heure de l'apéritif, avec une grande terrasse face à l'océan pour observer les surfeurs. A l'arrivée des beaux jours, c'est un lieu très convoité pour boire une bière entre amis ou déjeuner sur le pouce. On peut par exemple y manger des salades pour pas cher, partager une assiette de *nachos*, et pour les grosses faims, opter pour un burger. L'établissement organise aussi de temps en temps des concerts. Un lieu parfait pour admirer le coucher du soleil, dans une ambiance *surfing* !

LA SALBAJE SURF ESKOLA (ÉCOLE DE SURF)

Playa Barinatxe
✆ +34 675 650 713
www.lasalbajesurfeskola.com
35 € le cours d'initiation.

Située sur la longue plage de Barinatxe, plus connue sous le nom de La Salvaje (littéralement « la sauvage »), cette école de surf propose des cours d'initiation et de perfectionnement pour enfants et adultes, ainsi que des *surf camps* en collaboration avec le Moana Surf Hostel. Les cours sont organisés en petits groupes de six personnes maximum et incluent tout le matériel (combinaison, planche…). A noter : certains professeurs parlent le français !

PLENTZIA ★

Fondée en 1299, la jolie ville de Plentzia (4 000 habitants environ) a conservé une belle partie de son héritage historique. La balade le long de la *ria* est particulièrement agréable, tandis que le centre historique propose une intéressante combinaison d'architecture où se mêlent vieilles maisons de pêcheurs et palais résidentiels du XIXe siècle. Au détour de ses étroites ruelles se dévoilent quelques bijoux comme l'église Santa María Magdalena, reconnaissable pour sa splendide tour du XVIe siècle, ou encore l'édifice en pierres de taille qui abritait jadis la mairie et qui accueille à présent le Musée de Plazentia Butrón.

RÍA DE PLENTZIA ★

Cette ría, qui offre une promenade sans égale en Biscaye, se forme à l'embouchure de la rivière Butrón. On longe la ría parsemée de petites embarcations colorées pour arriver au vieux port, endroit plein de charme où il fait bon prendre un verre à la tombée du soir. On remarquera en chemin le très moderne « pont neuf » de 150 mètres de long construit par l'architecte Javier Manterola en 1991. La ría débouche sur une baie naturelle, où se forment les plages de Plentzia et Gorliz. Tout au bout, remarquez les Dunes Pétrifiées, d'une grande valeur géologique.

MUSEO PLASENTIA DE BUTRÓN

Goienkale Kalea, 27
✆ +34 946 773 725
www.museoplentzia.org
Jeudi et dimanche 11h-14h, vendredi et samedi 11h-20h. Entrée libre.

Le musée occupe un bâtiment du XVIe siècle en pierre de taille, semblable à une tour, qui abritait autrefois la *Casa Consistorial* (hôtel de ville). Il retrace l'histoire maritime de la petite cité à travers une exposition permanente sur deux étages. De nombreuses maquettes de bateaux sont exposées, la plus ancienne datant du XVe siècle, ainsi que des instruments de navigation et des documents divers : cartes maritimes, photographies de bateaux, traités d'astronomie...

URIBE KOSTA CASA DE MARINOS €€

Erribera, 13
✆ +34 946 774 478
www.casasdemarinos.es
Chambre double de 60 à 80 €. Comptez 30 € dans le restaurant.

Situé au bord de la ría, sur la belle promenade qui mène jusqu'au port, cet hôtel 2 étoiles est tout à fait charmant. Aménagé dans une maison du XIXe siècle, il propose huit chambres coquettes et bien entretenues, dont vous apprécierez le calme et les jolies vues. Son restaurant, doté d'une agréable terrasse, offre quant à lui une cuisine très soignée où priment les produits de la mer, et mérite tout à fait une visite même si vous ne séjournez pas dans l'hôtel.

PAYS BASQUE

© MIMADEO - ISTOCKPHOTO

Plentzia.

RESTAURANTE ITXAS GANE €€

Errepidea Nagusia, 11
✆ +34 946 772 671
Fermé le lundi, mardi soir, mercredi soir et dimanche soir. Comptez 30-40 €.

A 5 kilomètres du centre de Plentzia, sur les hauteurs de la plage de Barrika, voici une bonne adresse pour se régaler de poisson frais. Ici, c'est la matière première qui prime, et la préparation des plats est au service du produit ! Ainsi, les palourdes à la plancha, le *txangurro* (crabe), les moules, le merlu, le turbot ou le bar sont cuits dans leur plus simple appareil. Un conseil : gardez de la place pour les desserts faits maison, et en particulier la *pantxineta*, à base de pâte feuilletée aux amandes et de crème. Un pur délice.

GORLIZ ★

À quelques encablures de Plentzia, Gorliz mérite une petite visite pour suivre la promenade qui mène jusqu'au phare, ponctuée de monuments tels que l'Hôpital de Gorliz ou l'ermitage de Nuestra Señora de las Nieves. En été, la forêt de pins qui longe la plage est le rendez-vous des pique-niqueurs, et la plage est très fréquentée. Le vieux centre historique se trouve dans le quartier d'Elexalde, où l'on aura le plaisir d'admirer quelques fringants palais du XIXe siècle, à l'image de celui d'Iturritxu ou d'Axeo. Autre spectacle architectural, l'église de la Inmaculada Concepción de Santa María et l'hôtel de ville de Gorliz.

TROKA ABENTURA

Itsasbide Kalea, 58
✆ +34 946 774 265
www.troka.com
Prix des activités sportives : environ 30 € par personne.

Spécialisé dans le tourisme d'aventure, Troka Abentura propose diverses expériences dans les alentours de Gorliz : descente en canoë de la *ría* de Plentzia, escalade, surf, etc. Les accompagnateurs connaissent parfaitement la faune et la flore locales ainsi que l'histoire de la région. Lors d'un séjour en famille en Biscaye, le programme « Aventure en famille » s'avère très complet : jeux de piste, randonnée, tir à l'arc, parcours d'orientation… « La crique des contrebandiers » offre également une superbe expérience sportive en groupe ou en famille !

GATIKA

Charmante commune de 1 600 habitants, Gatika est un lieu où la promenade est des plus agréables, aussi bien en ville que dans ses alentours. En termes de patrimoine historique, les éléments les plus remarquables sont sans doute l'église Santa María, datant du XVIe siècle, mais aussi l'hôtel de ville. Mais le véritable intérêt touristique et culturel du hameau, l'image qui lui colle à la peau est, à n'en pas douter le château de Butrón, imposante bâtisse gothique qui fut édifiée sur les bases d'une maison-tour médiévale du début du XVe siècle. Les environs directs du château sont bucoliques à souhait, invitant à de longues et tranquilles promenades.

CASTILLO DE BUTRÓN ★

Butrón s/n
Ne se visite pas.

Ce château romantique a un petit air de famille avec les châteaux de Bavière. Un lieu enchanteur, avec toutes ses tours et ses niveaux labyrinthiques qui nous ramènent au temps des chevaliers. Egalement un parc d'une grande richesse écologique, avec pas moins de 70 essences d'arbres exotiques et endémiques. La maison mère à l'origine du lignage des Butrón et du château fut édifiée au XIIIe siècle. Au XIXe siècle, le château fut restauré, habilement et dans le plus grand respect de ses origines médiévales, par l'architecte Francisco de Cubas.

MUNGUIA ★

Munguía est une ville charmante qui doit son cachet à son centre historique, riche en trésors architecturaux. Ne manquez pas l'hôtel de ville – belle construction aux éléments baroques et gothiques –, l'église gothique de San Pedro, l'ancienne maison-tour de Torrebillela – d'origine médiévale, elle a été maintes fois reconstruite et abrite à présent la Maison de la Culture –, mais aussi la Fuente de la Concordia (la Fontaine de la Concorde), monument le plus emblématique de la commune, elle symbolise la concorde, l'accord et le dialogue. Dans les environs de Munguía, l'ermitage San Miguel de Zuméchaga du XIIe siècle vaut également le détour.

ERMITA DE SAN MIGUEL DE ZUMETXAGA

Zumetxaga Bidea

Cet ermitage de forme hexagonale date du XIIIe siècle. C'est le plus ancien lieu de culte du christianisme dans la région, un des rares monuments d'architecture romane en Biscaye. A l'intérieur, deux énormes rochers appuyés l'un contre l'autre forment une sorte de chapelle naturelle. La situation isolée de l'ermitage, dans un col de montagne, lui donne encore plus de charme. Il est possible de visiter l'intérieur en demandant les clés dans la maison juste en face.

IZENADUBA BASOA [PARC MYTHOLOGIQUE]

Landetxo Kalea

✆ +34 946 740 061

www.izenaduba.com

Ouvert tous les week-ends. Entrée 9,80 € pour les adultes et 8 € pour les enfants.

Il s'agit du premier parc d'attractions dédié à la mythologie basque. *Izenaduba* signifie en langue locale « ce qui a un nom existe ». Le site s'organise autour du caserío le plus ancien de Biscaye et un parc thématique de plus de 6.000 mètres carrés. Un environnement enchanteur pour petits et grands mis en valeur par des nouvelles technologies [simulateurs 3D entre autres], pour ceux qui souhaitent s'imprégner des contes et légendes de la région.

PALACIO URGOITI €€€

Calle Arritugane s/n

✆ +34 94 674 68 68

www.palaciourgoiti.com

Comptez entre 80 € et 150 € la chambre double.

Jusqu'en 1968, ce beau palais se trouvait à Galdakao, à 15 km environ. Mais avec la construction de l'autoroute Bilbao-Behobia, il fut exproprié malgré les tentatives de défense des autorités locales. Avant sa destruction, son propriétaire avait numéroté chaque pierre du bâtiment, qui furent conservées pendant plus de 30 ans jusqu'à sa reconstruction en 2004 à son emplacement actuel. C'est aujourd'hui un élégant hôtel doté d'un terrain de golf, d'une piscine climatisée et d'un restaurant gastronomique. L'endroit parfait pour une escapade détente.

HERRIKO TABERNA MIKEL BENGOA €€

Barrio Mesterika

✆ +34 946 15 01 33

Du mardi au dimanche de 13h30 à 15h30. Le soir, vendredi et samedi de 20h30 à 23h. Bar 15 €, restaurant 40 €.

La meilleure adresse de la ville pour s'offrir un bon repas ou des *pintxos* dans un joli décor rustique, avec pierres et poutres apparentes. Champignons [en saison], fruits de mer et viandes grillées sont les protagonistes d'une cuisine enracinée, faisant la part belle aux produits de saison. La maison est également réputée pour son délicieux *chuletón* [côte de bœuf grillée]. Ambiance informelle autour du bar ou en terrasse, et tables à nappe blanche côté restaurant !

BAQUIO - BAKIO ★

Bakio est caché entre deux pinèdes. Sa plage magnifique, ses airs de petit village, son microclimat et son vin blanc local, le *txakoli*, ont déjà séduit de nombreux Bilbainos. Que ce soit pour surfer, déguster un bon poisson ou bronzer sur une plage immense, Bakio est idéal pour profiter des trésors de la côte basque. Pour ce qui est de l'architecture religieuse, signalons ici l'église paroissiale Santa María de la Asunción de Bakio, mais aussi la paroisse gothique d'Andra Mari, installée sur les flancs du Jata. Quelques ermitages – Santa Ursula, San Cristóbal et Santa Catalina – peuvent par ailleurs justifier des balades autour de la ville.

TXAKOLINGUNEA [MUSÉE DU TXAKOLI]

Basigoko Bide Nagusia, 3

✆ +34 94 602 85 13

www.bizkaikoa.bizkaia.eus

L'été, tous les jours de 10h à 15h et de 16h à 19h. Hors saison, du mardi au dimanche de 10h à 14h. Entrée 3,50 €.

Le txakoli de Bakio génère une importante activité économique pour la ville : chaque année, plus de 100 000 litres de ce vin blanc pétillant y sont produits. Au Txakolingunea, le musée du Txakoli, on découvre les secrets de fabrication et l'histoire du fameux vin basque, dont la tradition remonte au XIVe siècle. Ponctuellement, le musée propose aussi des visites guidées avec dégustation dans les bodegas de la région : consultez l'agenda sur son site web.

ERMITAGE DE SAN JUAN DE GAZTELUGATXE ✞ ★★★

Gaztelugatxe

Renseignements dans les offices du tourisme de Bakio et de Bermeo.

Il se trouve au cœur du biotope protégé de Gaztelugatxe, d'une superficie de 158 ha, entre Bakio, à l'ouest, et le cap de Matxitxako de Bermeo, à l'est, d'où la vue est impressionnante. En longeant la côte de falaises, on aperçoit deux îlots rocheux de couleur claire, accidents géologiques rares dans la région. C'est là, au sommet du premier îlot, Gaztelugatxe, que se trouve perché le sublime ermitage de San Juan, auquel on accède par un pont et un interminable escalier de 241 marches. La voie a été aménagée en chemin de croix jalonné de 14 stations. La fondation de ce site religieux est attribuée aux templiers. Une légende raconte que saint Jean Baptiste, débarqué à Bermeo, aurait atteint l'îlot en seulement trois enjambées, laissant une empreinte à chacun de ses pas. A l'emplacement de la dernière, au sommet de l'île, il aurait ordonné la construction de l'ermitage. Ainsi, selon la tradition, il est coutume de faire sonner trois fois la cloche de la chapelle en faisant un vœu, après la dure montée des marches. Ces trois coups de cloche faisant bien sûr référence aux trois enjambées de saint Jean Baptiste.

Tous les ans, les habitants de Bermeo s'y rendent en procession le jour de la Saint-Jean (24 juin). De nombreux curieux viennent aussi visiter le site depuis qu'il a servi de décor à la série *Game of Thrones*.

Sa légende, son site magnifique empreint de mystère et le savoir-faire de ses bâtisseurs rendent indispensable la visite de l'ermitage de San Juan.

DONIENE GORRONDONA TXAKOLINA

Gibelorratzagako San Pelaio, 1

✆ +34 946 194 795

www.donienegorrondona.com

Visite guidée avec dégustation + une bouteille : 15,50 €.

C'est à Bakio que se trouve l'une des productions les plus importantes de Txakoli : tous les ans, on produit plus de 130 000 litres de ce vin blanc, fruité et pétillant. Le domaine Doniene Gorrondona fut l'un des pionniers de la renaissance du *txakoli* dans les années 1990 ; aujourd'hui on y exploite une quinzaine d'hectares pour produire ses différentes variétés. La visite de la bodega inclut une dégustation de txakoli, mais vous pourrez aussi opter pour un repas sur place !

AGROTURISMO BASARTE BASERRIA €€

Urkitzaurralde, 4

✆ +34 605 026 115

www.basarte.net/casa-rural-basarte

Chambre double 90 €.

A 400 mètres du centre-ville et à 1,5 km de la plage de Bakio, en pleine nature, cet hôtel rural est entouré de presque cinq hectares de vignoble. Idéal pour les amateurs de bonne chère, puisque les propriétaires sont producteurs de txakoli ! Le caserío possède cinq chambres doubles lumineuses et décorées dans un style traditionnel. Les sœurs Arantxa et Maria José vous réservent un accueil chaleureux et une multitude de bons conseils pour découvrir la région.

Ermitage de San Juan de Gaztelugatxe.

ENEPERI JATETXEA €€

Gibelorratzagako San Pelaio, 80
✆ +34 946 194 065
www.eneperi.com
Du mercredi au dimanche de 13h30 à 16h, également le samedi de 21h à 23h. Restaurant 50 €, tapas 10 €.

Le restaurant incontournable de Bakio, face à la presqu'île de San Juan de Gaztelugatxe, dans un superbe *caserío* de 1816. On y déguste une cuisine traditionnelle dans un environnement des plus agréables, avec d'immenses jardins tout autour. Sous la belle charpente rustique, on vous servira une salade de *txangurro* (crabe), des palourdes à la plancha, et une belle sélection de poissons frais à la *parilla*. Les curieux pourront jeter un œil au petit musée ethnographique du restaurant. Pour un budget plus modique, délicieux *pintxos* dans le bar du restaurant.

GOTZON JATETXEA €€€

Luzarragako Bidea, 2
✆ +34 946 194 043
www.gotzonjatetxea.com
Fermé le mercredi. Compter 50 €.

Un des classiques de Bakio, qui propose depuis 1968 une cuisine de la mer très appréciée des gens du pays. Sa grande terrasse située face à la mer est également prisée à l'heure de l'apéritif, surtout à l'arrivée des beaux jours. Vous y dégusterez par exemple des filets d'anchois de Bermeo, des artichauts au jambon, une lotte grillée à la plancha, du merlu en sauce verte ou encore un délicieux *chuletón* (côte de bœuf). Le restaurant propose aussi des expériences autour du *txakoli* avec visite d'une bodega, dégustation et un menu spécial.

URETAN BASQUE SURF CENTER

Erdiko Benta, 1
✆ +34 680 279 526
www.uretansurfing.com

Le principal attrait touristique de Bakio est bien sûr sa longue plage qui borde toute la commune, idéale pour l'apprentissage du surf. Cette école spécialisée propose des cours de surf pour tous les niveaux, mais aussi des excursions en Stand Up Paddle, ou simplement de la location de matériel. L'école organise également des *surf camps* en été combinant la pratique du surf et des excursions dans les environs (à San Juan de Gaztelugatxe, au château de Butrón, etc.).

RÉSERVE DE LA BIOSPHÈRE D'URDAIBAI ★★★

Urdaibai, déclaré zone d'intérêt écologique par l'Unesco, est un refuge pour divers animaux et oiseaux migrateurs : échassiers, hérons, aigles pêcheurs. Dans les espaces ouverts, vous y verrez des pinsons, hiboux, aigles. Dans les pinèdes, des sangliers, fouines, chats sauvages, renards, écureuils... Ici se trouvent aussi les grottes de Santimamiñe et la forêt peinte d'Oma. La meilleure façon de découvrir la réserve, c'est de la visiter en barque, avec un guide. La réserve comprend 22 communes, dont 12 sont incluses dans leur totalité et donc protégées. La biosphère s'étend de Bermeo à Ibarrangelu, d'ouest en est.

BASONDO - REFUGIO DE FAUNA URDAIBAI

Basondo Auzoa, 6
✆ +34 94 625 44 36
www.basondo.com
L'été, tous les jours 11h-19h. Hors saison, du lundi au vendredi 11h-15h, week-end 11h-18h. Adulte 9 €, enfant 5 €.

Ce n'est pas un zoo, mais un refuge pour la faune sauvage. Dans un domaine de 6 hectares proche de la grotte de Santimamiñe, on peut voir des chevreuils, des sangliers, des cerfs, des rapaces, mais aussi des espèces disparues de la région comme le loup, le lynx et le bison européen. La visite est conçue autour d'un parcours de 1,5 kilomètre en pleine nature, ainsi qu'une exposition dans le bâtiment d'accueil sur les marais d'Urdaibai et les oiseaux migrateurs.

BOSQUE DE OMA ★

Kortezubi
✆ +34 944 651 657
www.bosquedeoma.com

Dans la forêt d'Oma, l'artiste basque Agustín Ibarrola a utilisé le paysage comme cadre et matière première de son art, créant toute une étendue de pins aux troncs peints de couleurs et de motifs variés. Proche du courant moderne appelé *land art*, cette forêt « animée », réalisée dans les années 1980, est un espace fantaisiste où les troncs d'arbres laissent apercevoir – selon le point de vue – des formes géométriques surprenantes : lèvres donnant un baiser, personnages, mains, yeux, pics enneigés, enfants... La perception varie également selon les saisons.

CUEVA DE SANTIMAMIÑE ★

Basondo Auzoa
✆ +34 944 651 657
L'été, visites guidées tlj entre 10h et 17h30. Reste de l'année, du mardi au dimanche de 10h à 13h. Prix 5 €.

La grotte de Santimamiñe est située tout près de l'ermitage de San Mamés, sur le versant sud du mont Ereñozar. Elle présente un important ensemble de peintures et de gravures rupestres datées du Paléolithique supérieur. La première salle ne comporte que trois représentations, dont celle d'un bouquetin, mais la seconde salle est beaucoup plus riche, avec de nombreux signes et symboles. On a dénombré au total une cinquantaine d'animaux dont une nette majorité de bisons mais également des chevaux, un ours et un cerf. Les peintures sont noires, effectuées au charbon.

EKOETXEA URDAIBAI [TORRE MADARIAGA]

Barrio San Bartolomé, 35
✆ +34 94 687 04 02
www.ekoetxea.eus
Du mardi au dimanche 10h-19h (jusqu'à 20h en été).

La construction de cette tour remonte au XVe siècle, tandis que le palais attenant date du XVIIe siècle, et l'horloge du XIXe. Cet ensemble architectural, qui domine l'estuaire d'Urdaibai, a été restauré pour accueillir le centre de la biodiversité « Ekoetxea Urdaibai », un espace pédagogique constitué d'une exposition permanente et d'expositions temporaires. Tout au long de l'année, de nombreuses activités sur le thème de la nature y sont organisées.

PLAGES DE LAGA ET DE LAIDA ★★

Playa de Laida

Quatre kilomètres séparent les plages de Laga et de Laida, deux joyaux de la réserve d'Urdaibai abrités entre avancées de terre et langues de sable. Laida est la plage la plus longue de la ría de Mundaka. À marée basse s'y forment de petites piscines naturelles qui font les joies des enfants. Celle de Laga, plus sauvage, est blottie au pied du cap d'Ogoño. La houle y est plus forte qu'ailleurs, c'est pourquoi elle est particulièrement appréciée des surfeurs.

URDAIBAI BIRD CENTER ★

Orueta Auzoa, 7 ✆ +34 946 251 157
www.birdcenter.org
Tlj en été. De novembre à février, du vendredi au dimanche. Reste de l'année, du mardi au dimanche. Entrée 7 €.

Inauguré en 2012, ce centre est dédié à l'observation et la protection des oiseaux de la réserve d'Urdaibai. Les visites guidées permettent de découvrir la station météorologique Euskalmet ainsi que des espaces de divulgation scientifique. Le centre abrite également plusieurs miradors depuis lesquels vous pourrez observer les oiseaux de la réserve : hérons cendrés, cormorans, balbuzards pêcheurs et vanneaux huppés y font escale tous les ans pour hiberner dans ses marais. À noter qu'il existe aussi une partie hôtel pour séjourner sur place, au cœur de la nature.

TURISMO URDAIBAI

www.turismourdaibai.com

Vous trouverez sur ce site de nombreuses informations sur la réserve d'Urdaibai, en particulier sur son patrimoine naturel et culturel. Le site recense également de nombreux itinéraires à pied ou à vélo pour explorer la réserve. L'itinéraire qui va de Gernika à Mundaka (15 kilomètres) est tout particulièrement recommandé, car il convient à un large public. Pour les amateurs de chevaux, un itinéraire équestre est également proposé au fil des *caserios* dans les monts Illuntzar et Ereñozar, pour découvrir la partie la plus rurale d'Urdaibai.

CASTILLO DE ARTEAGA €€€

Gaztelubide Street, 7
GAUTÉGUIZ DE ARTEAGA – GAUTEGIZ ARTEAGA
✆ +34 946 240 012
www.castillodearteaga.com
Chambre double standard entre 170 et 200 €, petit déjeuner inclus. Menus à partir de 46 €.

Situé au cœur d'Urdaibai, le château d'Arteaga est flanqué d'une tour du XIIIe siècle, reconstruite en 1856 sur ordre de Napoléon III lorsque son fils fut nommé citoyen d'honneur de Biscaye. Dans ce décor superbe qui mêle mobilier d'époque et équipements contemporains, une douzaine de chambres et suites offrant tout le confort et un restaurant gastronomique de haute voltige. Vous y dégusterez une soupe à l'oignon et aux champignons de saison, du poisson frais grillé à la *brasa*, ou encore un excellent cochon de lait de Castille en deux cuissons.

ETXELAIA €€

Zelaieta Kalea, 1
GAUTÉGUIZ DE ARTEAGA – GAUTEGIZ ARTEAGA
✆ +34 946 25 40 61 - www.etxelaia.com
A partir de 900 € la nuit, 2 nuits minimum (juillet et août 1 semaine) – capacité maximum 18 personnes.

Au cœur de la réserve d'Urdabai, cette magnifique maison de charme dispose de 8 chambres, 7 salles de bains, 2 salons, une piscine, une grande terrasse, un jardin, une bibliothèque et une cuisine entièrement équipée. La décoration intérieure allie parfaitement le classique de cette bâtisse de 1830 avec le moderne et le confort. Etxelaia propose des services (chef à domicile, baby-sitting, visites…) et sa situation est idéale pour profiter de nombreuses activités : randonnée, canoë-kayak, surf, planche à voile, vélo, art, gastronomie… tout est là et vous attend !

RESTAURANTE BASERRI MAITEA €€€

Atxondoa
✆ +34 946 253 408
www.baserrimaitea.com
Ouvert tous les jours le midi, en soirée uniquement les vendredis et samedis. Comptez 50 €.

Une superbe ferme du XVIIe siècle entourée de jardins bucoliques, où les serveuses sont vêtues de blanc et noir. Le cadre, empreint d'authenticité, offre un décor idéal pour goûter à la cuisine basque traditionnelle. Sous une robuste charpente, ses tables élégantes sont le lieu de nombreuses célébrations familiales. A la carte, d'excellents poissons venus des ports de Mundaka, Bermeo et Ondarroa, ainsi que des viandes grillées à la *brasa*. Egalement un grand choix de menus !

LAIDA KANOAK

✆ +34 94 627 65 15
www.laidakanoak.com

Cette agence propose des excursions en canoë ou en paddle le long de la ría de Gernika pour découvrir les magnifiques paysages de la réserve d'Urdaibai. Plusieurs types de balades sont proposés selon la durée et la difficulté. La plus facile, au départ de la plage de Laida, dure entre 2 et 3 heures et s'adapte à tous les publics. Le point de rencontre se trouve sur la plage : les moniteurs vous conduiront ensuite dans la partie haute de la ría, dans la commune de Gautegiz Arteaga. Avant de vous lancer, ils vous donneront les conseils de sécurité de rigueur.

BERMEO ★

Située face à la mer Cantabrique, Bermeo (16 000 habitants) est une ville presque entièrement dédiée à la pêche. Sur la jolie place Sabino Arana, se trouvent la mairie du XVIIIe siècle et l'église Santa María, alors que le casino de la ville propose une architecture inspirée des châteaux français et que le musée du Pêcheur est installé dans la tour d'Ercilla. En dehors de la vieille ville, le cloître gothique du couvent San Francisco (1357) mérite d'être vu. Le 22 juillet se déroulent les Madalenak de Bermeo, une procession maritime qui rallie Bermeo, Elantxobe et Mundaka, afin de commémorer la fin d'un litige entre les habitants de ces villes.

CLAUSTRO Y IGLESIA DE SAN FRANCISCO

Plaza Taraska

Ce joli couvent est surtout intéressant pour son cloître gothique initié en 1357, mais qui ne fut achevé qu'au XVIe siècle. C'est d'ailleurs le dernier cloître médiéval de toute la Biscaye. Il est décoré de sculptures représentant des moines en train de prier et de chanter. Le couvent, quant à lui, a souffert de grands remaniements tout au long de son histoire, au cours de laquelle il servit successivement de caserne, de prison, d'école et même de marché.

CONSERVERA DE PESCADO ARROYABE

Pol. Industrial Landabaso
✆ +34 94 618 66 67
www.arroyabe.es
Visites guidées du lundi au vendredi de 8h30 à 14h. Visite et dégustation 10 €.

Bermeo est réputé pour son industrie de la conserve de « bonite du nord », cette variété prisée de thon blanc. Dans cette fabrique, des visites guidées sont proposées pour découvrir tout le processus d'élaboration des conserves, du nettoyage manuel du thon à la cuisson, jusqu'à l'emballage du produit fini. La visite est suivie d'une dégustation de bonite et de filets d'anchois, le tout accompagné de cidre. Vous pourrez aussi faire des emplettes sur place !

PUERTO VIEJO [VIEUX PORT] ★

Le vieux port de Bermeo possède plusieurs sculptures d'inspiration maritime, comme « Olatua » de l'artiste Nestor Basterretxea, qui représente une grande vague en acier de 8 mètres. En flânant dans ses ruelles bordées de maisons de pêcheurs, vous verrez la plus vieille fontaine de Biscaye. Construite au XVIe siècle, elle fournissait de l'eau potable à tous les bateaux qui mouillaient au port. On peut encore y voir le blason de Charles V et celui du seigneur de Biscaye.

TORRE DE ERCILLA - ARRANTZALEEN MUSEOA ★

Torrontero enparantza
✆ +34 946 881 171
www.bizkaikoa.bizkaia.eus
Du mardi au samedi de 10h à 14h et de 16h à 19h, le dimanche de 10h à 14h. Entrée 3,50 €.

La tour Ercilla (XVe siècle), classée monument national, accueille depuis 1948 les collections du musée du pêcheur, qui nous convie à faire plus ample connaissance avec cette cité aux traditions maritimes. Maquettes, outils et instruments de pêche nous racontent l'histoire d'un peuple qui naît et qui vit de la mer. On y en apprend davantage sur les techniques de pêche, les confréries et les types de bateaux. Le musée retrace aussi l'histoire de la bataille du cap Matxitxako.

HEGALUZE

Puerto Viejo
✆ +34 666 79 10 21
www.hegaluze.com
Excursion : adulte 13 €, enfant 8 €.

Basée à Bermeo, cette société propose des promenades en bateau le long du littoral basque. Au programme, la « *route de Gaztelugatxe – Game of Thrones* » vous propose une excursion jusqu'à la presqu'île de San Juan de Gaztelugatxe, décor de la célèbre série, au départ du port de pêche de Bermeo. L'agence propose aussi une « route de la côte biscayenne » de Santurtzi à Bermeo en passant par l'estuaire d'Urdaibai, ainsi qu'une excursion jusqu'à Elantxobe pour explorer les grottes du cap Ogoño, l'île mystérieuse d'Izaro et la petite cité maritime de Mundaka.

ALDATZETA OSTATUA €

Erremedio Kalea, 24
✆ +34 946 187 703
www.hotelesbermeo.com.es
Chambre double entre 55 et 80 €.

En plein centre historique de Bermeo, une charmante petite pension décorée sur le thème marin proposant des chambres confortables. Elle est située dans un joli bâtiment ancien à la façade en bleu et blanc, des tonalités que l'on retrouve dans chacune de ses chambres. Toutes possèdent une salle de bains privée et divers équipements (télévision, bouilloire, etc.). Vous apprécierez surtout l'accueil très chaleureux d'Olatz, qui n'hésite pas à partager ses bonnes adresses dans la région. Notez également qu'il n'y a pas d'ascenseur !

CASA RURAL LURDEIA €€

Artike auzoa, 60
✆ +34 666 477 665
www.lurdeia.com
Chambre double entre 100 et 120 € selon la saison.

Situé au cœur de la réserve d'Urdaibai, Lurdeia est comme un refuge, niché dans une belle bâtisse en pierre sur les hauteurs de Bermeo. Il offre une vue sublime sur la nature environnante avec, en toile de fond, l'océan. Dédié à l'agriculture écologique, c'est un site idéal pour le repos et pour reconnecter avec la nature (les enfants sont admis à partir de 12 ans). Ses huit chambres sont confortables, spacieuses et offrent de très belles vues. En 2019, l'hôtel a été désigné n° 1 au monde par Tripadvisor dans la catégorie « meilleur rapport qualité-prix ».

RESTAURANTE ASADOR ALMIKETXU €€

Almike Auzoa, 8 ✆ +34 946 880 925
www.almiketxu.com
Du mardi au jeudi et le dimanche de 10h30 à 16h30, vendredi et samedi jusqu'à 22h30. Menu 20-32 €.

À cinq minutes en voiture du centre de Bermeo, ce restaurant familial propose une cuisine traditionnelle basque dans un *caserío* rustique de 1850. L'établissement est réputé pour ses bonnes viandes et poissons grillés à la *parilla,* mais propose aussi des plats plus modestes comme la soupe à l'ail, les haricots rouges, le *talo* (galette) au chorizo, etc. En hiver, on déguste près de la cheminée un excellent *sarteneko* (pomme de terre-œuf-chorizo) typique de la région.

RESTAURANTE ASADOR CANNON €€

Barrio Mañu Alto de Sollube
✆ +34 946 883 476
www.restaurantecannon.com
Fermé le mercredi. Comptez 30-40 €.

Un restaurant champêtre qui jouit d'un emplacement privilégié au sommet d'une colline, avec des vues panoramiques sur Bermeo. Fondé en 1975 sur le mont Sollube, ce typique asador est apprécié pour ses viandes et poissons grillés à la *parilla,* en particulier son *chuletón* (côte de bœuf) servi sur une grille à charbon et le délicieux poulpe « a feira ». Les tables en terrasse offrent un cadre privilégié pour un repas à l'air libre avec vue sur la baie.

ERMITAGE DE SANTA CATALINA

Santa Katalina Kalea, s/n

Situé sur la péninsule du même nom, l'ermitage de Santa Catalina date du XIXe siècle. Cette petite chapelle de style gothique de transition préserve un remarquable portique Renaissance. En raison de son emplacement stratégique sur un promontoire, elle fut longtemps le lieu de réunion de la confrérie des pêcheurs, ainsi qu'un lieu de quarantaines lors des épidémies. Tous les ans, le 25 novembre, les habitants s'y retrouvent pour célébrer les festivités de Santa Catalina.

MUNDAKA ★★

Situé de l'autre côté de l'embouchure de Guernica, Mundaka est mondialement connu pour le surf (étape régulière du World Championship Tour). Le village, de 2 000 habitants, a un port minuscule avec une digue d'où s'étend une vue sur l'embouchure majestueuse de Guernica, avec ses belles vagues qui déferlent lentement. Dans le centre, les rues sont si étroites que certaines communiquent par des passages. Les maisons de pêcheurs font bon ménage avec les maisons à blason. Depuis l'*atalaya* (mirador), on apprécie la grandeur des vagues de la mer Cantabrique, qui ont conquis les fans de surf, et la petite île d'Izaro.

MUNDAKA HOSTEL & SPORTS CAFÉ €

Santa Kataliña Kalea
✆ +34 946 02 84 77
www.mundakahostel.com
Comptez 15-20 € la nuit en dortoir avec petit déjeuner.

Située dans le village, près de la chapelle Santa Katalina et de la mer, cette grande bâtisse moderne comporte également un café-restaurant avec écran géant, un gymnase et une salle de sport tout équipée. L'*hostal* dispose de 3 dortoirs avec wifi, chacun équipé d'une douzaine de lits avec casiers. Entièrement rénovée en 2013, l'auberge organise des *surf camps* pour ceux qui souhaiteraient s'initier aux joies de ce sport, le temps d'un week-end ou à la semaine.

Ermitage Santa Catalina à Mundaka.

ECO HOTEL MUNDAKA €€

Florentino Larrinaga Kalea, 9
✆ +34 946 876 700
www.hotelmundaka.com
Chambre double de 70 à 150 €.

A 300 mètres de la plage, dans un bel immeuble coloré situé au cœur du village, ce petit hôtel de charme propose une vingtaine de chambres rénovées dans un style classique et chaleureux. Les chambres donnant sur la rue sont dotées du double vitrage, et toutes possèdent une salle de bain privée. Tous les matins, on vous servira un bon petit déjeuner élaboré avec des produits bio et locaux. L'hôtel a mis en place de nombreuses mesures environnementales, qui font de cet établissement un lieu eco-friendly. Il possède même un petit potager urbain !

HOTEL EL PUERTO €€

Portu Kalea, 1
✆ +34 946 876 725
www.hotelelpuerto.com
Chambre double de 60 € à 120 €.

Dominant le port, l'hôtel se trouve dans une jolie villa blanche aux balcons fleuris, ancienne maison de pêcheurs transformée en hôtel en 1988. Tout y est coquet et bien rénové, en particulier ses chambres décorées dans des tons clairs, avec du parquet et des notes de couleurs acidulées. Toutes possèdent une salle de bains privée, et certaines offrent le luxe d'une belle vue sur l'océan. Vous apprécierez surtout la grande terrasse de l'hôtel, littéralement posée sur le port, où il fait bon boire un verre à toute heure de la journée !

HOTEL ATALAYA €€€

Itxaropen kalea, 1
✆ +34 946 177 000
www.atalayahotel.es
Environ 120 € la chambre double.

Charmant hôtel logé dans une belle demeure bourgeoise de 1911, en face de la mer, inspirée de l'architecture anglaise de l'époque. Refait à neuf en 2008, il est tout confort et offre un service personnalisé ! Ses chambres coquettes et bien équipées possèdent des vues agréables, certaines donnant sur l'océan. Vous apprécierez la terrasse fleurie pour profiter du petit déjeuner à l'air libre, présenté sous forme de buffet avec des jus de fruits frais, des viennoiseries, des céréales, etc. C'est aussi le seul hôtel de Mundaka possédant un parking adjacent gratuit !

RESTAURANTE ASADOR PORTUONDO €€

Barrio Portuondo s/n ✆ +34 94 687 6050
www.restauranteportuondo.com
Tous les jours de 13h30 à 16h. Le soir, uniquement vendredi et samedi de 21h à 23h. Comptez 40 €.

Si l'on apprécie ce restaurant, c'est d'abord pour son emplacement privilégié sur la ría de Mundaka et ses vues panoramiques sur la plage de Laida. Aménagé dans un *caserío* rustique, le restaurant s'est élargi avec une extension moderne et une grande terrasse. A la carte, on y propose une bonne cuisine basque et des poissons grillés à la *brasa* provenant des ports de Mundaka et Bermeo. Le restaurant possède aussi son propre vivier et propose d'excellentes viandes.

MUNDAKA BC

Lehendakari Agirre Plaza
✆ +34 944 655 456
www.mundakabc.com
Du lundi au samedi de 11h à 14h et de 17h à 21h.

Une marque de vêtements inspirée du surf et du *lifestyle* basque, pour rapporter un joli t-shirt ou un sweat dans vos valises ! Née en 2013, Mundaka Basque Country est une enseigne en constante évolution à travers ses propres créations, mais aussi ses collaborations avec d'autres marques. La boutique accueille de nombreux événements liés à l'art et la culture en général : expositions temporaires de peinture ou de photographie, concerts, présentations de livres... Le tout présenté dans l'espace Ithaka Book's Corner, dédié à la culture locale !

MUNDAKA SURF SHOP / ESCUELA

Paseo Txorrokopunta,10
✆ +34 94 617 7229
www.mundakasurfshop.com

Dans ce village entièrement tourné vers l'océan, cette boutique fondée en 1985 fait figure d'institution. Monté par l'australien Craig Sage, ce surf shop fut l'un des pionniers de la vente et location de matériel de surf au Pays Basque. Juste à côté a vu le jour une école de surf dédiée aussi bien à l'initiation qu'au perfectionnement. Les cours ont lieu entre mars et octobre sur la plage de Laida, petit bijou de plage située au cœur de la réserve d'Urdaibai.

GUERNICA – GERNIKA LUMO ★★

Guernica, ville martyre de la guerre civile espagnole, est la capitale politique de Biscaye, où se réunit le Parlement basque. Symbole de la résistance basque lors de la guerre civile contre Franco, cette ville fut choisie pour son plus grand malheur comme première cible civile à être bombardée. Sur commande des républicains pour le pavillon espagnol de l'Exposition universelle de Paris en 1937, Picasso livra l'un de ses plus célèbres tableaux, *Guernica*, en souvenir du bombardement du 26 avril 1937. Située au centre d'Urdaibai, c'est une petite ville moderne, mais dont l'importance réside dans le symbole de paix et de mémoire qu'elle est devenue.

FRONTÓN JAI ALAI ★

Carlos Gangoiti Kalea, 14
✆ +34 658 750 627
Démonstrations de Cesta Punta et visites guidées.

Classé « bien culturel » par le gouvernement basque, le fronton Jai Alai de Gernika fut construit dans les années 1960 par l'architecte Secundino Zuazo, originaire de Bilbao. Considéré comme l'un des meilleurs frontons au monde, il comporte une grande sculpture de joueurs de *cesta punta*, variante très impressionnante de la pelote basque, à laquelle on joue à l'aide d'une chistera en osier. Ce fronton donne lieu aux compétitions les plus importantes du Pays basque. L'office de tourisme y organise des démonstrations de cesta punta.

CASA DE JUNTAS ★★

Allende Salazar Kalea, 1
✆ +34 946 251 138
www.jjggbizkaia.eus
Tous les jours de 10h à 14h et de 16h à 18h (jusqu'à 19h en été). Entrée libre.

Ce bâtiment néoclassique de 1826 renferme l'élégant « salón de plenos », où se tiennent les séances plénières des Juntas (parlement provincial) depuis 1979. La décoration intérieure mérite le coup d'œil, en particulier le superbe vitrail représentant l'Arbre de Gernika. Pendant des siècles, les seigneurs de Biscaye venaient prêter serment de respecter les *fueros* locaux sous l'arbre de Gernika, devenu le symbole des libertés basques. Si les restes d'un chêne du XVIIIe siècle ont été conservés, un nouvel arbre a été planté en 2005.

MUSEO DE LA PAZ DE GERNIKA ★★

Foru Plaza, 1 ✆ +34 946 270 213
www.museodelapaz.org
L'été, lun. et dim. 10h-15h, du mar. au sam. 10h-19h. Reste de l'année, fermé lundi et en janvier. Entrée 6 €.

Ce musée de la Paix retrace l'histoire du bombardement de 1937 et aborde la question de la paix à travers ses collections. Inauguré en 1998, il occupe un élégant bâtiment de l'architecte basque Manuel María Smith, en face de l'hôtel de ville. Derrière une vitrine, la montagne de gravats constitue un témoignage saisissant du bombardement de Gernika. Ses expositions temporaires révèlent les horreurs de la guerre et développent des réflexions très pédagogiques en faveur de la paix.

PAYS BASQUE

Place de la mairie à Guernica.

MUSEO EUSKAL HERRIA

Allende Salazar Kalea, 5
✆ +34 946 255 451
www.bizkaikoa.bizkaia.eus
Du mardi au samedi de 10h à 14h et de 16h à 19h, dimanche (et lundi en été) de 10h30 à 14h30. Entrée 3,50 €.

Situé dans le palais Alegría, belle construction baroque du XVIIIe siècle épargnée par les bombardements, ce Musée du Pays Basque s'intéresse aux différents aspects de la géographie, de la politique, les croyances et de la langue basque. Sur quatre étages, on découvre ainsi l'histoire et la culture du peuple basque à travers une collection de maquettes, de gravures et de portraits. Remarquez aussi la belle collection d'instruments nautiques du XVIe siècle. L'*ático* (dernier étage) accueille quant à lui des expositions temporaires.

PARQUE DE LOS PUEBLOS DE EUROPA

Allende Salazar Kalea
Ouvert tous les jours de 10h à 19h, jusqu'à 21h en été.

Situé juste en face de la Casa de Juntas, le parc des Peuples d'Europe offre un bel écrin de verdure aux œuvres de deux sculpteurs de talent : Henry Moore avec *Large Figure in a Shelter* (Grande figure dans un refuge), et Eduardo Chillida avec *Gure aitaren etxea* (La Maison de notre père), sculpture massive de près de huit mètres de hauteur, réalisée en 1987 comme un hommage au peuple basque. Le site est entouré d'une belle végétation où prédominent les hêtres et les chênes.

HOTEL GERNIKA €€

Carlos Gangoiti, 17
✆ +34 946 250 350
www.hotel-gernika.com
Environ 90 € la chambre double.

Bâti en 1987, l'hôtel se trouve en plein centre-ville, à trois minutes à pied du musée de la paix, et à 5 minutes de l'arbre de Gernika. Derrière une façade en brique assez moderne, il possède une quarantaine de chambres spacieuses, à la décoration classique, dotées de salles de bain privées. L'hôtel est très tranquille, d'autant qu'il est réservé uniquement aux adultes. Bien qu'un peu vieillissant, vous apprécierez ses installations fonctionnelles et son excellent emplacement. L'accueil chaleureux du personnel mérite également d'être souligné !

RESTAURANTE BOLIÑA EL VIEJO €

Calle Adolfo Urioste, 1
✆ +34 946 251 015
www.restaurantebolinaelviejo.com
Menu à 25 € les week-ends.

Cuisine traditionnelle dans ce petit restaurant sans prétention situé au cœur de Gernika, à deux pas du musée de la paix, où une foule d'habitués vient chaque jour déguster un copieux menu del dia à prix serré. Dans un décor de cantine chaleureuse, on s'y régale de bonnes recettes basques élaborées avec les produits du coin : chipirons dans leur encre, alubias (haricots) de Gernika, soupe de poisson, merlu à la plancha... Une adresse populaire et bruyante !

BAR RESTAURANTE 1000 KOLORAU €€

San Juan Ibarra Plaza, 9
✆ +34 94 625 76 19
www.1000kolorau.com
Tous les jours de 11h à 18h, jusqu'à 0h vendredi et samedi. Fermé le mardi. Comptez 40 €.

En plein centre de Gernika, le chef Ettore Learreta propose dans son restaurant le meilleur des produits du terroir. Dans un décor contemporain à l'esprit « bistrot », vous dégusterez d'excellents *pintxos* et *raciones*, et des plats régionaux raffinés : carpaccio de thon à l'huile d'olive, *kokotxas* de merlu, noix de Saint-Jacques et purée de potiron... A la belle saison, le chef propose un « menu en haute mer » lors d'excursions en bateau dans la réserve d'Urdaibai.

MERCADO DE GERNIKA

Domingo Alegria Plaza
✆ +34 946 27 02 00
Tous les lundis et 1er samedi du mois (de juin à décembre) de 9h à 13h.

Jusqu'à la moitié du XXe siècle, le marché hebdomadaire de Gernika se tenait tous les lundis à l'air libre. Peu après le bombardement de la ville, une grande halle fut construite pour héberger ses étals. Le bâtiment actuel, reconstruit en 1991, continue d'accueillir tous les lundis matin les stands des primeurs, fleuristes, bouchers et fromagers. Sa réputation est telle que l'office de tourisme y organise des visites guidées ! Le 1er samedi du mois, on y célèbre un produit autochtone : txakoli, haricots (alubias), piment de Gernika...

ELANTXOBE ★★

Ce village est niché au bas d'une falaise, au cœur de la réserve de biosphère Urdaibai. Ses maisons sont disposées en escaliers sur une pente très accidentée. Le port et le village ont deux entrées différentes, mais les voitures ne peuvent pas circuler dans la rue qui relie directement l'une à l'autre. Il est surprenant de voir comme les hommes ont su s'adapter à cet environnement magnifique, mais très particulier ! À Elantxobe, on célèbre la Sainte Marie-Madeleine le 22 juillet avec du *txakoli*, puis les barques, en procession avec celles des ports voisins de Mundaka et Bermeo, font alors le tour de l'île d'Azaro. Prévoyez de bonnes chaussures !

ITSASMIN OSTATUA €

Kale Nagusia, 32
✆ +34 946 276 174
www.itsasmin.com
Comptez entre 55 et 65 € la chambre double.

Un petit hôtel de douze chambres au-dessus du port de pêche d'Elantxobe, avec tout le nécessaire pour passer un séjour enchanteur. Car cette pension de charme réserve un accueil chaleureux à ses visiteurs, ainsi qu'un décor digne d'une maison de famille avec ses poutres apparentes et son mobilier à l'ancienne. Pour quelques euros de plus, demandez une chambre avec balcon et vue sur le port au moment de la réservation. Le petit déjeuner très copieux compte parmi les points forts du lieu : n'hésitez pas le commander ! Bon rapport qualité-prix.

HOTEL RESTAURANTE ERMINTXO €€

Natxitua
✆ +34 946 277 700
www.hotelermintxo.com
Environ 70 € la chambre double. Environ 40 € pour le restaurant.

Un hôtel-restaurant niché dans le village voisin de Natxitua, à 4 kilomètres d'Elantxobe, dans un environnement particulièrement serein et verdoyant. Il propose une dizaine de chambres douillettes et confortables, avec de très jolies vues sur la mer ou la campagne. Le petit déjeuner est servi dans l'espace cafétéria ou en terrasse si le temps le permet. Dans le restaurant, on vous proposera d'excellents poissons frais venus des ports voisins et de bons desserts !

LEKEITIO ★★

Déclaré ville seigneuriale en 1325, Lekeitio est situé dans une jolie baie dominée par un impressionnant cap sur la gauche et bordée sur la droite par l'embouchure de la rivière Lea. À l'autre bout de la baie, on distingue ses trois plages et l'île Saint-Nicolas, à laquelle on accède à marée basse. Animé en été, Lekeitio attire pour ses plages, son vieux quartier aux ruelles tortueuses et son église Sainte-Marie (XVe siècle). Sur le port, les ateliers de réparation de bateaux perpétuent leur office ancestral. Lekeitio a conservé ses traditions basques, comme la *kaixarranka*, danse surprenante pratiquée pendant les fêtes de San Pedro, fin juin.

BASÍLICA ASUNCIÓN DE NUESTRA SEÑORA ★

C/ Abaroa s/n
✆ +34 94 684 09 54
www.basilicadelekeitio.com
Du lundi au vendredi de 8h à 12h et de 17h à 19h30.

Bâtie au XVe siècle sur les ruines d'un temple antérieur, cette basilique classée Monument national est un bel exemple du style gothique tardif. Située au centre du village, à deux pas de la plage, elle est célèbre pour son splendide retable gothique flamand, l'un des plus grands d'Espagne avec ceux de Tolède et de Séville. Achevé en 1514, ce joyau polychrome couvert de délicates dorures représente, entre autres scènes évangéliques, l'Assomption de Marie.

PLAGES DE LEKEITIO ★

Les deux plages de Lekeitio se trouvent à l'embouchure de la rivière Lea. Sur la gauche, à côté du vieux port, la plage d'Isuntza s'étire sur 250 mètres de large. L'ambiance y est généralement tranquille et familiale. A droite de la Lea, la plage de Karraspio, longue de 450 mètres, est un lieu apprécié pour s'initier au surf ou jouer au beach-volley. Lorsque la marée est basse, on peut rejoindre en marchant l'îlot de Garraitz (« le rocher »), plus connu sous le nom de San Nicolás. A l'ombre de ses quelques pins, le panorama sur la côte est superbe !

PUERTO DE LEKEITIO ★

La promenade sur le port a son charme à toute heure, que ce soit de bon matin, lors de la préparation des bateaux et des terrasses de café, dans la journée, où les multiples activités battent son plein, ou bien le soir, lorsqu'habitants et touristes animent les quais jusque tard dans la nuit. Allez jusqu'au bout de la jetée pour embrasser du regard la baie protégée, d'un côté, et le village niché dans ce bout de Pays basque, de l'autre. Dans la rue Arranegi, qui avance en parallèle au port, s'alignent de belles maisons des XVIe et XVIIe siècles.

HOTEL PALACIO OXANGOITI €€

Gamarra Plaza, 2

✆ +34 944 650 555

www.oxangoiti.net

Chambre double standard de 90 à 120 €.

Cet ancien palais seigneurial construit en 1674 abrite un charmant petit hôtel : sept chambres de styles différents, parfois prolongées d'un confortable salon, se cachent derrière sa noble façade en pierre de taille, aux balcons fleuris. À l'intérieur, le vieil escalier en bois, les sols en terre cuite et les hauts plafonds composent un décor d'antan tout à fait charmant. Autre atout de taille : l'hôtel se trouve à deux pas de la place de la Mairie et de l'adorable port de pêche. Accueil chaleureux et emplacement très commode en plein *casco viejo* !

© FRANCISCO JAVIER GIL - SHUTTERSTOCK.COM

Lekeitio.

PAYS BASQUE

HOTEL METROKUA €€

Playa Karraspio

✆ +34 946 844 980

www.metrokua.com

Chambre double de 90 à 130 €.

Un hôtel 2 étoiles qui fait penser à une maison de vacances ! Situé sur la plage de Karraspio, il est aménagé avec un certain goût, dans un genre balnéaire chic. Ses neuf chambres, au décor assez classique, possèdent chacune une salle de bain privée. Vous y trouverez tout le confort avec des petits « plus » bien agréables, notamment un garage privé et une vaste terrasse-solarium offrant des vues imprenables sur la baie. Vous apprécierez aussi son agréable jardin à l'arrière de la maison, et le bar-cafétéria à la déco maritime pour manger des pintxos !

HOTEL SILKEN PALACIO URIBARREN €€€

Avenida Santa Elena Etorbidea

✆ +34 900 373 981

www.hoteles-silken.com

Chambre double entre 75 et 220 €.

Un hôtel élégant bâti sur les ruines de l'ancien palais d'Urribaren, où séjournèrent la reine Isabelle II et son fils Alphonse XII, ainsi que l'impératrice Zita de Bourbon-Parme. Situé sur la plage d'Isuntza, ce bâtiment en briques aux airs de *caserío* abrite une quarantaine de chambres décorées avec goût, dont certaines offrant des vues privilégiées sur l'océan. Hors saison, vous apprécierez sa piscine intérieure climatisée et son bain bouillonnant !

HOTEL ZUBIETA €€€

Atea, s/n
✆ +34 946 843 030
www.hotelzubieta.com
Fermé en hiver. Chambre double entre 90 et 160 €.

Un peu en dehors de la ville, ce bel hôtel de 23 chambres occupe un superbe palais du XVIIe siècle, entouré par un environnement champêtre. Il propose de vastes chambres ornées de tapis, de poutres apparentes, certaines mansardées, d'autres avec un beau salon. L'ensemble est charmant et offre de belles vues sur le palais Zubieta. Vous apprécierez tout particulièrement sa grande piscine extérieure où prendre le soleil en été, mais aussi ses salons cossus, sa terrasse arborée, son exquis petit déjeuner et sa bonne cuisine de bistrot.

MESON ARROPAIN RESTAURANTE €€€

Iñigo Artieta Etorbidea, 5
✆ +34 946 24 31 83
Ouvert de 13h30 à 16h et de 20h30 à 23h. Fermé entre mi-décembre et mi-mars. Comptez 50 €.

A environ dix minutes à pied du centre de Lekeito, à côté du beau Palais de Zubieta, ce restaurant est sans aucun doute la meilleure adresse du coin pour la qualité de ses poissons et fruits de mer, mais aussi pour ses bonnes recettes traditionnelles. Dans un cadre authentique et chaleureux, on se régale d'une excellente soupe de poisson, de chipirons à l'encre, de gambas, de poulpe, de palourdes, et de bons poissons frais grillés à la plancha. Un délice !

ONDARROA ★

Ce port de près de 9 000 habitants a gardé son allure ancestrale. La pêche constituait au XIXe siècle l'activité économique principale (thon, langouste, merlu, sardine...) grâce à une flotte étonnamment diversifiée pour un si petit port. La vaillance des habitants d'Ondarroa s'est démontrée au cours de l'histoire, notamment en 1638, lorsqu'ils portèrent secours à la ville de San Sebastián assiégée par l'armée française et réussirent à couler trois bateaux ennemis avec seulement une trentaine d'hommes. Quelques repères architecturaux lors d'une visite de la petite ville : la Tour de Likona (XVe siècle) et l'église Santa María (1462), monument gothique.

IGLESIA DE SANTA MARÍA (ANDRA MARI)

Nasa Kalea, 21

Ce très bel édifice de style gothique tardif domine l'embouchure de la rivière Artibai. Bâtie vers 1480, puis remaniée aux XVIIIe et XIXe siècles, l'église de Sainte-Marie se distingue par un ensemble de sculptures représentant une cour médiévale, connu sous le nom basque de « Kortxeleko mamuak ». Des personnages mythiques, parmi lesquels celui de Leokadi, dont la légende raconte que cette femme transformée en pierre protège les habitants d'Ondarroa.

Ondarroa.

PUENTE VIEJO (ZUBI ZAHARRA)

Le vieux pont « Zubi Zaharra » est un des symboles de la ville. Bâti en pierre en 1795, il était venu remplacer un pont-levis du XIVe siècle qui jusqu'alors remplissait son office. Malheureusement, le pont a souffert de nombreuses destructions au cours de son histoire, la dernière dans les années 1950 à cause de grandes inondations. Si son état actuel date de 1961, le pont est resté un lieu emblématique d'Ondarroa, auquel sont très attachés ses habitants.

SUTARGI JATETXEA €€

Nasa Kalea, 11
✆ +34 946 832 258
Du mardi au dimanche de 12h à 0h. Comptez 30-40 €.

A côté du vieux pont d'Ondarroa (Zubi Zaharra), ce restaurant est une valeur sûre pour déguster des spécialités de poisson frais. En cuisine, le jeune chef Haitz Bengoetxea prépare des spécialités de la mer en y apportant sa touche personnelle. Ici, c'est la qualité du produit qui prime, aussi bien au bar où l'on sert des *pintxos* que dans la partie restaurant. A tester absolument, la *merluza a la Ondarresa* (merlu), la spécialité de la maison, mais aussi les *txipirones encebollados* (chipirons à l'oignon) et les *zamburiñas* (pétoncle noir).

LAS ENCARTACIONES ★★

Coincé entre la chaîne Cantabrique et les monts basques, Las Encartaciones (*Enkarterri* en basque) était à l'origine un royaume avec ses forts et ses coutumes. Composée de neuf vallées et dix communes, elle s'étend sur environ 550 km. Les vestiges préhistoriques sont ici nombreux, notamment dans la grotte d'Arenaza, qui abrite des peintures rupestres, ou celle de Ventalaperra, et ses restes de l'homme de Néandertal et de Cro-Magnon. Déjà, en 25 av. J.-C., les Romains connaissaient la valeur stratégique de cette zone, comme en témoigne la chaussée reliant Burgos à Balmaseda. Aujourd'hui, la région doit son développement à l'industrie du meuble.

GALDAMES

Ici, il s'agira d'une petite halte pour les fans d'automobile. Perdue aux confins de la Biscaye, la Tour Loizaga du château Concejuelo de Galdames possède une impressionnante collection de Rolls-Royce (la plus vaste au monde) et autres voitures de collection. Pour ceux qui ont la fibre plus historique, sachez que ce château fut construit par des familles de nobles pendant le Moyen Âge. Dans les alentours, on trouve de jolis coins pour se balader, comme le parc d'Atxuriaga et l'aire de loisirs Presa de Aguas Juntas. Autre curiosité : la grotte d'Arenaza et ses peintures rupestres. On trouve également six dolmens dans la région.

TORRE LOIZAGA - MUSEO DE AUTOMÓVILES CLÁSICOS ★

Bº Concejuelo
✆ +34 672 248 759
www.torreloizaga.com
Ouvert les dimanche et jours fériés de 10h à 15h. Entrée 8 €.

Ce musée des voitures classiques présente une intéressante collection de Rolls-Royce pour les amateurs du genre. Les modèles sont classés par chronologie et par style nous ramenant jusqu'aux origines et aux années de splendeur de l'automobile. L'ensemble des collections est présenté dans la Tour Loizaga, ancien bastion défensif de la lignée Ochoa García de Loyzaga bâti au XIVe siècle. En ruine, elle fut restaurée par Miguel de la Vía, propriétaire du musée.

VÍA VERDE DE GALDAMES (VOIE VERTE)

Une ancienne plate-forme minière de la voie ferrée, qui transportait le fer des mines de Galdames jusqu'à Sestao, a été transformée en « voie verte » à parcourir à pied ou à vélo. Ce programme de réhabilitation de la zone permet de profiter de la nature verdoyante du Pays basque. Construit en 1876, le tracé de ce chemin de fer fut le plus long à son époque (22,5 km). Son exploitation cessa en 1968. Il appartient désormais au réseau de voies vertes Montes de Hierro.

SOPUERTA ★

Sopuerta (2 500 hab.) était à l'époque médiévale un centre stratégique, comme peuvent en témoigner les nombreuses édifications défensives qui émaillent son territoire. Au cœur des Encartaciones se trouve le musée du même nom, logé dans un splendide bâtiment du XVe siècle qui abritait autrefois la Casa de Juntas (maison des assemblées). C'est ici qu'avaient lieu les réunions des 11 républiques qui formaient les Encartaciones. Autre édifice remarquable, l'église San Martín, dont la nef et les retables sont particulièrement travaillés. Au mois d'août ont lieu les fêtes de San Roque, une bonne occasion pour découvrir la région et son passé industriel.

SOPUERTA ABENTURA

Barrio San Cristóbal
✆ +34 94 610 40 51
www.sopuerta-abentura.com
L'été, tous les jours de 11h à 20h. Hors saison, uniquement les week-ends. Adultes 19 €, enfants 14,50 €.

Un parc d'attractions en pleine nature qui propose de nombreuses activités pour tous les âges ! Sur plus de trois hectares, le parc offre dix circuits dans les arbres de différents niveaux. Le circuit Txiki permet aux moins de 4 ans de s'essayer à la tyrolienne avec l'aide des parents. Le circuit jaune (*amarillo*), composé de 13 défis, possède une liane de Tarzan, un pont tibétain, des tyroliennes... Enfin, le circuit vert (*verde*), pour les grands à partir de 7 ans, offre une belle aventure à travers des passerelles, des ponts, des toboggans...

FERRERÍA EL POBAL ★

Pobal Auzoa
✆ +34 629 271 516
www.visitenkarterri.com
Du mardi au samedi de 10h à 14h (et en été de 16h à 19h), dimanche de 10h à 14h. Visite guidée 3,50 €.

C'est un des ensembles industriels les plus représentatifs de la Biscaye. Il est constitué de plusieurs espaces : la forge, où autrefois on travaillait le minerai de fer pour le transformer en métal ; le moulin à farine, toujours en état de fonctionnement ; et le palais des Salazar, construction de style gothique tardif du XVIe siècle, qui présente une exposition sur les moulins. Si l'origine de la forge remonte au XVIe siècle, actuellement la plupart du matériel exposé date de la fin du XIXe siècle. Tous les samedis à midi, des démonstrations y sont proposées.

AGROTURISMO LEZAMAKO ETXE €€

San Martín De Carral, 31
✆ +34 946 504 237
www.nekatur.net/lezamakoetxe
Chambre double de 60 à 80 €.

Superbe *caserío* situé dans le quartier de San Martín de Carral, à 3 kilomètres du centre de Sopuerta. En pleine nature, cette robuste demeure bâtie en pierre et bois offre un refuge idéal si vous êtes à la recherche de calme et de tranquillité. Mila, la charmante propriétaire, vous propose six chambres spacieuses et décorées simplement, ainsi qu'un excellent petit déjeuner ! Tout autour, les moutons, les chevaux et le potager composent un décor bucolique à souhait !

MUSEO DE LAS ENCARTACIONES

Barrio Abellaneda, s/n
✆ +34 946 504 488
www.enkarterrimuseoa.eus
Du mardi au samedi de 10h à 14h et de 16h à 18h (de 17h à 19h l'été), dimanche de 10h à 14h. Entrée gratuite.

Très instructif en ce qui concerne cette partie méconnue de la région, le musée compte plusieurs salles qui retracent l'histoire des Encartaciones et de ses habitants. Il est installé dans la Casa de Juntas de Avellaneda (maison des assemblées), qui fut longtemps le siège de la vie politique locale. Ici se réunissaient dès le XVIe siècle les représentants de chaque vallée pour traiter de divers sujets communs. Le blason sur la façade de l'édifice date de 1635.

CLUB ECUESTRE ENKARTADO MENDIAN ZALDIZ

✆ +34 649 988 473
www.mendianzaldiz.com
Randonnée de 1 heure à cheval le long de l'ancienne voie ferrée : 18 €.

Ce centre équestre propose des randonnées à cheval de 1 heure (disponibles pour les débutants) le long de l'ancienne voie ferrée qui communiquait Muskiz avec Artzentales, à la découverte des anciens fours de calcination. Pour les plus expérimentés, vous pourrez vous aventurer dans l'ancien quartier minier d'Alen, dans les hauteurs de Sopuerta, pour profiter de vues splendides sur les montagnes, ou partir à l'ascension du mont Kolitza pour la journée.

GÜEÑES

Traversée par la rivière Cadagua, Güeñes est une étroite vallée entourée d'une nature généreuse qui la fournit en bois et fait d'elle l'un des principaux centres de fabrication de meubles. Si vous vous arrêtez à Güeñes, ne manquez pas la visite de l'église Santa Maria. Bâtie au XIIe siècle et reconstruite au XVIe, elle est un bel exemple des styles gothique et Renaissance. L'autre emblème de la ville est son actuelle mairie, la Villa Urrutia. Construite en 1910 dans un style *indiano*, elle fut la résidence d'été de la famille Urrutia, qui avait fait fortune au Mexique. Vous pourrez vous promener dans ses jardins, qui abritent le parc botanique d'Arenatza.

BALMASEDA ★

Capitale des Encartaciones, ce fut aussi la première ville fondée en Biscaye, en 1119, lorsque le seigneur de Bortedo lui accorda le For de Logroño. Sa situation géographique, sur le chemin royal qui unissait le plateau à la mer Cantabrique, lui permit d'acquérir une certaine importance au Moyen Age. Importance qui ne fit qu'augmenter grâce aux « Indiens », comme on appelait les gens de la région qui partaient faire fortune aux Amériques. Ces derniers permirent à Balmaseda de se développer économiquement mais aussi artistiquement, en la dotant de magnifiques maisons aux dimensions des fortunes accumulées au cours de leur exil.

VILLA URRUTIA - ARENATZARTE

Enkarterri, 5
✆ +34 946 802 976
www.visitenkarterri.com
Visite libre.

La Villa Urrutia est une typique construction *indiana* de 1910, dont le propriétaire Don Leandro Urrutia avait fait fortune au Mexique. A son retour, il fit construire cette somptueuse demeure pour y passer ses étés avec sa famille, aujourd'hui devenue le siège de l'hôtel de ville. Elle est entourée d'un parc de 1,5 hectare planté d'arbres centenaires où se trouve l'espace ARENATZarte, qui expose des sculptures d'avant-garde à l'air libre de divers artistes basques.

© ONDACARACOLA - SHUTTERSTOCK.COM

Balmaseda.

HORNO DE LEÑA SARATXAGA

Barrio Humaran
✆ +34 616 612 402
www.pancaserosaratxaga.es
Mercredi et vendredi de 10h30 à 15h, samedi et dimanche de 10h à 15h.

A mi-chemin entre Güeñes et Galdames, sur les hauteurs du bourg de Humaran, voici une adresse en or pour acheter de délicieux gâteaux basques élaborés de façon entièrement artisanale. Ici, tout est cuit au feu de bois ! Les produits sont vendus sur place les week-ends, mais aussi sur les marchés locaux – notamment lors du marché Gure Lurreko Merkatua, les samedis à Balmaseda – ou distribués dans les boulangeries des environs. Outre ses fameux gâteaux basques, la maison prépare de délicieuses madeleines, des cakes aux noix, au chocolat, etc.

LA ENCARTADA FABRIKA-MUSEOA

Barrio de Peñueco, 11
✆ +34 946 800 778
www.bizkaikoa.bizkaia.eus/laencartada
Du mardi au samedi de 10h à 14h (et de 16h à 19h l'été), dimanche de 10h à 14h. Entrée 5,50 €.

Installé dans une ancienne usine textile fondée en 1892, ce musée nous transporte à l'époque de la révolution industrielle pour découvrir les machines et les techniques d'antan. Fermée depuis 1992, cette usine fabriquait principalement des bérets basques (la fameuse « txapela »). Elle est située à moins de deux kilomètres du centre historique de Balmaseda, au bord de la rivière Kadagua, dont l'énergie hydraulique permettait de faire fonctionner les machines.

ERMITA DE SAN ROQUE DE KOLITZA

Bº San Lorenzo

Au sommet du mont Kolitza, à près de 900 mètres d'altitude, trône cet ermitage de style gothique construit au XIVe siècle en l'honneur de saint Roque et saint Sébastien. Sur le chemin de l'ermitage, vous pourrez voir une curieuse construction en pierre où l'on entreposait de la glace ! Le site, aujourd'hui aménagé comme refuge, était déjà documenté au XVIIIe siècle. Une très belle promenade, dont le point de départ se situe sur la gauche de la route Bilbao-Arcentales !

MUSEO DE HISTORIA VILLA DE BALMASEDA

Martín Mendia, 27

✆ +34 657 795 806

Du mardi au dimanche de 11h à 14h. L'été, également jeudi et vendredi de 17h à 20h. Entrée libre.

Inauguré en 2003 dans l'ancienne église de San Juan del Moral, ce musée retrace l'histoire de la ville et de ses habitants à travers une vaste collection d'œuvres d'art, d'objets anciens et de documents. Son parcours aborde notamment la fondation de la ville au XIIe siècle, l'industrie et les traditions (fabrication de bérets, gastronomie locale, etc.), ou encore la fameuse *Pasión Viviente* représentée chaque année lors des festivités de la Semaine sainte.

HOTEL CONVENTO DE SAN ROQUE €€

Campo de las Monjas, 2

✆ +34 946 102 268

www.hotelsanroque.es

Chambre double entre 50 et 80 €.

Hôtel de charme situé dans l'ancien monastère de Santa Clara, dont la construction remonte au XVIIe siècle. Autour d'un patio central sont réparties ses 19 chambres de caractère, décorées avec goût et bien équipées, où se trouvaient jadis les cellules monastiques d'une communauté de sœurs clarisses. Dans l'ancien réfectoire du couvent, l'hôtel a aménagé un restaurant de cuisine basque traditionnelle au décor de vieilles pierres et de poutres en bois. Beaucoup de charme !

KARRANTZA

Située au bout de la Biscaye, Karrantza est une petite ville de 2 700 âmes. Pour y arriver, vous devrez traverser Villaverde de Trucios, petite enclave cantabrique sur les terres biscaïennes. Vous pénétrez ensuite dans la vallée de Karrantza, aux très beaux paysages ponctués de monuments mégalithiques et de grottes, dont celle de Pozalagua où stalagmites et stalactites se succèdent. Plusieurs autres belles promenades et visites sont à prévoir dans les environs, où la nature est parfaitement préservée. Dans le bourg même, signalons l'église San Andrés de Biañez, qui héberge un joli retable, et l'église baroque-néoclassique San Bartolomé de Aldeacueva.

BBK KARPIN FAUNA

Barrio Biañez, 37 ✆ +34 946 107 066

www.karpinabentura.com

L'été, tous les jours de 11h à 19h. Hors saison, du lundi au vendredi de 11h à 15h, week-end jusqu'à 17h. Tarif 10 €.

Une agréable halte dans un environnement naturel privilégié où vous pourrez observer de nombreux animaux de la forêt (lynx, ours, bouquetins…). Incapables de retourner à la vie sauvage, ces animaux abandonnés ou blessés par des braconniers ont trouvé là un centre d'accueil leur permettant de vivre dignement. Parallèlement, le parc a développé un parcours de sensibilisation à la sauvegarde de la faune et de l'environnement en général, amenant le visiteur à prendre conscience de son rôle dans le maintien de cet équilibre fragile.

CUEVA DE POZALAGUA [GROTTE] ★

Peñas de Ranero

✆ +34 649 811 673

www.cuevadepozalagua.eus

L'été, du mardi au dimanche de 11h à 20h. Hors saison, uniquement les week-ends de 11h à 18h. Entrée 7 €.

Au cœur du Parc naturel d'Armañón, ces grottes de 125 mètres de longueur, avec quatre cavités de 40 mètres de profondeur, recèlent un grand lac pétrifié et des stalactites. D'une grande singularité par leur beauté, les grottes sont le siège de la plus grande concentration de stalactites excentriques du monde et d'une vaste salle dont le sol est formé de carbonate qui retient l'eau. En face de la grotte, l'amphithéâtre de Pozalagua est le cadre de nombreux concerts.

CASA RURAL / RESTAURANTE GAILURRETAN €

Lanzas Agudas, 17
✆ +34 946 806 667
www.gailurretan.com
Comptez 75 € la chambre double.

Une charmante *casa rural* dans le décor verdoyant de la vallée de Karrantza, d'où vous pourrez rayonner aussi bien vers le Pays basque que vers la chaîne Cantabrique. Doté de six chambres confortables et d'un grand salon avec cheminée, c'est un endroit paisible pour profiter d'un séjour en pleine nature. Son point fort : sa grande piscine entourée de collines, où se rafraîchir en été. Egalement un restaurant, où déguster les produits du terroir achetés auprès des producteurs locaux.

LANESTOSA

Ce petit village de 250 habitants a conservé tout son charme médiéval avec ses ruelles en pierre, ses palais datant des XVIIe et XVIIIe siècles et ses maisons à corniches en bois sculpté. Plus spécifiquement, dans le vieux centre se trouve l'église de San Pedro, une superbe construction de style Renaissance datant du XVIe siècle, mais aussi le saisissant palais baroque nommé Colina de Lanestosa. Signalons cet autre site remarquable du village qu'est le *calero*, un four ancien jadis utilisé pour produire de la chaux à partir de la pierre calcaire, ainsi que le Vieux Pont, qui reliait anciennement Laredo à Burgos.

KOBEN KOBA

✆ +34 675716161
Visites guidées sur réservation. Prix : 6 €.

À proximité de la rivière Caldera, qui en faisait un site d'habitation favorable, la grotte fut occupée au Paléolithique supérieur, entre 35 000 et 10 000 ans. Dans la zone, ce sont pas moins de 16 grottes abritant des peintures ou des gravures rupestres qui ont été recensées. La grotte de Kobenkoba se distingue par sa taille, avec une surface de 600 m^2 et un plafond de 10 m de haut. Les peintures qu'elle abrite ne sont pas visibles, par souci de préservation, mais on pourra en revanche profiter d'une très belle exposition et de nombreux fac-similés.

DURANGO ★

A la croisée des chemins, Durango a joué, depuis le XVe siècle, un rôle important dans l'histoire de la région, que ce soit lors de la guerre d'indépendance ou des guerres carlistes. Dès le début de l'industrialisation du Pays Basque, Durango se développe grâce à l'industrie du fer. Aujourd'hui, c'est une ville peuplée de 30 000 habitants qui conserve un intéressant patrimoine historique. Vous pourrez admirer la belle façade de la mairie, ornée de peintures murales ; l'église Santa María de Uribarri, où se mêlent les styles gothique et Renaissance ; et les anciens palais de Zabala et Etxezarreta, ce dernier abritant le musée d'histoire.

BASILICA DE SANTA MARÍA DE URIBARRI ✞ ★

Uribarri Kalea ✆ +34 946 20 00 98

En plein cœur historique de Durango, une basilique du XVIe siècle, où la reine Isabelle la Catholique prêta serment aux *fors*. Blotti contre la tour Arandoño, le temple conserve un très beau retable Renaissance dédié à la Vierge, qui cohabite avec une nef gothique. Mais si l'endroit mérite surtout une visite, c'est pour l'impressionnante charpente de son porche, dont on dit qu'il est le plus grand du Pays Basque. Il est resté un lieu de rencontre pour les habitants de la ville.

KURUTZESANTU MUSEOA

Kurutziaga Kalea, 38
✆ +34 946 03 39 38
Mardi 10h-14h30, du mercredi au dimanche 10h-14h30 et 16h-18h30. Entrée libre.

Inauguré en 2010, ce petit musée a vu le jour pour protéger la Croix de Kurutziaga des intempéries climatiques. Icône de la ville, cette croix gothique du XVIe siècle commémore le massacre mené par le franciscain fray Alonso de Mella au XVe siècle, lors de l'épisode connu sous le nom d'*hérésie de Durango*. La croix est ornée de sculptures représentant notamment les douze apôtres et le Péché Originel. Trônant au cœur du musée, on peut l'observer sur deux niveaux. Une section est également dédiée à l'histoire de la Confrérie de la Vera Cruz.

PAYS BASQUE

MUSEO DE ARTE E HISTORIA DE DURANGO

San Agustinalde Kalea, 16
✆ +34 946 03 00 20
www.durangomuseoa.eus
Du mardi au samedi de 10h à 13h (14h le samedi) et de 17h à 20h, dimanche de 11h à 14h. Entrée libre.

Logé dans le beau palais d'Etxezarreta (XVIIIe siècle), ce musée présente au premier étage une exposition sur l'histoire de Durango depuis la préhistoire jusqu'au XXe siècle, dont une intéressante maquette reconstituant la ville au XVe siècle. Il possède également une importante collection d'art basque, dont une belle série de gravures signées Chillida. Entièrement rénové en 2017, le bâtiment accueille aussi des expositions temporaires au deuxième étage.

SILKEN GRAN HOTEL DURANGO €€

Gazteiz Bidea, 2
✆ +34 946 217 580
www.hoteles-silken.com
Comptez entre 75 et 130 € la chambre double.

Installé dans un beau palais du début du XXe siècle, ce bel hôtel propose 68 chambres décorées dans un esprit contemporain, mêlant les matériaux anciens aux équipements modernes. L'hôtel dispose également d'une piscine extérieure avec terrasse, ainsi qu'un centre de bien-être avec sauna, piscine intérieure d'eau thermale, bain turc et salle de sport. Point de départ idéal pour faire de belles promenades à pied ou à VTT. On apprécie sa cuisine gastronomique et le service attentionné.

RESTAURANTE KOBIKA JATETXEA €€

San Ignacio Auzunea Etxetaldea, 8
✆ +34 94 681 00 03
www.kobika.es
Mardi, mercredi et dimanche 10h-17h. Jeudi, vendredi et samedi jusqu'à 0h. Environ 30 €.

Dans la partie moderne de Durango, une excellente table dirigée par les frères Kortabitarte depuis 1999. On y découvre une cuisine d'auteur innovante, alliant les produits du terroir aux techniques d'avant-garde. A la carte, ne manquez pas les incontournables *huevos carbonizados* (littéralement, « œufs carbonisés ») et l'exquise *carrillera* (joue de bœuf mijotée). Les jeudis soir, superbe menu « de campeonato », où tester les tapas récompensées dans divers concours gastronomiques !

RESTAURANTE KUKUTZE €€

Askatasun Etorbidea, 19
✆ +34 944 657 388
www.restaurantekukutze.com
Tous les jours de 11h à 19h, samedi jusqu'à 23h. Menus 15-37 €.

Dans la partie moderne de Durango, à 10 minutes à pied de la basilique Santa Maria de Uribarri, un restaurant de cuisine traditionnelle proposant de bons menus à prix corrects. Ils se dégustent dans une grande salle moderne au décor curieux de vitraux et de grandes tables en bois. A la carte, délicieux foie à la plancha et compote de pommes, riz crémeux aux champignons, et une grande variété de plats à base de poisson et fruits de mer : salade de homard, *kokotxas* de morue à la sauce pilpil, poulpe grillé, chipirons à l'encre... Savoureux !

ABADIÑO

Un des plus jolis villages des alentours, à 7 km de Durango, au pied des montagnes. C'est là-bas que vous pourrez admirer le sanctuaire d'Urkiola, dont la date de construction demeure assez floue, probablement entre les VIIIe et XIe siècles. La Tour de Muntsaratz, dont la construction remonte vraisemblablement au IXe siècle mérite elle aussi d'être signalée ; la Casa de Astola est un autre monument remarquable. Ici, les sportifs seront aux anges : le réseau de circuits traversant des paysages splendides est immense, à parcourir à pied, en VTT ou à cheval. Le 12 mai est célébrée ici la fête patronale, avec des danses en l'honneur de Santo Domingo.

SANTUARIO DE URKIOLA

Urkiola Auzoa, 3

Lieu de vénération de Sant Antonio Abad et Sant Antonio de Padua, ce temple catholique érigé sur le col d'Urkiola est entouré d'un paysage de montagne enchanteur. Du premier sanctuaire construit au XIIIe siècle, il ne reste rien, la tour campanaire que l'on peut observer aujourd'hui a été construite dans un style néomédiéval entre le XIXe et le XXe siècle. Des processions y ont lieu plusieurs fois par an, notamment le samedi suivant la Saint-Antoine de Padoue, au mois de juin, et le dernier samedi du mois d'août en l'honneur de saint Roch.

TORRE PALACIO DE MUNTSARATZ

Muntsaratz Auzoa, 17A

Cette tour de style Renaissance est l'édifice le plus emblématique de la ville. Il s'agit d'une tour rectangulaire en pierre de taille, classée Bien d'Internet culturel. Située sur la rive gauche de la rivière Zumelegui, elle fut construite au IXe siècle puis rénovée aux XVe et XVIe siècles, avec l'ajout d'une galerie de style toscan. Son nom lui vient de la puissante famille Muntsaratz, dont on peut voir le blason gravé sur la façade de la tour.

SIMON BOLIVAR MUSEOA

Beko kale, 4

✆ +34 946 164 114

http://simonbolivarmuseoa.com

Du mardi au vendredi de 10h à 13h, week-end de 12h à 14h (et de 17h à 19h en été). Entrée libre.

Inauguré en 1983 pour le bicentenaire de la naissance de Simón Bolívar, ce musée occupe le beau *caserío* d'Errementarikua, au bord du chemin de Compostelle. Ses collections sont dédiées à l'histoire de la Biscaye à travers le parcours d'un pèlerin durant le Moyen Age, mais surtout à la figure de Simón Bolívar (1783-1830), dont la famille était originaire de ce petit village. Surnommé « El Libertador », cet homme d'Etat vénézuélien fut une figure emblématique de l'émancipation des colonies espagnoles en Amérique du Sud au début du XIXe siècle.

ZIORTZA-BOLIBAR

Protégée par le mont Oiz (1 026 m), la commune de Ziortza-Bolibar est le berceau des ancêtres de Simón Bolívar, figure emblématique de l'émancipation des colonies espagnoles d'Amérique du Sud, à qui la commune a dédié un musée. Autre lien étonnant entre ce village et le Venezuela : l'image de Notre-Dame de Coromoto, la sainte patronne du pays sud-américain, installée dans une chapelle de l'église paroissiale de Santo Tomás. Le village est également réputé pour son monastère de Zenarruza, classé Monument national d'Euskadi. Il est le seul de Biscaye à avoir conservé autant d'éléments (église, cloître, maison de l'abbé, hôpital des pèlerins, etc.).

ALBERGUE / HOSPEDERÍA MONASTERIO DE ZENARRUZA €

Lugar Barrio Goierria-Ziortza

✆ +34 946 16 41 79

www.monasteriozenarruza.net

Auberge de pèlerins : sur donation. Hospedería : comptez 35-40 € la nuit par personne, repas compris.

Située dans une annexe du monastère de Zenarruza, l'auberge est tenue par la communauté religieuse des moines cisterciens. Elle dispose de 11 places pour les pèlerins, ainsi qu'une partie *hospedería* avec 14 chambres (dont la moitié sont des chambres doubles). L'hospedería est un lieu ouvert à tous, en particulier aux visiteurs qui recherchent le calme. Repas et petit déjeuner avec la communauté, prières le soir avec les moines pour ceux qui le souhaitent.

COLLÉGIALE DE SANTA MARÍA DE ZIORTZA ★

Goierria Ziortza, 11

✆ +34 946 164 179

www.monasteriozenarruza.net

Connu également sous le nom de collégiale de Zenarruza (version castillane de Ziortza), cet ensemble monastique est constitué d'une église du XVe siècle qui abrite un splendide retable plateresque dans le maître-autel, ainsi qu'un magnifique orgue qui compte parmi les plus anciens de Biscaye. Il possède également un beau cloître Renaissance datant du XVIe siècle, deux portails monumentaux, ainsi qu'une auberge pour les pèlerins et une *hospedería* installée dans une annexe moderne.

MARKINA-XEMEIN

Berceau de célèbres joueurs de pelote basque, Markina-Xemein qui fut fondée au XIVe siècle. Ancienne ville défensive, elle conserve un centre fortifié et d'intéressants bâtiments de style baroque et Renaissance. On ne manquera pas d'admirer le palais Patrokua, du XVIIIe siècle. L'ermitage San Miguel d'Arretxinaga mérite également un détour pour admirer les trois grands rochers qui forment une chapelle autour de l'archange saint Michel. Enfin, on visitera l'église Santa María et son cimetière néoclassique, sans oublier de faire un tour par le fronton gravé « université de la pelote », en raison du grand nombre de prestigieux joueurs qui s'y sont formés.

PAYS BASQUE

VITORIA-GASTEIZ ★★★

Etonnament méconnue, Vitoria est une ville dynamique, fascinante et très plaisante. Les visiteurs apprécieront sa beauté architecturale et sa richesse culturelle, tout autant que son rythme et sa qualité de vie très agréables. Située au centre de la plaine alavaise, Vitoria fut fondée en 1181 par le roi de Navarre Sancho VI, qui, désirant étendre son royaume, avait acquis des terres limitrophes. Sancho VI entoura la ville de murailles, la dota de privilèges et la baptisa « Nouvelle Vitoria ». Historiquement, Vitoria a toujours profité de sa situation stratégique de carrefour entre la province castillane et le nord de l'Europe. Outre sa vocation commerciale incontournable, la ville de Vitoria avait une spécificité : elle possédait un forum qui accueillait sans distinction nobles et gens du peuple. Aujourd'hui, Vitoria est une ville prospère de 240 000 habitants, où siègent les principales institutions politiques de la Communauté autonome basque : le Parlement basque et le gouvernement basque (dont le président est élu parmi les membres du Parlement et nommé par le roi). Vitoria-Gasteiz est une ville verte, avec un engagement marqué pour le développement durable. La ville a d'ailleurs été la première commune de l'Etat espagnol à adopter l'Agenda 21, une série d'actions destinées à intégrer le respect de la nature dans le développement local. C'est aussi la commune européenne qui possède la plus grande superficie d'espaces verts, avec 42 m² par habitant. C'est peut-être en raison de cette politique de qualité de vie qu'elle compte de si nombreux adeptes d'activités physiques : presque un tiers de sa population fait partie des associations sportives.

Quartiers

▶ **Le quartier médiéval – La Almendra.** Ce quartier en forme d'amande est situé dans le périmètre de la vieille ville médiévale, entre la Plaza de la Virgen Blanca et le parc Molinuevo, au cœur de Vitoria. D'une grande richesse architecturale, il comprend des palais, des édifices religieux, des murailles, des arcs, des tourelles, des portiques, pour la plupart d'époque médiévale. Jusqu'au XVIIIe siècle, le développement de la ville s'est pratiquement limité à cette partie du territoire, et c'est pourquoi le quartier médiéval abrite la majeure partie du patrimoine architectural et artistique de Vitoria. C'est aussi le quartier des artisans, des marchés et des petits troquets animés par une faune hétéroclite.

▶ **Le quartier néoclassique – Ensanche.** Ce quartier, véritable centre commercial de Vitoria, pensé par l'architecte Olaguibel et né au cours des XIXe et XXe siècles, est séparé du quartier médiéval par la Plaza de la Virgen Blanca. C'est d'ailleurs sur cette jolie place, de forme triangulaire, bordée de miradors blancs, que débutent les fêtes populaires du 4 août. Autrefois, c'était là que se tenaient les ferias et les marchés. On y voit de beaux immeubles, des miradors fleuris, mais aussi des rues piétonnes bordées de terrasses, cafés-pubs design et boutiques, qui accueillent le flâneur surpris par tant de douceur de vivre. De nombreuses sculptures d'artistes basques font de cet espace un véritable musée en plein air.

ANILLO VERDE

L'Anillo Verde (qui signifie en français « Anneau Vert ») est un ensemble périurbain, en quelque sorte un rempart naturel d'une grande richesse écologique et paysagère qui entoure Vitoria. Il est formé par une série de parcs, sortes de transition avec les champs agricoles des environs. Lagunes et rivières, zones boisées et cultivées, prairies et groupes arbustifs, marais, l'anneau vert est d'une diversité étonnante. C'est une aire de détente, de loisirs et d'éducation à l'environnement très appréciée de la population locale.

ARTIUM - MUSÉE D'ART CONTEMPORAIN ★

Calle Francia, 24

✆ +34 945 209 000

www.artium.org

Mardi-vendredi 11h-14h et 17h-20h, samedi et dimanche 11h-20h. Entrée 5 €. Gratuit à partir de 14h.

L'ARTIUM est le Musée basque d'art contemporain, constitué en partie de la très riche collection d'art contemporain du Musée des Beaux-Arts de Vitoria. Situé tout près du vieux quartier, il rassemble l'une des meilleures collections d'art basque et espagnol du XXe siècle : sculpture, surréalisme, pop art. On y trouve également des œuvres de Picasso, Miró, Tápies, Canogar, Oteiza, Ibarrola… Expositions temporaires fréquentes. Une halte culture recommandée !

BASILIQUE SAN PRUDENCIO DE ARMENTIA

Alto de Armentia, 24
✆ +34 945 133 905
Ouvert uniquement pendant les messes.

De nombreux documents du Moyen Age mentionnent la basilique San Prudencio de Armentia comme l'un des centres religieux les plus importants d'Álava et la première cathédrale du Pays basque. D'architecture romane, elle date de la fin du XIIe siècle (une vaste réforme a été entreprise au XVIIIe siècle, transformant la structure générale de l'édifice). Le 28 avril, jour de Saint Prudence, patron d'Álava, une grande procession religieuse (*romería*) y est célébrée.

BIBAT - MUSEO FOURNIER DE NAIPES ★

C/ Cuchillería, 54
✆ +34 945 203 700
https://fourniermuseoabibat.eus
Du mardi au samedi de 10h à 14h et de 16h à 18h30, dimanche de 11h à 14h. Entrée libre.

Le musée des cartes à jouer occupe le palais de Bendaña (XVIe s) et son magnifique patio Renaissance, juste à côté du Musée d'archéologie, avec lequel il forme l'espace culturel Bibat. On y découvre une extraordinaire collection de plus de 20 000 exemplaires de cartes à jouer provenant du monde entier, et datant du XVe siècle à nos jours. L'exposition s'intéresse également aux différentes techniques d'impression – manuelles et industrielles – et leur évolution depuis le XVe siècle.

© ALCE - FOTOLIA

Basilique de San Prudencio de Armentia, dans la périphérie de Vitoria.

PAYS BASQUE

BIBAT - MUSEO DE ARQUEOLOGÍA ★

Calle Cuchillería, 54
✆ +34 945 203 700
https://arkeologiamuseoabibat.eus
Ouvert du mardi au samedi de 10h à 14h et de 16h à 18h30, dimanche de 11h à 14h. Entrée libre.

Bibat est un espace culturel qui regroupe deux musées emblématiques de Vitoria : le musée Fournier et le musée d'Archéologie, dont l'exposition permanente compte près de 1 500 pièces retraçant l'histoire d'Alava, de la Préhistoire au Moyen Age. Ce dernier occupe l'extension moderne du palais de Bendaña, signé par l'architecte Patxi Mangado. Un superbe lieu, temple de la culture et témoin de la richesse de la région. Une visite ludique et instructive !

CASA DEL CORDON

Calle Cuchillería, 24
✆ +34 945 259 673

Cette maison du XVe siècle tire son nom du cordon de l'ordre franciscain de l'arc de l'entrée. Commandée par le marchand Pedro Sánchez Bilbao au XVe siècle, ce qui fait sa valeur historique et artistique aujourd'hui c'est avant tout la présence d'une ancienne tour gothique à l'intérieur de la demeure, mais aussi, fait plus rare encore, le fait qu'il s'agisse d'un des rares édifices civils qui possède encore une superbe voûte étoilée. C'est ici que Adriano de Utrech a reçu la nouvelle de son élection en tant que pape Adriano VI.

CATHÉDRALE DE MARIA INMACULADA - MUSÉE DIOCÉSAIN

Calle Magdalena, 1
✆ +34 945 133 780

Musée d'art sacré ouvert du mardi au vendredi de 10h à 14h et de 16h à 18h, samedi et dimanche de 11h à 14h.

Dédié à Santa María, cet édifice néogothique construit entre 1907 et 1973 est également appelé *Catedral Nueva* (cathédrale nouvelle). On y trouve notamment une jolie crypte et de très beaux vitraux traitant du thème de la Résurrection. Le musée diocésain d'Art sacré se trouve dans la cathédrale. Ses 11 salles présentent les différents styles artistiques sacrés, du roman au baroque, et toutes les techniques et matières, la peinture, l'orfèvrerie, la pierre…

CATHÉDRALE SANTA MARIA ★★

Plaza de la Burullería ✆ +34 945 255 135
www.catedralvitoria.eus

Visite guidée sur réservation (8,50 €).

La cathédrale fut terminée au XIIIe siècle. Construite dans le prolongement de la muraille médiévale de la ville, elle possède des fondations fortifiées. En 1994, elle est fermée au public, car elle menace de s'effondrer. On entreprend alors une longue restauration, aujourd'hui toujours en cours. Son excavation, en 2000, permet aux archéologues de découvrir de nombreuses tombes. La visite guidée, passionnante, expose cette restauration. L'écrivain Ken Follet s'est d'ailleurs pris de passion pour cette réhabilitation et y situe l'intrigue de l'un de ses romans.

CENTRE D'INTERPRÉTATION DU PARC DE SALBURUA

Paseo de la Biosfera, 4
✆ +34 945 254 759
www.vitoria-gasteiz.org/ataria

Ouvert du mardi au dimanche de 11h à 14h et de 16 à 19h (jusqu'à 20h en été).

Le Centre d'Interprétation du Parc de Salburua (également nommé ATARIA) est logé dans un magnifique bâtiment contemporain, tout de bois et de verre, doté d'un mirador suspendu sur l'eau. Son exposition permanente invite à découvrir le patrimoine naturel de Vitoria, et en particulier la zone marécageuse de Salburua. Une escale préliminaire des plus instructives, particulièrement recommandée pour les visiteurs ayant le projet de visiter le parc naturel.

ÉGLISE ET TOUR DE SAN VICENTE

Cuesta de San Vicente

Visites guidées organisées par l'Office de tourisme en été.

En suivant la rue Fray Zacarías vers la vía Abalconada, qui offre une belle vue sur la Plaza del Machete, on arrive à l'église gothique – présentant tout de même quelques caractéristiques typiques de la Renaissance – de San Vicente, bâtie entre le XVe et le début du XVIe siècle sur les ruines d'une ancienne forteresse. Sa tour, de 54 mètres de hauteur, offre un magnifique panorama sur Vitoria depuis son sommet (accessible lors de visites guidées).

MUSEO DE ARMERÍA

Paseo Fray Francisco, 3
✆ +34 945 181 925
https://armamuseoa.eus

Ouvert du mardi au samedi de 10h à 14h et de 16h à 18h30, dimanche et jours fériés de 11h à 14h. Entrée libre.

Le Musée des armes propose une exposition chronologique de différentes armes, depuis l'âge de pierre jusqu'au XIXe siècle. La présentation, simple et claire, suit l'évolution de ces objets au fil du temps. Également présentation d'armes arabes, centrafricaines et orientales. Cette aventure a commencé dans les années 1960, lorsque l'homme d'affaires et collectionneur Félix Alfaro Fournier fit don à Álava d'une collection d'armes. Celle-ci fut ensuite enrichie petit à petit par des achats successifs et d'autres dons. Une visite originale.

MUSEO DE CIENCIAS NATURALES DE ÁLAVA

Fundadora de las Siervas de Jesús, 24
✆ +34 945 181 924
https://naturazientzienmuseoa.eus

Du mardi au samedi de 10h à 14h et de 16h à 18h30, dimanche de 11h à 14h. Entrée libre.

Ce musée des sciences naturelles occupe la Torre de Doña Ochanda, ancienne tour défensive du XVIe siècle. Sur deux étages, il expose d'importantes collections géologiques, botaniques, minéralogiques et zoologiques, et en particulier une remarquable collection d'ambre fossile découverte dans la province, datant de la période du Crétacé. La bibliothèque scientifique du musée est bien achalandée et le matériel photographique ne manque pas. Une halte instructive !

Tour de San Vicente.

© OSCAR CALERO - FOTOLIA

MUSEO DE BELLAS ARTES DE ALAVA ★

Paseo de Fray Francisco, 8
✆ +34 945 181 918
https://arteederrenmuseoa.eus
Ouvert du mardi au samedi de 10h à 14h et de 16h à 18h30, le dimanche de 11h à 14h. Entrée libre.

© ALCE - FOTOLIA

Le Musée des Beaux-Arts de Vitoria est installé dans le palais Augusti-Zulueta, un édifice somptueux de style Renaissance et baroque garni de très beaux vitraux et entouré de jardins charmants. Il présente un aperçu des diverses époques de l'art espagnol, principalement du XVIIIe au XIXe siècle, ainsi que de l'art basque, entre 1850 et 1950. Au second et dernier étage, trois salles consacrées à l'art de Fernando de Amárica se suivent dans un ordre chronologique.

PALACIO ESCORIAZA ESQUIVEL 🏛

Fray Zacarías Martínez, 5

Ce palais du XVIe siècle abrite un très joli patio aux fines colonnes, de style plateresque, orné d'armoiries. Un exemple d'architecture civile de style Renaissance, bordé de pans de remparts du XIIe siècle. C'est au médecin du roi Henri VIII d'Angleterre, Fernán López de Escoriaza et à sa femme Victoria de Anda y Esquivel que l'on doit sa construction. La richesse ornementale du palais en fait un parfait exemple de l'architecture civile de la Renaissance.

PASEO DE LA SENDA 📷

Paseo de la Senda, s/n

Près du parc de la Florida, commence une promenade de plus de 3 km, qui va jusqu'à la basilique San Prudencio de Armentia. Le long de cette coulée verte, vous pourrez admirer successivement la casa Zuloaga, la villa Sofia, la résidence du président du gouvernement basque et le Musée des Beaux-Arts. Arrivés au parc d'Armentia, on tombe nez à nez avec une sculpture représentant San Prudencio de Armentia. À partir de là, vous entrerez dans « l'anneau vert » de Vitoria. Une belle manière de prendre contact avec la ville et quelques-uns de ses plus beaux monuments.

PLAZA DE ESPAÑA 🏛

Plaza de España, s/n

Conçue par l'architecte néoclassique Justo Antonio de Olaguibel – natif de la Vitoria –, à l'instar des arcades de la Plaza Machete, cette place construite fin XVIIIe (il aura fallu 9 ans de travaux, qui eurent précisément lieu entre 1781 et 1790) forme un carré parfait bordé d'arcades. La Plaza de España est également appelée Plaza Nueva (Place Nouvelle) car elle correspond à une nouvelle expansion de la ville de Vitoria, qui gagnait alors du terrain en partant de son centre médiéval. Elle abrite l'hôtel de ville et le salon des Glaces.

PLAZA DE LOS FUEROS 🏛

Plaza de los fueros, s/n

Ensemble monumental en granit rose, datant de 1981 et qui rend hommage aux *fueros* de la ville (chartes médiévales). On le doit aux illustres sculpteurs Eduardo Chillida, Oteiza et Peña Ganchegui. Fronton à l'air libre, jeu de quilles, espace avec des tribunes. Le tableau général est assez déconcertant ! Si la Plaza de los Fueros a été conçue pour accueillir des expositions culturelles, mais aussi des événements sportifs basques traditionnels, elle a fini par devenir un lieu de rencontre et de loisir pour la population de Vitoria. Visite recommandée !

PLAZA DEL MACHETE ET LOS ARQUILLOS ★

Plaza del Machete s/n

Jadis, sur cette place, le maire sortait une machette et faisait jurer au procureur général de défendre les *fueros* de la ville, sous peine d'avoir la tête tranchée. Aujourd'hui, sur cette place entourée d'arcades (*arquillos*) ont lieu marchés et festivals variés. Cet ensemble de 1802 regroupe places et maisons aux balcons en fer forgé et sert élégamment de cadre au palais Renaissance de Villa Suso. C'est l'emblème du quartier néoclassique d'Ensanche.

CASA RURAL SAGASTI ZAHAR €

C/ Sagasti Zahar, 10

✆ +34 945 317 158

www.casarural-vitoria.com

Comptez 70 € la chambre double.

Sagasti Zahar est une ferme basque traditionnelle en pierre datant du XVIe siècle qui a été entièrement réformée pour en faire un hôtel rural spacieux et chaleureux. Située au centre du village, elle n'est qu'à 12 km de Vitoria et à 1 km du lac de Garay. Le joli jardin invite à la détente, après un bon dîner à base de recettes du terroir. On y trouve en tout six chambres doubles tout équipées, mais il est tout à fait possible de louer la maison dans sa totalité. Cuisine, salon avec cheminée, salle à manger, vaste jardin... Tout y est !

© MARC VENEMA - SHUTTERSTOCK.COM

Plaza del Machete et los Arquillos.

ADELA ETXEA €

Camino de la Iglesia, 8

✆ +34 945 317 177

https://adelaetxea.es

Comptez 50 € la chambre double.

Située à quelques kilomètres du Parc naturel de Garayo, cette maison de charme (*agroturismo*, tourisme rural) propose cinq chambres en tout : trois chambres avec un lit double et deux chambres avec deux lits simples, toutes avec leur propre salle de bains et chauffage. Le lieu dispose également d'un salon commun et d'une jolie terrasse installée dans de vastes et verdoyants jardins. La Casa Rural Adela Etxea est un point d'ancrage tout trouvé pour les amateurs de randonnées, à pied ou à vélo (le marais Ullibarri Gamboa et le parc Garaio sont à 2 km).

EL ALBERGUE DE LA CATEDRAL €

C/ Cuchillería, 87

✆ +34 945 275 955

www.alberguecatedral.com

Environ 20 € par personne.

Située à deux pas de la cathédrale, cette auberge occupe un bâtiment du XIXe siècle bien rénové, mais dont la disposition intérieure demeure caractéristique de l'architecture médiévale tardive typique de ce coin de la veille-ville. Elle dispose de 90 places réparties dans 17 chambres à la décoration agréable, pouvant accueillir entre 2 et 8 personnes. Dotée d'une terrasse et d'une cuisine commune, cette auberge est une excellente option pour les budgets serrés.

HOTEL DATO €

Calle Dato, 28
✆ +34 945 147 230
www.hoteldato.com
Environ 70 € la chambre double.

Ambiance Rome antique dans cet hôtel du quartier néoclassique. Colonnes et statues en faux marbre créent une atmosphère séduisante. Dans les chambres (dont certaines sont dotées de vitraux), au-dessus des lits, des couronnes dorées coiffent les bienheureux dormeurs, qui ont profité dans la journée de la proximité de la vieille ville et du quartier commerçant. Une adresse vraiment originale et avec beaucoup de charme. Côté service et confort, tout ce que l'on attend d'un hôtel moderne est au rendez-vous, des salles de bains tout équipées aux services de réception.

LA CASA DE LOS ARQUILLOS €€

C/ Los Arquillos 1-2°
✆ +34 945 151 259
www.lacasadelosarquillos.com
Comptez entre 70 et 120 € la chambre double.

Situé au 2e étage d'un bâtiment centenaire (sans ascenseur) du centre historique, ce Bed & Breakfast propose 8 studios de caractère, imaginés par des artistes originaires de la région. Tous sont équipés de tout le nécessaire à un séjour en toute autonomie : salle de séjour, chambre, cuisine complète (micro-ondes, cafetière, grille-pain, réfrigérateur et plaque vitrocéramique), connexion wifi, télévision... Demandez la chambre sous les toits, avec vue sur le clocher de la cathédrale. Notre adresse préférée pour séjourner à Vitoria.

HOTEL JARDINES DE ULETA SUITES €€

Calle Uleta,1
✆ +34 912 182 028
Comptez entre 70 et 140 € l'appartement-suite pour 2 personnes.

Suivant un standard de qualité 4-étoiles, ces appartements-suites très modernes représentent une option idéale pour les longs séjours. Situés un peu à l'écart du centre-ville, dans une zone résidentielle, ils comportent une cuisine équipée, des installations confortables et sont entretenus quotidiennement comme dans un hôtel classique. On trouve notamment une salle de sport très bien équipée et un restaurant proposant des plats traditionnels dans un décor moderne.

HOTEL NH CANCILLER AYALA VITORIA €€

Ramón y Cajal, 5
✆ +34 945 130 000
www.nh-hoteles.com
Comptez entre 70 et 120 € la chambre double.

Dans le centre, près du parc de la Florida, 173 chambres avec salle de bains surplombant la cathédrale, la place de la Virgen Blanca, l'Hôtel de Ville ainsi que le magnifique siège du parlement basque. Cet hôtel 4 étoiles de haut standing, situé dans ce quartier moderne, est plutôt réservé à une clientèle d'hommes d'affaires. Les chambres sont impersonnelles, mais confortables, équipées de tout le nécessaire à un séjour reposant, bien au calme. Bar et restaurant de bonne facture.

HOTEL PALACIO DE ELORRIAGA €€

Elorriaga Entitatea, 15
✆ +34 945 26 36 16
www.hotelpalacioelorriaga.com
Comptez 70 € la chambre double.

Situé à l'entrée du Parc naturel de Salburua, à environ une vingtaine de minutes à pied du Casco Viejo de Vitoria, l'hôtel Palacio de Eloriaga occupe un beau manoir du XVIe siècle entièrement rénové. L'omniprésence de la pierre et du bois donne un charme tout à fait rustique à ses 21 chambres. Pour ceux qui ne sont pas effrayés par la distance, ce palais constitue une excellente option pour découvrir Vitoria tout en profitant d'une ambiance rurale.

SILKEN CIUDAD DE VITORIA €€

Portal de Castilla, 8
✆ +34 945 141 100
www.hoteles-silken.com
Comptez entre 70 et 120 € la chambre double.

La décoration contemporaine et raffinée des quelque 150 chambres que compte l'hôtel assure au voyageur un agréable séjour. En plus, de nombreux équipements sont accessibles, comme le sauna et la petite salle de gym, le Silken Ciudad de Vitoria abrite un joli jardin intérieur, pour le moins surprenant : l'accueil, de taille impressionnante, est éclairé de manière naturelle grâce à un puits de lumière. Le service y est soigné et distingué. Les principaux points d'intérêt de la ville sont par ailleurs très faciles d'accès depuis l'hôtel. Une adresse bien tenue.

PARADOR ARGÓMANIZ €€€

Carretera N-1 Madrid-Irun, km 363 - Argomaniz
✆ +34 945 293 200
Comptez entre 90 et 140 € la chambre double.

Le Parador de Argómaniz est un élégant et ancien palais de la Renaissance situé à 12 km de Vitoria, dans le village d'Argomaniz, domine la plaine Alavesa. Ses dimensions sont ahurissantes ! Les chambres sont coquettes et décorées avec plein de bon goût tout en restant simples. Le joli restaurant est installé dans l'ancien grenier, de style médiéval. On y déguste une gastronomie traditionnelle subtilement présentée et servie avec beaucoup de soin, à accompagner de vins de la Rioja Alavesa. Une très belle adresse, parfait point de départ pour randonner.

ASADOR SAGARTOKI €€

Calle del Prado, 18
✆ +34 945 288 676
www.sagartoki.com
Tous les jours sauf le mardi de 12h à 0h. Comptez 15 € pour des pintxos, 30 € à la carte.

Ici, l'on sert parmi les meilleurs *pintxos* de la région ! Avec ses recettes inventives ou traditionnelles, mais revisitées, le Sagartoki fait l'unanimité. L'idée est ici de combiner délicates et inventives petites portions aux cocktails de maestro composés par le renommé Raúl Fernández. Certains soirs, en particulier le week-end et à la belle saison, des DJs viennent égayer l'ambiance. Ne quittez pas les lieux sans avoir goûté la *tortilla de patata*, le pintxo de *huevo frito* ou les croquettes au parmesan. A déguster au comptoir ou dans une salle plus formelle.

EL SIETE €

Calle Cuchilleria, 3
✆ +34 945 272 298
Tous les jours de 11h à 0h. Menus 15-20 €.

Les locaux se pressent à cette adresse pour déguster le menu du jour. En terrasse ou à l'intérieur, dans une grande salle bruyante et aérée, les gourmands se délecteront d'une cuisine traditionnelle, mais aussi plus internationale servie en portions généreuses. On trouve au menu une vaste gamme de salades et de sandwiches, mais aussi des assiettes plus élaborées comme par exemple des tagliatelles courgette, des côtelettes de porc a la plancha, entrecôte de bœuf et ses petits légumes... En dessert, la panna cotta au chocolat chaud vaut son pesant d'or.

LA BODEGUILLA LANCIEGO €€

C/ Olagibel, 60
✆ +34 945 250 073
www.labodeguillalanciego.com
Ouvert de 12h à 0h. Fermé le dimanche. Comptez 40 €.

Un peu à l'écart du centre-ville et majoritairement fréquentée par des habitants du coin, la Bodeguilla Lanciego est une noble maison où l'on prépare, depuis 1959, une cuisine du terroir variant au gré des saisons. Tout est très frais et absolument délicieux, les propositions évoluant en fonction des produits du marché. On trouve toutefois à chaque fois quelques spécialités, comme la daurade (*besugo*) et la *cazuelitas* aux anchois, morue ou piments *del piquillo*, à déguster dans un décor sobre et élégant. Une adresse gourmande devenue institution à Vitoria.

TABERNA TXIMISO €

C/ Manuel Iradier, 8
✆ +34 945 14 83 38
www.tximisotaberna.com
Fermé le dimanche soir. Comptez 15 €.

Cuisine traditionnelle et copieuse dans cette taverne au décor rustique. Le lieu est particulièrement prisé à l'heure de l'apéritif pour son choix impressionnant de *pintxos* ! Souvent bondée, toujours conviviale, c'est une bonne adresse pour s'offrir quelques tapas. Si vous éprouvez de la difficulté à identifier de quoi sont faites certaines de ces délicieuses petites bouchées basques, n'hésitez pas à demander aux serveurs un peu plus d'explications, certains parlent même français. Assurément une des adresses populaires les plus réputées en ville.

CASA VIEJA €€

Calle Txikita, 6
✆ +34 945 146 565
www.restaurantecasavieja.es
Fermé dimanche soir et lundi. Menu du jour 18 € en semaine et 41 € les week-ends.

La Casa Vieja - Etxe Zaharra est une excellente adresse pour déguster une cuisine basque traditionnelle, avec comme spécialité ultime un magnifique cochon ou agneau de lait cuit au feu de bois ! La *casa* est aussi célèbre pour sa morue, en salade ou revenue dans une sauce aux calamars. On dîne dans une ambiance médiévale – la décoration rustique a été pensée jusque dans ses moindres détails –, juste derrière l'église de Santa Maria. La carte des vins est généreuse et les amateurs de délices sucrées trouveront de quoi de mettre sous la dent à l'heure du dessert !

EL CLARETE €€

C/ Cercas Bajas, 18 ✆ +34 945 263 874
www.elclareterestaurante.com
Du lundi au mercredi de 13h30 à 15h30, du jeudi au samedi de 13h30 à 15h30 et de 21h à 23h. Menus 30-58 €.

Mené par les frères Unai et Patxi Fernández de Retana depuis plus de 30 ans, ce restaurant aux murs en pierre est une valeur sûre de Vitoria pour déguster une cuisine traditionnelle revue et corrigée, à des prix raisonnables. Côté taverne, excellent *picoteo*, avec des plats miniatures de haute volée. Dans la partie restaurant, menu du jour ou dégustation, pour savourer une cuisine de saison délicate. Nous recommandons le menu dégustation qui permet, en huit assiettes (entrée, plat et dessert) de se faire une idée – gourmet (te) – du savoir-faire des frères !

IKEA €€€

Portal de Castilla, 27
✆ +34 945 144 747
www.restauranteikea.com
Fermé provisoirement.

Chic et branché, ce restaurant à la décoration moderne se niche dans une villa rénovée. On y sert une cuisine inventive et raffinée, et la haute société de Vitoria se presse pour déguster un filet de merlu en sauce verte ou des calamars dans leur encre, arrosés de grands vins de la Rioja Alavesa, bien sûr. Quelque plats proposés dans le menu dégustation : tartare de betterave au sel et son émulsion d'avocat ; raviolis de pâtes fraîches, crevettes et patate douce sauce aux truffes ; artichaut frit, flocons de fromage Idiazábal, crème d'amande et sirop d'érable...

PERRETXICO €€

San Antonio Kalea, 3
✆ +34 945 13 72 21
https://perretxico.es
Ouvert tous les jours, sauf le dimanche soir. Menu à partir de 23 €.

Bienvenue dans le bar à *pintxos* le plus connu de la ville ! Située en plein centre historique, à deux pas de la plaza Nueva, la taverne de Josean Merino connaît un tel succès que son concept s'est exporté à Madrid et Logroño notamment. A la carte ou sous forme de menu, vous pourrez y tester une incroyable sélection de pintxos, des plus classiques aux plus originaux. Outre les traditionnelles *croquetas* et *rabas* (calamars frits), testez le « vaccin » de la maison (on ne vous en dit pas plus !), le *turrón de foie* ou le surprenant donut de *cocido* (pot-au-feu).

EL PORTALON €€€

C/ Correría, 147
✆ +34 945 142 755
www.restauranteelportalon.com
Fermé le dimanche soir. Plusieurs menus à partir de 47 €.

Installé dans une magnifique demeure du XVe siècle, dans le vieux quartier, le Portalon, avec sa salle d'exposition d'antiquités et de sculptures, est un bel exemple d'un intérieur médiéval : sols pavés, poutres en bois, mobilier d'époque et même une chapelle ! Dans ce cadre, on vous sert des plats à base de légumes et de gibier, bien préparés et représentatifs de la cuisine régionale : Agneau de lait rôti avec salade verte et petits oignons, Entrecôte de bœuf au poivre vert ou à la sauce Idiazábal, Kokotxas de Mérou au Pil-Pil...

THE BOST €€

C/ La Florida, 5
✆ +34 945 131 248
www.thebost.es
Ouvert mardi-jeudi de 13h15 à 15h30 et de 20h30 à 22h45, vendredi-samedi de 13h30 à 15h30 et de 21h à 0h. Comptez 25 €.

Moderne, dans la lignée des *gastrobars* qui font fureur en Espagne, ce restaurant s'organise autour de deux salles bien agencées, avec ce qu'il faut de design et de jeux de lumière pour créer un cadre séduisant. La carte fait la part belle au « pikoteo » (plats à partager), une bonne façon de dîner chic, mais informel ! Quelques suggestions à partager ? Carpaccio de bœuf moutarde ou croquette maison de jamón ibérico pour les carnivores ; tartare de saumon, poulpe sauté aux patates ou moules pour les amateurs de saveurs marines...

ZALDIARAN €€€

Avenida de Gasteiz, 21
✆ +34 945 134 822
www.restaurantezaldiaran.com
Tous les jours sauf le mardi de 13h à 15h30. En soirée, vendredi et samedi de 21h à 23h. Menu dégustation 68 €.

La table la plus prestigieuse de Vitoria, menée depuis plus de 30 ans par le chef Patxi Eceiza (détenteur d'une étoile Michelin pendant 14 ans). Excellents produits, inventivité, service charmant, tout y est pour déguster un menu qui allie tradition, modernité et audace. Les amateurs de vin seront ici aux anges : guidé par un sommelier expérimenté, vous trouverez à coup sûr le mariage parfait avec le plat commandé. Ne manquez pas non plus les desserts, aux formes au moins aussi surprenantes que leurs saveurs. Une véritable aventure gustative !

PAYS BASQUE

CONFITURAS GOYA

C/ Eduardo Dato, 6
✆ +34 945 231 443
www.confiturasgoya.es
Fermé le dimanche après-midi.

Avec une dizaine de boutiques dans la région, cette confiserie de 1886 est tout simplement incontournable ! C'est Manuel Goya qui a ouvert le tout premier établissement sur la rue Mateo Moraza à Vitoria. À cette époque, les confiseries avaient pour coutume de fabriquer des bonbons, mais aussi des bougies, car les deux produits avaient une matière première commune : le miel. Parmi les spécialités : les *vasquitos* et *nesquitas*, délicieux bonbons vendus dans de jolies boîtes en métal, mais aussi de bonnes confitures artisanales.

MERCADO DE LA ALMENDRA

Tous les premiers samedis du mois.

Une fois par mois, le samedi, ce grand marché à l'air libre est célébré dans les ruelles de la vieille ville. Au total, ce sont environ 180 commerçants et exposants qui proposent stands d'alimentation, vêtements, antiquités et dégustations de produits locaux… On pourra jeter un œil au Rincón de la Artesanía (le coin de l'artisanat) pour dégotter quelques artefacts locaux, ou bien se diriger vers la Plaza de la Burullería où sont installés des activités pour les plus petits ainsi qu'un espace dégustation. Un moment fort dans la vie de Vitoria.

MURGIA - MURGUIA

Son histoire l'a dotée de très belles maisons seigneuriales et d'une légende selon laquelle la première ville de dort sous les eaux de la lagune de Monreal etMurgia que la nuit, lorsque les esprits de la terre se réveillent, apparaissent les vestiges de la ville qui fut engloutie sous la boue. Promenez-vous dans ces rues et laissez-vous pénétrer par l'atmosphère magique de la cité, en faisant attention aux esprits de la terre ! La croix d'Oñazino – érigée en l'honneur du défenseur des *fors* de la ville (tribunaux), Fernando Ortiz de Zarate, mort en 1450 – ainsi que la tour où il est né comptent parmi les sites à voir lors d'un passage à Murgia.

SANTUARIO DE NUESTRA SEÑORA DE ORO

Situé dans la vallée de Zuia, à 3,5 km de Murgia.

Perché au sommet de la montagne, un petit sanctuaire d'où s'étend une vue incomparable sur les vallées environnantes. Le premier document attestant de son existence date de 1138 : il s'agit de l'acte de donation par Doña María López au monastère de Najera du Sanctuaire de Nuestra Señora de Oro. Depuis sa construction, il fut d'une grande importance dans la région et il reste encore de nos jours l'un des sanctuaires les plus prestigieux de la vallée de Zuia.

LA CASA DEL PATRÓN €€

Calle San Martín, 2
✆ +34 945 462 528
www.casadelpatron.com
Environ 65 € la chambre double.

Cette maison seigneuriale du début du XXe siècle a été rajeunie grâce à une décoration moderne. Le grand jardin soigné est agrémenté de tables où l'on peut prendre son petit déjeuner, tandis que le restaurant propose quelques plats sophistiqués tels que le « foie de canard sur mousse de pommes de terre, framboises et bâtonnets de réglisse », mais aussi des plats nettement plus simples, type snack. Les chambres sont propres, spacieuses et rénovées. L'établissement propose de nombreuses activités, notamment des excursions à cheval.

GUIKURI €€€

Calle Guikuri, 1
✆ +34 945 464 084
www.guikuri.com
Entre 120 et 160 € la nuit en appartement pour 2 personnes.

Ce *caserio* du XIXe siècle géré par quatre sympathiques Basques – Pilar, Jabi, Nuria et Txema – jouit d'une très belle situation, à seulement quelques kilomètres du centre de Murguia, dans le Parc naturel de Gorbea. On se détend presque instantanément en pénétrant dans les appartements à la décoration soignée, avant de profiter du petit spa installé au fond du jardin : il est équipé d'une baignoire à hydromassage, d'un sauna finlandais et d'un hammam. Une adresse à la fois chic et rustique, très facilement accessible depuis Vitoria.

LEGUTIO

Cette petite ville de presque 2 000 habitants s'est développée autour du lac de barrage d'Urrúnaga, qui collecte les eaux de la rivière Santa Engracia. Legutio s'est alors dotée d'un sympathique espace de loisirs avec des plages de baignade et un club pour pratiquer des sports nautiques, en particulier l'aviron. Signalons également le golf 18 trous de Larrabea. Côté patrimoine, on trouve à l'entrée de la ville un portail ancien avec un double arc en ogive ouvrant sur la cité. On n'hésitera pas à prendre la direction du mont Albertia, dont le sommet offre un très beau point de vue pour contempler les vastes prés courant dans la vallée entre les bassins.

SALVATIERRA-AGURAIN ★

Sa position stratégique entre la Navarre et la Castille avait fait de Salvatierra une ville importante et prospère. Située au cœur de la plaine, elle a gardé de son passé médiéval un centre historique entouré d'une muraille et à la configuration similaire à celle de Vitoria : trois rues principales la traversent du nord au sud et deux églises fortifiées (reliées par des passages secrets), aux extrémités de la cité, ferment la muraille. L'église Santa Maria, au nord (XVe-XVIe siècle) présente un beau portail gothique. Au sud de la ville, l'église de San Juan, du début du XVIe siècle, possède un remarquable retable.

CASCADE DE GOIURI

En venant de Murguia, prenez la BI-2521 jusqu'au village de Goiuri-Gujuri. Là, une cascade de 100 m de hauteur entraîne les eaux de la rivière Altube dans la vallée. On peut la contempler depuis un mirador qui offre un très beau panorama sur la vallée et le mont Izarra. D'après la légende, cette cascade ne serait autre que le berger Urjauzi transformé en chute d'eau par une *lamia* – nymphe mythologique basque aux pieds palmés – pour lui avoir dérobé son miroir. Un miroir magique réalisant tous les souhaits. *Urjauzi* en basque signifie cascade.

Salvatierra-Agurain.

MUSEO DE ALFARERÍA VASCA ★

Barrio Ollerías, 9
✆ +34 945 455 145
www.euskalzeramika.com
Du lundi au samedi de 10h à 14h. Entrée libre.

Situé aux abords du réservoir d'eau, le musée est installé dans une ancienne fabrique de céramique. L'atelier, construit en 1711, a traversé les siècles en accueillant de nombreuses générations d'une famille de potiers : les Ortiz de Zárate. En 1958, lors des travaux de construction du réservoir d'Urrúnaga, les terres où les potiers s'approvisionnaient en argile ont été inondées, les forçant à abandonner leur activité. On peut y admirer une très belle collection de poteries basques. Dans l'atelier, vous pourrez observer leur processus de fabrication.

ZALDUONDO

Cette ville aux portes du Guipúzcoa fut, à partir du XIIIe siècle, un important centre commercial et spirituel. Emblématique de la ville, son église, dédiée à San Saturnino de Tolosa, possède une intéressante chapelle et un retable admirable. Tout à côté se trouve la Casa de los Gizones, du XVIe siècle, dont le nom est une référence aux deux statues de guerriers qui gardent son entrée. Zalduondo possède également plusieurs églises et ermitages, répartis dans différentes zones de la municipalité : l'ermitage du Santo Espíritu est situé dans la grotte de San Adrián, ceux de San Julián et Santa Basilisa sont situés à proximité d'Aistra.

MUSEO DE ZALDUONDO

Barrio Iturbero
✆ +34 945 304 393
Ouvert les dimanches de 12h à 14h. Le reste du temps, sur rendez-vous.

Situé dans le palais de Lazarraga, du XVIe siècle, le musée retrace l'histoire de la région à travers de nombreux documents, objets, maquettes, peintures, etc., tous représentatifs de la culture locale. On en apprend davantage sur le lieu, mais aussi sur la région : histoire, géographie, folklore, art et artisanat, tous les aspects de la culture sont ici exposés de manière très pertinente. Également une jolie reconstitution d'une cuisine basque. Si vous avez la chance de passer par Zalduondo et de trouver le musée ouvert, profitez-en !

PARC DE GARAIO ET BARRAGE D'ULLIBARRI-GAMBOA ★

✆ +34 695 782 498
https://ullibarri-gamboa.araba.eus
Bureau d'information : tous les jours 10h-20h en été. Hors saison, du mardi au vendredi 9h-14h30.

Dans l'immense vallée entourée de montagnes se trouve le barrage de Ullibarri-Gamboa, le plus important barrage du Pays basque. Sur ses rives s'étend une très agréable aire de loisirs avec des plages artificielles. A proximité, vous pourrez également jeter un coup d'œil sur les beaux spécimens du parc ornithologique de Mendixur. N'hésitez pas à vous rendre au bureau d'information du parc, il existe un service de prêt de vélos pour découvrir le parc.

TUNNEL DE SAN ADRIAN

Pour vous rendre jusqu'au tunnel de San Adrian, il vous faudra emprunter le chemin qui part de Zalduondo et qui conduit jusqu'à Zumaraudi. Là, prenez la route pavée, appelée la « bouche de l'enfer » (la Boca del Infierno), encaissée et obscure, et traversez le tunnel naturel de San Adrian, long de 70 mètres (un petit ermitage s'y trouve d'ailleurs), qui débouche sur la province de Guipúzcoa. Au sortir du tunnel, vous tomberez sur un arc de pierre, unique vestige de l'ancien château qui s'y trouvait autrefois. Une traversée chargée de symboles !

ANTOÑANA

Parmi l'un des plus anciens villages d'Álava, Antoñana conserve un très bel ensemble de murailles, figurant au patrimoine national du Pays basque. Fortifiée en 1182 par le roi navarrais Sancho le Sage, la commune fut intégrée à la Castille au XIIIe siècle. On pourra se promener dans ses petites rues au tracé médiéval, dont la principale est la Calle Mayor, pour admirer ses jolies maisons à blason – notamment la tour des Hurtados de Mendoza (XIIIe siècle) et le palais d'Elorza (XVIe siècle). L'église du village, dédiée à San Vicente Márti, conserve un retable rococo du XVIIIe siècle. N'hésitez pas à passer par l'office de tourisme.

PEÑACERRADA

Autre ville fortifiée de la région avec un ouvrage défensif qui a gardé sa magnifique porte et ses tours de garde semi-circulaires, datant du XIIIe siècle : il s'agit de la Puerta Sur (Porte sud). Non loin, la belle église Nuestra Señora de la Asunción mérite le coup d'œil pour son portail roman et pour le magnifique retable du XVIe siècle qu'elle abrite. Le moulin à eau du village est aussi encore en activité (à côté du moulin, vous trouverez par ailleurs une excellente pâtisserie artisanale). Dans la Casa Palacio del Arco, un centre d'interprétation de l'ambre expose des fossiles découverts dans les gisements de la région.

FAIDO

Arrêt conseillé dans ce petit hameau de 20 habitants qui dépend de la municipalité de Peñacerrada. On y trouve notamment un groupe de grottes artificielles : celle de la Virgen de la Peña, l'autre nommée San Miguel et la dernière Kruzia. C'est celle de la Virgen qui retiendra particulièrement notre attention, car elle abrite la très belle église de Nuestra Señora de la Peña, classée Monument historique. L'autre intérêt touristique de Faido est la proximité du Parc naturel d'Izki, peuplé essentiellement de chênes tauzins. Son cadre très agréable se prête idéalement aux randonnées, excellente occasion d'apprécier son étendue, sa faune et sa flore.

ÉGLISE DE NUESTRA SEÑORA DE LA PEÑA

✆ +34 945 403 236

Visites uniquement sur rendez-vous.

L'ermitage de la Vierge de la Peña de Faido est le plus ancien sanctuaire du Pays basque. Bâtie dans une grotte creusée au IXe siècle, l'église s'est peu à peu agrandie, jusqu'à s'élever sur trois étages. Elle s'est aussi enrichie de différents ajouts, dont des bâtiments extérieurs de style roman. On y verra un magnifique retable du XVIIIe siècle, taillé dans la pierre, et des peintures murales qui viennent rehausser la beauté et l'étrangeté du site.

LABASTIDA ★★

Labastida est un grand village d'environ 1 500 habitants. Son vieux centre baroque, aux maisons seigneuriales et aux belles églises, mérite qu'on s'y attarde : l'ermitage du Santo Cristo et les arcs de Toloño et Larrazuria sont remarquables. Après avoir été une importante place d'armes à l'époque du haut Moyen Âge, le bourg a connu un essor économique, du XIIe au XIXe siècle, auquel il doit notamment son architecture. De nos jours, Labastida est réputée pour sa *chuleta al sarmiento* (côte de bœuf très savoureuse) et pour son industrie vinicole (agence Thabuca – www.thabuca.es – est spécialiste du tourisme œnologique de La Rioja alavesa).

SANTA CRUZ DE CAMPEZO

Selon les historiens, la vallée du Campezo était déjà habitée en l'an 18 av. J.-C. Mais en 823, le général maure Abd-Al-Karín fit détruire l'ensemble de ses villages ainsi que ses récoltes. Elle fut reconstruite sous le règne d'Alphonse VI « le Brave » au XIIe siècle. À cette époque, Santa Cruz était une cité fortifiée disputée entre les royaumes de Navarre et de Castille. Elle intégrera le royaume de Castille au XIVe siècle. Son château, ses murailles et ses portes d'accès ont vraisemblablement été détruits lors de la guerre d'indépendance qui opposa la France et l'Espagne au début du XIXe siècle, puis lors de la guerre carliste.

BODEGAS FAUSTINO

Carretera Logroño s/n

✆ +34 945 601 228

www.visitabodegasgrupofaustino.com

Visites guidées du lundi au samedi sur réservation : 20 €.

Venez découvrir les 650 hectares de vignes de l'un des fleurons de la Rioja Alavesa. Faustino est une maison qu'on ne présente pas dans la région : avec plus de 150 années de bons et loyaux services, son prestige dépasse les frontières du Pays basque, et même de l'Espagne. Il est possible de visiter les installations de ce producteur de vins haut de gamme sur rendez-vous. En déambulant parmi les tonneaux de chêne, sur les tomettes rouges des caves, vous vous imprégnerez de l'art vigneron tout en plongeant dans l'histoire du vin.

CASA RURAL IBERNALO €

Ctra. Ermita de Ibernalo s/n

✆ +34 945 40 35 01

Comptez 50 € la chambre double avec petit déjeuner.

Situé à 1,5 kilomètre de la sortie du village, le gîte rural Ibernalo occupe le bâtiment annexe à l'ermitage de Nuestra Señora de Ibernalo, en pleine nature. Il propose 8 chambres doubles avec salle de bains, décorées dans un esprit sobre et rustique. L'établissement abrite aussi un bar-restaurant proposant des spécialités simples et bien faites, et est doté d'une terrasse panoramique donnant sur les reliefs d'Alava. Le lieu joue aussi un rôle de centre socioculturel, si bien que sont ici tenus aussi bien des concerts, des spectacles que des conférences.

ERMITAGES

Tout près de Labastida, en pleine nature, se trouvent plusieurs ermitages d'une grande beauté. A 1 km, en direction de Vitoria, vous trouverez l'ermitage de Santa Lucia. Puis, en revenant sur vos pas, se cache l'ermitage San Gines, au pied de la montagne Toloño. Santa Eulalia accueille l'ermitage Nuestra Senora de Remerulli et, non loin de celui-ci, se trouve une étonnante nécropole médiévale où l'on peut observer les cavités des anciennes sépultures. Si vous avez le temps, avancez jusqu'à Toloño pour découvrir le sanctuaire de Nuestra Señora de Los Angeles.

ARETA ETXEA €€

Mayor, 17
✆ +34 945 337 275
www.areta-etxea.com
Comptez 75 € la chambre double.

Aretea Etxea est un *caserío* restauré au cœur de Salinillas de Buradón, un bourg historique situé à 8 km de Labastida, trônant sur un plateau dominant la rivière Ebre et réputé pour sa belle muraille bien conservée. On y trouve cinq chambres doubles avec salle de bains, toutes au décor des plus rustiques sans manquer de confort pour autant. La cuisine et les salons communs avec cheminée et télévision sont réservés aux hôtes. Notons également que les tenanciers du lieu assurent une petite production de vin et de confitures sur place.

SOLAR DE QUINTANO €€

C/ Varajuela, 7
✆ +34 646 492 352
www.solardequintano.com
Environ 90 € l'appartement pour 2 personnes.

Dans une belle demeure en pierre entourée de jardins, Solar de Quintano est composé d'appartements indépendants pour deux, quatre, cinq et six personnes (avec possibilité de lits supplémentaires) aménagés dans un style rustique. Il s'agit d'un bâtiment néoclassique construit par Diego Quintano Quintano vers 1783, composé de la maison principale, de la cave à vin, du jardin et du verger. Beaucoup de charme, au cœur de Labastida. Une adresse parfaite pour les amoureux de culture, idéale pour les familles et les couples, mais aussi pour organiser des fêtes.

© B.F.

Labastida et son église.

PAYS BASQUE

CASA RURAL OSANTE €€

Calle Frontin, 10
✆ +34 649 426 407
www.osante.com.es
Chambre double 70 €, petit déjeuner inclus.

Cette belle maison située au cœur de Labastida possède six belles chambres rustiques, parées de murs de pierre et de lits blancs des plus confortables. La bâtisse date du XIXe siècle, et lors de sa rénovation un soin particulier a été apporté à la décoration (matériaux en harmonie avec l'aspect rustique d'origine) ainsi qu'à son agencement. Si bien qu'elle est aujourd'hui équipée d'un ascenseur et est en mesure d'accueillir des personnes handicapées. Le restaurant, au rez-de-chaussée, jouit d'une vue splendide sur la plaine alavaise.

ARIÑO RESTAURANTE €€

Calle Frontin, 28
✆ +34 945 331 024
Du mardi au dimanche de 13h à 16h. Egalement vendredi et samedi de 21h à 23h. Comptez 25 €.

Le restaurant Ariño est un charmant *comedor*, rustique à souhait avec ses grosses poutres en bois et ses murs en vieille pierre garnis de tableaux anciens ou d'assiettes en céramiques peintes tout aussi anciennes. C'est donc dans cette atmosphère de cantine paysanne basque typique que l'on partage avec les locaux un menu sans prétention, mais copieux et toujours préparé avec soin. On entame en général avec une salade pour se diriger vers une solide côte de bœuf ou un poisson cuit avec savoir-faire. Belle carte des vins et accueil chaleureux !

LAGUARDIA ★★★

Capitale de la Rioja Alavesa, Laguardia possède un charme fou. Fondée en 1164 par Sancho VI le Sage, fortifiée au XIIIe siècle, la cité, tout au long du Moyen Age, est disputée entre les royaumes de Castille et de Navarre, pour finalement être rattachée à la Castille au XVe siècle sous le règne des Rois Catholiques. Aux XVIe et XVIIe siècles, le commerce du vin l'enrichit, les palais fleurissent, tout comme les *cuevas* (caves à vin) qui forment aujourd'hui encore un véritable labyrinthe sous la ville. Laguardia n'a rien perdu de son charme médiéval. A voir ? Les églises de San Juan et de Santa Maria de los Reyes. Les amateurs de vin passeront par La Vinoteca (Plaza Mayor).

BODEGAS CASA PRIMICIA ★

Calle Páganos, 78
✆ +34 945 600 256
www.bodegascasaprimicia.com
Visites sur réservation. Prix 13 €.

La visite de cette cave souterraine, à 9 mètres de profondeur, est tout à fait passionnante. Elle est située dans le bâtiment civil le plus ancien de Laguardia. Au XVe siècle, c'est ici que l'église recevait la dîme, un impôt qui était imposé aux agriculteurs, correspondant à une partie de leur récolte. Comme on cultivait surtout la vigne dans les environs, l'endroit a naturellement évolué en *bodega*. Magnifiquement restaurée, Casa Primicia mérite vraiment une visite, aussi bien pour en apprendre davantage sur la vinification que pour apprécier la beauté du lieu.

BIOTOPES PROTÉGÉS DE LAGUARDIA

Les phénomènes géologiques de la vallée de l'Ebre, autrefois inondée par un grand lac, ont fait naître des lagunes : celles de Carralogrono et de Carravalseca. Elles s'assèchent en été laissant place à d'étonnantes superficies blanchâtres dues à l'évaporation des sels dissous dans l'eau. Elles représentent désormais un important refuge pour une faune et une flore d'une grande richesse. Visiter ces biotopes entre septembre et mars est l'idéal, les oiseaux sont alors plus nombreux.

BODEGAS YSIOS ★

Camino de la Hoya Bidea, s/n
✆ + 34 945 600 640
www.bodegasysios.com
Visites tous les jours sur réservation. 25 € avec dégustation.

Cette spectaculaire bodega dont les ondulations épousent la courbe des monts Cantabriques est l'œuvre de l'architecte valencien Santiago Calatrava (auquel on doit les différents monuments de la futuriste cité des Arts et des Sciences de Valence). Les amateurs d'architecture moderne ne manqueront pas d'y faire un arrêt pour admirer ses lignes avant-gardistes, tandis que les œnologues en herbe, les curieux ou les simples amateurs de vin pourront participer à la visite pour jeter un œil aux coulisses de l'élaboration d'un très bon vin.

BODEGA EL FABULISTA

Plaza San Juan
✆ +34 945 621 192
www.bodegaelfabulista.com
Visites guidées avec dégustation de 2 vins : 12,50 €.

Située au sous-sol du Palais des Samaniego (où se trouve l'office de tourisme et où naquit le célèbre fabuliste Félix María Samaniego), cette cave offre un exemple très intéressant des fameuses bodegas souterraines de Laguardia. Ses deux pressoirs permettent de produire de façon artisanale plus de 30 000 litres de vin chaque année. A 7 mètres de profondeur, on visitera les tunnels reliés entre eux où se déroulent les différentes étapes de la production du vin. Une visite guidée des plus recommandée (en costume d'époque !) qui se conclut sur une courte dégustation.

CENTRE THÉMATIQUE DU VIN VILLA LUCIA ★

Carretera Logroño
✆ +34 945 600 032
https://museo.villa-lucia.com
Du mardi au dimanche de 10h à 20h. Réservation conseillée.

C'est dans le cadre d'une authentique bodega (celle de l'ancienne maison secondaire du célèbre fabuliste Samaniego) qu'a pris place le Musée du vin. Toute l'histoire et les rituels du vin y sont abordés avec l'aide des nouvelles technologies, en reproduisant arômes, odeurs, couleurs… Le processus d'élaboration du vin est raconté à travers des dégustations virtuelles (réelles aussi, que les amateurs ne s'affolent pas !) et des jeux variés. Une visite instructive et ludique !

Laguardia.

ÉGLISE SANTA MARÍA DE LOS REYES ★

Calle Mayor s/n
✆ +34 945 600 845
Visites organisées par l'office de tourisme. 4 €.
Edifiée à partir du XIIe siècle, cette église, dédiée à Santa María de los Reyes, faisait partie de l'enceinte fortifiée qui protégeait la ville médiévale. Sa construction se poursuivit jusqu'au XVe siècle, intégrant des éléments de style gothique et Renaissance. L'élément le plus remarquable de l'église est son portail polychrome, joyau de l'art gothique sculpté au XIVe siècle (bien que le polychrome date du XVIIe siècle), l'un des rares encore visibles aujourd'hui en Espagne.

SITE ARCHÉOLOGIQUE DE LA HOYA

Camino La Hoya
✆ +34 945 621 122
Ouvert mardi-samedi 11h-15h, dimanche 10h-14h. L'été, mardi-samedi 11h-14h et 16h-19h, dimanche 11h-14h. Entrée libre.
Ce très beau site, découvert par hasard par un promeneur en 1935, nous permet de comprendre un peu mieux les formes de vie d'un peuple celtibère, grâce à la reconstitution d'un habitat et d'outils de l'époque. Les premières traces d'occupation humaine découvertes sur le site remontent à l'âge du bronze, et les constructions qu'on y a mises au jour montrent que La Hoya, lieu abandonné vers le IIIe siècle av. J.-C., a joué un rôle important dans l'histoire.

Centre historique de Laguardia.

QUARTIER HISTORIQUE ★★

Commencez par contempler la ville et ses murailles de l'extérieur, et faites-en le tour par l'un des multiples chemins possibles : « El Collado », « Los Sietes », « La Barbacana », la promenade de « La Cigüeña » ou encore « La Plaza Nueva ». Tous vous mèneront jusqu'à la tour abbatiale (XIIIe s). Puis empruntez l'une de ses cinq portes pour admirer, au fil des rues, les maisons seigneuriales qui forment l'ancienne cité. Ne ratez pas les deux églises, ni la sculpture de Koko Rico intitulée *Viajeros*. Plaza Mayor, l'Hôtel de Ville arbore le blason de Charles Quint.

HOTEL EGUREN UGARTE €€

Carretera A124 - km 61 Páganos
✆ +34 945 600 766
www.hotelegurenugarte.com
Comptez entre 110 et 140 € la chambre double standard.
Installé dans une authentique bodega au cœur des vignes, cet hôtel propose un séjour-concept autour de l'œnotourisme à 4 kilomètres du centre de Laguardia. Son emplacement unique est sans aucun doute le point fort de cet hôtel, entre la Sierra de Cantabria et les vignobles à perte de vue. L'esprit contemporain des chambres et la qualité du restaurant assurent un séjour sans fausse note. Bien évidemment, qui dit vignobles dit vin, et donc dit dégustation en bonne et due forme accompagnée de quelques spécialités gastronomiques de la région.

HOSPEDERIA DE LOS PARAJES €€€

C/ Mayor, 46-48
✆ +34 945 621 130
www.hospederiadelosparajes.com
Comptez entre 110 et 210 € la chambre double.

Au cœur de Laguardia, cet hôtel mêle charme et confort dans sa vingtaine de chambres soignées. Chacune d'entre elles est unique et offre un cadre séduisant entre la pierre et les poutres en bois. Autre point fort de l'hôtel, son spa, qui propose des traitements à base de raisin (vinothérapie), tandis qu'au sous-sol de l'hôtel, un joli bar à vins a été aménagé dans l'ancien « calado » (caves). On pourra enfin se régaler dans les deux restaurants de cuisine de terroir que compte l'hôtel.

HOTEL CASTILLO EL COLLADO €€€

Paseo El Collado, 1
✆ +34 945 621 200
www.hotelcollado.com
Chambre double 150 €.

Installé dans un bâtiment de 1900 aux allures de forteresse, cet hôtel rend hommage au grand fabuliste de la région Samaniego. Pour la petite histoire, le premier propriétaire des lieux, M. Tapia est l'homme qui a fondé la célèbre marque de savon Chimbo, l'une des plus anciennes sociétés du Pays basque, basée à Bilbao. Chaque chambre est conçue suivant le thème d'une fable avec du mobilier d'époque, chacune conservant une forte identité. Belle adresse.

HOTEL SERCOTEL VILLA DE LAGUARDIA €€€

Paseo de San Raimundo, 15
✆ +34 945 600 560
www.hotelvilladelaguardia.com
Comptez entre 70 et 130 € la chambre double.

Cet immense hôtel aux airs souverains s'étend au milieu des vignes. Avec ses chambres aux murs lambrissés, il assure un séjour chaleureux et distingué. Ce qui en fait un établissement 4 étoiles : une belle piscine en plein air et un spa très luxueux. Le restaurant est par ailleurs excellent, avec des préparations aux influences internationales très réussies : risotto champignons et parmesan, colin rôti, cochon de lait... Bref, il y en a pour tous les goûts.

POSADA MAYOR DE MIGUELOA €€€

Calle Mayor, 20
✆ +34 945 600 187
www.mayordemigueloa.com
Chambre double entre 80 et 130 €.

Dans un palais du XVIIe siècle, ce très bel hôtel propose des chambres meublées à l'ancienne, vastes, lumineuses et très confortables : chacune est de taille et de forme différente, chacune a ses matériaux propres, son charme unique. Les murs et escaliers en pierre de taille restaurés, les sols anciens tout comme les poutres d'origine assurent une ambiance rustique chic à l'ensemble de l'établissement. Comme tout établissement de Laguardia qui se respecte, la Posada possède bien sûr une excellente cave et un restaurant traditionnel.

ENTREVINAS Y OLIVOS €

Cuatro Cantones, 12 ✆ +34 945 600 911
www.entrevinasyolivos.com
Du mardi au jeudi 12h30-15h30 et 19h-22h30, vendredi 12h30-22h30, samedi 11h30-23h, dimanche 11h30-17h. Comptez 15€.

Cette magnifique maison du XVIIIe siècle entièrement restaurée recèle une cave, comme la plupart des maisons de Laguardia. Ici vous pourrez déguster des tapas (on trouve notamment à la carte une belle sélection de *tostadas* : des tranches de pain grillées agrémentées de produits gourmands) à accompagner, naturellement, d'un délicieux verre de vin dans un cadre enchanteur et typique. Des visites guidées de la maison sont possibles également. Une halte pour gourmets dans une ambiance typique on ne peut plus recommandée, entre amis ou en famille !

AMELIBIA €€

calle Barbacana, 14
✆ +34 945 621 207
www.restauranteamelibia.com
Ouvert de 13h à 15h30. Fermé le mardi. Menu dégustation 45 €.

Bonne table gérée par Patxi et Alejandra, jeune couple originaire de Laguardia. Dans un décor assez classique, on déguste des recettes traditionnelles remises au goût du jour avec talent. Situé à l'extérieur de la ville, le restaurant offre de jolies vues sur les vignobles et la Sierra de Cantabria. Quelques suggestions pour se mettre en appétit : gratin de fromage de chèvre et sa compote pomme-raisin ou carpaccio de morue sauce aïoli en entrée ; mérou pil-pil, steak de bœuf grillé ou agneau rôti en plat de résistance... et surprise pour le dessert !

RESTAURANTE LOS PARAJES €€

C/ Mayor, 46-48
✆ +34 945 621 130
www.hospederiadelosparajes.com
Comptez 50 € par personne.

Situé dans la rue principale de Laguardia, ce restaurant (et l'hôtel du même nom) occupe une belle demeure en pierre. Avant le repas, faites un tour dans le cellier du XVIe siècle pour déguster vins et tapas. Le restaurant, au décor traditionnel et élégant, permet de tester une cuisine régionale très raffinée, comme la perdrix rouge à la sauce à la truffe ou le cochon de lait et sa purée de pommes. Signalons aussi l'existence, dans le sous-sol de l'hôtel, du « calado », cave à vin du XVIe siècle convertie en espace de dégustation de vins et autres fins apéritifs.

BODEGA VIÑA REAL

N-232a, km 4.
✆ +34 945 62 52 55
www.visitascvne.com/es/
Ouvert du mercredi au samedi de 9h à 17h.

Un panorama à couper le souffle et une structure magistrale d'acier et de bois créée par l'architecte bordelais Philipe Maziéres, la cave Vina Real est un parfait équilibre entre tradition et modernité. La gamme propose des vins à long potentiel de garde comme son rouge fumé et épicé Viña Real Reserva 2015, élaboré à partir de Tempranillo, Garnacha, Mazuelo et Graciano, issu des parcelles les plus qualitatives du vignoble. Viña Real propose des pique-niques au cœur du vignoble, où vins et tapas vous initieront à la « vida loca ».

PEPITA UVA

C/ Mayor, 29
✆ +34 945 600 218
www.pepitauva.com
Tous les jours de 10h à 20h30.

On trouve ici plus d'une centaine de références en vins de la Rioja, beaucoup provenant de petits producteurs, mais aussi de l'artisanat local. Judith et Javier, les propriétaires, proposent également des visites guidées de la ville. Les activités tournant autour de la thématique du vin sont en effet nombreuses dans les alentours. Petita Uva se propose donc d'élaborer un circuit découverte d'une journée ou d'une demi-journée, en fonction de vos attentes. Connaissant très bien le milieu, ils faciliteront vos démarches. Accueil passionné !

ELCIEGO ★

Ce village de 1 000 habitants, qui s'est émancipé de la tutelle de Laguardia en 1553, conserve un grand nombre de monuments témoins de cette époque. Ses ruelles étroites et ses maisons blasonnées lui confèrent un charme pittoresque qui ne laisse personne indifférent. Nous recommandons de faire un tour du côté de l'église paroissiale de San Andrés et de l'ermitage de la Virgen de la Plaza, élément architectural principal de la cité datant du XVIIe siècle. Sa renommée, toutefois, lui vient surtout du grand nombre de ses *bodegas*, parmi les plus importantes de la région ! On pourra ici s'essayer à la vinothérapie, avec l'expert Caudalie (Calle Torrea,1).

Elciego.

PAYS BASQUE

© PEIZAIS - SHUTTERSTOCK.COM

Bodegas Marqués de Riscal.

BODEGAS MARQUÉS DE RISCAL ★★

Calle Torrea, 1
✆ +34 945 606 000
www.marquesderiscal.com
Visites tous les jours sur réservation : 19 €. Dans l'hôtel, comptez 350 € la chambre double.

Si vous devez ne visiter qu'une cave, ce serait celle du Marqués de Riscal, la plus ancienne de la région (1858). Elle est située en contrebas du magnifique hôtel dessiné par Franck Gehry (l'architecte du Guggenheim), stupéfiante construction du XXIe siècle toute en ondulations. Seul hôtel 5-étoiles de la région, celui-ci recèle un restaurant primé d'une étoile au Michelin depuis 2011, une salle de gym, une piscine, et un superbe Spa Caudalie. Volupté dans toute sa splendeur…

RESTAURANTE MARQUÉS DE RISCAL €€€

Calle Torrea, 1 ✆ +34 945 180 888
www.restaurantemarquesderiscal.com
Mardi 20h-21h30, du mercredi au samedi 13h30-15h et 20h-21h30, dimanche 13h30-15h. Menu dégustation à partir de 110 €.

Francis Paniego, propriétaire du restaurant Portal de Echaurren, dirige ce restaurant gastronomique (1 étoile au Michelin). Récompensé par le prix national de gastronomie en 2012, le jeune chef originaire de La Rioja propose une cuisine inventive et proche du terroir, dans le décor somptueux que lui offre l'hôtel Marqués de Riscal, bâtiment avant-gardiste imaginé par Frank Gehry. Les vins tiennent évidemment une place de choix tout au long de l'expérience gastronomique.

BODEGAS MURUA

Carretera de Laguardia, S/N
✆ +34 945 60 62 60
https://www.bodegasmurua.com/
Ouvert du lundi au jeudi de 10h à 17h et le vendredi de 10h à 14h. Visites sur rendez-vous.

Ce domaine familial se situe dans la Rioja, région viticole la plus ancienne et la plus connue d'Espagne. Qualité et subtilité sont les ambitions du vignoble qui a pour cépage vedette le Tempranillo, mais également des cépages autochtones comme le Graciano, le Mazuelo, le Viura et le Malvasia. Coup de cœur pour leur vin Murua Reserva, issu du cépage Tempranillo et accompagné de petites quantités de Graciano et de Mazuelo. Elevé 18 mois en fût de chêne, ce vin ne manque pas de caractère. Celui-ci se marie à la perfection avec du bœuf à la confiture de figue locale.

SALINAS DE AÑANA

Ici se cache une région peu fréquentée mais tout à fait digne d'intérêt pour sa diversité de paysages curieux. Cet itinéraire s'adresse plus aux amateurs d'espaces quasi dénués de civilisation qu'aux aficionados de patrimoine ! En partant de Vitoria par la N-1 en direction de Madrid, on trouvera à Iruña un oppidum et un jardin botanique. À Salinas de Añana, vous arrivez dans la vallée du Sel, ensemble abandonné d'exploitation saline qui crée un paysage désertique étonnant, témoin du travail du sel au siècle dernier. Une foire du sel s'y déroule le premier samedi de juillet. Vous pouvez également y visiter le monastère de San Juan de Acre.

PASSPORT

LA RIOJA

Célèbre pour ses crus, La Rioja est synonyme d'échappées belles entre les vignes et de séjours épicuriens. Située à l'ouest de la vallée de l'Ebre, son nom lui est donné par le río Oja qui la baigne. Ses 5 045 km² sont divisés en deux parties. La Rioja Alta, montagneuse et humide, va de la Sierra de la Demanda jusqu'à l'Ebre. Elle est traversée par le chemin de Saint-Jacques-de-Compostelle, ponctuée de monastères et d'églises, et produit les meilleurs vins. La Rioja Baja est, elle, nichée entre l'Aragon, Soria et la Navarre. Le visiteur découvrira ici les fameuses empreintes de dinosaures, de mystérieux dolmens et des vestiges romains. Outre sa capitale Logroño, réputée pour les bars à pintxos de la fameuse *calle* Laurel, ne manquez pas de visiter Santo Domingo de la Calzada et sa cathédrale, ainsi que San Millán de la Cogolla et ses monastères de Suso et Yuso, berceau de la langue castillane.

La Rioja
10 KM
NAVARRE
ALAVA
BURGOS
SORIA
SARAGOSSE
LOGROÑO
HARO
CASALARREINA
SANTO DOMINGO DE LA CALZADA
NAJÉRA
SAN MILLÁN DE LA COGOLLA
EZCARAY
ANGUIANO
LAGUARDIA
VIANA
SAN VICENTE DELA SONCIERRA
BRIONES
OLLAURI
FUENMAYOR
NAVARETTE
AGONCILLO
CALAHORA
ARNEDO
AMEDILLO
ENCISO
ALFARO
CASTEJON
CORELLA
CINTRUÉNIGO
Miranda de Ebro
Foncéa
Sajazarra
Fonzaleche
Anguciana
Cihuri
La Bastida-Bastida
Samaniego
Gimileo
Trigo
Herramélluri
Tormantos
Baños de Ebro
Elciego
Oyon
Zarraton
Castañares de Rioja
Villalobar de Rioja
Bañares
Grañion
Corporales
San Asensio
Torremontalbo
Cenicero
Urunuella
Huercanos
Lardero
Villamediana de Iregua
Murillo de Rio Leza
La Union de Las Tres Ejécitos
Entrena
Santa Maria
Cañas
Villar de Torre
Berceo
Ojacastro
Zorraquin
Estollo
Tricie
Arenzana de Abajo
Bezares
Hornos de Moncalvillo
Baños de Rio Tobia
Camprovin
Santa Coloma
Bobadilla
Abelda de Tregua
Ribafrecha
Leza de Rio Leza
Santa Engracia
Soto en Cameros
Robres del Castillo
Terroba
Sierra de Moncalvillo
Serradero 1495 m.
Chilizarrias 1826 m.
Cabeza Parda 2105 m.
San Lorenzo 2260 m.
2050 m.
Montes de Ayago
SERRA DE SAN LORENZO
SIERRA DE CAMERO NUEVO
Nieva de Cameros
Montmediano
Cabezon de Cameros
Jalon de Cameros
Laguna de Cameros
Pradillo
Villanueva de Cameros
1759 m.
1758 m.
Canales de la Sierra
Ventrosa
Briéva de Camerso
Embalse de Gonzales Lacasa
Embalse de Manzilla
Portilla
PICOS DE URBION
Picacho del Camperon 2164 m.
Embalse de Pajares
Iregua
La Mesa 2164 m.
SIERRA CEBOLLERA
Sesma
Lodosa
Alcanadre
Galilea
Ausejo
Pradejon
Murilo de Calahora
Los Molinos de Ocon
Las Ruedas de Ocon
Tudellilla
Cabi Monteros 1388 m.
Santa Eulalia Bajera
Préjano
Munilia
Muro de Aguas
Villaroya
Autol
Aldeanueva de Ebro
Rincon de Soto
Milagro
Cadeita
Igea
Cervera del Rio Alhama
Aguilar del Rio Alhama
Ebro
Tiron
Oja
Leza
Jubera
Cidacos

●● LA RIOJA ALTA

La Rioja Alta est la région la plus occidentale de la communauté autonome, mais aussi la plus visitée, car c'est ici que se concentrent les principaux villages viticoles de La Rioja. Sa célèbre route du vin parcourt les domaines les plus prestigieux de la région, au cœur de paysages traversés par l'Èbre et encadrés par les sierras de Toloño, Cantabria et La Demanda.

Chemins de randonnée, villages de charme, ***bodegas*** centenaires et petits producteurs jalonnent la route des vins de La Rioja Alta, où les amateurs de patrimoine historique et artistique seront également comblés. Ainsi, les cépages de qualité côtoient les palais baroques, monastères et églises qui parsèment le territoire, en particulier autour de la cité historique d'Haro, capitale des vins de La Rioja, où les plus grands domaines virent le jour au XIXe siècle dans le célèbre quartier de la Gare.

Ne manquez pas non plus de visiter Santo Domingo de la Calzada, étape importante du Chemin de Saint-Jacques-de-Compostelle, et les monastères de San Millán de la Cogolla, berceaux de la langue castillane.

© A.B.G. - SHUTTERSTOCK.COM

Village de Haro.

PAGES

● ● LOGROÑO ET SES ALENTOURS

348

Région centrale de la communauté autonome de La Rioja, la Rioja Media accueille dans sa partie nord la dynamique capitale de la région : Logroño. Avec plus de 170 000 habitants, la cité bâtie sur les rives de l'Ebre surnommée le « bourg aux deux ponts » (en référence à ceux qu'empruntaient les pèlerins de Compostelle dès le Xe siècle) abrite une profusion de palais et de monuments historiques notables, avec la baroque cathédrale Santa María la Redonda en tête. C'est aussi une ville festive et bonne vivante, centre d'une région internationalement réputée pour la qualité du son vin, et c'est en suivant le sentier des éléphants, en effectuant une tournée des bars en bonne et due forme, que vous lui ferez le plus bel hommage. Au sud de Logroño, une multitude de bourgs et villages sont éparpillés au cœur d'une vaste zone montagneuse, il s'agit des Cameros. Terre de transhumance arrosée par les affluents de l'Ebre, la région mérite un tour notamment pour les pittoresques villages de Villoslada de Cameros et San Román de Cameros, mais aussi pour ses beaux et vierges espaces naturels parfaitement adaptés à la randonnée.

● ● LA RIOJA BAJA

359

La vallée de Cidacos, zone montagneuse de la Basse-Rioja, est l'un des affluents de l'Ebre qu'il rencontre à Calahorra. Par sa richesse culturelle et naturelle, elle a été déclarée Réserve de la Biosphère par l'Unesco, en 2003. Cette vallée constitue le plus grand gisement du monde de traces de dinosaures. Elle abrite un grand nombre de témoignages du crétacé qui permettent une meilleure connaissance de l'histoire du paysage et de la faune. Partant de ce constat, les autorités de la région ont décidé la création du Centre paléontologique d'Enciso ainsi que la mise en valeur touristique des gisements de traces ; une excursion originale et instructive au milieu de paysages escarpés et parfois arides. Avant de se plonger dans l'ère préhistorique, une visite patrimoniale à Calahorra ainsi qu'un passage à Arnedo peuvent être agréables en démarrant tôt le matin, car la route des dinosaures mérite une grande partie de la journée.

HARO ★★

Haro se trouve près d'une boucle de l'Ebre qui marque la frontière avec Alava. Petite ville très sympathique, elle est considérée comme la capitale du vin de La Rioja. Une quinzaine de bodegas y sont implantées, la moitié dans le Barrio de la Estación (« quartier de la gare »), zone emblématique qui se développa au XIXe siècle lorsque s'y installèrent les viticulteurs bordelais, victimes du mildiou puis du phylloxéra. Quelques autres éléments patrimoniaux remarquables du très beau quartier médiéval de Haro : l'église de Santo Tomás ou l'ancien couvent de San Agustín. Les amateurs iront faire des emplettes à la Vinoteca Rodríguez Alonso !

BASILIQUE NUESTRA SEÑORA LA VIRGEN DE LA VEGA

Avda. Bretón de los Herreros, 2

✆ +34 941 312 873

Ouverte du lundi au dimanche de 8h à 13h et de 17h à 20h30.

Bâtisse de style baroque à trois nefs, la basilique fut édifiée au tout début du XVIIIe siècle sur les ruines d'un ermitage bien plus ancien, en 1703 pour être précis, sur les plans de Bernardo de Munilla et Juan de Villanueva, tandis que Pedro Orcaechea, Ignacio Escurra et Pedro de Elejalde furent les maîtres d'œuvre. Elle possède un retable gothique représentant la patronne de la ville datant (XIVe s.), à qui elle est dédiée et à qui un certain nombre de miracles sont attribués.

BODEGAS LÓPEZ DE HEREDIA VIÑA TONDONIA

3 Avenida de Vizcaya

✆ +34 941 310 244

www.lopezdeheredia.com

Vente de vin aux particuliers du lundi au samedi de 9h à 15h.

Fondée à la fin du XIXe siècle, c'est la bodega la plus ancienne d'Haro, et peut-être l'une des plus prestigieuses, gérée aujourd'hui par la quatrième génération de la famille. C'est l'un des rares établissements de la région qui fabrique encore ses propres barriques de manière artisanale avec du bois des Appalaches. On peut visiter les installations de la bodega, mais surtout parcourir les vignobles de Viña Tondonia, répartis sur plus de 100 hectares.

BODEGAS MUGA

Barrio de la Estación s/n

✆ +34 941 30 60 60

www.bodegasmuga.com

Visite guidée + dégustation 25 €. Visite guidée + initiation œnologique 45 €.

Fondées en 1932, les Bodegas Muga sont installées dans l'historique Barrio de la Estación. Ce domaine prestigieux contrôle 350 ha de vignes, dont 200 en propriété, et produit plusieurs vins rouges, un rosé, un blanc et un *cava* (vin pétillant comparable au Champagne). On peut y visiter les installations de la *bodega*, mais aussi parcourir les vignes ou assister à un cours de dégustation, voire même à une initiation à l'œnologie en bonne et due forme. Il y a également une boutique avec un espace bar où vous pourrez tester les vins du domaine.

BODEGAS RODA

Avda. Vizcaya, 5

✆ +34 941 312 187

www.roda.es

Visites sur rendez-vous du lundi au samedi. A partir de 25 €.

Fondées en 1987, ce n'est que quatre ans plus tard que commence la construction de la cave, qui devient opérationnelle en 2001. Les Bodegas Roda sont situées dans le Barrio de la Estación. L'innovation est le mot d'ordre de la maison, qui accorde une place primordiale à la recherche et au développement (avec une salle bioclimatique et deux entrepôts de vieillissement creusés directement dans la roche). Vous pourrez tester leurs crus dans le bar à vin. La salle d'exposition présente des expositions photographiques de qualité.

CASA RURAL DE LEGARDA €€

✆ +34 941 312 134

www.casadelegarda.com

Comptez 50-60 € la chambre double.

Dans un *caserio* du XVIIe siècle restauré (la demeure date exactement de 1634) au cœur du *pueblo* de Briñas, à 3 km de Haro, huit chambres doubles avec salle de bains. Un salon commun, avec cheminée et télévision, est réservé aux hôtes. Le bois est omniprésent, le mobilier travaillé : c'est une adresse de charme. L'actuelle Casa de Legarda faisait jadis partie d'une plus grande maison (qui à présent est divisée en propriétés indépendantes) et était occupé par une cave, comme les murs d'une partie du salon et des toilettes s'en font témoins.

ÉGLISE SANTO TOMAS APOSTOL ★

Plaza de la Iglesia
✆ +34 941 311 690
Samedi 11h-13h30 et 16h30-19h30, dimanche 11h-13h30. En été : mardi-dimanche 11h-13h30 et 16h30-19h30.

© POLIKI - FOTOLIA

L'édifice du XVIe siècle dédié à saint Thomas comporte trois vastes nefs gothiques. Le portail sud est ciselé comme un retable plateresque avec la représentation des apôtres et des scènes du calvaire. Son aspect extérieur massif contraste avec l'élégance de ses arcs et nervures intérieurs. Les travaux de restauration de la façade réalisés en 2011 auront coûté plus de 700 000 € : un sauvetage en bonne et due forme du seul monument national d'Haro.

HOTEL ARROPE €€

Calle de la Vega, 31
✆ +34 941 304 025
www.hotelarrope.com
Chambre double entre 70 et 120 €.

Installé au centre de Haro dans un bâtiment du XIXe siècle, cet hôtel moderne propose une vingtaine de chambres décorées dans un esprit contemporain et chaleureux. Les propriétaires, Miguel et Ana, amoureux du bon vin et de la bonne cuisine, proposent des spécialités de La Rioja dans le restaurant de l'hôtel. Accueil très attentif. Le lieu compte une terrasse, une bibliothèque, l'air conditionné et un accès wifi très performant dans tous les espaces de l'hôtel. Une adresse toute en simplicité, parfaite pour une escale d'une nuit.

EUROSTARS LOS AGUSTINOS €€€

Plaza San Agustín, 2
✆ +34 941 311 308
www.eurostarshotels.com
Chambre double entre 90 et 150 €.

Le couvent de San Agustin a été fondé en 1373 dans une bâtisse à l'extérieur de la ville donnée par Diego López de Haro. L'édifice actuel date de 1741 (largement restauré en 1989). La façade principale est décorée de l'écu de l'ordre de Saint-Augustin et de reliefs le concernant. Avant de se convertir en hôtel, le couvent fut prison, école et hôpital. Aujourd'hui, c'est un très bel établissement, dont le cloître carré à trois étages est le point d'orgue. Le restaurant El Claustro, comme son nom l'indique, est installé dans le cloître.

EL CLAUSTRO DE LOS AUGUSTINOS €€

San Agustín, 2
✆ +34 941 30 44 63
www.hotellosagustinos.com
Du lundi au jeudi 20h30-22h30, du vendredi au dimanche 13h30-15h et 20h30-22h30. Comptez 30-40 €.

Installé dans l'hôtel Los Agustinos, ce restaurant propose une cuisine de La Rioja et des recettes créatives, offrant un savant mélange entre tradition et modernité. Le cochon de lait (*cochinillo*), mais aussi l'agneau de lait de Castille grillé, tout comme les légumes de saison sont des valeurs sûres (les artichauts frits et les asperges sont un régal !). Autres spécialités du lieu : les délicieuses croquettes de seiche à l'encre de seiche et tapas de pata negra.

RESTAURANTE TERETE €€

Lucrecia Arana, 17
✆ +34 941 31 00 23
www.terete.es
Du mardi au samedi de 13h15 à 16h et de 20h30 à 23h, lundi et dimanche de 13h15 à 16h. Menu tradition 47 € avec vins.

A Terete, on prépare depuis 1877 le fameux *cordero lechal* (agneau de lait grillé) dans un vieux four à bois : la spécialité de la maison. Cuisiné de la même manière qu'il y a plus d'un siècle, il est servi en portion généreuse, après une portion d'asperges ou une assiette de *jamón ibérico*, accompagné d'une salade, de frites maison, voire même d'une ration de cèpes poêlés. En entrée, vous pourrez aussi tester la *menestra*, un plat traditionnel à base de légumes variés. Accueil sympathique et décor chaleureux avec murs en pierre et cheminée !

NUBLO €€€

Pl. San Martín, 5
✆ +34 636 72 58 50
www.nublorestaurant.com
Mardi 20h30-0h, du mercredi au samedi 12h-0h, dimanche 13h-16h. Fermé en février. Menu 82 €.

Nouvelle sensation culinaire de la Rioja depuis qu'il a obtenu sa première étoile au Michelin en 2021, le restaurant Nublo occupe un palais Renaissance dans le cœur médiéval de Haro. Dans sa cuisine, point de vitrocéramique ou de plaques à induction : ici on cuisine tout au four à bois et à la *parrilla* (grille de charbon de bois). Un concept osé de cuisine à l'ancienne basé sur les produits du terroir, qui rencontre un grand succès auprès des gastronomes. Pensez tout de même à réserver bien à l'avance pour profiter de ce voyage culinaire en eaux calmes...

BRIÑAS

Depuis Haro, on accède à ce bourg de 200 âmes par l'emblématique pont de Briñas du XIIIe siècle. Blotti sur les rives de l'Èbre, Briñas est l'un des plus jolis villages de la Rioja Alta. Son centre historique conserve en effet de belles bâtisses des XVIIe et XVIIIe siècles, dont plusieurs ont été transformées en hôtels de charme. L'église de la Asunción, de style baroque, s'élève au centre du village, où l'on vit au rythme des vendanges et du passage des pèlerins de Compostelle. Depuis le mirador del Rollo, la vue sur le village est superbe, avec le fleuve et les vignes en toile de fond.

PALACIO TONDÓN €€€

C/ Campo, 2
✆ +34 941 69 01 00
https://palaciotondon.com
Entre 190 et 290 € la chambre double avec petit déjeuner.

Posé sur les rives de l'Ebre, ce palais du XVIe siècle domine les vignobles du Tondón, auxquels il doit son nom. Le lieu est superbe : une grande bâtisse en pierre aux aménagements contemporains, mêlant habilement le charme de l'ancien et le confort des temps modernes. Ses 33 chambres conjuguent le bois et la pierre avec d'élégantes tonalités de beige. La terrasse est le joyau de l'hôtel : déguster un verre de Rioja au bord du fleuve, avec le mont San Lorenzo pour toile de fond, est une expérience à ne pas manquer. Mention spéciale également pour le restaurant !

SAN VICENTE DE LA SONSIERRA ★

Petite commune viticole d'environ un millier d'habitants, San Vicente de la Sonsierra est célèbre pour son rite médiéval de pénitence durant la Semaine sainte, appelé Picaos, classé Fête d'intérêt touristique national. Perchée sur une colline, la bourgade offre un beau panorama sur les vignes de la Rioja Alta. On pourra découvrir l'église Santa María la Mayor, construction de style gothique datant du XVIe siècle, formant un grand ensemble fortifié avec les ruines de la muraille et d'un château du XIIe siècle. A environ 1,5 km en direction de Peciña, on peut admirer l'ermitage de Santa María de La Piscina, édifice roman datant du XIIe siècle.

BODEGAS LAGAR DE ZABALA

Plaza Mayor, 2
✆ +34 941 334 435
www.bodegaslagardezabala.com
Tous les jours de 9h à 14h et de 17h à 19h.

Située sur la Plaza Mayor, sous les arcades de la mairie de San Vicente de la Sonsierra, cette bodega produit dans ses caves équipées de toute une machinerie moderne des vins à partir de ses 40 hectares de vignes. Vous pourrez faire des provisions dans sa boutique, les tarifs y sont plutôt avantageux. La Bodega Lagar de Zabala propose également des repas au cœur même de la cave, sur réservation, pour des groupes de 10 à 15 personnes. Au menu : cuisine typique de la Rioja, et dégustation des bons vins de la bodega, naturellement.

ÉGLISE DE SANTA MARÍA LA MAYOR ★

Calle Fortaleza, s/n
✆ +34 626 500 526
Visite gratuite sur rendez-vous.

Du haut de son promontoire, l'église de Santa María la Mayor s'élève sur les anciennes murailles de la ville, formant avec les ruines d'un château du XIIe siècle un grand ensemble fortifié. Construite au XVIe siècle dans le style gothique, l'église compte une seule nef et conserve un magnifique retable maniériste. Juste à côté de l'église, on observera la petite chapelle de la Vera Cruz, dont l'origine remonte vraisemblablement au XIIIe siècle. À voir.

LA RIOJA

San Vicente de la Sonsierra.

ÉGLISE SANTA MARÍA DE LA PISCINA ★

Peciña

✆ +34 941 334 220

Visites sur rendez-vous.

A mi-chemin entre San Vicente de la Sonsierra et Peciña, cette petite chapelle romaine, isolée, domine la vallée de l'Ebre. Construite au milieu du XIIe siècle, elle est l'exemple le plus complet et le mieux conservé de l'art roman dans La Rioja. L'église n'a subi aucun ajout postérieur, à l'exception du blason de la Divisa, installé au-dessus du portail sud vers 1537. Non loin, on trouve une nécropole ainsi qu'un hameau avec des habitations semi-rupestres.

HOSPEDERÍA DEL VINO €€€

Camino de los Molinos

www.bodegaspuelles.com

Ouvert de mi-mai à mi-novembre. Chambre double 140 €.

Au cœur d'un vaste domaine viticole du bourg d'Ábalos, propriété de la famille Puelles depuis des temps immémoriaux, un hôtel de charme érigé pour les amateurs de bon vin et de tranquillité. A côté d'un vieux moulin du XVIIe siècle, la bodega s'est dotée de 6 chambres classiques, avec de belles vues sur les vignes. Pour cocooner : un spa, une piscine intérieure et un espace vinothérapie. Le tarif donne accès à une chambre des plus confortables, un solide petit déjeuner, une visite de la bodega et un accès au spa. Une adresse de luxe.

HOTEL VILLA SONSIERRA €€

C/ Zumalacárregui, 29

✆ +34 941 334 575

www.villasonsierra.com

Chambre double entre 75 et 90 €.

Situé dans le centre historique de San Vicente de la Sonsierra, cet hôtel a été inauguré en 2008 par un jeune couple. Décoré avec beaucoup de goût, l'hôtel a été conçu pour satisfaire la curiosité des amateurs de vin, avec une bibliothèque remplie d'ouvrages sur l'œnologie et une salle de dégustation installée dans une grotte naturelle. La décoration des chambres, également sur le thème du vin, est un bel exercice de style. Une adresse originale où l'on est chaleureusement accueillis par les propriétaires, un jeune couple passionné.

CASA TONI €€

C/ Zumalacarregui, 27

✆ +34 941 334 001

www.casatoni.es

Mardi-dimanche de 13h30 à 15h30. Menu de saison 32 €.

Une adresse étonnamment design où l'on déguste, au choix, une cuisine inventive ou des recettes traditionnelles, selon l'envie. Récompensé à plusieurs reprises, ce restaurant est l'une des meilleures adresses du coin. La carte des vins met évidemment les Rioja à l'honneur, avec une sélection exhaustive. Quelques suggestions : gaspacho de cerises et langoustines, *jamón de bellota* ou *croquetas de la casa* en entrée ; poisson ou viande façon riojane en plat principal ; ravioles de mangues et fruit de la passion ou glace vin rouge et cannelle en dessert !

LA TERCERA ESTACIÓN

Calle del Remedio, 12
✆ +34 941 33 45 01
Du lundi au jeudi de 12h30 à 16h et de 18h à 22h30, vendredi et samedi de 12h30 à 1h, dimanche de 11h30 à 22h30.

Ce petit bar à vin est le fruit du travail de Benjamín Romeo, œnologue et propriétaire de la Bodega Contador (le lieu servait jadis de cave à vin à ses parents). Parmi un grand choix de vins au verre, nous vous conseillons de tester le Predicador (élaboré par la Bodega Contador), que l'on peut accompagner de bonnes tapas. En plus de ses propres vins, Benjamín propose à la dégustation une sélection intéressante de vins venus du monde entier : Argentine, France, Allemagne, Hongrie, Italie, Etats-Unis, Uruguay, Chili et Portugal...

MUSÉE VIVANCO DE LA CULTURE DU VIN

Ctra Nacional, 232
✆ +34 941 322 330
www.vivancoculturadevino.es
Mardi-vendredi et dimanche 10h-15h, samedi 10h-18h. Visite guidée et musée : 24 €.

Vivanco est sans doute la bodega la plus éducative de Rioja grâce à son musée dédié à la culture du vin. Ce musée occupe 4 000 m² divisés en cinq salles d'exposition permanente, dans lesquelles on découvre une collection d'objets et d'œuvres sur les origines et la culture du vin. Egalement un restaurant élégant qui offre une vue splendide sur les vignes environnantes et la Sierra Cantabria. Possibilité de visiter le musée seul ou de combiner la visite avec celle de la bodega.

BRIONES ★

Installé sur un promontoire qui surplombe les terres arrosées par l'Ebre, le village de Briones est une étape incontournable de la route du vin en Rioja pour son important musée de la Culture du vin. Au cours du troisième week-end du mois de juin, on célèbre chaque année les Journées médiévales, une festivité qui met en scène le quotidien des habitants d'un village castillan du XIVe siècle. Côté patrimoine, Briones abrite d'anciennes maisons blasonnées (Palais du Marqués de San Nicolás), avec notamment l'imposante église à trois nefs de la Asunción (XVIe siècle), de style Renaissance et isabélin et la chapelle Santo Cristo de los Remedios.

HOSTAL LOS CALAOS DE BRIONES €€

C/ San Juan, 13
✆ +34 941 32 21 31
www.hotelbriones.com
Chambre double 65 €.

L'hostal Los Calaos de Briones est une petite pension installée dans un bâtiment du XVIIe siècle. Elle dispose de 4 chambres spacieuses (25 m²), décorées dans un style classique et toutes dotées d'une salle de bains privée. L'établissement dispose également d'un restaurant, dont la cuisine traditionnelle s'accompagne d'une très vaste sélection de vins de La Rioja. Le décor du lieu, dans une vieille cave du XVIIe siècle, mérite à lui seul la visite.

Briones.

LOS 4 ARCOS €€

Cerca de la cuarenta, 2
+34 941 32 20 29
Ouvert le midi du mardi au dimanche. En soirée, uniquement les vendredis et samedis. Comptez 30 €.

Un *asador* très authentique, dans un décor de murs en pierre, de poutres et de jolis vitraux représentant des scènes de vendange. Le lieu est réputé pour ses viandes grillées sur la braise de sarments de vigne (les côtelettes d'agneau sont une petite merveille : amateurs, n'hésitez pas une seconde !), préparées dans la grande cheminée du restaurant. Également à la carte, une vaste gamme de préparations typiques riojanes ou plus largement espagnoles, comme la savoureuse *morcilla* (boudin) ou les *patatas a la riojana*. Essayez de garder une place pour le dessert !

TABERNA DE OLLAURI €€

C/ Huertas, 2
+34 941 33 82 40
Fermé le mardi. Plusieurs menus à partir de 15 €.

La Taberna de Ollari est un élégant petit restaurant à l'esprit contemporain qui propose un menu traditionnel permettant de tester les spécialités locales – *patatas a la riojana*, haricots *pochas*, côtelettes d'agneau, risotto de bolets au parmesan, poires au vin, tarte au fromage frais et fruits rouges, etc. Dans la partie taverne, on partage de bons petits plats dans une ambiance plus informelle, et on peut s'attarder pour qui veut, Rioja oblige, sur les nombreuses étiquettes que le tavernier garde en réserve. Bon rapport qualité-prix !

OLLAURI ★

Ollauri est un tout petit village où sont installées plusieurs bodegas, dont les prestigieuses Bodegas Marqués de Terán. L'architecture de ces caves, en plus de déployer des lignes épurées agréables à l'œil, est en effet l'une des plus avancées au monde en termes d'utilisation avantageuse du terrain. Ainsi, 80 % de la surface de la bodega est enfouie sous terre, permettant d'utiliser la gravité terrestre même comme un outil dans le transport des raisins. En ce qui concerne le bourg, son centre historique abrite une belle église et quelques maisons de maître datant du XVIIe siècle, tels le palais Marquis de Terán ou celui du Comte de Rodezno.

CASALARREINA ★

Commune de 1 200 habitants traversée par la rivière Oja, Casalarreina mérite une visite pour son monastère dominicain de La Piedad de style isabélin-plateresque, qui présente un portail richement décoré, et conserve à l'intérieur un beau retable plateresque du XVIe siècle. Classé Ensemble historique, le centre du village abrite de belles demeures blasonnées en pierre de taille, à l'image du palais des Pobes ou de celui des Condestables, mais aussi des bâtisses sacrées telles que l'ermitage San Román de Ajuarte du XIIe siècle ou l'église San Martín. Le 24 juin, pour la Saint-Jean, on y célèbre une grande fête populaire où le vin coule à flots.

LA RIOJA

BODEGAS MARQUÉS DE TERÁN

Crta. Nájera, km 1
+34 941 338 373
www.marquesdeteran.com
Visites du lundi au samedi de 10h à 14h.

Marqués de Terán est une prestigieuse bodega à l'architecture d'avant-garde, où 80 % du bâtiment est camouflé dans les collines et entouré de 80 hectares de vignes. Alliant tradition et innovation, cette bodega mise notamment sur le système d'élaboration très novateur de « criomacération », un procédé de macération à basse température qui permet d'exalter les caractéristiques aromatiques du cépage. La visite permet de découvrir les installations de la bodega et de tester le vin emblématique de la maison, le Crianza Marqués de Terán.

MONASTÈRE DE NUESTRA SEÑORA DE LA PIEDAD ★

Plaza Santo Domingo, 5
+34 941 324 033
Visites guidées sur réservation. Tarif 3 €.

Construit entre 1514 et 1524, ce monastère a été inauguré par le cardinal Adriaan Florensz, futur pape Adrien VI, lors de son passage en 1522 à Casalareina. Mêlant le style « isabélin » (première phase du style plateresque) et le style « Renaissance plateresque » (deuxième période du plateresque), il présente une grande unité architecturale. On ne manquera pas d'admirer le cloître, sur deux niveaux, qui présente une incroyable richesse ornementale.

HOSPEDERÍA SEÑORÍO DE CASALARREINA €€

Plaza Santo Domingo de Guzmán, 6
✆ +34 941 324 730
www.hscasalarreina.com
Comptez entre 90 et 140 € la chambre double standard.

Située dans l'une des dépendances du monastère, cette traditionnelle *hospedería* permet de séjourner dans un bâtiment historique, avec tout le charme des vieilles pierres, des poutres apparentes et du mobilier à l'ancienne. Plusieurs types de chambres (standard, supérieur, spécial, thématique) toutes dotées d'une literie confortable et d'un bain à remous. Sur place, on pourra se laisser tenter par les traitements de vinothérapie, qui utilisent les vertus de la vigne et du raisin.

HOTEL TEATRISSO €€

C/ Segundo cantón, 15
✆ +34 697 922 452
www.teatrisso.com
Comptez entre 100 et 120 € la chambre double.

L'hôtel Teatrisso est un hôtel de charme ouvert depuis 2015 au cœur du village de Cuzcurrita de Río Tirón, logé dans un beau palais du XVIIe siècle qui servit de théâtre dans les années 1920. On y trouve une douzaine de chambres (de la 111 à la 227 !), chacune au caractère unique, avec ses couleurs, sa forme et son mobilier propre. La décoration rend hommage au monde du spectacle, offrant un décor chic-rustique teinté de références théâtrales. Une belle adresse, idéale pour une halte réparatrice lors d'une déambulation dans ce coin de la Rioja.

LA VIEJA BODEGA €€€

Avenida de la Rioja, 17
✆ +34 941 32 42 54
https://laviejabodega.es
Ouvert tous les jours le midi. En soirée, uniquement le vendredi et le samedi. Comptez 40 €.

Ancienne bodega du XVIIe siècle transformée en restaurant, qui conserve de traditionnels « calados » (bodegas souterraines). Ouvert en 1994, un terrible incendie a ravagé le lieu qui a rouvert en 2001. Entouré d'immenses jardins, le restaurant abrite plusieurs salles avec des murs en pierre et des poutres apparentes. Dans ce très beau décor, on pourra déguster de nombreuses spécialités de la région : *menestra de verduras* (jardinière de légumes), *pisto riojano* (friture de différents légumes), *cochinillo asado* (cochon de lait grillé)…

SANTO DOMINGO DE LA CALZADA ★★

Santo Domingo de la Calzada est une importante étape sur le chemin de Saint-Jacques-de-Compostelle. Cette petite ville de 6 000 habitants s'est développée autour d'un ancien hôpital de pèlerins transformé en *parador* et possède une vaste cathédrale de transition romano-gothique. Encadrée par ses anciennes murailles médiévales, la vieille ville s'articule autour de la Plaza de España, où se dresse l'hôtel de ville ; la Plaza del Santo, où se trouvent le *parador* et la cathédrale ; et la Calle Mayor, bordée de belles demeures à blasons. Au mois d'août a lieu la représentation théâtrale des *Miracles du Saint*, et en décembre se tient un marché médiéval.

CATHÉDRALE DE SANTO DOMINGO DE LA CALZADA ★★

Calle El Cristo s/n
✆ +34 941 340 033
https://catedralsantodomingo.org
Lundi-samedi 9h-19h, dimanche 9h-12h et 14h-19h. Visites nocturnes vendredi et samedi à 21h. Entrée 7 €.

Cette cathédrale, bel exemple d'architecture protogothique, possède trois nefs, dont une centrale plus haute et deux fois plus large, traversée d'un transept et terminée par un déambulatoire s'ouvrant vraisemblablement jadis sur trois chapelles absidiales. Début XIIe siècle, le temple est agrandi et devient une église-forteresse, unique de ce genre dans la Rioja. Sous la voûte en croisée d'ogives, s'élève le mausolée en albâtre contenant la dépouille de Santo Domingo, fondateur du premier temple (fin du XIe siècle), qui avait choisi de se retirer pour se consacrer aux nécessiteux et aux pèlerins. Autre pièce à voir, le retable hispano-flamand de la Renaissance du sculpteur Damian Forment ; il s'agit là de l'une de ses rares réalisations en bois. La polychromie est l'œuvre d'Andrés de Melgar. Cette pièce mêle à la fois les thèmes emblématiques de l'art chrétien, avec diverses scènes de la Bible dont la principale présente celle du Sauveur, et une profusion de sujets mythologiques, comme des tritons, des néréides ou des centaures, que l'on ne trouve nulle part ailleurs en Espagne. En face du mausolée, ne soyez pas surpris par la présence d'un poulailler : la légende raconte qu'un pèlerin accusé de vol lors de sa halte à Santo Domingo prouva son innocence en pariant sur la résurrection d'un coq, en prétendant que ce dernier pourrait chanter après avoir été rôti. Le miracle, bien entendu, se produisit et, depuis lors, un coq et une poule résident sous la nef de la cathédrale.

ALBERGUE COFRADÍA DEL SANTO €

Calle Mayor, 38-42
✆ +34 941 343 390
www.alberguecofradiadelsanto.com
Ouvert toute l'année. Nuitée 11 €.

Cette auberge, qui accueille exclusivement les pèlerins de Compostelle, est gérée par la Cofradía del Santo, une confrérie religieuse fondée au XIIe siècle. Les installations de l'auberge sont réparties dans deux bâtiments : dans la Casa del Santo, superbe palais du XVIIe siècle, et dans un autre immeuble juste à côté avec des installations plus modernes. Au total, plus de 217 places sont disponibles (143 dans la partie récente de l'auberge et 74 dans la partie ancienne).

HOSPEDERÍA-ALBERGUE ABADÍA CISTERCIENSE €

C/ Mayor, 31
✆ +34 941 34 07 00
www.cister-lacalzada.com
9 € pour les pèlerins dans la partie auberge. Dans la partie pension, comptez 60 € la chambre double.

L'auberge se trouve dans l'ancienne demeure du prêtre de la communauté de religieuses de l'ordre cistercien. Ce bâtiment du XVIIIe siècle est situé en plein sur le tracé du pèlerinage. Une partie est réservée aux pèlerins, avec une quarantaine de lits, l'autre fonctionne comme une pension et propose 78 chambres, la grande majorité disposant d'une salle de bains privative, pour un total de 111 lits (les chambres simples sont uniquement équipées d'un lavabo).

PARADOR DE SANTO DOMINGO BERNARDO DE FRESNEDA €€€

Plaza de San Francisco, 1
✆ +34 941 341 150
Fermé entre janvier et mars. Chambre double entre 80 et 130 €.

Situé dans le couvent de San Francisco (bâtiment datant du XIIe siècle), à 400 mètres du centre historique, c'est le deuxième Parador de la ville. Le bâtiment est divisé en trois parties, avec d'une part l'église et le musée-atelier, et d'autre part l'*hospedería*. Avec un mélange de mobilité ancien et de touches modernes, une nuit dans ce parador sera marquée du sceau du confort et de l'élégance. De plus, la cathédrale et la Plaza de España sont aisément accessibles.

PARADOR SANTO DOMINGO DE LA CALZADA €€€

Plaza del Santo, 3
✆ +34 941 340 300
Chambre double entre 95 et 160 €.

Ce *parador* – à ne pas confondre avec celui de Bernardo de Fresneda, également situé à Santo Domingo de la Calzada – est installé à côté de la cathédrale dans un ancien hôpital qui, au XIIe siècle, recevait les pèlerins du chemin de Saint-Jacques. Dès qu'on y pénètre, on est impressionné par le vestibule aux arcs gothiques. Grande élégance des matières et des couleurs, chambres confortables, bon restaurant spécialisé en *pimientos piquillos*, morue préparée selon la tradition de la Rioja.

RESTAURANTE LOS CABALLEROS €€

Calle Mayor, 56
✆ +34 941 342 789
www.restauranteloscaballeros.com
De 13h30 à 15h30 et de 19h30 à 22h30. Fermé dimanche soir et lundi. Environ 40 €.

C'est dans un édifice historique – tour à tour lieu de résidence de l'homme de loi Antonio Méndez de Lara puis de l'apothicaire Diego de Lara – situé juste à côté de la cathédrale, du *parador* et de la place de la mairie que depuis 1991 Los Caballeros ont investi les lieux et sont devenus une référence culinaire en ville. Au menu, on trouve des spécialités locales à base d'agneau, de morue… Succulent ! Et en prime, de bons desserts faits maison et un accueil amical.

PASTELERIA ISIDRO

C/ Pinar, 52
✆ +34 941 340 859
Du mardi au samedi de 10h30 à 14h30 et de 17h30 à 20h30, dimanche de 10h30 à 15h.

Impossible de quitter Santo Domingo de la Calzada sans avoir goûté aux *ahorcaditos* (littéralement, « petits pendus »), dont le nom fait référence au miracle du pendu-dépendu. Cette pâtisserie en forme de coquille Saint-Jacques est préparée à base de pâte feuilletée et fourrée à la crème d'amande. On dit que c'est dans cet établissement traditionnel que la recette a été inventée. Notons que la boutique est également spécialiste en glaces artisanales, et ce depuis quatre générations ! On y trouve pas moins de 25 saveurs en vitrine.

EZCARAY ★

Enserrée dans la Sierra de la Demanda et bordée par la rivière Oja, Ezcaray vaut le détour pour son quartier historique et son environnement privilégié. En saison chaude, elle offre la possibilité de se rafraîchir au cœur d'un paysage montagneux. En hiver, on skie sur le mont San Lorenzo : la station Valdezcaray est située à 1 620 m d'altitude. Côté patrimoine, signalons les palais de Torremézquiz ou le palais del Angel, qui comptent parmi les plus beaux et les mieux conservés de la Rioja. L'ancienne tapisserie de Santa Bárbara, fondée en 1752 et qui accueille à présent l'Hôtel de Ville, vaut elle aussi un coup d'œil. Marché le samedi.

ÉGLISE SANTA MARÍA LA MAYOR ★

✆ +34 941 35 40 59

Erigée au XVe siècle sur les restes d'une ancienne construction romane datant du XIIe siècle, cette église-forteresse se caractérise par ses dimensions monumentales et ses murs en pierre de taille rougeâtre, typique de la région. On remarquera à l'intérieur son magnifique retable hispano-flamand du XVIe siècle, un style prédominant à l'époque des Rois Catholiques. Un petit musée conserve des œuvres d'art collectées dans les églises des villes voisines.

ALBERGUE DE LA REAL FABRICA €

Avda de Santo Domingo, s/n
✆ +34 941 354 474
www.alberguedelarealfabrica.es
Comptez 15 € par personne.

Auberge située dans une ancienne fabrique de tapis fondée en 1752 en l'honneur de Doña Bárbara de Braganza, épouse de Ferdinand VI, offrant un bel exemple de l'architecture industrielle du XVIIIe siècle dans La Rioja. Au total, on y trouve une trentaine de dortoirs, chacun équipé de trois ou quatre lits individuels et salle de bains commune. Bien pour une nuit en escale, mais pas plus : dommage que le beau bâtiment n'ait pas été rénové comme il le mérite !

ALBERGUE LA CUCULLA €

C/ De Las Teñas, 9 ✆ +34 666 25 27 27
www.lacucullaezcaray.com
Dans la pension, environ 60 € la chambre double. Dans la partie auberge, comptez 15 € par personne.

Situé dans un bâtiment du XIXe siècle – murs en pierres et structures en bois très bien conservés, ainsi que de belles poutres apparentes –, dans le centre historique de Ezcaray, cet établissement propose 7 chambres doubles avec salle de bains privée dans la partie pension et 5 dortoirs avec douches communes dans la partie auberge. Décor rustique et confortable. Les parties communes sont quant à elles composées d'un salon et d'une grande salle polyvalente. Une adresse centrale et confortable qui convient à toutes les exigences et tous les budgets.

PALACIO AZCARATE €€

Calle Padre Jose Garcia, 17
✆ +34 941 427 282
www.palacioazcarate.com
Chambre double entre 80 et 130 €.

C'est un concentré de charme et de confort que propose cet hôtel installé dans un bâtiment du XVIIIe siècle (construit en 1750, la façade a été rénovée, avec l'ajout notamment de nouvelles figures sculptées, de colonnes centrales et d'une décoration typique Renaissance). Toutes les chambres, vastes, lumineuses et équipées de tout l'attirail des établissements modernes, donnent sur les jolis jardins. Le personnel est très attentif, le cadre soigné et les prestations de qualité, un vrai palace ! Deux restaurants et une cafétéria.

EL PORTAL DE ECHAURREN €€€

Calle Padre Jose Garcia, 19
✆ +34 941 354 047
www.echaurren.com
Ouvert mercredi, jeudi et vendredi en soirée, samedi midi et soir, et dimanche uniquement le midi. Comptez 170 €.

Le chef Francis Paniego (Ezcaray, 1968), originaire de La Rioja, dirige les cuisines de ce restaurant gastronomique, récompensé en 2013 par une seconde étoile au Michelin. Formé par les grands chefs basques que sont Juan Mari Arzak et Pedro Subijana, il propose une cuisine très enracinée dans sa chère Rioja. Le restaurant est situé dans l'hôtel du même nom, dans une très belle maison centenaire décorée dans l'air du temps. Un lieu à ne pas manquer, donc, pour approcher la grande richesse gastronomique de la région et ses produits du terroir.

SAN MILLÁN DE LA COGOLLA ★★★

San Millán (250 habitants) est enclavé entre deux monastères, Yuso et Suso, qui forment un ensemble monumental unique classé au Patrimoine mondial de l'Unesco. La communauté monastique fondée par San Millán au milieu du VIe siècle est devenue un lieu de pèlerinage important : au début du XVIe siècle, la communauté s'installa dans le monastère de Yuso, témoignage exceptionnel de la survivance de la vie monastique. San Millán de la Cogolla est par ailleurs considéré comme le berceau de la langue castillane, dont les premiers documents sont ici conservés : en l'an 964 fut rédigé ici le premier dictionnaire encyclopédique de la péninsule Ibérique !

MONASTÈRE DE SUSO ★★

✆ +34 941 373 082

www.monasteriodesanmillan.com

Ouvert 10h-13h30 et 16h-17h30 (18h en été). Fermé le lundi. Entrée 4 €.

De l'actuel monastère de Suso (« d'en haut »), construit entre le VIe et le XIe siècle, il reste quelques vestiges importants, témoins des divers changements architecturaux au fil des époques : les grottes rupestres où vivaient les ermites et à partir desquelles fut érigé le monastère ; le temple mozarabe élevé au Xe siècle, dont les arches s'ouvrent sur la vallée ; ou encore les traces wisigothes et romanes. Une importante collection de manuscrits et de codex sortirent du scriptorium du monastère, l'un des plus brillants du Moyen Âge en Espagne.

MONASTÈRE DE YUSO ★★

✆ +34 941 373 049

www.monasteriodesanmillan.com

Ouvert 10h-13h et 15h30-17h30 (16h-18h30 en été). Fermé le dimanche après-midi et le lundi, sauf en août. Entrée 7 €.

Son édification est attribuée au roi Garcia de Najéra qui voulait y transférer les reliques de San Millán. La masse imposante du monastère de Yuso (« d'en bas ») surnommé « l'Escorial de la Rioja » s'étale en contrebas du hameau. Son cloître se distingue par l'élégance flamboyante (et gothique) de ses ornements et de ses médaillons. On y admire également quelques œuvres rassemblées dans un petit musée, notamment un précieux coffret reliquaire du XIe siècle décoré de figures d'ivoire. La bibliothèque est de première importance d'un point de vue monastique.

HOSTAL RURAL LA CALERA €

Diseminado, 57

✆ +34 941 373 161

www.hospederialacalera.es

Environ 50 € la chambre double.

Au creux de la tranquille vallée et entouré de jardins paisibles, l'Hospederia La Caléra, un petit hôtel rural situé à 400 mètres des monastères de Suso et Yuso, propose huit chambres avec salle de bains privée (disposant d'un bain à remous), mais également chauffage, TV et accès wifi. Le service du petit déjeuner est assuré tous les matins, préparé à base de délicieux produits locaux, et servi dans l'agréable et lumineuse verrière. Une adresse pleine de charme qui dispose également d'un restaurant de spécialités de la région.

HOSTERÍA DEL MONASTERIO DE SAN MILLÁN €€€

✆ +34 941 373 277

www.hosteriasanmillan.com

Comptez entre 90 et 120 € la chambre double.

L'une des ailes du monastère de Yuso, habité par les moines augustins, est dédiée à cet hôtel 4 étoiles. Une belle façon de préserver l'édifice tout en découvrant au plus près ce monument national. L'hôtel compte également un restaurant de cuisine traditionnelle, nommé In Vino Veritas (qui pourrait se traduire pas « Dans le vin réside la vérité »). Il faut dire que la sélection de vins de la zone – Rioja Alta – n'a pas été laissée au hasard : blancs et rouges sont fantastiques.

IN VINO VERITAS €€

Plaza del Monasterio de Yuso,

✆ +34 941 373 277

www.hosteriasanmillan.com

Tous les midis les samedis et dimanches, de 13h30 à 15h30. En soirée, du lundi au samedi de 20h30 à 22h30. Menu 25 €.

Décor classique et élégant à l'intérieur de l'Hostería San Millán pour déguster une bonne cuisine régionale, qui met à l'honneur les produits locaux. Recettes traditionnelles, plats de saison et menu végan : le choix est vaste ! Au menu, Rioja, on trouve les *Patatas a la Riojana* (patates, chorizo et poivrons), un potage local, et les classiques *Caparrones con Sacramentos*, plat star de la gastronomie riojane, sorte de ragoût composé de haricots rouges, de côtelettes d'agneau, de chorizo, de morcilla (boudin) notamment. A découvrir !

ANGUIANO

Ce village d'environ 500 habitants, particulièrement connu pour son monastère est composé de trois jolis quartiers : Eras, Mediavilla et Cuevas, ce dernier abritant l'église de San Pedro (XVIe siècle). Le quartier d'Eras est quant à lui traditionnellement tourné vers l'agriculture, tandis que celui de Mediavilla, le plus grand, accueille la mairie, l'église de San Andrés (XVIIe siècle) ainsi que de nombreuses maisons nobles. La cité est réputée aussi pour sa fête de la *danza de los zancos* (danse des échasses), célébrée le 22 juillet à l'occasion de la Sainte Marie-Madeleine, patronne du village et met en scène huit danseurs en costume traditionnel.

MONASTÈRE NUESTRA SEÑORA DE VALVANERA ★

✆ +34 941 377 044
https://monasteriodevalvanera.es
Accès libre au monastère de 5h30 à 22h. Possibilité de visites guidées.

© PHB.CZ (RICHARD SEMIK) - SHUTTERSTOCK.COM

Notre-Dame-de-Valvanera est la patronne de la Rioja. Valvanera provient du latin Vallis Venaria, que l'on pourrait traduire par la vallée des veines d'eau, ruisseaux, sources et cascades. Ce nom apparaît déjà dans un document de 1016. Les moines bénédictins élaborent une liqueur parfumée aux herbes ramassées dans les montagnes environnantes de San Lorenzo. L'abbaye date du Moyen Age et a transformé quelques-unes de ses pièces en chambres d'hôtel confortables.

HOSPEDERÍA NUESTRA SEÑORA DE VALVANERA €€

monasterio de Valvanera
✆ +34 941 37 70 44
Chambre double 60 €. Menu entre 10 et 15 €.

Gérée par la communauté bénédictine du monastère de Valvanera, cette traditionnelle *hospedería* est située dans un environnement magnifique, avec la Sierra de San Lorenzo pour toile de fond. Elle est dotée de 19 chambres doubles, 6 chambres triples et 2 quadruples, toutes avec salle de bains complète, accès wifi. Elles sont aménagées très sobrement, avec de belles vues sur la nature environnante. Un lieu on ne peut plus adéquat pour le repos et la réflexion.

CAÑAS

Ce village d'à peine 90 habitants fut le berceau de saint Dominique de Silos, moine bénédictin né en l'an 1000 et fondateur du superbe monastère de Silos (province de Burgos). L'histoire de ce petit hameau est étroitement liée à celle des religieuses Bernardines, auxquelles le comte Lope Diaz de Haro fit don de terres à Cañas et à Canillas pour y construire un monastère. Depuis sa fondation, l'abbaye Santa Maria de San Salvador de Cañas a toujours été habitée par une communauté de cisterciennes, sans interruption depuis 1169, malgré les vicissitudes de l'histoire. Aujourd'hui, les pèlerins de Compostelle y font arrêt pour visiter le monastère.

MONASTÈRE DE CAÑAS ★

C/ Santo Domingo de Silos, 2
✆ +34 941 379 145
Du mardi au samedi de 10h à 13h30 et de 16h à 18h (19h l'été), dimanche à partir de 11h. Entrée à 4 €.

L'une des premières abbayes cisterciennes d'Espagne, fondée à partir du XIIe siècle sur l'actuelle commune de Cañas. Il ne reste presque aucun vestige de l'époque romane de l'abbaye. En revanche, elle conserve dans le maître-autel un superbe retable Renaissance consacré à la Vierge, tandis que son chevet présente une hauteur exceptionnelle pour l'architecture cistercienne de l'époque. Le monastère est habité par une communauté de religieuses qui élaborent de délicieuses confiseries et décorent de la porcelaine. Elles se réunissent pour prier sept fois par jour.

NÁJERA ★

Lovée au pied d'une colline, Nájera est l'une des plus anciennes villes de La Rioja. Après avoir été sous domination celte, romaine et arabe, elle est rattachée au royaume de Navarre au moment de la Reconquête chrétienne. Résidence de la cour de Navarre au XIe siècle, Nájera devient une ville étape du chemin de Saint-Jacques sur ordre de Sanche III, qui souhaitait que le pèlerinage traverse la cité. Nájera atteint son apogée sous le règne de Garcia IV, fondateur du monastère de Santa Maria la Real et protecteur des pèlerins, pour lesquels il fit construire une auberge et un hôpital. Aujourd'hui, Nájera mérite une visite pour son monastère.

BASILIQUE SANTA MARIA DE LOS ARCOS

Tricio

Ouverture 30 min avant les messes.

Monument religieux le plus ancien de toute la Rioja, cette basilique a été construite au Ve siècle sur les ruines d'un mausolée romain, en utilisant les matériaux de l'ancienne cité romaine de Tritium Megallum (Tricio la Grande, qui s'étendait sur le village actuel de Tricio et d'autres localités alentour, telles que Nájera). On peut admirer dans le chœur de superbes fresques romanes datant de la fin du XIIe siècle qui représentent plusieurs épisodes de la Passion du Christ.

LA RIOJA

MONASTÈRE DE SANTA ELENA

✆ +34 941 363 183

Tous les jours de 9h à 13h et de 15h à 18h.

À l'origine, ce fut un monastère fondé au XVIe siècle par doña Aldonza Manrique de Lara, fille des ducs de Nájera, dont il ne reste plus rien. L'ensemble monastique actuel date du XVIIe siècle. Il est constitué d'une église, d'un cloître et de dépendances habitées par les sœurs clarisses. À l'intérieur de l'église (seule partie du monastère ouverte à la visite), vous pourrez observer d'intéressants retables de style rococo et un grand retable baroque signé Mateo Rubalcaba au centre duquel se dresse une image de sainte Hélène.

MONASTÈRE SANTA MARÍA LA REAL ✝ ★

Plaza de Santa María ✆ +34 941 361 083

www.santamarialareal.net

Ouvert mardi-samedi 10h-13h30 et 16h-17h30 (19h en été), dimanche 10h-13h30 et 16h-17h30 (18h en été). Entrée 4 €.

Fondé en 1052 par le roi García de Nájera en l'honneur de la Vierge qui intervint pour lui donner la victoire sur les Maures à Calahorra. Ce monastère comporte un beau cloître des Chevaliers, mélange d'art gothique, plateresque et Renaissance. L'église actuelle, issue de l'église primitive romane, date de 1516 et est constituée de trois nefs et d'un transept. Au centre de l'autel se trouve le retable principal, baroque : une Santa María la Real soutenant l'Enfant sur son genou.

MUSEO NAJERILLENSE

Plaza de Navarra, 12

✆ +34 941 360 101

www.najeraenred.es

Mardi-samedi 11h-14h et 17h-20h, dimanche 11h-14h. En été : lundi-samedi 11h-14h et 17h-20h, dimanche 11h-14h.

Situé face au monastère, le Musée historique et archéologique de Nájera occupe l'ancien palais de l'abbé de Santa María La Real, construit au XVIIIe siècle. L'exposition permanente, distribuée dans trois salles, regroupe des objets du paléolithique, des céramiques datant des époques romaines et médiévales et toute une collection d'objets artistiques et ethnographiques de la zone de Nájera. Une visite fort instructive qui permettra de se plonger dans le passé lointain de cette région spécifique de la Rioja et d'en appréhender les diverses facettes.

© KARSOL - SHUTTERSTOCK.COM

Monasère Santa Maria la Real.

ALBERGUE « NIDO DE CIGÜEÑA » €

Calleja Cuarta San Miguel, 4
✆ +34 941 896 027
www.alberguenajera.es

Ouvert entre avril et octobre. Entre 10 et 15 € par personne en fonction du type de chambre.

Inaugurée en 2014 par des pèlerins d'origine russe, l'auberge « nid de cigogne » est située au cœur de la ville, à 200 mètres à pied du monastère de Santa María la Real. On y trouve une vingtaine de places réparties dans des chambres de 3, 4 ou 8 personnes, certaines avec des lits superposés (d'où la variation de prix). Le site, réservé aux pèlerins de Compostelle, possède aussi une cuisine commune bien équipée (avec micro-ondes, frigo...) ainsi qu'un patio.

HOTEL DUQUES DE NÁJERA €€

C/ Carmen, 7
✆ +34 941 410 421
www.hotelduquesdenajera.com

Comptez entre 50 et 90 € la chambre double.

Situé en plein centre historique de Nájera, sur la rive gauche de la rivière Najerilla, cet hôtel occupe un beau bâtiment du XVIIe siècle aux balcons chargés de fleurs, dont la façade mêle la pierre et la brique. Entièrement rénové, il propose une quinzaine de chambres spacieuses et colorées avec salle de bain privée. Elles sont décorées avec du mobilier à l'ancienne dans un style castillan et équipées de la climatisation. Mention spéciale pour le petit déjeuner en buffet offrant une grande variété de produits, et servi dans une salle à manger agréable.

ASADOR EL BUEN YANTAR €

Calle Mártires, 19
✆ +34 941 360 274

Tous les jours de 13h30 à 16h30 et de 19h à 23h. Menu 12,50 €.

Le restaurant Mesón El Buen Yantar est un petit *asador* sans prétention, qui fait les délices des pèlerins avec ses plats copieux et ses viandes (mais aussi ses poissons) grillées. Son décor n'a rien d'extraordinaire, mais on apprécie sa cuisine simple et goûteuse déclinant toute la grande variété de plats typiques de la gastronomie La Rioja. Un rapport qualité-prix tout ce qu'il y a de plus correct, une atmosphère « comme-à-la-maison » on ne peut plus agréable, que demander de plus ? Cet asador est définitivement une adresse recommandable !

LOS PARRALES €

Calle Mayor, 52
✆ +34 941 363 735
www.losparrales.com

Du mardi au dimanche de 9h30 à 22h. Menu du pèlerin à 12 €. Menu typique de La Rioja 20 €.

La meilleure adresse de Nájera, où l'on déguste des spécialités de La Rioja dans un décor contemporain. Le menu « typique » permet notamment de tester les fameuses *patatas a la riojana* (pommes de terre au chorizo) en entrée, les *pimientos rellenos* (poivrons farcis) en plat principal et la *cuajada* en dessert. On peut également se régaler de *pinchos* dans la partie bar ou prendre l'apéritif sur la grande terrasse : millefeuilles de morue-champignons-courgette, ailes de canard confites, poulpe et sa crème patate-piment, tartine de saumon et fromage frais...

LOGROÑO ★★★

150 000 habitants. Sur les rives de l'Ebre, le « bourg aux deux ponts » que franchissaient les pèlerins en route vers Saint-Jacques-de-Compostelle dès le Xe siècle fait place aujourd'hui à un important carrefour sur la route du vin. La capitale de la petite région de La Rioja, riche productrice de « l'or rouge » national, manifeste tous les signes de l'opulence : des artères modernes bordées de buildings, des rangées de bureaux, banques, compagnies d'assurance, un développement urbain galopant… A côté, les quelques ruelles du vieux bourg continuent leur vie tranquille au rythme de la sacro-sainte tournée des bars. La soirée commence dans les cafés de la *Senda de los Elefantes* (le sentier des éléphants), continue Plaza del Mercado et termine rue Duquesa de la Victoria pour aller en discothèque.

Niché contre le parc de l'Ebre, grand espace vert qui borde le fleuve, le centre historique de Logroño est traversé par une artère principale, la calle Portales, et limité par les arènes, la mairie, et le Paseo del Espolón (où se trouve l'office du tourisme). Tous les monuments se concentrent dans ce périmètre. Le lien profond entre Logroño et le chemin de Saint-Jacques-de-Compostelle est particulièrement visible autour de la Rúa Vieja, où l'on peut voir l'auberge des pèlerins et la fontaine des pèlerins. L'église Santiago du XVIe siècle reflète également ce lien. Dans le centre historique, on ne manquera pas d'admirer la cathédrale Santa María la Redonda, avec ses imposantes tours baroques.

BODEGA MARQUÉS DE MURRIETA

N-232a km 402
✆ +34 941 271 380
www.marquesdemurrieta.com
Visite guidée avec dégustation de 2 vins et 2 plats : 42 €.

Installée depuis 1852 dans la Finca Ygay, cette bodega se trouve dans un domaine de quelque 300 hectares. Elle produit plusieurs vins exclusivement à partir de son vignoble, dont le Castillo Ygay Gran Reserva Especial, une cuvée produite uniquement lors des grandes années. La visite guidée permet de découvrir la *bodega* historique du domaine, ainsi qu'une incroyable collection de vins réunis depuis 1852 ! Des documents historiques y sont également exposés.

BODEGAS CAMPO VIEJO

Camino de Lapuebla de Labarca, 50
✆ +34 941 279 900
www.campoviejo.com
Visites avec dégustation : 15 €.

Leader en Rioja et référence au niveau international, la réputation du Campo Viejo n'est plus à faire. Le design moderne de sa *bodega* – immergée à 20 mètres sous terre – est signé Ignacio Quemada. La visite guidée standard, qui dure environ 1h30, se termine par une dégustation de trois vins sur la terrasse, avec de belles vues sur les vignes. Plusieurs autres expériences sont également proposées, notamment une initiation à la dégustation de vins, un atelier de peinture sur bouteille, un atelier pour apprendre à identifier les arômes…

CASA DE LAS CIENCIAS DE LOGROÑO

Calle del Ebro, 1
✆ +34 941 245 943
casadelasciencias.logro-o.org
Du mardi au vendredi de 9h30 à 13h30 et de 17h à 19h30. Week-end/été de 11h à 14h et de 17h à 20h30. Gratuit.

Situé sur les rives de l'Ebre, ce musée des sciences occupe les anciens abattoirs de la ville, bel exemple d'architecture industrielle datant de 1910. Consacré à tous les domaines scientifiques (biologie, météorologie, physique, géologie), il possède plusieurs salles d'expositions temporaires, ainsi qu'un « Jardin des sciences » ludique dédié aux expérimentations. Depuis la terrasse, l'une des plus jolies vues à 360° sur la ville avec l'Ebre au premier plan.

CONCATEDRAL DE SANTA MARÍA DE LA REDONDA ★

Calle Portales, 14
✆ +34 941 257 611
www.laredonda.org
Tous les jours de 8h30 à 13h (14h le dimanche) et de 18h à 20h45.

Sur la grande esplanade bordée d'une succession d'édifices à arcades s'élance la Redonda (la Ronde). Son curieux portail concave, élevé au XVe siècle sur les fondations d'un temple roman, est surmonté de deux tours jumelles baroques datant des XVIIe et XVIIIe siècles. Le temple se compose de trois vaisseaux, trois absides polygonales et des chapelles sur les collatéraux. Ces dernières abritent quelques tableaux de maître, notamment un calvaire attribué à Michel-Ange.

IGLESIA DE SAN BARTOLOMÉ ✝ ★

Plaza San Bartolomé
✆ +34 941 252 254
Visites tous les jours de 10h à 12h.

Cette église est la plus ancienne de la ville ; elle recueillait sous sa nef romane les pèlerins de passage à Logroño. Erigée à partir de la deuxième moitié du XIIe siècle, elle s'ouvre sur un portail gothique finement travaillé et orné de statues. En pénétrant sous la nef baignée par une douce lumière, on découvre le plafond de la tribune recouvert d'élégants médaillons. Mais l'intérieur n'en reste pas moins très austère, car la plupart de ses objets et œuvres d'art ont disparu au cours des diverses transformations de l'église.

IGLESIA DE SANTIAGO EL REAL 📷

Calle Barriocepo, 8
✆ +34 941 209 501
www.santiagoelreal.org
Visite tous les jours de 8h15 à 13h15 et de 18h à 20h.

Lieu de passage obligatoire pour les pèlerins de Compostelle, cette église du XVIe siècle était autrefois le lieu de réunion du conseil municipal. La façade du XVIIe siècle, conçue comme un arc de triomphe, est ornée de deux sculptures de l'apôtre saint Jacques : l'une le représente vêtu des habits de pèlerin, et l'autre en *matamoros* (« tueur de Maures »). Juste à côté, on observera la fontaine de Santiago, où il n'est pas rare de voir des pèlerins se rafraîchir.

Plaza de San Agustín.

IGLESIA DE SANTA MARÍA DE PALACIO 📷 ★

Calle Marqués de San Nicolás, 30
✆ +34 941 249 660

Surnommée *La Aguja* (l'aiguille), cette église bâtie à partir du XIIe siècle se distingue par sa tour gothique du XIIIe siècle, qui compte parmi les éléments les plus emblématiques de la ville. Sa façade principale, élevée au XVIIe siècle, est l'œuvre de Juan de la Riba. A l'intérieur, son grand retable de style maniériste mérite une visite. Cette œuvre du sculpteur Arnao de Bruselas (XVIe) représente plusieurs scènes de l'Evangile. Remarquez également son joli cloître.

MUSEO DE LA RIOJA 🏛 ★

Plaza de San Agustín
✆ +34 941 291 259
www.museodelarioja.es
Du mardi au samedi de 10h à 20h30, dimanche et jours fériés de 10h à 14h. Entrée libre.

Aménagé dans le palais baroque d'Espartero (XVIIIe siècle) et son annexe de construction récente, le musée retrace l'histoire de La Rioja de la préhistoire jusqu'au XXe siècle. Il rassemble notamment des œuvres provenant de monastères et couvents de la région, comme les peintures de San Milan datant de la fin du XIVe siècle, le retable gothique de Torremuña (XVIe s.) et divers éléments du monastère de La Estrella. De belles toiles y sont également exposées, tel ce *Nu Féminin* de Gerardo Sacristán (1930) ou ce *Paysage avec femme* de José Villegas Cordero (1907).

PUENTE DE PIEDRA [PONT DE PIERRE]

Ce pont de pierre est l'un des symboles de Logroño : il est représenté sur son blason et marque l'entrée dans la ville depuis le chemin de Saint-Jacques de Compostelle. Il est également connu sous le nom de « Pont de San Juan de Ortega », en l'honneur du Saint auquel on attribue la construction du pont primitif. Long de près de 200 mètres et formé de sept arcs, le pont actuel fut bâti en 1884 par l'architecte Fermín Manso de Zúñiga, après l'effondrement de l'ancien pont en 1871.

AUBERGE PAROISSIALE DE SANTIAGO EL REAL €

C/ Barriocepo, 8

✆ +34 941 20 95 01

www.santiagoelreal.org

Ouvert toute l'année. Sur donation avec présentation du credencial.

Accueil chrétien dans cette auberge paroissiale gérée par l'église Santiago el Real, en plein centre historique de Logroño. Le père José Ignacio et une équipe de volontaires proposent aux pèlerins une trentaine de places en dortoirs ou sur des matelas posés sur le sol. Le couchage, le petit déjeuner et le repas sont offerts aux pèlerins sur donation. Evidemment, le confort est spartiate, mais cette auberge offre une belle expérience de l'esprit du pèlerinage !

RIOJA WINE TRIPS

Calle Pepe Blanco, 1

✆ +34 652 726 119

www.riojawinetrips.com

Diplômée en traduction et d'un master en œnologie de l'Université de la Rioja, Inma propose de nombreuses visites thématiques pour découvrir la région : visite des bodegas, bien sûr, mais aussi journées de vendange, expériences gastronomiques, dégustations de vins… Parmi les tours proposés (disponibles en anglais), des expériences autour du vin et de l'architecture, des dégustations de grands crus, la découverte de petites bodegas familiales… Une approche très authentique et une vision d'expert qui séduira même les plus connaisseurs !

PENSION SEBASTIAN €

Calle San Juan, 21

✆ +34 941 242 800

www.pensionsebastian.com

Chambre double 45 € avec salle de bain commune.

En plein cœur de Logroño, cette pension de famille propose depuis 1965 des chambres simples et propres, dotées de lits confortables et de salles de bain communes. Certaines chambres sont orientées vers la calle de San Juan, lieu incontournable de la tournée des bars à pintxos ; les autres, beaucoup plus calmes, donnant sur une petite cour intérieure. La situation est excellente pour ceux qui souhaitent profiter de la vieille ville, de jour comme de nuit. Vous apprécierez surtout le bon rapport qualité-prix de cet hébergement.

RIOJATREK

Francisco de Quevedo 12,

✆ +34 941 587 354

www.riojatrek.com

Cette agence basée à Logroño propose de nombreuses visites guidées de la ville : visite historique ponctuée d'anecdotes et de légendes, route des tapas dans la fameuse Calle Laurel, parcours le long du chemin de Saint-Jacques de Compostelle, découverte des églises de Logroño… L'agence propose aussi une journée sur le thème de l'œnologie adaptée aux familles avec des enfants pour découvrir les techniques de production du vin : foulage, pressurage et mise en bouteille. Les enfants y apprennent aussi à fabriquer le moût, à tailler les vignes…

EUROSTARS MARQUÉS DE VALLEJO €€

Calle Marqués de Vallejo, 8

✆ +34 941 248 333

www.hotelmarquesdevallejo.com

Comptez entre 70 et 150 € la chambre double.

Logé dans un bel édifice de 1911, cet hôtel trouve son origine dans les années 1930, avec la création d'une *posada*. Entièrement rénové, il affiche aujourd'hui un décor moderne et terrien, dans des tons bordeaux faisant honneur à la culture viticole de la région. On aime la propreté du lieu, la déco soignée et la ligne épurée du mobilier. Mais surtout, vous apprécierez son excellent emplacement à côté de la cathédrale Santa María de la Redonda et l'incontournable calle Laurel.

HOTEL BODEGA LA CASA DEL COFRADE €€

av. las Huertas
✆ +34 941 444 426
www.lacasadelcofrade.com
Comptez entre 70 et 90 € la chambre double.

Aux portes de la Sierra de los Cameros, l'hôtel occupe les installations des Bodegas Vinícola Real, réputées pour leur cru emblématique « 200 Monges ». Son bâtiment en pierre, à l'architecture robuste, abrite au sous-sol la bodega, et dans les étages, une vingtaine de chambres à la déco rustique-chic. Les chambres « club », les plus spacieuses, offrent un décor particulièrement séduisant. Sur place, dégustations de crus et balades dans les vignobles alentour.

HOTEL FG LOGROÑO €€

Avd. de Viana, 2-6
✆ +34 941 008 900
www.fglogrono-hotel.com
Chambre double entre 60 et 120 €.

A deux pas du fameux pont de pierre qui traverse l'Ebre, un hôtel moderne à l'architecture soignée qui propose 72 chambres dans le centre de Logroño, organisées autour d'un grand patio central illuminé par une verrière. Les chambres, décorées dans des tonalités de chocolat, sont équipées de la climatisation et de la connexion wifi. Elles offrent un confort standard et des équipements de qualité. L'hôtel dispose aussi d'un spa, d'un gymnase, d'un parking et d'un restaurant contemporain doté d'une excellente bodega. Bon rapport qualité-prix au centre de Logroño !

HOTEL GRAN VÍA LOGROÑO €€

Gran Vía Rey Juan Carlos I, 71
✆ +34 941 287 850
www.hotelgranvialogrono.com
Comptez entre 70 et 150 € la chambre double.

Derrière une façade moderne, ce grand hôtel situé dans la principale rue commerçante de Logroño affiche un grand classicisme. Les chambres y sont toutes très bien équipées et décorées dans des tons clairs, avec des lits confortables et de grandes salles de bain. Le matin, vous apprécierez la variété du petit déjeuner en buffet composé de mets sucrés et salés. Le sympathique personnel de l'hôtel pourra vous aider à planifier vos visites de *bodegas* dans la région. Profitez également du fitness center disponible sur place pour vous maintenir en forme !

HOTEL CONDES DE HARO €€

C/ Saturnino Ulargui, 6
✆ +34 941 208 500
www.hotelcondesdeharo.com
Chambre double entre 60 et 120 €.

© HOTEL CONDES DE HARO

L'hôtel Condes de Haro est un établissement 3 étoiles, moderne et agréable situé dans une rue piétonne en plein cœur du centre-ville de Logroño. On aime les chambres spacieuses et confortables, l'accueil chaleureux et l'emplacement idéal de l'hôtel, très commode pour découvrir le centre historique et profiter des restaurants et bars à tapas des environs. Vous apprécierez le petit déjeuner généreux et varié pour commencer votre journée. L'hôtel dispose également d'un parking privé (payant, sur réservation). Un très bon rapport qualité-prix !

SERCOTEL CALLE MAYOR €€

Calle Marqués de San Nicolás, 71
✆ +34 941 232 368
www.hotelcallemayor.com
Chambre double entre 70 et 150 €.

Un petit hôtel de charme situé au cœur de Logroño dans un ancien palais du XVIe siècle, à trois minutes à pied de la cathédrale de Santa María de la Redonda. La décoration intérieure présente un mélange réussi de matériaux anciens – pierre de taille, poutres en bois, balustrades en fer forgé – et de mobilier contemporain, aussi bien dans les espaces communs que dans les douze chambres de l'hôtel. Vous apprécierez son ambiance intimiste et son très beau décor. Accueil très attentif et petit déjeuner savoureux : une excellente adresse !

HOTEL BODEGA FINCA DE LOS ARANDINOS €€€

Ctra. LR-137 km 4,6
✆ +34 941 446 126
www.fincadelosarandinos.com
Chambre double standard entre 140 et 190 €.

Sans aucun doute la meilleure adresse du coin, pour ceux qui peuvent y mettre le prix ! Dans un bâtiment d'avant-garde, avec une décoration signée par le célèbre créateur madrilène David Delfín, cet hôtel planté entre les vignes abrite également une *bodega*, un spa et un restaurant. Ses 14 chambres, toutes de bois clair et de blanc, sont entièrement tournées vers la nature alentour. Lignes pures, environnement paisible et plaisirs des sens : un sans-faute.

BAR SORIANO €

Travesia Laurel, 2
✆ + 34 941 228 807
www.callelaurel.org
De 12h à 15h et de 19h à 23h30. Fermé le mercredi. Moins de 10 €.

Depuis la rue, son écriteau en forme de champignon annonce la spécialité du lieu ! Véritable institution de Logroño, ce petit bar est réputé pour son *pintxo* à base de champignons préparé à la demande du client... et cela pour un prix modique. Depuis 1972, le bar s'est spécialisé dans la préparation de ce pintxo tout simple mais délicieux : trois champignons grillés à la plancha, piqués d'un cure-dent sur une tranche de pain, et couronnés d'une crevette. Chaque jour, une légion de fidèles s'y donne rendez-vous à l'heure de l'apéritif !

BAR TORRECILLA €

C/ Laurel, 15
✆ +34 619 55 36 88
Du mercredi au dimanche de 13h à 16h et de 20h à 0h30. Comptez 10 €.

Au cœur de la Calle Laurel, incontournable lieu de rendez-vous des amateurs de tapas, le bar Torrecilla est réputé pour ses *pintxos* préparés à la demande, en particulier celui à base de foie gras frais à la plancha, servi avec une confiture d'oignon et du fromage de chèvre. Le pintxo de *solomillo* (filet de bœuf) à la sauce au miel et moutarde, celui de magret de canard ou encore les *zamburiñas* (pétoncles noirs) à la plancha sont également des valeurs sûres de la maison. Tout cela s'accompagne évidemment d'une belle sélection de vins !

TASTAVIN €

C/ San Juan, 25
✆ +34 609 78 70 36
Mardi et mercredi de 20h à 0h. Du jeudi au dimanche de 13h à 0h. Environ 15 €.

Incontournable *gastrobar* de la calle San Juan, où l'on sert autour de tables hautes d'exquises tapas, pintxos et *raciones*. Poissons et crustacés tiennent le haut de l'affiche : le tataki de thon est d'ailleurs un classique de la maison. Mais n'oubliez pas non plus de tester la *carrillera* mijotée au vin rouge... Le vin tient évidemment une place de choix dans l'offre du restaurant : plus d'une centaine de références y sont proposées au verre, en plus d'une superbe sélection de crus en bouteille. L'une de nos adresses fétiches à Logroño !

TORRES GASTROBAR €

Calle San Juan, 31
Jeudi et vendredi de 20h à 0h, samedi et dimanche de 13h à 16h et de 20h à 0h. Comptez 15 €.

Un *gastrobar* en bonne et due forme, qui sert des plats inventifs en format mini : tapa de foie caramélisé à la compote de pomme, excellent burger au bœuf de Kobe, roulé d'aubergine à la crème de piquillos, sardine marinée à la vinaigrette de pamplemousse... Et notre favori : le sandwich aux calamars ! Le tout se déguste autour du bar dans un décor de bistrot moderne, avec de vieilles photos en noir et blanc, et sur l'ardoise, la liste des tapas et des vins disponibles au verre. Un arrêt incontournable sur la route des tapas à Logroño.

LA COCINA DE RAMÓN €€

C/ Portales, 30
✆ +34 941 28 98 08
www.lacocinaderamon.es
Ouvert de 13h30 à 16h et de 20h30 à 23h. Fermé lundi et dimanche soir. Menu du jour 25 €.

A deux pas de la cathédrale, une table réputée dans toute la ville pour sa cuisine traditionnelle remise au goût du jour. Sous la direction du jeune chef Ramón Piñeiro, on y mijote des plats de saison avec de bons produits locaux venus chaque matin des étals de la Plaza de Abastos. Mention spéciale pour la belle présentation des plats, à laquelle le chef accorde une attention toute particulière. A la carte, testez les *pochas* (haricots blancs) à la truffe, l'agneau mijoté en sauce, ou optez pour l'excellent menu de légumes de saison.

MESÓN EGUES €€

Calle de la Campa, 3
✆ +34 941 228 603
www.mesonegues.com
Ouvert de 13h30 à 23h30. Fermé dimanche et mardi soir. Compter 40 €.

Cet *asador* situé dans la partie moderne de la ville offre son décor rustique aux inconditionnels de la *brasa*. Murs en briques rouges, tables à nappes blanches, et une ambiance familiale dont vous apprécierez la convivialité ! La maison est réputée pour son *chuletón* (côte de bœuf) grillé. Mais vous y dégusterez aussi d'excellentes spécialités du coin, comme les *pimientos del piquillo* (poivrons rouges), la soupe à l'ail, la tortilla de morue, et en dessert, la typique *cuajada* (lait de brebis caillé) ou le *goxua* (dessert basque à base de crème pâtissière).

TXEBIKO CACHETERO €€

Calle del Laurel, 3 ✆ +34 941 22 84 63
https://txebiko.com
Du lundi au samedi de 13h30 à 15h45, vendredi et samedi également de 20h30 à 22h45. Comptez 30 €.

Un classique de Logroño. Fondé en 1903, ce restaurant est géré depuis ses débuts par la famille Arechinolaza. Parmi ses illustres visiteurs, Ernest Hemingway, Anthony Quinn et des membres de la famille royale espagnole. Dans un décor classique, avec tout le charme de l'histoire, le sympathique chef Txebiko sert une excellente cuisine traditionnelle qui met en lumière les produits du terroir : artichauts grillés au jambon, pommes de terre au chorizo, *pochas* (haricots blancs) de saison, *bacalao ajoarriero* (morue à l'ail, piments et tomate). Une valeur sûre !

LA TAVINA €€

Calle Laurel, 2
✆ +34 941 102 300
www.latavina.com
Tous les jours de 12h30 à 17h et de 19h30 à 0h. Comptez 25 €.

Un bel établissement sur trois étages, conçu autour du thème du vin et de la gastronomie locale. Le rez-de-chaussée est très agréable pour tester quelques *pintxos*, mais nous avons surtout apprécié l'espace « Vinoteca » à l'étage supérieur, chaleureux et contemporain avec ses grandes tables en bois et ses étagères remplies de vin. Cet espace accueille régulièrement des dégustations pour faire connaître les crus de la région. En accompagnement, de bonnes tapas et *raciones* sont proposées à la carte. Le menu du jour est également une bonne option !

WINE FANDANGO €€

C/ Vara de Rey, 5
✆ +34 941 243 910
www.winefandango.com
Tous les jours de 11h30 à 0h (samedi et dimanche à partir de 12h). Comptez 25 €.

Décor design, et une belle mise en scène des vins, qui tiennent ici le haut de l'affiche ! Dans cette adresse branchée, le chef Aitor Esnal concocte des plats de saison aux influences asiatiques, en prenant grand soin de leur présentation. Au gré du marché, on y sert des artichauts grillés au jambon ibérique, un tataki de saumon au quinoa, des moules au gingembre sautées au wok... Le lieu, moderne et dans l'air du temps, accueille toutes sortes d'événements (afterworks, DJ sets), ce qui en fait aussi un bon spot à l'heure de l'apéritif !

TONDELUNA €€

Muro de la Mata, 9
✆ +34 941 236 425
www.tondeluna.com
Mardi, mercredi et dimanche 11h30-17h, du jeudi au samedi 11h30-17h et 20h-23h. Comptez 30 €.

A deux pas du parc del Espolón, ce restaurant présente une décoration très design conçue dans le respect de l'environnement, avec de grandes tables en bois recyclé et des panneaux colorés. Imaginé par le prestigieux chef Francis Paniego, il met à l'honneur les produits de la région, et en particulier les légumes : artichauts confits, poivrons de La Rioja, typique *menestra*... Egalement un bon *arroz* (riz) au lapin et champignons, et en dessert, on testera la *tosta* au fromage de Cameros. Un lieu moderne, pour une cuisine dans l'air du temps.

KIRO SUSHI €€€

María Teresa Gil de Gárate, 24
✆ +34 941 12 31 45
www.kirosushi.es
Du mardi au samedi à partir de 20h30. Menu 110 €.

Une table prestigieuse dédiée à la cuisine japonaise, récompensée par une étoile au Michelin. Le chef Félix Jiménez, enfant de la région, s'est formé au Japon pour y apprendre l'art du sushi, dont il a rapporté les secrets jusque dans sa terre natale. Sa cuisine épurée, précise et respectueuse de la tradition fera le bonheur des amateurs du genre. Sans compter le bonheur de dîner autour du comptoir, en petit comité, tout en observant le maître au travail ! Attention, les places sont chères : il est indispensable de réserver à l'avance !

RESTAURANTE IKARO €€€

Avda Portugal, 3
✆ +34 941 57 16 14
www.restauranteikaro.com
Mercredi et dimanche de 13h45 à 15h30, du jeudi au samedi de 13h45 à 15h30 et de 21h à 22h30. Menus à partir de 60 €.

A l'origine de ce restaurant d'avant-garde : Iñaki, natif de Laguardia, et Carolina, venue d'Equateur. Le jeune duo a imaginé ce restaurant élégant, où fusionnent leurs cultures respectives à travers des plats inventifs, personnels, et exécutés avec une technique impeccable. Au gré des saisons, vous dégusterez par exemple des Saint-Jacques marinées, un carpaccio de gamba aux noisettes, des lasagnes aux poireaux, calamars et crème de gingembre, un cochon de lait confit... Pour les amateurs de saveurs nouvelles, avec un brin d'exotisme !

TABERNA HERRERIAS €€€

C/ Herrerías, 24
✆ +34 941 241 001
www.tabernaherrerias.es
Du lundi au samedi de 13h à 17h et de 20h à 0h. Environ 40-50 €.

Une adresse gastronomique en plein centre historique, installée dans un ancien palais du XVIe siècle. Sa grande salle à manger et ses salons privés, au décor rénové, sont répartis sur plusieurs niveaux. À la carte, vous dégusterez une excellente cuisine traditionnelle élaborée avec des produits de saison : artichauts au jambon, *pochas* (haricots blancs) et côtes de bœuf grillées s'accompagnent d'une belle sélection de vins de la région (quelque 200 références à la carte). Décoration épurée et jolies vues sur l'église de San Bartolomé.

CAFÉ LA TERTULIA

Plaza Alférez Provisional, 1
✆ +34 941 20 92 27
Du lundi au vendredi 7h30-20h, samedi 8h-14h30. Environ 3 € la formule petit déjeuner.

A deux minutes à pied du Paseo del Espolón, ce café ouvert sur une grande terrasse grouille de monde dès le petit matin. La raison ? Ses petits déjeuners à prix modique, composés d'un café, d'un jus d'orange fraîchement pressé et d'une viennoiserie ou d'un sandwich. Rien d'extraordinaire a priori, mais la rapidité du service, les bons produits proposés et l'ambiance effervescente du lieu ont conquis de nombreux fidèles. C'est donc une excellente adresse pour ceux qui cherchent un endroit où petit-déjeuner à Logroño. Simple et efficace !

CAFE MODERNO

Calle Francisco Martínez Zaporta, 7
✆ +34 941 220 042
www.cafemoderno.com
Tous les jours de 8h30 à minuit. Fermé le mardi.

Ce grand bistrot rétro, tenu par la même famille depuis 1916, a gardé son cercle d'habitués figés autour du même jeu de cartes, avec pour mise des pois chiches... Au fond de la grande salle, tapissée de clichés du vieux Logroño, le *comedor* tient lieu de cantine populaire. Certes, le service est un peu inégal et la cuisine assez basique, mais le lieu a gardé ce charme des vieux bistrots centenaires où les anciens aiment à se retrouver. Vous apprécierez cette ambiance surannée autour d'un café ou d'une petite bière à l'heure de l'apéritif.

PASTELERIA ITURBE

C/ Víctor Pradera, 6
✆ +34 941 22 01 13
Du lundi au vendredi 9h-14h et 16h-20h, samedi et dimanche 9h-15h.

A la fois pâtisserie, confiserie et salon de thé, Iturbe est un grand classique de Logroño. Depuis les années soixante, cet établissement familial régale les habitants de la ville de chocolats, de tourons, de biscuits secs, mais aussi de gâteaux et viennoiseries. Une bonne adresse pour un petit déjeuner par exemple, où simplement pour le plaisir d'un *cafe con leche* dans un lieu resté très authentique. La maison possède une autre adresse dans la partie moderne de la ville (Calle Poeta Prudencio, 4). Un charmant lieu à l'ancienne pour une pause sucrée !

PLAZA DE ABASTAS - MERCADO SAN BLAS

Calle Sagasta, 1
✆ +34 941 220 430
www.mercadosanblas.com
Du lundi au vendredi de 8h à 14h et de 16h à 20h, samedi de 8h à 14h.

Le marché occupe un bâtiment construit en 1927 par l'architecte Fermín Álamo. Sa façade est une succession d'arcs en brique et de frises représentant des thèmes végétaux. Jusqu'en 1837 se trouvait à cet emplacement une église dédiée à saint Blaise. Après sa destruction, un marché à l'air libre se tenait à cet endroit, que l'on appelait alors la Plaza de la Verdura (la place des légumes). Aujourd'hui il accueille de nombreux stands de produits frais.

SALA FUNDICIÓN

C/ Fundición, 4
https://salafundicion.es
Ouvert en général du jeudi au dimanche. Consulter la programmation.

Un petit club musical né en 2020 à l'emplacement de l'ancien Biribay Jazz Club. Il programme des concerts de qualité, mais aussi des soirées thématiques en tous genres (années 80, soirées foot, vermut musical). Les concerts sont généralement payants, et l'accès est ensuite libre pour venir danser sur des sons variés. Situé à moins de dix minutes à pied de l'incontournable calle Laurel et du Paseo del Espolón, c'est un excellent point de chute pour terminer la soirée en musique, que ce soit pour boire un verre ou danser sur de la bonne musique.

FUENMAYOR

Cette petite ville n'était à l'origine formée que d'une simple tour de garde destinée à contrôler l'arrosage des champs, ainsi que d'une source généreuse qui donne son nom à la commune (« grande source »). Au cours du XIVe siècle, alors que le village compte une trentaine d'habitants et possède sa propre église, il est vendu à Navarrete. Il faudra attendre le XVIIe siècle pour que la cité retrouve son indépendance. Aujourd'hui, la cité est entièrement tournée vers le vin. De nombreuses bodegas y sont installées. En traversant la commune, on passera devant le beau palais Fernández Bazan et l'église de Santa María, tous deux du XVIIe siècle.

BODEGAS LAN

Paraje Buicio, s/n
✆ +34 941 450 950
www.bodegaslan.com
Visite avec dégustation de 3 vins : 15 €.

La Viña Lanciano est le nom de cette spectaculaire enclave de 72 hectares cultivée par les Bodegas Lan depuis 1972, lovée dans un méandre de l'Ebre et à l'abri de la Sierra de Cantabria : le microclimat ainsi créé est favorable à la pousse du raisin. On élabore ici uniquement du vin d'élevage (3 ans en moyenne), comme en témoigne l'immense chai de quelque 25 000 barriques de différents types de chênes associés aux différents vins. Alliant tradition et innovation, elles commercialisent des vins élaborés presque exclusivement à partir de tempranillo.

PENSIÓN ÚBEDA €

Calle Úbeda, 15
✆ +34 941 450 669
www.pensionubeda.org
Comptez 45 € la chambre double avec salle de bain.

La Pensión Úbeda est une petite pension sans prétention, dans laquelle on est accueilli avec chaleur par les sympathiques propriétaires, Carlos et María. La décoration de la dizaine de chambres que compte la Pensión Úbeda (chacune porte le nom de l'un des cépages cultivés dans La Rioja : Maturana, Chardonnay, Mazuelo, etc.) est toute personnelle, mais ne manque pas de caractère. Qui plus est, elles ont le mérite d'être confortables. Une base arrière agréable et très bien située pour visiter les bodegas de Fuenmayor et des alentours.

RESTAURANTE ALAMEDA €€

Plaza Felix Azpilicueta, 1
✆ +34 941 45 00 44
www.restaurantealameda.com
Du mardi au dimanche de 13h à 16h30 ; également vendredi et samedi de 20h30 à 22h30. Comptez 40 €.

Un excellent restaurant à la décoration classique, où l'on vient se régaler, après une savoureuse entrée (carpaccio, salades finement présentées ou croquette maison de *jamón ibérico*, par exemple) de viandes et de poissons grillés « a la parilla » : côtelettes d'agneau, entrecôte de bœuf, turbot, merlu… Les légumes de saison sont également à l'honneur sur la carte, avec notamment l'incontournable *menestra*, mais aussi des asperges, petits pois, truffes, artichauts, champignons, *piparras*, chardon de La Rioja, fèves... Un délice !

NAVARRETE ★

Ancienne ville fortifiée par les rois de Castille, elle se dresse sur la colline du Tedeón. Connue pour sa production de vin et son travail de la céramique, Navarrete abrite également un intéressant patrimoine religieux, en particulier le portail roman du cimetière municipal, qui provient des ruines de l'ancien hôpital de Saint-Jean-d'Acre, offert par doña María Ramírez en 1185. Dans le noyau urbain médiéval de Navarrete, essentiellement fait de pierres de taille et de briques, on trouve aussi l'église de la Asunción, très bel exemple de l'architecture riojane Renaissance. Rendez-vous chez Corzana ou Naharo pour des objets de poterie traditionnelle.

IGLESIA DE LA ASUNCIÓN ★

Plaza Mayor, 1

© JORGE ANASTACIO

Construite entre le XVIe et le XVIIe siècle, entre 1553 et 1645 précisément (si la construction a été si longue, c'est en raison de problèmes de budget), cette église à trois nefs couvertes de voûtes à croisée d'ogives est un très bel exemple d'architecture Renaissance spécifique de la Rioja. L'attrait majeur de ce temple se trouve à l'intérieur : il abrite en effet l'un des plus beaux retables baroques de La Rioja. Une œuvre de Fernando de la Peña réalisée entre 1694 et 1698, et rénovée par José de San Juan et Martín en 1713. Une escale qui mérite d'être faite.

ALBERGUE BUEN CAMINO €

C/ La Cruz, 2

✆ +34 941 440 318

Lit en dortoir 12 €. Chambre double 35 €.

L'auberge « Buen Camino » est une petite auberge pour les pèlerins de Compostelle inaugurée en 2013, qui occupe un joli bâtiment du centre historique de Navarrete. Elle propose un total de trois chambres : deux chambres doubles et un dortoir de six lits, ainsi que deux salles de bains. Par ailleurs, les clients de l'auberge ont accès à une cuisine équipée d'un réfrigérateur, d'un lave-linge et d'un four à micro-ondes. La décoration générale est plutôt sobre et chaleureuse. Côté literie rien à dire, elle s'avère tout à fait confortable.

CASA PEREGRINANDO €€

C/ Mayor Alta 34

✆ +34 674 552 545

Environ 60 € la chambre double avec petit déjeuner.

Installée dans une belle maison en pierre du XVIIe siècle, la Casa Peregrinando est une pension au charme certain. Rien de bien luxueux, certes, mais un sens du détail et un goût très plaisant dans la déco, mêlant mobilier ancien et touches plus contemporaines. La volonté affichée des tenanciers est d'accueillir les clients de passage avec chaleur, et c'est plutôt réussi : on se sent assez vite comme à la maison. Les chambres sont spacieuses, et la terrasse commune offre un espace de rencontre agréable. Divin petit déjeuner à déguster dans le petit jardin.

HOTEL FYA BY CARLOS BUJANDA €€€

Carretera de Navarrete a Entrena s/n

✆ +34 941 560 560

https://bodegasfya.com

Chambre double entre 120 et 150 €.

En face de Navarrete, le vaste complexe les Bodegas FyA est dédié au vin. Il se compose de chais, d'un hôtel 4 étoiles au cœur du vignoble, et d'un musée dédié à la céramique, avec pas moins de 850 pièces de collection. Inauguré en 2021, le bâtiment moderne, aux couleurs de la céramique locale, abrite une trentaine de chambres confortables tournées vers les vignes. Sur place aussi, un petit spa avec bain bouillonnant pour buller entre deux dégustations...

EL FIGÓN DEL DUQUE €€

Plaza del Hundido

✆ +34 651 32 08 81

https://elfigondelduque.com

Ouvert de 13h30 à 16h30. Le soir, uniquement vendredi et samedi de 20h30 à 23h. Fermé le mardi. Comptez 30-40 €.

Situé dans l'ancienne cave médiévale du palais du Duc de Nájera, ce restaurant offre avant tout un beau décor de vieilles pierres, d'arcs et de poutres apparentes datant du XVe siècle. Sur de grandes tablées à nappe blanche, on déguste une cuisine actuelle, qui tend à magnifier les produits du terroir. La carte évolue donc au gré des saisons, offrant par exemple une chistorra à la crème de poivrons rouges braisés et d'excellentes côtes de bœuf aux poivrons verts. Le tout arrosé d'une belle sélection de vins de La Rioja, évidemment !

AGONCILLO

Il semblerait que le nom d'Agoncillo (1 200 habitants) provienne d'une ancienne colonie celtibère nommée Egón qui se trouvait dans les environs. Les plus anciens vestiges découverts dans la ville datent de l'époque romaine. Ce sont des bornes milliaires du IIIe siècle qui se trouvaient le long d'une voie romaine, et qui sont aujourd'hui conservées dans l'église de Nuestra Señora la Blanca. Lors du passage dans la commune, on ne manquera pas d'admirer son château médiéval et de visiter l'intéressant Musée Würth. A voir également : le Castillo de Aguas Mansas (XVe), qui accueille à présent l'hôtel de ville.

CASTILLO DE AGUAS MANSAS

Plaza del Castillo
✆ +34 941 431 007
Visites guidées sur réservation.

Ce château médiéval construit en pierres de taille aux XIIIe et XIVe siècles est aujourd'hui le siège de la mairie et de la bibliothèque municipale. Il s'agit d'une construction rectangulaire flanquée de quatre tours couronnées de mâchicoulis. Au-dessus de la porte principale, remarquez le blason de la Cruz de Calatrava. Lors de la visite, on parcourt l'extérieur du château, où l'on peut voir les douves et une partie de la muraille, ainsi que la place d'armes et le donjon, qui abrite une exposition permanente sur les châteaux et forteresses de La Rioja.

MUSEO WÜRTH LA RIOJA ★

Avda. Cameros Parcelas, 86-88
✆ +34 941 010 410
www.museowurth.es
Ouvert du mardi au samedi de 10h à 19h, le dimanche de 10h à 14h30. Entrée libre.

Situé dans le polygone industriel de El Sequero, à 15 minutes de Logroño, le musée Würth La Rioja occupe un bâtiment à l'architecture moderne. Le fonds Würth forme l'une des collections privées les plus importantes d'Europe dans le domaine de l'art contemporain, avec plus de 18.000 pièces réunies depuis sa création dans les années 1960. Les œuvres sont exposées dans le cadre de grandes expositions temporaires. Quelques-unes sont tout de même présentées de manière permanente, notamment l'impressionnante sculpture *Lillie* (2006) de Manolo Valdés.

SIERRA DE CAMEROS ★

Au sud de Logroño, on pénètre dans une région montagneuse peuplée de petits villages : Cameros. Elle se divise en deux zones : Camero Viejo, situé sur les rives de la rivière Leza, une terre aride et solitaire ; et Camero Nuevo, dans la vallée de la rivière Iregua, dont le parc naturel de Sierra Cebollera constitue le poumon. Terre de transhumance arrosée par les affluents de l'Ebre, Cameros mérite une visite pour ses charmants villages traditionnels, en particulier les pittoresques Villoslada de Cameros et San Román de Cameros, et ses grands espaces naturels. N'hésitez pas à faire un tour au Centre d'Interprétation du Parc Naturel !

© EVAN FRANK - SHUTTERSTOCK.COM

Sierra de Cameros.

CUEVAS DE ORTIGOSA (GROTTES)

Ortigosa de Cameros
✆ +34 941 462 001
www.ortigosadecameros.org
Ouvert de fin mars à début décembre. Visite 5 €.

Les grottes se trouvent dans le mont Encinedo, à l'entrée d'Ortigosa de Cameros. Pour les rejoindre depuis le village, il faut traverser à pied le pont depuis la chapelle de Santa Lucía. La grotte de La Paz présente un parcours de 236 mètres et la grotte de La Viña un parcours de 114 mètres, où l'on peut observer des stalactites, stalagmites et autres formations calcaires spectaculaires. D'autant qu'il s'agit des seules grottes de toute la Rioja adaptées à la visite.

PARQUE NATURAL SIERRA DE CEBOLLERA

Situé sur le versant nord des montagnes centrales du Système Ibérique, ce parc naturel se découvre à partir du village de Villoslada de Cameros, où se trouve son centre d'interprétation. Sur un peu plus de 23 000 hectares, il préserve une grande diversité botanique et faunique, ainsi qu'une vaste représentation de reliefs glaciaires (hoyos) dans les zones de haute altitude. De nombreux chemins permettent d'explorer le parc, dont le très beau Sentier des Cascades Puente Ra.

CLUB NÁUTICO EL RASILLO

El Rasillo de Cameros
✆ +34 941 46 20 37
www.nauticoelrasillo.com

Ce club nautique est situé dans le lac de barrage González Lacasa, entre les villages d'Ortigosa et El Rasillo. Entouré d'une forêt de pins à 1.000 mètres d'altitude, en pleine vallée d'Iregua, ce club municipal propose différentes activités nautiques à l'arrivée des beaux jours, notamment du canoë-kayak, du pédalo et de la planche à voile. Pensez à prendre des chaussures en plastique, car le fond du lac est rempli de cailloux ! Le club abrite aussi un restaurant ouvert toute l'année avec une terrasse panoramique où profiter de belles vues.

ALBERGUE LA CASA NUEVA €

Nieva de Cameros ✆ +34 941 216 199
www.alberguelacasanueva.com

Environ 20 € le lit en dortoir. Chambre double avec salle de bains privée 50 €.

Située juste à côté de l'église de la commune de Nieva de Cameros, cette auberge est installée dans une vieille maison de pierres et de briques rouges à la décoration rustique. L'auberge propose des dortoirs avec des lits superposés, ainsi que des chambres doubles qui donnent sur le village ou sur la montagne. Tout y est modeste, mais bien suffisant pour ceux qui souhaitent déconnecter ou profiter d'une expérience conviviale. Vous apprécierez aussi la terrasse, le barbecue et le service de petit-déjeuner. Charme et simplicité sont au rendez-vous !

HOTEL RURAL CAMERO VIEJO €€

C/ Agraz, 6 ✆ +34 941 464 171
www.hotelruralcameroviejo.es

Comptez 70 € la chambre double avec petit déjeuner.

A l'orée du parc naturel de Sierra Cebollera, à plus de 1.000 mètres d'altitude, voici un charmant petit hôtel rural au cœur du village de Laguna de Cameros. Logé dans une jolie bâtisse mêlant la pierre, la brique et le bois, il propose 13 chambres à l'ambiance rustique et chaleureuse. La moitié d'entre elles disposent d'une agréable terrasse, les autres d'un balcon, et toutes sont équipées d'une télévision, salle de bains privée et connexion Internet. Le restaurant de l'hôtel sert une cuisine traditionnelle dans la grande salle à manger avec cheminée.

CALAHORRA ★

L'antique Calagurris fut une des villes les plus importantes de l'Empire romain en Espagne. Elle fut siège épiscopal à partir du IVe siècle, ce qui lui permit d'avoir une grande influence sur son diocèse pendant plusieurs siècles. Son centre historique est un mélange de styles médiéval, baroque, néo-mudéjar et Art nouveau. Avec 25 000 habitants, elle est la deuxième ville de La Rioja par sa population. Calahorra est connue pour ses célébrations lors de la Semaine sainte, la « Semana Santa calagurritana », Fête d'intérêt touristique national. A cette occasion, un immense marché romain – le Mercaforum – plonge le visiteur dans la glorieuse époque de Calagurris.

CASA SANTA

C/ Casa Santa
✆ +34 941 105 063
www.ayto-calahorra.es
De mars à septembre : samedi 11h-13h/18h-20h, dimanche et jours fériés 11h-14h. Fermé le reste de l'année. Entrée 2 €.

Pour les chrétiens, Calahorra est aussi le lieu du martyre des saints Hémétère et Chélidoine, deux soldats romains qui furent martyrisés au IIIe siècle. Le centre d'interprétation Casa Santa s'intéresse aux origines du christianisme et retrace l'histoire des deux martyrs, qui sont aussi les saints patrons de Calahorra. On y apprend notamment que l'empereur Constantin a introduit le christianisme comme religion officielle en 313 apr. J.-C.. par l'édit de Milan, mais qu'auparavant, de nombreux chrétiens étaient persécutés, en particulier sous l'empereur Dioclétien.

MUSEO DE LA ROMANIZACIÓN

C/ Angel Oliván, 8
✆ +34 941 105 063
Du mardi au vendredi de 11h à 13h30 et de 18h à 20h30, samedi de 11h à 14h et de 18h à 20h30, dimanche de 12h à 14h.

Ce musée, inauguré en tant que musée de la romanisation en 2009, est situé dans un palais moderniste de 1930, connu comme la « Casa del Millonario » (la maison du millionnaire), en référence à son heureux propriétaire qui avait fait fortune au loto (dans les années 1930, le chanceux avait remporté la somme de trois mille pesetas) ! Il expose de nombreux vestiges datant de l'époque romaine, et notamment *La Dame Calagurritana*, un buste de femme en marbre découvert sur le site de la Clínica qui est devenu le symbole de la ville.

CATHÉDRALE DE CALAHORRA ★

Plaza Cardenal Cascarajes
✆ +34 941 130 098
www.catedralcalahorra.org
Ouvert tous les jours de 10h à 13h et de 17h à 20h (de 16h à 18h en hiver).

© KARSOL

L'édifice roman fut complété à la fin du XVe et au XVIIIe siècle. Le cloître est de style gothico-plateresque. Riche de trésors, la cathédrale abrite entre autres la chapelle de Saint-Pierre, du Christ à la Pelote, le patron des pelotaris (joueurs de pelote basque), des saints martyrs... Notons aussi qu'en 1900, le retable du maître-autel a été installé, l'ancien étant parti en fumée lors d'un incendie le 13 juin 1900. On appréciera l'ample parvis s'étalant devant la cathédrale, avec une très belle rose des vents incrustée en son centre.

VESTIGES ROMAINS ★

Calahorra connut son âge d'or durant l'époque romaine, alors que la ville s'appelait encore Calagurris Iulia Nassica. De nombreux objets ont été découverts lors de fouilles et sont aujourd'hui exposés dans le Musée de la Romanisation. Dans la ville, on peut voir les remparts de l'ancienne Calagurris, l'arc El Planillo et les cloaques romains, mais aussi ce qui reste des anciens thermes et du cirque. Sur le site de la Clínica, vous verrez les vestiges d'une habitation du Ier siècle apr. J.-C. Un véritable voyage dans le temps.

ALBERGUE DE PEREGRINOS SAN FRANCISCO €

Rasillo de San Francisco
✆ +34 941 590 511
12 € la nuit.

Cette auberge est située dans le Rasillo de San Francisco, sur les hauteurs de la ville, à l'endroit où se trouvait autrefois le couvent du même nom. Elle propose 18 places réparties en 9 chambres doubles… un luxe pour une auberge de pèlerins ! En prime, elle dispose d'une grande terrasse avec de belles vues sur la ville et la rivière Cidacos. Au rez-de-chaussée, on trouve aussi un bar-restaurant servant des plats snack tout simples, mais aussi des assiettes un peu plus élaborées.

HOTEL CIUDAD DE CALAHORRA €€

C/ Maestro Falla, 1
✆ +34 941 147 434
www.ciudaddecalahorra.com
Environ 70 € la chambre double.

Situé à 100 mètres de la mairie, en plein centre de Calahorra, cet hôtel propose une dizaine de chambres simples et une quinzaine de chambres doubles, toutes bien rénovées et confortables, toutes disposant de l'air conditionné, d'une salle de bain privée et d'une télévision. Au rez-de-chaussée, un bar pour le petit déjeuner et un restaurant qui sert des spécialités de la région : bœuf et agneau, petit gibier (lapin, perdrix, caille, etc.) mais aussi de délicieux légumes du coin.

PARADOR DE CALAHORRA €€€

Paseo Mercadal
✆ +34 941 130 358
Environ 100 € la chambre double.

L'un des rares *paradores* modernes (bâtiment datant de 1975) ! Il est construit en briques rouges au cœur d'un jardin planté de verts palmiers, avec tout le confort et les services inhérents à cette chaîne de prestige espagnole. On jouira ainsi, dans l'un des plus beaux ensembles historiques de la Rioja, à deux pas du centre ancien et de la gare, de chambres aussi élégantes que confortables, de salons cossus égayés par un feu de cheminée et d'un service de restauration de très bonne facture (produits typiques de la région essentiellement).

RESTAURANTE CASA MATEO €€

Plaza de Quintiliano, 15
✆ +34 941 130 009
Tous les jours de 13h à 16h, sauf le lundi. Comptez environ 30 €.

Fondé en 1921, c'est un classique de Calahorra. Le restaurant Casa Mateo propose des plats de la région cuisinés avec soin, en particulier la savoureuse *menestra* de légumes à base d'artichauts, de petits pois et d'asperges. On pourra aussi opter pour un morceau de viande (bœuf, agneau, cochon) ou l'un des poissons à la carte ce jour-là, à moins que l'on ne préfère une salade plus légère (d'autant que les petits légumes de la région sont incroyablement savoureux), le tout à accompagner de bon vin. Menu midi, en semaine, recommandé.

LA TABERNA DE LA CUARTA ESQUINA €€

C/ Cuatro Esquinas, 16
✆ +34 941 134 355
Fermé le mercredi. Comptez 30 €.

La Taberna de la Cuarta Esquina (que l'on pourrait traduire par « la taverne du quatrième coin de rue ») est une institution à Calahorra : nombreux sont les résidents à avoir développé la tradition de venir y manger chaque semaine, voire à en avoir fait leur cantine. Il faut dire que l'établissement est charmant, et que l'on y sert la typique *menestra* de légumes, mais aussi de très bonnes viandes (agneau, cochon de lait, etc.). Service agréable et rations généreuses !

RESTAURANTE CHEF NINO €€€

Calle Basconia, 1
✆ +34 941 133 104
www.chefnino.com
Fermé le dimanche soir et le lundi. Comptez 40 €.

Un décor classique, de belles tables impeccablement dressées, un service courtois… Vous êtes chez Nino ! Avec sa cuisine à la fois traditionnelle et avant-gardiste, le chef Ventura Martínez vous surprendra à tous les coups. La carte de saison fait la part belle aux produits locaux, en particulier aux légumes frais : les artichauts au jambon et les *costillas et paletilla de cordero* (côtelette d'agneau) en particulier sont absolument fantastiques ! N'hésitez pas à aborder la question des vins, vous trouverez ici des interlocuteurs passionnés.

ALFARO ★

Située dans la vallée de l'Ebre, Alfaro compte environ 10 000 habitants et est connue comme « la ville des cigognes ». Elle en abrite en effet la plus grande colonie urbaine au monde. Un phénomène curieux, d'autant qu'elles ont choisi l'église collégiale de San Miguel pour y faire leur nid : avec sa multitude de tourelles et d'alcôves, les volatiles s'y savent à l'abri de tout prédateur. Actuellement, on compte plus de 500 cigognes à Alfaro. Selon la croyance locale, ce n'est pas un hasard si, dans cette ville qui accueille la plus grande colonie de cigognes, on compte aussi le plus fort taux de naissance de jumeaux de toute l'Espagne !

ALBERGUE RÍO ALHAMA €

Plaza Azaña, s/n
✆ +34 941 180 545
Comptez 13 € la nuit avec petit déjeuner.

Près d'une cinquantaine de places dans l'auberge de jeunesse Río Alhama, établissement plutôt bien équipé. Avec ses murs en pierre, le bâtiment ne manque d'ailleurs pas de charme. On trouve en tout deux chambres doubles, trois chambres triples, trois chambres quadruples et quatre chambres pour six personnes. Salle de bains commune aux deux premiers étages, vaste salle à manger au rez-de-chaussée et salon avec TV au troisième étage. Jeux de table et tables de ping-pong sont mis à disposition des convives. Une adresse simple et économique.

COLEGIATA DE SAN MIGUEL ★

Plaza de España
✆ +34 941 180 133
Visites du mardi au vendredi de 11h à 12h, samedi de 11h à 13h et de 17h à 18h30, dimanche de 11h à 12h.

Cette église monumentale, entièrement construite en brique, est une œuvre majeure du baroque aragonais de la fin du XVIIe siècle. Flanquée de deux tours qui s'élèvent à 50 m de hauteur, elle abrite un admirable chœur en bois de noyer richement décoré (deux séries de saints et saintes sont alignées dans l'ordre des litanies en deux rangées de stalles) signé par le sculpteur Sebastián de Medina et un retable baroque couronné par une statue de San Miguel Arcángel (saint Michel) signée Gregorio Fernández. C'est sur les toits de ce temple que les cigognes nidifient !

HOTEL PALACIOS €€

Avenida Zaragoza, 6
✆ +34 941 180 100
www.palacioshotel.com
Comptez entre 60 et 80 € la chambre double.

Situé à la sortie de la ville, à 5 minutes à pied du centre d'Alfaro, ce grand hôtel de 70 chambres propose de bons standards. Les chambres sont équipées du wifi, de la climatisation et d'une salle de bains, et on apprécie le petit déjeuner-buffet servi chaque matin (boissons chaudes et froides, produits salés et sucrés, céréales, sélection de pains, omelettes, fromage, charcuterie, produits sans gluten...) Il y a également un restaurant sur place qui sert des spécialités régionales à bons tarifs et servies en portions généreuses.

© EVAN FRANK - SHUTTERSTOCK.COM

Alfaro.

ASADOR SAN ROQUE €€

C/ San Roque, 13
✆ +34 941 182 888
www.asadorsanroque.com
Ouvert tous les jours de 13h à 0h. Menu 30 € (vin compris).

La meilleure option d'Alfaro pour tester la cuisine locale. Dans un joli décor traditionnel, on y sert un menu « touristique » qui permet de goûter la typique menestra (*Menestra de Verduras de la Huerta Alfareña*) de légumes avant de savourer, au choix : une entrecôte de bœuf passée au grill, un mérou frais préparé façon cantabrique ou, spécialité de la maison, un demi-lapin grillé. Pour le dessert, deux options : sorbet de fruits frais ou tarte spéciale *San Roque*. Le tout accompagné de vin rouge, blanc ou rosé. Un vrai régal !

MONASTÈRE NUESTRA SEÑORA DE VICO

Lugar Monasterio de Vico, 2
✆ +34 941 38 02 95
www.monasteriodevico.org

Un monastère isolé et plein de charme, où apparut la Vierge de Vico au Kan de Vico (chef de l'une des communautés arabes d'Arnedo) en 1045. Fondé en 1456 par le frère franciscain Fray López de Salinas, le monastère connut son heure de gloire au XVIIe siècle. Ce sont aujourd'hui des religieuses cisterciennes qui occupent les lieux et fabriquent notamment des biscuits que l'on peut déguster sur place. A côté du monastère se dresse la seule pinède de la Rioja, el Pinar de Vico.

ARNEDO ★

Traditionnellement ville de la chaussure, Arnedo est située le long de la rivière Cidacos, au milieu d'un paysage insolite de montagnes rougeâtres. Les amateurs de l'industrie spécifique du soulier s'y arrêteront pour le musée de la chaussure, tandis que les gourmands goûteront aux délicieuses pâtisseries d'origine arabe, les *fardelejos*. Jetez un œil sur le Paseo Constitución, en contrebas de l'office de tourisme. Autres éléments dignes d'un intérêt tout particulier, liés à trois temples datant du XVIe siècle : l'église de Santo Tomás et son saisissant dôme gothique, le retable de San Cosme et les peintures flamandes de l'église de Santa Eulalia.

MUSEO DE CIENCIAS NATURALES DE ARNEDO

C/ Santiago Milla, 18
✆ + 34 941 38 38 15
Ouvert du mardi au samedi de 10h30 à 14h et de 16h à 19h, dimanche de 11h30 à 14h. Entrée libre.

Créé en 1975, le Musée de sciences naturelles d'Arnedo est situé dans un beau palais en brique du XVIIe siècle, la Casa-Palacio del arzobispo Argáiz. Le musée présente une exposition de centaines de minéraux et de fossiles répartis en différentes sections. Les fossiles sont classés par périodes, donnant à voir le résultat des fouilles paléontologiques des trente dernières années. Une très bonne introduction avant de parcourir la route des dinosaures.

LA RIOJA

Arnedo.

PENSIÓN ARNEDO €

C/ Felipe Abad León, 8
✆ +34 686 566 667
www.pensionarnedo.com
50 € la chambre double.

Située sur la Plaza de Nuestra Señora de Vico, face à la mairie, cette pension familiale propose une petite dizaine de chambres (individuelles, doubles et triples) propres et très (très !) colorées avec salle de bains privative. La connexion à internet est bonne, l'accueil simple et chaleureux, le petit déjeuner en buffet est inclus dans le prix de la chambre et une salle commune accessible 24 heures sur 24 dispose de la télévision, d'un réfrigérateur, d'un micro-ondes et du nécessaire de base pour cuisiner. Tout simple et pas cher.

RESTAURANTE SOPITAS €€

Calle de la Carrera, 4 ✆ +34 941 38 02 66
www.victoriarestauracion.es
Du mardi au jeudi 13h-15h30, vendredi et samedi 13h-15h30 et 21h-23h, dimanche 13h-15h30. Comptez 30 €.

Un restaurant au cadre original, aménagé à l'intérieur d'une cave, et constitué de plusieurs petites salles à l'ambiance intime. La carte joue le consensus, avec d'un côté des recettes traditionnelles, de l'autre des plats plus modernes. De quoi convenir à tous les goûts. En vrac, quelques suggestions : *croquetas* variées, soupes ou salades de légumes locaux en entrée ; bacalao al pil pil, steak de thon ou côtelettes d'agneau en plat principal ; et sélection de fromages suivie d'un dessert maison (*Torrija con helado de galleta* par exemple) pour terminer le repas.

ARNEDILLO

C'est à Arnedillo que vous entrerez véritablement dans l'univers des dinosaures. Les premières traces sont visibles à Munilla, sur la LR-484. On peut y visiter le gisement del Barranco del Canal, le plus spectaculaire étant donné le nombre très élevé d'empreintes, ainsi que celui de Peñaportillo, où les traces sont très nettes (notamment 17 empreintes de petits carnivores). Dinos mis-à-part, le bourg est aussi réputé pour sa station thermale, dont les eaux jaillissant à 52 °C ont des vertus thérapeutiques. Quelques temples sont également à signaler comme les églises de San Servando et de San Germán (XVIe-XVIIe s.), en pierres de taille et en briques.

© JCFMORATA - SHUTTERSTOCK.COM

Le village d'Arnedillo.

ERMITAGE SANTA MARÍA DE PEÑALBA

Ermita de Nuestra Señora de Peñalba

Dans l'ancien hameau de Peñalba, aujourd'hui abandonné, se dresse sur un promontoire cet ancien ermitage, probablement construit au Xe siècle. Il s'agit de l'un des rares édifices mozarabes encore debout en Espagne. L'édifice possède deux nefs et deux travées organisées autour d'un pilier central d'où partent quatre arcs en plein cintre, donnant à l'ensemble la forme d'un palmier. A l'intérieur, on trouve une sculpture romane du XIIIe siècle représentant la Vierge de l'Annonciation.

MIRADOR DEL BUITRE

Crta de Arnedo
✆ +34 941 394 226
Ouvert les week-ends et jours fériés de 11h30 à 13h30. Fermé entre mi-décembre et février. Tarif 2 €.

Centre d'interprétation environnemental unique en Europe, dédié à l'observation des rapaces, et plus particulièrement du vautour léonin. Le lieu s'est d'ailleurs vu décerner en l'an 2000 le premier prix « Tourisme durable dans un espace naturel protégé ». On pourra ici observer en direct le comportement de cette colonie de vautours fauves et de leurs petits grâce aux images retransmises par une caméra télécommandée installée dans les rochers. Une exposition sur l'ensemble de la faune sauvage de la région complète la visite. Une authentique découverte.

LA RIOJA

HOTEL SPA BALNEARIO ARNEDILLO €€€

Joaquin Velasco s/n
✆ +34 941 394 000
www.balnearioarnedillo.com
Comptez 170 € la chambre double, petit déjeuner inclus.

En pleine nature, cet hôtel-Spa est le havre de paix idéal pour se ressourcer. Côté hôtel, on trouve 133 chambres coquettes, confortables et calmes, un restaurant de spécialités locales où l'on sert aussi un délicieux petit déjeuner en buffet. Côté spa, l'eau thermale provient directement de la colline et le hammam a été creusé à même la roche. Laissez-vous tenter par le soin de vinothérapie pour finir en beauté la visite de la région. Piscine, hammam et sauna en libre accès.

BODEGA LA PETRA €€

Av. Cidacos, 22
✆ +34 941 394 023
De 10h à 16h et de 20h à 23h. Fermé lundi et dimanche soir. Comptez 25 €.

Une adresse très originale, qui occupe une vieille bodega centenaire creusée dans la roche (les parois irrégulières peintes en blanc créent une ambiance réellement unique). On y mange de bonnes viandes grillées (*chuletón*) sur de grandes tablées en bois, installées dans les anciennes galeries. Les desserts maison méritent qu'on leur accorde un peu d'espace : flan maison, riz au lait, coulant ou mousse chocolat, tiramisu et la fameuse *contesa*. En deux mots, une ambiance conviviale et des produits de qualité... pour un repas dans un lieu atypique !

EL BARRANCO PERDIDO

Ctra. Navalsaz s/n
✆ +34 941 39 60 80
www.barrancoperdido.com
Tous les jours en été. Week-ends et vacances scolaires le reste de l'année. Adultes 20 €, enfants 15 €.

El Barranco Perdido est un parc d'attractions pour enfants sur le thème de la paléontologie et des dinosaures. Au programme : piscine, geysers, parcours d'aventures, jeux de pistes, un mur d'escalade, des toboggans, et même un petit musée du Crétacé 3D. On aura aussi la possibilité de se glisser pendant quelques heures dans la peau de paléontologues en déterrant des fossiles avant les comparer au catalogue scientifique, afin d'évaluer à quoi ressemblaient les dinosaures qui habitaient La Rioja. Une bonne option pour les familles.

CASA RURAL LA TAHONA €

Ctra de Soria, 4
✆ +34 941 396 066
www.casatahona.es
Chambre double 45 €.

Situé à quelques mètres des plus importantes traces de dinosaures de la région, Casa Tahona est une maison rurale entourée d'un jardin avec une agréable piscine intérieure (impeccable pour se détendre lors des fraîches journées d'hiver). On y trouve sept chambres doubles rustiques et bien tenues avec salle de bains privative et télévision, ainsi qu'un appartement. Un espace commun avec cheminée sert de salle de petit déjeuner. Une seconde maison est proposée à la location complète : salon, cuisine et 4 chambres doubles avec salle de bains.

ENCISO ★

Traversé par la rivière Cidacos, le village d'Enciso conserve plus de 3 000 *ichnites*, c'est-à-dire des traces fossiles de dinosaures. L'inauguration d'un grand parc thématique sur le thème des dinosaures en 2010, El Barranco Perdido, fait de ce petit village un arrêt intéressant pour les familles. Côté patrimoine, signalons l'église paroissiale Santa María de la Estrella, dont la construction a commencé au XVe siècle et s'est terminée trois siècles plus tard. Les deux chapelles adossées à l'église San Pedro – à nef unique et flanquée d'une tour romane du XIIe siècle –, l'une dédiée à San Emeterio, l'autre à San Celedonio, valent aussi le détour.

© EVAN FRANK - SHUTTERSTOCK.COM

Enciso.

LA RIOJA

ORGANISER SON SÉJOUR

Rien de plus facile pour les habitants de France (et de Navarre !), mais aussi d'Europe francophone que de préparer un séjour dans le nord-ouest de l'Espagne. En faisant preuve d'une ordinaire vigilance, rien à craindre d'un point de vue sécuritaire ou sanitaire. Côté formalités, le passage de la frontière se fait sans encombre (simple papier d'identité), tandis que pour s'y rendre, les moyens de transport ne manquent pas : avion, train, bus, véhicule personnel... Notre sélection d'agences de voyages pourra vous aider dans l'organisation de votre séjour. Si vous préférez partir en solo, nous vous donnons les clés de la réservation de logements et de transports en toute sérénité. Mais pensez à réserver à l'avance, surtout si vous prévoyez de séjourner sur la côte basque en été ou de faire les fêtes de Pampelune ! Et pour ceux qui souhaitent rester sur place, nous vous livrons quelques pistes pour étudier ou travailler en Espagne.

ARGENT

L'euro. Les faces des pièces espagnoles de 1, 2 et 5 centimes représentent la cathédrale Saint-Jacques-de-Compostelle, et celles de 10, 20 et 50 centimes l'écrivain Miguel de Cervantès. Enfin, le roi Felipe figure sur les pièces de 1 et 2 euros (les billets sont communs à toute la zone euro).

BUDGET / BONS PLANS

D'un point de vue global, en Espagne, la vie est moins chère qu'en France. Cependant, ne vous enthousiasmez pas trop, car certains lieux touristiques pratiquent le prix fort.

- **Avec un petit budget**, il faudrait compter au minimum 50 € par jour : 20 € pour un lit en dortoir dans une auberge, 20 € pour la nourriture (tapas, sandwich), 10 € pour le transport.
- **Avec un budget moyen**, prévoyez 120 € par jour : 50 € par personne pour une chambre double dans un hôtel de charme, 40 € pour les repas (un menu de midi à 15 € et des tapas gastro à 25 €), 10 € de transport et 20 € pour les visites.
- **Avec un budget élevé** de plus de 200 € par jour, vous pourrez opter pour un hôtel avec piscine, tester les tables gastronomiques, etc.

PASSEPORT ET VISAS

Vous aurez simplement besoin d'une carte d'identité ou d'un passeport en vigueur.

PERMIS DE CONDUIRE

Un permis de conduire délivré par un pays de l'Union européenne est reconnu dans toute l'Union européenne. Aucun souci, donc, pour louer un véhicule en Espagne avec votre permis français.

SANTÉ

Vous ne risquez aucun problème de santé en allant en Espagne.

VACCINS OBLIGATOIRES

Il n'est pas nécessaire de prévoir de vaccination complémentaire à celles déjà obligatoires en France.

SÉCURITÉ

Le seul vrai problème en Espagne est celui du vol à la sauvette. Il convient d'être vigilant dans les lieux touristiques et les transports publics.

INTERVIEW

L'ASSURANCE VOYAGE, LE BON RÉFLEXE POUR PARTIR L'ESPRIT TRANQUILLE

avec CATHERINE DIBOUES, responsable du marché voyage, loisir et mobilités chez Allianz TraveL

En cas d'annulation de voyage, peut-on bénéficier d'un remboursement des frais engagés ?

L'assurance voyage propose une indemnisation lorsque l'on doit abandonner son projet de séjour pour une raison indépendante de sa volonté. Contrairement aux idées reçues, les assurances liées aux cartes bancaires ne proposent pas toutes une assurance annulation.

Que se passe-t-il en cas de retard de vol ?

Avec l'assurance voyage Allianz Travel, les frais supplémentaires liés à l'attente sont pris en charge, à partir de 2h de retard. Il peut s'agir des frais de restauration, de transport lors d'un changement d'aéroport ou d'une éventuelle nuit d'hôtel.

L'assurance voyage couvre-t-elle la perte ou le dommage des bagages ?

Allianz Travel indemnise les voyageurs en cas de bagages endommagés ou perdus par la compagnie aérienne. Cela comprend l'indemnisation du bagage et son contenu.

Quelles sont les destinations couvertes par votre zoning Europe svp ? Est-ce uniquement l'UE ou l'ensemble du continent européen ?

Les pays européens ont des accords avec l'administration française. Avant de partir, il faut demander la carte européenne d'assurance maladie. La sécurité sociale et la mutuelle prennent alors en charge les frais médicaux, selon leurs barèmes. Les frais médicaux étant majoritairement plus élevés qu'en France, l'assurance voyage permet de se voir remboursé du reste à charge.

En cas de souci de santé sur place, que faut-il faire ?

En cas de doute ou pour des symptômes légers, nous proposons un service de téléconsultation médicale, par téléphone et en visio, qui permet d'être conseillé et orienté par un professionnel ainsi que d'obtenir une ordonnance si besoin. Pour une situation plus grave, il est nécessaire d'appeler les urgences locales, dont les numéros sont disponibles sur notre application mobile. Une fois à l'hôpital et dans un état stable, on appelle Allianz Travel pour déclencher les procédures de prises en charge. Notre centre d'assistance fonctionne 24h/24, 7j/7.

DÉCALAGE HORAIRE

Il n'y a pas de décalage horaire entre l'Espagne péninsulaire et la France.

LANGUES PARLÉES

L'espagnol (ou castillan) est la langue officielle en Espagne. Au Pays basque et dans une partie de la Navarre, la langue basque (euskera) bénéfice du statut de langue co-officielle. L'euskera est présent dans la signalétique des sites publics, dans les musées... Son utilisation varie beaucoup selon les provinces : environ la moitié de la population est bilingue dans le Gipuzkoa, contre 20 % environ dans la province d'Álava.

COMMUNIQUER

L'Espagne possède un réseau de télécommunications moderne et bien développé. Vous pourrez passer des appels téléphoniques de qualité et accéder à Internet sans aucun problème.

ELECTRICITÉ ET MESURES

L'Espagne est branchée sur 220 V comme le reste de l'Europe continentale. Comme les Français, les Espagnols utilisent le système international d'unités.

BAGAGES

Dans le nord de l'Espagne, les averses sont fréquentes : n'oubliez pas votre parapluie ! Si vous planifiez de faire de la randonnée dans la région, équipez-vous également de vêtements chauds et de bonnes chaussures de marche. L'hiver, des gants seront probablement nécessaires. L'été, le soleil brûle, que ce soit en montagne ou sur le littoral, ne partez donc pas sans crème solaire et chapeau. Pensez également à toujours avoir un vêtement à manches longues : même en été, le temps est imprévisible sur la côte atlantique !

LES PHRASES CLÉS

Bonjour, je voudrais réserver un billet aller/retour pour…
Hola, me gustaría reservar un billete de ida y vuelta para....

J'ai raté mon avion. Je voudrais échanger mon billet s'il vous plaît.
Perdí el avión. Me gustaría cambiar mi billete, por favor.

Mon vol est très en retard. Ma correspondance sera bien assurée ?
Mi vuelo llega con retraso. ¿Llegaré a tiempo para coger el próximo vuelo?

Mes bagages ont été égarés, à qui dois-je m'adresser ?
Han perdido mi equipaje, ¿a quién debo dirigirme?

Louez-vous des voitures avec chauffeur ?
¿Alquilan coches con chófer?

Je n'ai presque plus d'essence. Où se trouve la station-service la plus proche ?
Apenas tengo gasolina. ¿dónde está la gasolinera más cercana?

S'Y RENDRE

Pour rallier le nord-ouest de l'Espagne depuis la France, les options sont multiples et dépendront du type de séjour que vous projetez. Le Pays Basque et la Navarre étant deux régions frontalières de la France, on pourra aisément s'y rendre avec son véhicule personnel, en empruntant soit l'autoroute côtière (A63) soit l'une des nombreuses routes départementales traversant le massif des Pyrénées (attention, ça tournicote !). Le train (TGV) est une autre possibilité, confortable et pas nécessairement trop onéreuse, quoiqu'en général un poil plus que le bus. L'avion, enfin, s'avère pratique et rapide. Quel que soit le moyen de transport pour lequel vous optiez, il est toujours intéressant de réserver son billet avec anticipation. Si vous avez la possibilité de faire votre réservation plusieurs mois à l'avance, vous pourrez obtenir des tarifs très avantageux. A considérer également : les packs voyage + hébergement.

AIR EUROPA

✆ 01 42 65 08 00

www.aireuropa.com

Air Europa assure des liaisons quotidiennes et directes entre Paris-Charles de Gaulle et l'aéroport de Bilbao. Comptez environ 1 heure 40 de vol. Membre de l'alliance SkyTeam, elle opère des liaisons en partenariat avec Air France. Les vols sont réguliers et partent relativement à l'heure. Pratique : un service de « Priority Boarding » est disponible au moment de la réservation pour les personnes qui souhaitent éviter les files d'attente à l'enregistrement des bagages ou bien à l'embarquement (moyennant un supplément de 8 euros).

AIR FRANCE

✆ 3654

Réservations en ligne ou par téléphone, tous les jours de 8h à 20h.

Toute l'année, la compagnie nationale propose de nombreux vols tous les jours au départ des aéroports de Paris : plusieurs destinations en France, en Europe et à l'international. La compagnie, qui existe depuis 1933, est synonyme de qualité, de service et de confort. Sa flotte est majoritairement constituée d'Airbus âgés d'une dizaine d'années. Air France propose plusieurs vols quotidiens et directs à destination de Bilbao depuis Paris-CDG. Compter 1h40 de trajet. Il est aussi possible de partir depuis d'autres villes de France ou d'ailleurs en Europe.

IBERIA

✆ 0 825 800 965

www.iberia.com

La compagnie espagnole propose plusieurs liaisons avec Bilbao depuis Paris Orly, avec escale à Barcelone ou Madrid. Certains tarifs, à certaines dates, sont très intéressants. Pensez à réserver vos billets à l'avance pour profiter des meilleurs prix. Plusieurs options disponibles au moment de la réservation : possibilité de choisir son siège, d'ajouter des bagages, de réserver un hôtel, de louer une voiture, ou d'accéder à un billet de classe supérieure (voir les conditions sur le site). Une fois à bord, il est possible de se connecter au réseau wifi d'Iberia.

VUELING

✆ 08 99 23 24 00

www.vueling.com

Vueling, la compagnie *Low cost* espagnole qui a fêté ses 15 ans en 2019, relie à prix doux Paris CDG à Bilbao tous les jours avec au moins un vol direct programmé (le trajet dure 1h40). Le prix sans option permet de voyager avec un bagage à main et un petit sac, mais pour ne pas avoir à se limiter sur place, il est possible de retenir l'option « optima » (+40 euros par personne) qui inclut un bagage de 25 kg, mais aussi le choix des places et l'enregistrement instantané. De nombreuses promotions sont proposées toute l'année sur le site de la compagnie.

SÉJOURS ET CIRCUITS

Les possibilités de séjours et de circuits sont innombrables dans ces régions, tant le patrimoine historique, la culture (notamment gastronomique) et les espaces naturels recèlent des richesses ! On pourra bien évidemment orienter son voyage autour du pèlerinage de Saint-Jacques-de-Compostelle (en particulier le *camino francés*, qui passe par la Navarre et la Rioja) et de la profusion de temples et d'églises remarquables, ainsi qu'un patrimoine civil époustouflant. Le Pays Basque séduira les amateurs de gastronomie en quête de saveurs nouvelles, voguant de bars à *pintxos* en tables étoilées, mais conviendra aussi aux férus d'art et d'architecture ancienne ou d'avant-garde, mais aussi aux sportifs : ici, surf et vélo de montagne sont tout un art de vivre. Enfin, les *bodegas* de la Rioja justifient un circuit œnologique, à la découverte des mille déclinaisons de l'or rouge du nord de l'Espagne.

AKAOKA - COMPAGNIE DU TREK

✆ 01 83 62 19 68

Consulter le site Internet pour plus d'informations.

Cette agence construit avec vous vos équipées terrestres, de la randonnée individuelle au trek accompagné, en respectant vos choix de destinations et vos envies. Parmi les circuits proposés, une randonnée sur le Camino del Norte ou une excursion dans le désert des Bardenas (en Navarre), le plus grand désert d'Europe, qui couvre un territoire de 40 000 ha ! Vous serez enchanté par la beauté des paysages et des villages aux savoir-faire et aux saveurs traditionnels.

ATALANTE

36, quai Arloing
LYON (9e)
✆ 04 72 53 24 80
www.atalante.fr

Ouvert du lundi au vendredi de 9h à 18h et le samedi de 10h à 13h et de 14h à 18h.

Atalante est spécialisée dans les voyages à pied. Trekking de haut niveau ou simples promenades en famille, il y en a pour toutes les conditions physiques. L'agence s'attache à faire découvrir à ses clients des régions du monde aux modes de vie préservés, riches de traditions et de cultures uniques. En Espagne, Atalante propose une traversée de la côte basque de Zumaia à Bilbao, entre terre et mer, à la découverte de petits villages de pêcheurs et des falaises déchiquetées. Également au catalogue, une randonnée de 6 jours dans le désert des Bardenas, en Navarre.

ARTS ET VIE

251, rue de Vaugirard - **PARIS** (15e)
✆ 01 40 43 20 21
www.artsetvie.com

Autres agences : Grenoble, Lyon, Marseille et Nice. Du lundi au vendredi de 9h à 12h30 et de 14h à 17h.

Arts et Vie, association culturelle de voyages et de loisirs, développe un tourisme ouvert au savoir et au bonheur de la découverte culturelle et humaine. L'esprit des voyages s'inscrit dans une tradition associative caractérisée par une ambiance conviviale et riche en rencontres. Tous les circuits sont animés et conduits par des accompagnateurs passionnés, formés par l'association, soucieux de faire partager leur enthousiasme aux adhérents voyageurs. Arts et Vie propose une escapade en Espagne de 5 jours sur le thème « Bilbao et le Pays basque espagnol ».

LA BALAGUÈRE

✆ 05 62 97 46 46
www.labalaguere.com

Ouvert du lundi au vendredi de 9h à 17h et le samedi de 10h à 12h et de 14h à 17h30.

La Balaguère, spécialisée dans la randonnée et le trek, propose des séjours avec ou sans guide, pour les familles et petits groupes, pour tous les niveaux, du débutant au marcheur expérimenté. Le parcours « Zumaia-Bilbao », d'une durée de 7 jours, propose notamment une traversée de la côte basque. Au programme : découverte de l'ermitage de Gaztelugatxe, des fameuses falaises de flysch de Zumaia, de la Réserve de biosphère d'Urdabai… Le circuit se termine par une journée à Bilbao. Le charme du désert des Bardenas Reales est également au catalogue.

GRAND ANGLE

52, rue du Tortolon
AUTRANS-MÉAUDRE EN VERCORS
✆ 04 76 95 23 00
www.grandangle.fr
Du lundi au vendredi de 9h à 12h et de 14h à 17h.

Spécialiste de la randonnée, du trek et du raid, Grand Angle propose toutes sortes de randonnées à pied ou à VTT, accompagnées ou en liberté. Le tour-opérateur réalise aussi des voyages sur mesure selon les envies et les goûts des voyageurs. Grand Angle propose divers séjours pour découvrir la Navarre et la Rioja en suivant le chemin de Compostelle, ainsi qu'une randonnée guidée de 6 jours dans le désert des Bardenas, comprenant des dîners et des nuits en maison troglodyte. Le transport des bagages est possible si l'on choisit la formule.

LA PÈLERINE

32, place Limozin
SAUGUES
✆ 04 71 74 47 40
www.lapelerine.com
Ouvert toute l'année.

Une agence de voyages spécialisée dans la randonnée pédestre. Parmi les nombreuses destinations, libres ou accompagnées, les chemins de Saint-Jacques-de-Compostelle en Espagne. La Pèlerine privilégie le randonneur et met tout en œuvre pour le revoir sur d'autres circuits. Elle propose diverses formules pour faire le pèlerinage à sa guise : « En accompagné », « En liberté », « Sur mesure » ou encore à vélo ! Elle organise aussi une randonnée de 8 jours le long du Camino del Norte, entre Hendaye et Bilbao, pour un superbe itinéraire à la découverte du Pays basque.

PEDESTRIA

399, chemin des Coasses
VAL D'OINGT
✆ 04 72 54 31 59
www.pedestria.net

Pedestria est une agence spécialisée dans l'organisation de randonnées pédestres thématiques avec ou sans accompagnateurs. L'agence peut également prendre en charge les bagages pour tous ceux qui voudraient entreprendre le chemin de Compostelle. Elle propose des circuits sur le Camino del Norte, par exemple d'Hendaye à Bilbao (d'une durée de 8 jours), et sur le Camino Frances, notamment de Saint-Jean Pied-de-Port à Logroño (d'une durée de 9 jours), avec des hébergements rigoureusement sélectionnés, les repas et le transport des bagages.

VÉLORIZONS - LE MONDE À VÉLO

273 rue Branmafan
BARBY
✆ 04 58 14 04 25
www.velorizons.com

Ce spécialiste du voyage sur deux roues vous propose de découvrir le désert des Bardenas à vélo. Un périple de 8 jours vous est organisé de la Sierra de Guara au désert des Bardenas en Navarre, avec ses canyons et ses reliefs tabulaires. Au programme : itinérance au cœur de la Sierra de Gratal, de Cabaliera et de Santo Domingo, découverte des châteaux de Loarre et de Marcuello avant de terminer par le désert des Bardenas et ses décors de western. Un circuit aussi alléchant que varié.

PEDIBUS

63, chemin du rosaire
SAINT-PIERRE-D'ENTREMONT
✆ 04 79 65 88 27
www.pedibus.org
Ouvert toute l'année.

Pedibus, c'est une agence fondée en 1986 par un amoureux de la montagne en raquettes : Lionel Fouque. Elle s'est d'abord focalisée sur la randonnée en montagne et en France avant de s'ouvrir à l'international. L'agence propose du trek pour les marcheurs les plus chevronnés, mais aussi des balades accessibles en famille ou aux néophytes curieux de nature ! Il existe des formules de randonnées accompagnées, avec guide et groupe, et d'autres libres, traversant la Navarre, le Pays Basque et la Rioja à travers le camino Frances et le camino del Norte.

VIA COMPOSTELA

✆ 04 66 69 05 19
www.via-compostela.com

Cette agence française propose de nombreuses formules pour parcourir tous les chemins de Saint-Jacques-de-Compostelle (formules en liberté ou en accompagné). Elle propose par exemple plusieurs randonnées sur le Camino del Norte : d'Hendaye à Bilbao, et de Bilbao à Santillana del Mar, de Santillana del Mar à Oviedo... entre plages, falaises, ports de pêche, vignobles ou prairies surplombants l'océan. Également de nombreuses formules sur le Camino Francés, notamment une randonnée de 8 jours de Saint-Jean-Pied-de-Port à Logroño.

INTERVIEW

LE VOYAGE-SUR-MESURE

AVEC STEVEN LE CHEVALIER ET MATHIEU VALLY DE QUOTATRIP

Quel est le concept de l'agence QuotaTrip ?

Quotatrip est la première plateforme de mise en relation entre voyageurs et agences locales. Grâce à elle, les voyageurs peuvent enfin échanger en direct avec des agences qui sont sur place et concevoir un voyage unique, au meilleur prix et 100% personnalisé.

Pourquoi voyager avec des agences locales ?

À l'inverse des agences traditionnelles, les agences locales sont des expertes de la destination choisie. Ce sont aussi les mieux placées pour concevoir des séjours qui sortent des sentiers battus. Elles sont ainsi en mesure de répondre à l'ensemble des envies, le voyageur rentre dans l'univers de l'equi-tourisme = le tourisme sans intermédiaire.

Quels sont les autres avantages pour les voyageurs ?

Il y a une multitude d'avantages. Cela permet notamment de ne pas voyager comme tout le monde, d'organiser de manière simple et rapide un séjour sur mesure et au meilleur prix. Fini les mauvaises surprises, les voyageurs posent toutes les questions qu'ils souhaitent et bénéficient d'un accompagnement sur mesure, de la conception du projet jusqu'à sa réalisation en toute sécurité car les agences référencées sont sélectionnées et recommandées par les journalistes des guides du Petitfute en toute impartialité.

Les démarches sont-elle simples à effectuer ?

Les sites de voyage en ligne font perdre beaucoup de temps aux internautes sans pour autant répondre entièrement à leurs désirs. QuotaTrip propose un formulaire simple et rapide qui permet de décrire les souhaits, les envies et les besoins. L'internaute reçoit aussitôt gratuitement et sans engagement les offres de trois ou quatre agences locales avec qui il peut ensuite échanger afin de personnaliser son projet grâce à la messagerie mise en place.

Quelles sont les destinations proposées ?

Notre plateforme propose plus de 21 000 projets de voyage sur plus de 100 destinations à travers le monde. De l'Amérique latine en passant par l'Asie et l'Afrique, nos mille agences partenaires sont là pour répondre à vos projets de voyage.

Décrivez votre projet de voyage. Échangez en direct avec les agences locales et partez au meilleur prix.

***Plus d'informations** : quotatrip.com*

© D.R

© D.R

© D.R

PROMOVACANCES

✆ 08 99 23 00 16

www.promovacances.com

Promovacances est une agence de voyage en ligne qui propose de nombreux séjours touristiques, des week-ends, ainsi qu'un très large choix de billets d'avion à tarifs négociés sur vols charters et réguliers, des locations, des hôtels à prix réduits. En plus de cette importante offre, n'hésitez pas à guetter en ligne des promotions de dernière minute et les bons plans du jour. Enfin, des informations pratiques sont à consulter en ligne pour préparer votre voyage : santé, formalités, aéroports, voyagistes, compagnies aériennes.

EXPEDIA FRANCE

✆ 01 57 32 49 77

www.expedia.fr

Vous pouvez télécharger l'application mobile pour planifier votre séjour.

Expedia est le site français n° 1 mondial du voyage en ligne. Un large choix de 300 compagnies aériennes, 240 000 hôtels, plus de 5 000 stations de prise en charge pour la location de voitures et la possibilité de réserver parmi 5 000 activités sur votre lieu de vacances. Cette approche sur mesure du voyage est enrichie par une offre très complète comprenant prix réduits, séjours tout compris, départs à la dernière minute… Son algorithme et sa base de données permettent en effet de proposer des formules vol et hôtel à peu près n'importe quand.

CR LISTEN

PAMPELUNE – PAMPLONA – IRUÑA

✆ +34 665 555 920

www.crlisten.com

Avec plus de quinze années d'expérience dans tout ce qui touche à l'organisation du pèlerinage de Saint-Jacques-de-Compostelle en Navarre, CR Listen est l'interlocuteur tout trouvé pour qui cherche à optimiser son expédition dans la région. Travaillant avec des organismes touristiques aussi bien publics que privés et jouissant d'une connaissance poussée du territoire, l'agence sera en mesure d'effectuer pour vous des réservations et de vous fournir toutes infos nécessaires, que vous prévoyiez un séjour à pied ou à vélo, en solo ou en groupe.

LILIGO

www.liligo.com

Un des leaders et des pionniers de la formule. Liligo interroge agences de voyages, compagnies aériennes (régulières et low cost), trains (TGV, Eurostar…), loueurs de voitures, mais aussi 250 000 hôtels à travers le monde pour proposer les offres les plus intéressantes en temps réel. Les prix incluent les frais de dossier, d'agence… Une fois la recherche établie et l'offre sélectionnée par l'utilisateur, le comparateur le met directement en relation avec le site marchand. Quelques astuces sont délivrées en ligne pour bénéficier des offres les plus intéressantes.

EASYVOYAGE

✆ 08 99 19 98 79

www.easyvoyage.com

Le concept peut se résumer en trois mots : s'informer, comparer et réserver. Des infos pratiques sur plusieurs destinations en ligne (saisonnalité, visa, agenda...) vous permettent de penser plus efficacement votre voyage. Après avoir choisi votre destination selon votre profil (famille, budget...), le site vous offre la possibilité d'interroger plusieurs sites à la fois concernant les vols, les séjours ou les circuits. Grâce à ce moteur performant, vous pouvez réserver directement sur plusieurs bases de réservation (Lastminute, Go Voyages et bien d'autres).

QUOTATRIP

www.quotatrip.com

Voyages sur mesure.

QuotaTrip est une nouvelle plateforme de réservation de voyage en ligne qui met en relation des voyageurs à la recherche d'expériences authentiques et uniques et des agences de voyages locales sélectionnées pour leurs compétences et leur sérieux. Le réseau de QuotaTrip couvre près de 200 destinations dans le monde entier. Le but de ce rapprochement est simple : proposer un séjour entièrement personnalisé aux utilisateurs. QuotaTrip promet ainsi l'assurance d'un voyage serein, sur mesure, sans intermédiaires et sans frais supplémentaires.

SE LOGER

Que ce soit dans le Pays Basque, dans la Rioja ou en Navarre, l'offre de logements est très variée. Dans les grandes villes (Bilbao, Saint-Sébastien, Pampelune, Logroño), on trouve aussi bien des petites pensions que des hôtels de luxe ou des chaînes hôtelières offrant tout le confort qu'on trouve habituellement dans ce genre d'établissements. L'offre de logement est également très développée sur le littoral basque et à l'intérieur des terres, avec un choix particulièrement vaste de maisons rurales et de logements de charme. Vous trouverez aussi de très nombreuses auberges sur le tracé du Camino Francés (le segment du pèlerinage de Saint-Jacques-de-Compostelle venant de la France) en Navarre et dans la Rioja, mais aussi le long du littoral traversé par le Camino del Norte. Si vous décidez d'arpenter ces terres dans un esprit pèlerin, n'oubliez pas de vous munir d'un *credencial* : ce carnet vous assurera la priorité dans les auberges.

NEKATUR €

Juan Fermin Gilisagasti, 2
SAN SEBASTIÁN – DONOSTIA
✆ +34 943 32 70 90
www.nekatur.net

Cette association représente les *agroturismos* et *casas rurales* du Pays Basque depuis 1991. Sur son site internet, un moteur de recherche permet de sélectionner la destination et les caractéristiques de chaque logement. Du gîte modeste au *caserío* de charme, le choix est vaste ! De nombreuses informations sont également disponibles sur les espaces naturels à proximité et les expériences à faire dans les environs de chaque site. Sans aucun doute, le moteur de recherche le plus complet et le plus efficace pour trouver un logement rural au Pays Basque !

LA RIOJA TURISMO €€

✆ +34 941 291 260
www.lariojaturismo.com

Il s'agit là du site officiel du tourisme dans La Rioja, véritable mine d'or pour qui cherche à ne rien louper des attraits touristiques de la région. En plus de nombreuses infos très utiles sur l'histoire, le patrimoine et la culture de La Rioja, le site web de l'office de tourisme abrite un catalogue très bien fait de pas loin de 400 logements, classés par localités ou par type d'hébergement : hôtels, pensions, appartements, gîtes ruraux, campings, refuges de pèlerins, hébergements en lien avec le monde du vin. Très utile !

DESTINOS EUSKADI €€

✆ +34 945 218 178
www.destinoseuskadi.com

Destino Euskadi (en français : Destinations Euskadi) est une association touristique ayant pour objectif la promotion du patrimoine historique, culturel et naturel du Pays basque et qui regroupe les ressources touristiques des ses villes principales, à savoir Bilbao, San Sebastián, Vitoria-Gasteiz, Zarautz, Hondarribia et Irún. Sur la page web de l'association sont regroupées des suggestions de logements variés allant de la chambre d'hôtel classique aux villas rurales, en passant par des hébergements plus insolites, en milieu urbain ou à la campagne.

PARADORES €€

✆ +34 91 374 25 00

Toutes les provinces espagnoles sont pourvues de paradores nationaux ; ces hôtels aménagés par l'Etat à partir de 1928 sont d'un goût très sûr. Certains sont modernes, mais la plupart occupent souvent châteaux, forteresses, monastères ou palais aménagés dans des sites exceptionnels. Les paradores affichent généralement quatre étoiles, parfois seulement trois. A noter que les buffets du petit déjeuner sont très copieux. Avant de partir, renseignez-vous sur les prix, les tarifs spéciaux et les éventuelles formules pour vous offrir un véritable séjour de rêve !

SE DÉPLACER

Si vous souhaitez visiter les grandes villes du Pays basque, de la Navarre et de La Rioja, vos déplacements à l'intérieur des villes seront facilités par un réseau de transports publics de qualité et bon marché. De la même manière, si vous souhaitez vous rendre d'une grande ou moyenne ville à une autre, vous pourrez emprunter les trains et les bus : ils sont bien entretenus, partent et arrivent à l'heure. Ces deux moyens de transport sont sûrs et permettent de profiter des somptueux paysages défilant derrière la vitre en toute tranquillité. Les plus fauchés préféreront le bus, toujours moins cher, mais pas moins confortable que le train. Si, en revanche, vous désirez vous concentrer sur une région pour en visiter les villages et accéder à des zones naturelles, la voiture s'impose. Enfin, si le temps ne vous fait pas défaut, la marche ou la bicyclette sont des options à considérer : rien de mieux pour profiter pleinement du paysage !

ALSA AUTOBUSES

www.alsa.es

La compagnie d'autocar nationale et transnationale permet de circuler sur l'ensemble du territoire basque, mais aussi d'y parvenir depuis Paris : l'une de ses lignes assure en effet la connexion entre la capitale française et Logroño, en passant notamment par Vitoria, Bilbao, San Sebastián, Irún ainsi que plusieurs villes de taille plus modeste. La compagnie bientôt centenaire et fondée dans les Asturies continue d'être une référence dans le domaine du transport aussi bien en Espagne que dans de nombreux autres pays européens.

LA ESTELLESA

✆ +34 948 32 65 09

www.laestellesa.com

Compagnie de bus permettant de se déplacer aisément entre les différentes villes de Navarre, de La Rioja et de Guipúzcoa (l'une des trois provinces de la communauté autonome du Pays basque dont San Sebastián est la capitale). Les liaisons sont régulières et nombreuses, avec pour principales lignes : Pampelune – Logroño ; San Sebastián – Logroño ; Azagra – Calahorra – Estella – Pampelune ; Calahorra – San Sebastián ; Sartaguda – Estella –Pamplona et Mendavia – Los Arcos – Estella. Les bus marquent également l'arrêt dans les plus petites villes.

RENFE

✆ +34 902 320 320

www.renfe.com

Le réseau de trains Renfe (l'équivalent espagnol de la SNCF) *Media Distancia* (moyenne distance) propose un service de transport ferroviaire à travers le Pays Basque, La Rioja et la Navarre. Les principales lignes traversant le Pays Basque sont : Irún – Vitoria – Miranda ; Vitoria – Pampelune – Castejón ; et Vitoria – Burgos – Valladolid. Pour La Rioja : Logroño – Miranda – Valladolid ; et Logroño – Castejón – Saragosse. Pour la Navarre : Castejón – Pampelune –Vitoria. Certes plus cher que le bus, mais aussi plus confortable.

BSP AUTO

✆ 01 86 26 90 80

www.bsp-auto.com

Site comparatif accessible 24h/24.

Il s'agit là d'un prestataire qui vous assure les meilleurs tarifs de location aux conditions les plus avantageuses auprès des grands loueurs de véhicules dans les gares, aéroports et les centres-villes du monde entier. Le kilométrage illimité et les assurances sont souvent compris dans le prix. Avec BSP Auto, vous pouvez réserver dès maintenant et payer seulement cinq jours avant la prise de votre véhicule. Autre bonus du courtier BSP : pas de frais de dossier ni d'annulation (jusqu'à la veille). La moins chère des options zéro franchise.

S'INFORMER

Pour bien préparer votre séjour au Pays Basque, en Navarre ou dans la Rioja, les offices de tourisme sont là pour vous aider ! N'hésitez pas à consulter leurs sites Internet ou à les contacter par mail ou par téléphone pour obtenir des brochures, des cartes ou des listes de logements sur place. Même si ce temps de préparation peut vous sembler laborieux, il vous aidera à gagner beaucoup de temps sur place en préparant bien votre séjour au préalable en fonction de vos envies, vos centres d'intérêt et la durée de votre voyage. Vous êtes plutôt rando dans les montagnes basques ? *Fiesta* à Pampelune ? Ou vous rêvez d'un séjour gastro à San Sebastián et dans les vignobles de la Rioja ? N'hésitez pas non plus à consulter le site web de Turismo España (spain.info) pour compléter les informations que vous trouverez dans ce guide, ou simplement vous inspirer en regardant de belles images de la région !

OFFICE DE TOURISME DE SAN SEBASTIÁN

Alameda del Boulevard, 8
SAN SEBASTIÁN – DONOSTIA
✆ +34 943 481 166
www.sansebastianturismoa.eus
Du lundi au samedi de 10h à 18h (20h l'été), dimanche de 10h à 14h (19h l'été).

L'office de tourisme est situé sur l'Alameda Boulevard, grande avenue centrale qui sépare le centre historique du quartier d'El Centro. L'accueil y est très professionnel et, en plus des services habituels, l'office met à votre disposition le plan de la ville et des brochures sur l'histoire de San Sebastián. De nombreuses visites guidées y sont proposées. Il existe deux autres points d'information dans la ville, l'un à la gare, l'autre face à la Concha (uniquement en été).

OFFICE DE TOURISME DE BILBAO

Plaza Biribila, 1
BILBAO
✆ +34 944 795 760
www.bilbaoturismo.net
Tous les jours de 9h à 20h (17h en hiver).

Il s'agit du principal office de tourisme de Bilbao, le second étant situé à proximité du musée Guggenheim (Mazarredo Zumarkalea, 66). Dans un espace moderne, avec des tablettes à disposition des visiteurs, vous trouverez des informations touristiques très complètes sur la ville et sa région, une boutique de souvenirs, ainsi qu'une centrale de réservation. Vous pourrez également acquérir la Bilbao Bizkaia Card et réserver des visites guidées de la ville.

CARNETS DE VOYAGE

36, Boulevard de la Bastille
PARIS (12e)
phoenix-publications.com
Trimestriel consacré à des destinations de voyage avec des focus dédiés à la découverte des régions.

Trimestriel consacré à des destinations de voyage avec des focus dédiés à la découverte des régions, *Carnets de Voyage*, le magazine des voyages réussis. Tous les 3 mois, la revue vous invite à découvrir à travers ses reportages le meilleur des destinations. Grande ou petite escapade à la découverte d'une ville, d'une région, en France, en Europe ou dans le monde à travers des reportages photo uniques complétés de conseils pratiques et de bonnes adresses pour nous faciliter le voyage avec enfin, un agenda des rendez-vous à ne pas manquer.

FRANCE DIPLOMATIE

37, quai d'Orsay
PARIS (7e)
www.diplomatie.gouv.fr
Ouvert toute l'année. Informations en ligne, interface de contact sur le site. CB et chèques non acceptés.

France Diplomatie, le site du ministère de l'Europe et des Affaires étrangères, donne aux voyageurs tous les renseignements nécessaires au choix d'une destination de voyage. La rubrique «Conseils aux voyageurs» permet une recherche par pays, avec les dernières informations actualisées. En fonction du contexte géopolitique ou sanitaire (risques d'attentats, d'enlèvements, épidémies en cours...), certains séjours sont fortement déconseillés. Les situations pouvant évoluer très rapidement, nous vous recommandons de vous tenir informés.

RESTER

Dans le cas où le Pays Basque, la Navarre ou la Rioja vous auraient tapé dans l'œil et que vous souhaitiez y déposer vos valises pour un peu plus longtemps que le temps d'un court séjour, plusieurs options s'offrent à vous, selon que vous désiriez y étudier, y travailler ou même investir dans l'immobilier. Les étudiants pourront le temps d'un semestre participer aux programmes d'échanges universitaires européens Erasmus ou Leonardo. Pour se faire, il faudra vous en référer au service des relations internationales de votre université (les démarches sont longues, mais le jeu en vaut la chandelle !). Concernant les stages, vous pouvez proposer vos services à des entreprises françaises implantées en Espagne (liste sur www.civiweb.com) ou directement aux entreprises espagnoles. La recherche d'emploi risque en revanche de s'avérer plus compliquée. L'Espagne connaît encore un taux de chômage important, et les jeunes sont les premiers touchés.

ACTION CONTRE LA FAIM

14, boulevard de Douaumont
PARIS (17e)
✆ 01 70 84 70 70
www.actioncontrelafaim.org/
Par téléphone de 9h à 13h et de 14h à 18h.

ONG internationale spécialisée dans la lutte contre la faim dans le monde, active dans les domaines de la nutrition, santé, sécurité alimentaire, de l'eau, de l'assainissement. L'association intervient dans des situations de crise. Le but étant de rendre les populations autonomes d'un point de vue de la nutrition, en apportant une aide concrète et en formant les intervenants locaux qui prendront le relais. Ses missions de volontariat durent de trois mois à un an en Afrique, Asie, Amérique, Europe centrale, dans le Caucase, au Moyen-Orient et dans les Caraïbes.

AGENCE POUR L'ENSEIGNEMENT FRANÇAIS À L'ÉTRANGER

23, place de Catalogne
PARIS (14e)
✆ 01 53 69 30 90
www.aefe.fr

Cette agence, sous tutelle du ministère des Affaires étrangères, anime et gère un réseau de près de 500 établissements d'enseignement français à l'étranger, dans près de 140 pays. 370 000 élèves, dont 40 % de Français, fréquentent ces établissements. Offres d'emploi à l'international pour les titulaires de la fonction publique (Education nationale principalement) et informations sur la politique pédagogique, la scolarité et l'orientation émaillent le site Internet de cet organisme.

CIDJ

www.cidj.com

Le Centre d'Information et de Documentation Jeunesse a été créé en 1969, sous la tutelle du ministère de la Jeunesse et des Sports. Le site Internet est bien fait et très complet. La rubrique « Partir à l'étranger » fournit des informations pratiques aux jeunes qui ont pour projet d'aller vivre à l'étranger. Il y a une rubrique spécifique dédiée à chacun des thèmes suivants : travail, étude, stage, volontariat international et séjours linguistiques. Pour vous aider dans vos démarches, vous pouvez avoir un entretien gratuit avec un conseiller du CIDJ.

ÉDUCATION NATIONALE

www.education.gouv.fr
Modalités sur www.france.diplomatie.fr/mfi.

Vous êtes enseignant ou fonctionnaire d'État, vous souhaitez travailler à l'étranger ? Consultez le site du ministère de l'Éducation nationale, il informe sur les conditions de mobilité dans le monde. Cette initiative peut s'inscrire dans un parcours professionnel. Elle permet d'exercer son métier dans des conditions spécifiques, ou un autre métier et diversifier ainsi son expérience en enrichissant ses compétences. Les personnels d'encadrement peuvent aussi postuler dans des organismes internationaux ou de l'Union européenne.

MINISTÈRE DE L'EUROPE ET DES AFFAIRES ÉTRANGÈRES

www.diplomatie.gouv.fr

Site Internet officiel pour connaître les formalités d'entrée et séjour dans le pays. Dans la rubrique « Services aux Français », vous trouverez un guide de l'expatriation, les modalités de demandes de documents officiels. Sur la page d'accueil en sélectionnant le pays, vous obtenez les contacts des ambassades. Dans l'espace politique, économie et socio-culturel, quantité d'informations et de communications utiles pour qui s'intéresse aux réalités du pays.

CLUB TELI

Les Clarets
SAINT-PIERRE-D'ENTREMONT
✆ 04 79 85 24 63
www.teli.asso.fr

Le Club Teli est une association d'aide à la mobilité internationale créée voici bientôt 30 ans, forte de 4 000 adhérents en France et dans 65 pays. Si vous souhaitez séjourner à l'étranger, quel que soit votre projet, vous trouverez par le biais de ce club des infos et des offres de stages, de jobs d'été et de travail pour francophones. Si vous avez besoin d'aide pour envoyer des candidatures, le Club peut vous aider à mettre votre CV aux normes du pays où vous souhaitez partir. Pour bénéficier de ces aides et informations, il faut adhérer.

WEP FRANCE

95, avenue Ledru Rollin
PARIS (12e)
✆ 01 48 06 26 26
www.wep.fr

WEP propose plus de 50 projets éducatifs et séjours linguistiques dans une trentaine de pays pour une durée allant de une semaine à 18 mois. Quel que soit votre projet d'études ou de volontariat à l'étranger, vous trouverez sur le site de WEP une rubrique qui y sera consacrée : étudier au lycée, dans une université, partir en séjour linguistique, faire une expérience professionnelle dans le cadre d'un stage ou vivre en immersion dans une famille. Possibilité également de planifier des programmes combinés (études et projet humanitaire par exemple).

OFFICE ECONOMIQUE DE L'AMBASSADE D'ESPAGNE

13, rue Paul Valéry
PARIS (16e)
✆ 01 53 57 95 50

Cet office économique et commercial permet d'avoir des renseignements sur les entreprises espagnoles, les importateurs des produits espagnols, leurs points de vente et les investissements et créations d'entreprises en Espagne. Prendre contact avec eux par courriel peut s'avérer très utile pour celui qui cherche à préparer un départ professionnel vers l'Espagne ou pour celui qui cherche à mesurer le plus justement les opportunités. Bourse d'emplois.

CAPCAMPUS

www.capcampus.com

CapCampus fut l'un des premiers portails étudiants français en ligne. Dans la rubrique dédiée aux stages et aux premiers emplois, vous trouverez aussi des offres pour l'étranger, classées par pays. Celles pour les Etats-Unis ne sont pas très nombreuses, le mieux est de consulter le site régulièrement pour ne pas passer à côtés des offres intéressantes. Le site est également utile pour se familiariser avec la vie aux Etats-Unis, car il propose également toutes les informations pratiques pour bien préparer son départ et son séjour à l'étranger.

VIE - VOLONTARIAT INTERNATIONAL EN ENTREPRISE

✆ 04 96 17 26 50
https://mon-vie-via.businessfrance.fr/

Le VIE est destiné aux jeunes de 18 à 28 ans. Il s'effectue en entreprise, dans une ONG, dans une collectivité locale ou dans un service de l'État – allant de l'ambassade à l'établissement culturel en passant par le consulat. Par ailleurs, il peut durer de 6 à 24 mois et être renouvelé une fois, de deux ans au plus. Enfin, sa rémunération mensuelle est constituée d'un salaire fixe de 723,99 € et d'une indemnité supplémentaire dont le montant varie selon la mission.

INDEX

EDITION

Directeurs de collection et auteurs : Dominique AUZIAS et Jean-Paul LABOURDETTE

Auteurs : Sarah PAROT, Martin FOUQUET, Mathias DESHOURS, Baptiste THARREAU, Mathilde LEROY, Tanguy REVAULT, Amandine GLEVAREC, Corentin LAPLANCHE-TSUTSUI, Romain RISSO, Sylvie DEL COTTO, Manon LIDUENA, Stéfani FRASSONI, Jean-Paul LABOURDETTE, Dominique AUZIAS et alter

Directeur Editorial : Stéphan SZEREMETA

Rédaction Monde : Laure CHATAIGNON, Morgane VESLIN, Pierre-Yves SOUCHET, Natalia COLLIER

Rédaction France : Briséis CREAC'H-MENUT, Mélanie COTTARD, Audrey VEDOVOTTO, Nicolas WODARCZAK

FABRICATION

Maquette et Montage : Romain AUDREN, Julie BORDES, Delphine PAGANO

Iconographie et Cartographie : Anne DIOT, Julien DOUCET

WEB ET NUMERIQUE

Directeur Web : Louis GENEAU de LAMARLIERE

Développeurs : Guillaume BARBET, Adeline CAUX et Roland SPOUTIL

Intégrateur Web : Mickael LATTES, Antoine DION

Webdesigner : Caroline LAFFAITEUR

Community Traffic Manager : Alice BARBIER, Mariana BURLAMAQUI et Noémie LE SAUX

DIRECTION COMMERCIALE

Directeur commercial : Guillaume VORBURGER

Coordinatrice des Régies commerciales : Manon GUERIN assistée de Jonas HESOL

Account Manager Marketplace : Leila ROUGEOT assistée de Lola FAVRE-MOT

Responsable Régies locales : Michel GRANSEIGNE

Responsables Développement régie inter : Jean-Marc FARAGUET, Guillaume LABOUREUR et Camille ESMIEU

Chefs de Publicité Régie nationale : Caroline AUBRY, François BRIANCON-MARJOLLET, Perrine DE CARNE MARCEIN, Jonathan TOUTOUX, Amélie NOEL,

Régie Pays Basque / Navarre - Rioja : Wladia LANCREY-JAVAL

DIFFUSION ET PROMOTION

Directrice des Ventes : Bénédicte MOULET assistée d'Aissatou DIOP

Responsable des ventes : Jean-Pierre GHEZ assisté de Nelly BRION

Relations Presse-Partenariats : Jean-Mary MARCHAL

ADMINISTRATION

Président : Jean-Paul LABOURDETTE

Directrice des Ressources Humaines : Dina BOURDEAU assistée de Sandra DOS REIS et Eva BAELEN

Directrice Administrative et Financière : Valérie DECOTTIGNIES

Comptabilité : Guillaume PETIT, Aminata BAGAYOKO, Jeannine DEMIRDJIAN

Recouvrement : Fabien BONNAN assisté de Sandra BRIJLALL

Responsable informatique : Elie NZUZI-LEBA

PETIT FUTÉ PAYS BASQUE / NAVARRE - RIOJA

LES NOUVELLES EDITIONS DE L'UNIVERSITE
18, rue des Volontaires - 75015 Paris.
© 01 53 69 70 00 - Fax 01 42 73 15 24
Internet : www.petitfute.com
SAS au capital de 1 000 000 € -
RC PARIS B 309 769 966
Couverture : Plage Algorri à Zumaia
© rudiernst - stock.adobe.com
Impression : CORLET IMPRIMEUR -
14110 Condé-en-Normandie
Achevé d'imprimer : juin 2022
Dépôt légal : 05/07/2022
ISBN : 9782305079257

Pour nous contacter par email, indiquez le nom de famille en minuscule suivi de @petitfute.com
Pour le courrier des lecteurs : info@petitfute.com

IMPRIMÉ EN FRANCE

O

P

R

S

T

U

V

Y

Z

COLLABOREZ
À LA PROCHAINE ÉDITION